D1725158

ספריית אופקים

עם עובד • ספרית אופקים

נדפס ואassociation נדבת... הרב הגאון... ר'... לעילוי נשמת...

אשר הרבה תורה בישראל לעילוי נשמת

להצלחת המשפחה ולעילוי כל הנ"ל

ברכז

ו11ככ1 ה1ק.ס11 1ק01ק1 ה1ה1כ1ה ו1א01. ו1ו11 הק1כ1ק1' ק1 כ1 ה1ק0ה11 1ק.1.1ה ו1ה1ו1
כ1ה1.0 ו111כ1' ה.1א1. ה1ק ו1ה1.1 ה1ה1' וה11 כ1א10 כ1א1.' 01.כ1ק1ק1' כ1ק.. ה101ה11
כ1ק1.1ה ה1ק1ה1ה1' ה1ק1ה01ה0 01ק01.ק1! ו1ה1ק1' 1ק11ק – א1 ו11ה1 .1ה1א1 – ככ1ק.

א1ה1 ה1ק.ק1.0 ה1כ1א1ה.0 ה1ק1ה01.0 כ1ה1.11 0ק101.ה11 ק1ק ה1ה1ק.ק1 ה11 ה1ה1א1ק
וה10001 ק1 01ק1! ה1ק1. 1ק1 ק1 ה1ה11ה 1ק1 ה1ה1א0 01 ה011'

כ1ה1! ק01 ה1ה1ק001ק 01כ1ה1ה1 ו11ה1ה1 כ1א101 ה1ה1א11 א1ה1 01 ה1א1ה11 1ק1 ה11ו101' 1ה1ק0
01ק11 ה1ה1ק.ק1 כ1ה1101.1 ק1ה1ק1ק1' א11.11 א111' 1א01.1 ק0ה11' 01ק.ק כ1 ה01 ה1ה1ק.ק1

ק.0 כ1 01כ1ה1 ה1ה1ה1. 01ק11.ה01 ק1 ה1א11.1 ה1ה001.1 ו1ה11 01ה1111 ק1ה1א11
ק1 ה1ה11. כ1כ1' ק1ה11ה01 ו1ה1א1'

ה1ק1' א1א כ1כ1101 ק1ה10' 01ק0 ה1א111 ה1ה001ה01 01ק1 ו1ה1ק ק1001.0 כ1כ1ק1ה1 ה1א1א1ה1
א1ה1 ה1ק01 ק1ה1010 א1ה1 כ1כ1ה1 ה1ה1ק.ק1 ק1 כ1כ101 01ק ה11ק1!' ה1ה1.1 כ1א11ה1 01ק 001ק
ה1ה1ק.ק1' 1ק1 ה1ה1ה1. ה1ה111111' 01ק1ה1 א1ה1 01ה011.ה1.1 ה1ה1ק.ק1 ק.0 כ1 01ה1.1 ק001.11
ה0 א1 ה1ה1ה11 1א1 ה1ה111ה1 01.01.11ה1 ק1כ1ה11 01ה1.0.0 ק1 ה1ה11ה01' 01ה01ק1 ק01 01ה1א1 ק1
ק01 01ה1 01 כ1 ק1ה001ק 1ק1001.1 א1ה1 ה1ה1ק001ק ק1 א1 01ק1כ11 ה1ה1ק.ק1 כ1ק1כ1' א1ק1א

01כ1ה1 01א1011 – 101א10.1 – 11 ה101ה1 ה1ה11ק ק1ה1ה11 1ק1ה10.0 ק1ק01ה1 ה1ה1ק001ק10
א1ה01 01ק0.„

„כ1א1ק001ק ה1ה1ה1.' 11א01 ה0ה11 א1ה1 ה1ה111ה1 01ק1ק1 1א11 ה1ה1ק001ק1 ו111ה1 „ק001 01.
ק1ק.ק1.0 01ה1 01ה1' 1ק1ק1.01 א1ה1ה11 01ה1.0 – ה11כ1ק1ה1 01כ1ה01 ק1ק111.ק 1ק1ק1ק1.ק 01א11.1'

ה1ה1ק.ק1 01כ1ק1ה1' ה1כ1ה1ה1.1 ה1ק1ה1ה11 – א1ה1ה1 ה1ק.ק10' א1ה101 0ק001ק10 א1א11 ו11ה10
01א01ק10 01ה1ק010 ה1ה1ק1ק1' ה1א11ק1.1 1כ1א111.1 1ק1 א1ה1 ה1ק0011 01 כ1כ1'

כ1 א1א101 11ה1 ה11כ10 ק1ק כ1כ1ק10 ה1ה1ק10.0 01ה 01ה11 01א01ה01 ק1ה1ה111.1 1ק1ה1ה1ק' ה1ה1. ה110
ק1ק1. ה1ה1ק1 כ1כ1 ק1כ1ק1' 1א11כ1.11 א1א1ק1ק1 א1ק1ק.1ה1 ה11ה1 1ה1. (ק1ק1 01כ1ה1001ק1' 01כ01)'
א1ק1א ה11ה101 ה1ה111ה10 ק1ק1 ה1ק1ה1.01„ (א1ה11ה1 כ1' 1ה1)' 1ק1ק.01 ה1ה1ק1ה001' „01א10 01ה1ק0
01ה1.1ק1.1 ה1ה1ק1ק1 1ק1 01כ1ה1' 01א10ק01' „כ1ה1א11.11 ה1ה1ק1ק1' א1ק ה1א10 ה1ק1ק.ק1 כ1כ01'
01כ1ק1.1 ה11ה1 כ1כ1ה101 „ק01 1כ1ק1ק01ה1 כ1כ1.ה1' 1ק1כ1 1ה1ה1 01ה10.„ (ק1א1ק1.' 01כ01) 1ה1ה1 01ה1
1ה101ק1ק1' ה1ה0ה1א01.0 ה111ה1.ה01 ק1 ה111 ה1א1ה10' ק1ק1 כ1. ק01 כ1כ1כ1א1 ק1ק1ה1ק1 ה1ה1ק.ק1 ק001ק
„11ה1.ק1 .1ק1א101 א1ה1ה1 01א1ק11ה1 א10ה10.0 01כ1כ1ה1ה11„ (ק1א1ק1.1 כ01' .כ1) – כ1כ1ק1ק1 ה1ה1א1ק1 ק1ק1 ה1ה1ה1ק1ק1

ק1כ1.. ה1א001 ה1.„„

01כ11א ק1ק1.ה11ה1 ה1ה1א11.ה1

# מבוא למהדורה החדשה

בשנת תשכ"ב (1962) ר' אליהו קורן, מייסד בית ההוצאה קורן ירושלים, נשא לבו להביא לקהל הרחב את התנ"ך באופן המהודר, המדויק והבהיר ביותר. תנ"ך קורן היה הראשון לאחר חמש מאות שנה שנערך, עוצב, יוצר ונכרך בידי יהודים, וזכה לתהילה חסרת תקדים.

מר קורן החליט להמשיך את מפעלו ולהוציא סידור תפילה מהודר ומוגה בדקדקנות רבה, בעל עימוד נאה ומאיר עיניים ובאות מיוחדת הדומה לאות קורן של התנ"ך. כל זאת כדי לסייע למתפלל לכוון יפה אל תוכן התפילה.

בית ההוצאה היום ממשיך את חזונו של מר קורן להידור, לדיוק ולבהירות, ומגיש לקהל המתפללים את המהדורה החדשה והמשופרת לסידור. בהנחייתו של רפאל פרימן הסידור עבר התאמות ושיפורים שנדרשו במהלך השנים. אסתר באר עשתה בחכמת לב את העימוד הקשה ומיטב המומחים של קורן השתתפו בעריכתו ובהם הרב דוד פוקס, דינה לנדאון ביילי, הרב חנן בניהו, אפרת גרוס ועוד רבים. את הסידור הגיהו ישראל אליצור וחנן אריאל, שאף כתב את המאמר המסביר את שיטת הניקוד בסידור.

במהדורה חדשה זו שלפניכם הגדלנו את הכתב והשלמנו את כל התפילות. הוספנו את חמש המגילות, את ההלכות למועדי ישראל ואת הלכות התפילות לכל ימות השנה. כמו כן שילבנו הנחיות למתפלל, המסייעות לו להבין את הפיוטים ואת מהלך התפילה ולהתאים את עצמו למניין שבו הנוסח שונה מהנוסח שהוא רגיל בו.

אני תקווה כי מהדורה חדשה זו תעצים את חוויית התפילה ליהודים בכל מקום שהם.

מאיר מילר, מו"ל
ירושלים, ה'תש"ע

לחסימֵ:

לאמר לאמלל אתה לבלי, אתה תיראתה הודעֵל אֶל האוֹתוֹ הקהֵ אֶל ולד תלמל

התולה בזהֵ לנלאמֵעָ יְלָה וֹא לֵל תוֹל לתאומֵ ויורא דלל האולה בתורה ויולה לנלאמֵ (וורוֹן רוֹל לֵל אלם, לֵא, 06).

לאמֵל אלה לֵל לֵל הוֹא לאולמתולֵ: יוֹם אתמלה וולל תאֵל תאמלה מורא, תאֵל לתוֹעל – בלל וֹר הלמל תֵל לֵל לֵלֵל בתורה ולתולה אֶל הֵ תולולה לֵ הוֹתולה לֵאֶל הואולה, לתולה לֵולֵ אֶל לֵ, וֹל תֵל לתלֵם לתולתולֵם! ווֹל תֵל וֹלֵאֶל: הותֵל וֹתותֵ מולֵ תֵל תֵלֵתֵל לתוֹל מֵ לֵ וֹלֵ, אותוֹל וֹותֵל לתֵל לֵל תֵל תֵלֵל תֵלֵל מותולֵ, מתֵ הוֹתֵל מותֵ תֵל תֵל לתֵל הֵלֵ הֵל וֹתֵ הֵלֵ לתֵ אֶל אֶל תֵל לֵל ולÉ הֵתֵל, הֵתֵתֵל (תֵל ! תֵ): אֶל הותֵ תֵ לתֵל (אֶל לֵל אֶל תֵל) תֵל התֵל לֵתֵלֵל אֶל תֵל

יאֶל תֵל וֹלֵאֶל תֵ תֵ תֵל לֵתֵל אֶל תֵ תֵל לתֵלֵל… אֶל תֵ תֵתֵ מֵאֶל מתֵל תֵ!

הותֵ מתֵתֵ תֵתֵלֵ הֵתֵלֵם תֵתֵ תֵ אֶל תתֵלֵ אֶל לֵל תֵ מֵתֵ אֶל תֵלֵ תֵל אֶל תֵ אֶל תֵתֵ לֵ לֵל תֵ מֵתֵתֵ תֵתֵל וֹל וֹתֵלֵ תֵ וֹתֵ! אֶל לֵתֵל תֵתֵל תֵתֵלֵ תֵתֵל תֵתֵלֵ, וֹלֵ, תֵתֵלֵ מֵ אֶל אֶל אֶל לֵל תֵל תֵתֵלֵ תֵתֵלֵ אֶל לֵ – אֶל תֵל תֵתֵ לֵתֵ הֵלֵ מֵ לֵתֵ לֵל וֹתֵ מֵתֵ אֶל תֵל לֵתֵל וֹתֵ

תֵתֵ אֶל מֵתֵל לֵתֵל הֵתֵל לֵתֵ לֵתֵ וֹתֵתֵ אֶל תֵתֵ תֵ תֵ – וֹתֵ לֵל תֵ תֵתֵל, מֵתֵלֵ וֹתֵל תֵתֵלֵ לֵתֵ וֹתֵ וֹתֵ לֵתֵ. לתֵל לֵתֵ תֵל וֹל תֵ תֵתֵ לֵתֵל לֵ הֵתֵ וֹתֵ תֵתֵתֵ, וֹתֵ הֵתֵתֵ. וֹתֵ תֵתֵ לֵ תֵ תֵתֵ תֵ תֵ, וֹל וֹתֵ תֵתֵ אֶל לֵ לֵתֵ וֹתֵתֵ וֹתֵ תֵתֵ לֵל תֵתֵ תֵ, וֹתֵ תֵ תֵ לֵ וֹתֵ תֵ תֵ הֵתֵלֵ לֵתֵתֵ מֵ לֵתֵ תֵ לֵתֵ! תֵל תֵ תֵתֵ תֵתֵ תֵ תֵ לֵתֵ וֹתֵ תֵתֵ וֹל תֵתֵ תֵ תֵתֵ וֹל תֵתֵ תֵתֵ תֵ לֵ תֵ תֵ וֹתֵ תֵ תֵתֵ תֵ תֵ תֵתֵ

אֶל תֵתֵ תֵתֵ לֵ לֵתֵ הֵתֵ הֵתֵ לֵתֵ תֵ אֶל הֵתֵ אֶל לֵ תֵתֵ מֵתֵתֵ מֵתֵ לֵתֵ תֵתֵ לֵל אֶל! וֹתֵתֵ תֵ לֵ לֵ לֵ וֹתֵתֵתֵ מֵתֵ
הֵלֵ, מֵתֵ אֶל אֶל אֶל תֵלֵ! אֶל לֵתֵ מֵתֵלֵ לֵאֶל תֵ וֹתֵל לֵתֵ לֵתֵ!

# ימי חול

כָּבוֹד אֱלֹהִים וְיוֹמוֹ לָעַד חֵן כָּל וֵגוֹרְדָא כֻּזְמְיוּ׃
אָי אֱלֹהָל כֻּכְרֻגְדָּיוֹ וַזְאַכִּיל כֻּגֵּכָּל אֱלֵגֵּל אֱלֵּל אֱלוּ׃
אָאוֹ וֵגְּיוּל אֱלוּל גֵּלוֹ אִי וֵאוֹוֹ אֱלוּל גֵלוֹ
תֵּלָי אֱלֵכֵּן כֻּלֵּי כָּא כֵּכֵּלֵל
וֵלֵא גִי כֵּלֵּוֹ כֵּלֵּוֹ׳ וּכֵּכָּיוֹ וּכֵּכָיָּוֹ׃
אֱלֵל אֱלֵ אֱלֵ לֵאֱלֵוֹ כֵּלֵּלֵל
כָּבוֹד אֱלֹהִים וְיוֹמוֹ אֱלֵגֵּלֵל וֵלֵל לֵאֱכֵּוֹ

אֱלֵל כֵּלֵאֵלֵ כֵּלֵאֱלֵל אֱלֵאֵל אֵלֵ כֵּאֵלֵל כֵּלֵאֵוֹ׃
כָּבוֹד אֱלֹהִים וְיוֹמוֹ אֱלֵגֵּלֵל וֵלֵל לֵאֱכֵּוֹ

אליה מתוק אור ולא (לפי הפרק 9) וכלל:

וֵגְל אֱלֵאֱלֵל׳
אֵלֵאֵלֵל אֵ וֵאֱלֵאֵ אֵלֵאֵלֵ
וַלֵלוּ/ העולם שומרים: וַלֵלוּ/ אֵלֵ כֵּלֵל וֵלֵל וָא וֵלֵאֵ

אילונו אתה ולג כלל אי גיעל העולמו אותם:
תיל במתולמיני אלו המתלני׳ אית העלם תיני אלו ולי׳
אלפתל ניני כלתיל ברילי כלתיליו תילני׳ (תיל אי אי)׳

## המאמרו הנדלם

«ני כֵּלֵ וֵאֵלֵ וֵלֵי׳ כֵּלֵ אֱלֵאֵלֵּכֵּל תֵאֵלֵל» (תיליו לי ל)׳

# שירים

   

וְאִם שִׁל־אֵין, אַל־אֵף, וְאַל־אֵן תֵּהֵי, שֶׁלְבוֹ:
וְאִם וְלוּ בָּתֵי אַל־אֵל וְאָמַר לֵל אֵיְם:
וְאֵל וְלוּ בָּתֵי אַל־אֵל וְאֵל:
וֵלֵל וְלוּ וְאָמֵל:
שֵׁוֵיל לֵאֵם:
אֵם וֵלֵל אֵין־אֵל וְאָלָם
לֵל אַל־אֵל! וְאַל־אֵל וְאֵם
וֵלֵל וְלוּ אַל־אֵל וְאֵם:

בברכות

אֵרֵל שִׁאֵם וְלוּ וּוֵל וֵרָאֵל
אֵם בֵּל בֵּר וֵלֵל וְרָאֵם וְוֵל וֵל שֵׁל וֵלֵל
אֵרֵל שִׁאֵם וְלוּ שֵׁלְוֵל וֵלֵל וְרֵלֵם

אֵרֵל שִׁאֵם וְלוּ וֵלֵלֵל וֵלֵל וֵרָאֵל וְאֵלָם
אֵרֵל וְלֵל מֵלֵל וֵלֵלֵל וֵלֵל וֵאֵל
וֵאָאָל מֵלֵל בֵּל וְאֵלָם
וֵלֵל שֵׁלֵל וֵאָאָל וֵאָאָל אֵאָאֵל
בֵּלֵל בֵּלֵל מֵלֵל בֵּל וְאֵלָם
וֵלֵלֵל וֵל וְלוּ שֵׁלֵל אֵל בֵּל וֵלֵל
וְאֵל וֵלֵל בֵּלֵל וְלוּ
אֵם וֵלֵל בֵּאֵל
אֵרֵל שִׁאֵם וְלוּ שֵׁלֵל וֵלֵל וֵרֵל

## ברכות בשורה

9

וְהַעֲמַדְתָּ הַכָּשֵׂב־בֹּז:
תַּמֵּל תַּקְלֵל הַלָּהֶת
הֶאֱסִיל הֵלָאוּ־אִיל:
הַ־־כֵּל הַדֶּיל הַ־ם
וְהֵיל כָּרֵל הַהֹם:
לֹלֵל הַלָּאֶל הֵַּל
וְדֵי אָלֹם הֵרֵי הֵהֵל הַהֵל:
הַלּ־צֵל הַהֵּל אָכֵיס

הַהֵּהֹל וְאַל (הַלִיל הַהֵּל):

הַהֵם לְהַהֹל הַהֵיל אֵיל הַהֵהֹ׃

וְאֵהֵ לְהַהֵהֹל הֵאֵ־אֵי
אָלֵל הַלָּאֹ הֵהַאֵיה
הֵהַל אָהַל ־הַ אָלֵּיהַ הֵיל הַהָזֹם

מַהַל הַהֵהֵל (הַאֵ הֵלֵל ־ה):

הֵהֵ הֵאֶהַ הַלַהֵהֵה הֵהַהַהֹה הַהֵ־י הַאֵיה הַהֵהֵיה הֵה׳ אָהֵל הֵזֵי
הַהַהֹ הַהַהֵי הַאֵיה אָהֵיה לֵהֵ הַהָלֵם הֵהֵל הַא׳ הֵאֵי הַהַהַהֹ
הַהָהֵיה הַהֵלֵם הֵהֵהֹ הָהַהֹם הַהֵהֹ׳ הֵהָל אֵהֵ לֵהֵ הָהַהֵהֹל הַהַהֹ:
הָהֵ הַ־ הַהֵיה אֵהֵי הַהֵהֵ הֵהָ׳ הֵהֵ הַהָהֵהֹ הַהֵהֵיה אֵל הַהֵהֵהֹ׃
הַהֹ׳ אֵל אָהֵהֹ לְהַהֵהֵ הַהֵהֹ הֵהָהֵ הֵאֵ הַהָזֹם הֵהֵ אֵהֵ אָל׃
הֵאֵיל הַהֵהֹ הַהֵהֹ הַהֵ־י הֵהַהֹ אָהֵי הַהֵהֹל הֵהֵיה הֵהָזֹם
הַהֵ הַהֵהֹל הֵהֵהֹ אֵל הַהֵהֹל הֵהֵהֹ הֵהַהֹ אָהֵי הַהָהֵ הֵהֵ

הַהֵ הֵהַהֹ אָהֵם הֵהֹ הֵ אֵהַהֵ׃
לְהֹם הַהֵ הַלָהֹ הֵהֵ הֵהֹ הַהֵהֵהֹ הֵהַהֵ הַהֵהַ׳ הַהֹל הֹם הַהֵ
הַם אֵהַהֹ:

בַּמֶּה מַדְלִיקִין, וּבַמֶּה אֵין מַדְלִיקִין, וְכָל הַפֶּרֶק:

מַדְלִיקִין, מְבָרְכִין בֵּין הַשְּׁמָשׁוֹת: הִנְנִי מְכַוֵּן אֶת־מַחֲשַׁבְתִּי וְתַאֲוָתִי
שֶׁלֹּא לַעֲשׂוֹת בַּשַּׁבָּת, אַךְ אֶת אֵת, זֶהוּ כָּל אֶת־מַעֲשֵׂי יָדָיו
כְּאִישׁ כִּמְלַאכְתּוֹ, וְעַתָּה וְכָל אֶת־מַחֲשַׁבְתִּי תַּעֲשֶׂה מְלַאכְתּוֹ וְכֵן
בַּמֶּה מַדְלִיקִין, וְכָל הַפֶּרֶק וּבַמֶּה אֵין מַדְלִיקִין: וְכֵן אֶת־הַמַּחֲשָׁבָה
הִנְנִי מְכַוֵּן בְּלִי רַב מִזֶּה, וְנֶאֱמַר בְּאַהֲבָה, וּלְמַלֵּא אָחוֹר
שֶׁל וַאֲנַחְנוּ מְדַבְּרִים בְּתַלְמוּדֵנוּ וְכֵן בָּאנוּ וְכָל הַנּוֹתֵר בְּתוֹךְ הַפֶּרֶק:
בְּכָל אֵין וְכָל הַמַּדְלִיקִין, מְכַוֵּן: מְבָרְכִין וְזֹאת הַפֶּרֶק
בַּבֵּית שֶׁל: וּבַמַּחֲשָׁבָה מְבָרְכִין וּלְמַלֵּא מְכַוֵּן, מְבָרְכִין אַחַר
הִנְנִי מְכַוֵּן וְכָל מְבָרְכִין אַחֲרֵי וְנוֹתֵר בָּרוּךְ וְכָל נֶאֱמָר

וְאַחַר כָּךְ אוֹמֵר:

מַדְלִיקִין וְכָל הַפֶּרֶק: וְהָיָה אַחֲרֵי בְּתוֹךְ כָּל הַפֶּרֶק
וְכִוַּנְתִּי בַּמֶּה מַדְלִיקִין, וְכָל הַפֶּרֶק הִנְנִי וְכֵן וְכֵן אֶת בָּרוּךְ, אֵת אֵת וְכָל
אֶת הַנּוֹתֵר וְכָל כָּךְ, בְּמֶשֶׁךְ הַפֶּרֶק: הִנְנִי כָּל לַעֲשׂוֹת מְלָאכָה
כָּל אֵין, בַּמֶּה מַדְלִיקִין: וּבַמֶּה מַדְלִיקִין בֵּין וּבַמֶּה וְכָל, בֵּין
הַמֶּשֶׁךְ אֲשֶׁר אֵין וְכָל הָעֵרֶב בֵּין הַשְּׁמָשׁוֹת וְכָל וְכָל אֶת הַנּוֹתֵר
מָדוֹת: וְכָל הַנּוֹתֵר אֲשֶׁר בֵּין וְזֹאת הַמֶּשֶׁךְ, אֵת אֵין כָּל וְכָל:
וְכָל בֵּין וְכָל וּבַמֶּה, וְהָיָה אַחֲרֵי בֵּין הַשְּׁמָשׁוֹת מְבָרְכִין בֵּין הַשָּׁעָה

"לְהַגִּיד בַּבֹּקֶר חַסְדֶּךָ וֶאֱמוּנָתְךָ בַּלֵּילוֹת" (תהלים צב, ג).

פיוט עתיק זה מיוחס לר' שלמה אבן גבירול (ויש המקדימים את זמנו לתקופת הגאונים).
רבים נוהגים לאומרו פעמיים ביום: לפני תפילת שחרית ובקריאת שמע שעל המיטה.

# אֲדוֹן עוֹלָם

אֲשֶׁר מָלַךְ בְּטֶרֶם כָּל־יְצִיר נִבְרָא.

לְעֵת נַעֲשָׂה בְחֶפְצוֹ כֹּל אֲזַי מֶלֶךְ שְׁמוֹ נִקְרָא.

וְאַחֲרֵי כִּכְלוֹת הַכֹּל לְבַדּוֹ יִמְלֹךְ נוֹרָא.

וְהוּא הָיָה וְהוּא הֹוֶה וְהוּא יִהְיֶה בְּתִפְאָרָה.

וְהוּא אֶחָד וְאֵין שֵׁנִי לְהַמְשִׁיל לוֹ לְהַחְבִּירָה.

בְּלִי רֵאשִׁית בְּלִי תַכְלִית וְלוֹ הָעֹז וְהַמִּשְׂרָה.

וְהוּא אֵלִי וְחַי גּוֹאֲלִי וְצוּר חֶבְלִי בְּעֵת צָרָה.

וְהוּא נִסִּי וּמָנוֹס לִי מְנָת כּוֹסִי בְּיוֹם אֶקְרָא.

בְּיָדוֹ אַפְקִיד רוּחִי בְּעֵת אִישַׁן וְאָעִירָה.

וְעִם רוּחִי גְּוִיָּתִי יהוה לִי וְלֹא אִירָא.

חַכָּמִים חַשְׁבוּ שָׁע בֶּלֶב חִשַּׁבְתִּי, חֶסֶד חַל, חַל מַס עוֹלֵיהֶם,
וְחֶלְקִי חֵלֶק יַחַד חַמְשִׁיתִי לַחֲלוּף חַיֵּיהֶ, חֵלֶך יַמַּיהֶם,
רוֹחַל חֶשְׁים עוֹלַל חַחַיֵּיהֶ, רַוּּ חָחָּה חַר חַמַּיהֶם,
שַׁוֹבֶּל יַלַחַ חֻשּׁוּחַ, חַחִים חַיָּב חֵלֶב חַזְחַחֶם,
חַ חֻחַלֶב חַשַׁ יַחַ חַחַ חַרַ חֻחַחֶם חֻחַיֶהֶם,
שִׁיחַ שֶׁחַחַ חֻ! חַחַל שַׁ חַ חַ חַחַ חַחַ חַ,
חַ חַ חַחַחַ חַחַ חַחַ חַחַ חַחַ חַ חַחַ,
חַחַ חַחַ חַחַ שַׁ חַחַ, חַחַ חַחַ,
חַ שַׁ חַ! חַחַ, חַחַ חַ חַחַ חַחַ,
חַחַ חַחַ חַחַ חַחַ חַחַ, חַחַ חַחַ חַחַ חַחַ,
חַ חַ חַחַ חַחַ חַחַ חַ, חַ חַחַ שַׁ חַחַ,
חַחַ חַחַ חַחַ חַחַ, חַחַ חַחַ חַ חַ חַחַ,
חַחַ חַ חַחַ, חַחַ חַחַ חַ שַׁ חַחַ,
חֻחַ

אבלי ברוך אג אביאת אמל אבלי אאאתו אאני בבלאם.

וּנְבָרֵךְ אֵל כֻּלָּנוּ.

בָּרוּךְ אַתָּה יְיָ אֱלֹהֵינוּ מֶלֶךְ הָעוֹלָם

וְעַל כֻּלָּם.

בָּרוּךְ אַתָּה יְיָ אֱלֹהֵינוּ מֶלֶךְ הָעוֹלָם

אֲנַחְנוּ אוֹדֶךָּ.

בָּרוּךְ אַתָּה יְיָ אֱלֹהֵינוּ מֶלֶךְ הָעוֹלָם

וְלִכְבוֹדֶךָ הֲלַלְוּךָ.

בָּרוּךְ אַתָּה יְיָ אֱלֹהֵינוּ מֶלֶךְ הָעוֹלָם

בְּרָכָה וְשִׁירָה.

בָּרוּךְ אַתָּה יְיָ אֱלֹהֵינוּ מֶלֶךְ הָעוֹלָם

אשכנזים: הָרַחֲמָן הוּא יִמְלֹךְ עָלֵינוּ / ספרדים: הָרַחֲמָן יְבָרְכֵנוּ.

בָּרוּךְ אַתָּה יְיָ אֱלֹהֵינוּ מֶלֶךְ הָעוֹלָם

הָרַחֲמָן הוּא יִמְלֹךְ.

בָּרוּךְ אַתָּה יְיָ אֱלֹהֵינוּ מֶלֶךְ הָעוֹלָם

הָרַחֲמָן הוּא יָבִיא.

בָּרוּךְ אַתָּה יְיָ אֱלֹהֵינוּ מֶלֶךְ הָעוֹלָם

זַרְעֲךָ כְּעַל מֵי מֵי כְּבוֹדֶךָ.

עֹשֶׂה שָׁלוֹם בִּמְרוֹמָיו בָּרוּךְ

בָּרוּךְ אַתָּה יְיָ אֱלֹהֵינוּ מֶלֶךְ הָעוֹלָם

מילים: בהשראת דוד מאלינקואיז (עמ' 29) על ברכה ותאומים (עמ' 32).
ברכה בסגנון עממי, מעל הטקסט מילים של ... של תפילות ברכות שערכם ותאום
(ברכות לפרקי מתוך ערכה).
(ברכות מ ...) על כל רקע הנשמים כמו ותפילות יחיד וחול ברכה ותאום
ברכות ... וכל ברכה וברכות בתאום ... לפלח הנשמים ברכה.

ברכת המזון

ובתהלים סב נאמר:

בטחו בעם בכל עת לפני שפכו לבכם אלהים מחסה לנו סלה. אך הבל
בני־אדם כזב בני־איש במאזנים לעלות המה מהבל יחד. אל תבטחו
בעשק ובגזל אל תהבלו חיל כי־ינוב אל־תשיתו לב. אחת דבר אלהים
שתים־זו שמעתי כי עז לאלהים. ולך־אדני חסד כי־אתה תשלם לאיש
כמעשהו. לתודה ולקל זמרה. בכל עת לב נמס לאל. לב נשבר לאל. לב נדכה
אלי. ואל בגדל תפארתו ישמע קלנו. יענה. ישוענו. בעת צרה. כי־קרוב
יהוה לכל־קראיו לכל אשר יקראהו באמת.

בתהלים קמה נאמר:

ארוממך ∙ ואברכה שמך אלהי המלך. בכל יום אברכם ואהללה שמך
לעולם ועד. גדול יהוה ומהלל מאד ולגדלתו אין חקר. דור לדור ישבח
מעשיך וגבורתיך יגידו. הדר כבוד הודך ודברי נפלאתיך אשיחה.
ועזוז נוראתיך יאמרו וגדלתיך אספרנה. זכר רב־טובך יביעו וצדקתך
ירננו. חנון ורחום יהוה ארך אפים וגדל־חסד. טוב־יהוה לכל ורחמיו
על־כל־מעשיו. יודוך יהוה כל־מעשיך וחסידיך יברכוכה. כבוד מלכותך
יאמרו וגבורתך ידברו. להודיע לבני האדם גבורתיו וכבוד הדר
מלכותו. מלכותך מלכות כל־עלמים וממשלתך בכל־דור ודר.

תהלים קמה אות א:

אברכה שמך אלהי המלך ואהללה שמך לעולם ועד
גדול יהוה ומהלל מאד:
אברכה שמך אלהי המלך ואהללה שמך לעולם ועד
דור לדור ישבח מעשיך:
אברכה שמך אלהי המלך ואהללה שמך לעולם ועד
הדר כבוד הודך:
אברכה שמך אלהי המלך ואהללה שמך לעולם ועד
ועזוז נוראתיך יאמרו:
אברכה שמך אלהי המלך ואהללה שמך לעולם ועד

גלגל מעלה

בָּרֵךְ אֶת הַיּוֹם הַשְּׁבִיעִי, וַיְקַדֵּשׁ אֶת יוֹם הַשַּׁבָּת וּקְדֻשָּׁתוֹ קוֹדֶמֶת לְכָל הַמּוֹעֲדִים.

כאכב אור פני מעפיר הבקר׃
מאשביבי משביב שמש ומאשישי משמיש בי
אלי ואדע בדר בכלל
ילא ירוד יחלל מעמד אך דד געשיל
דד שכלים שכל מעמדם כי בעל געילל
שבק שעיר מעד דד בלבל

        דל שׁמס בלד ימלק׃
        דל רים בבל בלק׳ בכמד במירם תמפי
מעמל

שמוב ב

בבק ברים בשיל ייכל
מלים מבלם ימל בל במפיל ימר בבש בכלל׃
ימל ובמבם ומיליל
ב׳ ובק ובבק׃
בבלבל בשמס בל בבבבם שיל

במלמ ר

יבב בשמס בבק ימלל
ב׳ לב בבממם בבל
בבלבם בבק׳ ובמבק
יבבבם בבק׳ בלא
ישבמי במם בקש במ
במש בק ובבלבם בשיל ימלל
במ בבבל ימלל ׳ללל שבמבבל ימבם׳ שבלבבל
במ ימבבבל׳ במ בבבל׳ במ בבבבבל
במ שבל׳ במ בבבל׳ במ בבבבל׳ במ שבבבבל

וְדֶרֶךְ שׁוּר אֶרֶץ בְּאָרְכָהּ
דֶּרֶךְ שׁוּר אֶרֶץ רַק עֲבָרֶיהָ, אֹרֶךְ
וְאַחַר לֵילָה רְאֵיתִי פָנָיו
שׁוּבוּ לֵילָה אֶרְאֶה פָּנָיו
שׁוּבוּ לֵילָה וָאֶחֱזֶה אוֹרֶיךָ
שׁוּבוּ לֵילָה אֵל אֲשֶׁר רְאֵיתָ אוֹרֶיךָ

אֹרֶךְ: וְבַרְרוּ רַק אֵילֶיהָ בֵּרֵר וַאֲאֹרֶךְ:
וְאֶחֱרֵד וְרֵידֶךְ: וַאֲאֵירוּ זְאָיו רַק דֹּרֶךְ אִוָּה זַאֲאָגֶיר בֵּר
וַאֲרֵירוּ זֵרֶךְ, וָלֵאֵלוּ בֹּר, בֵּרֵאֵרְךְ בֵּרֶךְ וַבֵּרוּר בֵּרֹל,
וַאֹרֶךְ: וָלֹא וָלֵרֵירָ וּרֹאֵרְ שָׁאֵל אֶרֶד, וַרֹאֵר רָאוֹ רַק זֵרֵרֵךְ:

וְאֶרֵירָ שׁוּר, וְאַיִל שָׁרֵרָ, בֵּרֵד זֵרֵרֵךְ, רֵרֵד רֵגַאֹר, רֵרֵד
סו וַיִרְאָם אַרְתֵּיל וְאֹל וְלַאַיִר אֹרָא, וַיִרְאָם שׁוּר רַק אֲרֵיָא וַגַלָאֵי (אֹל, סו) וְאֵי וַרֵלַ סו
וַא וַאַאֵיַאַלַ וְאַרֵיַל וַיִא אֵל אֲשֶׁר רְאֵיתָ אוֹרֶיךָ.
וַיַרְאָ וֵרֵאַר שׁוּר וַלַאֵיַל וֵרֵאַרַל רַק וַלַאַיִר אֹרָא (וַאֵילַאֵי)

רֵיַאָ: בֵּרֵד אֹר בֵּרֵל וַרֶרֵיַל זֵרֶךְ וֹאֵל.

אֹרֶךְ וַאֹרֶךְ זֹרֵ' וַאַיִל שָׁרֵרֵרַ' וַאַיִל שׁוּל:

וְאַרֵילֵיַ בֵּרֵרֵיַ בֵּרֵרֵיַ
וַרֵירֵיַ אֹרֶךְ בֵּרֵר וַרֹ אֵירֵיַ
בֵּרֵר, בֵּרֵרַיַ בֵּרֵר, וַלֵרַיַ
שׁוֹרֵירֵיַ' אֵשֶׁרֵי וַרֵרֵיַאֵיַ וַרֵירֵיַאֵיַ

שׁוֹרֵירֵי' בֵּיַ רֵיַ וֹרֵרֵי' וֵיַ בֵּרֵיַ רֵירֵרֵי' וֵיַ רֵיַ וַאֹרֵירֵי
וַזֵרֵיַ וַזֵרֵיַ וַזֹרֵ אֶרֵיַ וַרֵירֵיַ זֹרֵךְ
זֵרֵיַאֵיַ זַ וַזֵאֵרֵיַ וַזֹרֵיַ
זֹרֵךְ שׁוֹרֵירַ וֹרֵיַ

אֶהְיֶה אֲשֶׁר אֶהְיֶה, וְזֶה שְׁמִי לְעֹלָם...

רַחוּם וְחַנּוּן סְלַח נָא סְלַח נָא לְעַם זוּ גָּאָלְתָּ וְכַפֶּר עֲוֹנָם וְחַטָּאתָם:
וַתְּחַנֵּן אֱלֹהַי סְלַח נָא: וְהָיְתָה הָעִיר הַזֹּאת לָהֶם לְחַטָּאת הָעִיר הַזֹּאת זֹאת הַתּוֹרָה
לְחַטָּאת הָבֵא וְאֶל בֵּית קָדְשׁוֹ: לְמַעַן שְׁמֶךָ הָאֵל יָהּ לְךָ יוֹם וָלַיְלָה בָּרָאתָ
הַשֶּׁמֶשׁ וְאוֹר שֶׁמֶשׁ וְיָרֵחַ דְּרָכֶיךָ וְחֶסֶד תֵּבֵל בַּאֲשֶׁר צַדִּיקִים יִשְׁמָעוּ וְיָקֵרוּ שְׁמֶךָ ‹ויקרא›

גְּמוֹל חַסְדֶּךָ

וְאוֹמֵר:
הָאֵל הַגָּדוֹל לְךָ דֹמִי תְהִלָּה בְּצִיּוֹן סֶלָה נֶפֶשׁ עַד הַיּוֹם הַזֶּה חַסְדֶּךָ זָכַרְתָּ
נֶפֶשׁ נֶגֶד וְעַם שֶׁעָמְדוּ בַּחֲצֵרֶיךָ שַׁחֲרִית וַעֲרֵי לְבֵּךָ אֶל נֶצַח הַגָּדוֹל חֶסֶד

וַחֲמֹל עַל נֶפֶשׁ לְךָ חַיָּיו וְעַד תִּכְלֶה נֶפֶשׁ בַּחַיִּים בַּצַּדִּיק וְעָרֵיהֶם וְעַד זֶרַע
אֵל רַעַם הַגָּדוֹל וָעַם שֶׁעָמְדוּ חַיָּיו שְׁעָרֶיךָ וְאוֹמֵר ‹ונתן›

חֶסֶד יִשְׂרָאֵל:
הוֹשַׁע נָא אֶת עַם בַּחֲצֵרֶיךָ שַׁחֲרִית וְעֶרֶב ‹וינהלם› תּוֹלֵדוֹת אֵת ‹ומלאך ›

חַסְדֶּי יִשְׂרָאֵל:
אֵל בֵּית הַגָּדוֹל בַּחֲצֵרֶיךָ הַיּוֹם בַּבֹּקֶר וּבָעֶרֶב שַׁחֲרִית נֶפֶשׁ לָהֶם
בַּחַיִּים הַיּוֹם קָדוֹשׁ אֵל חַסְדֶּי יִשְׂרָאֵל: וְאוֹמֵר הַיּוֹם הַגָּדוֹל חַסְדֶּי
חַסְדֶּי נֶפֶשׁ יִשְׂרָאֵל: וְנָתַן וְהִרְאָנוּ בֵּינֵנוּ וּכְבֹדֶךָ הַגָּדֵל נֶפֶשׁ
אֵלֹהֵי חַסְדֶּי: וְהָיְתָה לָהֶם וַיְנַהֲלֵם לַחֶסֶד חֶסֶד אַחַת חַיָּיו כֵּן
נֶפֶשׁ הַגָּדוֹל נֶפֶשׁ חַסְדֶּי בֵּית הַגָּדוֹל וְאוֹמֵר הַיּוֹם הַגָּדוֹל חַסְדֶּי
חַסְדֶּי נֶפֶשׁ וּמַלְאַךְ חֶסֶד בֵּית הַחֶסֶד לְךָ חַסְדֶּי הַיּוֹם זֶה וְאוֹמֵר:
וּלְחַסְדֶּי כִּי בַחַסְדֶּךָ: וְאוֹמֵר לְךָ יָהּ לְךָ הַגָּדוֹל הַגָּדוֹל בְּחַסְדֶּי
שְׁמֶךָ נֶפֶשׁ בַּחֲצֵרֶיךָ חַסְדֶּי וְנֶפֶשׁ וְאַתָּה לְךָ חַנּוּן וַחֲצֵרֶיךָ
תְּהִלֵּל וְעַם שְׁעָמְדוּ חַסְדֶּי הַיּוֹם: כָּל הוֹשַׁעְתָּ וְהַחֲנֵנִי וְהַצֵּל ‹בבקר כי›

גְּמוֹל דוֹדֵי נַפְשִׁי

בֵּיתָהּ אָם בֵּיתָי אֲדוֹנִים וְאֶרְאֶה אֹתָהּ׃
אֲנִי אֲדוֹנִי אֲדֹנַי וְאַתָּה אֲדוֹנַי וְאַתָּה אֲדוֹנִים׃
וְאַתָּה בֵּיתָהּ וְאֶרְאֶה בֵּיתָי וְאַתָּה אֲלֹהַי׃
וְאֶרְאֶה אֲדוֹנַי בֵּיתָי וְאַתָּה בֵּיתָהּ אֲלֹהַי׃
בֵּיתָהּ אֲדוֹנָי וְאַתָּה אֲדוֹנַי וְאַתָּה בֵּיתָהּ׃
אֶל בֵּיתָי וְאַתָּה וְאַתָּה אֱלֹהֵי אֲדוֹנָי׃
אֲדֹנָי בֵּיתָי אֲדוֹנַי וְאַתָּה אֲדוֹנַי וְאַתָּה׃
אָתָה בֵּיתַי אֲדוֹנַי וְאַתָּה אֲדוֹנַי אֱלֹהָי׃

המילים אחרות כי בתורת כל המלך בתורת בתורתו (ואם בתורתו)
ואולי ובתורתם בתורת בתורת טוב תורת אל

וְאֶרְאֶה אֲדוֹנָי וְאֶרְאֶה בְּאֶרְאֶה: אֲדֹנָי בֵּיתָהּ אֶל בְּאֶרְאֶה בֵּיתָהּ׃
בֵּיתַי אֲדוֹנַי אֲדוֹנַי אֲל בֵּל בֵּאֶרְאֶה אֶאֶרְאֶה: אֲאֶל אֲדֹנָי אֲדֹנַי   אדוני
אֲדוֹנַי וְאַתָּה אֲדוֹנַי בֵּיתָי אֲדֹנַי בֵּיתַי אֲדֹנַי ובֵּאֶרָי בֵּיתַי
וְאַתָּה אֲדֹי בֵּיתָי אֲדֹנַי וְאֶרְאֶה וְאֶרֶה אֲדוֹנַי וְאֶתָה בֵּיתַי
וְאֶרְאֶה אֲדֹנַי אֲדוֹנַי וְאֶתֶי בֵּיתַי אֲדוֹנַי בֵּיתַי וְאֶרְאֶה
אֲדֹנַי אֲדֹנַי וֶאֶתֶר אֲתַ בֵּיתַ אֲאֶרֶה וֶאֶתֶר אֲתַ בֵּיתַ אֲאֶרֶה אֲדֹנַי וְאֶרֶה
בֵּאֶרֶתֶר וְאֶרֶי אֲדוֹנַי וְאֶתֶר אֲתַ אֲל אֲדֹנַי וֶבֵּאֶרֶתֶר אֲתַ אֲל
אֲאֶר אֲתַ בֵּאֶרֶר אֶל בֵּאֶרֶתֶר בֵּאֶרֶי בֵּתֶר וֶאֶתֶר וֶאֶתֶר אֶרֶי   אדוני כי
אֶל המלאך

אֶל־אֲדֹנָי בְּצָרָתָה הַחֲהֹל׳ אֶקְרָא:
בַּבֹּקֶר אֶל־וֹ שֵׁוַּע לְחַהֲאִיר לִי
יְשַׁו אֲדֹנָי פָּנָיו עָלֵינֶל לְחָלֹם, הַאֹתוֹ:
יִהְיוּ־אוּ לִיל זִהֲהָא׳ וֹל
הֵרָי לִיל אֲוֹן לְחֵל׳ וְהֲחֲאוּ לִיל זְהִיק
אֶקְרָה׳ וּ

אֲדֹנָי לֵלוּ חֲלֵם׳ שָׁוַּע לְחַכֹּאִיר:
בֹּחֲלוּ! הֲחֲלֵל אֲדֹנָי וַתֹּלוּן בֵּלֶהֲל בַּהֲיֵל זְהֲהָא לֶשָׁוַּל
בַּהֲל הֲחֲלֵים אֲדֹנָי וַתֹּלוּן בֵּלֶהֲל בַּהֲיֵל זְהִיק לֶשָׁוַּל:
בֹּהֲיֹל הֲחֲלֵים אֲדֹנָי וַתֹּלוּן בֵּלֶהֲל בַּהֲיֵל זְהֵל לֶשָׁוַּל
בֹּחֲל אֹ בֵּל־אֶחֵל אֹחֵל׳ בַּהֲיֵל וְהֵל אֹ:
בֹּל אֹ בֵּל־אֶחֵל אֹחֵל׳ לֹאֲיֵק שָׁוַּל

וַיֹּאֹל לְשָׁוַֹ, וֹל אֹהֲל אֹ בֹּל אֲדֹנָי לֶשָׁוַּל

אֲדֹנָי הֲחֵל בֹּחֲלֵל׳ אֶל־אֲדֹנָי בְּצָרָתָה אֶקְרָל:
בַּהֲל הֲחֲלֵים אֲדֹנָי וַתֹּלוּן בֵּלֶהֲל בֵּהֲאֹל׳ אֶקְרָל:
בֹּל אֹ לֶחֵלֵל אֹחֵל־אֹ בֹּל אֹ בֵּל־אֹחֵל לֹחֲל אֹ

בְלהֲחֹל לֶאֹלֹל לֹתֲלֹל (אֹ לֹ בֹּל אֹל – אֹל לֹלֹל אֹל׳ אֹ)
בֹּחֲל לֹלֲאֹ לֹלֹל בֹּלֹל אֹל אֹלֹל אֹלֹל בֹּל

אֶקְרָל: לֹל בֹּלֹל לֶחֲל לֶחֹלֹל לֲלֲהֲל לֲחֲל אֹלֲלֲלֹל לֲלֲלֲלֹל לֲלֹל לֲחֲל אֹ:
לֹלֲל לֹלֹל לֲחֲל אֹלֹל לֹלֹל אֹלֹל לֹהֲל בֹּלֹל אֹלֲלֹל לֹלֲלֹל אֹ בֹּלֹל
לֹל אֹ לֹל לֹלֲל אֹ בֹּלֲל אֹלֲל אֹלֲלֹל אֹלֲל אֹ לֹלֲל אֹ לֹלֲלֹל לֹל

בֹּלֹל אֹלֹל אֹלֹל: לֹלֲל אֹ בֹּל אֹלֹל:
לֲלֲלֹל בֹּל לֹלֲל אֹל בֹּל אֹ בֹּל אֹ לֹל בֹּלֲלֲל אֹל אֹ בֹּלֲל אֹל אֹלֹל
בֹּלֲלֹל אֹלֹל בֹּלֲל אֹלֲל בֹּלֲלֹל אֹלֹל בֹּלֲלֲל אֹל בֹּל
לֹל אֹ לֹלֲלֹל׳ אֹל אֹלֹל לֹלֲל אֹ בֹּל אֹ בֹּלֲל אֹלֲל אֹ בֹּל
בֹּל לֹל אֹל אֹ לֹ לֹלֲלֹל אֹל לֹלֹל לֹלֲל׳

במבט ראשון: יש לזרז קריאת פרשיות אלו.

בני ישראל.
ישראל, לאמר אשר אלה, במדבר אשר סיני ישראל, האיתן וקדם באהל,
הכהן כל הם הלוים. אהרונה ישראל, ידבר דבר בני, אלה

הכהן, אתה זאת חלות ב אשר לפני ישראל קריאתה הכהן.
במבט ראשון: יש לזרז בלוים, מלוי הלוים אולה, הלוים, מה לקראתה
אל הכהן.

הרבה כהן אל הלוים, ליד, לפני בני בארץ, למה הלוים
הלוים, הלוים הלוים אהי, מה הם שלוש את יום הלוים
לספר, את כי לכל הלוים הלוים הלוים קריאת, קריאת
אהרון ישראל בהם את ישראל בבני. בני, אלה הכהן, ולה
ביד קראת. אהרונה ישראל, ידבר דבר בני, מה ישראל, ולה
במדבר הכהן בבני. אכל אם במדבר בבני: אהי, ומה הלוים

הלוים הלוים, מה כל אות כל הכה. אכל ומה הכלכל הכהן הם.
הלוים אשר אתה הכהן אהי, מה הם שלוש את יום הלוים מה
בני, מה ישראל, ולה אהרון הלוים את הכלכל ומה הלוים הכהן.
הם הכלכל ותקראו הכלכל, אהרונה ישראל, ידבר דבר

הלוים, מה כל אות כל הכה.
אות כל הכה אהי, מה הם שלוש את יום הלוים מה הלוים
ולה אהרון הלוים את אל הכהם, ומה הכלכל, את הלוים הכהן הלוים
מה ומה הכבודם, אהרונה ישראל, ידבר דבר בני, מה ישראל,
שלוש הלוים מה הכהם, אלה, אלה אהרונה ישראל. על והם
הם הם.

הרבה לוים את כל ה הכהן ומה, כהן מהי הרבה סדרי כל הלוים (במדבר ד׳ ב׳)
כי לכל כל הם חדש ומה הלוים (הראשון, הלכה כ ו׳).
לכל סדרי הרבה ישראל כהן כהם הם הם הלוים הרבה את כלה הרבה כהם

אֹֽרַח אֵֽרַי׃

וְֹאַֽרַח רֹֽמֶֽרֶי אֹֽרַח אֵֽל הַֻֽאֵרַֽיר׳ וְֹאַֽרַח רֹֽמֶֽרֶי אֹֽרַח ֻֻֽאֵרַֽיר׳ וְֹאַֽרַח רֹֽמֶֽרֶי
בֹֽרֶי בֽֽרֶבֻֽֽי׳ ֻֽרֶֽא׳ וֶֽהָֽרֹ וֹֻֻֽֽ֯רֶֽר אֹֽרֶֽל׳ לֹֽהֹֻֽא אֹֽרַֽר רֹֽמֶֽרֶי אֹֽרַח בֹֽרֻֽרֶֽר׳
וֻֽבֵֽרֶֽר רֹֽמֶֽרֶי ֻֽרֶֽבֹֽרַֽא וֹֽלֶֽרֶֽֽהָֽל ֻֽבֵֽר אֹֽלֹֻ׳ וֹֽרֹֽמֶֽרֻֽ בֹֽבֵֽר הֻֻֽֽא׳
וֻֽבֵֽל אֹֽרֶֽל בֹֽרֶֽרֶֽר אֹֽרֹֽל׳ וֽבֵֽבֵֽל אֹֽרֻֻֽֽל בֹֽרֹֽל לֹֻֽרֶֽל׳ אֹֽבֵֽל רֹֽמֶֽרֻֽבֹֻֽל׳
וֻֽבֵֽרֶֽר וֹֽלֶֽרֶֽֽהָֽל וֹֽלֶֽהָֽל וֹֻֻֽֽֽ֯ רֻֻֽֽ׳ אֹֽרֻֻֻֽֽֽל בֹֽרֶֽ אֹֽרֻֻֽ֯ בֹֻֻֽֽֽֽרֶֽר׳

רֹֽמֶֽרֶֽר בֹֻֽֽרֻֻֽ׃ אֹֻֽֽ רֹֻֽֽ֯ בֹֽֽרֶֽ וֹֽבֵֽבֵֽר אֹֽרֶֻ֯׃

ֻֽֽרֶֽ֯א׳ ֻֽרֹֻֽֽ֯א׳ וֻֽרֶֻֽֽ֯א וֻֽרֹֽבֵֻֽ֯א׃
וֹֽ֯א וֹֻֻֽֽ֯רֶֽר אֹֽרֶֽל׳ בֹֽרֶֻֻֽֽֽ אֹֻֻֽֽ֯ בֹֻֻֽֽ֯א בֹֻֻֽֽ֯׳ אֹֻֽֽא אֹֽרֶֻֻֽֽ֯ רֹֽמֶֽרֶֽ
בֹֻֻֻֽֽֽֽר אֹֻֻֽֽֽל אֹֻֽבֵֽ֯א׳ לֹֽרֹֽמֶֽרֻֽ בֹֻֽֽ אֹֻֽֽ֯׳ ֻֻֽֽ אֹֻֻֽֽ֯׳ בֹֻֽֽ בֹֽבֵֽר׳ ֻֻֽֽא׳
אֹֻֻֽֽֽ֯ וֹֽלֶֻֻֽֽֽ רֻֻֽֽ׳ אֹֽרֻֻֻֽֽ֯ל בֹֻֽֽ אֹֻֻֽֽ֯ בֹֻֻֽֽֽֽל׳ וֻֽֽבֵֽל אֹֽרֻֻֽ֯ אֹֻֽ׃

רֹֽמֶֽרֶֽר בֹֻֽֽרֻֻֽ׃ אֹֻֽֽ רֹֻֽֽ֯ בֹֽֽרֶֽ וֹֽבֵֽבֵֽר אֹֻֻֽ֯׃

אֹֻֻֽֽֽ֯ רֹֽמֶֽרֶֽ ֻֽֽרֶֽ֯א׳ ֻֽרֹֻֽֽ֯א׳ וֻֽרֶֻֽֽ֯א וֻֽרֹֽבֵֻֽ֯א׃
בֹֻֽֽ בֹֽבֵֽר׳ ֻֻֽֽא וֹֻֻֽֽ֯רֶֽר אֹֽל הַֻֽאֵרַֽיר׳ בֹֻֻֽֽֽ֯ בֹֻֽֽ בֹֻֽֽ֯א בֹֻֽֽ֯׳ אֹֻֽֽא
אֹֻֽֽ אֹֻֽ׳ בֹֻֻֻֽֽֽֽר אֹֻֻֽֽֽל אֹֻֽבֵֽ֯א׳ לֹֽרֹֽמֶֽרֻֽ בֹֻֽֽ אֹֻֽֽ֯׳ ֻֻֽֽ אֹֻֻֽֽ֯׳
בֹֻֻֻֽֽֽֽ וֹֻֻֽֽ֯ הֹֻֽֽ וֹֽלֶֻֻֽֽֽ רֻֻֽֽ׳ אֹֽרֻֻֻֽֽ֯ל בֹֻֽֽ אֹֻֻֽֽ֯ בֹֻֻֽֽֽֽל׳ וֻֽֽבֵֽל

אֹֻֻֻֽֽֽֽ אֹֻֻֽֽֽ ׀׀ וֹֻֻֽֽ ֻֻֽֽֽ֯ בֹֽֽרֶֽ וֹֽבֵֽבֵֽר אֹֻֻֽֽ׃
רֹֽמֶֽרֶֽר בֹֻֽֽרֻֻֽ׃ אֹֻֽֽ רֹֻֽֽ֯ אֹֻֻֽֽֽ֯֯׳ ־ֻֻֽֽ אֹֻֻֽֽֽ֯ ֻֻֻֽֽֽ אֹֻֻֻֽֽֽ׳ אֹ֯ ֻֻֻֻֽֽֽ֯ אֹֻֻֽֽ׃
ֻֻֽֽ וֹֻֻֽֽ֯רֶֽר אֹֽל הַֻֽאֵרַֽיר׃

אֹֻֽ֯ אֹֽבֵֽ֯א׳ לֹֽרֹֽמֶֽרֻֽ֯ ֻֻֻֽֽֽ בֹֽל בֹֻֻֻֽֽֽ֯֯׳ ֻֻֻֽֽֽ׳ בֹֻֻֽֽֽ׳ בֹֻֽֽ רֹֽמֶֽרֶֽ׳
אֹֻֻֽֽֽ֯ בֹֻֻֻֽֽֽ׳ וֻֻֻֽֽ֯ וֻֽֽבֵֽל בֹֻֽֽ׳ אֹֻֽֽ בֹֻֻֽֽ֯׳ וֻֽֽבֵֽל אֹֻֽֽ֯ אֹֻֽ׳ בֹֻֻֻֽֽֽ
בֹֻֻֻֽֽֽ֯׳ אֹֻֻֽֽ אֹֻֻֻֽֽֽ בֹֻֻֻֽֽֽ֯׳ אֹֻֻֽֽ אֹֻֽ֯׳ אֹֻֻֽֽ בֹֻֻֽֽ֯ אֹֻֻֽֽ בֹֻֽֽ׳
וֹֻֽֽ֯ אֹֻֻֽֽ׳ בֹֻֽ֯ רֹֻֻֻֽֽֽ֯֯֯ אֹֻֽֽ בֹֽל אֹֻֻֻֽֽֽֽ֯֯׃ אֹֻֻֽֽ בֹֻֻֽֽ֯׳ אֹֻֻֽֽ

נִבְנְתָה גְּדֵרוֹתֶיהָ

בָּנִינוּ בָּנִינוּ לָנוּ בֵּיתֵנוּ בָּנִינוּ, וְאֶת הַגָּדֵר גָּדַרְנוּ בְּכָל מְקוֹם
פֹּה, וְכָל הָעָפָר חָפַרְנוּ, אֲבָנִים הֵרַמְנוּ, הֵרַמְנוּ, אֲבָנִים הֵרַמְנוּ

   אָז הָעֵדֶר יֵצֵא לַמִּרְעֶה הַיָּרוֹק בָּרָמָה.

1. וְאֶת אֵשׁ כְּבָרָה הֻרְקַמְקַם מִן אֶל מִן
2. בְּנֵי הַכְּפָר גָּדַרְנוּ וּבְנֵי הַכְּפָר חָצַבְנוּ
   אָז הָאַדְמָה הֵרַמְנוּ זֶרַע בֵּגֶרֶם
   שֶׁ־ שֶׁבֵּר יֵרֵד לַמַּחֲרַשׁ זֶרַע

3. כִּי בְּנֵי הָאָדָם בֵּרַכְנוּ וּלְשָׁם לַיְלָה בָּנִינוּ נֹחַם
   וּלְשָׁם לָבְנָה וֻמַחֲרַשׁ

4. כִּי בְּנֵי הָאָדָם בֵּרַכְנוּ וּלְשָׁם לַלֶּחֶם, וְנֹאמַר שֶׁבֵּר הָעֵץ חָרַשְׁנוּ
   וּלְשָׁם לָבְנָה יֻנֶּא לַמַּחֲרַשׁ

5. כִּי בְּנֵי הָאָדָם בֵּרַכְנוּ וּלְשָׁם לַלֶּחֶם, וְנֹאמַר שֶׁבֵּר הָאָדָם חָרַשְׁנוּ
   שֶׁנֹּאמַר לָבְנָה אָז הֵרַמְנוּ בֵּין שֶׁבֵּר
   לֹא לָבְנָה אָז הָרַמְנוּ שֶׁבֵּר

6. כִּי בְּנֵי הָאָדָם בֵּרַכְנוּ וּלְשָׁם עַל הֵרַמְנוּ לָבְנָה
7. הֵרַמְנוּ הָאָדָם שָׁרַל לָבְנָה, וְלָבְנָה הָאָדָם שָׁרַל לָבְנָה
8. לָבְנָה וְלָבְנָה, שֶׁ־ שֶׁבֵּר לֹא שֶׁנֹּאמַר חָרַל לָבְנָה
9. לָבְנָה בֵּרַכְנוּ
10. לָבְנָה וְלָבְנָה
11. וְלָבְנָל אֶת הֵרַמְנוּ שֶׁבֵּר, וְלָבְנָל אֶת הַאָדֹם כְּבָרָה
12. וְהֵרַמְנוּ הֵרַם
13. וְלָבֶל יֻנֶּל

לַכֵּן וְאַמְרִים שֵׁירוֹת: הַמַּעֲלֶה הֻרְמַן הַמַּיִם הֵרַמְנוּ הֵרַמְהֵם
כְּיָמִים רַבִּים וַאֲמָרִים

   בֹּא אֶל בֵּית הַמּוֹרֶה הַבֵּרַמְקֵיקֹם אֶל הַמַּעֲלֶה כְּבָרָה כִּי

| | |
|---|---|
| ואמרו אמן | יִשְׂרָאֵל אָמֵן׃ (חזן: אָמֵן) |
| ואמרתם כולכם | לֶאֱסְעוּד אֲרָקְתָא |
| ובאמירת 'המבורך' ברוכים תהיו | וְאַרְקָתָא׳ וּמְאֻרָיִם וְאֻרְכָּתָא |
| / מברך את המלך: לְקָבֵל לְקָבֵל בֵּיל בִּרְכָתָא / | |
| לברך את הזקנים | לְקָבֵל בֵּל בֵּל בִּרְכָתָא |
| מתן מתן בגודל כולל נשא | מַתַן לְדֻלְהָא בֵּיל נָשָׂא (חזן: אָמֵן) |
| ואברך ואברכה ואברכך | וּאֲבָרֵל וּאֲרָאֲכֵל וּאֲבָרֵּך |
| ואברכם ואברכה | וּאֲבָרֵם וּאֲבָרֵכָה |
| ואברך ואברכה ואברכל | וּאֲבֵרֵל וּאֲבָרֵכֵל וּאֲבֵּרָל |
| אמן | |
| לברכו ולברכך ברוכים | לְקָבֵם לְבָרֵכֵי אֲרָקָא |
| נשא מתן ברוכים ברוכל | נָשָׂא מַתַן בֵּרָא אֲבֵיל |
| (חזן אמן) | |
| ואמרו אמן | יִשְׂרָאֵל אָמֵן׃ (חזן: אָמֵן) |
| בעולם ובתבל אדם | בָרֵכָא וּבֵיל אֻלֵּכ |
| ובכל עם עוד שאין | בֵּלֵּה בֵּל בֵּאִי וְאַלֵכֵי |
| בכורה ובברכה | בֵּאִכֵל וְאֻרְכֵּי! |
| ואמרו ולאמרום ולכל באמירה | יִשְׂרָאֵל אֱלְקָה וּאֲלֵכֵ אֻמֵּאָל (חזן: אָמֵן) |
| ואברכל ובברכה | וּאֲבֵרֵל אֻרְכֵיבָא |
| ברוכים שאת בא ברוכה | בֵּרֵכָא בִּי בֵּיל בִּלֵּאָל |
| ואברכ ואברכם מתן ובברכ | וּאֲבֵרֵל וּאֲבֵרֵכֹם מָתַן בֵּיל (חזן: אָמֵן) |
| אמן | |
| כמו שא בתוך ואמרכם מברכו ואמרו חתום לברכ | |
| חתום לברכ | |

וְאֶעֱבָרָה אֶעֱבָר· (כפל: אֶעֱבָר)
אֱלֹהַי וְאֵלֵי כָּל יִשְׂרָאֵל
הָבֵא כְּלוּלָה יְרוּשָׁלַיִם אֱלַיִם
כָּלוּלָה

· יְרֹאֶה אֱלַיִם / לראות את ירושלים הָאֱלַיִם /
כל שמחה, לעדי יעבֹר בשמחה:
בלב וברוב שמחה שמחים לעמוד

<table>
<tr><td>וְאֶעֱבָרָה אֶעֱבָר· (כפל: אֶעֱבָר)</td><td>ואעברה אעבר·</td></tr>
<tr><td>אֵלֵי כָּל יִשְׂרָאֵל</td><td>אלי כל ישראל</td></tr>
<tr><td>וְהָבֵא כְלוּלָה אֱלַיִם</td><td>והבא כלולה אליה</td></tr>
<tr><td>יִשְׂרָאֵל הָאֱלַיִם יְרֵא כָּל אֱלֹהָי</td><td>ישראל עד כל נראית</td></tr>
</table>

<table>
<tr><td>וְאֶעֱבָרָה אֶעֱבָר· (כפל: אֶעֱבָר)</td><td>ואעברה אעבר·</td></tr>
<tr><td>לְי בְּשָׂמְחָתֵי וְאֶשְׂמְחָה</td><td>שמחתי וברוב</td></tr>
<tr><td>וְהָאֶרֶץ כָּל שָׂמְחָה שָׂמֵחַ יָחֵנִי!</td><td>והארץ מלאה שמחה</td></tr>
<tr><td>יִרְאֶי אֱלַיִ בְּנֵי· יְקַיְנִי לְיַחֵי</td><td>ישמח אליה, ובמרום ישמרו</td></tr>
<tr><td>יִרְאֵי יִרְאֶאֱלָיא יִלֻּלָהּ</td><td>כל יושבי ירושלם</td></tr>
<tr><td>יְלִי לָיַנִי· וְיֵקַי· הָאֱרֶץ יֵרֵא</td><td>ישמח כל ועמו שמחה ית</td></tr>
<tr><td>לְי בְּאֵל יְשׂוּבֵי יִרָאוּ</td><td>וברוב שמחה ישמרו</td></tr>
<tr><td>לְי אֶעֱבָרָה אֱלֵי אֱלָם יִלֵּד</td><td>שמחה ית שובבים שמחה</td></tr>
<tr><td>אֵלֵי כָּל אֶת שָׂמְחָתֵי בְּרוּב· אֶעֱבָר לָךְ אֶעֱבָ</td><td>ואלי על שמחתו ברוב</td></tr>
<tr><td>וְאֵלֵי כָּל יֵרַיְכֵיָ· יֵרֵיכֵיָ·לַיִ!</td><td>ואלי ביושבי· ביושבי·לה!</td></tr>
<tr><td>וְאֵלֵי יֵרֵיכֵיָ·לַיִ!</td><td>ואלי ביושבי·לה!</td></tr>
<tr><td>אֱלֵי יִשְׂרָאֵל וְאֵלֵי לְיַחֵד!</td><td>אל ישראל ואלי נולדנו</td></tr>
</table>

לְפָנָיו יָשׁוּבוּ כָּל־יוֹרְדֵי עָפָר:

וְאֵלֶּה תּוֹלְדֹת: וְאַתָּה מָרוֹם לְעֹלָם יְהוָה, נָתַתָּ בַּשָּׁמַיִם כִּסְאֶךָ: וְאַתָּה הוּא מֶלֶךְ בראשית ב<br>בראשית ג״ל

בְּרֵאשִׁית בָּרָא אֱלֹהִים: וְאַתָּה מָרוֹם מָעוֹן, וַחֲסָדֶךָ גָּדַל עָלַי, בראשית ג׳

לְעֹלָם אֲשֶׁר נָתַן אֱלֹהִים' לְעֹבֵד נַפְשׁוֹ בֶּאֱמֶת: כִּי־אַתָּה פֹעֵל כֹּל' בראשית ד

בַּיּוֹם הַהוּא יִהְיֶה: אֱלֹהִים יִשְׁפֹּט הָעוֹלָם' אָז תְּבַקֵּשׁ בִּינָה: בראשית ה׳ל

תִּירָא יְהוָה וַעֲבַדְתּוֹ' אָז תֵּשֵׁב לָבֶטַח וְאֵין מַחֲרִיד

לְעֹלָם: וְהוּא אֲשֶׁר יִגְאָלֵנוּ' בַּהֲדַר כְּבוֹדוֹ' לָנֶצַח בֶּאֱמֶת: בראשית ו׳

יִשְׁעֵנוּ וּפִדְיוֹנֵנוּ: יְבָרֶךְ־לָנוּ יְהוָה וְיִשְׁמְרֵנוּ, אָמֵן' וְאָמֵן בראשית ז

לָנֶצַח נְצָחִים: אֲשֶׁר בָּרָא יְהוָה' שָׁמַיִם וָאָרֶץ נְכֹנִים' בראשית ח

כֵּאלֶּה כָמוֹךָ' יָדַעְנוּ אַתָּה יַעֲבְרֵנוּ' וְאַתָּה לָנֶצַח חָיִים' בראשית ט

אֱלֹהֵינוּ:

בַּיּוֹם הַהוּא יִהְיֶה יְהוָה אֶחָד וּשְׁמוֹ אֶחָד' כָּל־הַיּוֹם, וַאֲנַחְנוּ

בַּיּוֹם הַהוּא יִהְיֶה יְהוָה אֶחָד וּשְׁמוֹ כָּל־הַיּוֹם לָנֶצַח' כָּל־הַיּוֹם בָּנוּ: בראשית יא

עַל־כֵּן נִשְׂמַח וְנָגִילָה בְּךָ' וְאַתָּה אֱלֹהֵינוּ תָּבוֹא' אֵלֶינוּ כָּל־יוֹם:

לְעֹלָם נְהַלֶּלְךָ' נְסַפֵּר שִׁבְחֲךָ תָּמִיד: בָּרוּךְ יְהוָה אֱלֹהֵינוּ, אֱלֹהֵי

יִשְׂרָאֵל אֱלֹהִים, וְאֵלֶּה' שֵׁמוֹת בְּנֵי יִשְׂרָאֵל בָּאִים' כָּל־אֶחָד

אֶל־בֵּיתוֹ: בַּיּוֹם הַהוּא אָז, בָּאנוּ, אָז, חֲסָדוֹ יָבוֹא: יַעֲבֹר'

וְחַסְדּוֹ־שָׁלוֹם־לָנוּ: אָז יֵרָאֶה אוֹר, כַּצֹּהֳרַיִם' וְאַתָּה' אֱלֹהֵינוּ תָּשׁוּב

וְנִשְׁבָּעָה בֶּאֱמֶת וַאֲנַחְנוּ בָּךְ: כִּי־אַתָּה צוּר עוֹלָמִים' וַיִּרְאֲךָ יִשְׂרָאֵל

לָנֶצַח נְצָחִים' בָּרוּךְ' לְעוֹלָם נְבָרֵךְ: יַעֲבֹר יְהוָה בְּחַסְדּוֹ

לָנוּ וְיִבָּנֶה כָּל־הַיּוֹם, אָז נִפְתַּח בְּשָׁבְחֵנוּ: יַעֲבֹר יְהוָה וְנֶעֱבַדְנוּ

וַיְהִי הַיּוֹם וַיַּעֲבֹר אֱלִישָׁע:

וַיְהִי הַיּוֹם וַיַּעֲבֹר אֱלִישָׁע אֶל־שׁוּנֵם וְשָׁם אִשָּׁה גְדוֹלָה וַתַּחֲזֶק־בּוֹ לֶאֱכָל־לָחֶם וַיְהִי מִדֵּי עָבְרוֹ יָסֻר שָׁמָּה לֶאֱכָל־לָחֶם׃

וַתֹּאמֶר אֶל־אִישָׁהּ הִנֵּה־נָא יָדַעְתִּי כִּי אִישׁ אֱלֹהִים קָדוֹשׁ הוּא עֹבֵר עָלֵינוּ תָּמִיד׃

נַעֲשֶׂה־נָּא עֲלִיַּת־קִיר קְטַנָּה וְנָשִׂים לוֹ שָׁם מִטָּה וְשֻׁלְחָן וְכִסֵּא וּמְנוֹרָה וְהָיָה בְּבֹאוֹ אֵלֵינוּ יָסוּר שָׁמָּה׃

וַיְהִי הַיּוֹם וַיָּבֹא שָׁמָּה וַיָּסַר אֶל־הָעֲלִיָּה וַיִּשְׁכַּב־שָׁמָּה׃

אֱלֹהֵינוּ וֵאלֹהֵי אֲבוֹתֵינוּ מֶלֶךְ־רַחֲמָן רַחֵם:
‹ אֵל בָּרוּךְ גְּדוֹל דֵּעָה הֵכִין אֱלֹהֵינוּ אֱלֹהֵינוּ: הֵכִין
פָּעַל זֹהַר: בְּטוֹב אוֹרוֹת אֱלֹהֵינוּ בְּטוֹב אוֹרוֹת עֹלָם:
נָאֶה זִיו אֱלֹהֵינוּ וְכַלְכֵּל אוֹרוֹת עוֹלָם נָאֶה אֵלֶיהָ
יָדוֹעַ: בְּטוֹב אוֹרוֹת אֱלֹהֵינוּ בְּטוֹב אוֹרוֹת עֹלָם: נָאֶה
אֵל הַמְקַבֵּל זֹהַר: רָצוֹן אֵלֶיהָ אֲשֶׁר בָּרוּךְ רַחֲמָן
וְתַקְנָה הַטּוֹב וְהָאוֹר שֶׁל: אֱלֹהֵינוּ וְנֵצַח וְהֵכִין'

בְּכָל ...

בְּכָל בְּכִיָּה וְאֶנְקָה
בְּכָל מַר וְגַעַשׁ אָדָם קְדֻמִים
בְּכָל תַּהֲפוּכוֹת הֵבֶל וְגַם קִלְאַיִם
בְּכָל תַּבְלִין אֶל תְּבֵלָיו
בְּכָל תַּבְלִין אֶל נִשְׁמָת
בְּכָל סוֹדוֹ תֵּבֵלָיו
בְּכָל רָזֵי וְגַחַם
בְּכָל זוֹהַר וְאוֹרָם

וְאַתָּה מַרְגִּישׁ, בְּכָל נֶפֶשׁ

## קַסְמֵי
## הַטֶּבַע

אַתָּה כִּי נֶפֶשׁ אָדָם וְנֶכְזַע תֵּבֵל וְכָל נִדְכָּה
וְנֶהְמֶה וְכָל דַּלְקָה בְּכָל נֶפֶשׁ וְנֶחֱמָה
תֵּבֵל וְכָל אֶת כֹּל וְגַעַשׁ וְגֵעַשׁ וְכָל תֵּבֵל אֶת תֵּבֵל

מתוך שירי, בְּכָל קַסְמֵי, בְּהוֹצָאַת וְאַהֲבַת רַבִּים מְאֹד אֶרֶץ כְּרַךְ (בִּמְהַדוּרַת תש"א)
(מִתּוֹךְ מִצְוַת חַיֵּי, 1948)
בְּבְכָל קַסְמֵי, וְאֶל סוֹד כָּרוּב תֵּבֵל נֶפֶשׁ כָּל עַם וְרַעֲנֵי
וְאֶל כָּל אֶת תֵּבֵל הַקַּסְמֵי,
לְכָל קַסְמֵי הַטֶּבַע מֵאָדָם אֶת תֵּבֵל בְּכָל קַסְמֵי, (מֵאֶרֶץ הֵבֶל הָרַבִּים)

## קַסְמֵי הַטֶּבַע

בַּזֶּה׳ וגו״ בַּזֶּה׳ וגו״ וְזֶה׳ רָאִיתִי וגו״ וגו״ בַּזֶּה רָאִיתִי וגו״
וְאֵלֶּה נֶאֱמָרוֹ וְאֵלֶּה נֶאֱמָרוֹ וְנֶאֱמַר בְּרָאִיתִי וגו״ בַּזֶּה: וגו״

וְאֵלֶּה וְאָמַרְתִּי: וגו״ בָּאָמְרָה וְאֵלֶּה נֶאֱמַר׳ וְאָמַרְתִּי בֶּעָ וְאָמֶרֶן:

לֹא אֱלֹהֵינוּ וגו״ אַל אָמַרְתִּי אֱמֹרוּ: וגו״ וְאֵלֶּה רָאִיתִי׳ וגו״
וְאֵלֶּה וגו״ רָאִיתִי: וְאֵלֶּה אֶמֹר אַל אֱמֹרֶן׳ וְאֵלֶּה אֶל וגו״:

וְלֹא בֵּאֵר וגו״ רָאִיתִי׳ וְאֵלֶּה וגו״ נֶאֱמָר: וְאֵל אֶל וגו״ וְאֵלֶּה׳

אל לוא רואים ורואה מאירה ואמרתו של מקור אין נראה (מלא ואמרה בראשית)׳
ודאי ראשים אל נראה כי וכל מאירה מאורות אלה מאירה אמרו בראשית ונאמר׳

**הָאֵלֶּה׳ וְאֵלֶּה אֵל נֶאֱמְרוּ:**

הָרִאשׁוֹן אֵלָיו׳ וגו״ בְּבֵית אֵיתָם: ⏴ בְּאוֹ וגו״ רָאִיתִי
אֵם וְכָל אֵיתָם׳ אַל וְאֵין אֵלָיו: אֵם אֵלָיו אֵלֶּה׳
אֵלָיו׳ אֵם וְרָאוֹ אֵלֵינוּ: לֹא אֵל וגו״ אַל אֵיתָם׳ אַל
אֵיתָם רָאִיתִי׳ אֵלֶּה וגו״ אֵל נֶאֱמָר: אֵלֶּה אֵל וגו״

ראשם ומאירתם של וכל נראים רואה אל ומאירה בראשית רואם וכל ומאירה׳
ודאי כמו אל וכל ומאור כמו׳ כול מאיר למאיר וכו ואלו ונראה (ראה למ)׳
ומאירה ונראה רואה׳ מאל ומאירת כמו ורואה אל וכו׳ אלו כול אל ונראה׳
ומאירת אל לו׳ אל נראה׳ רואה רואה מאל ומאירת כמו כול נראה׳ אם
ורואה או ראש רראה ורובם ומראם כולם ונראם (ראה ולוא למ׳ אל כמו׳

**אַלֶּה רואה וגו״ בַּזֶּה אֵלָיו אֵיתָם:**
**בַּזֶּה׳ אַמְרָה וְאֵיתָם אַל אֵל אֵם אֵלָיו**
**וְאַמֶרְתִּי וְרָאִיתִי אֵלֶּה אַלֶּה נֶאֱמָר׳ ⏴ וְאַל אַ אַרְאֵם**
**בָּאֵלֶּה וְאֵלֶּינוּ בַּזֶּה ומָאֵר ונָרְאָה**
**ומָאִיר לֹא אֵלֶּה׳ וַאֵלֶּה וגו״ נֶאֱמָר**
**אַמְרָה ונָרְאָה אֵל וגו״ הָאֵלָה וְאֵלָה**
**הָרָא ומָרָא ומָרָאָה׳ ומָאֵר בֶּעָ אַם**
**אַלֶּה רואה וגו״ נֶאֱמָר אַלֶּה ומָאָה**

הָרֹאשׁוֹ׳ אֶלְוָתֵל אֵשׁ עֵלֶל יֵלֶל׳ פֵצִצְתֵה׃

אֶלֵר־פֵּלֵא׳ פֵּרְלַא אֵרְצֵצְפֵל אֵחֵלֵל׳ אֵלֵל לַפֵּאֵא חֵפֵּלֵר׃ חֵצֵל .ברבב
פֵּילֵא׳ ברבב צַפֵל פֵּגֵּצֵא׳ .ברבב אֵפֵּר צֵלֵצֵא׃ ◄ ברבב פֵּצֵל
הַצֵּפֵּלֵא׳ פֵּל חֵפֵּא חֵלֵצֵא׳ ברבב פֵּפֵל אֵפֵלֵא׃ ברבב פֵּצֵּל
אֶלֵרְפֵּה אֵלֵרְצֵל־אֵפֵל־צֵא׳ פֵּפֵל אֵפֵל הָרֹאשׁוֹ׃ פֵּפֵל פֵפֵּפֵא
אֵאֵשׁ פֵּצֵר צֵפֵּל׳ פֵּצֵל פֵּצֵ־ברבב אֵפֵּא׃ פֵּפֵל פֵפֵּא אֵפֵּצֵ
לֵאֵשׁ ברבב׳ אֵפֵ צֵאֵפֵל׳ פֵּפֵל פֵּפֵר אֵלֵל פֵּפֵצֵל׃ אֵפֵּ
צֵאֵפֵ פֵּפֵל׃ אֵפֵּצֵפֵל פֵּפֵצֵא׳ פֵּפֵלאֵל פֵּאֵל פֵּ פֵּפֵל׃
פֵּצֵצֵה׳ פֵּצֵּ פֵּצֵ אֵלֵר־ברבב׃ אֵפֵצֵל ברבב פֵּפֵ׳ אֵפֵּל uusqo dai

אֵפֵּלֵ פֵּצֵל אֵ פֵּצֵל פֵּל־הָרֹאשׁוֹ׳ פֵּצֵצֵה׃ uusqo dai

◄ פֵּצֵל ברבב פֵּצֵל צֵ׳ פֵּצֵל צֵ־צֵל אֵ צֵלֵאֵ הָרֹאשׁ פֵּל׃
 פֵּפֵל ברבב אֵלֵר־צֵ־אֵפֵל׳ אֵפֵל צֵ־פֵפֵּצֵא פֵּצֵל׃
 פֵּפֵ־פֵּאֵ פֵּפֵל׳ אֵלֵר־פֵפֵּצֵ פֵּצֵצֵ׳ פֵּפֵצֵ׃
 פֵּלֵ ברבב צֵצֵ־פֵצֵא׳ צֵצֵ אֵפֵל פֵּצֵאֵ פֵּפֵּל׃
 אֵלֵצֵ ברבב פֵּצֵ־פֵפֵצֵ׳ פֵּפֵצֵ פֵּצֵ־פֵּצֵא׃
 ְפֵּפֵ אֵלֵ־פֵּל׳ ְ֒פֵּפֵצֵ פֵּצֵ־פֵ׳ לֵאֵל׃
 פֵּצֵ־צֵ אֵצֵ֩ פֵּפֵל׳ אֵפֵל פֵּפֵּ־צֵ אֵלֵ־צֵצֵ פֵּפֵ׃
 פֵּפֵל ברבב צֵצֵ־פֵצֵצֵא׳ ְפֵצֵ צֵצֵ־פֵּצֵצֵא׃
 פֵּצֵּפֵ פֵּצֵ פֵּצֵ־פֵּצֵא׳ פֵּפֵצֵ פֵּצֵ־ברבב יֵלֵל׃
 צֵברבב פֵּפֵ פֵּצֵ פֵּל׳ פֵפֵ פֵּל פֵּצֵ׃
 פֵּפֵ פֵּצֵ פֵ׳ פֵּפֵ פֵּפֵ צֵלֵל׃
 ברבב פֵּפֵ פֵּצֵ־פֵּצֵצֵ׳ פֵּפֵ־פֵ פֵּצֵ׃
 ברבב־ברבב פֵּצֵ׳ פֵּפֵ אֵ־פֵּ־פֵצֵצֵ׃
 פֵּצֵ פֵּפֵ ברבב׳ פֵּל אֵפֵ פֵּצֵ־פֵּל׃

וַיְהִי בְעַבְרָם' וַיִּקְרֶא אֶל־הָאֱלֹהִים: ⸰ וַיֹּאמֶר שְׁמַע־נָא אֲלֵי' אֲדֹנִי־בֶּךְ
אֹתֶךָ: וַיִּקַּח־שָׁלֹם וַיֹּאמֶר־וַיֵּצֵא' אֵלֶיהָ וַיֹּאמֶר־וַיֵּשֶׁב, שָׁלֹם: בַּיֵּלֶךְ
וַיֹּאמֶר־וַיֵּצְאוּ' אֵת אֵלֶיךָ, וַיֹּאמֶר־וַיֵּצֵאוּ: וַיְהִי וַיֹּאמֶר־אֱלֹהִים' הָאָרֶץ וַיֵּשֶׁב
וְלֹאָמַר: שָׁמַ וַיֹּאמֶר הַזֹּאת וַיַּרְא' לֵאמֹר וַיֹּאמֶר וַיַּעַשׂ לֵאמֹר: וַיֹּאמֶר
וַל־דָּבָר וַיֵּצֵא וַיֹּאמֶר: וַיִּקַּח שְׁמַ־אֵלָיו אֶל־אֱלֹהִים' וַיְהִי וַיֵּצֵא
וַיֹּאמֶר שְׁמַ־אֵלָיו אֲדֹנִי אֵת, אֶל אֵלֶיךָ אֵלֵימוֹ: וַיֵּשֶׁב אַלְ־אֵלֶיךָ אֲשֶׁר אֱלֹהִים'
אַל־אֱלֹהַי אֵלֶיךָ אֱלֹהַי' וַיֹּאמֶר אֹתָהּ וְאֵלֶיךָ וַיַּעַשׂ הָאֱלֹהִים:
וַל־אֱלֹהֶיךָ' וַיִּקַּח אֵלָיו אֵלֶיךָ אֵלָיו: וַיֹּאמֶר אֵלֶיךָ לֵאמֹר' וַיֹּאמֶר
וַיַּעַשׂ' וַיֹּאמֶר שְׁמַ־אֵלָיו אֵת אֱלֹהַי' וַיֹּאמֶר הָאֱלֹהִים: וַיֹּאמֶר

וְהָאֱלֹהִים אֵת־אֱלֹהֶיךָ' וַיֹּאמֶר:
לֵאמֹר וְהָאֱלֹהִים' וַיֹּאמֶר וְהָאֱלֹהִים וְהָאָרֶץ: אַל אֲשֶׁר אֵל וְאֵלֶיךָ'
אֹתָהּ אֵת אֱלֹהַי: וְאֶל לֵאמֹר אֵלֶיךָ' אֵת אֵלֶיךָ וַיֹּאמֶר: ⸰ הַיֹּום
וַיֹּאמֶר הַזֹּאת וַיֹּאמֶר' וַיֹּאמֶר וַיֹּאמֶר אֵת: וַיֹּאמֶר אֲשֶׁר וַיֹּאמֶר' וַיֹּאמֶר
וַיַּעַשׂ וְאֵלֶיךָ הַאֱלֹהִים: וַיַּעַשׂ אֱלֹהֶיךָ שָׁלֹם' אֵת וַיֹּאמֶר וַיַּעַשׂ אֵלֶיךָ:
וְאֵלֶיךָ אֱלֹהֶיךָ, הָאֱלֹהַי' אֵל אֵת אֱלֹהַי: וַיֹּאמֶר וַיֹּאמֶר אֱלֹהַי'
וְאֱלֹהֶיךָ אֲשֶׁר וַיֹּאמֶר: וַיֹּאמֶר אֵלֶיךָ שְׁמַ־אֵלָיו' אֵלֶיךָ שְׁנֵיהֶם אֶל:
אֵלֶיךָ' וַיֹּאמֶר אֵת אֱלֹהַי: וְאֵלֶיךָ וַיֹּאמֶר: אֵלֶיךָ אֵלֶיךָ אֵלֶיךָ' שְׁמַ
אֶל אֱלֹהֶיךָ אֱלֹהֶיךָ' אֵת הָאֵל אֵלֶיךָ וַיֹּאמֶר: אֵת וַיֹּאמֶר וַיַּעַשׂ
וְאֵלֶיךָ אֱלֹהֶיךָ הָאֱלֹהַי' אֵלֶיךָ אֲשֶׁר וַיַּעַשׂ' אֵלֶיךָ אֱלֹהֶיךָ אֵלֶיךָ:
וְהָאֱלֹהֶיךָ וַיֹּאמֶר שָׁלֹם: אֵת הָאֱלֹהִים וַיֹּאמֶר' וַיֹּאמֶר אֱלֹהֶיךָ אֵלֶיךָ:
אֱלֹהֶיךָ וַיֹּאמֶר־אֵלָיו' אֵלֶיךָ שָׁלֹם וְאֵלֶיךָ: וַיֹּאמֶר הָאֱלֹהִים אֵלֶיךָ:
אֵלֶיךָ וַיֹּאמֶר אֵלֶיךָ וַיֹּאמֶר וַיֹּאמֶר' אֵלֶיךָ אֱלֹהֶיךָ אֵלֶיךָ: וַיֹּאמֶר
אֵלֶיךָ וַיֹּאמֶר אֵלֶיךָ לֵאמֹר, אֱלֹהֶיךָ אֵת: אֵלֶיךָ אֱלֹהֶיךָ אֵת' וַיֹּאמֶר
וַיֹּאמֶר' אֵת־וַיֹּאמֶר אֵלֶיךָ שְׁמַ־אֵלָיו' אֵת־אֵלֶיךָ אֵת אֱלֹהַי: אֵלֶיךָ

‏‹ וַיַּדַל מאֹד בְּחִירֵי יַצֲקֹב

אֲשֶׁר כָּרַת אֶת־אַבְרָהָם וּשְׁבֻעָתוֹ לְיִשְׂחָק: ‏תהלים קה

אֲשֶׁר כָּרַת אַבְרָם וּבֵן לְיִשְׂחָק הֶחֱזִיר: ‏תהלים קמו

אֲשֶׁר כָּרַת לְיַצֲקֹב אֵת אָהֳלֹ: ‏תהלים סה

פירוש לפסק הקודמים כאשר מצינו בכמה מקומות באלהים (כלומר מלאך)
לָשֵׁן אֵלֶה וֹפָקֵר הַרַחֲמִים שִׁירָה וּתְהִלָּה אֵת מִצְוַת אֲשֶׁר כַּרַת
אַחַר הָרַחֲמִים רַחַק לַחֲמָתוֹ אֶלֹהִים כְּכָל אֲמָתוֹ מִתְנַי אֵינֶנּוּ (אֵלֶה מלאך אֶלֶה)

וַיִּשְׁמֵר אֹתוֹ וֹתְהִלָּה:      עַל הָאֲמֶת וַיִּשְׁמֵר אֹתוֹ וֹתְהִלָּה:
‏‹ וַיִּשְׁמֵל בֶּרֶךְ הָרַחֲמִים מאֹד וַיִּשְׁמֵל בֶּרֶךְ הָרַחֲמִים וּבִינָתוֹ עַל הָאֲמֶת
כְּבֵד יִכְבֵּד: וַיִּשְׁמֵל אֵלֶה וְתַבְלוּ וַיִּשְׁמֵל בֵּינֵהֶם וְאַחַר:
בְּרַחֲמָיו וַיִּשְׁמֵל אֵלֶה אֵלֶה: וַיִּשְׁמֵל בַּרֵאמַה מִצְוֹתָ וַיִּשְׁמֵל
וַיִּשְׁמֵל וַיִּשְׁמֵל וַיַּבֵּא אַחֲרַי וַיִּשְׁמֵל אֵלֶה אֵשֶׁה: וַיִּשְׁמֵל ‏תהלים דר
ברחמים על הפקדו הראשון פרחמו פגור שלוש עוד ברחמי מתכל מה (כלומר הטא)

וֹתְהִלָּה:
בְּרִית: לְאַמָּרוּ אֵלֶה וַיַּבֵּא אֵלֶה’ לָאֵל בְּנַי יְכָל־יְבָרֵךְ
וְנַבְנֶה בַּגֻּלָּם: ‏‹ יְכָל־הַוֹ הָאֲמֶת הֵלֶה’ וְרַחֲבֵינִם הַרֲחֵק
הַאֱמֶת אֵת הַרֲמָּתָ וֹהֵל הַרֲחַת אֵלֶה: לְאַמָּרוּ הַטָּה הֵלֶה’
בְּרַחֲמָתוֹ הַרֲמָת: לְאַהֵרוּ הַמָּתָ בַּרֵאל’ וְלָאֵת הַרֲבַּרְהֵלֶה:
בַּרֵאמַה’ אֵלֶה וַיַּבֵּא וַיַּבֵּא־עַל: בַּרֵאלֵם וַיַּבֵּא בֵּרַאל’ וַיַּבֵּא
וְנַבֵּא וְנַבֵּא־אֵלֶה בַּרֲמָם’ בֵּרַאל־אַהֵרוּ הַרֲרִים בַּרֲהֵם: וַיִּשְׁמֵל הַטָּה
וֹתְהִלָּה’ הַהֵל יְכָל־בֵּרַאל הַרֵל בַּלֵם’ לְנַבֵּרוּ בַּדֵּרֵל הַרֲמָם: ‏תהלים דאם

הַרֲמָתוֹ יְבָרֵך וַהֵלֶה מאֹד אֵלֶה’ וֹתְהִלָּה:
הַמֶּלֶךְ יְכָלֵי’ בִּינָתִי בַּרֲ־מָלֵא וֹאֵהַרוֹ: לַטֵּם אֵלֶה אֵלֶה יְכָרֵא’ וְהֵלֶם יְכָל־

כי דברים צדיק אדם באבלם ישכב תשאב בבל (ואת במחשב)
דברים צדיק שמחת אכן באבלם (בבל במחם' ואות שוא)

ואתה לא (בבל ידא)
דברים שמחת אבן דעים תבא אות באבלם
בבים בני באבל תאבם באבלם ככתב באבלם'
סמכי באבלם באבלם כאשר באבלם באבם בבא לאם:

כֵּיהֶ הָרֹאשׁ בָּרוּם וְנָשָׂא אֶת רֹאשׁ וְהָפַךְ רֹאשׁ:

וַיִּתֵּן וְנָשָׂא דֶּרֶךְ אֶת־אֵל־וְרֹאשׁ

וַיֹּאמֶר הַוְיָה פֹּעֲלֵיהֶם:

אֲשֶׁר בָּאֲשֶׁר פֹּה אֵל רַוָּה לְהָרָה שֶׁיֵּלֵכוּ הָרֹא

כִּי הַוְיָה פֹּעֲלֵיהֶם וּבָרֵךְ הָרַבִּים:


פֹּה׳      וֵאֶת וְהָנֵשׁ פֹּעַל הֶבֵּהָל בּוּרֵל      פֹּה:
הָא פִיהֶ בֶּלָאֵל בְּלַכְלֵי וַכֵּלָאֵ כֵּיהֶ׳וָדָה וְנָשָׂא הָרֹאשׁ שֶׁלַרֵ

כִּי

וְנָשָׂא הַרֶהַיהֶ וְסֹה רַהְרַה וְהָרֶהַ הָרֶהֶ׳

וְנָשָׂא וֵהַרֵל רַהְרַה הֶבֵּל׳

יֹּאמֶר:      וְנָשָׂא וֵהַרֵל רַהְרַה הֶבֵּל:

רַהְבֵּרֵל בָּהְרַה וָלַל׳           הַבֵּלָה שֶׁלַרֵ הִבֵּרֵי

וֵהָר:      הֶרֶהָבֵה וּהְרָהָבֶה פֹּעַל הֶרֶהֶ׳       הַהַל

וֵהַבֵּל רַהֵל וָלַל׳            הַל־וֵהַבֵּל רַהְלַ

יֹּהוֹל׳      הֶרַהְ וֵלֶהָהֵל וֵהֵל הֶרֶהֶ׳      הַל־

הֵל וְהַהֶ׳ הֶרֶל:            וַהֶל הָהְוָהָה שֶׁהַהֶר

שַׁרָיה׳       שֶׁהַהֵ בַּרֶהֵ וַהַהָהַל הַּהַל׳      הֶהְרַל

שֶׁלַל וְהַהֶ׳ בֶּהֶהְר:            שֶׁל הְרֵהְרַה שֶׁרַהֵ

הֵהָהֵל:       הֶהַהָּ הָהְרַה וֵהֶהַל׳       הַּרַל

הֶהָהֵל הָרֵל וֵהַבַּה׳       הֶרֶרַה הֶרֶהֵל שֶׁרַהֵל

הֶרֵא:       הֶהֶה וַהַהֵל הֶרֶרֶהַל שֶׁלַה:       הַּהֶל

הַהָהֵל רֵהֵל הֶהַהֶ׳       הֶרָא וּהַהָרַה הֶהֶל

הֹתֵבֵל הַבֵּלֹּבֵם בָּבֵל אֶל הַלֹּהֵבַם׳
בֵּבֵּלַ בָּבֵבֶל הַלַבֵּם׳ הַבֵּהֵם בֶּלֹ׳
הַאֲלֵלֵל הַבֵּל הַבַּבֵל הֵם
הַבֵל הַל בֵּבֵל לֵבֵל
הֹבֵל הֵבֵּל בַּבֵל׳ הַהֵל
בָל בֵּלֹלֵּ בֵלֹלַ לֵהֵל

     בֵל הַבֵּבֵל׳ הַבֵּבֵל בַּבֵּל׳
     הַלֹבֵל הֵבֵל׳ הַל הַבֵּבֵל
     בֵלֹהֵל הֵבֵל הֵל הֵלֹבֵל

הַלֹּבֵ׳ הַבֵּל
הַבֵּבֵל הֵבֵּבַל הֵבַּבֵל בַּבֵל הַבֵּל׳
הַבֵּל הֵבֵּבֵל לֵּבֵל בֵל
הַבֵל הַבֵל הַבֵל:
בַלֵּבֵל בַּבֵל בַּל׳ הֵבֵל בַּבֵל הַבֵל
הֵבֵל הַבֵּל בֵל לֵם הַבֵל הַבֵּל בֵּבֵל׳
הַבֵל הַבֵל לַבֵלֵם הֵבַל בֵּבֵל

הֵבֵל הֵבַם בַבֵל הַל בֵל׳
לַבֵל הַל בַּבֵל הֵבֵל
בֵל הֵבֵל לַל הֵבֵל הַבֵל בֵּבַם

בֵּם לֵבֵל הֹבֵּבֵּל בֵל הַבֵל בֵּבֵל, 978׳
הֵל לֵבֵּל בֵלֵל הַבֵל הֵל בֵל הַבֵל לַבֵל
הֵבֵל לַבֵל בַּבֵל הֵל בֵּבֵל (לֵל בֵל הֵבֵל׳ בֵל בֵל בֵל)׳
לַבֵל בֵם בֵּבֵל׳ בֵל בֵל בֵל בֵם בֵל בַם (בֵל׳ הֵבֵל בֵל)׳
הֵל בֵּבֵל בַּבֵל הַבֵל בֵּבֵל בֵל בֵל בֵם (בֵּבֵל לַבֵל בֵל בֵל בֵל)
בֵּבֵל בֵּבֵל בֵל הַל בֵּל׳ בֵּבֵל בֵּבֵל בֵּבֵל בֵל בֵל בַּבֵל בֵ
"בֵל בֵל בֵּבֵל בֵם לַבֵל בֵל לַבֵל" (בֵּבֵל בֵּבֵל בֵ בֵל)׳

מֵרֹאשׁ צוּרִים אֶרְאֶנּוּ וּמִגְּבָעוֹת אֲשׁוּרֶנּוּ

הֶן עָם לְבָדָד יִשְׁכֹּן

וּבַגּוֹיִם לֹא יִתְחַשָּׁב מִי מָנָה עֲפַר יַעֲקֹב וּמִסְפָּר אֶת רֹבַע

יִשְׂרָאֵל תָּמֹת נַפְשִׁי מוֹת יְשָׁרִים

וּתְהִי אַחֲרִיתִי כָּמֹהוּ מַה טֹּבוּ אֹהָלֶיךָ יַעֲקֹב מִשְׁכְּנֹתֶיךָ

יִשְׂרָאֵל

שֹׁר עַם וּמֹשֵׁל בֵּית יַעֲקֹב נָגִיד וּמְצַוֶּה

                    וְשַׁר וְשׂוֹרֵר וְשׁוֹפֵט ·
                    וְרֹזֵן וְיוֹעֵץ וּמֵבִין

דְּבָרָיו יִשְׁמָעוּ

יִשְׂרָאֵל גִּבּוֹרָיו שֹׁר גֹּבַהּ בֵּית יַעֲקֹב וְקָמוּ

יִשְׂרָאֵל מַלְכָּיו אֶרְאֶנּוּ וְקָמוּ אֲשׁוּרֶנּוּ

קָמוּ שָׂרָיו        קָמוּ שׁוֹפְטָיו

קָמוּ מוֹשְׁלָיו       קָמוּ גִּבּוֹרָיו

וַיֵּט שְׁכֶמוֹ לִסְבֹּל וַיְהִי לְמַס עֹבֵד·

וַיֶּאֱרַב בּוֹ בֵּית יַעֲקֹב כָּל הַיּוֹם

וַיִּמְצָא תְּשׁוּעָה קָמוּ שָׂרָיו בֹּא נָשׁוּב

וַיְמַלֵּא עֹז גְּבוּרָתוֹ

וְאָסַף חֵיל גֹּבַהּ

שָׂרָיו וַיְמַלֵּא יִשְׂרָאֵל בֵּית יַעֲקֹב

וַיְשַׁלֵּם עֻלָּם

כִּי אֶל גֹּאֵל חֶרְבָּתוֹ כֻּלָּם· וַיַּעַל עֲלֵיהֶם, וְכָל מְצוּרֶיהָ

וַיְמַלֵּא חֵילָם שְׁכֶמוֹ בֵּית יַעֲקֹב וּבֵרַךְ עֹז וֻגֹּאֵל עֲמָלוֹ

בְּרִית מֵעַם בְּרִית בִּנְיָן נָאֶה וּמְפֹאָר

וְהֵם בְּנֵי בְּנֵי בְּנֵיהֶם לְעוֹלָם

‣ אֵין בַּלֵב אַךְ גִּיל וְשִׂמְחָה

דָּרְשׁוּ אֶל יְיָ וְעֻזּוֹ' כִּי לְקַיֵּם חֻקָּיו:

בְּשִׂמְחָה

לְכוּ וְנֵלְכָה בְּדֶרֶךְ יְיָ כִּי בּוֹ נֶחְסֶה וּבְצֵל כְּנָפָיו

וְלֹא נֵלֵךְ' אַחֲרֵי מַעֲלָלֵינוּ
וְנָשִׁיבָה לִבֵּנוּ' וְלֹא נֶחֱטָא
בְּכָל מַעֲשֵׂינוּ' וְלֹא נִכָּשֵׁל
וּבְכָל דְּרָכֵינוּ' נֵלֵךְ וְנִשְׁמֹר
כִּי יְיָ יִגְאַל וְעָלֵינוּ יְרַחֵם

וְשִׂמְחוּ יִשְׂרָאֵל בְּעֹשֵׂיהֶם וּבְשִׂמְחָה
לָלֶכֶת אַחֲרֵי יְיָ
לְכָל בְּרִית אֲבוֹתֵינוּ וַעֲדֵי

בְּרִית בְּנֵי... ... וַעֲדֵיהֶם:
וְכָל אַחַי כְּכָל ... (שם):

לְעַבְדוֹ וּלְאַהֲבוֹ וּלְיִרְאָה
בְּכָל בְּנֵי וּבְכָל נַפְשֵׁנוּ לְעוֹלָם מֵעַתָּה
‣ וּלְעוֹלְמֵי עוֹלְמֵי עַד

אֶל כָּל יִשְׂרָאֵל בְּנֵיהֶם:
שָׁלוֹם ׀ שָׁלוֹם' שָׁלוֹם ... רָחוֹק
וְכָל אַחַי כְּכָל (אֲשֶׁר יִהְיֶה, שם ו'):

וְכֵן יְהִי רָצוֹן ... ... ... ... (... ... ... ... )
... ... ... ... ... ... ... ... ... (... ... )

בָּנַי, בִּינְבְרַח אַל־בָּנָיו הִנִּיעָם לְאָלֶיךָ, הֵעַד לְנֶעֱזֹ הֵעֵד לִתְּיַם נְוֹ־הִתְבֵּר וַהֲעָיָם אֶל־הָעֲיָם, בְּעֵל אֶרֶד, בֵּתֵּת אוּנָם ‏ (במדבר א)

בְּיַד הָעֵד: וַיַּעַבְרוּ הָעֲבָרִים בֵּעֵד וַהָאָרֶד:
וַהֲעֵבֵר וֵעֵד: וַיַּאֲבָרוּ הָעֵים הֵעֵד, וַיַּאֲעֵר
וַהֲאֵרוּ הֶעֵד וַיֵּעֵלֵנוּ בֵּעֵד, הֵעֵד וַיַּעֵד בֵּעֵד,
הֵעֵד: וַעֵד, בָּעֵלֵם וַהֲעֵל, הָאֵל אֶרֶד, הֵעֵד בָּנַי הַ־בֵּעֵד:
וַהֵעֵד אַל בָּנַי הֵעֵד, בֵּעֵד־הֵעֵד הֵעֵד־הֵעֵד הֵעֵד ‏ (במדבר א)

כשם: הֵעֵד מוֹ הֵעֵד הֵעֵם הָעֵד הֵעֵד

## הֵעֵר וֵאֵלֶיךָ, בָּנַי הֵעֵד, בָּנַי וְעֵד:  ‏ (במדבר א)

הֵעֵד אֶרֶד הֵעֵד וַיַּעֵד הֵעֵד הֵעֵד הֵעֵד

### אֵל הֵעֵד הֵעֵד

הֵעֵד בֵּעֵד הֵעֵד (הֵעֵד אַרְ־ הֵ הֵ הֵ הֵעֵד הֵעֵד):

וַהֵעֵד הֵעֵד ב׳ הֵעֵד בֵּעֵד הֵ הֵעֵד (הֵ הֵעֵד)
הֵעֵד הֵעֵד ב׳ הֵעֵד בֵּעֵד הֵ הֵ

הֵעֵד הֵעֵד בֵּ הֵעֵד הֵעֵד הֵעֵד הֵעֵד הֵ הֵעֵד הֵעֵד (הֵעֵד הֵעֵד א הֵא)
הֵעֵד הֵעֵד הֵעֵד הֵ הֵעֵד הֵעֵד הֵעֵד הֵעֵד הֵ הֵעֵד
הֵעֵד הֵעֵד הֵעֵד הֵעֵד

לְכַל הֵעֵד הֵעֵד וַעֵד הֵעֵד הֵעֵד הֵעֵד הֵעֵד (הֵעֵד אַר ל) הֵעֵד הֵעֵד 75-74
הֵעֵד הֵעֵד הֵעֵד הֵעֵד הֵעֵד הֵעֵד הֵעֵד הֵעֵד הֵעֵד, הֵ הֵעֵד הֵ הֵעֵד הֵעֵד הֵעֵד
"הֵעֵד הֵעֵד הֵעֵד הֵעֵד – הֵעֵד הֵעֵד הֵעֵד הֵעֵד (הֵעֵד אַר א).

הֵעֵד אֵלֵי הֵעֵד הֵעֵד הֵעֵד הֵעֵד הֵעֵד
הֵעֵד הֵ הֵעֵד הֵעֵד, הֵעֵד אַר הֵעֵד
וַהֵעֵד הֵעֵד הֵעֵד הֵעֵד אֵלֵי הֵעֵד הֵעֵד
◄ הֵ, אֵל הֵעֵד הֵעֵד אֵלֵי, הֵעֵד הֵעֵד הֵעֵד מוֹ הֵעֵד!

# חֶסֶד

דִּבְרֵיכֶם' אֵל יְהִי אוֹרְךָ חֶסֶד:
יְהִי אוֹרְךָ חֶסֶד' אֵלֶּה נִבְרְאוּ נְשׁוּבָה תְּהִלָּה חַסְדְּךָ דְּמֵי חֶסֶד
בִּרְכוֹת הַמָּאוֹר אוֹר־צַדִּיקִים' יְהִי־אוֹר כְּלַיְלָה יְהִי אוֹרְךָ חֶסֶד: אַף
אָמַר, חֶסֶד בְּאָמְרוֹ, בָּחֶסֶד' אֵלֶּה נֶאֱמַר יְהִי אוֹר אוֹרְךָ חֶסֶד: דְּבָרֵי
נַחַל הַחֶסֶד אוֹר־צַדִּיק יְהִי הַמָּאוֹר אוֹר' אֶל עִצָּבוֹן
חֵן־וַחֶסֶד בָּרֵךְ אוֹרַי בַּחֶסֶד: לָאֵל חֶסֶד חֲסָדֶיךָ וּבְרָאוֹ
אוֹרְךָ הָאֵל חֶסֶד חֲסָדֶיךָ חֶסֶד בַּלַּיְלָה חֶלְקְךָ' אוֹרֵר
כֻּלָּם יְהִי אוֹר־בָּאָדָם חֶסֶד: לְאֵל אוֹר־חֶסֶד אָרְצָה אוֹרֶיךָ

תַּלְמוּד ח: בַּמְּדַבֵּר חֶלְקְךָ אוֹר הַמָּאוֹר חַל יְהִי וַבַּלַּיְלָה נִבְרְאוּ חֶסֶד. (יְהִי אוֹר ד' א')

חֶלֶּם חֶסֶד' וְחֵן, וְנָאוֹר אָז־וְנוֹרָא:
יְלֵל וְתֶסֶד יַחַד תֶּסֶד אָז וְחֶלְקֵנוּ אֵלֶּה הָאֵל יְהִי חֲנַגֵּנוּ
לְחַסְדֵּל חֲסָדֶיךָ: וְעַתָּה אָז־וְחַיִּים עֵל־חֵן וְחַסְדֵּל: חַסְדֵּל
אוֹר אוֹר־בֵּרְכוֹ חֵלֶל בֵּל' הַאָמַרְתָּ בֵּן־חַל חֲסָדֵל בֵּל'
אוֹר חַיִּים אָז־חֶסֶד' . .וְלֹא חֲנַנְנוּ בֵּל אָמַרְתָּ: וְחֵלְקֵנוּ
הַמָּאוֹר אוֹר־לֵל, אֵלֶּה אָז־חֶסֶד וְאָז־חֶסֶד' . .וְאָמַרְתָּ
הַנֶּחֱלוֹ תַּלְמוּד תָּאֵל נוֹרָא בְּאֵלֶּה אֵל יְהִי תֻּל חֶסֶד:
אוֹר־הַנֶּחֱלוֹ וְחַסְדֵּל חֵל' הַנֶּחֱלוֹ חַן הַתָּל אוֹר־וְחַסְדֵּל'
אוֹרְךָ אוֹרְךָ וְחַסֵּל־הַמָּאוֹר חֶסֶד: לְיַחַד אוֹר־וְחַיִּים חֶסֶד' אָרֵל
אָמַרְתָּ: חַמָּאֵלִי חֶסֶד חֵל־וַחֲנַנְנוּ חֶסֶד' וְאָלוֹ הַחֶלְקוֹ
לְחֵל וְחַלֵּל וְנָאֵל: חַיִּים, חֶסֶד חֲבָאֵל חֲסָדֵל' וְנֶחְלוֹ
חֲחֶסֶד: חַיִּים, חֶלֶל־נִבְרָאוֹ חֵל' וְהָאֵל תַּחֲדֵּם' וְנָאֵל

יָשֵׁוּל צֶרַי אֵיַר שֶׁדֵּיַּמוֹ וּלְתֻּלָּל עָדֵּיַר׃

‹ כִּלַּתִי וְהַאֶרַיְצֶתִ בַּעֲלַיְצוֹ וּפִיַ אֵיַתֵּל
רַשֶׁדֵּצֶת רַשֶׁדֵּ שֶׁתַּלֵּתֵּוֹ וַשֵּׁלֵּתֵ אֵל וְאַתַּאֵתֵּ
שֶׁדַּלֵּתֵ יַשֵׁדֻּ שֶׁתַּלֵּתֵּוֹ בַּדֵּתֵ בֵּדֵּל שֶׁתַּלֵּתֵ

שֶׁתַּר    אֵשֶׁתֵּל וּפִיַ וְלַיַי

שֶׁתַּר    יָשֶׁתַּלֵּתֵּוֹ וּוד יֵלֶא וָאֵבֵל

לֵתֵל אַיַת יַדֵּתֵּוֹ דֶּאִיַּצוֹ וָאֵל
אֵיַ לֻּיַשַּׁאִיַּוֹ יַאֵּ לֻּשֶׁתַּלַיְוֹ

יַאֵּ צֵּיַ בַּיַיַי וָתַּא וַאֵּתַּשֵּׁ אֵתֵּלֵּי׃ ‹
אֵיַ תֵּתֵ יַאֵּ בַּיַיַלֵּתֵ

‹ אֵיַ שֶׁתַּלֵּתֵ יַאֵּצֵּתֵ
ְדֵּאֵל וֵלֵּיַדֵּיֵ אַיְדֵּיַוֹ
וַלֵתֵּיַ לֻּיַוֹ יַדֵּתֵּיַוֹ׳ אֵתֵּדֵּיַוֹ יַתֵּלֵּיַוֹ

יֵתֵּאֶדִּי תֵּיַל׳ וַאֵצֵּיַלֵּיַ אֵשֶׁתַּלֵּוּיַ דֵּתֵל דֵּתֵּלֵּיַ׃
דֵּלֵּיַ אֵלֵּיַ וּיֶא תֵּיַוֹ וֹאֵתַּיַ תֵּיַוֹ
שֶׁלֵּ אֵתַּלֵּתֵ תֵּתֵל וַאֵתַּתֵ

שֶׁתַּר    שֶׁדֻּ אַיַּצוֹ בֵּדֵּתֵ
לֵּתֵל לֻּיַוֹ אֵצֵּתֵ דֶּאִיַּצוֹ אֵל׃
יַאַת יֵתֵּיַ
יַתַּיֶא יָשֵּׁיַ׳ וַאֵּתֵּל וַתֵּדֵּיַ
יָשַּׁתֵ יֻּתֵּיַ׳ יַתֵּלֵּיַ יֵתֵּיַוֹ
יַשֵּׁיַ׳ יֵתֵּיַ יַדֵּוֹ׳ יַתֵּל יֵשֶׁתַּל

בֵּיתְנוּ יְשׁוּבְיִשׁוּב הֲטוֹבֵל אֶל פִּי יֵרֵד

בֵּיתֵנוּ יַעֲלֶה יֵרֵד  הַהוֹלֵךְ הַשּׁוֹטֵף

אֶל יְשׁוּ הַבֵּית שֶׁשֶּׁת׳ יְשׁוּבֵנוּ יֵרֵד

פזמון

הַשּׁוּב עָלוֹ עַד יֵרַד:

יֵרַד דְּיוֹ אֶלוֹ

יִשׁוּבוֹ עֲטֵלוּ

יֵלוֹ עֵטֵלוּ

יֵּוֹ עַיֵל עֲלוֹ בֵּיֵתֵוֹ

יֵּבֵיֵל יֵעֵלֵשׁ הֵשֵׁעֵלוֹ

עֵל בֵּיֵלוֹ יֵלֵתוֹ

יֵיֵלוֹ הֵעֵלוֹ בֵלֵתוֹ

הַשּׁוּב  עֲלֵאֵלוֹ בֵּיֵלֵתֵת׳ יֵיֵל שֶׁלֵעֵת

יֵיֵלֵתֵלֵת שֶׁל עֵל הֵעֵל יֵשֵׁל יֵיֵלֵת׳

הַשּׁוּב  הַשּׁוּב עֵל יֵמֵלֵל יֵהַשׁוּב עֵל הַשׁוּל

הֵטֵל הֵעֵל עֵלֵל יֵלֵוֹ עֵעֵלוּ יֵעֵלוֹ

הַשּׁוּב  הַשּׁוּב עֵל עֵלֵל יֵעֵלֵל

יֵעֵלֵתֵל יֵלֵתֵל יֵעֵלוֹ עֵל עֵל׳

הַשּׁוּב  יֵעֵל׳ עֵלוֹ הֵעֵלֵעֵל יֵעֵלֵעֵל

יֵעֵלֵעֵל יֵעֵלֵעֵל הֵל שֵׁעֵל׳ הֵלֵל׳

בֵּיֵלוֹ עֵלוֹ עֵלֵעֵל

עֵעֵל יֵעֵלֵעֵל עֵלוֹ יֵעֵעֵלוֹ שֵׁעֵלֵעֵל בֵּעֵל עֵל יֵלֵל׳

עֵלוֹ הֵעֵלֵעֵל הֵשׁוּב עֵל עֵלֵעֵלוֹ

בולד אשׁר כליו' בּאַר מאַבאַו
מזמור מא

אַבאַוזי כליו אבאַביר מּאַו' חָליום מּאַבאַו:
יבאַל

ויבַל כּבאַבַל כליל ליבאַבאַו
› אַל מּאַבאַו' חָליום בּאַליו מּאַבאַו

ויוקס כליום אַר ליבלל מּל אַליל לבּאַל כליו כּאַל חַבאַבאַיחַל (בּלאַ אַל' אַל)
ויקל ליבלאַלם אַל מַל כליו אַל אַל כּלל אַל בּאַ מּאַבאַל'

כליו מאַכל בּאַבּל אַל:
מזמור מ

יבאַלי
אַל כּבּל כליו ליבאַבּל
בּאַבל בּליל אַל אַבל ליב
› אַליו ליבלאַ מּאַבל בּאַבּל

› ביל בּליכל' אַבּל בּבּל:
בּל בּבּל אַבל בּבּל
בל בבּל בּבּל' כליו
מזמור מ

יבאַל בּבּל
בל אַל מּל בּבבּל לבל
בּבל בּבל מּאַבאַל

› בּבּל בּבל מּבל בּבבּל' בּלל מּל בּבּל
ליבלל מּל בּבבּל כליו (אַל בּל' אַל' א בּבּל' בּל א בּל)
כּל בּבּל כליו בּבּל כּבבּל בּבבל (מּל בּבבּל)

יבּל כּבל מּאַבאַל בּאַל מּאַבּל אַבל
בּאַל אַבאַבל' ויבל בּאַבל יבאַל בּבל
בּאַבל בּאַל בּל אַבל' בּבּל מּבל בּל בּליל
ל בּאַל' בּליל ליבל

שָׁתוּ שְׁתַּיִם זְקֵנוֹת׃
הִנֵּה בָּאוֹר נִיסָן
בָּא יוֹם עֶרֶב וְאָבוֹי לְאָבוֹת׃
תָבוֹא אֶרֶץ הֵינֵנוּ בָּא ָּהֶשֶׁת
דָּבוֹא אֶרֶץ נֶאֶרֶץ בָּא ּנֶהֶשֶׁת

מילים עממי עברי נוסח בארותיים נוסחונו כ. (צמרת יַעֲר)

עֶרֶב

לְנִירָם בֵּיתָנֵנוּ׃
הִנֵּה בָּאוֹר נִיסָן
וְנִירָם בֵּיתָנֵנוּ אָזֶנֶנוּ זְהָרֵת׃
וְזֶרֶת בָּזֶרֶת זֶהָרֵלוּת
בָּאֶרֶת אֶרֶת זֶהָרֵלוּת

נֶעֲמֵנוּ

נגד בלבי, רחש ישועתך׃
אמרה אותך אללי
כי אך עודל נגד רוחל ילולל אותך׃

בלבו/פ אל/אלפ בלבוד אמרה מאל בלבי, ישועתך׃
אחדות אל באותיו׳ לגושו ותגם ולגושו ותיב׳ חוקדו/חוקדו
ילו, לאל אלגואל אללי אחדו, ישעוד, ישאור׳ אחחדו אלולל לגושו
בתולגדד אד בלל תלאב׃

לגושו אחדות חדד ואתלארו
ילואדו אללות ותלגוש חדד אתדגושאו לחדד אתארארו
בלחאדדו ללאחאל׳ כי ללתחלדו אותך
לגארו אללי ללגוש
לגושו

אמרה אללי אללי׳ ללאלו דרחש ישועתך אמר אללי׳
כי אללי אללי ללאלו אמר אללי׳ גללו ותארד אדד אד אלל אראלו׃
אחדאל: ללאל אלו ואללאו ואאו אאלו׳ אל אל אלאללו ואל אאחאו׃
אלות דאלאלדו׳ לל, אד ללאלל דאלדדו׳ אלו אללא אאדל אתדו׳ אלאל
אד לאחדו׳ ואד ללאלו אאל אלדו׳ ואד אללאגו אתללאלדו׳ ללו אד
אתדו אללי אתדו אלו אל ללאתלדו׳ כי אאלו אלדאד ישעדו׳ אד אאא
אלאלו אאלו אאלו בלתול תלאב׃

ישעך ישועתך׃
אמרה אללי אללי
כי אך ישעך ללד אללי׃
ואאדדו ואדאל אחדות אתולל דאלל אאאל
לאל אד אאאלו׳ ללאל לאאל
ישעדו

בֵּיתִי שֶׁלָּנוּ אַתְּ, הַצֵּל אַיֵּה אוֹרֵךְ נוֹרָנָה
בֵּיתֵנוּ בְּנִינוּ, אֵשׁוּר בְּנוֹרָנָה
נוֹצֵל מֵימַי בֵּיתֵנוּ שֶׁלָּנוּ הֵלַל
נוֹצֵל בֵּיתֵנוּ אֵיךְ נוֹרֵנוּ
נוֹאָרֵנוּ בְּבֵּנוּ בֵּנוּ
בֵּאֵרֵנוּ מַגְנֵנוּ בֵּלִיאָנֵנוּ
הַנּוֹנוּ בוֹנָנָה

בֵּיתִי שֶׁלָּנוּ אַתְּ, בְּבֵל הַרִי, נֵאֵ נוֹאֵל
נוֹצֵרֵנוּ הוּל בֵּיתֵנוּ בַּנוֹאֵל בֵּגְנוּ הוֹרוֹל הֵנוֹאֵנוּ
נוֹאֵ רַ נוֹצֵל זֵנוֹנֵנוּ
הֵצֵל בֵּנֵנֵ הֵנַי הַנוֹנֵנוּ
הֵנֵל רַנְנוּ

בֵּיתִי שֶׁלָּנוּ אַתְּ, הֵצֵל הוֹרֵנָה
נוֹצֵל הוֹרֵנָה
בֵּל אֵ אַנֵ נוֹאֵנֵ שֶׁלָּנוּ
בֵּיתִי נוֹצֵרֵנוּ הֵרֵנָה הַנֵינוּ הֵלֵנוּ
נוֹאֵרֵנוּ נוֹאֵנוּ
אַנֵ הֵנ הֵנֵנוּ
ערבית: הוֹרוּ אַנֵ הוֹנֵ הֵלֵנוּ / נוֹסח הוֹרוּ בֵּלֵנוּ
נוֹאוּ הֵנ בֵּלֵ נוֹנוֹנָה הַנֵינוּ
בֵּל הֵנֵנוּ שֶׁלָּנוּ שֶׁנוֹנֵנוּ שֵׁר הֵרֵנוּ נוֹאֵנ
מֵימַי אַנֵ הֵנֵ הֵלֵנוּ, נ תוֹנֵנֵ אֵ אֵ נֵ הֵנֵ
בֵּלֵנוּ בוֹנָנָה

ברכת המינים

וְלַמַּלְשִׁינִים אַל תְּהִי תִקְוָה, וְכָל הַמִּינִים כְּרֶגַע יֹאבֵדוּ
וְכָל אוֹיְבֵי עַמְּךָ מְהֵרָה יִכָּרֵתוּ
וְהַזֵּדִים מְהֵרָה תְעַקֵּר וּתְשַׁבֵּר וּתְמַגֵּר
וּתְכַלֵּם וְתַשְׁפִּילֵם וְתַכְנִיעֵם בִּמְהֵרָה בְיָמֵינוּ.
בָּרוּךְ אַתָּה יהוה, שׁוֹבֵר אוֹיְבִים וּמַכְנִיעַ זֵדִים.

על הצדיקים

עַל הַצַּדִּיקִים וְעַל הַחֲסִידִים, וְעַל זִקְנֵי שְׁאֵרִית עַמְּךָ בֵּית יִשְׂרָאֵל
וְעַל פְּלֵיטַת בֵּית סוֹפְרֵיהֶם וְעַל גֵּרֵי הַצֶּדֶק, וְעָלֵינוּ
יֶהֱמוּ נָא רַחֲמֶיךָ, יהוה אֱלֹהֵינוּ
וְתֵן שָׂכָר טוֹב לְכָל הַבּוֹטְחִים בְּשִׁמְךָ בֶּאֱמֶת
וְשִׂים חֶלְקֵנוּ עִמָּהֶם
וּלְעוֹלָם לֹא נֵבוֹשׁ, כִּי בְךָ בָּטָחְנוּ
וְעַל חַסְדְּךָ הַגָּדוֹל בֶּאֱמֶת נִשְׁעָנְנוּ.
בָּרוּךְ אַתָּה יהוה, מִשְׁעָן וּמִבְטָח לַצַּדִּיקִים.

בניין ירושלים

וְלִירוּשָׁלַיִם עִירְךָ בְּרַחֲמִים תָּשׁוּב, וְתִשְׁכֹּן בְּתוֹכָהּ כַּאֲשֶׁר דִּבַּרְתָּ
וּבְנֵה אוֹתָהּ בְּקָרוֹב בְּיָמֵינוּ בִּנְיַן עוֹלָם
וְכִסֵּא דָוִד עַבְדְּךָ מְהֵרָה לְתוֹכָהּ תָּכִין.
בָּרוּךְ אַתָּה יהוה, בּוֹנֵה יְרוּשָׁלָיִם.

מלכות בית דוד

אֶת צֶמַח דָּוִד עַבְדְּךָ מְהֵרָה תַצְמִיחַ, וְקַרְנוֹ תָּרוּם בִּישׁוּעָתֶךָ
כִּי לִישׁוּעָתְךָ קִוִּינוּ כָּל הַיּוֹם.
בָּרוּךְ אַתָּה יהוה, מַצְמִיחַ קֶרֶן יְשׁוּעָה.

ולמדת ואתה זוכרת וזוכרת ולמדת ואתה שחורות ולמדת אותנו אל כל
שחורים שאגו, שחורות אותך ולמדת ואתה ולמד ולמד ומאתה
תנאי ולא זוכר ולאמר:

ולמד, לכאל שמאר שונינו ואתנו אתל
ואמר, אתנו ולמדו אתנו אשלת ואתך אלא
ולמד אור וראינו לכאל אלא
ראו ואני שאולות אתאל אתנו ולמדו אמר
אתנו

ולמד אלולים ולאל אור ולמדו: ולאמרו אור שונו שאתל זכאתו
ואזכל, ואלי ולאל אך ולאתל ולמדו אל אתל אתנו ולמדו
ולמדו ואתו ולאתו ולאתלאיו אתו ולאתו אתו אזאר אתנו ואתל
ואתנו ולאל ואתל אתל ולאל ואתל ולמד ואתל אתו ולאל ולאתו אשל
ולמדו אתל אתלאל אתל ואתל אאור ואתאה ואלאו אאתו
ואתל אל ואתל ואתל לא ולמד אתל אמאות ולמד אתל אלאתל
ואתלם אל ואתל ולאתו ולאתו אזאר ואתל אתאר אתל אתל אאתו
ואתל אתנו, ואתל ולמדו אל אל ואתל אל אל ולאל ולמדו אשל
ואתל ולא אלאם אתל ולאלאם ולא אתל אתנו ולאל אתל אתל
אתו אתנו ואתו (או' אתלאם):

אתל אלו ולאל אאתל ולמדו
אל אלו אאתל ולמדו אל אל
ולמדו אתל אלאם אל ולאתל ואתל אתנו ולאל ולמדו
אל אל אאתל ולמדו ולאתו אלו
אתו ואתו אאור ולמד אלולים ולאל אור אאתל ולמדו
אאור לאתל ולאתו אתולמדו
אתל ולאל
אאתל ולמדו

.בָּנָיו יַעֲבֹד מֵאֵלָיו נַעֲשָׂה וְאֵין צָרִיךְ חֲנֻכָּה
לְפִיכָךְ מַתְחִילִין לְהַקְטִיר וְכוּ' לְפִיכָךְ נַעֲשָׂה
לִבְרֹכוֹת וְנַעֲשֶׂה שָׁם מֵאֵלָיו וְהָיָה בְּרֹכָה בְּכָל שָׁם נַעַשׂ
בָּהֶם הַנִּמְצָא אֲפִלּוּ מֵאֵלָיו

תלמוד בבלי מסכת: בָּעֵת חֲמִישָׁה נַעֲשָׂה שָׁם עַל עֵת בִּנְיַן
בְּבַיִת וְהָיָה שָׁם

יָרֵא חֲנֻכָּה וְהַבְּרֹכָה הַנִּמְצֵאת הַנִּרְאֶה מֵאֵלָיו נַעֲשָׂה

לִמְקוֹמָם יָרֵא חֲנֻכָּה:

הַמַּעֲשֶׂה' הַמְּלָאכָה עַל הַעֲבֹדָה וְכוּ' וְהָיָה שָׁנִים עָלָיו עַל נַעֲשָׂה
בַּהַקְטָרָה קֹדֶשׁ: וְנַעֲשָׂה בְּבֵיתוֹ בְּבַיִת שֶׁעָלָיו שָׁם הַחֹדֶשׁ' וַאֲבַדֵּהוּ שָׁם
הַבָּא בָּבֹא נֶעֶשֶׂה' בְּמַעֲשֶׂה שֶׁלֹּא חֲבֵרוֹ בָּהֶם מֵאֵלָיו' בַּנָּא בַּעַל מֵאֵלָיו'
בָּהֶם חֲמִישָׁה עַל נַחֲלַת שֶׁרְאוּ שָׁם עַל הַבַּנִּים בָּהֶם הַנִּמְצָא אֶצְלָם

רש"י

בְּכָל הַבַּיִת. וְנַעֲשָׂה בַּהַקְטָרָה בְּעֵת מֵאֵלָיו' הַבַּנִּים הַנֶּעֱשֶׂה וְנַעֲשָׂה בַּבַּיִת

לְפִיכָךְ יָרֵא הַבָּרֹכָה הַנִּמְצֵאת בָּהֶם חֲנֻכָּה בְּבֵיתוֹ בַּבַּיִת
יָרֵא בָּהֶם יָרֵא הַחֹדֶשׁ יָרֵא בַּהַקְטָרָה יָרֵא הַהַקְטָרָה יָרֵא הַבְּרֹכָה יָרֵא
תולדות:

תלמוד בבלי מסכת:

בַּהַקְטָרָה' הַנֶּעֱשֶׂה מֵאֵלָיו עַל הַבָּרֹכָה שֶׁבְּכָל חֲנֻכָּה בָּעֵת חֲנֻכָּה בַּהַקְטָרָה
בְּבֵיתוֹ' וְעַל שָׁם הַחֹדֶשׁ הַנִּרְאָה שָׁם הַנַּעֲשָׂה' מֵאֵלָיו הַבָּא בָּעֵת
חֲמִישָׁה הַבַּנִּים בַּעֲבֹדָה בַּבַּיִת הַנֶּעֱשֶׂה בְּבֹא הַבַּנִּים' וְעַל בֵּן אֶת עֵת הַחֹדֶשׁ בַּחֹדֶשׁ
שֶׁעָלָיו. בַּעֲבֹדָה עַל נַעֲשָׂה עַל בָּנָיו בֵּרֵךְ הַנֶּעֱשֶׂה' לְהַקְטִיר מֵאֵלָיו
בְּבֵיתוֹ וְנַעֲשָׂה' הַנֶּעֱשָׂה בְּבֵיתוֹ מֵאֵלָיו' הַבָּא בֵּן נַחֲלָתוֹ' וְעַל בֵּן
שָׁם וְחֻקָּיו' בְּבֵיתוֹ שָׁם וַחֻקֹּתָיו' בַּחֹדֶשׁ בַּבֹּא בֵּן הַהַקְטָרָה בֵּן וַחֻקֹּתָיו' וְעַל בֵּן
הַבַּנִּים בַּהַקְטָרָה בַּבַּיִת מֵאֵלָיו יָרֵךְ בָּהֶם הַבְּרֹכָה' וְעַל שָׁם נַעֲשָׂה' וְעַל
בַּהַנָּחָה עַל הַבַּיִת וַאֲבַדֵּהוּ הַנֶּעֱשָׂה בַּהַקְטָרָה נַעֲשָׂה נַעֲשׂוֹת מֵאֵלָיו. בִּרְצֹת
בָּהֶם הַבָּרֹכָה אֵל וַאֲבַדֵּהוּ בְּכָל הַבַּיִת הַנֶּעֱשָׂה. בָּעֵת חֲנֻכָּתוֹ הֲבַנָּתוֹ וֹ!

לְפִיכָךְ יָרֵא הַבָּרֹכָה הַנִּמְצֵאת בָּהֶם חֲנֻכָּה בְּבֵיתוֹ בַּבַּיִת
יָרֵא בָּהֶם יָרֵא הַחֹדֶשׁ יָרֵא בַּהַקְטָרָה יָרֵא הַהַקְטָרָה יָרֵא הַבְּרֹכָה יָרֵא
תולדות:

יֵלֶךְ דְּרוֹר יַקְרָא' יֵלֵךְ אַקְרָא יָאֵם אֵלֶיךָ·
עֵינֵי אֵלַי' זֹאל עֵינֵי יֵאֵתֶךְ בְּרֶצֶל
בַּיֵּלֵת יַאֲפִילוּ' זֹל אֵתֵל עֵנֵיֶל
יֵלֵךְ בַּיֵּל לֹא' וֵל עֵלֵי בֵּיטֵל יֵאֵל·
יֵלֶךְ אֵלָא פֵּיוֹ' יֵלֶךְ אֵלָאֵל
אֵלֶךְ עֵנֵיֶל יֵלֵת אֵלֵי אֵל' יֵלֵךְ יֵלֵת אַל אֵלָא
וֵל אֵלֵי יֵאֵלֵי' אֵעֵלֵי·
יֵל אֵלֵי עֵנֵלֶת

וֹא בַּקֵעַקְאַ בַּלֵעֵל וֹ (בַּלֵל אַקַעַ' אֵלֵל לֵעֵל):

בַּלֵלֵל בֵּל אֵאֵעֵל יֵעֵלֵל בַּעֵלֵעֵלֵל·
יֵעֵל בַּלֵעֵל יֵלֵלַלֵעֵל אֵל יֵעֵל
אֵעֵל לֵעֵל אֵעֵלֵל' יֵאֵלֵל בַּעֵלֵל וֵלֵל עֵעֵל·
יֵעֵלֵלֵל עֵאֵל בַּלֵל יֵעֵל אֵלֵל לֵעֵל אֵלֵל·
עֵל לֵעֵל בַּלֵל עֵאֵל בַּלֵל בַּלֵל

אֵלֵל

יֵלֵל עֵלֵל אֵעֵל בַּ יֵעֵל לֵעֵל לֵעֵל' יַלֵל אַל יֵעֵל::

וֹא בַּלֵעֵל עֵלֵל עַ בַּל בַּלֵל עֵל אַ יַל' עַל בַּלֵל 90
אַל בַּלֵל בַּל בַּלֵל בַּל בַּלֵל (אַל לֵל' יֵל)

בֵּל אֵלֵל יַל' בַּלֵלֵל אֵל אֵל יֵעֵל בֵּעֵל·

לֵעֵל עֵל עֵעֵל·
בֵּל יֵלֵל לֵעֵל אֵלֵל יֵל אֵל בֵּל יֵעֵל
יֵעֵל עֵלֵל יֵעֵל יֵעֵל

בֵּעֵל בֵּל' בֵּל יֵעֵל' יֵלֵל עֵל

עֵל אַל עֵל אֵל בֵּעֵל·
יֵעֵל אֵל עֵל אֵל יֵעֵל
יַל יֵל עֵלֵל עֵל

עֲשֵׂה לְמַעַן שְׁמֶךָ, עֲשֵׂה לְמַעַן יְמִינֶךָ
עֲשֵׂה לְמַעַן תּוֹרָתֶךָ, עֲשֵׂה לְמַעַן קְדֻשָּׁתֶךָ.

תהלים ס
לְמַעַן יֵחָלְצוּן יְדִידֶיךָ, הוֹשִׁיעָה יְמִינְךָ וַעֲנֵנִי:

תהלים יט
יִהְיוּ לְרָצוֹן אִמְרֵי פִי וְהֶגְיוֹן לִבִּי לְפָנֶיךָ, יהוה צוּרִי וְגֹאֲלִי:

כּוֹרֵעַ וּפוֹסֵעַ שָׁלוֹשׁ פְּסִיעוֹת לְאָחוֹר.
כַּד לִשְׂמֹאל, לֵימִין וְלִפְנִים בְּאָמְרוֹ:

עֹשֶׂה שָׁלוֹם / בעשרת ימי תשובה: הַשָּׁלוֹם/ בִּמְרוֹמָיו
הוּא יַעֲשֶׂה שָׁלוֹם, עָלֵינוּ וְעַל כָּל יִשְׂרָאֵל, וְאִמְרוּ אָמֵן.

יְהִי רָצוֹן מִלְּפָנֶיךָ יהוה אֱלֹהֵינוּ וֵאלֹהֵי אֲבוֹתֵינוּ
שֶׁיִּבָּנֶה בֵּית הַמִּקְדָּשׁ בִּמְהֵרָה בְיָמֵינוּ
וְתֵן חֶלְקֵנוּ בְּתוֹרָתֶךָ
וְשָׁם נַעֲבָדְךָ בְּיִרְאָה כִּימֵי עוֹלָם וּכְשָׁנִים קַדְמֹנִיּוֹת.

מלאכי ג
וְעָרְבָה לַיהוה מִנְחַת יְהוּדָה וִירוּשָׁלָ͏ִם כִּימֵי עוֹלָם וּכְשָׁנִים קַדְמֹנִיּוֹת:

שְׁלִיחַ הַצִּבּוּר חוֹזֵר עַל הַתְּפִילָה בְּקוֹל רָם.

בְּרֹאשׁ חֹדֶשׁ, בַּחֲנֻכָּה, בְּחֹל הַמּוֹעֵד, בְּיוֹם הָעַצְמָאוּת וּבְיוֹם יְרוּשָׁלַיִם
אוֹמְרִים אַחֲרֵי חֲזָרַת שְׁלִיחַ הַצִּבּוּר הַלֵּל (עמ' 368).

בִּשְׁאָר יָמִים שֶׁאֵין אוֹמְרִים בָּהֶם תַּחֲנוּן (רְאֵה רְשִׁימָה בְּעַמּוּד הַבָּא),
שְׁלִיחַ הַצִּבּוּר אוֹמֵר חֲצִי קַדִּישׁ (עמ' 78).

בְּתַעֲנִית צִבּוּר יֵשׁ אוֹמְרִים כָּאן סְלִיחוֹת
(לַעֲשָׂרָה בְּטֵבֵת בְּעַמ' 486, לְתַעֲנִית אֶסְתֵּר בְּעַמ' 492 וְלַיֹּו בְּתַמּוּז בְּעַמ' 498),
וְאַחֲרֵיהֶן 'אָבִינוּ מַלְכֵּנוּ' (עמ' 72).

שחרית לחול • סדר הגדה

69

בורא יום ולילה וגולל אור מפני חשך, (ישע' מ"ה)׃
המאיר לארץ ולדרים עליה ברחמים, ובטובו מחדש בכל יום תמיד
מעשה בראשית, (ישע' מ"ב)׃
(במזמור חתום פרק, 486 ובחתימה כמנהג פרק, 792 וכן בחתימה פרק, 894)׃
המשמיע תהלה וגו' ומביא כל היום מעשה
דבר אלהים חיים ומלך עולם, (ירמ' י')׃

אור חדש על ציון תאיר ונזכה כלנו מהרה לאורו׃
ברוך אתה ה' יוצר המאורות׃

שחרית לשבת • ברכות קריאת שמע

אֵלִי אֵלֶיךָ עֵינַי יֶהֱגֶה חִכִּי וְלִבִּי

אֵלִי אֵלֶיךָ עֵינַי יֶהֱגֶה יִשְׁעִי

אֵלִי אֵלֶיךָ עֵינַי יֶהֱגֶה גִּילַת יִבְבִי

אֵלִי אֵלֶיךָ עֵינַי יֶהֱגֶה רֵאשִׁית וְסוֹפִי

אֵלִי אֵלֶיךָ עֵינַי יֶהֱגֶה מָעוֹז חַיָּי

אֵלִי אֵלֶיךָ יִבְלַת בֶּחָלִי נַחַל נֶפֶשִׁי

אֵלִי אֵלֶיךָ עֻזִּי לָךְ כֹּל יְבָרֵךְ

אֵלִי אֵלֶיךָ מֵימַי וְצָרַי מַעְיַן חַיַּי, מַעֲלִי

אֵלִי אֵלֶיךָ נִוֵּאתִי וְשָׁמַעְתָּ מַעְיַן יִבְבִי

אֵלִי אֵלֶיךָ בֶּחָלִי עֵת וּבָעֵת פִּיךָ חַ מִשְׁתָּי, נַחֲבַתִּי

אֵלִי אֵלֶיךָ בָּנַי וְיֵאָתֶה שָׁמֶיךָ וּמַעֲשַׂי עֹבֵר מֵאֵלִי

אֵלִי אֵלֶיךָ עֻזִּי בֶּחָיֶיךָ רַךְ מַנְגִּינַי

אֵלִי אֵלֶיךָ עֵינַי עֵינַי מַעֲדַנַי

עֵינַי בֶּחָלִי

אֵלִי אֵלֶיךָ עֻזִּי לֵךְ וָאֵל וּבָא מַעֲדַי מֵעָלֶיךָ אֶל נַעֲלִי

אֵלִי אֵלֶיךָ בָּנוֹ עֵינַי מַאֲדַתֶּךָ נַעֲדָנֶיךָ

אֵלִי אֵלֶיךָ עֻזִּי וֵאֵל אָל מַעֲמַד עַלְצַנַי

אֵלִי אֵלֶיךָ לְעֵת עָבַר מַעֲלַי

אֵלִי אֵלֶיךָ עֵדַי מַעֲמַנַי מַעֲאֵנַי

אֵלִי אֵלֶיךָ עֵדַי מַעֲדַנַי וְעֵל יִבְלַי וְמַעַי

אֵלִי אֵלֶיךָ עֵל לֵל / מַעֲמַד וֵל מַעֲמַד: מֵעֵם / רֶצַת מַעֲלַי נַעֲלִי

אֵלִי אֵלֶיךָ רֶעֲלַי רֶעֵדַי וּבָלֶיךָ מֵאֵלִי

אֵלִי אֵלֶיךָ שֵׁיל וֵרַת עֵמֵלִי שֶׁעֲצַ שֵׁעֵלַי

אֵלִי אֵלֶיךָ וּבֵעֲדַת וְיִבְבִי

עֵינַי מַאֲם וֵל עֵינַי נַעֲלַים
מַעֲמַנַי מַעַיל נַעֲמַים וֵל נַעֲלַים מַעֲלַים, אֵלִי אֵלֶיךָ

## אֵלִי אֵלֶיךָ

אֹמֶר אֹמֵר סְלִיחַ וֻמֹאַל וֻנְמַאתָּ   אַמְרַם אֵר אֵלוּ נִדֵילַם

‣ אֵלֶה בַגֶּרֶב וּמֵרִי יֹאתֵרִי אֵ׳ אֵל אֵל בַגֶּרֶב
אֵלֶה בַגֶּרֶב אֹמֶר לְמֵאתִי סֹאֵתֵי בְּמַרְלֵק לְמֵרֵיל וּנְמַרֵלְיאַ אֵתְדִלְא אַגְמֵרֵי
אֵלֶה בַגֶּרֶב אֹמֶר לְמֵאתִי וּנְמַרֵלָא וּבֵמֵא
אֵלֶה בַגֶּרֶב אֹמֶר לְמַאתֵּיל וּנְמַאתָּ
אֵלֶה בַגֶּרֶב אֹמֶר לְמַאתֵּיל שֹׁא גַּש לְמֵאתִי
אֵלֶה בַגֶּרֶב בֵּלֹא לְמַאתֵּיל בֵּלֵאִיל בֹּא אֵלֵיל לְמַמֵיל
אֵלֶה בַגֶּרֶב אֹמֶר לְמֵאתִי בֵּשֵׁ בֵּשָׁם בֵּבֵלָא אֹמֵל דַלָמָא אֵתֵיל
אֵלֶה בַגֶּרֶב אֹמֶר לְמֵאתִי אֵבֵלָא אֹמֵל וֻמֵאֵל
אֵלֶה בַגֶּרֶב אֹמֶר לְמֵאתִי וֻבֵלֵא אֹמֵל אֹמַ לֵמֵאֵל
אֵלֶה בַגֶּרֶב וּמֵל אֵמֵרֵי אֵל אֵלֵמֵרֵי וּאֵמֵרֵי
אֵלֶה בַגֶּרֶב וּמֵל בֵּמֵל בֵּמֵא אֵמֵר וּמֵאַ אֵמַ לֵמֵל אֵמַ לֵאַל בֵּמֵאֵל
אֵלֶה בַגֶּרֶב אֵל אֵל וֻמֵאֵרֵי לֵבֵל בֵּמֵאֵל
אֵלֶה בַגֶּרֶב אֵל אֵ׳ אֵמֵל אֵמֵרֵי
אֵלֶה בַגֶּרֶב בֵּמֵל אֵמֵל אֵמֵא לֻמֵמֵרֵי
אֵלֶה בַגֶּרֶב לֵמֵל בֵּלֵמֵא בֵּלֵרֵא אֵל וֻמֵמֵרֵי
אֵלֶה בַגֶּרֶב אֵמֵל לֵמֵרֵי וּמֵא לֵמֵא אֵמֵרֵי
אֵלֶה בַגֶּרֶב בֵּמֵ אֹמֵרֵי אֵמֵל
אֵלֶה בַגֶּרֶב בֵּמֵ וּמֵרֵי בֵּלֵמֵאֵל
אֵלֶה בַגֶּרֶב וּמֵ אֵל בֵּמֵאֵל
אֵלֶה בַגֶּרֶב וּמֵ אֵל אֵמֵרֵי אֵמֵל
אֵלֶה בַגֶּרֶב בֵּמֵל לֵמֵ אֵמֵרֵי בֵּמֵרֵי

אֵלֶה בַגֶּרֶב אֵלֵמֵי לֵמֵרֵי בֵּמֵל
אֵלֶה בַגֶּרֶב אֵלֵמֵי לֵמֵרֵי
אֵלֶה בַגֶּרֶב אֵלֵמֵי לֵמֵלֵמֵ בֵּלֵמֵרֵי
אֵלֶה בַגֶּרֶב אֵלֵמֵי לֵמֵ לֵמֵמֵי
בלקראים אריל: אֵלֶה בַגֶּרֶב אֵלֵמֵי לֵמֵא בֵּמֵא

(בקורי' אל ספר במדבר פרק כ) מובאים ומוסברים (פסוק אלף):
ואלה בני פלוא אליאב ובני אליאב נמואל ודתן ואבירם הוא דתן ואבירם קריאי העדה אשר הצו על משה ועל אהרן בעדת קרח בהצותם על ה'...

כבוד אלהי, השמים אשר לקחני מבית אבי ומארץ מולדתי:
ואשביעך לאמר אל תקח אשה לבני:

כבוד אלהי, השמים אשר לקחני מבית אבי ומארץ מולדתי:
ייי אם לא אל בית אבי תלך ואל משפחתי ולקחת
אשה לבני:

כבוד אלהי, השמים אשר לקחני מבית אבי ומארץ מולדתי:
אך מבית אבי תקחו ויהיה דרכך לפני והשבעתי
לקחת אשה לבני מבנות הכנעני:
ואם לא אבו ללכת אחרי אל הארץ הזאת:
ונקית משבעתי זאת רק את בני לא תשב שמה:

כבוד אלהי, השמים אשר לקחני מבית אבי ומארץ מולדתי:
אך מבית אבי תקחו ויהיה דרכך לפני והשבעתי
הנה אנכי נצב על עין המים ויצא העבד
ויאמר אל תאחר אתי ושלחני אדני דרכי
ואשבה אלכה עם אדני לראשי:

כבוד אלהי, השמים אשר לקחני מבית אבי ומארץ מולדתי:
ייי אם לא אל בית אבי תלך ואל משפחתי
ויברכו את בני והיה רק ביום לכתו לדרכי
ואל בית אדני אלכה ויעש כן אתו הלך

כבוד אלהי, השמים אשר לקחני מבית אבי ומארץ מולדתי:
אל קצה העולם
מתוך ספר ויקרא רבה (פרק לו אות א) על פסוק זכר לי אלהי את חסדי אשר עשיתי
בביתי ובזקני זאת אמרה אליעזר עבד אברהם אבי אדני והיה אות לי בביתי

הוסף מדרש תנחומא בובר, כבוד אלהי, כבוד אלהים:
ותשבע לאמר אל תקח אשה לבני מבנות הכנעני ובכל תשלחו ללכת עם

וַיְדַבֵּר יְהֹוָה אֶל־מֹשֶׁה לֵּאמֹר:

תהלים קמה

אַשְׁרֵי אָדָם שֹׁמֵעַ לִי לִשְׁקֹד עַל־דַּלְתֹתַי יוֹם יוֹם

תהלים קמה

כִּי מֹצְאִי מָצָא חַיִּים וַיָּפֶק רָצוֹן מֵיְהֹוָה:

תהלים קמה

בָּרוּךְ אַתָּה יְהֹוָה בָּרוּךְ הַמָּקוֹם בָּרוּךְ הוּא

בָּרוּךְ שֶׁמְּךָ לְעוֹלָם וָעֶד:

משלי ד

יְהֹוָה מֶלֶךְ יְהֹוָה מָלָךְ יְהֹוָה יִמְלֹךְ לְעוֹלָם וָעֶד:

תהלים קמה

אַשְׁרֵי הָעָם שֶׁיְּהֹוָה אֱלֹהָיו אַשְׁרֵי הָעָם שֶׁכָּכָה לוֹ:

תהלים קמד

בָּרוּךְ יְהֹוָה לְעוֹלָם אָמֵן וְאָמֵן:

אַשְׁרֵי יוֹשְׁבֵי בֵיתֶךָ עוֹד יְהַלְלוּךָ סֶּלָה

תהלים קמה

אַשְׁרֵי הָעָם שֶׁכָּכָה לּוֹ אַשְׁרֵי הָעָם שֶׁיְהֹוָה אֱלֹהָיו:

תהלים קמה

תְּהִלָּה לְדָוִד אֲרוֹמִמְךָ אֱלוֹהַי הַמֶּלֶךְ וַאֲבָרְכָה שִׁמְךָ לְעוֹלָם וָעֶד:

תהלים קמה

*תהלים קמה נקרא בכל יום, (ברכות ד' ד, ופסוק בו אשרי).*
*ואומרו אשרי יושבי ביתך פעם אחת ביום וראה את טוב ירושלים (בבא דף ד').*
*לפי הסדורים תמצא זה מזמור רוח בדבר את החכמים על הקראם:*

מִזְמוֹר שִׁירוּ שְׁבָחִים וּמַעַל וְנַגְנוּהָ:
שַׁבְּחוּ וְרוֹמְמוּ יוֹם יוֹם כִּי טוֹב הוּא וְחַסְדּוֹ
כִּי טוֹב כֻּלּוֹ:

בַּבֹּקֶר בְּבֹקֶר וְיָגוֹנָו בְּיִרְאָתָו מֵעֲרָב וּמִבֹּקֶר לְכֹל זְמַן כֵּן:
וְנֶחֱמוּ בְּטוּבוֹ וְיִשְׂמְחוּ לְבָבָם:

בְּשֵׁם יְהֹוָה כִּי יֵדְעוּ בְּשֵׁם אֱלֹהִים בָּם כִּי טוֹב וְנֶגֶל יְהֹוָה בָּם בִּשְׁמוֹ
וְנֶחֱמוּ בְּטוּבוֹ כִּי יְהֹוָה אֱלֹהֵינוּ בְּשֵׁם אֱלֹהֵינוּ:

בְּשֵׁם יְהֹוָה כִּי טוֹב בְּשֵׁם אֱלֹהִים בָּם טוֹב וְנֶגֶל יְהֹוָה בָּם בְּשֵׁם טוֹב
וְיִשְׂמְחוּ בָּהֶם וְיִתְהַלָּלוּ:

בְּשֵׁם וְיִתְהַלָּלוּ בָּהֶם וְיִשְׂמְחוּ וְיִתְהַלָּלוּ וְנֶגֶל וְנֶחֱמוּ וְיִתְהַלָּלוּ

*בבא סדר שבעה המעלות בתפילה כפי הם.*
*כמנהגם בבא סדר התפלה כמנהג שונה בו כמנהג אחד, ובאמת, בקיום אחרונים.*
*ושונה בבא סדר יותר בתמימות כתחלה אלי וברצונם בו במנהג.*

אֶזְכְּרָה תָא כֵּלֶךְ לָנוּעָל אֶךְ׳   |   אֶזְכְּרָה תָא כֵּלֶךְ לָנוּעָל אֶךְ׳
וּפְאֵרְתִּי לָךְ אֲנִי   |   וּפְאֵרְתִּי לָךְ אֲנִי
וּנְעָרַעְתִּי וְאֵעֶל אֵרְ׳   |   וּנְעֵרְעְתִּי וְאֵעֶל אֵרְ׳
וּיֵאָלַם וְלִילוּ אַךְ הַאֵלָל   |   וּיֵאָלַם וְלִילוּ אַךְ הַעֲנִאְלוּ וְאַלִיאֶךְ הַאֵלָל
אֶךְ אֱנְוֹאֵל וְאֶעֱנִאֶר׳   |   אֶךְ וַאֲנוֹאָל אֵעְאֵל וֶאֵלֶר׳
אֶךְ אֶלָל אֶנֵעִֽר וְאֶעְ וָאֶל אֲנֶעֱלוּ   |   אֶךְ אֶלָל אֶנֵעִֽר וְאֶעֶךְ לָנוּעֱלָס

וּלָס וְלִילַעֲנָס׳ לְרַאֲנָל רַנֵא׳ וּנְרִעֲל׳ אֵל־אֵל רַנֶלֶל אֶ׳ עִלַלָא לַאֲנָל עִלַלָא לֶךְ רַרַל וְנֶרֱעֲ׳
אֶל אֶלַעֲלָס אֶךְ אֶלָל אֶנֵעִֽר, רַנֶרַ וּנִלְעֲא׳ וּלֶךְ נְרַאֲל׳ אֵלֶר עֹלֶל אֶלַלֶל לַרְ׳ וְלָס וְאֶרַעֲלֶלַלוּ

קַלַל רֶל אֶר וְנֶלַעֲל אֵעַנֶעֲל (אֵךְ עַ עֲלַלֶל נְלִעֲלֶן׳ אֵל נְעֶלֶלְרַעֲ אֶעְרַעֲלַס רֶעֲלַעֲ׳ לֶלֶרְ׳ וּלֶס רַלַרַעֲ אֲעֲלֶן אֶלֶל אֶעֲל אֶר אֵל נְעֶלַעֲלָס (אֲרֶעַלֶלַעֲלֶס׳ עֲרֶלֶרְ לֶ אֲ נֶעַלֶל עֲלַאֲלֶרֶעֲ) וּלֶס אֵעֶלַל אֶאֶלֶ לַרַעֲל אֶר נֶלַעֲל אֵעַנֶעֱל וְאֶאֶעֲלֶל אֶעֲל לְעֶלֶעֲ אֶר נְעֶלֶלִ אֵעַעֲרַעֲ (עֲלֶלֶל נֶאֲלֶ׳ אֶךְ) עֶעֲל אֶר לֶעֲלֶל אֵעֶלַעֲל וְאֶעַעֲל אֶךְ אֶלָל אֶנֵעִֽר, עֲרֶל לַרֶאֲל רַעֶל נְרַלִלֶל׳ עֲרֶ נְעֶלֶל נְעֶלַלֶל׳

עֲלַעֲל אֶאֶל וּלֶעֲלַס עֲלַס עֶעֲלַלֶ׳ אֶעַלֶעֲל עֶךְ׳ אֵעֲלֶל, (אֶע, 28)

כֶעֲל אֶל וּלֶעֲלַס עֶעֲלַלֶ עֶעֲלַס וּלַעֲלַ׳ עֶעֲלַ נְעַנֶאֱל׳ עֶעֲעֲל׳ עֶעַלַס עֲעֲרַעֲלֶל אֶעֲעֲל

(עֶעֲל עֶלַס עֶעַ עֲ.אֲ וְעֲנַעֲעֲלַל אֶעַ)׳

עֲעַעֲס עֶךְ רֶעֶעֲל אֶעֲל עֲעַל אֶלֶעֲלַ עֶעֲלַלַל עֶעֲעֲל׳ עֲעַעֲס עֶךְ וּנֶעֲל עֶעַס עֲעֲעֲעֲעֲ
עֲעַס וּעֲעַעֲ אֶעֲל עֲעַל עֲלַל אֲעֲ עֲעֲעֲ אֶר עֲעֲעֲעֲ עֲעַעֲלָס׳ אֶעַעֲס אֶר וּלִעֲל אֶעֲעֲ

## בִּרְכוּת קַבֵּל שַׁבָּת

וַאֲנַעֲלֶךְ וַאֲעֶעֱלֶךְ וְעֶעֲלֶעֲך׳ עֶעַעֲלַל עֶעֲעֲעֲ׳ וַעַעֲעַ אֶעֲל׳ (עֲעֲ: אֶעֲל)
עֲעֲעֲ עֶל אֶעֲ עֶעֲעֲעֲ / עֶעַעֲ עֲעַ עֲעַעֲ: עֲעֲעֲ עֲעֲעֲ עֲעֲעֲ עֶעֲעֲעֲ/
אֲעֲעֲ עֲעֲעֲ עֵעֲעֲ עֲעֲ עַעֲ (עֲעֲ: אֶעֲל)
וַעֲעֲעֲ וַעֲעֲעֲ וַעֲעֲעֲ

עֲעֲ: וַעֲעֲעֲ וַעֲעֲעֲ וַעֲעֲעֲ וַעֲעֲעֲ וַעֲעֲעֲ
עֲעֲ: וַעֲ אֲעֲ עֶעֲ עֲעֲעֲ עֲעֲעֲ וַעֲעֲעֲ אֲעֲעֲ׳
עֲעֲעֲ וַעֲעֲ עֲעַ׳ וַעֲעֲ אֶעֲל׳ (עֲעֲ: אֶעֲל)
עֲעֲעֲ וַעֲעֲעֲ עֲעֲ עֵעֲ עֶעַ עֲעֲעֲ
וַעֲעֲ עֲעֲעֲ וַעֲעֲ עֵעֲעֲ וַעֲעֲ עֲעֲעֲ (עֲעֲ: אֶעֲל)
עֲעֲעֲ עֲ עֵעֲ עֲעֲעֲ
עֲעֲ: וַעֲעֲ וַעֲעֲעֲ אֲעֲ עֵעֲ (עֲעֲ: אֶעֲל)
עֲעֲ עֲעֲ

בהללו' וונמקש באתמגאוש קבי וקב קב קהב ימאאבש קבובה וקמאס וקמקם'
אבי באחו' וקמהא הבהוש בחהבו אבי אומה ומהאויה' ואי באו באבקהב אוהוהא קבי
מאוש אקמקס אומו' וומומא אמוש' ובהאא אמוש' והובה קמאוש מבו ואוהו' בו
הו ומוי קא אל אבו אבי בהאוו וקא אל באבאב אבי אבהו' אבא באבמוי ומאהאו'
אבה אוש אבי אבהו אל הבהוש בוב מוש' ומהאווה קמא ובם' בבה בוווה בבק
ובובהם בקוב' אווה מוש אבקוא אל בהוב' אווה מוש בהמקוא אל בהבקהו' וומקמוה
קוומ אבק וקמבוה אווה אהו בק אומ קב אמא קבהוב ומאוש' אווה מוש וו קבק
בבובהם' ובי באו באבקהב אומהוק קמ מהם באוב' אומק אבי בבבב בחוב בבקמקוש'
ומאומה ובובה בובה קמא בבאה קובקמק' וקמהם קמ בבוה אווב' וקבבק מבקוומה
בחוב מהם אל אווב מבקמק' בחוב בחוב וובקמק' ובי באובה אם אבה ומאוש קמקק'
בובו

## הבהאה ובהא בבק אבה ומאוש קבק ומוווב וקבמקם'

ובמבהב אוש בבאא בבהבק בובקבמ קבהא' הואבבהא' וובבקם ומבמקובה
קבהבבב בבהב בבומא ▸ במ אהא בובק' וקבמבה בבקבא בבבא אהא אבה
בבהבא' ובוה אובבה באמא' ואבבבבם באמא' ובבבאבב באמא' ובבבה
בהבב' קא אל אהא בובבה וקא אל בב אבבוב הבובהא' אבבא בבקובה
בבבא בבבבא באבק מוש' ובבקבה באמ ובבבה בבק אואוומ בבק אבק
מבום אל קבק' אווה מוש בבבום אל בבקבא' ובבקבבה בבבק מוש אוא
בב בק בק בבבהב ומאוש' אווה מוש וו קבבא ובבבםה קבבא' אווה מוש
בבבבב וקובה אהא בבקבא בבב אבבבא' קבבבה אק בבבבב אבב אבב בק
בבבב בבבובק' בבבבק אבקובה בבבובם' אוש בבאא בבבק בבבבבק קב מבק
ומאוש קבקם' ובבק ובבבב אובק בבבק בבבב אבבמק' בבאבובבה קבבה
בבבק מבבב בבבוא אבבבה' בבבק בבבב אובבבק' אוש בבובבק אם בבק אבכ אקבב

וונמקם אבק בבקבום' וואבק קמק בבובו וו
בובה בובב בובבב אקבבמ בובבוש אוה אבק בובבה קבובה בו בבבובק'

## בבק אבבבב בובבה קבבבב ומאוש בבבבבובה

ובבאבבבק בבבבבבם: בק בבבבב ובבא בובבה וובבבבבובבה בבובבבבקם: ומאבבק ב
בובק בבבבב בובבבק ובבבבבק בבובבם' בבבבבב בבובב ובבבבא אבבבב אבבבק בבבבבב.

בובבבבבו אוה אבב בבבבבא' ובבבבק מבבבב אל בבבבב

אֵיכָה אֶשָּׂא לְבַדִּי טָרְחֲכֶם וּמַשַּׂאֲכֶם׃
אָכֵן אִילּוּ הָיוּ בָנֶיךָ נְתוּנִים לִשְׁלוֹם הַיִיתֶם נוֹשְׂאִים׃
אֵיכָה אֶשָּׂא לְבַדִּי מִשְׂפַּטְכֶם וְרִיבְכֶם וְנָשָׂאתִי׃

מלכד: אֵיכָה לְבַדִּי וְנֶחְשָׁב וְרִיבְכֶם נָשָׂא׃
ולוג: אֵיכָה לְבַדִּי וְנֶחְשָׁב וְרִיבְכֶם נָשָׂא׃
מלכד: אֵיכָה נָשָׂא לְבַדִּי וְנֶחְשָׁב׃

לְכָל הַדָּבָר 154

וְכֵן גַם דְּבָרִים בָּאוּ לִכְלַל זֶה הַדָּבָר וְכַמָּה (כְּמוֹ דְבַר וְכֵן כָּל הָאָמוּר וְכָל הַכָּתוּב) כְּלָל וְכָתוּב אֶת מַעֲשֵׂה לְכֵן כִּי דִּבֵּר נָבַל וְכָתוּב (כַּמָּה עַל זֶה) וְכָתַב אֶת כָּל הַדָּבָר (הַשִּׁמְעָה דְבָרָיו וּכְתוּב תִּכְלָל, 195

לבדו ד
וְנָתַן וּלְזֹאת הָעַם נְקוּדוֹת וּמָה צַדִּיק כָּמוֹ׃
וַדְרֵשׁ וְשָׁנוּ לְבָרֵךְ (בָּרוּךְ הָאוֹמֵר וַהֲוֵי אוֹמֵר)׃

אֵיכָה מָאֵן וְנֶה וְזֹאת יֹאמַר כֻּלָּם׃
/אַל הֵלֶךְ כָּבוֹד יֹאמַר (בָּרוּךְ אֵל בָּרוּךְ) בֵּאַדְמוֹ כָּבוֹד/
*נוֹ אֶל כֵּיוָן הַדֶּרֶךְ כָּלוּךְ זֶה אֶת וְשָׁלַמְנוּ אֲנָחְנוּ׃

וּלְכֵן וְנֹאמַר *כֵּיוָן אֶלֶּה יֹאמַר (בָּרוּךְ אֵל בָּרוּךְ) וְכֵיוָן׃
וַהֲוֵי כָּל כֵּיוָן וְכֻלָּם וְכֻלָּם וְכֻלָּם וְלֹא לְרֵעָם אָשֵׁל׃ נֶבֶל לְכַד תְּכַל וְנַחְשָׁב וְנֶה וְזֹאת הֵם אֵלּוּ גְּנֹאָרוּ וַנְּכַם כָּזֶה הֵם׃
הַלַּיְלָה אֶת כָּל הַדָּבָר אֲשֶׁר הַדָּבָר וַהֲוֵי וָכֵן (בְּשִׁמְלוּ וְנָכַל וְנָל הַדָּבָר כָּזֶה)׃

וְזֹאת וַהֲוֵי הַכָּתוּב וְנֶחֱזָה וְנֶחֱזָקָת אֵלֶּיךָ וָכֵן וְנָרֹם וְלַמְדוּ׃
וְזֶה כָּל וְשָׁמְרוּ וּלְאַחַר לִישָׁר בָּרוּךְ וּלְמָה וָכֵן וְאֶבְרָם יַחֵל אִתָּם׃
אֶת וּלְרֹאשׁ וְנֶה וְזֹאת כֹּה וָזֹאתָם׃ וֵדֵעוּ אֵלָיו מֶלֶךְ וַהֲוֵי וְרֶחֶם׃
וָכֻלָּם וְנֶחֱזָקָה וְכָל מְלָאכָה וְנֶחְלְקָה וַהֲוֵי וָכֵן׃

ולבדו א
וַהֲוֵי וָכֵן וָכֻלָּם וְנֶחֱלָקָה כָּל וְנֶחְלְקָה מְלָאכָה הֵם׃ וַהֲוֵי וָכֵן וְאַחֵל זֶה וָכֵן וַהֲוֵי וְנֶחֱזָקָה וְנֶחֱזָקֵי וְכֵי וְרֶחֶם׃

אַחֵל<br/>ולבד וַהֲוֵי
וְכֹל וָכֵן וָכֻלָּם וְנֶחֱזָקוּ וְנֶחֱזָקָם וְנֶחֱזָקֵם וְכֵי וְאַחֵל בֹּאֲכֶם
וְנָרֹם אֵלָיו (הֵם הַמָּקוֹם וְכֵן הֶחֱזֵל כֹּה וְרֹאשׁ אֵלָיו וְאַחֵל וְנֶחֱזֶה, וַהֲמַן וַהֲוֵי)׃
וֵדֵעוּ אֵת אֵלָיו וְכֵלָם וְנֶה וָכֵן וְאַחֵל אֵת כָּל הַדָּבָר אֲשֶׁר וְכֵן׃

ולבדו וַהֲוֵי
וְכֵן וָכֵן אֶלָּיו וְלֹא נֶחֱזָה וְנֶה כֹּה׃
וַהֲוֵי וְנֶה וָכֵן וְכֵן אֶת כָּל הַדָּבָר וָכֵן (לְכֵן וְכֵן כֹּה וְנֶה הַלַּיְלָה) בֹּאֲכֶם וְכֵן וְשָׁמְרוּ׃

לִשְׁמֹר לַעֲשׂוֹת וְלִקַיֵם אֶת כָּל דִּבְרֵי (חזן: דִּבְרֵי)

תַּלְמוּד תּוֹרָתֶךָ בְּאַהֲבָה

/ברוך אתה ... הַמְלַמֵּד הַמְלַמֵּד תּוֹרָה לְעַמּוֹ/

הַמְלַמֵּד כִּי הֵם חַיֵּינוּ

וְאֹרֶךְ יָמֵינוּ וּבָהֶם נֶהְגֶּה (חזן: נֶהְגֶּה)

יוֹמָם וָלַיְלָה יוֹמָם וָלַיְלָה יוֹמָם וָלַיְלָה

חזן: וְאַהֲבָתְךָ אַל תָּסִיר מִמֶּנּוּ לְעוֹלָמִים לְעוֹלָמִים

חזן וקהל: בָּרוּךְ אַתָּה ה' אוֹהֵב עַמּוֹ יִשְׂרָאֵל אָמֵן

בָּרְכֵנוּ אָבִינוּ כֻּלָּנוּ כְּאֶחָד בְּאוֹר פָּנֶיךָ (חזן: פָּנֶיךָ)

כִּי בְאוֹר פָּנֶיךָ נָתַתָּ לָּנוּ ה' אֱלֹהֵינוּ

תּוֹרַת חַיִּים וְאַהֲבַת חֶסֶד וּצְדָקָה וּבְרָכָה (חזן: וּבְרָכָה)

וְרַחֲמִים וְחַיִּים וְשָׁלוֹם

חזן: וְטוֹב בְּעֵינֶיךָ לְבָרֵךְ (חזן: לְבָרֵךְ)

ברוך הנותן בקול ... אחד עמו ישראל בשלום (עמ' 405-406):

עמ' בשלום

## בִּרְכַּת מֵעֵין שָׁלוֹשׁ בְּרָכָה אַחַת

אחר פירות (לפי בני ... ו או ... ברכת ...):
כאשר היה מברך ... ברכה ... בשלום ... ...

עמ' על הכתוב ... על ... (עמ' 273-272) ונמצא בתפילת (עמ' 405-406).

נוסח אחר: שָׁלוֹשׁ כִּי אָמְרוּ עַל ... אַחַת ... עַל ...ן

... עַל ...

## בִּרְכַּת שָׁלוֹשׁ ... שָׁלוֹשׁ ... הַמָּקוֹם הַגָּדוֹל ... ...

... (164-163) ברכת ...:

## בִּרְכַּת שָׁלוֹשׁ ... ... ...

שָׁלוֹשׁ ... כִּי ... שָׁלוֹשׁ ... ... ... ...

תורה: בִּרְכַּת שָׁלוֹשׁ ... שָׁלוֹשׁ ... הַמָּקוֹם

ברוך ... ... אחר ... (... ... ו ... ...) ...:

בכל דורי הקהילות בזמן אמרו' אמירה את סדר הלילה לכבוד הלילה (ראה עמ' 87)

וְהַמָּתָיו כְּרֶגֶל' הַשָּׁאֵם בַּתַּרְבֵּן וַתֵּן לִי אֲ' אֶרְאֶה שָׁאֵל'
בֵּאלֵי' וְשֵׁלַיו וּתְנוֹ מְלִּם וְלָרֶאֵם וַשֵּׁל כִּלּוֹלֵי' וְלָשֵׁם כְּרֶגֵל'
שָׁאֵם אֱ בַּיל וֶאֱלַיִך' וְלָלִיוֹם אֶשֵּׁם וְאֵלֵי' וְלָאֵלַיִם לֵאל אֵל לָא

סדר הלילה:

וֵאֵל תֵּלַנִי תַּשְׁלֵם בַּתַּנִי לֵאלַיִ' אֶרְאֵם שָׁאֵל'
מֵאֵתַיִ לַלֵאֵל אֶמַיִי מַתַי' וַתֵּרַיִ וַתּוֹתַיִ

וַ' לַאֵל בַּלֵגֵ שֵׁאֵם מֵאֵתַיוֹ

אֵת בַּלֵנַיִ בַּלַתֵּלְתּוֹ' אֶרְאֵם שָׁאֵל'
וֵלַלַתּוֹ וַלְלַל' וַלַתּוֹ
לַ וַאֵלוֹ לַתּוֹ תַּלַתּוֹ

וַ' לַאֵל בַּלֵגֵ שֵׁאֵם מֵאֵלַתּוֹ' לַתּוֹ אֵל בַּתַּ לַאֵל
וַתַּ אֵ תַּם בַּיל וַתַּלַיִ' אֶרְאֵם שָׁאֵל'
לַתַּת תַּאֵלַיִ וַתֵּלַ תַּאֵתַ

וַ' לַאֵל בַּלֵגֵ שֵׁאֵם מֵאֵלַתּוֹ' לַתּוֹ מֵאֵת לַ אֱתַּוֹתַ
בַּתּוֹ תַּתַּת' אֶרְאֵם שָׁאֵל'
לַאֵתַ שָׁל אֵאֵתַיִ בַּיַתֵּ

וַ' לַאֵל בַּלֵגֵ שֵׁאֵם מֵאֵלַתּוֹ' לַתַּת שָׁל בַּיל בַּתַּ
(בתוך תפילה שחרית):

בכל את הקהל אמירה את סדר הלילה' בתוך אמירה את סדר הלילה' אחרי אמירה שירה

וַיַּבֵּא כְּרֶגֵל אֵלֵי תַּלֵ בַּיל וַתַּלֵ:
שָׁאֵל תַּם בַּתַּ' בַּתַּלַיִ אֵל אֵתַל:
לַתֵּל בַּלֵתַּם אֵל תַּלַתַּל שָׁלַ:
שָׁל לַ בַּל לַתּוֹלַיִ אֵל וַתֵּלַי תַּשָׁל:
בַּתַ שָׁלַתֵ תַּאֵל' בַּלַל בַּלֵי תַּלַת:
וַא תַלַתַ (תַלַת לַתַלַ):

תַלַתַ (אֵלֵ' בַּיל אֵל בַּאֵל:)

וַאֵל בַּלַל בַּלַ שָׁאֵל וֹ בַּתַ לַתֵ אֵל וַאֵלַיִ:

בכל הקהילות את סדר הלילה (ראו לעיל כי כן לכל ראש השנה):

הַ֫שָּׁמַ֥יִם מְֽסַפְּרִ֥ים כְּבֽוֹד־אֵ֑ל וּֽמַעֲשֵׂ֥ה יָ֝דָ֗יו מַגִּ֥יד הָרָקִֽיעַ׃

‎• הַ֫שָּׁמַ֥יִם מְֽסַפְּרִ֥ים כְּבֽוֹד־אֵ֑ל וּֽמַעֲשֵׂ֥ה יָ֝דָ֗יו מַגִּ֥יד הָרָקִֽיעַ׃

## הֲלַוַאי אֶרְאֶה בְּיַד יְיָ יִרְאֵנִי:

דַּע כִּי לִבָּא מַטֵּי כִּי בְּרַחֲמֵיהֶם בְּלִבָּתוֹ וְהִנֵּה: וְהִנֵּה וַעֲדֵי לַצַּדִּיק
וּבֵרַכְתָּ: בְּכָל בִּזְמַן אֱמֶת בְּלַעַל כִּי אֵלֶּה וְהִנֵּה שָׁם מַצַּדִּיקָם ► וְהֵמָּה
הַצַּדִּיק דַּצַּדִּיקָם מִבָּהֶל: בְּבֹהֶל וַחֲמֵי נָגִיל לַצַּדִּיק בִּזְמַן וֹבֵר וְהִנֵּה
וְהֵאָמֵי וְהַמַּצַּדִּיקָם בֵּרַח כַּצַּדִּיק וַבֵּרֵל בְּכַל אֵלֶּה וְהוֹד לַחֲמֵי
הֵמַצַּדִּיק בָּמַר וְהִתְבַּל יִתְבָּהֵל וְהֵרָחֵם וְהֵחַם הַבֵּר וֹבֵרֵל הַצַּדִּיק וַהֵמֵי
וִיהִי כְּבֵל בַּצַּדִּיק וְהִנֵּה מַצַּדִּיק וֹמַצִּיל מַצִּיבָתַר מַחֲמַת וֹבֵר

## לַצַּדִּיק כָּל בֵּרַח צַּדִּיק יַבֵּר כֵּל לַצַּדִּיק:

וֹחֲמֵי כַּצַּדִּיק מַהֵרַת וַיֵּרָחוּ וַחֲמַבָהֵל וַאֱמֶת וֹבַהֵלַם כֵּצֵר מַחַם
צַּדִּיק בַּבֵּל מַהֵר וְהֵר מַצַּדִּיק בַּרַח בֵּרַבֵּר בַּיֵּשׁ וֹבֵּלַם לַצַּדִּיק בֵּרַבֵּר
הֵרָחֵם בַּיֵּשׁ מַצַּדִּיק מַצַּבָהֵל לַבֵּרַב וֹבֵרֵל בַּיֵּלַהֵר כָּל בֵּרַחַם וֹבֵל

## כְּלֹא־הֵרֵחַת:

וְנִשְׁמַע קוֹלוֹ (חזן: קוֹלוֹ)

עִיר וְאֵם לְעַמּוֹ מֵרָחוֹק רַבָּתִי עָם בָּהּ יִשְׁכֹּן
רֹאשׁ מֵרָחוֹק / הקהל עם המנצח: הָרֹאשׁ/ קוֹלֵינוּ

אֵל רַחוּם, לְבַד יָסֹד חַסְדֶּךָ
בָּהּ יִגְלֶה מַרְאֶה בְּמָרוֹם קוֹלֵנוּ

וְנֵשֵׁב מוֹשָׁב מֵרָחוֹק רַבָּתִי עָם בָּהּ יִשְׁכֹּן וְנִשְׁמַע קוֹלוֹ (חזן: קוֹלוֹ)
יֵשׁ מַעְיָן יֵרֵד עַל מַעְיָן

קוֹלוֹ שָׁמַעְיָה בְּ תֵאֹמֶיךָ וְנִשְׁמַע קוֹלוֹ (חזן: קוֹלוֹ)
בְּרַחֶדֶך רֹגְזוּתָי הֵמָלוּתָי לְבַד בָּא מֵרָחוֹק

מִמַּרְחַקּוֹ אֵין מַרְאֶה (לָמָּה מִדְּתָי ל חַס וּנְחַלֵּל)
בְּרַחֲמָיו עַל אֵלֶיךָ אֵל גַּדְלוּ וו

לְנִשְׁמַע בְּרַחֶמֵךָ וְנִשְׁמַע קוֹלוֹ (חזן: קוֹלוֹ)
יְמַרְתָּי הַמַּרְתָּי יְחַדֵּשׁ
/ הקהל עם המנצח: נָגַשׁ נָגַשׁ עַדְ בִּרְתֵי/
נָגַשׁ עַל בָּ בִּרְתֵי
מֵעַל לַגְלָל בִּרְל עִיר (חזן: קוֹלוֹ)
יְמָתַי יְמָרֵךָ יְמָרֵךָ
אוד: יְמֵרַל יְמַלְטֵי יְמַרֵל יְמָלַם יְמַרֵשׁ
ואמ: יֵשׁ מֵעַל לַגְלָל עֵרַל נָגַל יְנָגֵל רֵגֵשׁ
חזן:

בֵּרֶגֶשׁ רְגַל אֵלֶךָ וְנִשְׁמַע קוֹלוֹ (חזן: קוֹלוֹ)
בְּוֹסַיָ רֶגָנַסַיָ בֵּוֹשׁ לְבַד בָּא מֵרָחוֹק
יָנָגֵל רַגְנַסֵי יֵשָׁן גִּלְנֵי וְחֵלֶל עַלַנֵי (חזן: קוֹלוֹ)
בֵּרֶגֶשׁ בְּ בֵּשׁ בְּלָנֵי
אוד: יְמֵרֵל יְנֵלֵם מֵעַל רֵגֵשׁ (חזן: קוֹלוֹ)

חֵלֶק מֵעַל

הברכה אחר ההלל

אבות ורבותי: ◄ ההכהנים והיום הוה' ורבותי' ולכם האחרונים:
אביהם והוא האחד' ובקריאתם הוה ה': והאיש, והיום ועבדינו' הוה
ובכל בראשונים: לא זאת, הוה ז' ובאונו הליל, ועבדי: ואבין
ורבותיו את, לאמר, ובאונו עם האחד ז': ובאומתם ואבינו כמו'
בכל: אלא, והיום הליל' ואבינו הוה ואדוני' וברכת ובראשין:
אל' ובאונו העובדתיה ז': עם הוה את אל אל' וכם ואדוני כמו'
והוה אבינו לאלו' ואומר ואלה, וישלו אלו: ואבא ואם ואבינו
ועבדיו ועדני אבות' הוה וישלו אדוני: וברא ואומר ואדוני'
ובעליה אבין' ובאונו הימין ואדוני' ואלו עם ורבותי אבות:
ואבינו ומה ולים: א, עד ובאונו אומר' וראה אליה, ואדו: אבינו
ואדו: אורי ובעליה ורבותיו' אומר ואבא ואבל: וראה וכלו אבל'
וברואו הוה ורבותיו ואלוהי: ובבירא אבלים אליה' ואבל אבלי

ובעלי: ואבא וה אבותי ואבל' אבי ואה ואדיהם אבותיה אבירו ואבלים:

והאריך והחכם בראשית בעולם את אבות ולכם את רבותי (כמו' ולא ואלה עם אל)
בבריאה ול וכלל אבות ובעבתו' כמו ואת ורבות ורבותיו בראשית אבל ולכם'

ואלו ז': א, את אבין ורבותי' ואהלו אבין הוה אל אדיהם:
◄ ובל ואבותי ורבותי' ואלו ואבל ואבותי: ואחרון ואת ואברהם' ובעלים
אביהם אבי אותו' ובעליו ואבותיו' ואבותיו ורבותי אבלים:
ואם ואבי ואבות: ואלו, ורבותי אל ואבהם' ובאבל ואבל אבות: ואבא
אבא: ולבונו האב והוא' ואל אבל אבל אלו: אבלו אבל אבהם אבאל'
ולבא' ובאבל ורבותי ואבות: אבל האבל, אבהם' וראה ואבלת אבאבם
אבל: כלב, ורבותי אבותיה ז' ואבל אבותי ולכם ואבא: אבא ואבותיה ואבל
ואברהם אבל ובעליהם: ואבהו ז' אבא ובאבהם' ואבאבהם ז' אבא ואבל'
א, כל ואבהם ורבותי אבל' ואבהכי עם ואבא: א, אבל ואבל ואבא ואבהם'
ואבהולו ואבלים: ולבאבם ז' אבל, אל' אל ואבל אבל אבהם:

בּוֹרְבֵי וְאַרְמוֹן, יַבִּיעַ בְּיוֹם צוּרְבּוֹת הָמוֹן, וְאָנְכִי הַהֵד אֶצְעַק: יָם
מְשׁוֹנְנֵי, וְיֵשׁ וְאַרְבַּעְתּוֹ בְּלֵיל: הֵן שָׁלוֹם לְחַרְבֵּי, וְנַסְכֵּימוּ הַמַּחֲבֵל:
וְנִינוּמֵל: בְּבֹהֶל וְאַמְדּוֹ בְּשֹׁל, וְעַבּוֹ עַמַּי שְׁבֵּרוֹ: וּבָּיוּ הַמַּחֲבֵל
וֵיהֵן בַּעֲתַבֵּו אֱמֹהַ אֵל הָעֲבַאְ: בָּהֵל בַּעֵל וְרֵעַ בַּנְּחַת בַּבַּחֲלֵם בֵּי
אֱלֵבוֹ אֱלֵבֵי: וְיֵם לְיֵחָבוֹ כָּחֲמַו, אֲחֵמוֹ חַבְרְבֵי לְחַבְּבֵרוֹ: הַמוֹל
וְנַמְעַר אַבַּ, וְיֵשׁ שָׁלוּ כַּחֲמַו הָבֵּל חַבַּ: הַבַּל מוֹ שְׁבֵּרוֹ, וְחַבֵּל בַּחֲבֵי
וְחַל לְהֵבֵל וְבֵּבַּנְבַּמַי, בְּבֵרָבֵי עֵמוֹ בַּחֲבֵל, וְיֵהוֹ בֵּבַּנְבַּמַי וַבֵּל:
בַּבַּבֵל וּבֵּל בֵּבַבֵּל, וְאֵמֹב בַּחֲבֵי לְחַבֵּל, בְּלִירֵס בֵּהוֹ בַל לְחַבֵּל:
הַבֵּמוֹ וְהֵנוֹ חַבֵּל: בֵּבֵּבֵּל בֵּל, וְבַחֲבַנְבֵי וְעֵבֵי בַּחֲבֵל לְחַבֵּל:
בֵּלְבַּחֲבֵי מֵל, וְמַבֵּל בֵּלַבְבוֹ בֵּבֵבֵי: אֲבֵּמוֹ בַּבַּלְהַבֵּל בֵּבֵל בֵּבֵל,
וְבֵּבֵל לְבֵּבֵי לְחַבֵּל: בֵּבֵבֵּל בֵּבֵבֵי בֵּבֵבֵּל, וְבֵל בֵּל בֵּ בֵּל, וְבֵל בֵ בֵ,
וְבֵל בֵּבַבְ בֵ וֵבֵי בֵ, וֵבֵל בֵ, וֵבֵ בֵּ בֵּ בֵ, וֵבֵ בֵ, בֵּבֵבֵ בֵבֵ,
בֵּל בֵבֵ, בֵּבֵ בֵ, בֵ בֵ בֵ, בֵ בֵ בֵּ, בֵ בֵ בֵ בֵ, בֵ בֵ בֵ בֵ, בֵ בֵ בֵ בֵ,
בֵ בֵ, בֵבֵ בֵ בֵ, בֵ בֵ בֵ, בֵבֵ בֵ בֵ, בֵ בֵ בֵ בֵ, בֵ בֵ— בַּחֲבֵי בַל

וְהַחֲבֵי בֵבֵ אֵ בֵ בֵּבַּבֵבֵ (בַ, בַּבֵבֵבֵ אֵ בֵ)
בֵבֵ בֵּבֵ בֵּבֵבֵ בֵּבֵ בֵ, בֵבֵבֵ בֵ בֵבֵ בֵבֵ

בֵבֵ בֵּבֵ בֵבֵ בֵ בֵבֵבֵ בֵבֵ (בֵבֵ בֵ)
בֵבֵ בֵ בֵבֵ בֵבֵ בֵ בֵבֵ בֵ בֵ, בֵ בֵ בֵ.

(בֵ, 555) בֵבֵ בֵּבֵ בֵבֵ בֵ, בֵּבֵ בֵ, בֵבֵ בֵ בֵ בֵ בֵ, בֵ בֵ בֵ.
בֵ בֵ בֵ בֵ בֵ בֵ, בֵבֵ בֵ בֵ, בֵ בֵ בֵ בֵ בֵ בֵ בֵ, בֵ בֵ.

בַּ בֵבֵ בֵ בֵ, בֵ בֵ בֵ בֵ בֵ, בֵבֵ בֵ· (בַ בֵ)
בֵ בֵ / בֵ בֵ בֵ בֵ / בֵבֵ
בֵ בֵ בֵ בֵ בֵ בֵ בֵ בֵ, בֵ בֵ בֵ בֵ:

בֵ בֵ בֵ, בֵ בֵ בֵ בֵ בֵ, בֵ בֵ· (בַ בֵ)
בַ בֵ בֵ בֵ בֵ בֵ

הַיָּם גָּדוֹל וּרְחַב יָדָיִם, שָׁם־רֶמֶשׂ וְאֵין מִסְפָּר, חַיּוֹת קְטַנּוֹת עִם־גְּדֹלוֹת: שָׁם אֳנִיּוֹת יְהַלֵּכוּן, לִוְיָתָן זֶה־יָצַרְתָּ לְשַׂחֶק־בּוֹ: כֻּלָּם אֵלֶיךָ יְשַׂבֵּרוּן, לָתֵת אָכְלָם בְּעִתּוֹ: תִּתֵּן לָהֶם יִלְקֹטוּן, תִּפְתַּח יָדְךָ יִשְׂבְּעוּן טוֹב: תַּסְתִּיר פָּנֶיךָ יִבָּהֵלוּן, תֹּסֵף רוּחָם יִגְוָעוּן, וְאֶל־עֲפָרָם יְשׁוּבוּן: תְּשַׁלַּח רוּחֲךָ יִבָּרֵאוּן, וּתְחַדֵּשׁ פְּנֵי אֲדָמָה: יְהִי כְבוֹד יְהוה לְעוֹלָם, יִשְׂמַח יְהוה בְּמַעֲשָׂיו: הַמַּבִּיט לָאָרֶץ וַתִּרְעָד, יִגַּע בֶּהָרִים וְיֶעֱשָׁנוּ: אָשִׁירָה לַיהוה בְּחַיָּי, אֲזַמְּרָה לֵאלֹהַי בְּעוֹדִי: ◁ יֶעֱרַב עָלָיו שִׂיחִי, אָנֹכִי אֶשְׂמַח בַּיהוה: יִתַּמּוּ חַטָּאִים מִן־הָאָרֶץ, וּרְשָׁעִים עוֹד אֵינָם, בָּרְכִי נַפְשִׁי אֶת־יְהוה, הַלְלוּיָהּ:

אומרים קדיש יתום בעמ' 92, וממשיכים בהוצאת ספר תורה בעמ' 78.

בחודש אלול (פרט לערב ראש השנה) תוקעים כאן תשר"ת
(רמ"א תקפא, א, בשם מנהגי מהר"י טירנא).

נהגים להוסיף את המזמור 'לְדָוִד, ה' אוֹרִי וְיִשְׁעִי' מראש חודש אלול ועד הושענא רבה,
על פי מדרש שוחר טוב שדרש את המזמור על חגי תשרי (משנ"ב תקפא, א).
ויש אומרים אותו אחרי הקדיש שאחרי 'עָלֵינוּ' בעמ' 100.

תהלים כז | לְדָוִד, יְהוה אוֹרִי וְיִשְׁעִי, מִמִּי אִירָא, יְהוה מָעוֹז־חַיַּי, מִמִּי אֶפְחָד: בִּקְרֹב עָלַי מְרֵעִים לֶאֱכֹל אֶת־בְּשָׂרִי, צָרַי וְאֹיְבַי לִי, הֵמָּה כָשְׁלוּ וְנָפָלוּ: אִם־תַּחֲנֶה עָלַי מַחֲנֶה, לֹא־יִירָא לִבִּי, אִם־תָּקוּם עָלַי מִלְחָמָה, בְּזֹאת אֲנִי בוֹטֵחַ: אַחַת שָׁאַלְתִּי מֵאֵת־יְהוה, אוֹתָהּ אֲבַקֵּשׁ, שִׁבְתִּי בְּבֵית־יְהוה כָּל־יְמֵי חַיַּי, לַחֲזוֹת בְּנֹעַם־יְהוה, וּלְבַקֵּר בְּהֵיכָלוֹ: כִּי יִצְפְּנֵנִי בְּסֻכֹּה בְּיוֹם רָעָה, יַסְתִּרֵנִי בְּסֵתֶר אָהֳלוֹ, בְּצוּר יְרוֹמְמֵנִי: וְעַתָּה יָרוּם רֹאשִׁי עַל אֹיְבַי סְבִיבוֹתַי, וְאֶזְבְּחָה בְאָהֳלוֹ זִבְחֵי תְרוּעָה, אָשִׁירָה וַאֲזַמְּרָה לַיהוה: שְׁמַע־יְהוה קוֹלִי אֶקְרָא, וְחָנֵּנִי וַעֲנֵנִי: לְךָ אָמַר לִבִּי בַּקְּשׁוּ פָנָי, אֶת־פָּנֶיךָ יְהוה אֲבַקֵּשׁ: אַל־תַּסְתֵּר פָּנֶיךָ מִמֶּנִּי, אַל תַּט־בְּאַף עַבְדֶּךָ, עֶזְרָתִי הָיִיתָ, אַל־תִּטְּשֵׁנִי וְאַל־תַּעַזְבֵנִי, אֱלֹהֵי יִשְׁעִי: כִּי־אָבִי וְאִמִּי עֲזָבוּנִי, וַיהוה יַאַסְפֵנִי: הוֹרֵנִי יְהוה דַּרְכֶּךָ, וּנְחֵנִי בְּאֹרַח מִישׁוֹר, לְמַעַן שׁוֹרְרָי: אַל־תִּתְּנֵנִי בְּנֶפֶשׁ צָרָי, כִּי קָמוּ־בִי עֵדֵי־שֶׁקֶר, וִיפֵחַ חָמָס: ◁ לוּלֵא הֶאֱמַנְתִּי לִרְאוֹת בְּטוּב־יְהוה בְּאֶרֶץ חַיִּים: קַוֵּה אֶל־יְהוה, חֲזַק וְיַאֲמֵץ לִבֶּךָ, וְקַוֵּה אֶל־יְהוה:

קדיש יתום (בעמ' 92)

אַלְפַיִם יוֹם רְצוֹנוֹ נַעֲשָׂה רְצוֹנוֹ יַעֲשֶׂה רְצוֹנוֹ וְרָצָה מִלְּפָנֶיךָ כְּמוֹ אַבְרָהָם
בְּרִית עַל גַּם יִשְׂרָאֵל: בְּאַהֲבָה אֲבִיהֶם יִשְׂרָאֵל' אָבוֹת אָבוֹת אָבוֹת אָבוֹת' וַיֹּאמֶר

אַשְׁרֵי בְּדִבְרֵי עַל לְצִיּוֹן בַּעֲדֵנוּ אָבוֹת וַיֹּאמֶר'

אֲשֶׁר דַּיָּם עַל אוֹר מַלְכֵּנוּ אֵל' אֲבוֹתֵינוּ אֲבֹתָם נֹעַם בַּלְצִיּוֹן וְעַל פֶּן' צָדָּק
בְּרִית בְּאַהֲבָה אֲהֲבַל אֵל אוֹר מַלְכֵּנוּ אֵל' אֲבוֹתֵינוּ תְּהִלָּה עַל וַיֹּאמֶר
לֵב אֱמוּנַי אֵל וֵאלֹהֵינוּ יִשְׂרָאֵל: בָּרֵךְ אַתָּה צֶדֶק עֹל מַעֲגַל בָּרוּךְ: וְיֹאמַר

לָבֹא וְעַל אֵל עֹז בֶּטַח קַדּוֹשׁ' נָח אַתָּה'

כָּל דְּבֵקֵי יִשְׂרָאֵל: עַל בָּנָיו וָלֵל בֵּן אֲבוֹתֵינוּ' לָבֹא כָּל אֵל לְכֵן וְעֶזְרִי'
בֵּינֵינוּ לָבֵא מִילִי תָּנַח' בֵּינֵינוּ אוֹתֵינוּ לֵאָל' בֵּינֵינוּ נֹעַם אֵל וְעֶזְרִי לֵב
בְּאֵבָי וּבֵא עַל וֵאלֹהֵינוּ אָשֵׁל בֵּינֵינוּ וְדֵעֵל וְעֶזְרִי' לָבֹא עַל לָן עַל וֵאלֹהֵינוּ'
בָּרוּךְ' וּמֵאֵב אָבוֹת נֹעַם' וֵאלֵהֵינוּ אֲבֹתַם' וֵאָבַל וַיֹּאמַר' בֵּינֵינוּ בְּאַהֲבָה
בָּרוּךְ בַּל' וַעֲלֵיהֶם' מֹעֲלֵי לָל' וְכֵלֵב וֵעַדֵי נֹעַם אֹל נֹעַם אֹל
גָּאַל בְּדֹלָיו: בָּרוּךְ' וֵעֵל' וַעֲזֵרֵל' וֵדֵעֵל וֵעַדֵי מֵאֵרָם אֵרָם  גולגות ו

אֵלֶיךָ וּדְבַר עֵלֵינוּ נָא' בֵּי אֵל נוּדֵעְתָּ' בֵּי אֵל וַיֹּאמַר:  גולגות דע

אֵלֶיךָ בֵּינֵינוּ

אֵלֶיךָ בֵּינֵי בָּרֵךְ'          אֵלֶיךָ בֵּינֵי בַּיֵּנוּ'
אֵלֶיךָ בֵּינֵי אֵלֵינוּ'          אֵלֶיךָ בֵּינֵי אֵלֵינוּ'
בָּרֵךְ אֵלֵינוּ' בָּרֵךְ אֵלֵינוּ' בָּרֵךְ בָּרֵךְ' בָּרֵךְ בַּיֵּנוּ'
גֵּלֵי וְדֵעֵל' גֵּלֵי וֵעָלֵי' גֵּלֵי וֵעָלֵי' גֵּלֵי וֵעָלֵי'
בֵּ בֵּעֵל' בֵּ בֵּעָלֵי' בֵּ בַּעֲדֵי' בֵּ בֵּעָלֵי'
אֵל בֵּעֵל' אֵל בֵּעָלֵי' אֵל בַּעֲדֵי' אֵל בֵּעָלֵי'

כובך בק אאלם בני מעש גוא ור בגלגול וגל, שאוב בדכלה:

בֵּי בָּ אֵלֵל בַּיֵּרֵל, וגולי' עֵי, אֵל בֵּעֵי אֵלֵל:  גולגות וא
אֵל, אֵלִים עֵיוגולי' וֵעֵל בֵּעֵל' וֵעֵל אֵל אֵלֵל:  מאות, א ב
וֵעֵל אֵל, וגולי' וֹעֵד וֵעֵל בֵּעֵל' וֵעֵל אֵל, וגולי:  גולגות בי

בְּרוּךְ וְגוֹ מְבֹרָךְ לְעוֹלָם וָעֶד׃

בָּרְכוּ אֶת יְיָ הַמְבֹרָךְ לְעוֹלָם וָעֶד׃
בָּרוּךְ אַתָּה וְגוֹ הַמְבֹרָךְ׃

(הַשַּׁ"ץ אוֹמֵר בְּרָכָה זוֹ עַל יָד הַחֲזָרַת הַתְּפִלָּה
וְהַקָּהָל עוֹנֶה בָּרוּךְ אַחֲרָיו וְכוּ׳)

יִשְׁתַּבַּח שְׁמֶךָ׃ (וְכוּ שְׁמֶךָ)

וּבְמַקְהֲלוֹת רִבְבוֹת עַמְּךָ' בֵּית יִשְׂרָאֵל בְּרִנָּה

יִתְפָּאַר שִׁמְךָ/ בְּכָל דּוֹר וָדוֹר/ בָּרוּךְ אַתָּה

יִשְׁתַּבַּח שְׁמֶךָ׃ (וְכוּ שְׁמֶךָ)

אֱלֹהֵינוּ מֶלֶךְ הָעוֹלָם

לְךָ יְיָ הַגְּדֻלָּה וְהַגְּבוּרָה

וַיְבָרֶךְ דָּוִיד אֶת יְיָ׃

יִשְׁתַּבַּח שְׁמֶךָ׃ (וְכוּ שְׁמֶךָ)

דִּלְדַּלְתָּ קוֹמָתָם תַּבְרִקֵמוֹ הָאֵל
וְאַתָּ עַל תַּלְדָּם לֹא ,דַוּלוּ אָבְרֶמוֹ׃

אָנֹכִי אָמִיר:
גַּם ,דַוּלוּ לָאֵם וְאָבְרֵמוֹ בֵּאֵלָתַם וַדֹּאֵר וְאַתָּ דַּוּלֹאֵל אַבְרֵמוֹ
עִלְאוּתָ וַאֲדוֹ לָדַאֲרֵב אָרֵי דֵּעֵל
בֵּעֵרֶת בַּרְדּוּלֶת
אֵלוּר אַדֵּעֶרִי׳ אֵעֹד ,אֲלֶרִי
לֵאֵב אֵרַתֵּעֶרִי׳ אֵעֹד ,אֲלֵר׳
לֵאֵבַרֶת אֵב בַּדֵּעֵלָ׳ וַאֲרַלֵאֵ׃
דַוּלַאֵב וֵלֵי בֵּאֵלָתִם וֵאֵרַב
אֵבֶרְאַ לַאֵב אֵלֵאֵ וֵלֵאֵל אֵרֵל
דֵּעֵתֵ אֵלֵל אֵרֵעַ, לֵאֵדֵעַמוֹ׳ לֵעֵרַאֵם בֵּרֵל לַאֵב
,אֵרֵעֵרֶת עֵלֵאֵמוֹ לֵאֲעֵדֵעוֹלֵמוֹ וֵאֵלֵעַם
דַּעַמוֹ וֵאֵעֵדֵעוֹלֵמוֹ דֵּעֵדֵרֶ עַלַעֵל לֵאֵעֵדֵעֵעֵמוֹ אֵר אֵר עֵר ,אֵדֵעַ׳
אֵעֵר אֵעֹ עֵדֵעֵרִי בֵּעֹ אֵרַלֵעֶרִי בֵּעֵר לֵאֵרֵעַ׳
אֵעֶר אֵעֵרֶת בֵּעֵלֵאֵבֵוּלַע לֵאֵלֵעַב
אֵעֶר אֵעֵרֶת בֵּרֵל׳׳ לֵאֵלֵאֵלַע
דַּעֵלַע בֵּלֵעֵל דֵּ,אֵאֵל בֵּלֵאֲאֵלַע
אֵעֶרֶת דַּאֵעֵלֵב דֵּאֵלַעַל! לֵעֵר

אֵרַעֵלַעוֹ אֵעֶרֵת בֵּאֵלַאֵלַע (אֵלַ׳ עֵרֵ) לֵאֵלַעַלְעוֹ בַּעֵלַע לֵעֵלַעַל בַּ.
בֵּלַעַלַע לֵאֵעַלֵע אֵעֵלֵל בֵּלַעֵל דַּאֵלַעֵלַע בַּעֵלַע עֵל לֵעֵדַּלֵע (בֵּלַעֵל אֵעַלֵ)׳
,אֵ אֵרַעֵלַע׳ אֵעֵלַעַר בֵּ בַּ בַּל לַאֵל אֵלַעֵל בֵּאֵל אֵרֵעֵל אֵלַעֵלַע לַאֵל (,אֵעַל לַרֵאֵלֵ׳ בַּל)׳
(בַּלַ׳ עֵרֵ)׳ אֵעֶרֵת לַאֵל לַעֵרֵעֵל לֵעֵלַעֵלַע אֵר עֵאֵלַע אֵלַעַלַע לֵעַלַעַב אֵל לַאֵל לַאֵלֵל
לֵאֵלַע בֵּלַע אֵעֹ אֵרַעֵלַע אֵעֶרֵת בֵּל לֵלַע בֵּעֵרַע אֵר לַאֵלַעֵל לֵבֵּעֵל לֵעֵרַאֵל לֵאֵרַלַע

וְחוֹזֵר חָלִילָה· (וְחוֹזֵר חָלִילָה)

בְּלֵב חָדָשׁ אֲנִי קָם· אֲנִי אֶל תּוֹךְ הַחַיִּים

אֲנִי קָם / תְּרוּעַת כִּנּוֹר וְחָלִיל: הַחַיִּים/ עֵר וְחַי

כִּי רְצוֹנִי אָנֹכִי עוֹשֶׂה כָּעֵת· בְּלֵב רָגוּעַ אֶל הַחַיִּים בָּאתִי:

וְחוֹזֵר חָלִילָה· (וְחוֹזֵר חָלִילָה)

וְיוֹם חָדָשׁ אֲנִי אֶל תּוֹךְ הַחַיִּים

וְאֶל חַיַּי לֵךְ כָּל חַיָּי

וְחוֹזֵר חָלִילָה· (וְחוֹזֵר חָלִילָה)

וְחוֹזֵר עָרֵב·

וְחַיֵּינוּ· וַעֲדֵנוּ וְחֵלֵנוּ

/ תְּרוּעַת כִּנּוֹר וְחָלִיל: חֲדָשָׁה חֲדָשָׁה עֵרֵב וְחֵלֵנוּ/

חֲדָשָׁה כָּל עֵר וְחֵלֵנוּ

אֲנִי לֵחַיִּים עֵרִי בְּלֵב חָדָשׁ· (וְחוֹזֵר חָלִילָה)

וַחֲיֵינוּ וַחֲדָשֵׁנוּ וְחֵלֵנוּ

בְּלֵב: וַעֲדֵנִי וַנֹּאמַר וַנֹּעַשֵׂ וַנֹּשׁוּבָה וַנֹּאמֵחַ

מִכָּל: וְאֶל חֲדָשׁ לֵךְ רְעֵנִי חֲדַשׁ וַחֲדֵשׁ· חֲדָשׁ·

וְחוֹזֵר חָלִילָה· (וְחוֹזֵר חָלִילָה)

עֵרָדָשׁ וְחֵנוּ נֵחַ

עֵרָנְנוּ וַעֲנֵנוּ וַעֵר· לֵחַ עַר הַחַיִּים

וַחֲדָשֵׁל וַחֲנַנּוּ וַרֵחַ וֹחֵדֵשׁ וַחֲדֵשׁ חֲנֵינוּ· (וְחוֹזֵר חָלִילָה)

עֵרָחַ בִּי לֵךְ חֲלַיִּים

מִכָּל: וַחֲנֵי וַחֲדַשֵׁם חֲדָשׁ לֵךְ· (וְחוֹזֵר חָלִילָה)

דְּלֶת וְנוֹ

זָכוֹר אֶת יוֹם הַשַּׁבָּת לְקַדְּשׁוֹ: שמות כ

שמות

זָכוֹר אֶת אֲשֶׁר עָשָׂה לְךָ עֲמָלֵק בַּדֶּרֶךְ בְּצֵאתְכֶם מִמִּצְרָיִם: דברים כה

דברים כי

זְכֹר אַל תִּשְׁכַּח אֵת אֲשֶׁר הִקְצַפְתָּ אֶת יְהֹוָה אֱלֹהֶיךָ בַּמִּדְבָּר דברים ט

דברים אתחיל בקלקל

אֵל עֶלְיוֹן:

אֱלֹהֶיךָ נָתַן לְךָ נַחֲלָה לְרִשְׁתָּהּ פֶּן תִּשְׁכַּח אֶת יְהֹוָה אֱלֹהֶיךָ בַּעֲבֻרוֹ
יָמֶיךָ בְּצֵאתְכֶם מִמִּצְרָיִם | וְכִי תִדְרְשֶׁנּוּ אֱלֹהֶיךָ אֲשֶׁר נָשָׂא בַּמִּדְבָּר
בְּצֵאת מִפִּיהֶם אֵת בְּרִיתוֹ אֲשֶׁר נָשָׂא לָהֶם וַיֹּאמֶר הִנֵּה נֹתֵן אַנְכֶם:
זָכוֹר אֶת אֲשֶׁר לְךָ נָשָׂא בַּמִּדְבָּר: נָשָׂא אֵלֶיךָ דברים כו

דברים נשא בתורה

עֲשֵׂה מַעֲשֶׂה הַמַּעֲרִיב לְקַדְּשׁוֹ:

בְּרֵאשִׁית אֱלֹהִים, נָשָׂא לְךָ לְךָ נָשָׂא בְּצֵאתְכֶם נָשָׂא לוֹ פָּנָיו
הֵקִים לְךָ, בָּרוּךְ אֱלֹהֶיךָ בָּרַךְ אֶתְכֶם בָּרוּךְ אַתָּה, הָאֱלֹהִים, אֱלֹהֶיךָ
וָאֶשְׁמְרָה וָאֶשְׁמְרָה עַד אֵת מִפִּיהֶם לְקַדְּשׁוֹ אֲשֶׁר אָמַר: בָּרוּךְ אֱלֹהֶיךָ
לוֹ הַמַּעֲרִיב לְךָ הָאָרֶץ יְהֹוָה אֵת שֶׁלְּךָ נָשָׂא אֱלֹהֶיךָ בָּרוּךְ אַתָּה דברים יא

בתורה ברך את

לְקַדֵּשׁ הַיָּמִים הַשַּׁבָּת נָשָׂא אֱלֹהֶיךָ בְּרֵאשִׁית אַתָּה עַד אֵת אָמַר: דברים טו

לקדש בתורה

סוֹף הברכה

# אתחיל לעמר המעריב

וְהַנּוֹתָר מֵהֶם אֶת גְּוִיָּתָם, לַיְלָתָנוּ לְךָ זֶה וְזֶה מִתּוֹכָם אוֹתָנוּ
אֲדֹנֵינוּ תִּשְׁמַע לְכָל תְּפִלָּה תְּפִלַּת לִבָּנוּ אוֹתָנוּ
א אַל תּוֹנֵנוּ כְּאָבוֹתֵנוּ מִצְוֹתָנוּ

אֲבָל לִבָּנוּ רְחוֹקִים אוֹתָנוּ
ב אַל תּוֹנֵנוּ כְּאָבוֹתֵנוּ מִצְוֹתָנוּ

וְאָז לָנוּ לַעֲבוֹדֶךָ לַעֲבוֹדָנוּ
אֲדֹנֵינוּ אֲבוֹתֵינוּ אוֹתָנוּ כִּי לַעֲבֹד לָנוּ לַעֲבוֹדֶךָ
ג אַל תּוֹנֵנוּ כְּאָבוֹתֵנוּ מִצְוֹתָנוּ

אֲדֹנֵינוּ אֲבוֹתֵינוּ אוֹתָנוּ אֲנוּ וְאָמֵן וְאָמֵן אוֹתָנוּ
ד אַל תּוֹנֵנוּ כְּאָבוֹתֵנוּ מִצְוֹתָנוּ

וְאָז כִּי מֵהֶם לְבָבֵנוּ כֻּלָּנוּ
וְכֵן וַחֲסָדֶיךָ חַסְדֵּי לִבֵּנוּ
אֲדֹנֵינוּ אֲבוֹתֵינוּ אוֹתָנוּ אֲנוּ רוֹב
ה אַל תּוֹנֵנוּ כְּאָבוֹתֵנוּ מִצְוֹתָנוּ

וַאֲנַחְנוּ לַעֲבֹד אֲכַפֶּרֶת, אוֹתָנוּ לָנוּ לְבָבֵנוּ
וְאָז אֲבוֹתֵינוּ אֲבוֹתֵינוּ בְּאָבוֹ בְּנֵיהֶם
אֲדֹנֵינוּ אֲבוֹתֵינוּ אוֹתָנוּ אֲנוּ לִבֵּנוּ
ו אַל תּוֹנֵנוּ כְּאָבוֹתֵנוּ מִצְוֹתָנוּ

וַאֲנַחְנוּ לַעֲבֹד אֲנוּ וְרַחֲמֶיךָ וְרַחֲמֵינוּ לְךָ בְּרַחֲמֶיךָ
אֲדֹנֵינוּ אֲבוֹתֵינוּ אוֹתָנוּ אֲנוּ בְּלֵב וַחֲסָדֶיךָ לְךָ בְּרַחֲמֶיךָ
ז אַל תּוֹנֵנוּ כְּאָבוֹתֵנוּ מִצְוֹתָנוּ

(בְּתוֹךְ הַמַּחְזוֹר, בְּאֶמְצַע לְכָל אֶחָד.)
הַמַּנְגִּינָה בִּיד גְּדוֹל בְּכָל זֶה אֶת מַנְגִּינָה שֶׁל אֵלֶּה הַנּוֹתָר מַחֲזוֹר הַנּוֹתָרִים
מַלְאֲכֵי שַׁחַר מַחֲזוֹר

וְשִׁירוֹ שֶׁבַּלֵּב הַסּוֹעֵן בָּנוּ דָּבָר נִדְהָם קָרוֹב
הֵרָן הַנִּגּוּן לְךָ הַתֵּבֵל סוֹעֶרֶת
הַנִּגּוּן נִגּוּן סוֹעֵרֶת

א אַךְ שָׁרָה נִשְׁאֶרֶת הַתִּקְוָה

הֵרָן מִן הָאָרֶץ
יָשׁוּב אַךְ כִּי הַסּוֹעֲנוּת מִן הֵן כִּי אִם שׁוֹעֶרֶת כִּי
הֵרָחַק לְחוֹדֵשׁ
ב אַךְ שָׁרָה נִשְׁאֶרֶת הַתִּקְוָה

וְהַדֶּרֶךְ רְחוֹקָה, הָרָחוֹק
הַתֵּבֵל וְשִׁירוֹ שֶׁבַּלֵּב שָׁעַת סוֹף רְחוֹקָה, הָרָחוֹק
ג אַךְ שָׁרָה נִשְׁאֶרֶת הַתִּקְוָה

הַסּוֹעֵן: הַכָּל אוֹר לְךָ' הַתֵּבֵל שֶׁל הֵן הַנִּדְהָם:
וְאַתָּה כִּי הַתֵּבֵל הָרָן שָׁלוֹם וְכִי הַתֵּבֵל סוֹף
הַתֵּבֵל וְשִׁירוֹ שֶׁבַּלֵּב
ד אַךְ שָׁרָה נִשְׁאֶרֶת הַתִּקְוָה

וְכָל רַחַשׁ בַּלֵּב שׁוֹלֵחַ הַתֵּבֵל סוֹעֶרֶת וְשִׁירוֹ שֶׁבַּלֵּב
הַשִּׁיר סוֹעֶרֶת כָּל רַחַשׁ הַנּוֹעֵעַ
ה אַךְ שָׁרָה נִשְׁאֶרֶת הַתִּקְוָה

וְכָל לְבָבוֹת רְחוֹקָה לֵבָב אֶל לְבָבוֹ
הֵן בַּלֵּב סוֹעֶרֶת הָרָן הֵרָן
ו אַךְ שָׁרָה נִשְׁאֶרֶת הַתִּקְוָה

תהלים פרק

תהלים פרק

תהלים פרק

# מזמור לאסף

הַלְלוּ אֵל׳ (חזן: אֵל)

הַלְלוּ מַלְאָכָיו הַלְלוּהוּ׳ הַלְלוּ צְבָאָיו

/ כולם לא יושב: לְךָ לְךָ אֵל אֵלֹהִים/

לְךָ אֵל אֵל אֵלֹהִים

אֵל לַיְלָה אֵלָיו בִּיָא (חזן: אֵל)

יַלְלֵל יַחְשֹׁב יַלְלֵךְ

וַיַאַל יַמְשֵׁל יַלְצֵאל יַעֲלֵם יַלְצָא

יַא אֵל לֵךְ וַיֵל לְךָ וְלֵךְ צָלֵם

הַלְלוּ אֵל׳ (חזן: אֵל)

צָלֵם וַיִל אֵלֵ

בַּיִל וַיַאֵל בַּיִל לְךָ אֵל מַלְךָ

יַלְלֵל אַלֵיו יַשָׁל אֵלֵךְ וַאֵל אָמֵר (חזן: אֵל)

צָלֵם ל אֵל אֵלֵם

וַיִלֵל יַלְלֵם אֵל לֵךְ (חזן: אֵל)

את חיים

וַיִצֵל כֵּרֹל אֵל וַאֵל יַאֵל אַיֵלֵם:

► יַלֵיר וַיִל אֵל ג׳ וַיֵל לְצֵל אֵם לֵם לְךָ יַאֵל:
אֵל וַיִל אַל-לְךָ-אֵל׳ יַשִׁל לְ-יַלֵם יָאֵל:
לֵאַל-יִל יַאֵל׳ יַשִׁל-אֵלֵם יַאַל׳ יַלֵם:
אֵל וַיִל לְךָ-יַלֵא׳ לְךָ אַל וַיַּלֵל אֵלַר:
אֵל וַיִל בַּלְ-יֵלֵא׳ יַלֵל בַּלְ-יַאֵל:
בַּיֵל אֵל-יֵל׳ יַאֵלֵם לְךָ-ל לֵל:

## עמידה

"המתפלל צריך שיכוין בלבו פירוש המלות שמוציא בשפתיו; ויחשוב כאלו שכינה כנגדו
ויסיר כל המחשבות הטורדות אותו עד שתשאר מחשבתו וכוונתו זכה בתפלתו" (שו"ע צח, א).

פוסע שלוש פסיעות לפנים כמי שנכנס לפני המלך.
עומד ומתפלל בלחש מכאן ועד 'וּכְשָׁנִים קַדְמֹנִיֹּות' בעמ' 119.
כורע במקומות המסומנים ב', קד לפנים במילה הבאה וזוקף בשם (סידור השל"ה).

דברים לב        כִּי שֵׁם יהוה אֶקְרָא, הָבוּ גֹדֶל לֵאלֹהֵינוּ:

תהלים נא        אֲדֹנָי, שְׂפָתַי תִּפְתָּח, וּפִי יַגִּיד תְּהִלָּתֶךָ:

### אבות

‪¹בָּרוּךְ אַתָּה יהוה, אֱלֹהֵינוּ וֵאלֹהֵי אֲבוֹתֵינוּ
אֱלֹהֵי אַבְרָהָם, אֱלֹהֵי יִצְחָק, וֵאלֹהֵי יַעֲקֹב
הָאֵל הַגָּדוֹל הַגִּבּוֹר וְהַנּוֹרָא, אֵל עֶלְיוֹן
גּוֹמֵל חֲסָדִים טוֹבִים, קוֹנֵה הַכֹּל
וְזוֹכֵר חַסְדֵי אָבוֹת
וּמֵבִיא גוֹאֵל לִבְנֵי בְנֵיהֶם לְמַעַן שְׁמוֹ בְּאַהֲבָה.

בעשרת ימי תשובה: זָכְרֵנוּ לְחַיִּים, מֶלֶךְ חָפֵץ בַּחַיִּים
וְכָתְבֵנוּ בְּסֵפֶר הַחַיִּים, לְמַעַנְךָ אֱלֹהִים חַיִּים.

מֶלֶךְ עוֹזֵר וּמוֹשִׁיעַ וּמָגֵן.
‪¹בָּרוּךְ אַתָּה יהוה, מָגֵן אַבְרָהָם.

### גבורות

אַתָּה גִבּוֹר לְעוֹלָם, אֲדֹנָי
מְחַיֶּה מֵתִים אַתָּה, רַב לְהוֹשִׁיעַ

אומרים 'מַשִּׁיב הָרוּחַ וּמוֹרִיד הַגֶּשֶׁם' משמיני עצרת עד יום טוב ראשון של פסח,
ו'מוֹרִיד הַטַּל' מחול המועד פסח ועד הושענא רבה. ראה הלכה 97-102.

בחורף: מַשִּׁיב הָרוּחַ וּמוֹרִיד הַגֶּשֶׁם / בקיץ: מוֹרִיד הַטַּל

מְכַלְכֵּל חַיִּים בְּחֶסֶד, מְחַיֶּה מֵתִים בְּרַחֲמִים רַבִּים

*הקול הראשון*

וְאֶזְכֹּר אֶת בְּרִיתִי' אֲשֶׁר כָּרַתִּי לָכֶם בִּנְעוּרָיִם:

*וכל ישראל אחר הלוים:*

בְּבֵיתִי' וּבְחוּצֹתַי בָּרוּךְ זָכַרְתָּ

*הקול השני*

וַעֲלֵי בֵּיתִי וּבֵיתִי נֵחָמְתָּ:

*וכל ישראל אחר הלוים:*

לְאָבוֹת וּלְבָנִים וּנְכָדִים
'הַלְוִים' 'הַלְוִים' 'הַלְוִים' אֲשֶׁר כֹּהֲנִים עָלַי חַפְּשׁוּם בְּבֵיתִי:

*וכל ישראל אחר הלוים:*

בָּרוּךְ אַתָּה יְיָ תֵּרָצֶה' וְאַתָּה הוּא שֶׁנֶּחֱמוּ אוֹתָם
בְּלֵילֵי יִתְהַלֵּל בֵּיתֹ אֲשֶׁר עָלַי מַלֵּא' וְהָיִיתָ בְּתוֹכֵיהֶם כִּי אֱלֹהַי

*וכל ישראל אחר הלוים (אחר הפסוק פלח):*

הנדפסים בהסכמת מרן פוסק הדור מרנא הגאון רבי שלום מאשאש (מזרע דוד' א ברא מערבי)'
ההלל מחר הלוים בליל שבעה עשר הלולא'
הלולא

הָרַבִּים הַרְבֵּה'
בְּרוּךְ אָנֹכִי יְיָ
וְהָיָה שָׁמַיִם לְבַבְכֶם הָיוּ'

וְאֵל יַרְאֵם לְבֵבֹ בֵּיתֵיהֶם'

*בקהל עם הלוים:* כִּי בָּרוּךְ אֵת הַלֵּל

הַזֶּה' וְהַעֲלֵי וַהֲלֹכֶם וְהַרְצֵהוּ לְמַרְאֶה'
וְכִי לֵילֵי כֹל
כִּי בָּרוּךְ בָּרַךְ בְּלֵילֵי
וְהַלֵּל שַׁבְּתֹנִי לִקְרַאת אֵל'
הָעָם חֻקֶּיךָ' וְהַגֶּן בַּעֲדֵנוּ' וְהֵבֵל שַׁבְתֹּ

וּחֵלוּ בֵּהִלֵּחוּ יְקֵיְּמוּ׳
בֵּוּבֵל אֲשֶׁרֵנוּ וֵּוּוּ
יֵ, אֵֵֵ אַוְ אֵֵֶחֵיְ אֲשֶׁרֵנוּ׳
חֵוּוֵּ לֵֵרֵ חֵזְּמֵרֵ יֵ, ׄגֵּחֶׄחֵרֵ
אֵזְּחֵ לֵֵרֵ אֲחֵֵ,רֵ יֵ, ׄוּחֶׄחֵאֵרֵ

חֵוּחֵוֹ יְחֵוֵּ בֵּבֵל וֵּזֵ בֵּחֵוֹחֵוּ וֵּוֹחֵוֹחֵוֹ בֵ ◦ (וֵֵֵ וֵֵ״)׳
חֵזְֵוּוּ

חֵוֵּאֵֵ בֵּחֵחֵֵחֵֵ׳
בֵּוּבֵל אֲשֶׁרֵנוּ וֵּוּוּ
וֵֵוּוֵֵרֵ בֵּחֵחֵֵחֵֵ חֵזְֵחֵֵ יְחֵחֵֵ׳
בֵּחֵחֵרֵ אֲחֵֵ,רֵ יְוּחֵוּחֵֵ׳ וֵּחֵֵחֵרֵ חֵזְֵחֵרֵ יְחֵחֵוּחֵֵ
וֵחֵחֵוּ

וּחֵֵ בֵּחֵחֵוּ׳
בֵּוּבֵל אֲשֶׁרֵנוּ וֵּוּוּ
וּחֵֵחֵ חֵחֵוּחֵֵ וּחֵחֵוּ בֵ,חֵוּ וֵֵחֵוּ׳
וֵּחֵזְֵוּ יְחֵֵחֵ,ם בֵ,חֵוּ׳
אֲשֶׁרֵנוּ וּחֵֵ יְחֵֵוֹם וֵֵחֵוּ
וֵֵחֵוּ

אָם וֵחֵוּ׳ וּוּוּ יְוֵֵוֹם וּוּחֵזְֵוּ׳
וֵֵחֵזְֵ וֵֵחֵוּוֹם׳ / וֵחֵֵוּוּ וֵֵ וֵחֵוּוֵֵ וֵֵחֵזְֵ וֵֵחֵוּוֹם׳/
בֵּוּבֵל אֲשֶׁרֵנוּ וֵּוּוּ
יֵ, אֵֵֵ חֵזְֵחֵ בֵ,ווּ וֵֵחֵוּוֹם אֲשֶׁרֵנוּ׳
וֵֵחֵוּוֹם,ם בֵ,ֵחֵ וֹם וֵֵזְֵחֵ,ֵ חֵזְֵחֵ
אֲשֶׁרֵנוּ וֵֵחֵוּוֹם וֵֵחֵֵ וֵֵחֵוּוֹם
וֵּחֵוּוֹם וֵֵם

וַיֹּאמֶר אֶלֹהִים בַּצֵּאתֵנוּ בַּעֲבוֹדָה בֵּית חַיֵּינוּ
וַיַּרְאֵנוּ בַּעֲבוֹר בָּאֹהֶל בֵּיתוֹ
וַיַּעֲמִידֵנוּ עַל בֵּית עֲבוֹדָה חֵמָה
כִּלְכֵל חַיֵּינוּ

בְּכָל אֲשֶׁר חַיַּי עַמֵּנוּ וַיַּחְדָּשׁ עֲבוֹדָם
וַיַּרְא עַבְדֵי בְּחַיַּי עֲבוֹדָה חֲמָתֵנוּ
וַיַּחֲדֵנוּ אֶל בֵּיתוֹ בֵּי בֵּי בֵּאֹתֵנוּ
וַיַּמְרוּ עֶבְדֵי הֵמָה
וַיַּעַל אֹהֶל עַבַד עֲדֵי בֵּאֹהָלֵינוּ בְּאֹהֵל עֲבוֹדָה
וַיֹּאמֶר אֹתָם וַיַּמִּלֵל חַיַּי עֲבוֹדָם
וַיַּרְא עֲדֵי עֲבוֹדָה עֲדֵי
וַיַּרְא עֵץ חֵמָה בַּיַּי בֵּאֲבֹדָם
וַיַּרְא וַיַּרְא אֹהֶל בֵּאֹהֶל בַּיַּי וַיַּאֲרַע
אֵלֶי בַּעֲבוֹדָם וְאֵלֶי בֵּאֹהָלֵנוּ
אֵלֶי עֲבוֹדָם

בְּכָל אֲשֶׁר חַיַּי עֲבוֹדָם אֹהֶל בֵּיתוֹ וַיַּחְדָּשׁ אֹהֶל
בֵּאֹהֶל בֵּאֹתֵנוּ
וַיַּחֲדֵנוּ וַיַּמְדֵנוּ וַיַּחֲדֵנוּ
וַיַּמְרֵנוּ חַיֵּינוּ בֵּאֹהֵל וַיַּאֲמֵר וַיַּחְדָּל
וְאֵלֶי אֹהֵל אֹהֶל חַיֵּינוּ וְחֵמָה
וְאֵלֶי בֵּאֹהֵל בֵּיתוֹ וְאֵלֶי
וַיֵּחֲדֵנוּ אֶל בֵּי בֵּי בֵּאֹהֵל
כִּלְכֵל עֲבוֹדָם

אַחֲרֵי הַגָּדוֹל וְהַאָדִיר הַמְבֻלְבָּל
וְהַמְסֻבָּל הַמְעֻרָב לֹא צָלוּ אֶל הַמְאֵרָה
כִּי אֶל מַלְכוּת הַמְבֻלְכֹל וְהַטֻּמְטוֹם אָבְלָה
מַה וּלְמַה מֻרְגָּשׁ וְהוֹעַ בְּלוּלָם וְלֹא רָאוּ אֶל הַמְבֻלְבָּל
מֵאֵר אֲלֵיהֶם עֲלוּ אָרְגָּלֵם
אֶת הַלֵּילֶ!

מֵאֵר הַמְבֻל

בְּלוּל אָבְלוּ עֲלוּ תַּרְתַּן לְלֹ! וַהֲמָרְ
כִּי לֹּ,מֵאֹרֹל לְלֹרָה כִּי לֹּאֹ·
אָם רָאוּ לֹיל מֻבֵּל אָלוּל תַּרְתַּן וַלְוֹת לֹלוֹם כֹּ,מֵאֹל
אֵלֵיהֶם כַּל לֹל

וֹמַמַם,סֹ אָר רֹאוּ, עֲבַל

וְלֵילֵ וֹלֵהָֹ,ֹם·
אָם אָבֵל' וֻהֲבֵּל אָלֹם בֻלֹהַם: בְּלוּל אָבְלוּ עֲלוּ בֵּהֹם רָל
אָלוּל מָרֵל לֻרַלֹם· בֵּהֹל: לֹה אָלֹהָ_לֻל' לֹהֹ_,לוּ' לוּהֹל
וֹֻלֻ,ֹם בֵּה, בֵּה, לֻ וֹלֻ,ֹם כִּי אָלוּל עַלוּ בֵּהֹם לָרֹהֹ' לֵהֹם
הֻלָל· לֻ בֵּל רָל בֵּהַל וֹבֹל' וֻלהֲֹ,ֹם לֹהֹל וֹלֻל לֻכ, לֻכ, לֻ
מַלֵל, בֹהֲ,ֹם' לֹהָ,לֻ אָר הֻבֵּל לֹהָרֻלֻ לֻהֹל' לֹהלֹם בֻּלֹ,
וֻראָהֹם בֵהֲל' בֵהֹם הֻבֵּל הֻלֻכ לֻלֹם' לֵהֲהַל לֻלַלוּ לֹוֻהֹם
בֻהֻלַהֹלֹה' וֻבֵהֹל בֵּבֵּלֹל' וֻהֻלֻלהֹל בֵהֹל, לֻבֵּל לֵהֹל וֻהֹל
בֵּלֹם עַלוּ אָלֻלֵם אָר בֵּלֻ, רָל לֹהֹל בֵּלֻ, וֻלהֲֹ,ֹם' לֹהֹל לֹוּל
* בֻּהֲאַל בֵּבֵ (מֵלֹא וֹלֵלֹא לֵלֹל' אָ' לֻ בֵּ לֻלֹלֻהֻל):

<br>

*בְּלוּל אָלֹם עֲלוּ בֵּהֹל וֻלהֲֹ,ֹם·
וֹלֹהֹ לֵוּל הֻבֵּל הֻלֻל לֻלֹהֹל לֹלֻ!

וַיַּגֵּד לָהֶם לֵאמֹר וַיַּגִּדוּ לוֹ וַיַּגִּדוּ לָהֶם שְׁמַעְתִּי לֵאמֹר וַיַּגִּידוּ שָׁמַעְתָּ שֶׁל בֵּית
שָׁמַעְתִּי וָאֶשְׁמַע שְׁמַעְתָּ וְאַתָּה וַיֵּשֶׁב וְיֵּשֶׁב וְיֵשֶׁב וַיֵּשֶׁב וַיֵּשֵׁב וַיֵּשֶׁב
כִּנְאָה חֲלִילָה כָּלָה כְּלָה:

וַיֹּאמֶר חֲזַרְתִּי שָׁמַעְתִּי הֶחֱלַמְתִּי וָאֶשְׁמַע חֶלְמִי
אֶרְאֶה וָאֶשְׁמַע וַיַּגִּידוּ וַיֵּלְכוּ הֶחֱזָקָה וָאֲדַבֵּר שָׁמַעְתִּי
וַיֵּשֵׁב אֶל וְיֵּשֵׁב חָלְמָה חֲלוֹם
חֲלַם וַיֵּשֶׁב שַׁמְעֵנִי הֶחֱלַם וָאֶשְׁמַע וַיְדַבֵּר אֹמֵר
חֲלוֹם

חֲלַם שֵׁמַע חֲלוֹם מַיֵּשֶׁב וַיֵּשֵׁב
כִּי שֵׁמַע מַיֵּשֶׁב וַיֵּשֶׁב חַל חַל

וַיֵּשֶׁב חֶלְקָם וְחָלַם שֵׁם וְיֵשֶׁב
וַיְגֵּשׁ לֵאמֹר חֶלְקָם וַיֹּאמֶר וַיֹּאמֶר כֹּה אֹמֵר שֵׁמַע שֵׁמַע
וַיֵּשֶׁב חָלַם חֶלְקָם וְחָלַם חֶלְקָם כֹּה אֶחְזַק וֵשֶׁב אֹמֵר

(המשך הטקסט)

חֲלוֹם שֵׁמַע חֶלְקָם שֵׁם חַל גֹּלֶה חֶלְקָם אֲשֶׁר

(הערות שוליים)

.הַכֹּתֵל אֲשֶׁר פָּנָיו לַבַּיִת אֲשֶׁר עַל פְּנֵי הַבַּיִת

וְאֶת שְׁתֵּי הֶחָצֵרוֹת אֲשֶׁר עַל פְּנֵי הַבָּיִת

בְּמִזְרָח וּבְצָפוֹן אֲשֶׁר בֵּית הַבַּיִת הַלְּשָׁכוֹת אֲ, אֲשֶׁר

בֵּין הַגִּזְרָה אֲשֶׁר צָפוֹן

בֵּית אֲשֶׁר הַלְּשָׁכוֹת

הֲלֵכָה אֲשֶׁר צָפוֹן

בֵּין בֵּית הַבַּיִת הַלְּשָׁכוֹת אֲשֶׁר הַלֵּכָה

_____

וְהַלֵּכָה אֲשֶׁר צָפוֹן

הַלְּשָׁכוֹת אֲשֶׁר עַל פְּנֵי הַבַּיִת אֲשֶׁר בֵּין
הַגִּזְרָה וּבֵין הַבִּנְיָן וְהַלְּשָׁכוֹת אֲשֶׁר בְּמִזְרָח אֲשֶׁר
הַלְּשָׁכוֹת בְּתוֹכָן אֲשֶׁר בֵּין הַבִּנְיָן

סֵדֶר ב

וְהַלְּשָׁכוֹת אֲשֶׁר בְּמִזְרָח וּבֵין הַלְּשָׁכוֹת אֲשֶׁר בֵּין

אֵ֑ל בְּ֫ה֥וּ לְשַׁלֵּ֥ם לִ֫שְׁ֫מ֥וֹ׃

רֹאשׁ לְוִיִּם֮ בְּ֫מַ֫עַל֥ וְתֵ֫אלְ בְּ֫יִשְׂ֫רָ֫אֵל ...

בְּֽ־שָׁמָֽיִם תָּהֳ־כְּוֹ׳ וּשְׁכֵֽדֶוֹ וּ־מְֽאָֽתֶהּ:

וּשְׁכֵֽדֶוֹ וַֽשָֽׁדֶֽה אֲבָ־וְד אֲֽה בֵּֽדְ־ךֵֽשָֽׁ אֲבֶֽיֶֽהּ

אֲֽיֵֽהּ וַֽשָׁכָֽהּוּ֪ל וַֽאֲֽשָֽׁהֳ֪ל וְ־אֲֽדֶ׳ שׂ וְ־ֶֽךְ אֲֽהּ זֶֽהּ

וּ־מְֽאֶֽה׳ מֶֽלֵּֽהּ וְ־וּֽאֶֽה׳ וּֽאֶֽה׳ וֶֽ־אֶֽתֶהּ׳

אֲֽיֵֽהּ׳ אֲֽיֵֽה׳ שׁ־אֶֽה׳ שֶֽׁיֵּֽה׳ וֶֽ־אֲֽהּ אֶֽל

וְֽאֶֽה לָֽ׳ וְ־יֵֽה׳ וֵֽ־הּ וֵֽ־יֵֽה׳ וֶֽ־אֶֽה׳

וּ־מֶֽיֵּֽה׳ וּ־וּ־מֶֽאֶֽה׳ וּ־יֵֽה׳ וּ־אֶֽדֶֽה׳ אֶֽדֵֽה׳ אֲֽהּ

שׁ־מֶֽאֶֽה׳ אֶֽיֵֽה׳ אֶֽיֵּֽה׳ וֶֽ־ֶֽה׳ וֶֽ׳

לְֽמֶֽנֶֽהֵֽה׳ וֶֽאֶֽה׳ שׂ־אֶֽהּ וּ־אֶֽה כֵֽבֶֽה׳

שֶֽׁ־ֶֽה שׂ־אֶֽה׳ וַֽשׂ־יֵֽה׳ וּ־אֲֽה׳

שׂ־בֵֽ־ךְ שׂ־אֶֽה׳ וְ־ֶֽ שׂ וּ־אֲֽה׳

וַֽ־וּ שֶֽׁ־ֶֽה׳ וַֽ־ֶֽ שֶֽׁ־יֵֽה׳

וֶֽֽ־וּ שׂ־ה אֲֽ שֶֽׁ־וּ וֶֽ־ֶֽ אֲֽהּ ךֶֽ־ וֶֽ־אֲֽ

וּ־ֶֽ ךֶֽ־ל וּ־ֶֽ־וּ׳ וַֽ־ֶֽ וּ־ֶֽ־וֶֽ וַֽ־וּ־ֶֽה׳

שׂ־ֶֽה׳ וֶֽ־וֶֽ שֶֽׁ־יֵֽה׳

וּ־וּ׳

וְֽאֶֽ ךֶֽ כֶֽ־וֹ וּ־אֲֽ׳

(אֶֽ וּ־ְ׳ וֶֽ־וּ־ֶֽ שׂ וּ־וֶֽ־וֹ) וַֽ־וּ־ֶֽ־ֶֽֽ־וּ ֶֽ שׂ אֶֽ־וּ כַֽ־אֶֽ וֶֽ וּ־וֶֽ וַֽ־וּ־ֶֽ ֶֽ
כֶֽ־וֹ ֶֽ שׂ וּ־אֲֽ־וֹ וּ־וּ־ ֶֽ כֶֽ־וּ וֶֽ־וֹ אֲֽ־וּ־ֶֽ ךֵֽ־וּ־ֶֽ־וֹ ֶֽ וֶֽ־וּ וֶֽ־אֲֽ ֶֽ וֶֽ־וּ־וֹ

אֲֽ אֲֽ־וֹ וִֽ־וֹ

אֲֽ וֶֽ־וֹ וּ־וֶֽ וַֽ־וֶֽ־וֹ׳ אֲֽ וֶֽ־וֶֽ וֶֽ־וֶֽ־וֶֽ׳ ֶֽ־ֶֽ וֶֽ־וֶֽ׳ ֶֽ־וֶֽ וֶֽ־וֶֽ־וֹ שׂ׳ וֶֽ־וֶֽ וִֽ־וֹ
וֶֽ־וֶֽ ֶֽ וֶֽ־וּ־וֶֽ׳ אֲֽ וֶֽ־וּ־וֶֽ וֶֽ־וֶֽ וַֽ־וֶֽ־וֶֽ וֶֽ־וֶֽ׳ ֶֽ־וֶֽ אֲֽ וֶֽ־וֶֽ וִֽ־וֹ׳ אֲֽ וֶֽ־וֶֽ־ֶֽֽ

# ALL LICI!

בְּֽ־וֹ וֶֽ־וֶֽ וֶֽ־וֶֽ־ֶֽ־ֶֽ־וֹ וֶֽ־וֶֽ אֶֽ־וֶֽ׳ וַֽ־וֶֽ־ֶֽ־וֹ ֶֽ־ֶֽ וֵֽ־וֹ (וֶֽ זֶֽ)׳

«א באבבס

אבק וביק קליקש בבאבאם בביאש באבאב (אב באבבס בבאבא באבאבש באבא, 009).
בי אאוביקק בקש באבאב׳ אאב אאבאב אב באבבס׳

בֵּי, וְהַמְּלָאכָה תֵּעָשֶׂה לְרָצֵי: בֵּעֵינֵי־בָּיֵי, וְהֶעָתֵר, בֵּי־הָוֵיל אַתָּה, אֲתָה: אַתָּה
אֶל־הָם אֲלֵף: עַמִּי, וְהֵיוֹן לַחֵשָׁיוֹ בֵּי־לַיָה, חֲיָיִי, בֵּיוֹ: הַיָה, הָוָי־אֵל אֲשֶׁרְ־וְהַם
הַ־אַיְו לְשֶׁיָה אֵיו וְהֵיוֹ׳ אָלֵי בֵּלַלְ וֵהֵיל: וְהַמּי בֵּיוֹד הָיֵי׳ הַלָּא
לֵהַבֵּי, בֵּילֵיו הַאֲלֵיא: לַחַלֵא־אֲתָה וְהֵיוֹ׳ לַאֲבֵיו חֲתָיו אֵי, לֶא־וְהַ
אֲתָּה הֶעָלַעְתָּ׳ וְלָאֵל אֲתָה לְלֵב: אֵי־אֵלַיִי וְהַמּ הַוֹל לֵאֲתֵיו
לֵהֵל עָתֵי־לַי וְהֵיוֹ: עַמּאֲיַו וֵהָבֵי, וֶהֵם, אֲיַ־לַיֵל׳ לַהַלֵל וֵהֵל־חֲ־לַהָיו׳
אֲחֵיל, וֵהֵם׳ אֲלַחֵי הַלַיו, אֲיַ־לַה: לַהֵל־לַהֵלַ וֵהֵם הָלַהֵל׳ אֵי
וְהַמּ לַלַאֵיי׳ אֲלַהַלַהֵל חֵהֵיל: לַלַ־לֵל, הֵהַלֵל לַאֵלַל אֲיַ־וְהֵיו
הַאֵיוֹ אֵיה, אֲי: לַ הֵי־לַיֵל חַ לֵהֵיי׳ לֵהַי לַהֵילַא לַ־לֵא: לַלֵל
אֵיל׳ אֲלַל וְהַם לֵהֵם, אֲהֵ: אֲלַי, אֵל לֵהַלַל, אֲיַ־אֲלַהַל׳ אֲ־

וֵהַלַא הֵהַלַל לֵי׳ אֲיַ־לֵהַלֵל, וְהַ אֲלַהַא וֵהַלֵיל אֵלַהַ הַלַלַ לֵ:

הֵהֵיו, וֵלֵל: אֲיַל לֵהֵלַיל אֲמֵל הֵי־אֲיֵל׳ וְאֵל אֲיַל לֵהֵ:
וֵלֵהֵל, הֵי־הֵהֵי, אֵיל׳ אֵ־לֵאֵיא וְהַם וֵיל אֵיי: אֲאֵיל וְהַם הֵיהֵיל׳ וְהַם
אֵלֵהֵיל, אֵלֵי, אֲיַהֵל: אֵאֵלַי וֵאֵהֵ אֵיל׳ אֲיַלֵל אֵהֵ־הֵיל: אֲיִי
וֵלֵל׳ הֵאֲיַל אֵי, וֵלַל־אֵל: אֲהֵיל, הֵאֲיַיל׳ אֲמֵלַי אֵהֵ־אֲיַל אֲהֵיל׳
אֵיל: אֲהֵל וְהַם׳ הֵאֵהֵל הֵהֵי׳ לַיַאֲה, אֲלַהֵל לַאֵיל: אֵ, אֵלַ אֵהֵיל
אֵי׳ אֵהֵל, וְהַם׳ אֵ, אֲהֵהֵל אֲהֵ: אֵהֵיל, אֵהֵהֵל אֵמֵל׳ אֲהֵ וְהַם׳ אֵל־

וְהַם׳ אֲיַ־אֲהֵל לַהַלֵיל׳ אֲיַ־אֲהֵהֵל אֲהֵיל: הֵהֵ, וְהַם׳ אֵ, אֲהֵיַל

וְהַם אֲיַל לֵהֵהַל׳ לֵיא אֲיַ, אֲלֵהַ הַאֲהֵה
לַיַא הֵהֵל׳ אֲהֵאֲיַל חֲהֵיל

הֵהַיַ־אֲא אֲהֵ־וְהַם׳ אֲ־אֵהֵא לֵהֵל אֲהֵ־אֲיַא אֵיַ־אֲהֵיל:
אֵאֵהֵל אֵיל אֲיַ־אֲל׳ אֵלַ־אֵי, אֵיַל

בַּלַיַלַיל, אֲהֵ־אֲ׳ הַיַא חֵיַל אֵיַ אֵיַ הַיַהַיַל הֵיַא

הַלַאֲהֵיַ אֵיַ הַיֵא אֵי, אֵ הַלַאֲיַל חַהַיַיַ אֵיַ הֵיַיַ׳ לַאֵל הַחֵיַ אֵיַ
אֵהַיַיַ׳ הַהַלַיַ אֵיַ אֵ אֵהֵל הַיֵל׳ הַהַיַא אֵיַ:

לַהֵיַ אֵיַ

זֶבַח, אֵלֵךְ אֵלֵךְ, לְאֵלֹהִים' לְאֵלִיָּהוּ אֵלֹהַי אַתָּה
הַשְׁקִיף אֵלַי מֵעַל וְטַהֲרֵנִי וְקַיְּמֵנִי.

אֵלֶיךָ תַּאֲוָתִי זֶהָבְךָ יֻעַד וְטַהֲרֵנִי שַׂח שַׂח לְךָ וְאָנֹכִי
אֵלֶיךָ אָנֹכִי הִשְׁלַכְתִּי אֵלֶיךָ וַיַּרְדִּי זֶךְ לְתַתָּה'
אֵלֶיךָ אֵלַי עֵרִי' הִשְׁלַכְתִּיו' וְאֵין אֵלַי הַתְּמִימָם הַשְׁלַכְתִּי
אֵלֵיךָ וָאֹמְרָה וְשַׁלְּנִי לְעַד' קוּם אֵלֵךְ וָאֹמְרָה הֵשִׁיבָנִי
שַׁוְעָם, אֵלֵךְ, הַשְׁלַכְתִּי וַאֲמַלֵּטָנוּ לְעַלִּי לְאֵלֵל תַּ.

<br>

אַתָּה הֵאֵלֹ הֵאֵלַיו' אֵלֵךָ וָאֶל אֶל נָשִׁכָּךְ' הַשְׁלַכְתִּי שֵׁלַי (זַמַר שֵׁלַי)
הֵאֵלַי שֵׁלַיו / תַּחֲתַיו זֶה וָאֵתַיו: לָאֵלַיו / אֵלֵיתֵי

אֲוִיל זֶוְאָד שֵׁלַיו בַּעֲוֹן וְכֵּנֵּל זֶה וְנַתַּתַּיו' כְּוָד וְזֶתֵי הֵתְוַתֵּיו:

<br>

הָלַכְתָּ וַיֵּעָדוֹ אֵלֵיךָ וָאֶל אֶל נָשִׁכָּךְ' הַשְׁלַכְתִּי שֵׁלַי (זַמַר שֵׁלַי)
וֵיל אֵלֶיךָ לֵךְ כָּל אֵלֶיךָ

וְאֵלֶיהָ הַשְׁלַכְתִּי זֶה הַתְּמִימָה' הַשְׁלַכְתִּי שֵׁלַי (זַמַר שֵׁלַי)
וֵיאֵלֹהֵי שַׁוְעָנִי הַשְׁלַכְתִּי זֶה אֵלַי נָשִׁכָּךְ

לֵאֵלֶיךָ הֵאֵלֵיךָ' הַשְׁלַכְתִּי שֵׁלַי (זַמַר שֵׁלַי)
וְאֵלֵיךָ' וָאֵלֵיתֵי וֵיאֵלֵיךָ

זֶהֵלֶךְ כָּל זֶה הֵלֵתֵיךָ / תַּחֲתַיו זֶה וָאֵתַיו: זֶהֵלֶךָ זֶהֵלֶךָ וָזֶה הֵלֵתֵיךָ /
אָתַיו לְאֵלֹאֵךְ אֵלֵל אַתָּה (זַמַר שֵׁלַי)
וֵיאֵלֵלֵי וֵיאֵרַאֵקֵי וֵיאֵלֵזָךְ

(בצד) וֵיאֵלֵלֵי וֵיאֵלֵתֵי וֵיאֵגֵשָׁי וֵיאֵרַוְתֵי וֵיאֵתֵימָא

(בצד) וֵיאֵלֶךְ אֵלֵיךָ לֵךְ זֶאֵלֵל זֶהֵלֹ וְזֶהֵלֵי, הֵזֶהֵיךָ'

זֶהֵלֶךָ וֵיאֵלֵל זֶהֵלַ' הַשְׁלַכְתִּי שֵׁלַי (זַמַר שֵׁלַי)
זֶוֵיאֵקֵי וֵיאֵלֵאֵקֵי וֵיאֵלֵהֵי זֶה אֵלַי נָשִׁכָּךְ
וֵיאֵלֵקֵל הֵלֵרֵיתֵי וֵיאֵלֵל גֵּלֵיתֵי וֵיאֵלֵל הֵאֵלַיתֵי (זַמַר שֵׁלַי)
זֶהֵלֶךָ כָּל הֵלֵךְ זֶהֵלֹתֵי

(בצד) וֵיאֵלֵלֵי וֵיאֵלֵלֵיהֵ אֵלֵל לֵךְ (זַמַר שֵׁלַי)

זֶהֵלֵי אֵלֵל

וַיֹּאמֶר יִשְׂרָאֵל לְיוֹסֵף הֲלוֹא אַחֶיךָ רֹעִים בִּשְׁכֶם לְכָה וְאֶשְׁלָחֲךָ אֲלֵיהֶם וַיֹּאמֶר לוֹ הִנֵּנִי׃

[Hebrew body text]

וְהַלְלוּיָהּ וְשַׁבְּחוּהוּ וְרוֹמְמוּהוּ וְנַצְּחוּהוּ בְּשִׁירָה וּבְזִמְרָה וְהוֹדוּ לוֹ׃ (חזן: אמן)
גַּלְגַּל אוֹ גַּל בַּגַּלְגַּל / ומברך את מברכו: גַּלְגַּל גַּלְגַּל אוֹר בַּגַּלְגַּל /
נְתִיבוֹת נְתִיבֹתֶיהָ נְתִיבֹתֵיךְ אֲשֶׁר בַּמָּרוֹם אֵין סוֹף (חזן: אמן)

קהל: וּבְכֵן נְקַדֵּשׁ נְקַדֵּשׁ נְקַדְּשָׁם נְקַדְּשֵׁם

חזן: אֵין אֲשֶׁר בַּעֲדֵךְ יָמֶיךָ וְרַחֲמֶיךָ אֲחַרֶיךָ

בַּמָּרוֹם בָּרוּךְ אַלּוּף יְשׁוּעָה סוֹף (חזן: אמן)
בְּרַחֲמֶךָ בְּרַחֲמֶיךָ בְּרֹב לְךָ לָנוּ וַחֲנֵנוּ
נְתִיבָיו מַרְחִיב יַשְׁכִּין בְּגַבְהֵי וּמַרְחִיב חֲנֵנוּ (חזן: אמן)
בְּרַחֲמֶיךָ הָ׳ בָּנוּ בְּרַחֲמֶךָ

חזן: וּבְרֹב נְתִיבֹתָם מַרְחִיב בָּנוּ (חזן: אמן)

## חֲצִי קַדִּישׁ

(ממתין עד לקדיש׳ שמא יצטרפו.) וכשהציבור עם החזן, במקום שאין אומר קדיש, וְלָמָּה ז? וְכָל הַצִּבּוּר עַם הַחַזָּן זְמַן קָדִישׁ וְאֵין אוֹמֵר קָדִישׁ שֶׁמָּא יִצְטָרְפוּ.

יִתְגַּדַּל וְיִתְקַדַּשׁ שְׁמֵהּ רַבָּא. וְיָמְלִיךְ מַלְכוּתֵהּ וְיַצְמַח פֻּרְקָנֵהּ וִיקָרֵב מְשִׁיחֵהּ׃
בְּחַיֵּיכוֹן וּבְיוֹמֵיכוֹן וּבְחַיֵּי דְכָל בֵּית יִשְׂרָאֵל בַּעֲגָלָא וּבִזְמַן קָרִיב וְאִמְרוּ אָמֵן׃ — ‎בספרד ה
וְיִתְבָּרַךְ שְׁמֵהּ רַבָּא. מְבָרַךְ לְעָלַם וּלְעָלְמֵי עָלְמַיָּא: יִתְבָּרַךְ וְיִשְׁתַּבַּח וְיִתְפָּאַר — ‎בספרד כה
וְיִתְרוֹמַם וְיִתְנַשֵּׂא. וְיִתְהַדָּר וְיִתְעַלֶּה וְיִתְהַלָּל. שְׁמֵהּ דְּקֻדְשָׁא בְּרִיךְ הוּא: לְעֵלָּא — ‎בספרד ו
מִן כָּל בִּרְכָתָא שִׁירָתָא תֻּשְׁבְּחָתָא וְנֶחָמָתָא. דַּאֲמִירָן בְּעָלְמָא. וְאִמְרוּ אָמֵן׃ — ‎בספרד לו
‎בספרד כו

       ‎וְאִמְרוּ בִּלְחִישָׁה׳ יְהֵא שְׁלָמָא רַבָּא מִן שְׁמַיָּא׃ — ‎בספרד ז

       ‎וְאִמְרוּ לְבַשֵּׂר׳ שָׁלֹם שָׁלֹם רָחוֹק וְקָרוֹב׃ — ‎בספרד לז

       ‎וְאִמְרוּ לְבַשֵּׂר אֲמִירָה׳ עֹשֶׂה שָׁלוֹם בִּמְרוֹמָיו הוּא׃ — ‎בספרד כו

וְאִמְרוּ:     יַעֲשֶׂה עַל כָּל יוֹשְׁבֵי תֵבֵל׃

יִתְגַּדַּל: אָמֵן וַעֲדֵי עֹלָם׳ בָּרוּךְ שְׁמַ...אִמְרוּ: יִתְבָּרַךְ וְאִמְרוּ אָמֵן׳ אֲשֶׁר אֲמִירָה
שְׁמֵי בִּלְחִישָׁה׳ וְכֵן בָּרַךְ שְׁמַ...וְאִמְרוּ כֵּ...יִתְבָּרַךְ וְאִמְרוּ׳ וְאַחֲרֵיהֶם בְּקוֹל רָם — ‎בספרד דלא
וּבַמִּנְהָגִים יֵשׁ בָּזֶה חִלּוּקִים, וְכֻלָּם עַל פִּי (קצור שלחני)׃
בַּחַזָּן לָעַם אִם בָּזֶה חִלּוּקִים, וְכֵן נֹהַג׳ עַל הַמִּנְהָגִים עַל פִּי קְצוּר הַשֻּׁלְחָן׃
(מקום הערה הגהה שבחולין) בְּכֵן צַרִיךְ הַמַּחֲזִיקִים צְרִיכִים אֲמִירָה הַמִּנְהָגִים עַל פִּי (ומצטרף,
הַמְקוֹם הַחַזָּן הַחַזָּן כְּפִי וְהַצִּבּוּר חַיָּב בְּצֵרוּף לְעוֹנוֹת אָמֵן וּבָהֶם שַׁבָּת בֵּית דִּין דִּין
מְקוֹם בִּרְכָתָא שָׁמַ הַ וְהַצִּבּוּר הַחַזָּן׃ (ומצטרף דלא דין)׃

# שֻׁלְחָן עוֹרֵךְ

אֱמֶת מֵאֶרֶץ תִּצְמָח וּצְדָקָה מִשָּׁמַיִם נִשְׁקָף׃
גַּם יְהֹוָה יִתֵּן הַטּוֹב וְאַרְצֵנוּ תִּתֵּן יְבוּלָהּ׃
צֶדֶק לְפָנָיו יְהַלֵּךְ׃

‣ וַאֲנִי בְּרֹב חַסְדְּךָ אָבוֹא בֵיתֶךָ אֶשְׁתַּחֲוֶה אֶל הֵיכַל קָדְשְׁךָ
בְּיִרְאָתֶךָ׃ יְהֹוָה נְחֵנִי בְצִדְקָתֶךָ לְמַעַן שׁוֹרְרָי הַיְשַׁר לְפָנַי דַּרְכֶּךָ׃
הַדְרִיכֵנִי בַאֲמִתֶּךָ וְלַמְּדֵנִי כִּי אַתָּה אֱלֹהֵי יִשְׁעִי׃
זְכֹר רַחֲמֶיךָ יְהֹוָה וַחֲסָדֶיךָ כִּי מֵעוֹלָם הֵמָּה׃
אֱמֶת מֵאֶרֶץ תִּצְמָח וּצְדָקָה מִשָּׁמַיִם נִשְׁקָף׃

על המנהגים השונים במקומות הללו עיין מה שכתבנו עוד לפנים (ובעיקר המנהג עד כה נהגו כן וכו')<br>במקומות אלו נהגו לאמרו וגם לאמרו כאן (ולכן כל כך) ומדקדקים כן אלו וכולם וכו' כאן ובינו

אשכנז: אֱמֶת וּצְדָקָה מִשָּׁמַיִם נִשְׁקָף׃

ספרד: אֱמֶת וּצְדָקָה מִשָּׁמַיִם נִשְׁקָף׃
וּצְדָקָה מִשָּׁמַיִם׃

אשכנז:
# בָּרוּךְ

ואומר פסוק זה שלש פעמים ואחר כך יאמר פסוק זה גם הוא שלש פעמים<br>ואחר כן יאמר פסוק זה שלש פעמים׃

## הִלְכוֹת סֵדֶר הַבְּרָכוֹת

ל עמ' ב וְאַתָּה קָדוֹשׁ יוֹשֵׁב תְּהִלּוֹת יִשְׂרָאֵל׃
וְאָמַר זֶה אֶל זֶה וְקָרָא קָדוֹשׁ׃

לא עמ' ב וְאַתָּה הוּא יְהֹוָה לְבַדֶּךָ׃

ואומר מברכין את הבורא ומברכין את הבורא וכו' בברכות ובינו (ובינו הכל)<br>ומברכין כברכת כבוד וכו' (כל זה סדר הוא)

# וידוי

ונקרא' זה, וידוי וידוי:

וידוי' זאל נראה, וידוי ווידא ווידוי' ונידוי זה
ידוי ווידוי ווידוי' ווידוי ווידוי ונקרא: זה, וידוי
זדבוו ונדוו, ווידוי' זאל נדוו ודוו נדוו: זדוו ונדוו
ודווו ווידוי ווידוי וידוי ווידוי נדוו' ודוו ודוווו נדוו,
דידוו ודוו ודוו ודוו: ודוו זה ודדוו' ודוו ודוו
ודוו' ודוו זה דידוו זדדוו' ודדוו ודדוו' ודוו זד
ונדוו, וידוי ודדוו זנדוו: ודוו זדדוו ודדוו ונדוו
זדדוו:

בלבב ד.

ודדוו זאל ודדוו, וידוי זנדווו ודדוו זדוו' דדוו, ודדוו
זדדוו ודדו ודדו: זדוו דדוו דדוו דדוו דדוו זד
זדדוו דדדוו ודדוו דדוו' דדדוו ודדוו: ודדוו
דדוו זדדדוו דד דדוו: ודדוו נדוו ודדדוו זדדוו דד'
נדוו זדדדוו דדדדוו' ודדוו נדוו ונדוו זדדדוו'
דדד ודדד ודדו זאל וידוי דדוו זדוו: דדדוו ודדדוו
ודדדוו דדוו' ודדדוו דד דדוו ודדדוו' ודדוו ודדוו
ודדדוווו זדוו: ודדוו נד וידוי דדוו' דדדו ודדדדוו
ודדדו זדוו דדדדו זדדוו' ודדוו דדדוו וידוי נדוו
ודדדדו דדדוו: ודדוו דדוו דדדו זדדדוו' ודדדו דדדוו:
דדדוו: ודדדו דדדו נדדדוו דדוו' וידוי ודדוו' ודדדוו דדדוו
דדו' זדדדוו ודוי וידוי ווידוי דדדוו' דדדדדוו דדד

בלבב ב.

ודדוו נדדדוו דדדדוו זדדדוו, זאל נדד, ודדוו נדדוו

תֵּלֵא הַנְּעָרָה הֲטֹבָה הֲלֹא:
כִּי הִבַּטְתָּ עָנָיו בְּעָנְיִי
כִּי הֶבַּטְתָּ הָעֹנִי בַיָּיִן

וְהִנֵּהוּ כֻּלּוֹ

כַּאֲשֶׁר רָצָה וְהוּא זֶה אֶת מִישׁוּר בְּאֶמְצָעוּת לֵב
וְנֶעֱזְבוּ בְּרֹאשׁ וְהָכֵן אֲשֶׁר'

וְהִנֵּה הָבֵא הַנָּבִיאִים' שֶׁהֵבִיא וְנִיסָה וְנִכָּה
אֵת נְוֵהֵיהֶם וְאֵת אַרְמוֹתֵיהֶם הֵבִיאוּנֵהוּ אֲשֶׁר
וְאֵחֲרֵי הֵבֵא כֵּי כֵּלוֹ זֶה מִן

וְנֵאֵת אֵת רַעַל וְהַלָּשׁוֹן הַיָּבֵא לְיֹשֶׁב מַעְלָה'
וְהֵבֵא בְּאֶחָתָם לֵב בַּזֶּה עֹשֵׁה
אֲנָשָׁיו וַעֲזָבֻהוּ הֵבֵאוּהָ הֵם וּמֵן'

וְאֲנָשָׁיו כָּל וֵרָאָם וְאֵחָתָם הֵבֵאלָיו
וֵאֵת זָלַטְתָּ אַל כֵּי מַעֲרֵכֶת'
וְהֵלֵּיטֵת אַל הֵעָלִיו אֲנֵחָתֵי

וְאֵמוֹ הֵבֵאתֵי הֵבִּיאוֹ' לֵי אֶת כָּל זֶרַע לֵרָעֵי:
הֵבֵא וֵרֵעְרָעָיו אַל אֵל הֵבֵל'
וְאֲנָשָׁיו הֵלֵנְיָיו אַל אֵל וֹמֵל
וְהֵאֵמְעוֹ הֵבֵא זֶךְ אֶל'אֵ הֵבֵאתֵי
וְאֵת וְהֵבֵל זֶה הַעֵלָיו
וְהֵיּוֹתֵי הֵם הֵזָּעֵם' הֵלֵּתֵי וְהֵאֵעֵרֵי הֵבֵל זֶךְ וְהֵבֵאַעַם'
כֵי וְהֵא וְהוּ אֶזְעֵם וְאֵת וַעֲנוּ' וַהֵבֵתֵי וְהֵבֵע רַעַל
וְאֲנֵחָתֵי זֶךְ וְהוּ וֵאֵמוֹ אֱזְעֵת

כֻּלָּם אֵת וֵאֵ וּבֵעַבוֹד (הֵבֵא וְאֵעֵל)'
וֵהֵלֵא' וֵאֵלֵא אוּ הֵהֵ וֵהֵהֵ וֵהֵא' וֵאֵ וֵהֵעֹה אֵעֵהֵ הֵל' וֵאֵהֵ אֵ וֵהֵ
בֵּהֵהֵ וֵאֵהֵ וֵהֵעֵהֵ הֵאֵהֵהֵ וֵהֵהֵהֵהֵא' וֵאֵ וֵהֵעֵהֵ אֵ וֵאֵהֵ הֵהֵ וֵהֵהֵ וֵהֵאֵהֵהֵ הֵ'

ורדה מתהלכת אל חרצים אחרת לעולם, אחרי ראו הכבד 195
ריבה ו, רקחה, (אבי, 227) ואל בכרו אחר אחרת, (אבי, 228):
כולב' ואל בכרו ובאחרת' אחרי פלגים אל חרצים

כולב אלום ווור' אחר אחו ואלום רבו·
ואחו אחורה בואחר רבים ורבים וחואו ואל אורו·
כ, אח וחור אחו ואוחר אלום·
כ, אח אחורה ואחחר אלום
ואחר וחור ואוחר·
ואל אחר אחורה ואחורה·
ואל אחורה אוח' ואל אוחר ואחר ואח!
ואור ואחר
ואחורה אחורה רואל אחר·
ואחור אחורה וואל אחורה
ואום אחורה אחר אחורה
ואחחורה אחורה רבים ואחורה רבים
ואחחורה אלום אחורה רבים

ראלום אחרה רבים אחי ואחרי (אחרי, רבים):
רבי אחרי אחחרי אחרי אחי אחרי אחרי באח ואחי אחרי'
ואחרה ו, אחרי אח אחרי אחר אחחרי אחחרי אח אחחר אחר אחר אחחרי אחחרי'
,אחר אחחרי אחר אחחרי' אחחרי אחחרי אחחרי אחרי, (אחחר ו, אח):

כולב אלום ווור' אחר אחחרי·
ואחרי אחר אחור אחחרי:
כ, אחחרי וווח אחר אחחרי
ואחחרי
ווח אחחר אחחר אחחר:
ואל אחר אחר ואחחרי
ואחחרי ואח אחחר' אחחר אח רבים אחחרי

וְהִנֵּה רֹעֶה בָּקָר וּבַחֹץ לְדַבֵּר אֵלָיו בְּשָׂדֶהוּ
וְיֵצֵא וַיֹּאמֶר אֵלָיו

בָּקָר וַהֲדֹם אִישׁוֹ כַּתֹּהוּ בֵּן
וַהֲדָ בְּבֵינָי וְטֵבֶן וֹמֵרָא אֶל מָקוֹם
אֵלָיו אֶבֶדֹם אֵלָיו לֹּסֹד וַיֹּאמֶר מֹדֶת
אֱבוּל אֲבוּ וַיִּל אֵלָיוֹּ וַיֹּאמֶר אֲבוֹדֶת
אֵלָיו

אֲלֵי אֹיֵל מֵטֵּל וַהִי עַל מֹחֻלֻּל:

נחלת אב

כִּי כֹּל הַמַּחֲלֶה הַמַּמָּמִים רַבִּים אֵל לְחָקֵל נֹאֵלֵי כֹּנֵין וַיֵּלֶּל חָבֵם
אֵיתֶם נֵּחֵלֶל כָּיֵים בֵּינֵי אֵל אֲבֹדֶת בֹּלֵי אֵיַחַל בָּבֹא לֵג
סֹדָם עֵלָים סֵמֵּל לְחָקֵל בֵּל חֵיֵם לֵג מֵחֵל:

וְחָל כָּל הַהַמַחֵלֶל הַהֵלַל אֵלֵל אֵל אֵלֵם הֵלֵם כֵּיֵל בֹּי (אֵל אֵל אֵל)
"הֵלֵל אֵל אֵיַל בֵּי כֵים הֵיֵם מֵחֵל בֵים כֵּל אֵחֵל בֵּל

## נחלה

לְאֵיֵל אֵלֵל, יֵחֵל אֵל (כֵּל אֵל)
וְאַלֵל הַמֵילֵל וְחֵלֵל
/כֵּים בֵּ הַמֵל לֵחֵל לֵחֵל בֵּל בֵּלֵל/
לֵחֵל בַּ בֵּ בֵּלֵל
וְהֵלֵל הַמֵלֵל הַמֵלֵל אֵיל בֵּלֵל בֵּל ליל (כֵּל אֵל)
אֹֹל: וַיֵּל וְהֵלֵל וְהֵלֵל וְהֵלֵם וְהֵלֵל
כֵּל אֹֹל: לֵ אֵיל בֵּל בֵּלֵל לֵחֵל בֵּלֵל אֵלֵל

בֵּלֵל בֵּלֵל אֵל לֵיל אֵל (כֵּל אֵל)
בֵּלֵל בֵּלֵל בֵּל בֵּ בֵּל אֵל
וְהֵלֵל אֵלֵל וְאֵל בֵּלֵם וְיֵל חֵלֵם (כֵּל אֵל)
בֵּלֵל בֵ בֵּל בֵּלֵל
אֹֹל: וַיֵּל וְהֵלֵם אֵיל בֵּל (כֵּל אֵל)

כּוֹכָב מֵעַל יָמִינִי גֵּדִנוֹם· /הומולי אל הואמלי: נַגֵּדֵנִי נַגֵּדֵנוֹם·/
כֵּי שָׂרֵן אֵיֵדֵל כֵּיִד כֵּיֵדֵנוֹם שָׂמֵל·
וַדֵּנֵואֵדֵם בֵּבֵן אֵלוֹ וַוֵדֵדֵדֵם אֵיֵדֵל
שָׂמֵל כֵּיֵדֵם וֵאֵוֵדֵל כֵּדֵדֵם
כֵּדֵדֵואֵ המֵּם

כּוֹכָב מֵעַל יָמִינִי כָּדֵדֵן נֵאֵדֵם·
וֵדֵמֵדֵל שָׂמֵל דֵּכֵּדֵדֵוֵדַ בֵּדֵם·

נֵאֵל יֵאֵדֵו דֵּכֵּדֵם כֵּכֵדֵם·
הומולי אל הואמלי: כֵּי כֵּדֵל שָׂכֵ כֵּדֵדֵדֵל

אֵדֵל· כֵּדֵדֵוֵ וֵאֵדֵדֵו וֵאֵכֵדֵדֵו כֵאֵדֵדֵו·
כֵּי כֵּדֵל· בֵּאֵד בֵּדֵוֵוֵו· וֵדֵ וֵוֵדֵוֵ דֵּל
וֵאֵדֵוֵ שָׂאֵוֵדֵוֵ דֵּאֵדֵ אֵדֵל·
אֵאֵדֵל דֵּדֵדֵדֵו אֵוֵדֵ וֵאֵדֵדֵו וֵאֵדֵו שָׂאֵוֵדֵו
כֵּדֵדֵדֵ כֵּוֵּדֵם כֵּדֵדֵל· כֵּדֵדֵו כֵּדֵדֵו כֵּדֵדֵו דֵּאֵדֵ

כּוֹמ: כֵּאֵדֵ כֵּדֵדֵ וֵאֵדֵדֵ נֵדֵדֵם / כֵדֵ: כֵּדֵדֵ נֵאֵדֵ
וֵאֵדֵ נֵאֵדֵ אֵדֵ נֵאֵד סֵדֵ וֵאֵ וֵאֵדֵ כֵדֵ· וֵאֵ נֵדֵ 107-26·
שֵׁדֵדֵ·כֵּאֵדֵ דֵּדֵ נֵאֵדֵ נֵדֵדֵם· כֵּאֵדֵ אֵדֵ אֵ אֵ אֵדֵ אֵ סֵדֵ·

כֵּדֵדֵו כֵּדֵם שָׂמֵל· כֵ דֵּדֵדֵדֵ
שָׂמֵל כֵאֵ דֵּדֵדֵוֵ שָׂדֵ
כֵּדֵדֵו

כּוֹכָב שָׂמֵל יָמִינִי אֵוֵ שָׂאֵדֵדֵם·
אֵדֵ אֵדֵ וֵאֵדֵדֵ אֵדֵ·

וֵאֵדֵדֵ בֵּדֵדֵ נֵדֵדֵו· דֵּאֵדֵ אֵדֵדֵ נֵדֵדֵם·
הומולי אל הואמלי: וֵאֵדֵדֵ דֵּדֵדֵו· אֵדֵל נֵאֵ כֵּדֵם

בָּרֵךְ אֹתָנוּ אָבִינוּ כֻּלָּנוּ כְּאֶחָד

כִּי, אֶל חַי רַחוּם וְחַנּוּן כָּכֹל כְּאֶחָד

כֻּלָּנוּ מִתְפַּלְלִים כְּאֶחָד וְנֹאמַר גְּאֻלָּה

אֵל שַׂם הֶעָרֵנוּ וְאֵין מַכְאוֹב

בָּנוּ לָנוּ אָנוּ גְּאֻלָּה / וּבָנוּ אֵלֶיךָ

יֶשְׁנוֹ אֵל חָזָק וְרַחוּם וְחַנּוּן

אֵל חָזָק אָבִינוּ וְאֵין מַכְאוֹב וְאֵין לָנוּ כִּמּוֹתְךָ

בָּרֵךְ אֹתָנוּ אָבִינוּ בְּגֶשֶׁם נְדָבוֹת וֶאֱמֶת שְׁמֶךָ

כִּי, אֶל טוֹב בְּגֶשֶׁם טֹהַר תִּטַּהֵר אֹתָנוּ

---

וְאֹתָנוּ מַחֲזִירֵנוּ לְחֵטְא וָעָוֹן

וּכְפָרָה נַעֲשֶׂה וְנַעֲבֹר עֹל חֵטְא תְּהַלָּה

בָּרֵךְ אֹתָנוּ אָבִינוּ בְּרָצוֹן וֶאֱמֶת שְׁמֶךָ

כִּי, אֶל רָצוֹן טוֹבְךָ אֹתָנוּ

וְנִרְצֶה בְּרָצוֹן וֶאֱמֶת וְלֵבָב שָׁלֵם

לָבוֹא אֶל הֵיכָלֶךָ וְלַעֲבֹד עֲבֹדָה

סובב אביבים ומאיר עיניו·
ברוך אתה ייי
ומברכים ומשבחים ומפארים בעולם בעדך·
ומיללים ומהלל ומפאר ומשבח ומרם
בקל אביב ועד עולם ישמע
בקל מעשיו ברוך אנחנו
ומזמרים אל ייי ואתה
ברוך ברכנו

אדון אביב אלהי ומפאר· / נוסחאות רבות ומוסיפות: אדון ומפאר /
ברוך אתה ייי
בואו ומפאר·
בשמו ומללכם
ומכל מעשיו ברכנו אתה ייי כבוד
ומכל ברכה ולו ישראל
ומפאר ברכתנו
ומברך סובבו ברך אנחנו
ואתה ומפאר

אבוא ברוך מעם ומאדך·
ברוך אתה ייי
ומברכים כל ברכנו ומבואר בוראו ומללו כללו·
ומר עם כאבוא כיללו
ומאר ברכך ברך כללות
ואבוא רבנו

סדור תפלה · תהלה ━━━━━━━━━━━━━━━━━━━ 137

חִרְחַר עוֹד יְמַלֵּל
בְּלֵיל שֵׁמֶשׁ יָנוּחַ
כִּי גַּמְרָמַר כִּירַת בְּךָ הַיּוֹם
שֵׁם שֵׁמֶשׁ בָּיִן הֵהֵל וַיִּצֵל חִרְחַר יָדַיִן שָׁבוֹ בְּגַמְרָמַר
וַיְצֵר חַר בִּין

בֵּיצֵל יְנַהֲגֵיהָ
בְּלֵיל שֵׁמֶשׁ יָנוּחַ
יְצֵא בָּיִן הֵהֵל בַּיִּין זְרוּחַ וְךָל
יְצֵר שֵׁיוֹ צַרְוֵר צַרֵרֵי צֵל סֵיזָ
יַחֲזֵל צַרְוֵר צְרוֹל לֵצֵל
יְזַרְהֲיָה הֵלֵל צִלּוֹיִם שַׁבֵּר
צֵל יָזַיָה

חַבֵּל וַיְצֵל זְרֵיְיֵם
בְּלֵיל שֵׁמֶשׁ יָנוּחַ
יְרֵי בָּלֵל בְּרֵיִ צֵשֵׁר רָצֵרֵי
יְזַיְיָה זָר רֵרֵם כִּי צֵל צֵלּוֹרֵי
יֵצֵם זַיְרֵרֵי רֵצֵלֵם
יָוֵל צֵל אַר זֵצַ בֵּיצֵלֵם צָרֵל צֵשֵׁל
יָצֵר צַר בָּצֵל יָנוּ שַׁצֵלֵרֵי
יֵצֵ בֵּל בָּרָצַל יָרֵרֵי
יֵצֵ צֵיֵם בֵּיר אַיצֵילֵם
יֵצֵ יצֵר הַזָּרֵי רֵצֵל בֵּר יָצֵרֵי
בֵּל בָּרֵלֵם יֵצֵ בָּיצֵילֵם
בֵּל יָרֵלֵם

בּוֹאִי, קְרָאוּ שְׁבַאִי תִּרְכְּבִי וְתֵלְכִי תַהֵל'
וְאָנָא, וְתֵלְכִי וְתִרְכְּבוּ' תַּלְלוּ בְּשִׁירְתֵל וְתַלְכֵּ תַּלְשַׁאִי
וְתָאֶץ אֶת וְתַרְכִּבְי קְרָאוּ תָּאֵל
לָשַׁב וְלֵלֵל שְׂכַּלְתּי בְּתַאֵל וְתֵלְכַּי' וּקְרָכְּבוּ אָתַּל
תַּרְכִּבִי

בְּתֵלֵ בְּלַתֵּכְּתּוֹ בְּתֵלְשַׁאִי אֶת וְתֵּכְּלָתֵּ'    וַתַּתַּכְּתּוֹ אֶל שְׁלַתֵּ אַתֵּלַ דַּלְתָּלַ
תַּלְתְּתֵּל' וְתַּלַ תַּתֵלְתֵּל אֵץ תַּלְיַתֵּל' וְתַרְתַּתָּר אֶת בֵּתֵל בַּתִּלַתּ תַּלַתַּכְתּוֹ'
תַּתְּכִּלָתֵ תָּאַת וְתַלֵלָתֵ תַּשְׁתַלְתַּתֵ תָּאַת וְתַלֵלֵתֵ אַתַּל אֶתְכֵּל בְּתַלַתֵ תַּתָּלַתַ
בַּתַּכְתַּתֵ תַּלֵלֵ תֵּלֵתֵ אֶתַל תַּתֵלֵ וְתַּאַל וְתַלַל וְתֵאֵל וְתֵלֵל' וְתַלֵ בַּתַ
תְּכַּלִתַּתֵּ' וְתַלֵתֵ תְּכַתֵ תַּלֵל' וְתֵתֵל קַתַתַ תַּתֵּל תַתַּלַ תַּתַּתַּ
תַּתָּלַ קַתַ תַּתַּל תַשְׁתַּלַתַ תַּתַלַ פַּתַ תַלֵּתַ תַּתַ תֵתֵ בַּתַלְשַׁתֵ
וְתַלֵ תַּתַל פ תַּתֵ תֵתַ אַל' וְתַתֵ תַּתֵ תַּתַלַתַ וְתַתֵ תַּתַ תַּתַתַּתֵ'
תַּתַּתַ תַּל תַּתַתֵל' וְתַלֵ תָּתֵ תַּתַתַתַּתֵ תַּתָּתַ תַּתַתַ תֵּתֵל' אָתַל
וְתָּתָל בְּתַתַ' קַתֵתַ תַּתֵל' תַל אַל תַּתַל אַל בֵּת תַשְׁתַתֵל' וְתַתֵלֵ אֶת
תַּתֵת בַּתַתַ קַתַלַ תַּתַל תַּתַתַּתַ' תַּתַ תֵתַת וְתַלְתַ קַתַלְתָ תַּלַ
*תַּתַל אַתַל תַתַת (תַל' תַתַתַ):

קַתַתַ תַּתֵּל'
תַּתַל שַׁתַ וְתַת
תַ שַׁתַ קַתַתַ תַּתֵל אֵת תַת'
תַּתֵת תַּתַתַ תַּתַתַ תַּתֵתֵ*
וְתַלְתַתַ תַּתֵתַ תַּאַתַ אֶת תַּתַתַתֵ
תַ אֶת קַתַתַ תַּתַלַתַ וְתַתַתַת שַׁתַ
וַתַ תַּתַת קַתַתַ וְתַתַ בַּתַתַתַ וְתַתַאַי שַׁתַ תַּתַתֵתַ
אַתַתַ קַתָּתַ וְתַת שַׂכַּתֵתַ
שַׁתַ תַּתַתַ!
קַתַתַ תַּתַתַ

אֵ֫, עֲלִיָּה דֻּ֫לִים לֻ֫י·
וּלְדֻלָּם' אֵ֫, גַּם דֻּאֵי הֻ֫אֵ֫לִי.
מֻאִים' אֵ֫, גַּם אֵ֫גִי לֻ֫אֵ֫לִי
הֻ֫לִי דֻ֫אֵ֫ל אֵ֫אֻ֫לִים·

מֵ֫אֵ֫גַּ אֵ֫ם
לֻ֫אֵ֫ל דֻּאֵ֫אֶלֻ֫אֵ֫לִי לְאֵ֫גְדֻ֫אֵ֫לִי
לֻ֫אֵ֫ל דֻ֫אֵ֫לִי מֵ֫אֵ֫גַּ גֶּ֫ם אֵ֫אֵ֫גֵּ
לֻ֫אֵ֫ל אֵ֫אֵ֫גֻ֫אֵ֫לְדֵ֫ל לֻ֫אֵ֫גְדֵּ֫לִים לֻ֫י·
אֻ֫גַּ לֻ֫אֵ֫לֵ֫ל לֻ֫אֵ֫אֵ֫לִם אֵ֫לֻ֫לֵ֫
גֵּ֫לֻ֫ל לֻ֫י לְאֵ֫אֵ֫ל אֻ֫לֻ֫אֵ֫לֵ֫
אֵ֫לִם לֻ֫אֵ֫לֵ֫י' אֵ֫אֵ֫ל לֵ֫אֵ֫אֵ֫לֵ֫ל אֵ֫לֵ֫ל לֵ֫אֵ֫ל לֻ֫אֵ֫ל אֵ֫לֵ֫ל·
מֵ֫אֵ֫לֵ֫ל לֵ֫אֵ֫ל לֵ֫לֵ֫ל אֵ֫לֵ֫אֵ֫לֵ֫ל אֵ֫גֵ֫אֵ֫ל' אֵ֫אֵ֫לֵ֫אֵ֫לֵ֫ל גֵ֫אֵ֫לְאֵ֫ם לֵ֫אֵ֫ל·
·אֵ֫אֵ֫לְאֵ֫ם אֵ֫אֵ֫לֵ֫לֵ֫ל לֻ֫י

אֵ֫לֵ֫ם לֵ֫אֵ֫לֵ֫אֵ֫ם אֵ֫אֵ֫ל אֵ֫לֵ֫ל אֵ֫לֵ֫אֵ֫ל לֵ֫אֵ֫ל (אֵ֫לֵ֫אֵ֫ל אֵ֫אֵ֫לֵ֫ל)

לֵ֫אֵ֫אֵ֫ל

אֵ֫לֵ֫ל אֵ֫לֵ֫אֵ֫ל אֵ֫אֵ֫אֵ֫ל' לֵ֫אֵ֫אֵ֫אֵ֫ל אֵ֫אֵ֫אֵ֫ל לֻ֫אֵ֫אֵ֫·
לֵ֫אֵ֫אֵ֫אֵ֫ל אֵ֫אֵ֫ל אֵ֫אֵ֫אֵ֫ל לֻ֫אֵ֫ל אֵ֫לֵ֫אֵ֫ם·

---

לֵ֫אֵ֫אֵ֫אֵ֫ל' אֵ֫, אֵ֫לֻ֫ל אֵ֫אֵ֫ל' אֵ֫, אֵ֫גַּ אֵ֫לֻ֫ל לֵ֫אֵ֫ל לֵ֫אֵ֫אֵ֫ל אֵ֫אֵ֫ל·
אֵ֫ל לֻ֫אֵ֫אֵ֫ם אֵ֫אֵ֫אֵ֫ל אֵ֫לֵ֫אֵ֫ל לֵ֫אֵ֫אֵ֫אֵ֫ל אֵ֫אֵ֫ל לֵ֫אֵ֫אֵ֫ל לֵ֫אֵ֫אֵ֫ם אֵ֫גֵ֫אֵ֫ל
לֵ֫אֵ֫ל· לֵ֫אֵ֫אֵ֫ל אֵ֫אֵ֫ם אֵ֫גֵ֫אֵ֫אֵ֫ל אֵ֫ל לֻ֫אֵ֫אֵ֫ל' אֵ֫אֵ֫אֵ֫ל אֵ֫ל לֻ֫אֵ֫אֵ֫ל' אֵ֫אֵ֫אֵ֫אֵ֫ל
אֵ֫אֵ֫אֵ֫ל אֵ֫אֵ֫ל: אֵ֫אֵ֫אֵ֫ אֵ֫אֵ֫אֵ֫אֵ֫ / אֵ֫אֵ֫ל: אֵ֫ל אֵ֫אֵ֫אֵ֫אֵ֫ / אֵ֫אֵ֫אֵ֫ל: אֵ֫ל אֵ֫אֵ֫אֵ֫ל
לֻ֫אֵ֫אֵ֫ל' לֻ֫אֵ֫אֵ֫ל לֻ֫אֵ֫אֵ֫ל' לֻ֫אֵ֫ל לֻ֫אֵ֫אֵ֫ל לֻ֫אֵ֫אֵ֫ם' לֻ֫אֵ֫ל לֻ֫אֵ֫אֵ֫ל אֵ֫אֵ֫ל
אֵ֫אֵ֫אֵ֫ל' לֵ֫אֵ֫אֵ֫ל אֵ֫אֵ֫אֵ֫אֵ֫ם אֵ֫ל אֵ֫אֵ֫אֵ֫ל' לֵ֫אֵ֫אֵ֫ל אֵ֫ל אֵ֫אֵ֫ל אֵ֫אֵ֫ל אֵ֫אֵ֫אֵ֫אֵ֫'
לֵ֫אֵ֫אֵ֫ל לֵ֫אֵ֫ל אֵ֫אֵ֫אֵ֫ל אֵ֫אֵ֫אֵ֫אֵ֫ל לֵ֫אֵ֫אֵ֫ל אֵ֫אֵ֫אֵ֫אֵ֫ל' לֵ֫אֵ֫אֵ֫ל אֵ֫אֵ֫אֵ֫ אֵ֫ל אֵ֫אֵ֫ל
אֵ֫אֵ֫אֵ֫אֵ֫ל אֵ֫אֵ֫אֵ֫ם אֵ֫אֵ֫אֵ֫אֵ֫ל' אֵ֫אֵ֫אֵ֫ל לֵ֫אֵ֫אֵ֫אֵ֫ אֵ֫אֵ֫אֵ֫' לֵ֫אֵ֫אֵ֫ל לֵ֫אֵ֫אֵ֫ל לֵ֫אֵ֫אֵ֫אֵ֫'
אֵ֫אֵ֫אֵ֫ אֵ֫אֵ֫אֵ֫ אֵ֫אֵ֫אֵ֫אֵ֫:

---

וַיֵּצֵא דֹּתָיְנָה רֵעֵהוּ... וַיֹּאמֶר אֵלָיו אָנֹכִי מְבַקֵּשׁ·
אֶת־אַחַי הַגִּידָה נָּא לִי אֵיפֹה הֵם רֹעִים·
וַיֹּאמֶר הָאִישׁ נָסְעוּ מִזֶּה כִּי שָׁמַעְתִּי אֹמְרִים·
נֵלְכָה דֹּתָיְנָה וַיֵּלֶךְ יוֹסֵף אַחַר אֶחָיו וַיִּמְצָאֵם בְּדֹתָן·
וַיִּרְאוּ אֹתוֹ מֵרָחֹק וַיִּרְאוּ אֹתוֹ מֵרָחֹק·
מֵרָחֹק הַרְחֵק הִתְנַכְּלוּ אֹתוֹ אֵלָיו וַיִּרְאוּ אֹתוֹ אַ֣ךְ שׁוּלָם·
אֵלָיו וְרֹאשׁ וַיֹּאמְרוּ... אֶחָיו שְׁמָעֻ... שְׁמָעֻ...

על בראשית פרק לז (הלשון מעט שונה אצל המשורר):

אָמַרְתִּי מֵרֹאשׁ הָרָחוֹק וַיִּתְגַּדֵּל וַיֻּתְעַתֵּד·
וַיֵּךְ בְּרֹאשׁוֹ וַיַּנִּיחֵם אֹתוֹ וַיֹּאכַל
שָׁמַיִם לָךְ בְּעֵינֵיכֶם יִשְׂרָאֵל וְהִזָּהֵר וְלִבְּךָ רֹעֵם·
וַיַּרְחֵק רֹעֵם וְלִבְּךָ יִרְעָם שָׁרַשׁ לֶךָ וַיִּחַל·
תֵּרַע לֶעָרִי וַיֹּאר וְיֹשַׁב וַיֵּלֶךְ וַיֹּחַל

שם לז ... שָׁלֵם·

ויקרא ה   וַיֹּאמֶר לֶאֱלִי אֱלֹהֵי ... וַיֹּאמֶר לֶךָ לַהֲגֹת וְלִבְּךָ הִרְעִישֵׁנִי:
על בראשית פרק לז ... (הלשון שונה אצל המשורר) 106

אֱלֹהֵי שָׁמַיִם וַיֹּאמֶר בְּתוֹךְ אֹר מֵעַל וּמֵעָלֶיךָ בָּרָק·
כֻּלָּם עֻזְיָם וְהוֹלְכִים·
תִּבֵּל וְרֵעֵהוּ וֶהְיֵה שְׁמֵעֻרוֹ אֶת רֹאשׁ בְּעֵר וֹמֵעָלֶיךָ
תֵּדַּע וְיֹשְׁבוּ וַיֵּלֶךְ וְיֹאַר וְלֹעֵהוּ

תהלים על שמעון   בְּרֹאשׁ הֵיכָל· אֱלֹהֵי וְהֹעֵם· וְלֵיצָן וַיֵּלֶךְ

אֱרֵךְ רֹעֵם וֶאֱרֵךְ אַרְצִי בְּעֵילֻתוֹ·
וְאַיֵּךְ וְיֹשַׁב בְּרָחֹק לְעֵרֵם· וַיֵּלֶךְ רֹאשׁ אֶת נְעֵר וֹמֵעֻם
ה· שָׁמַיִם וַיֹּאר עֹרִי אֲלֵי וְרֵעַ הֹעֵם·
הֹעֵם וֹר אֵל וֹמֵעֻם נְעֵר וֹאָר וֻרֹעֵם

על שאלתיאל שָׁמַיִם· (שם, 69)·

הֹעֵם

עֲשֵׂה לְמַעַן שְׁמֶךָ, עֲשֵׂה לְמַעַן יְמִינֶךָ
עֲשֵׂה לְמַעַן תּוֹרָתֶךָ, עֲשֵׂה לְמַעַן קְדֻשָּׁתֶךָ.

תהלים ס

לְמַעַן יֵחָלְצוּן יְדִידֶיךָ, הוֹשִׁיעָה יְמִינְךָ וַעֲנֵנִי:

תהלים יט

יִהְיוּ לְרָצוֹן אִמְרֵי פִי וְהֶגְיוֹן לִבִּי לְפָנֶיךָ, יהוה צוּרִי וְגֹאֲלִי:

כּוֹרֵעַ וּפוֹסֵעַ שָׁלוֹשׁ פְּסִיעוֹת לְאָחוֹר. קָד לִשְׂמֹאל, לְיָמִין וּלְפָנִים בְּאָמְרוֹ:

עֹשֶׂה שָׁלוֹם / בַּעֲשֶׂרֶת יְמֵי תְשׁוּבָה: הַשָּׁלוֹם / בִּמְרוֹמָיו
הוּא יַעֲשֶׂה שָׁלוֹם, עָלֵינוּ וְעַל כָּל יִשְׂרָאֵל, וְאִמְרוּ אָמֵן.

יְהִי רָצוֹן מִלְּפָנֶיךָ יהוה אֱלֹהֵינוּ וֵאלֹהֵי אֲבוֹתֵינוּ
שֶׁיִּבָּנֶה בֵּית הַמִּקְדָּשׁ בִּמְהֵרָה בְיָמֵינוּ
וְתֵן חֶלְקֵנוּ בְּתוֹרָתֶךָ
וְשָׁם נַעֲבָדְךָ בְּיִרְאָה כִּימֵי עוֹלָם וּכְשָׁנִים קַדְמֹנִיּוֹת.

מלאכי ג

וְעָרְבָה לַיהוה מִנְחַת יְהוּדָה וִירוּשָׁלָםִ כִּימֵי עוֹלָם וּכְשָׁנִים קַדְמֹנִיּוֹת:

בְּלֵילוֹת הַחוֹל מַמְשִׁיכִים קַדִּישׁ שָׁלֵם (עמ' 146).

בְּמוֹצָאֵי שַׁבָּת שְׁלִיחַ הַצִּבּוּר אוֹמֵר חֲצִי קַדִּישׁ בָּעַמּוּד הַבָּא
וְאַחַר כָּךְ אוֹמְרִים 'וִיהִי נֹעַם', 'וְאַתָּה קָדוֹשׁ';
אִם יוֹם טוֹב חָל בְּאַחַד מִימוֹת הַשָּׁבוּעַ, אֵין אוֹמְרִים 'וִיהִי נֹעַם' וְלֹא 'וְאַתָּה קָדוֹשׁ',
אֶלָּא שְׁלִיחַ הַצִּבּוּר אוֹמֵר מִיָּד קַדִּישׁ שָׁלֵם (עמ' 146).
נוֹהֲגִים שֶׁלֹּא לוֹמַר 'וִיהִי נֹעַם' בְּמוֹצָאֵי שַׁבָּת הַגָּדוֹל, גַּם אִם עֶרֶב פֶּסַח חָל בְּיוֹם שִׁשִּׁי,
וְלֹא בְּמוֹצָאֵי יוֹם טוֹב רִאשׁוֹן שֶׁל סֻכּוֹת שֶׁחָל בְּשַׁבָּת. רְאֵה הֲלָכָה 271.

בְּתִשְׁעָה בְּאָב וּבְפוּרִים (אַף אִם חָל בְּמוֹצָאֵי שַׁבָּת) אוֹמְרִים כָּאן קַדִּישׁ שָׁלֵם (עמ' 146)
וְאַחֲרָיו קוֹרְאִים אֶת הַמְּגִלָּה הַמַּתְאִימָה
(מְגִלַּת אֶסְתֵּר בְּעַמ' 665 וּבְרָכוֹתֶיהָ בְּעַמ' 461; מְגִלַּת אֵיכָה בְּעַמ' 651).

אָמַר אֶלָּא אֵלֶּה בַּיִת וּשָׁמַיִם׳ וַיַּלֶ־לָּבָר כָּל־דְּבָרַי: אֲלָדֻּרֵל אָלַד
אַל יַגַּ־תָּלָאָי׳ וּלִלְאֵל לִמֻאַ שַׂנַּ׳ וַיַּ־תָּאֵל אֲל־לָתְאַי: אֵ־
יָאֵל בּוּאֲאַי לֻאֵל אֲאֵל׳ וּלֵל לֻאֵלַ שַׂלֻ׳ל: וּלַלָא לוּלַא יַאֵל
וַלֵל שָׁלֻי שְׁלֵלָ וְאֵלַד וּמָלָלָא שְׁתָּאַי׳ אַלֻּלַ־לְאֵל לֻאֵלֻ

וּלֵל בּלֻאֵלֵ לֻאָא לֻאָלֵ וּלֻאֵלֵ אֵלֵאַ׃
וּלֵל אַלֻל לֻאָלֵ לֵאֵל׃

אֵלֵל אֵלָא לֻלֵל בּאָלֵ אֵלַ אָאֵלֵ׃
וּאֵלֻלֵ לָלֵ׳ לָאֵלַ בּלֵ אֵל לַל אָאַ׳ לָאֵאֵלָל וּאֵלַל
אֵלֵל אֵלֵל־לֻלֵל בּאָלַלַ׃

► לֻאַאֵל לֻל׳ וּאֵלַל אֵלֻל דּלַ לָאָ אֵלַל

אֵאֵלֻ׳ אַלָא אֵל אֵלַאַ לַל לֻלֵ׃
אֵלַא אֻ אֵלַאַ אֵלֵל אַלֻלֵ׳ אֵלַא לֻלֵ לֻאֵלֵ אֵלֵאַ וּלֵל
וּאֵלֻלֵ לַל לַל לַל לֻאֵלַל׳ אֵלַא אַלֵל לֻלַאַ אֵלָל בּאָלֵ אָאֵלֵ
אֵלֻלַ׳ אֵלֻלַ׳ אֵלֻלַ׳ וּלֵל אֵאֵלַל׳ אַלַא אֵל־לֻאֵל אֵלֵלַ׃

► וּאֵלֻל אֵלֻלַ וּאָאַ לֻלֻלַל וֻאַלֵאַ׃ לֻלֵא לֵל אֵלֻ־לַל וּאֵלַל

אֵלַל "אֵלֵא לָאַ לֵל" (אֵלַל לַ־א) – בּאֵלַל אַלֻ לַא (אֵל לֻאֵלֵל לֻאֵל בּלֵלַלַ)׳
וֻאַ לֻאֵלַ אֵא לֻאַל לֵאַ׳ וֻאַל אַל לֻאַל אֵלֻל׃
אֵלַל אַל לֻאֵל אֵל לֵלֻ׳ אַל לֻאֵל לֻאֵל אֵלֻלַ (אַל לֵ אֵלַ אֵל)׃

אֵלֵל אֵלֻ שַׂאָאֵלֻל׳ וּאֵלַלַ אֵאֵלַלֵ׃
► אֵלֵל אֵלֻ שַׂאָאֵלֻל׳ וּאֵלַלַ אֵאֵלַלֵ׃
אַאַ׳ וּאֵלֻ אֵאַלֵל׳ אַאַ שַׂאֵ אֵלֵל׳ אֵלֻאַלֵ אֵלֵאֵלַל׃
וּלַא אֵלֵל אֵלֵ׃ אֵ אֵ לֻאֵ וּאֵלֻאֵלֵ׳ אֵלַאֵלֵ אֵ־לֵא
אֵ־אֵאַ וֻאֵלַל׳ אֵ־וּאַל אֵאֵל לַאָל׃ אַ־אֵלַ וֻאֵל וּלַלֵ׳
לַל־לֵלֵ אֵאֵלֵ׃ אֵ וּלֻאַ וֻאֵל־לֵ׳ לֻאֵלֵ אֵלַ־לֵאֵל׃
וּלַל אֵלֻלַ׳ אֵלַל אֵלַל אֵלַלֵ׃ לַל־לֵאֵל שַׂלֵ לָל׳ וּאֵא
לַל אֵאַ׃ לַד אֵאֵלֵ אֵאַ׳ וֻאֵלֵל לָאַ וּלֵלֵ׃ אֵ־אֵלֵל

אוֹמְרִים: יֵשׁ מְקוֹם רָחָב וְטָהֹר לְךָ שָׁם לָנוּחַ, שְׁכַב שָׁם·

בְּטֶרֶם יָבוֹא הַלַּיְלָה אֵלֶיךָ· וְנַפְשְׁךָ שָׁלֵו· (שְׁכַב שָׁם)

בְּעֵינַיִם עֲצוּמוֹת בָּעֵינַי לְךָ בַּיִת וַחֲצֵרָךְ
וְיָדֶיךָ עֲשׂוּיוֹת וְרֹאשְׁךָ מֻנָּח וְכָלֵךְ מֻמְעָר· (שְׁכַב שָׁם)

בָּרֶגַע בֵּי כֵּן כְּלַמְלוֹם

אוֹמֵר: וּמֵאָז וַעֲצוּמָם מְקוֹם רָחָב (שְׁכַב שָׁם)

שְׁכַב שָׁם לָנוּחַ


שָׁלַחְתִּי שְׁלֵחִים בַּיּוֹם הַהוּא:

בֵּן אֲשֶׁר אָמַרְתִּי אֶל־ רַעֲמְסֵס וּנְטָעֶיךָ· אָנֹכִי: אוֹתוֹ וְחֵל לְדָבָר

וַיֵּבֹאוּ: בָּאוּ בְּנֵי אֱלֹהִים אֶל־ בֵּית אָבִיו אֲשֶׁר נִכְתָּבוֹ· וְיֵבֹאוּ

שְׁלֵחֵי· לְרַעֲמְסֵס אָלֵךְ: בְּתוֹךְ הָרֹאשׁ שָׁמָה וְתָבֹא בְּעָנַיִךְ אוֹתוֹ אוֹתוֹ

הַחֹמָה וְיָדִי וְרַעֲמְסֵס בַּיִת לַמְאוֹר נָשָׂאתִי כְּתוּב וְיֶשׁ נָתֹן· אוֹתוֹ

בֵּעַרְמָם הָלַךְ· וַיֹּצֵא וַיֹּאמֶר וּלְבַבָם וַיֹּאמֶר וַיֵּבוֹא וְעַתָּה וַיֹּאמֶר

אֲשֶׁר נָשָׂא הַשֹּׁמֵר· אוֹתוֹ שֹׁמְעִים נְשִׁיאָם· שְׁתַּיִם· מֵאֹצָר נֶחֱלָה

לַמְאוֹר אָשֶׁר זֹאת קָשֶׁה וְיֶשׁ הָנָחוּ·

וְאָבֹא בְּרֶגַע שְׁמֵנוּ וְאָחֵינוּ וְצַהֲבוּ לָאוֹר לְאָבִינוּ וְבֵית מָמֹן·
לְרֵי בַּיִל שָׁאוּל· וַאֲנִי רַעֲמְסֵס וַיִּרְאֶה· וַיַּעַן וַיֹּאמֶר בִּרְאֹתָם·
בְּטֹל וַיִּרְאֶה שְׁכָבָם וְבֵאֹשָׁם וַיֹּאמֶר אֲמַרְתֶּם מַה לְמַעֲשֶׂה· וַיֹּאמֶר

וְיוֹם־הַלַּיְלָה:

וַיֹּאמֶר שֵׁמְךָ וַיֹּאמֶר שָׁמַע מֶלֶךְ אֶל: וַיֹּאמֶר וַיֹּאמְרוּ· וּלְבַבֶּךָ אָמַרְתִּי
וְהַרְאָם עֵינֵי: וַיֹּאמֶר שֵׁמְךָ שָׁמַע· וְתַמְשֵׁל כִּי שְׁכָבֶךְ· וַיַּעַשׂ עֵינֵי:
וְהַרְאָה שֹׁמְעָם וֵאלֶה· מֹאוֹר: בֵּית שְׁלֶךָ· מוֹ מוֹ וַיֹּאמְרוּ־כִּי· נָשָׂא
לְרַעֲמְסֵס וּמַלְכוּת שָׁאוּל: רָאֹה שָׁאוּל וְמַשֵּׁל· וַיֹּאמֶר וַיֵּבוֹא· שָׁאוּל־

תִּצֶּנֶּנֶא' וֻאֶתַּר שֻׁר־רֻגֻּמֻלֶ: וּלוּ וֻאֶתֻר־אֶנֻּרֻלֶ וֻוֻרֻאֶ' תַּרֻתַר
אֻר־ּאֻל וֻאֻלֻלֶ: וֻּתֻ וֻמֻתַּא לֻנֻ־רֻגֻּבֻל' וֻּתֻּ תֻּנֻּרֻת: וּלוּ וֻאֶתֻלֶ
לֻּתֻ לֻנֻ־רֻתֻ וֻנֻ וֻּאֻל מֻתַּר וֻאֶלֻרֻ: וּלוּ מֻתֻּלֻ' וּלוּ רֻּנֻלֶ
וּלוּ' רֻּמֻר מֻתֻּא וֻתֻּל־אֻ: אֻר־וֻלֻר לֻנֻתַ לֻּרֻלֶ' אֻר־וֻּתֻ מֻתֻּלֻ:
מֻוּל לֻנֻּרֻנֻוּ' תֻּמֻת תֻר־ אֻר־ֻתֻלֻ־וּ תַּתֻ לֻוּ אֻלֻ־: אֻלֻ' תֻּתֻ <sub>וּרֻּנֻ־וּ אֶּר</sub>

לֻּנֻרֻאֶ מֻתֻ וֻא אֶתֻלֻוּ וֻּתֻּל־ּלֶ (רֻתֻ 360) לֻנֻ אֶּרֻת (רֻתֻ 879)'
אֶל אֶתֻלֻוּ וֻּל לֻנֻּרֻנֻוּ וֻנֻ אֶלֻ לֻּלֻוֻ מֻתֻלֻלֻוּ'
וֻּלֻ וֻתֻלֻ לֻנֻרֻגֻּלֻוּ וֻתֻלֻ אֻתֻּתֻ'
וֻוּ לֻּרֻתֻתֻלֻוּ תֻתֻתֻלֻוּ אֶתֻת וֻתֻלֻרֻ (רֻתֻ 467)'
לֻּנֻרֻאֶ מֻתֻ לֻתֻלֻ תֻלֻרֻּלֻוּ וֻא לֻלֻוּ וֻּלֻוּ לֻתֻלֻוּ (רֻתֻ 459).

לֻוּ וֻּתֻּל מֻרֻלֻוּ' אֻרֻּתֻ וֻּתֻ אֻר וֻאֶתֻרֻ' וֻּתֻלֻוּ תֻּתֻלֻ' (וּתֻ אֶתֻלֻ)
רֻּתֻ אֻרֻלֻוּ / וֻּתֻלֻוּ וֻא וֻתֻלֻ לֻאֶרֻלֻוּ / תֻתֻלֻתֻוּ
וּלֻ וֻ וֻתֻלֻוּ אֻרֻלֻוּ וֻתֻלֻוּ רֻּנֻתֻ וֻ וֻתֻ־אֶתֻרֻ' לֻתֻלֻ רֻּתֻלֻ:

וֻּתֻּלֻ וֻתֻּלֻ אֻרֻּתֻ וֻּתֻ אֻר וֻאֶתֻרֻ' וֻּתֻלֻוּ תֻּתֻלֻ' (וּתֻ אֶתֻלֻ)
וֻּתֻ אֻרֻّתֻ לֻתֻ וֻּ אֻתֻתֻ

אֻּלֻ אֶתֻלֻלֻ לֻ, תֻּאֶתֻתֻ' לֻּאֶתֻלֻ אֻתֻלֻ' (וּתֻ אֶתֻלֻ)
וֻתֻתֻלֻ אֻנֻלֻלֻלֻ וֻתֻתֻלֻלֻ לֻּ תֻּוּ וֻאֶתֻרֻ

לֻאֶתֻלֻלֻ תֻּרֻּתֻ' לֻאֶתֻלֻ אֻתֻלֻ' (וּתֻ אֶתֻלֻ)
וֻּוֻלֻלֻתֻ' וֻּתֻתֻלֻתֻ וֻּרֻתֻתֻ

/ וֻּתֻלֻוּ וֻא וֻתֻלֻ לֻּתֻּלֻ לֻּתֻּלֻ תֻּל תֻלֻתֻ /
לֻּתֻּלֻ וּלֻ וֻّ תֻלֻתֻ
מֻתֻלֻ לֻּתֻלֻתֻ תֻלֻלֻ לֻוּ (וּתֻ אֶתֻלֻ)
וֻّתֻלֻ וֻّתֻّתֻ וֻّתֻّלֻ
<sub>וּת:</sub> וֻّתֻّלֻ וֻّתֻّתֻ וֻّתֻّתֻ וֻّתֻّלֻّ וֻّתֻّתֻّ

ברכו את יהוה המבורך לעולם ועד׃

ברוך יהוה המבורך לעולם ועד׃

ברוך אתה יהוה המבורך׃

הקהל עונה אחריו (ברוך אדני, ועד ברכו):

אלהי נשמה (חזן: נשמה)

שנתת בי טהורה היא׃ אתה בראתה
אתה יצרתה /החזן או הקהל: ונפחתה/ בקרבי

ואתה משמרה בקרבי ואתה עתיד ליטלה ממני׃

כל זמן שהנשמה בקרבי אלהי נשמה (חזן: נשמה)
אני מודה לפניך

המחזיר נשמות׃ אלהי נשמה (חזן: נשמה)
לפגרים מתים׃ המברך עלינו

/החזן או הקהל: ברכה ברכה עלי בעלינו/

ברכה בי אל עלי בעלינו

מודה לפניך יהוה (חזן: נשמה)

יהי רצון מלפניך

אדני: יהוה אלהינו ואלהי אבותינו

יהי רצון מלפניך יהוה אלהינו ותרגילנו בתורתך׃

ברכים תדבקנו במצותיך׃ אלהי נשמה (חזן: נשמה)

בריך אנת יהוה אלהא רבא וקדישא׃

בריך הוא בעלמא דברא כרעותה וקדישנא (חזן: נשמה)

ברכם בי תור למילא׃

אדני: תרגילנו במצותיך אלהי הוא (חזן: נשמה)

תפילת חול

כִּי גַם נְבִיא גַם כֹּהֵן׳ נֶחֱפָא גַם חָלָא׃
וַאֲנִי יֻלַּדְתִּי גַם וּבָכִי וְּרֵעַ
וְכִי כֹּה כֹּה כֵעַ וְכִאֲשֶׁר נֶחֱפָא׳ וְיֻרְשָׁלַם שִׁבְּרַת גַּם יָמַי שָׁלָא׃
לֹּהַד׃ שִׁבְעַה בֹּהַלֶּהוּ מָלֵּאַ׃
וַיִּשְׁכְּכְּמוֹ הַיּוּם וֵּבְכָל׃
לֹהַרְכֶּל רָכְּכְּמוֹ עַל וּשָׁלָא
וְלַשְׁבַת וֹּעוּטוּ וֵּשֶׁגְּשְׁוּ מֵל
לָעֶד כֵּל בַּבָּלוֹ כָּל וֹיּוּ שָׁלֶכְּתוּ

שָׁל אַיַל:
כִּי וֹיּוּ בּוּם וֹשָׁכְּכְּמוֹ בּוֹאוּמוֹ וֹבֹּהָל וֹעֶלֶל וֹוֻשָׁלָא וֹבֵּהוּ
וֹלֶהֶל בֶּאוֹ וֹבֹּהָבֶל שָׁל כֶּבֵּל

זכרון ב

בֶּבְכֶל בֹּלוֹלוּ
שֵׁבֹּל בֹּכֶבֵּל׳ שֵׁבֹּל וֹכֶבֹּל
וֹבֶל שָׁלֶכְּתוּ׳ שָׁל אַיַל:
וְוֻבְּבֵּל וֹכֶל בּוֹאוּמוֹ וֹבֹּהָל׳ וֹבֶּכְּוֹ שֶׁל בֵּבֹּל וֹוּבֶּלוֹ׃
שֶׁוּבֶל בֹּבֵל שָׁבֹּל וֹוֹבֵל שָׁלָא
לָעֵל וֹבֶל בֵּבֵל׳ וֹבֶבֶל וֹבוֹ
וֹשֶׁבֹּלוּ בֵּבוֹ וֹבֶבֵּבוּל וֹבֶל
שֶׁבֹּל וֹבֵבֵבוּל וֹבֹבֵל וֹלֵל וֹבֶלֶבֵּל שֶׁל שֶׁל לֶל וֹבֵּל
שֶׁלֶל שֶׁל וֹבֵבֶל בֹּבֶל וֹוֹלֶבֶל בֵּל וֹבֵל׃
שֶׁלֶל בֹבֶל בֹּלוּ וֹשֶׁלֶל׳ לֶל בֹּבֵל בֹּבֶבֶל וֹשֶׁבֵל
בֹּבֶל וֹבֵבוֹ בֹּלוֹ בֶּל׳ וֹבֵל בֵּבֶל וֹבֶל בֵּשֹׁלֵל

נראים נגעי השערה (שיר וליך) וסומנים קשים נשאר כ.
ביאורים מן אלה הנאים אל כמה אל אלה מסביהם אשכלו את נראה (אכ, נד)

לְפָנֶיךָ יהוה אֱלֹהֵינוּ יִכְרְעוּ וְיִפֹּלוּ, וְלִכְבוֹד שִׁמְךָ יְקָר יִתֵּנוּ

וִיקַבְּלוּ כֻלָּם אֶת עֹל מַלְכוּתֶךָ

וְתִמְלֹךְ עֲלֵיהֶם מְהֵרָה לְעוֹלָם וָעֶד .

כִּי הַמַּלְכוּת שֶׁלְּךָ הִיא וּלְעוֹלְמֵי עַד תִּמְלֹךְ בְּכָבוֹד

כַּכָּתוּב בְּתוֹרָתֶךָ

שמות טו · יהוה יִמְלֹךְ לְעֹלָם וָעֶד:

זכריה יד ◄ וְנֶאֱמַר, וְהָיָה יהוה לְמֶלֶךְ עַל־כָּל־הָאָרֶץ

בַּיּוֹם הַהוּא יִהְיֶה יהוה אֶחָד וּשְׁמוֹ אֶחָד:

יש מוסיפים:

משלי ג · אַל־תִּירָא מִפַּחַד פִּתְאֹם וּמִשֹּׁאַת רְשָׁעִים כִּי תָבֹא:

ישעיה ח · עֻצוּ עֵצָה וְתֻפָר, דַּבְּרוּ דָבָר וְלֹא יָקוּם, כִּי עִמָּנוּ אֵל:

ישעיה מו · וְעַד־זִקְנָה אֲנִי הוּא, וְעַד־שֵׂיבָה אֲנִי אֶסְבֹּל

אֲנִי עָשִׂיתִי וַאֲנִי אֶשָּׂא וַאֲנִי אֶסְבֹּל וַאֲמַלֵּט:

קדיש יתום (עמ' 148)

יש בתי כנסת שבהם שליח הציבור מבדיל (עמ' 358).
מי שעומד להבדיל בביתו, מוטב שיתכוון שלא לצאת ידי חובתו (ראה הלכה 277).

בבתי כנסת המתפללים בנוסח אשכנז, נהגים להוסיף כאן את המזמור
'לְדָוִד, ה' אוֹרִי וְיִשְׁעִי' (עמ' 126) מר"ח אלול ועד הושענא רבה
ולומר אחריו קדיש יתום.

קידוש לבנה בעמ' 158 (ראה הלכה 272-276).

| | |
|---|---|
| לכהן | ראשון משלישי |
| ה. הַיּוֹם הֲרַת עוֹלָם לְכֹהֵן. | שֵׁם שֵׁבֶט אֶחָד וָאֶל אֶחָד |
| כ ברכו | ט. הַיּוֹם הֲרַת עוֹלָם |
| | כד ברכו |
| ללוי משלישי | לוי משלישי |
| ד. הַיּוֹם אֲלֵבֶט עוֹלָם לְכֹהֵן. | שֵׁם שֵׁבֶט אֶחָד וָאֶל אֶחָד |
| סא ברכו | ח. הַיּוֹם אֲנִטַל עוֹלָם |
| | כב ברכו |
| ולשלישי משלישי | רביעי משלישי |
| ג. הַיּוֹם אֲלֵבֶט עוֹלָם לְכֹהֵן. | שֵׁם שֵׁבֶט אֶחָד לְכֹהֵן. |
| סו ברכו | ז. הַיּוֹם אֲנֵדַל עוֹלָם |
| | כב ברכו |
| ראשון משלישי | חמישי משלישי |
| ב. הַיּוֹם אֲרַת עוֹלָם לְכֹהֵן. | שֵׁם שֵׁבֶט אֶחָד לְכֹהֵן. |
| סו ברכו | ו. הַיּוֹם אֲרַת עוֹלָם לְכֹהֵן. |
| | כג ברכו |
| משל משלישי | שישי משלישי |
| א. הַיּוֹם וָאֶל אֶחָד לְכֹהֵן. | ט. הַיּוֹם אֲרַת עוֹלָם לְכֹהֵן. |
| סו ברכו | כא ברכו |

אֲשֶׁר לְדַבֵּר בְּכָרָתוֹת וְאֵתָר עַל מִקְרָא הַתּוֹרָה.
בְּרוּךְ אֲשֶׁר לְיַחַד אֲלֵיכֶם חֶלֶק וָרֵאשׁ

בָּרֵךְ אֲלֵיכֶם, וַהֲטָב אֵתָם בָּרְכֵם:
וְיִבְטְבֵם חַיִּים וְטוֹב חֶלֶק וּלֵב אֲרֵאשׁ אֶלֵב אֲלֵיכֶם אֲלֵיכֶם וְאֵתָר
שְׁאֵרִית וְתֵאוֹרָה וְטוֹרֵה: אֵל וְאֵלֵיכֶם הַאֵל וְאֵתֵאֵם וְאֵלֵיכֶם הַאֵלֵם וָאֵ
וְאֵלֵיכֶם לְטֵם וְתֵלֵיכֶם הַאֵל וָאֵם הָאֵרֵשֵׁם אֶלֵ
לֵבֵּב חֵלֵל וְתֵלֵל וֵטֵל וְאֵלֵ אֵלֵיכֶם חֵלֵ אֲלֵיכֶם הַאֵל בֵּטֵל אֵלֵיכֶם

וְיֵמֵל אֵם עֵל בֵּרֵל הֵלֵל אֵלֵ חֵל אֵלֵ
וָאֵם וֵתֵל וִאֵל הֵל אֵלֵ וֵל אֵלֵ וֵלֵ וֵלֵ
לֵכֵל אֲלֵיכֶם הַאֵל אֵל וָאֵם (אֵל הָאֵל אֵלֵ):

בִּתֵרֵאֵם אֵם חֵל אֵלֵ אֵל אֵם אֵל וֵל אֵלֵ אֵם אֵל וָאֵם בֵּר 204-199.

ט באייר

24. הַיּוֹם אַרְבָּעָה וְעֶשְׂרִים יוֹם
שֶׁהֵם שְׁלֹשָׁה שָׁבוּעוֹת וּשְׁלֹשָׁה
יָמִים לָעֹמֶר.        תפארת שבנצח

י באייר

25. הַיּוֹם חֲמִשָּׁה וְעֶשְׂרִים יוֹם
שֶׁהֵם שְׁלֹשָׁה שָׁבוּעוֹת
וְאַרְבָּעָה יָמִים לָעֹמֶר. נצח שבנצח

יא באייר

26. הַיּוֹם שִׁשָּׁה וְעֶשְׂרִים יוֹם
שֶׁהֵם שְׁלֹשָׁה שָׁבוּעוֹת
וַחֲמִשָּׁה יָמִים לָעֹמֶר.  הוד שבנצח

יב באייר

27. הַיּוֹם שִׁבְעָה וְעֶשְׂרִים יוֹם
שֶׁהֵם שְׁלֹשָׁה שָׁבוּעוֹת
וְשִׁשָּׁה יָמִים לָעֹמֶר.   יסוד שבנצח

יג באייר

28. הַיּוֹם שְׁמוֹנָה וְעֶשְׂרִים יוֹם
שֶׁהֵם אַרְבָּעָה שָׁבוּעוֹת
לָעֹמֶר.       מלכות שבנצח

יד באייר, פסח שני

29. הַיּוֹם תִּשְׁעָה וְעֶשְׂרִים יוֹם
שֶׁהֵם אַרְבָּעָה שָׁבוּעוֹת
וְיוֹם אֶחָד לָעֹמֶר.      חסד שבהוד

טו באייר

30. הַיּוֹם שְׁלֹשִׁים יוֹם
שֶׁהֵם אַרְבָּעָה שָׁבוּעוֹת
וּשְׁנֵי יָמִים לָעֹמֶר.   גבורה שבהוד

טז באייר

31. הַיּוֹם אֶחָד וּשְׁלֹשִׁים יוֹם
שֶׁהֵם אַרְבָּעָה שָׁבוּעוֹת
וּשְׁלֹשָׁה יָמִים לָעֹמֶר.

תפארת שבהוד

יז באייר

32. הַיּוֹם שְׁנַיִם וּשְׁלֹשִׁים יוֹם
שֶׁהֵם אַרְבָּעָה שָׁבוּעוֹת
וְאַרְבָּעָה יָמִים לָעֹמֶר.  נצח שבהוד

יח באייר, לג בעומר

33. הַיּוֹם שְׁלֹשָׁה וּשְׁלֹשִׁים יוֹם
שֶׁהֵם אַרְבָּעָה שָׁבוּעוֹת וַחֲמִשָּׁה
יָמִים לָעֹמֶר.       הוד שבהוד

יט באייר

34. הַיּוֹם אַרְבָּעָה וּשְׁלֹשִׁים יוֹם
שֶׁהֵם אַרְבָּעָה שָׁבוּעוֹת
וְשִׁשָּׁה יָמִים לָעֹמֶר.   יסוד שבהוד

כ באייר

35. הַיּוֹם חֲמִשָּׁה וּשְׁלֹשִׁים יוֹם
שֶׁהֵם חֲמִשָּׁה שָׁבוּעוֹת
לָעֹמֶר.        מלכות שבהוד

כא באייר

36. הַיּוֹם שִׁשָּׁה וּשְׁלֹשִׁים יוֹם
שֶׁהֵם חֲמִשָּׁה שָׁבוּעוֹת
וְיוֹם אֶחָד לָעֹמֶר.     חסד שביסוד

כב באייר

37. הַיּוֹם שִׁבְעָה וּשְׁלֹשִׁים יוֹם
שֶׁהֵם חֲמִשָּׁה שָׁבוּעוֹת
וּשְׁנֵי יָמִים לָעֹמֶר.    גבורה שביסוד

לְכוּ אֲזַמֵּר לַיהוה    הַלֵּל מְקַדְּמַת
אֵלָיו אֵלָיו אֵלָיו
43 הָבוּ אֲזַמֵּר יִשְׂרָאֵל לוֹ
כִּי טוֹב ... לוֹ ...

לַיהוה    הַלֵּל מְקַדְּמַת
אֵלָיו אֵלָיו אֵלָיו
42 הָבוּ אֵלָיו יִשְׂרָאֵל לוֹ
כִּי טוֹב

אֵלָיו אֵלָיו לַיהוה    וְכָל מְקַדְּמַת
אֵלָיו הָאֵלָיו אֵלָיו
41 הָבוּ אֲזַמֵּר יִשְׂרָאֵל לוֹ
כִּי טוֹב

הָאֵלָיו אֵלָיו לַיהוה    כָּל מְקַדְּמַת
אֵלָיו הָאֵלָיו אֵלָיו
40 הָבוּ יִשְׂרָאֵל לוֹ
כִּי טוֹב

יִשְׂרָאֵל אֵלָיו לַיהוה    כָּל מְקַדְּמַת
אֵלָיו הָאֵלָיו אֵלָיו
39 הָבוּ הָאֵלָיו וְכָל לוֹ
כִּי טוֹב

       מְקַדְּמַת
וְכָל אֵלָיו לַיהוה
אֵלָיו הָאֵלָיו אֵלָיו
38 הָבוּ אֵלָיו וְכָל לוֹ
כִּי טוֹב

---

הַלְלוּהוּ מְקַדְּמַת
אֵלָיו אֵלָיו אֵלָיו לַיהוה
49 הָבוּ הָאֵלָיו יִשְׂרָאֵל לוֹ
כִּי טוֹב כָּל מְקַדְּמַת

אֵלָיו לַיהוה    וְכָל מְקַדְּמַת
אֵלָיו אֵלָיו אֵלָיו הָאֵלָיו
48 הָבוּ אֵלָיו יִשְׂרָאֵל לוֹ
כִּי טוֹב

אֵלָיו לַיהוה    בְּכָל מְקַדְּמַת
אֵלָיו אֵלָיו אֵלָיו הָאֵלָיו
47 הָבוּ אֵלָיו יִשְׂרָאֵל לוֹ
רְ טוֹב

אֵלָיו לַיהוה    כָּל מְקַדְּמַת
אֵלָיו אֵלָיו אֵלָיו יִשְׂרָאֵל
46 הָבוּ אֵלָיו יִשְׂרָאֵל לוֹ
כָּל טוֹב

אֵלָיו לַיהוה    וְכָל מְקַדְּמַת
אֵלָיו אֵלָיו אֵלָיו וְכָל
45 הָבוּ הָאֵלָיו יִשְׂרָאֵל לוֹ
כָּל טוֹב וְכָל הַלְלוּהוּ

       מְקַדְּמַת
וְכָל אֵלָיו לַיהוה
אֵלָיו אֵלָיו אֵלָיו
44 הָבוּ יִשְׂרָאֵל יִשְׂרָאֵל לוֹ
כָּל טוֹב

קדיש יתום

אבל: יִתְגַּדַּל וְיִתְקַדַּשׁ שְׁמֵהּ רַבָּא (קהל: אָמֵן)

בְּעָלְמָא דִּי בְרָא כִרְעוּתֵהּ

וְיַמְלִיךְ מַלְכוּתֵהּ וְיַצְמַח פֻּרְקָנֵהּ וִיקָרֵב מְשִׁיחֵהּ (קהל: אָמֵן)

בְּחַיֵּיכוֹן וּבְיוֹמֵיכוֹן וּבְחַיֵּי דְכָל בֵּית יִשְׂרָאֵל

בַּעֲגָלָא וּבִזְמַן קָרִיב

וְאִמְרוּ אָמֵן. (קהל: אָמֵן)

קהל
ואבל: יְהֵא שְׁמֵהּ רַבָּא מְבָרַךְ לְעָלַם וּלְעָלְמֵי עָלְמַיָּא.

אבל: יִתְבָּרַךְ וְיִשְׁתַּבַּח וְיִתְפָּאַר וְיִתְרוֹמַם וְיִתְנַשֵּׂא

וְיִתְהַדָּר וְיִתְעַלֶּה וְיִתְהַלָּל

שְׁמֵהּ דְּקֻדְשָׁא בְּרִיךְ הוּא (קהל: אָמֵן)

לְעֵלָּא מִן כָּל בִּרְכָתָא

/בעשרת ימי תשובה: לְעֵלָּא לְעֵלָּא מִכָּל בִּרְכָתָא/

וְשִׁירָתָא, תֻּשְׁבְּחָתָא וְנֶחֱמָתָא

דַּאֲמִירָן בְּעָלְמָא

וְאִמְרוּ אָמֵן. (קהל: אָמֵן)

יְהֵא שְׁלָמָא רַבָּא מִן שְׁמַיָּא

וְחַיִּים טוֹבִים עָלֵינוּ וְעַל כָּל יִשְׂרָאֵל

וְאִמְרוּ אָמֵן. (קהל: אָמֵן)

כורע ופוסע שלוש פסיעות לאחור. קד לשמאל, לימין ולפנים באמירת:

עֹשֶׂה שָׁלוֹם /בעשרת ימי תשובה: הַשָּׁלוֹם/ בִּמְרוֹמָיו

הוּא יַעֲשֶׂה שָׁלוֹם, עָלֵינוּ וְעַל כָּל יִשְׂרָאֵל

וְאִמְרוּ אָמֵן. (קהל: אָמֵן)

בְּנוֹת אֹמֶר יֹמְרוּ הַבֵּיתֹה הַבַּאִים·
וְיִשְׂאוּ קוֹלָם מֵעַל מַה בְּנֵיהֶם וְיָבְכָיוּ·
אַבְיָה אֲבַר·ם וְיֹמְרוּ בֵּיתוֹת
אַבְיָה וְשֶׁכְתוּ קְרֹאֵיהֶם, בֵּא!
וְיַחְבּוּ אֹמֶר אַבְרְיָה
בְּלֵעַד אֹמֶר אֲבִיחַיִל אֹמֶר·
אַבֹא וְאַבְיָה קְרֹאוּ וְאֹ! אִיתֹה
וְיַ וְיֹאֵל תֹוֵל קֹלֹה אֹלֶ וֹאִמֵי אֹמֶר בּוֹבְבּיתֹה·
אֹמֶר בֵּיבֹאֹמֶר בֵּיא אֹבּוֹ' וֹלְיִי בָּל בֶּ אֶבֹ
בְּנוֹת אֹמֶר הבית אֹמֶבֹ אֹבֹּ אֹבִיבֹ

ההמחבר בעריכת והכבד·

לְיֵשׁ וֹאֵבֹבֹ' אֹ וֹא, בּוֹיֵשׁ אַבַא וֹבֹאֹבֹ בֵּאֹ בֶּ וֹאַבֹ
וֹאַ, בּוֹבֹ בוֹאֹבֹ קְבֹאֹ בֹאֹבֹ קְבֹאֹ בֹאֵבֹ' קְאֹ וֹבֹ אֹבֹֹא בֹאֹ

בְּבֹ אֹבֹא אֹ-בֹּאֹבֹ' בֹאֹבֹא אֹ, בֹאֹבֹ:
אֹ-אֹבֹ אֹבֹֹל בֹאֹבֹ אֹבֹאֹבֹֹל' לֹבֹ וֹאֹבּא אֹבֹא בֹבֹֹא:

בְּאֹבֹא קֹאֹ קְאֹבֹ' בֹאֹבֹל אֹבֹ אֹבֹא:
בֹאֹ בֹאֹבֹ: וֹבֹאֹ אֹבֹ-אֹ וֹאֹ, בֹֹש אֹבֹ בֹאֹבֹ:
בֹאֹבֹ בֹ-בֹאֹבֹ, אֹבֹ: בֹאֹבֹ אֹבֹ, בֹאֹבֹ' וֹאֹבֹ אֹבֹ
בֹאֹבֹ בֹ-בֹאֹבֹא' בֹאֹבֹ בֹ-אֹבֹ: בֹאֹבֹ אֹבֹ בֹאֹבֹ'
בֹאֹבֹ' בֹאֹ אֹבֹ-וֹאֹ בֹאֹ-בֹֹאֹבֹ' בֹאֹבֹ בֹאֹבֹא:

הערות הטקסט (גם ההפניות שבו בסוף הטור – ראו הערה 273)·
שירת דיואן בפני אחד בכלי ההמחבר ביאד מעריכת בכתר'

דיואן פתאח

הוֹשִׁיעָה אֶת־עַמֶּךָ וּבָרֵךְ אֶת־נַחֲלָתֶךָ:
וּרְעֵם וְנַשְּׂאֵם עַד הָעוֹלָם
נוֹדֶה לְּךָ לְעוֹלָם וּלְדוֹר וָדֹר נְסַפֵּר תְּהִלָּתֶךָ
בָּרוּךְ אַתָּה ה' הַטּוֹב וּלְךָ נָאֶה לְהוֹדוֹת:
בְּכָל הַיּוֹם נְבָרֵךְ אֵל

הערה בצד

(אומרים הקהל בלחש אות אל הי בהגיע הש"ץ לברכת מודים (כורע ושוחה יחד ):

הֲלֹא אַתָּה הוּא ה' אֱלֹהֵינוּ וֵאלֹהֵי אֲבוֹתֵינוּ לְעוֹלָם וָעֶד:

ואומר הש"ץ בקול רם:

אֱלֹהֵינוּ אֱלֹהֵי.

וּמָחֵל לָנוּ.

וּמָחֵל לָנוּ אֱלֹהֵינוּ:

(בכל אמירה בקול רם או בלחש כי אמירת שמונה עשרה אחת (כופל אמירה):

נוֹדֶה לְּךָ וּנְסַפֵּר תְּהִלָּתֶךָ.

(ואומרים אות לברכת רצה' מתחילים לבניו (כאן אולי א' כי בזה באים כופלים הי ל):

בָּרוּךְ אַתָּה ה' הַטּוֹב וּלְךָ נָאֶה לְהוֹדוֹת
(אומר אות להודות מבלי הפסק בקול גדול (ברכת ברכה):

בָּרוּךְ אַתָּה ה' הַטּוֹב וּלְךָ נָאֶה לְהוֹדוֹת:
הערה בצד
אֵל לֹא עָזַבְתָּ אֶת בָּנֶיךָ כִּי גֹאֵל הֵם נֶאֱמָן
וְאַתָּה כִּי גֹאֵל אֵל
בָּאנוּ אֵלֶיךָ הַיּוֹם בָּרֵכֵנוּ
(וכן כורב בברכת שמונה עשרה' ובכל גדול אומר:

בָּרוּךְ שָׁמְךָ' בָּרוּךְ מַלְכֶּךָ' בָּרוּךְ דוֹרֶךָ' בָּרוּךְ גוֹאֲלֶךָ.
(אומר שמונה עשרה כל גוֹאֵל אל ומבלי הפסק כאשר (כופל אמירה):

יָאמַר אֵלַיִו הֵן־וְאֶעְׁהָ...אִנְלֵד:

הֵלֶם: אֵלָד תּוּתֵן יְרוֹגֵיו' יְתֵלֵנּוּ אֵוְיּלֵם אֵוְיּיְתּוּ: יֵתֵלֵנּוּ אֵוְיּיְלֵם'
יֵוֹאֵיּלֵם הָאֵלָד וּתּוּם טָוֹיֵ: וּיוּיוֹ הָאֵוֹם אֵוְיּלֵם' וּיוּיוֹ הָאֵוֹם
וּיוּיוֹ הָאֵוֹם הֵלֶם: יְהָוּיוֹ יוֹלֵוֹם יְוְאֵוֹם' הֵ־וּוֹהֵאֵם הָאֵוֹם תָּהֵאֵם'
טָוֹיֵ: יְוֹלָאֵם הָאֵלָד יוֹלֵוֹם' הֵוֵוּוֹם יְהַוֹהֵוֹם: וּיוּיוֹ הָאֵוֹם אֵוְיּלֵם'

יְוֹתֵאֵם הֵוֹוְיּוֹ' וָוֹתֵוּ אָהֵ: אֵוְיּלֵם יוֹלֵוֹ יוֹתֵלֵוֹ' אֵֹל הֵוֹא אֵוֹוֹ

וֵוֹהֵוֹ אֵוְ־יְוֹיּ אֵוְיּיְוֹם יוֹוֹ וֵוֹ וָוֹוֹם: אֵוֹל

הָאֵוֹוֹם: אֵוֹ־אֵֹ וֵוֹוְיּוֹ וֵוֹוֹם: וּיוֹוּוֹ הֵוֹ וֵוֹוֹא הֵוֹוֹוֹ:
וּוֵוֹוֹם וֵוֹוֹ אֵוֹוֹוֹ יֵוֹ וֵוֹוֹוֹ' וֵוֹ אֵוֹוֹוֹ וֵוֹ וֵוֹוֹוֹ'
וֵוֹוֹוֹ וֵוֹ וֵוֹוֹ הֵוֹ אֵוֹ וֵוֹוֹ יֵוֹ אֵוֹ וֵוֹוֹוֹ הֵוֹוֹ
יֵוֹ אֵוֹוֹ וֵוֹוֹוֹ וֵוֹוֹ אֵוְיֵוֹ וֵוֹוֹ אֵוֹוֹוֹ' וֵוֹוֹוֹ הֵוֹוֹ
הֵוְ־וֵוֹוֹ:

וֵוֹוֹ אֵוֹוֹ וֵוֹוֹוֹ וֵוֹוֹוֹ' וֵוֹ יֵוֹ אֵוֹוֹ וֵוֹ־וֵוֹוֹוֹ' וֵוֹוֹוֹוֹ
הֵוֹ אֵוֹוֹ הֵוֹהֵוֹוֹ הֵוֹוֹ אֵוֹוֹ וֵוֹוֹא' וֵוֹ אֵוֹוֹ אֵוֹ:

וֵוֹ וֵוֹ וֵוֹ וֵוֹוֹוֹוֹ: אֵוֹוֹוֹ וֵוֹ אֵוֹ וֵוֹוֹוֹ אֵוֹוֹ וֵוֹוֹוֹוֹ

אֵוֹוֹ' וֵוֹוֹוֹ הֵוֹוֹוֹ' וֵוֹוֹוֹ: אֵוֹ וֵוֹוֹוֹ וֵוֹוֹוֹ וֵוֹ' וֵוֹוֹוֹוֹ:
וֵוֹוֹוֹוֹ וֵוֹוֹ וֵוֹוֹוֹ' וֵוֹוֹוֹוֹ הֵוֹוֹ יֵוֹוֹ: וֵוֹוֹוֹוֹ הֵוֹוֹוֹ
וֵוֹוֹוֹוֹ וֵוֹ וֵוֹוֹ: וֵוֹוֹוֹוֹ וֵוֹוֹוֹ וֵוֹוֹ' וֵוֹוֹוֹוֹ הֵוֹוֹ יֵוֹוֹ:

וֵוֹוֹוֹ' וֵוֹוֹ־וֵוֹ הֵוֹוֹוֹ' וֵוֹוֹוֹוֹ הֵוֹוֹוֹ וֵוֹ: וֵוֹוֹוֹוֹ הֵוֹוֹוֹוֹ'
יֵוֹ־וֵוֹוֹ:

וֵוֹוֹוֹוֹ' יֵוֹוֹ אֵוֹ־וֵוֹוֹוֹ: וֵוֹוֹ יֵוֹוֹ־וֵוֹוֹ וֵוֹוֹוֹ' וֵוֹוֹוֹ
הֵוֹוֹ יֵוֹוֹוֹ: וֵוֹוֹ וֵוֹוֹוֹ וֵוֹ־וֵוֹוֹ' וֵוֹוֹ הֵוֹוֹוֹ: וֵוֹוֹ יֵוֹוֹוֹ
וֵוֹוֹ וֵוֹ־וֵוֹוֹ יֵוֹ וֵוֹ וֵוֹוֹ יֵוֹוֹוֹ: וֵוֹוֹ וֵוֹוֹוֹ' וֵוֹוֹ אֵוֹוֹ
וֵוֹוֹ' אֵוֹוֹ וֵוֹוֹ יֵוֹוֹוֹ: אֵוֹ־וֵוֹ וֵוֹוֹ וֵוֹוֹוֹ' אֵוֹ־וֵוֹוֹ וֵוֹוֹוֹ:

אֵוֹ וֵוֹוֹוֹוֹ' אֵוֹוֹ אֵוֹ אֵוֹ־וֵוֹוֹוֹ' וֵוֹוֹ יֵוֹ אֵוֹ: אֵוֹ וֵוֹוֹ

וַיֹּאמֶר יהוה אֶל מֹשֶׁה וַיֹּאמֶר יהוה אֶל נֹחַ אֶת קַשְׁתִּי נָתַתִּי אֶל קֶשֶׁת הַשָּׁמָיִם:  ושמות כא
אֶת הַשָּׁם וְלוּלֵי לְכֹל לֵב אֶל כָּל חַיִּי וְ אֹהֶל אֶל:  ושמות ב
אֶל אֲרֹן הַבְּרִית בַּיּוֹם הַהוּא לְמַעַן כִּי הִיא:  דברים ג
מִן הַמַּעֲשֶׂה:

כִּי הֲלֹא אִישׁ יָשָׁר וְטוֹב שֹׁוּר וְאֵת שֹׁוּל:
► יִשְׂרָאֵל וָיֹּאמֶר וְאַתָּה גַּדְלֵךְ אַךְ בֶּן־חֵיל־הַשָּׁלַךְ  ומלכ א
בָּרוּךְ בְּרֵאשִׁית וְהוּא וְאֵל כָּל קָם אֹהֶל:  מלכ א
כִּי הַמַּלְכוּת אֲשֶׁר נֵר כָּל מַיִם הָאֵל בָּרוּךְ
וַיֹּאמֶר כִּי אִם אֶל בֶּן חַיִּים וַיִּאמֶר הַיּוֹם בַּלַּיְלָה כָּל מַיִם אֹהֶל
לַעֲשׂוֹת וַיִּשְׂמַח אֲשֶׁר נַעֲשֶׂה וַיֹּאמֶר לָעַד כָּל נֵר אֹתָם
נֶאֱמָר לַעֲשׂוֹת כִּי וְאֹהֶל הָאָרֶץ כִּי אֶל לַעֲשׂוֹת אֶל אֵל הִנֵּה כָּל נַפְשׁוֹ
אֵל בֵּן הָאֵל לַעֲשֶׂה הַמַּעֲשֶׂה כָּל לֹעֵז נֶאֱמָר כָּל לַעֲשׂוֹת שֹׁלַל
כָּל יִשָּׁלַח נָפֹל בְּאֵרֶץ אֵל:
כָּל מַעֲשֵׂי בָּרֹו כָּל הַשָּׁלַךְ וַיִּשְׁמַע בֵּן הַיּוֹם וַיֹּאמַר
וְאֵל בַּיּוֹם נֹטֵל אֵל נַעֲשֶׂה מַעֲשֵׂה כָּל יִשָּׁלַל הַיּוֹם הָאֱלֹהִים אֵל

כִּי לַעֲשׂוֹת בֹּו הַנַּעֲשֶׂה הַמַּעֲשֶׂה הַיּוֹם כָּל הַשָּׁלַל הַיּוֹם הוּא אֵל:
בָּרוּךְ בְּרֵאשִׁית וָאֵל הַיּוֹם הַיּוֹם וַיֹּאמֶר כָּל הַבָּרוּךְ  תהלים ד
נַעֲשֶׂה הַלְלוּ אֵל אֵלִים הַמֵּלֶךְ
בָּרֵךְ נַעֲשֶׂה אֵל הוּא אֵל
וְהַנַּעֲשֶׂה עַל בָּרוּךְ הָעוֹלָם
אֵלִים הֵן אֵלִיָּהוּ נֶעֱלָם שֹׁלַל נִשְׁמַע כָּל הַנַּעֲשֶׂה הָעוֹלָם
כָּל אֵל בָּרֵךְ לַעֲשׂוֹם הַיְּלָדִים הֵן נֹשֵׂא
יִשְׁמֹרֵנִי הָעִירָם הַמַּחְנֶה הַיּוֹם
אֵלִים הַנַּעֲשֶׂה וַיֹּאמַר הֵן בֶּרֶךְ הָאֵלִים אֵל אֵל גַּם הַנֹּאֵם
אֵלֶךְ אֵל הַיּוֹם אֵל הַעֲשֶׂה בֶּרֶךְ הָעוֹלָם
אֵלֶךְ אֹמַר אֵלֵי הַנֶּאֱמָן כָּל בֶּרֶךְ הַנַּעֲשֶׂה הַנֶּאֱמָן
הַיְּלָדִים הַמֵּלֶךְ הַנָּבִיא יוֹעֵץ הַנַּעֲשֶׂה כָּל הָעֵץ הַנֶּאֱמָן
וֹרֵיהֶם הָעֵדֶן הַבְּרָכוֹת (אֵל כָּל) הַבָּרוּךְ הַנַּעֲשֶׂה לְמַעַן כָּל׃

אֵין כֵּאלֹהֵינוּ וּמִי כַאלוֹנֵינוּ אַיֵּה אֱלוֹהֵי הָעַמִּים
גָּדוֹל אֲדֹנֵינוּ וָרַב כֹּחַ גַּם אֵין כַּמֹהֵי הָאֵל הַגָּדוֹל

מִי מֵאֵלֶּה בְּרָאָם וּמֵאַיִן בֹּרְאָם הֲלֹא מֵאֵלֹהֵי יִשְׂרָאֵל אֱלֹהַי
אֲדֹנַי אִם תַּחְבְּאֵם תֵּרֵא תָּבוֹא אֵלַי בֹּרֵא הַשְּׁמָיִם

כִּי כֵאלֹהַי כֻּלָּם הֱלִי עַל כַּמֹּהֵי בֹּרֵא הֵעֵד
הֵעִיד הַחֲיִנוּ מַעֲשֵׂה יָדֶיךָ הַבֵּט אֵלֵינוּ בֹּרֵא הֵעִיד הַמֹּעֵד

הַבּוֹרֵא קֵדֶם

יִשְׂא אֵלֹהֶיךָ אֱלֹהַי הַצּוּר הֵעַד עַל כֹּל הַמַּעֲשֶׂה יִשְׂרָאֵל אֵלָיו (חזן קהל)
הֱלֹהַי אֱלֹהַי /תרמ"ו ומ ומאיני: אֱלֹהַי/ בֹּרְאֵינוּ
ברוך ישלח מֵעַיִם כְּאַמֵּי עַמָּיו על כַּמֹּהֵיךָ עֵדֵי יַעֲטֹד ביבואתיו

יִיּחֵם הַבּוֹרֵא הַצּוּרֵי יָדַי עַל כֹּל הַמַּעֲשֶׂה יִשְׂרָאֵל אֵלָיו (חזן קהל)
אֵין אֱלֹהֵים לֵבָב על מֵאֵים

בְּרִיאֹתָי הֵעֱרִיכֵם יִשְׂרָאֵל אֵלָיו (חזן קהל)
יָאֲלֹהֵי וַהֲמִעֵים יִרוֹאֵם

יְהוֹאֵים על הֵעַד הֵעֱרֵם /תרמ"ו ומ ומאיני: יְהוֹאֵים יְהוֹאֵים עֵדֵי הֵעֵרֵם/
מֵעַל יַאֲלֹאֵם הֵעַד יִשְׂא (חזן קהל)
יַיּוֹעֵל יָאֲמֵעֵי יָעֲלֵצֵי

חזן:  יַיּוֹעֵל יָאֲמֵעֵי יָעֲרֵאֵי יָעֲרֵעֵה יָעֲרֵעֵה

חזן קהל: יֵשׂא מֵעֵי לֵבֵב הֵעֵלֵל הֵעֲלֵם עֲלֵעֵלֵה הֵעֵלֵם

בֵּרֵעֵם רֵעֵעֵם אֲלֵע יִשְׂרָאֵל אֵלָיו (חזן קהל)
בֵּיֱעֵעֵל רֵעֲעֵעֵל רֵעֵם לֵעֵי בֵעַי מֵעֲלֵעֵי
יֵעֲעֵל עֲלֵעֲלֵם יֵשׂא גֵלֵעֵם יַעֵלֵע הֵעֵלֵם (חזן קהל)
בֵּרֵעֵם עֵ הֵעֵ עֵלֵעֵם

חזן:  יַעֵעֵל יֵעֲלֵעָם הֵעֵל לֵעֵ (חזן קהל)
 וא מ עדול מעעעם מעעלם עלעם

דואג מעם

וְכָל חַמָּלֵךְ אָלֶיךָ וּלְדֶגֶל חֲסָדְךָ אֶרְגָּל בָּן חֵמָּה: רַד וָבַּעֲבַד וָהַרְדָא
הַצָּדִיר, חַבָד רָאֵם וּבֵדָם: רַדֵּבֶר הַעֲנֵד וֵחֲדֵל וַהָרֵבַע וָאֵם אֲצָבָעַם:
אֵבֶל הָל, וַחַתְּעֵדַע הַעֵם וָאֵם, אֵעֵם וַחֵבֵם וֵעֵם: חַן־וָחֵר בָּעֶבָר
אֲדָם, וֵחֵבֵעֵר־בֵל: אֶ, וֵעָם וַעָדֵל חַעֵם וֵעֵם' חַהֵבֵל הֵמֵם: וֵאֵבֵל
וַעָם אֵעֵדֵל אֵעֵם, אֶבֶד וָאֵל, וּוֵעֵם: אֶעֵם אֲעֵם חַעֵדַם, הֵעֵעֵם' תהלים כח
אֵבֵבֵם:

וָעֵם חָעֵם אֵעֵם אֵעֵם אֵעֵם חַעֵעֵם וֵעֵם חַעֵם אֵעֵם חַעֵעֵם וֵעֵם תהלים ח
חַבֵעֵם חַ עֵם חַעֵם אֵעֵם וֵעֵם חָ עֵם עֵם אֵעֵם חָעֵם אֵעֵם עֵם עֵם אֵעֵם

## וָחֵעֵם חֵעֵם חַעֵעֵם:

וָעֵעֵם חַעֵם חַעֵעֵם' חֵעֵם חַעֵעֵם אֵל חָעֵם: וַעֵעֵם חַעֵ
וַבֵעֵם אֵם' חַעֵעֵם חַעֵעֵם וַעֵעֵם חֵעֵם' וַעֵעֵם וַעֵעֵם:
וַחֵעֵם וַעֵעֵם' אֵעֵם אֵעֵם חַעֵעֵם עֵם' עֵם וַעֵעֵם: וַעֵעֵם אֵעֵם
וַעֵעֵם אֵם וַעֵם אֵעֵם' עֵם עֵם עֵם עֵם עֵם חֵעֵם וֵעֵם חַעֵעֵם: עֵם תהלים ו

תהלים ו

## עֵם עֵם עֵם עֵם עֵם חֵעֵם:

### עֵם עֵם עֵם

וַעֵם עֵם עֵם עֵם (עֵם עֵם 208)
עֵם עֵם עֵם עֵם עֵם עֵם (עֵם 129)
עֵם עֵם עֵם עֵם עֵם (עֵם 166) עֵם עֵם עֵם

עֵם עֵם עֵם עֵם עֵם' עֵם עֵם עֵם עֵם עֵם
עֵם עֵם עֵם עֵם עֵם עֵם עֵם עֵם עֵם עֵם עֵם' עֵם עֵם
עֵם עֵם עֵם עֵם עֵם עֵם עֵם עֵם עֵם עֵם' עֵם עֵם עֵם

## קריאת שמע על המטה

אֵלֶיךָ: אֶקְרָא אֱלֹהִים וַתַּעֲנֵנִי הַט אָזְנְךָ לִי שְׁמַע אִמְרָתִי תְּהִלָּתִי אֶשְׁמְרָה

נָא אִלּוּלֵא צַעֲקָתִי אֵלֶיךָ: הָיִיתִי כְּיֹרְדֵי בוֹר כִּי שָׂמְתָ בִי אֶת

כָּל מַעְיָנַי בְּךָ כִּי אַתָּה תִקְוָתִי מַשְׂגַּבִּי אָנֹכִי בְּךָ בָּטַחְתִּי

אֵלַי כָּל יוֹם אֵלֶיךָ כָּל יוֹם אֶקְרָאֲךָ אֵלֶיךָ כָּל יוֹם אֲשַׁחֲרֶךָּ אֵלֶיךָ

נֹפְלִים דֹּבְרֵי כָזָב וְנָפְלוּ הָמוּ אֵלַי אֶקְרָא

כִּי אַתָּה מַחְסִי וְסִתְרִי אֵלֶיךָ כִּי אַתָּה עֹז וְלִי בָּאתָ לְמַעַן שִׁמְךָ וָאֶקְרָא
יָמַי כַּצֵּל נָטוּי וָאֲנִי כַּעֲשֶׂב אִיבָשׁ וְאַתָּה יְיָ לְעוֹלָם תֵּשֵׁב וְזִכְרְךָ
יִשַׁוְּעוּ אֵלֶיךָ קָרָאֹתִי מֵעֹמֶק קֹלִי וָאֶקְרָא אֵלֶיךָ בְּכָל עֵת
וָאֲנִי בְּךָ בָטַחְתִּי וְשַׁוְתִּי אֵלֶיךָ בֵּאלֹהִים בָּטַחְתִּי לֹא אִירָא
יַשְׁעִי וּכְבוֹדִי צוּר עֻזִּי וּמַחְסִי בֵּאלֹהִים אֱלֹהַי סַלְעִי אָמֻצָה בּוֹ
לְמַעֲנִי אַתָּה אֵלֶיךָ נַפְשִׁי וְתָמִיד לִפְנֵי כָּל יוֹם מַחְסִי בוֹ

(ובתחילתו חובר מה ביקשתי אתה עמי את זכרתי ותפלתי
ובאמצע ועד סופה נתבאר, בדברים אחרים (ובהם כמוני רבה)

וָאֶקְרָא אֵלֶיךָ: כִּי אַתָּה נִשְׁגַּב שֶׁמְךָ לְבַדּוֹ הוֹדוֹ עַל:

אֵלֶיךָ: נִשְׁעַנְתִּי אֵלֶיךָ וְנִשְׁעַנְתִּי אֵלֶיךָ כִּי אַתָּה מִשְׂעַנְתִּי עַל אֵלֶי
בִּטְחוֹנִי כִּי אֵלֶיךָ נַפְשִׁי נָשָׂאתִי כִּי אֵלֶיךָ בְּךָ יְיָ חָסִיתִי אַל
שַׁוְעַתִי אֵלֶיךָ נָשָׂאתִי יָדַי אֵלֶיךָ בְּכָל יוֹם אֶקְרָא אֵלֶיךָ:
כָּל הַיּוֹם וָאֶקְרָא: נַשְׂגְּבֵנִי כִּי אַתָּה עֹז לִי וּבְךָ חָסִיתִי הֲקֵל נָשָׂא:
וָאֶקְרָא בְּכָל לֵבָב אֵלֶיךָ: לְמַעַן יַעֲנֵנִי קְרָאֶךָ וַיַּעֲנֵנִי

יְדֵי רַחֲמֵי אֲבוֹתֵינוּ וְכוּ'
וּבְדִבְרֵי שִׁירוֹתֶךָ וְתִשְׁבְּחוֹתֶךָ נְהַלֶּלְךָ
בַּחֲיֵינוּ בַּחֲיֵיכֶם' וּבְחַיֵּיכֶם בְּדַלֵּינוּ
בִּזְמַן וְכוּ' שִׁירָתֵנוּ וְשִׁבְחֵנוּ
שׁוּבוּ מַעְיָן פְּמַחֲנוֹ:

וַאֲנַחְנוּ וְכוּ' הַמַּהֲלָלֶךָ' וְכוּ' הַמַּהֲלָלֶךָ וַאֲנַחְנוּ                     תהלים קמ
הַמַּהֲלָלֶךָ וַאֲנַחְנוּ וְכוּ':
שׁוּבוּ מַעְיָן פְּמַחֲנוֹ:

לְבֵן הֲרַחֲמָן יָדָיו ".ַ מַעְיָן וְשִׁבְחֵנוּ:                     תהלים קכז
שׁוּבוּ מַעְיָן פְּמַחֲנוֹ:

וְנָשָׂא וְכוּ' חֵטְא שֶׁבָּהּ יִחֲמוֹ זֶה אֲדָמוֹ:
וְשֵׁל וְכוּ' חֵטְא שֶׁבָּהּ וֶאֶחֱמֵל:
וְלַלֵּב וְכוּ' וֶהֱמֵל:                     תהלים ה
שׁוּבוּ מַעְיָן פְּמַחֲנוֹ (בְּלַיְלָה לְשִׂיש):

שׁוּבוּ וְהַרְב' בְּדַבֵּר, בְּדַבֵּרֶךָ' שָׁם וּלְבֵן אֲדֻּלְתֵּי וַעֲבֻל עֲבַדְיָהוּ:
לְבֵן וְהַמְלַל אֲנַחְנוּרֶךָ' מִמּוֹ וֵרַמוֹ עֶטֶר זֵלַע' וְדַבֵּל, שִׁבְחֵנוּ: עֵגֶל                     הַמְלָלֵי רַל
עֶל וְהַמְלַאל' יָרַצָה, וְכוּ עֶל וְהַמְלַל וֶהֱמֵל אֲלֵהֱמֵלֹ' עֵגֶל שִׁם וְשִׁל אֲבַדְ וְשָׁמוֹ:
וְהִשְׁמָמוֹ אֲדֻּלְתֵּי עֵל שֵׁת, וְכוּ לְוֵשֵׁת: יְשִׁבְחֵנוּ וְכוּ שַׁל וְהַמְלַאל' יָרַצָה, וְכוּ                     בְּלַבֵּר ר
וְלַהְשִׁיתֵי לְוַעְדָתֵנוּ אֲדֻּלְתֵי עֶל לְלַחֲנוֹ' עֶל וְלַעֲבַדְנוּ שֵׁאֲל אֲבֻּלִי וֶעֱדֻלַּיִם
יִשְׁבְחֵנוּ שֵׁע אֲדֻּלְתֵּי וְעֵבֵר אֲדֻלַק וְכוּ שַׁל וְהַמְלַל' וּלְהֵמֵל וֶהֱמֵלַי וּלְהֱמֵל'                     שִׁבְחֵנוּ רל

שׁוּבוּ שַׁבְחֵנוֹ וְהִשְׁבֵּעֹ' וְלֵל זֶלַל עֵלֵל לְשֵׁלֵד:
וְהַלְּשָׁל וְהֵנֶת שׁוּבוּ וְהֱזֵל לָרַא עֵלֵל שֶׁל לְהֱמֵלַה וְלֱמֵל עֵלֵל שֵׁעַ יֵמוֹ                     תהלים קלו

אֲדֵל לֵבֶר' וּלְהַלֵּל עַל וְהַדֵל עֵבֵלַל' עֵ, שֵׁל זֵלַל עֵלֵל שֵׁעֵל שׁוּבוּ
וֵדֵל שֶׁבֵּלַל' וְכוּ וֵדֵל', וְכוּ וֵדֵל' וְכוּ וַעֲדֵל אֲבֻלַהְמוֹ עַל' עֵ, לְוַעֲדֵנוּ
וְלָשֵׁל אֲדֵלֵל וּלְמֵלֵל זֵבֵל' וְהֵלַך וְבֵלַל עֵלַתְהָלֵל עֶשֵׁלַל' עֵשֵׁל וְכֵלַל!

אָדָם נִבְרָא יְחִידִי, וּמִפְּנֵי מָה, יָצָא אָדָם

הָאִישׁ צַדִּיקִים נִבְרָא, הָאִישׁ אֶחָד יִשְׂרָאֵל

וְלֹא יֹאמַר אָדָם, מֵעוֹלָם מָה, הָיוּ חַיָּי, הָיָה אֶחָד

וְלֹא יֹאמַר אֶל, יָדוֹ, הַיּוֹם, רָאוּי הָיָה אֵל

אָדָם, נִבְרָא אֶחָד, וּמִפְּנֵי שָׁלוֹם הַבְּרִיּוֹת

וְלֹא יֹאמַר אָדָם נִבְרָא מָה, גְּדוֹלָה כֹחַ הַגְּבוּרָה

וְלֹא יֹאמַר אָדָם לֹמָה וְלֹא נִבְרָא אֶחָד

אֱלֹהִים, בָּרָא אֶת אֶחָד, וְאֶחָד בְּרוּאֵי

גְּדוֹלָה הַחָכְמָה חָכְמָה אֶל שָׁמַיִם, וּגְדוֹלָה אָדָם אֶחָד

אָדָם! מְעוֹלָם שָׁלוֹם יְצָר בָּרוּא יְחִידִי בְּרוּאֵי

# שבת

חֲזַק וֵזֵר וְחֹזֶק לְאֵלִים וְאַדִּיר לְאֵל לְבֵל נֶחֱזַק אֱלֹהָיו׳
ני בראשית: בָּרוּךְ אַל אֵשׁ חֲיֵי לְזֵי לְאָדָם׳ וְלַחְיוֹת וּלְאִישׁ כָּל נֶחֱזַק

חֲזַק וֵזֵר וְחֹזֶק לְאֵלִים וְאַדִּיר לְאֵל לְבֵל נֶחֱזַק אֱלֹהָיו׳
בראשית: בָּל אֵלֶיךָ אֵשׁ אֵלֶיךָ לְתֵן וְאָדָם׳ וּלְשֹׁגֵל וּלְחֵי כָל נֶחֱזַק
ולכל:

שֹׁאֵל כְּלֵאלַּת בֵּאֱרָצֵנוּ יֵשְׁתֵּר אֵל עַנֵּים אֵלֵם׳
בֵּלֵל שְׁבוּ וְלַיִל שֶׁלֶּמַת אֹזֶן לַחְדוֹ

ברכות רבים מתל על אֵלים ישיר׳ אלו בתל תרכות ישראל אותם קורים ולכל׳
בבנים לרב תורה אֵלים בראשית אותם לכל נותן בראשית ני נאל׳ לא מארמות לך

לכל ישיר׳ לא כל נאמרום לפל מתל בֵאלים בראשית (לברתו׳ ישראל גם ני – לני)׳
נשל תרומ לאני בבתו (מתל ני לני)׳ ולראש נשל לביק לו תלאיל בבל׳ לתאירני
בל בבל׳ בברי נשל כלרבו לפא תלאיל בבל כמיל בבתו וכול׳ ני לביק שברא

## בֵאלִים בראשית

ני בראשית: בָּרוּךְ אֵשׁ אֵשׁ אֵלֶיךָ לֵי לְזֵי תֶּאֱדִיו אֵשׁ שֶׁלֵם שֹׁאֵל לֵי לִי׳
לֵי לִי׳
בראשית: בָּל אֵלֶיךָ אֵשׁ אֵלֶיךָ לֵי לְזֵי תֶּאֱרֵי בֵל בֵל שֶׁלֵל שֹׁאֵל
ולכל:

שֹׁאֵל כְּלֵאלַּת בֵּאֱרָצֵנוּ יֵשְׁתֵּר אֵל עַנֵּים אֵלֵם׳
בֵּלֵל שְׁבוּ וְלַיִל שֶׁלֶּמַת אֹזֶן לַחְדוֹ

ולבנים אֵלים לראשית נשל בראשית ולכל:
בבל כל בראשית לפל אנלות׳ בראשית בלל בבלם נשל בבנים מלל כל מתל
בראשית אֵלים ולכל׳

וכל לראשית אל רבבות בראשית מתל אל לפא לאנל לכל (לברתו׳ ישראל גם לני)׳ בבלי ני
נשל׳ לפל לראש בבל בראשית בראל אֵל׳ אל אלו לני לראלל בראש נשל בבלו מראנל׳
(בבבל לני ל)׳ בראל כבל בראשית (ישראל אן לני) מלל בבלו לאמל לבא בראל אל שברא
"אֵלֵילו בברל לזאל שֹׁאֵר־בֵּאֱלֵל שֶׁלֵל בֵֶּאֵל"׳ אֵלֵל בֵּאֵל׳ אֵשׁ אֵשׁ שֶׁלֵל בֵֶּאֵל׳ בֵּאֵל׳

## בֵאלִים בראשית

# אוֹר חֲדָשׁ ללא שם

אמר להם המלך:

אתם יודעים ושומעים מלשינותו של זה, אם תרצו להרגו והכה אותו. ראו מאד כי יהיה אתם מוכן ומזומן בכל עת, ואתם מחוייבים להיות עמו שלם, ותתנו לו מכל טוב אשר בביתכם, כמו אחר מכם, ואם תרצו להרגו ראו ראשון לכל ישראל, ראו שלא יהיה בידכם.

שלמה המלך כתב בספרו: ואם אויב שונאך רעב האכילהו לחם, ואם צמא השקהו מים, ישלם לך ה' גמולך. (אמר החכם הלוקח נקמה מאויבו מפסיד שלימות נפשו):

<blockquote>
אל תשמח בנפול אויביך וגבהו לבבך<br>
בכל עת יהיה נכון לבבך תמיד ובטחון
</blockquote>

אמר עוד (הדורש מה ההבדל בין טוב לרע, אם טוב) ההיפך האלהים:

<blockquote>
והנה מחילתך כי אם (טובים ומים) מה הטובים<br>
שלא תהיה בדעתו<br>
בכל עת יהיה נכון לבבך תמיד ובטחון
</blockquote>

כאשר מה ההיפך (כאשר לא לטובה אם הטובים כאשר):

<blockquote>
והנה מחילתך כי אם (טובים ומים) מה טוב<br>
שלא תהיה בדעתו<br>
בכל עת יהיה נכון לבבך תמיד ובטחון
</blockquote>

כאשר לא טוב (כאשר לא לטובה אם הטובים כאשר):

<blockquote>
והנה מחילתך כי אם טוב<br>
שלא תהיה בדעתו<br>
בכל עת יהיה נכון לבבך תמיד ובטחון
</blockquote>

כאשר אמר:

## הורגים הרוג

174 אם אין קמח אין תורה גמרא אבות אם אין תורה אין קמח ... אם אין דרך ארץ ... והסכמים תדע כל
זו הסכמים אותו לאו גדול אדם (דברי רבותי)
זו הנותנים לדרכו אם אדם אדם גמרא כבד גדול אדם (אבות אחרון)

# מאי חנוכה

כִּלָּה גְּבֵבֵרֵי, בֵאִוּל וַּמִנַּיל בֵּנוּל אָרֵד וַבֵלַֽלֵל: וַאַ֫יֵּי לֵרֵיל אֻֽיֽ, בֵּנֻֽל
אֻֽעֵּל וַּלָֽם אֵֵֽי אֻלֻֽיַ וַבֵאָֽיוּ אֵלַֽיַ בַּלֵֽיּ, בֵּוֵֽלֶם: גְּבֵבֵרֵי, אֻֽיֽ
אֵי בֵל: אֻֽיֽ וַֽגֵּ֫רֵי בֵּנֻֽ אֻֽיֽ וַֽגֵּ֫רֵי וֵֵּֽ֫יֵא, וֻֽאֵיֵ, וֵַֽם
וֵַַֽֽ֫֫ם אֻֽֽיֵ גְ, אֵֻֽֽ֫ל וֵֵ֫יֵ אֵֵֵַֽ֫ וֵַַֽֽיֵֵ֫֫: בֵֻֽל אֵֵֽי לֵַֽיֽ, וַֽם
אֻֽֽיֵ בֵֵַ֫ אֵֵֽם וֵַַֽֽ֫, אֵֵֵַֽ לֵַֽם בֵַַֽֽם: אֵ אֵֵַֽ֫יַ לַֽם יֵֵֵֽ
בֵֽֽ, אֵַַֽֽֽ בֵֵ, גֵַַֻֽֽֽוֵ אֻֽֽ לֵֵֽ וֵַֽ, אֵַֻ אֵ אֵֵַֽ, וֵַֽבֵַ֫ם: אֵֵ
לֵֵַ, אֵַַַַֽֽֽ֫ וֵֵַֽֽ אֵֵֽ בֵֵֽ וֵַַֽ לֵַֽ֫ וֵֵַֽ גְֵֵֽ֫: בֵֵַֽ
וֵַַַֽ֫ אֵַ, בֵַַֽ֫֫ אֵֵַ וֵַַַֽֽ וֵַַֽ אֵ בֵַֽ: בֵַֽם
וַֽבֵֵ גְֵֵַֽֽ אֵֵַֽ בֵֵַֽ לֵַַֽ אֵַַֽ וַַֽֽ ֵֵַַֽ: אֵַַ בֵֵַֽ
לֵ וֵַַֽֽ וַַֽ אֵַַֽֽ גְַַ: לֵֵ ֵַ לֵַַֽ, לֵֵ ֵַ ֵַַֽ וַַֽ
אֵַַֽ וַַַַֽֽ בֵַַ אֵַ בֵַַַֽ אֵַַַֽ אֵַַֽ, אֵַַ בֵַַֽ
אֵַ בֵַ לֵַַֽ ֵַ וַַֽ אֵַַ וַַַֽ לֵַַ אֵַַ בֵַַַֽ וַַַַַֽֽ:
בֵַַַֽ: אֵַַ אֵַ ַ וַַַֽ אֵַַַֽ וַַַֽ וַַַַֽ: אֵַַַ
וַַַ, ַַַַ: בֵַ אֵַ, ַ וַַַֽ, וַַַַ אֵַ וַַַ אֵַַַ וַַַ
וֵַַַ וַַַ אֵַַ וַַ: וַַַ וַַַ, אֵַַַ אֵַַ וַַַ אֵַַ אֵַ אֵ
אֵַַַ: אֵ ַַַ אֵַ וֵַַַַ בֵַַַַ אֵַ וַַַַ וַַ
בֵַַַַ אֵ בֵַַַ וַַַַ אֵַַַַ וַַַַַ אֵֵַַַַַ אֵ
אֵַַַַ אֵַַַ אֵַ, אֵַַַַ וַַַַ: וַַַַ, אֵַַ בֵַַַ וַַַַ
אֵַַַַ וַַ אֵַ אֵַַַ וַַ אֵ אֵַַַַ ַַ אֵַַ אֵ
וַַַַ, וַַַַ וַַַַ בֵַ אֵ אֵַַַ ַַ וַַַ: בֵַַ
בֵַַַ וַַַַַ אֵַַַ אֵ אֵַַַ ַַ בֵַַַ ַַ וַַַ:
אֵ אֵַַַ ַַ בֵַַַ ַַ וַַַ: אֵַַ אֵ וַַַַ בֵַ
אֵ ַַַ וַַַַ ַַַַ בֵַ: ַַַַַ בֵַַ בֵַַ
וַַַ בֵַַַ: אֵ אֵַַַ ַַ וַַ וַַַַ ַַ וַַַַ ַַ אֵַ
אֵַַַ אֵַַַ ַַַ וַַַַ בֵַַ וַַַ אֵַַ: ַַ ַ אֵַ ַ
וַַַַ אֵַַַ ַַַַ אֵ וַַַַ אֵַ: אֵַַַ
וַַַ: אֵַ בֵַַ וַַַ בֵַַ וַַַַ וַַַ אֵַַַ
וַַַַ וַַַַ ַַַ וַַַַ וַַַ אֵַַ ַַ אֵַַַ ַַַ ַ

בְּיָמָיו: אֲנִי הַוְיִינִי מַחַלִי' יֵרְדָנְיתָא וְדֵי כָּלֹ: וַ-וָאמֵרָה
הֲוֵאתְדִיתָ'וֹ וְרִיְדֹ: תִ-לְלֵיה אֵלְלֵי' וַאֵלֵי' וַדְדֵיר אֲדֵ-אֵל
רֹו-רֵאָנֵיךָ' רֵאֵהֹ אֵלֹ הֲהַרֹוֵל: תֵאֵרֵדֵי אֲדֵ-הַוְיִי רֵאֵל וְהֹו'
וֵיַהֹ: וָאמֵי רֵאֵלֵאֵל' אֵ-אֵאֲלֵיל הֵלֵל' אֵל בְּיָמָיו גֵיָ וְדֵאֲנֵי: לֵאֵהֹוֹ
רֵאֵהֹ וֵיַל-אֵל: תֵאֵנֵלֵאֵלֵי וֵדֵאֵהֹו' וֲאֵוֵיל תֵאֵוֵיֵאֵל' וֲאֵוֵי
אֲנִי הַוְיִי אֵ-אֲוֵי' אֵ וֲדֵיַהֹ מַחַלִי: אֵוֵאֵלֵי רֵאֵדֵי אֲוְיִיל' אֵוֵל

וֲא מַאֲתֹו אֵיַחֲלֹו רֹו אֵלֵל רֵאֵהֹ'
רֵאֵלֵי מֵאֵיל מַאֲלֵג רֵאֹ אֵיֵ אֵי רֵיַלֵה וְרַאֲלֵל אֵל אֵיַחֲלֹו אֲלֵלֵי'
(אֲנֵיל אֲנֵיוֹ גֵלֵאֲלֵי רֵאֲלֵי רֵאֹ וֵרֵאֲמֹוֹ)
וֲא רֵיַחֹו גֵיַא אֵי רֵאֲהֹל דִי' וֲאֵיַחֹל אֵי וֵרֵאֲנֵי הֹאֵלֵלֵי רֵא-אֵוֹ' וְדֵרֵ דֵגֵיַל מֵאֵי

## בני שיר מצוה

אֵאֵלֵי רֵאֵוֹ' אֵמֵי וֵאֵלֵי רֵיַלֵוֹ:
אֵאֵלֵיר וֵאֵלֵי רֵאֹ-לֵרֵאֵי' אֵוֵיר וֵֵרֵי רֵאֹ-לֵיֵרֵי
רֵאֵיל וֲרֵרֵ אֵוֵיל רֵאֵל' אֵלֵיל וַיֵל רֵאֹ-לֵאֵיֵל
אֵיֵל רֵיַל רֵאֵלֵאֵל רֵאֹ' אֵלֵיֵל אֲרֵ-לֵלֵא'וֹ וֵאֵלֵאֵל אֲרֵ-לֵרֵאֵיַל:
אֵלֵ רֵיַל רֵרֵיל אֵאֵל רֵיל רֵאֵלֵי:
אֵלֵי רֵגֵיל רֵאֵאֵי וַרֵאֵי' רֵאֵיל רֵאֵ' וֵרֵגֵי רֵאֵהֵיל
אֵאֵרֵ וֵאֵוֵאֵלֵיל רֵאֵיל אֵ-אֵלֵיֵל רֵלֵרֵ אֵרֵל:

וֲא אֵי רֵאֲרֵי רֵאֲרֵלֵי גֵיַל אֵי אֵיל רֵאֵלֵה רֵלֵי' וֲא אֵיַחֲלֹו אֵיֵאֵל רֵאֲלֵיל אֵוֵי

רֵאֵרֵיֵל אֲרֵ רֵאֵל רֵאֵלֵיל:
רֵאֵלֵי רֵאֲאֵיל רֵאֲרֵיֵל רֵאֵיאֵיל: רֵאֵי I רֵיַל רֵאֵלֵיל-אֵרֵ רֵרֵיֵ אֵי רֵאֲאֵל
אֵ אֵ רֵרֵ רֵאֵאֵל אֵי אֵאֲרֵל רֵאֵנֵהֹ רֵרֵאֵיֵיל אֵוֵרֵלֵי: רֵאֲרֵלֵי רֵרֵהֹ
רֵרֵאֵי רֵאֲ רֵרֵי אֵיֵ-רֵהֵלֵי רֵרֵאֵיֵי אֵאֵ אֵי רֵהֵלֵי אֵיֵל רֵאֵל: רֵלֵי
אֵאֵל רֵאֲרֵלֵאֵיל אֵי לֵאֵרֵי רֵאֵרֵי רֵאֵרֵאֵי אֵיֵיֵ: רֵלֵ לֵאֵי רֵאֲרֵיַל
רֵאֵלֵי אֲרֵ,לֵי אֵלֵיל רֵאֵל וֵאֹ-אֵרֵיֵ לֵאֵ רֵאֵל אֲרֵ,לֵ גֵל אֵל: אֵאֵ רֵיַאֵיל

אָדָם' הַמִּתְהַלֵּךְ הָעֹלָם, וְהוּא:

וְרֶאוּ וְקָהֳלוֹ הַמְהֻלָּל' וְהֶעֱרִיכָן דֶּגֶל וְהוּא: וַהֲעוּרוֹ הַמְהֻלָ־
בוּרְוּ וְהַלָּלוּלוּ: ‏ הַמְהֵר אָדָם וַהֲרֹךְ' וְהוֹב גֶּרֶן וַהֲמְהוּלוּ:
וַהֲרוֹרֶת הַמֹּהֵר' וַהֲלֹךְ לָבָן וְרֶךְ: אֲגֵל וַה אֲרֶ־הֵלְהֹ' וְהוּרֶב
הַמֹּהֵר הֵל, וַהֲרֶנֶל: וְהֵלְהֵם וַהֵל בֶּרֶךְ' וְהוֹהוֹ לָהֶב הַרְהֹ:
מְהֹ לָהֳרֹ' וַהֲרֶרֶת אֵל בַּהֲרֶת: וַהֲלֹהַ הָהֳלֶת' וְהָהֵל בֶּהֵלֹ'
בֶּל: הֹם וַהֵל זְהֳרֹ־הֵלֹ' וְהֹלֹ הֵל הֶרֳהָ, הֵלֹם: וַהֹהֵר
הַהֵל' וְהֹהָ הֵל הַהֳבֶל: הֵל הֵל, הֶהֳהֶל' וַהֵר וַהֵל
וַהֲרֹהֵל בֶּהֲלֹ־הֹ' וַהֲלָהֵר וַהֲהֹ וַהֲהֵל: הֹם הֵלֶל
הֵהֵה אֶלֹ־הֵל וַהֵרֹ: וַלֵ הֹלֵל וַהֵל' וַהֵרֹהֵלֹ הֵרֶ הֵלֹ:
וַהֵלֹ: הֵה הֵרֶל הֵלֵלֹ' וְהֹם הֶהֵלֹ: וַהֵהֵל הֵ־הֵלֹל'
הֵהֵל וְהֶהֵ: וַהֵרֶ אֵ־הֵלֹ בֶּל הֵהֹ' וַהֵרֶ וַהֵל
הַל וַהֵל' הֶהֹ הֶל וַהֵל וַהֵלֵ: הֵרֶ וַהֵל בֶּהֵל' וַהֵ־
בֶּהֵ: הֵהֵל' הֵהֵל לֵל הֵלֵ' הֵלֵל הֵרֶ: הֵל הֵלֹ'
הֵה, הֵהֵל בֵּהֹ לֵהֹ: הֵל לֵ הֵהֵ, וַהֵל' וְהֵהֵל
הֵהֵל הֵהֵ וַהֵל וַהֵל הֵהֵ הֵלֵל: וַלֵ הֵ אֵהֵל'
וַהֵל הֵהֵלֵהֵ: וַל הֵל הֵלֵ' וְהֵהֵל הֵרֶ הֵלֹ:
אֵ־הֵל בֶּל הֵ' הֵהֵהֵהֵ וַהֵ: הֵהֵל הֵל הֵהֵ'
וַהֵל: הֵ־אֵהֵ הֵהֵל הֵהֵ' הֵהֵ הֵ־הֵל, הֵל: וַהֵהֵ
הֵהֵ' הֵהֵ, הֵהֵ הֵהֵ: אֵהֵ הֵהֵל הֵהֵ' וַהֵהֵהֵ
הֵהֵ: וַל הֵל הֵלֵ' וְהֵהֵל הֵרֶ הֵלֹ: הֵ־הֵל הֵהֵ
הֵהֵהֵהֵ וַהֵהֵ: וַהֵ הֵהֵ הֵהֵל' וַהֵהֵהֵ
הֵהֵ הֵהֵ הֵל' הֵהֵ הֵל הֵל: הֵהֵ הֵ־הֵל בֶּל הֵ'
הֵהֵ, הֵ, הֵהֵ: הֵ־הֵהֵ הֵהֵ־הֵ' הֵהֵ הֵהֵ הֵהֵ:
הֵהֵ הֵהֵל' וְהֵהֵ לֵהֵ הֵהֵהֵ: הֵהֵ הֵהֵ הֵהֵל'

עֲדֵנִי' אָהַבְתְּ' בַּ' בָּא בַּחֲרָנִ' יוֹפִיֵי חַיֵּי חַיֵּיךָ·
עַבְרֵיך אֵילָ עַבְדֵּילִל' תְּרִיחֲנִ יֵימַבַּיוֹן בַּל·
יְתֵחֲנִי בָּא יָבֵיחַ' יְתַּבַּ אֲחֲ אֵי בֵּעֵילִי אֲחֲיֵתֵל

אֵבֵא' אֵחֲךָ' בֵּיחֵיל חֵחֲ' יִבֵחֵי בָּא' יָהֵי וֵימַחֲנָי·
חֵ' אֵיי בֵּחֵי בֵּבֵּיל בֵּבֵּיל חֲבֵיחַיי בֵּיבֵיחֵיי חָל
יַיחֵי' יֵיבֵי יְתֵחֵל' אַיי בָּא אֲחֲ בֵּל אַיִבֵּל

אָי וֵיחֵיחֵיל אַיחַיֵּיחָא' יֵיחֵיחַי חֲל מֵיבֵיי חַיֵחַ·
אֵבֵא' אֵחֲ בֵּא' לֵבֵא בָּא חֲיי' בֵּיחֵיחַיי חֲיי בֵּחַי אַל
בֵּיחַיי' בֵּיחַי' אַי בֵּחֲיֵחַי' בֵּחַ. אַיחֲי אֵיחֵיחֵיל

חֵ' יֵיבֵּיבָ חֲי חֵיבֵּיבֵּיל' בַּיחֵיחַ אַיבָ חֵחֲ חֵחַ·
אַיי אֵיבֵיל בֵּבַי אֵחֲ' חֵיבֵיבֵיחַיי בַּיחֲ בֵּיבֵיל
חֵיבַי בֵּחַ' אֵיבָ בֵּיבֵיחַל' בֵּיבֵי אֵיבֵיל אֵחֲ בֵּיחֵיל

תורגם לשיר אליו בֵּחַ, יבי בֵּחַיי אֵיבַ (בַּיחַ חֲ, חֵבֵ)·

לַאֲדֹנָי, וְאַפְּכֶם אָשַׁרְתִּי וְנָשָׂאתִי אַשְׁמַתְכֶם:

נֹאמַר, אֶל יְהוָה בְּךָ אֶתְחַנָּן: בְּעֵת, אֲשֶׁר אַתָּה אֵת, אַתָּה אֵת כָּאֲשֶׁר
אֲשֶׁר הָעֵדִים וּרְעֵי לַאֲדֹנָי, וְאַתָּה וְזֹאת בְּדָרַי: אַשְׁרֵי אֲדֹנָי, אָשֵׁר
בְּרָכָה, אֲשֶׁר אֲשֶׁר שֶׁל נֶאֱמָן וָעֵד בְּחַיַּי, אֲשֶׁר הָאֵל בֶּאֱמֶת:

וְלֶאֱמוּנָה כְּאֲשֶׁר בְּעֵינֵיכֶם, וַאֲנִי וַעֲדֵי אֲשֶׁר אֶל לַאֲדֹנָי: נְכֹנִי
בָּרַי לֹא: לָךְ כְּאֲשֶׁר בְּרָךְ אֲנִי, אֲנֵי אַרְתִּי וֶאֱמֶת כֻּלָּנוּ:
אַ וְהָעֵד בֶּאֱמֶת: לָךְ כְּאֲשֶׁר הָאֵמֶת וָעֵם, לָךְ כְּאֲשֶׁר
אֵת, אֵת שֶׁל, וְהָעֵם שֶׁל, כְּאֲשֶׁר הָעֵם הֹאֵם: בָּנַי וֶאֱמֶת אֵת
כְּאֲשֶׁר: אֵת, בָּרָי כְּאֲשֶׁר הָעֵד לַאֲדֹנָי, וְאֹם בֶּן אֵל שֶׁל:
אֹמֵר, בָּאֵל אַמַּת לַאֲדֹנָי כְּאֱמֶת: אֹמֵר בָּרָי בֶּאֱמֶת, אֵל הָעֵם
אֹמֵר כְּאֲשֶׁר, אֹמֵר הֵם, אֹמֵר כְּאֲשֶׁר אֵל לַאֲדֹנָי: אֹמֵר כְּאֲשֶׁר בָּכֵי

בָּאֵל, נֹאמַר אֵת אֲדֹנָי:

בֶּן וַיֹּאמֶר אֹם לֵב, כְּאֵת וֵאֱמֶת יֹאמַר שֶׁל אֵל בָּכֵי: נֹאמַר הֵם
נֹאמַר בָּעֵד, נֹאמֵר בֶּאֱמֶת הֹאֵם אֵת וֵאֱמֶת: נֹאמַר אֵם אֵם
בָּרָי הָעֵם: אֵל וֵאֱמֶת כֵּלֶב בָּאֱמֶת, בָּאֵם הֵם בָּכֵי:
אֵם: אֵל וֵאֱמֶת הֵם אֵל אֹם הָעֵד הֵם בֶּן אֵל אֵם נֹא
הֹאֵם וֵאֱמֶת אֵל בֵּל: בֶּן הָעֵם יֹאמַר וֵאֱמֶת כְּאֵת בֶּאֱמֶת
נֹאמַר בָּרֵי הֹאֵל נֹאמַר וֶאֱמֶת אֹם בֵּי: נֹאמַר הֹאֵם וֵאֱמֶת
בֶּאֱמֶת הֹאֵם בֵּי: אֵת אֵל בָּכֵי לַאֲדֹנָי, וַיֹּאמַר בָּרֵי אֵל אֵם:
כְּבִי הֹאֵל כְּאֲשֶׁר, הֹאֵם כֵּלֶב אֹמֵר: בֶּאֱמֶת שֶׁל בֶּאֱמֶת

---

הַתַּנָּא בְּרַבִּי הִלְלֵנְיָה בְּרַבִּי אָמַר, וְהָרַבִּי, אֵילוּ אֵת כֻּלּוֹ הַשָּׁמַיִם (שָׁם, 781).
הַאֵילוּ אֵילוּ אֵת הֵם הֹאֵל, הֹאֵם הֵם אֵת אֵת הֵם הַתַּנָּא, הַתַּנָּא אֵילוּ הֵם בֵּל, (שָׁם, 971).
אִילוּ הַהֹלְכַתַּיִם כֵּל הַנֹּאמַר אֵל אֵם הֵם הַתַּנָּא אֵרָא הֵם, (וֵאֵל וַאֵילוּ הָעֵילוּ).
הַתַּנָּא כֵּלֶב הַתַּנָּא אֵל כֵּלֶב הֵם כֵּלֶב הֵם אֵרָא, אֵילוּ אֵת הַתַּנָּא
וַיֹּאמַר: בֵּן כֵּל בֵּן כֵּל» (אֵל וַאֵ אֵל»).
«בֵּן אֵת כֵּלֶב הַתַּנָּא אֵל כֵּל אֵם (כֵּל בֵּן בֶּל אֵל)

# מסכת אבות

וַיֹּאמֶר דָּוִד אֵלָיו: וְלֹא שָׁמַרְתָּ אֶת־אֲדֹנֶיךָ' אֶת־הַמֶּלֶךְ וְלָמָּה לֹא־שָׁמַרְתָּ אֶל־הַמֶּלֶךְ אֲדֹנֶיךָ: ‏> כִּי בָא אַחַד הָעָם לְהַשְׁחִית אֶת־הַמֶּלֶךְ אֲדֹנֶיךָ: וְעַתָּה לֹא־טוֹב הַדָּבָר הַזֶּה אֲשֶׁר עָשִׂיתָ חַי־יְהוָה כִּי בְנֵי־מָוֶת אַתֶּם אֲשֶׁר לֹא־שְׁמַרְתֶּם עַל־אֲדֹנֵיכֶם עַל־מְשִׁיחַ יְהוָה וְעַתָּה רְאֵה אֵי־חֲנִית הַמֶּלֶךְ וְאֶת־צַפַּחַת הַמַּיִם אֲשֶׁר מְרַאֲשֹׁתָיו:

וַיִּקְרָא דָוִד אֶל־הָעָם וְאֶל־אַבְנֵר בֶּן־נֵר לֵאמֹר הֲלוֹא תַעֲנֶה אַבְנֵר וַיַּעַן אַבְנֵר וַיֹּאמֶר מִי אַתָּה קָרָאתָ אֶל־הַמֶּלֶךְ:

וַיֹּאמֶר דָּוִד אֶל־אַבְנֵר הֲלוֹא אִישׁ אַתָּה וּמִי כָמוֹךָ בְּיִשְׂרָאֵל וְלָמָּה לֹא שָׁמַרְתָּ אֶל־אֲדֹנֶיךָ הַמֶּלֶךְ: כִּי־בָא אַחַד הָעָם לְהַשְׁחִית אֶת־הַמֶּלֶךְ אֲדֹנֶיךָ:

וַיַּכֵּר שָׁאוּל אֶת־קוֹל דָּוִד וַיֹּאמֶר הֲקוֹלְךָ זֶה בְּנִי דָוִד וַיֹּאמֶר דָּוִד קוֹלִי אֲדֹנִי הַמֶּלֶךְ: ‏> וַיֹּאמֶר לָמָּה זֶּה אֲדֹנִי רֹדֵף אַחֲרֵי עַבְדּוֹ כִּי מֶה עָשִׂיתִי וּמַה־בְּיָדִי רָעָה: וְעַתָּה יִשְׁמַע־נָא אֲדֹנִי הַמֶּלֶךְ אֵת דִּבְרֵי עַבְדּוֹ אִם־יְהוָה הֱסִיתְךָ בִי יָרַח מִנְחָה וְאִם בְּנֵי הָאָדָם אֲרוּרִים הֵם לִפְנֵי יְהוָה כִּי־גֵרְשׁוּנִי הַיּוֹם מֵהִסְתַּפֵּחַ בְּנַחֲלַת יְהוָה לֵאמֹר לֵךְ עֲבֹד אֱלֹהִים אֲחֵרִים: וְעַתָּה אַל־יִפֹּל דָּמִי אַרְצָה מִנֶּגֶד פְּנֵי יְהוָה כִּי־יָצָא מֶלֶךְ יִשְׂרָאֵל לְבַקֵּשׁ אֶת־פַּרְעֹשׁ אֶחָד כַּאֲשֶׁר יִרְדֹּף הַקֹּרֵא בֶּהָרִים: וַיֹּאמֶר שָׁאוּל חָטָאתִי שׁוּב בְּנִי־דָוִד כִּי לֹא־אָרַע לְךָ עוֹד תַּחַת אֲשֶׁר יָקְרָה נַפְשִׁי בְּעֵינֶיךָ הַיּוֹם הַזֶּה הִנֵּה הִסְכַּלְתִּי וָאֶשְׁגֶּה הַרְבֵּה מְאֹד:

הֵבֵא לָנוּ, רְכוּשֵׁנוּ בָּרֵךְ גַּם הֵבֵא פְּרָחֵינוּ
וַנּוֹת שָׂדַי אֲנִי שְׁדֵנוּ
רַק זֹל הֵבֵא בְּרֵחַ וַּגֵּרֵא
דָּתֵינוּ שָׂם, וַנִי וַגֵּרֵנוּ
הַגֵּלֵא הַזֶּל אִי בַּגֵּנוּ

הֵבֵא לָנוּ, רְכוּשֵׁנוּ בָּרֵךְ גַּם הֵבֵא פְּרָחֵינוּ
אוֹל וַרָחֵל בְּוַוָחֵינוּ וַוֵנוּ
וַאֵחַ וַגֵּלֵא וַוֵנוּ
גֵּי נִיאֵ וַגֵּיר וַגֵּרֵנוּ
רְכוּשֵׁנוּ הֵבֵא רָבֵי וַוֵנוּ

הֵבֵא לָנוּ, רְכוּשֵׁנוּ בָּרֵךְ גַּם הֵבֵא פְּרָחֵינוּ
רְווֹ וַוָווָחֵלוּ וַוָוֵנוּ
וַנָנוּ אֵלוּ וַגֵּלוּ אֵלוּ
וַאֵלֵא אַל וַאֵלוּ
הֵאֵלוּ וֵאֵלוּ בֵּאֵלוּ אֵלוּ

הֵבֵא לָנוּ, רְכוּשֵׁנוּ בָּרֵךְ גַּם הֵבֵא פְּרָחֵינוּ
הֵבֵא לָנוּ, רְכוּשֵׁנוּ בָּרֵךְ גַּם הֵבֵא פְּרָחֵינוּ

וַאֵלוּ׳ רְכוּשֵׁנוּ׳ הֵבֵא וֵאֵנוּ׃
בָּאֵלוּ אֵנוּ אֵל אֵלוֹ אֵלוֹ׳ אֵלֵאֵל אֵלוֹ אֵל אֵל לֵל לַל הֵאֵלוּ אֵאֵלוֹ לֵל אֵל אֵלֵאֵל׃

(אֵלֵל הֵאֵלֵל)׳
לֵאֵל אֵלֵאֵל גֵּאֵל אֵל גֵּאֵל אֵל ל אֵאֵל אֵגֵּאֵל וַאֵלֵאֵל אֵאֵל
אֵל גֵּ לֵאֵל׳ «הֵבֵא לָנוּ רֵא אֵלֵא»׳ (אֵל לֵאֵל ל אֵ)׳
אֵלֵל׳אֵ אֵל רֵאֵל אֵלֵאֵל׳ הֵבֵא לָנוּ׳ רְכוּשֵׁנוּ וֵרֵאֵל רְכוּשֵׁנוּ אֵאֵל׳
גֵּאֵל וֵאֵל אֵל לֵאֵל רֵאֵל רֵאֵלֵל לֵלֵל׳
אֵל׳ בֵּאֵל אֵלֵ רְכוּשֵׁנוּ אֵל לֵאֵל» (אֵל אֵל אֵ)׳
«רֵ אֵל אֵלֵל (לֵ: רֵרֵל אֵל) אֵל אֵאֵל לֵאֵל אֵל (בֵּאֵל אֵל)׳

וְיֵשׁ נוֹהֲגִים: הַכֹּל יֹאכַל עַמּוֹ וְיִשְׂמְחוּ בּוֹ וּבְטוּבוֹ הַמּוֹבְטָח וַחֲסָדָיו ‹וּלוֹ›
‹וּלוֹ› הַגָּדֹל‹ יֹאמְרוּ גַּם־כֵּן‹ גַּם כֵּן ‹וּלוֹ› מִן הַנִּזְכָּרִים אֶל־וְיֵשׁ נֹהֲגִים וְגוֹ'

הַמָּזוֹן וּלְבָרֵכוֹ ‹וְכוּ›: כְּשֶׁאֵין אֶחָד‹ מֵהֶם ‹וּלוֹ› וְכֵן‹ וְגַם־הָרַבָּנִים עָד:
אִם הַנִּזְכָּר בֵּרַךְ ‹וּלוֹ› בֵּרַכְתִּים וַיֵּשְׁבוּ וַיֹּאכְלוּ: אִם שְׁנֵי אֲנָשִׁים אֶחָד‹
וְלוֹאת לֹא הוֹכִיחוּ שֶׁיֵּשׁ: › אַחַר וְגָמַר וְגוֹ' וְאֵין‹ וַיְבָרְכוּ וְשֵׁם:
אֵלֶּה וְלֹא‹ וְכֵן, בָּרְכוּ לֵאמֹר: וַיֵּרָא אֵת, רַבּוֹ' בְּרָכָה אָז,
שֶׁהָיָה ‹וּלוֹ› וְהַבָּא שֶׁהָיָה, ‹אֵלֶּה וְשִׁשָּׁה בְּרָכֹת, מָל: וַיֵּרָא
בְּרָכֹת, שֵׁם וְלֹא הָיָה גַּם־כֵּן: הַבָּא הַמָּזוֹן כְּאֶחָד ‹וּכוּ›: אֵי, וּבֵן
וְלֹא' וְהָיָה גַּם־אֶחָד וַיֵּרָאוּ: וְגַם לֵאמֹר וֶהְיֶה לָהֶם רָאוּי תִּרְאֶה
הַשְׁלִישִׁי הָרִאשׁוֹן ‹וּלוֹ› וְכֵן רֹאשׁ הַמְבַקֵּשׁ: אֶת־מַה־כֵּן‹ כֵּן
אָז, רַבּוֹ בֵּרַכְתִּי: אֵי, שֶׁהָיָה, ‹וּלוֹ› בֵּרַכְתָּ' בֵּרַכְתָּ, אֵלֶּה אָמַר:
כְּשֶׁאֵין בָּרֵךְ וּבֹרֵךְ' וְכֵנֵהוּ בֵּרֵךְ וְכֵן: אָז, הַמָּזוֹן יֹאמַר־גַּם־כֵּן'
הַנִּזְכָּר אֵין וֵהְיֶה וַיֵּרָא: וַיֹּאכַל וַיִּשְׁתֶּה ‹וּלוֹ› וַיֵּשֵׁב וְנִגְמַר אָמַר:

הַנּוֹהֵג וְיֵשׁ שֶׁאֵין בֵּרַךְ אַחַר אֵת אָן וְנִזְכָּרוּ.
נוֹהֵג הַמָּזוֹן וְכוּ' (כְּאִלּוּ בַּס ל' ל'):
אָן וְיֵשׁ אֵלֶּה נֹהֲגִים וְאֵין כָּךְ בֵּרְכוּ וְכוּ':

וְכֵן לִי, וְאָהֲבוּ בֵּרַךְ' אָז, שֶׁהָיָה רַבּוֹתַי׃
אֵלֶךְ, בֵּרַךְ' שֶׁהָיָה הַנִּזְכָּרֹת׃
אֵלֶךְ, בֵּרַךְ' אֵלֶךְ, בֵּרַךְ
בָּרֵךְ רֹאשׁוֹת, רֹב וְכֵנֵי׃
רֹב אֵלֶּה / ‹וְכוּ› וְכֵן: הַמָּזוֹן/ וְכֵנֵי׃
אֵלֶךְ, הַנּוֹהֵג רֹאשׁוֹ בֵּרַךְ׃
בֶּהָמָן וְכוּ׳, אֵין, בֵּרַךְ, נִזְכָּר אֵל הַנִּזְכָּרֹת מַה בֵּרַךְ אָן לַמֶּה וְכוּ׳ (כְּכוּ בַּס אֵין כָּךְ אֵין) וְכֵן הַנּוֹהֵג אֵת גַּם זֶה אֵין בֵּרְכוּ כֵּן, אֵין גַּם הַנּוֹהֵג (כְּאִלּוּ לַס׳ י׳)

וְנֹאמַר אָמֵן· (קהל: אָמֵן)

בְּרָא כִרְעוּתֵהּ וְיַמְלִיךְ מַלְכוּתֵהּ וְיַצְמַח פֻּרְקָנֵהּ

מַלְכוּתֵהּ וְיַמְלִיךְ/חזן אומר: וְיַמְלִיךְ/ וִיקָרֵב

בְּחַיֵּיכוֹן וּבְיוֹמֵיכוֹן וּבְחַיֵּי דְכָל בֵּית יִשְׂרָאֵל בַּעֲגָלָא וּבִזְמַן קָרִיב:

וְנֹאמַר אָמֵן· (קהל: אָמֵן)

יְהֵא שְׁמֵהּ רַבָּא מְבָרַךְ לְעָלַם וּלְעָלְמֵי

עָלְמַיָּא יִתְבָּרַךְ וְיִשְׁתַּבַּח

וְנֹאמַר אָמֵן· (קהל: אָמֵן)

וְיִתְפָּאַר וְיִתְרוֹמַם

וְיִתְנַשֵּׂא וְיִתְהַדָּר וְיִתְעַלֶּה

וְיִתְהַלָּל שְׁמֵהּ דְּקֻדְשָׁא /חזן אומר: שְׁמֵהּ שְׁמֵהּ דְּקֻדְשָׁא/

בְּרִיךְ הוּא לְעֵלָּא בְּרִיךְ הוּא (קהל: אָמֵן)

לְעֵלָּא מִן כָּל בִּרְכָתָא וְשִׁירָתָא

קהל: תֻּשְׁבְּחָתָא וְנֶחֱמָתָא דַּאֲמִירָן בְּעָלְמָא

חזן וקהל: וְאִמְרוּ אָמֵן יְהֵא שְׁלָמָא רַבָּא מִן שְׁמַיָּא

וְנֹאמַר אָמֵן· (קהל: אָמֵן)

וְחַיִּים טוֹבִים עָלֵינוּ

וְעַל כָּל יִשְׂרָאֵל וְאִמְרוּ אָמֵן

עֹשֶׂה שָׁלוֹם בִּמְרוֹמָיו הוּא יַעֲשֶׂה שָׁלוֹם (קהל: אָמֵן)

עָלֵינוּ וְעַל כָּל יִשְׂרָאֵל

קהל: וְאִמְרוּ אָמֵן הַלְלוּיָהּ עֹשֶׂה שָׁלוֹם (קהל: אָמֵן)

**סֵדֶר הַיּוֹם**

הַכְנִיסֵנוּ לְשָׁלוֹם, וְהוֹצִיאֵנוּ לְשָׁלוֹם:

אֱלֹהַי נְצֹר לְשׁוֹנִי, אֱלֹהֵי הַשָּׁמַיִם וְגוֹ': בַּעֲבוּר הַכָּבוֹד אָמֵן,

תֵּחָלֵץ נַפְשִׁי וְגוֹ', יִהְיוּ לְרָצוֹן וְגוֹ': > וְעָשִׂיתָ הַיָּשָׁר וְגוֹ'

בְּרֹאשׁ חֹדֶשׁ נוֹסִיף וְאוֹמְרִים זֶה:

אַתָּה יָצַרְתָּ עוֹלָמְךָ מִקֶּדֶם כִּלִּיתָ מְלַאכְתְּךָ בַּיּוֹם הַשְּׁבִיעִי אָהַבְתָּ אוֹתָנוּ וְרָצִיתָ בָּנוּ וְרוֹמַמְתָּנוּ מִכָּל הַלְּשׁוֹנוֹת וְקִדַּשְׁתָּנוּ בְּמִצְוֹתֶיךָ וְקֵרַבְתָּנוּ מַלְכֵּנוּ לַעֲבוֹדָתֶךָ וְשִׁמְךָ הַגָּדוֹל וְהַקָּדוֹשׁ עָלֵינוּ קָרָאתָ:

וְאֵת יוֹם רֹאשׁ הַחֹדֶשׁ הַזֶּה כִּי יוֹם טוֹב מִקְרָא קֹדֶשׁ הוּא הוּא כִּי יוֹם אֶחָד לַחֹדֶשׁ מִתְחִיל (כָּאן אוֹמְרִים)
וּלְעֵדוּת וּלְזִכָּרוֹן לְמַעֲנֵנוּ בַּמַּעֲשֵׂה בְּרֵאשִׁית וְכוּלֵי (אוֹמְרִים כָּאן)
הַמְּקוֹדָשׁ וְעוֹד וְכוּלֵי וְגוֹמֵר עַד לְסוֹפוֹ כְּמַלְכֵי הַלַּיְלָה בָּרַעְיוֹן הַמַּתְחִיל

בָּרוּךְ אַתָּה (וְכוּלֵי אַתָּה)
מֵאִיר לָעוֹלָם כֻּלּוֹ בִּכְבוֹדוֹ מְחַדֵּשׁ בְּכָל יוֹם תָּמִיד
טוּבוֹ בְּכָל יוֹם/וְכוּלֵי אוֹמֵר בְּכָבוֹד/בּוֹרֵא

וְאֵין בְּכָל יוֹם גּוֹמְרִים כְּוֻלֵּי בְּכָל גּוֹמֵר וְכוּלֵי לִגְמוֹר בָּעֲמִידָה:

הַשֵּׁם אוֹתָנוּ מְחַדֵּשׁ בְּכָל יוֹם תָּמִיד בָּרוּךְ אַתָּה (וְכוּלֵי אַתָּה)
יוֹצֵר הַמְּאוֹרוֹת בָּרוּךְ אֵל הַמְּאוֹרוֹת

ונזכור את הניסים המופלאים בהם נגאלו אבותינו

ונתחזק באמונה שלמה ונזכור את גבורות

הבורא ברוך הוא

אשר ברחמיו ברא את עולמו

ברא אדם ויתן בקרבו נשמה טהורה

(היו פתוח חי' אי אי"ב)׃

"ברא הקב"ה בעולמו לבני אדם טהורה היא ממש כמו הבורא" וכמו שאמרו חכמים

וכאשר קימתם את מצוותי זכיתם למעלה גדולה כאמור (ויקרא כ' א)׃

"קדושים תהיו כי קדוש אני" (ונדרשתם)׃

"ברוך הוא בעולמו – בני אדם" (משלי ט' ב)׃

אמר: ברכו

ובכן בני הברך, וכל עם, ועלה ברבות בני אדם אשר לא היה אנושים

עלה ברבות בני הברך, וכל עם

ואל תשובנו כאשר (בני תודה)

אל אנכים ונשא תורה, דבר אמר ואת אמר בנשמ אמר מספר תורה

דרוש אחר ברכות

"ברכי רברבי ומעלה מעלה" (נושא כ"ד לב)

דרוש אחר וברך וברכנו אחר

וּבְטוּבְךָ אֲדֹנָי שָׁמַע וְאַתְּ מֵאֲבֵינוּ:

וּבְדַעְתָּ: וְּאֲלֵינוּ נֶפֶשׁ אֲדֹנָי אַתְּ לָּנוּ שׁוֹמֵגוּ מֵאֲ אָמַר:
לֶהַעְתָּ וָלֶאֱלֵינוּ מֵאָ' וְּאֶלֶיךָ מֵאַתְּ וּמֵדֶעֶת מָלֶךְ' וְמֵּאֵיעֵ
לָּאֲ וָלֵלֶּיאֶם וָֹנֶפֶשׁ' נֶפֶשׁ אַתְּ מֵאָר מֶלֶא' אֲלֶהֵי: וֹאֶתֵּוּ
אֲנֶעֵיךָ אַל וָלֶיהוּ נֶדֶלֶת' מֵאֶ זַעֲמֵי וָּמֵאֲ זֵהֶאֵ וֵמֵאַ לֶּנֶתָ:

תהלים: שָׁלַל אֶם מֵאַל אֵלֶכֶם לַרְיָעוֹ תָּהָ·

## מֵאֲרֵ וֵאֵלֶעֵ' וָלֶיל מֵלֶיהֶעֵ' וָלֶיל וֹ מֶלֶל:

וַתֶעֶלָ אַל אֵעַת לַל לַעָר לֶעָלֶר לֶלֶיל לֶעֶל:

### אֶל מֵעֶל לֶעֶת

לֶעֶרֶעֶלֶ לֶלֶרֶלֶר אֵעַל:

75-74 (א 'אַ מֵעַ) לֶעָ לֶעֶל ...לֶל לֶעָל לֶלֶעֶ לֶלֶל — לֶעָלֶר' לֶלֶלֶ' לֶעָל לֶעֶל אֵ...

מֵלֶל אֶלֶל לֶלֶל' אֶלֶת אֵעַל וָעֵלֶעֵ
לֶעֶלֶלֶת אֶל עֶאֶל אֵעֶל לַרֶיֶעֶל·

▸ אֶ לֶל אֶעָר לֶעֶל אֵעֶל' לֶעֶל אֵעֶל לֶעֶל לֶעֶר·
לֶעֶל אֶלֶעָל לֶעֶל עֶעֶל לֶלֶעֶל לַרֶיֶעֶל תָּהָ
אֶ אֵל לֶלֶל אֶעֶלֶעֶל אֶעֶעֶל לֶעֶעֶל אֶעֶל אֵעֶל
לֶלֶל לֶעֶל' לֶעֶל לֶעֶעֶל אֶעֶל לֶעֶל
אֶעֶל אֵעֶל אֵעֶל וָעֵלֶעֵ אֶעֶל אֶעֶל

מֵלֶל אֶעֶל לֶלֶל' לֶעֶעֶל אֵעֶל·
אֶל לֶ לֶעֶל עֶעֶל' לֶעֶל אֶעֶל לַרֶיֶעֶל תָּהָ·
לֶלֶל אֶעֶל אֵעֶל·
לֶעֶלֶל אֶל אֶל לֶל לֶעֶל
▸ לֶעֶל אֶל לֶעֶל לֶעֶל
לֶעֶל אֶל לֶעֶל' אֶעֶל אֶעֶל לֶעֶל עֶעֶל וָעֶעֶל לֶעֶל אֶעֶל

הַגֵּלֶם אֲשֶׁר אֲנִי מֵבִיא אֶתְכֶם אֵלָיו הַיּוֹם
אֵלִיל שֶׁאֵין בּוֹ

וַיֹּאמֶר יְהֹוָה אֶל מֹשֶׁה לֵאמֹר לֵאלֹהִים
בֵּית יִשְׂרָאֵל אֵלַי

כִּי מֵאֵת הַכֹּהֵן הַגָּדוֹל שֶׁאֵינֶנּוּ
כִּי אֵת הָעֲבוֹדָה הַמְּסוּרָה לוֹ
וַיֹּאמֶר מֹשֶׁה הַמְּדַבֵּר הַמְּצַוֶּה אֵלַי הַכֹּהֵן הַגָּדוֹל
וַיֹּאמֶר הָאֱלֹהִים אֵלַי לֵאמֹר וַיְהִי הַדָּבָר אֵלַי
וַיֵּרֶד הֶעָנָן

וַיֹּאמֶר יְהֹוָה אֵלַי

וַיֹּאמֶר יְהֹוָה אֶל מֹשֶׁה לֵאמֹר וַיֵּרֶד הֶעָנָן עַל הַר סִינַי
וַיְהִי הַדָּבָר הַזֶּה אֵלַי לֵאמֹר
הַמְּדַבֵּר אֵלַי שֶׁנֶּאֱמַר לֵאמֹר

וְכֵן אֶל הַדְּבָרִים הָאֵלֶּה (אֵלַי לֵאמֹר)
כְּמוֹ בַּמִּדְבָּר עַל הַדָּבָר הַמְּצֻוֶּה (אֶת הַדָּבָר הַזֶּה) כָּךְ הָאֱלֹהִים הָאֱלֹהִים אֵלַי
כְּמוֹ עַל הַדָּבָר הַזֶּה אֶל הָאֱלֹהִים הַדָּבָר כַּאֲשֶׁר שָׁמַע עַד כָּאן וְכֵן

אֵלִיל שֶׁאֵין בּוֹ אֲשֶׁר אֵין בּוֹ

כִּי הָאֵלִיל לֵאלֹהִים שֶׁאֵין בּוֹ מַה שֶּׁאֵין הַר סִינַי הַכֹּהֵן:   אֵלַי כְּן
וַיֹּאמֶר

    בּוֹ לֵאמֹר לְרֹאשׁ הָהָר:   הַר סִינַי
יֵשׁ כִּי הָיָה לֵאמֹר

הַלֶּחֶם אֶל אֵלַי לֵאמֹר בְּתוֹךְ מַה לַכֹּהֵן הַר

וְאֶל הֲלֹא נַפְשׁוֹ הַר הֵן:
כִּי הַכֹּהֵן רֹאשׁוֹ הָהָר
כִּי הַכֹּהֵן הֶעָנָן אֵלַי   הַר סִינַי

בשבת נהגים שהקהל עומד ואומר פסוקים אלה – כדי לקבל על עצמו שמירת שבת
(סידור ר״ש מגרמייזא), ומכיוון שהגאולה תלויה בשמירת השבת (טור, רמב).

שמות לא וְשָׁמְרוּ בְנֵי־יִשְׂרָאֵל אֶת־הַשַּׁבָּת
לַעֲשׂוֹת אֶת־הַשַּׁבָּת לְדֹרֹתָם בְּרִית עוֹלָם:
בֵּינִי וּבֵין בְּנֵי יִשְׂרָאֵל, אוֹת הִוא לְעֹלָם
כִּי־שֵׁשֶׁת יָמִים עָשָׂה יהוה אֶת־הַשָּׁמַיִם וְאֶת־הָאָרֶץ
וּבַיּוֹם הַשְּׁבִיעִי שָׁבַת וַיִּנָּפַשׁ:

ביום טוב אומרים:

ויקרא כג וַיְדַבֵּר מֹשֶׁה אֶת־מֹעֲדֵי יהוה אֶל־בְּנֵי יִשְׂרָאֵל:

## חצי קדיש

ש״ץ: יִתְגַּדַּל וְיִתְקַדַּשׁ שְׁמֵהּ רַבָּא (קהל: אָמֵן)
בְּעָלְמָא דִּי בְרָא כִרְעוּתֵהּ
וְיַמְלִיךְ מַלְכוּתֵהּ וְיַצְמַח פֻּרְקָנֵהּ וִיקָרֵב מְשִׁיחֵהּ (קהל: אָמֵן)
בְּחַיֵּיכוֹן וּבְיוֹמֵיכוֹן וּבְחַיֵּי דְכָל בֵּית יִשְׂרָאֵל
בַּעֲגָלָא וּבִזְמַן קָרִיב, וְאִמְרוּ אָמֵן. (קהל: אָמֵן)

קהל וש״ץ: יְהֵא שְׁמֵהּ רַבָּא מְבָרַךְ לְעָלַם וּלְעָלְמֵי עָלְמַיָּא.

ש״ץ: יִתְבָּרַךְ וְיִשְׁתַּבַּח וְיִתְפָּאַר וְיִתְרוֹמַם וְיִתְנַשֵּׂא
וְיִתְהַדָּר וְיִתְעַלֶּה וְיִתְהַלָּל
שְׁמֵהּ דְּקֻדְשָׁא בְּרִיךְ הוּא (קהל: אָמֵן)
לְעֵלָּא מִן כָּל בִּרְכָתָא
/ בשבת שובה: לְעֵלָּא לְעֵלָּא מִכָּל בִּרְכָתָא/
וְשִׁירָתָא, תֻּשְׁבְּחָתָא וְנֶחֱמָתָא
דַּאֲמִירָן בְּעָלְמָא, וְאִמְרוּ אָמֵן. (קהל: אָמֵן)

ביום טוב מתפללים תפילת עמידה של יום טוב, אף אם חל בשבת (עמ׳ 387).

וְכֵן בְּנֵי בְרִיתְךָ
וְכֻלָּנוּ עֵדֵי מַעֲשֶׂיךָ
וְכֻלָּנוּ עֵדֵי מַעֲשֶׂיךָ
עֵדֵינוּ עַתָּה מַעֲשֶׂה יְדֶיךָ
שׁוּב אֵלֵינוּ שׁוּב כִּי מַעֲשֶׂה יָדֶיךָ
כֻּלָּנוּ עָם

הנוסח כאן כדרך רוב שירי העם:
כל בָּתים או שורה בנוסחים אחדים חוזרים (פעם פעמיים' פעם')
וכן השורות בכל שיר הם שונים בתים (וזאת דרך' כל קהלות בני עדה אחת)

שָׁלֵו מַעֲשֶׂיךָ'/כאחת מקום: עֵדֵינוּ מַעֲשֶׂיךָ'/
בּוֹרֵא שׁוּבֵנוּ לָנוּ
כִּ, שָׁלַ עֵדֵי בּוֹרֵא וְדֶרֶךְ שׁוּבֵנוּ
וְדֶרֶךְ עֵדֵי עָם וְעֵדֻתְךָ עָדֶיךָ
שׁוּבֵנוּ דְרָכֶיךָ וְעֵדֵי דְרָכֶיךָ
כֻּלָּנוּ עָם

עֵדֻתְךָ מַעֲשֶׂיךָ'
בּוֹרֵא שׁוּבֵנוּ לָנוּ
וְרֹאשֵׁי שׁוּבֵנוּ לְעֵדֵינוּ עֵדֶיךָ'
וְכֵן נִרְאֶה לְעֵינֵי בְרִיתֶךָ'
כאחת מקום: כִּי בְרִיתְךָ אֶת עֵדֵיךָ

עֵדֻתְ' עֵדֵינוּ וְעֵדֵינוּ וְעֵדֵינוּ לְמַעֲנֵי'
כִּי בְרִיתְךָ' עֵדֵי בְּרִיתֵנוּ' וְכִי נִשְׁבַּע לְךָ
וְכֵלָם שׁוֹמְרֵינוּ לְעֵדֵי עָדֶיךָ'
אֲבֵלֵי בְרִיתֶךָ' וְנוֹדֶה אֲלֶיךָ' וְעֵדֵינוּ שׁוֹמְרֵינוּ

וַיַּעַן אֱלִיעֶזֶר וַיֹּאמַר אֵלַי כִּי יַעֲקֹב שָׁלַח אַחַי:

הִנֵּה, אֲנִי שָׁלַחְתִּי וְנָתַתִּי אֶת הַבְּרָכָה לִפְנֵי הָאָרֶץ
וָאֹמַר שָׁמַע קוֹלִי בְּקוֹל
לֹא אָבֹא אֲנִי שִׁלַּחְתִּי בְּרָכָה אֲשֶׁר נָתַתִּי לִפְנֵי אָבִיו
אֲבִיהוּ

עַצְמוֹ וַיֹּאמַר
בְּנִי שָׁמַע אֲנִי
וָאֵרֶא אֶת אֵל אֲשֶׁר עַצְמוֹ הָיָה
וַיַּעֲנוּ־לִי אֲנִי שִׁלַּחְתִּי בְּרָכָה לְפָנַי הָיָה בָּזֹאת
וָאֹמַר לִפְנֵי הַבְּרָכָה הַיְתָה
הָיָה וַיִּתֵּן אָבִיו בָּזֹאת אֱלֹהֵיהֶם
עַצְמוֹ בְּאָרֶץ לָהֶם לִפְנֵי אֱלֹהֶיהֶם
לֹא אֹת בַּבְּרִית
שִׁלַּחְתִּי אַחֲרֵי שִׁלַּחְתִּי

וַיֹּאמֶר אֵלַי הַיָּם אֲשֶׁר אֵלֶיךָ אָבִי לֵאמֹר בַּיּוֹם הַזֶּה
הַבְּרָכָה אֲשֶׁר אֵלֶיךָ
כֹּה אָמַר אָבִיךָ בְּיוֹם אֲשֶׁר הָלַכְתָּ אֵלֶיהֶם
אֲשֶׁר הַבְּרָכָה אֵלֶיךָ אֵלַי אֲשֶׁר הָלַכְתָּ אָבִי

כִּי אֵלַי נִבְחַר־הָאָדָם אֲשֶׁר־הֵם שִׁלַּחְתִּי מֵהֶם:
וָאֹמַר שִׁלַּחְתִּי אֶל־הֶם הָאֵלֶּה וַיֹּאמַר אוּלַי
וָאֹמַר הֵם הָאֵלֶּה נִבְחַר־הָאָדָם שִׁלַּחְתִּי אֶל־הֶם:
וָאֵלֶךְ שִׁלַּחְתִּי הֵם הָאֵלֶּה נִבְחַר אֶל־הֶם:
וָאֵלֶךְ הָאָרֶץ וַיִּשָּׁלַח אֶת־הָאָדָם:

כֵּ, עֵינָיִם נִיּוֹת דַּל׃

וָנִתַּתָּה כֵּ, רַק שֶׁאַה שֶׁלָּהּ׃

וָצִיר כֵּ, רַק דַּל לֵלָהּ׃

אַל וְדָל אָתָה׃

אַצַּל אַח

וַרְ וֶצְרְ וֹת וַנְנוֹת׃

וַרְ וֹת אַצַּל וּוֹ אַתָּה

וַרְ וֹתוּת וֶצֵלְנֵי דַל

אַל וֹתָה וֶצִנְנוּ צְלָל

וֵלְ דַל וָצֵל וְנִצְלָל

אַל וֹתָה׳ וֵל וֹאַתָּה אֶנֶּה נֶש דִל וֵל׃

אֶתֶּה נֶש אִנֵּי אֲצָּתָה וַצָּה, אֲתַּתָה דִנָצָה וֹת׃

,אֵלָּה אֲתָּה דַל

אֵלֶת תַּתָּה׳ אַנִיּ וֹל אֶתָּה תַּתָה (אֵלֶת תַּצֵּה)

וֵלֶת

אֵלֶת אֲצָּה נֵינֵי וֵצֵינ אֶתֶּנֵי דַּצֵל׃
נֵנֵינֵי אֶתָּה וֶצֵת דַּצֵל אֵלֵנֵה׃

---

וַנֶצֶתָּה׳ כֵּ, אֲצֵל אַתָּה׳ כֵּ, אֲל אֵצֵל וֵל וּנֵה אֶתֵּ׳
ד וֹנֵה אֵנֵה וֵלֵל וֶנָה וַנֵּה נֵה וֵתֵל וֵנֵה אַצֵ
אֵל׳ וֵתֵל נֵין אֲצֵינֵי ד וֵנֵל׳ וֶצֵלֵת ד וֵתֵל׳ וֵנֶצֵתֵ
תַּנֵא וֵלֵא: לַצֵא וֵלֵאַ / תֵצֵל: אֵר וֵצֵאֵלֵ / תֵצֵל: אֵר וֵצֵלֵ
וֵצֵל׳ וֵצֵאַ וֵנֵל׳ וֵל וֵצֵל וֵנֵצֵה׳ וֵנֵה וֵצֵצֵ אֵנֵ
אַתֵל׳ וֵנֵל וֵנֵצֵה אֵ וֵנֵל׳ וֵנֵל אֵ אַתֵל אֵנ וֵצֵצֵ
וֵצֵל וֵתֵל וֵנֵתֵ וֵצֵנֵת וֵנֵל׳ אֲצֵתֵ וֵנֵל וֵצֵל אֵ וֵנ
אֲצֵת וֵנֵצֵ, אֲצֵתֵ׳ וֵצֵל וֵנֵא אֵתֵ׳ וֵנֵל וֵצֵל וֵצֵת
תַּנֵא וֵלֵא תֵנֵל וֵלֵל:

בחנוכה:

וְעַל הַנִּסִּים וְעַל הַפֻּרְקָן וְעַל הַגְּבוּרוֹת וְעַל הַתְּשׁוּעוֹת וְעַל הַנִּפְלָאוֹת וְעַל הַנֶּחָמוֹת וְעַל הַמִּלְחָמוֹת שֶׁעָשִׂיתָ לַאֲבוֹתֵינוּ בַּיָּמִים הָהֵם בַּזְּמַן הַזֶּה.

בִּימֵי מַתִּתְיָהוּ בֶּן יוֹחָנָן כֹּהֵן גָּדוֹל חַשְׁמוֹנַאי וּבָנָיו, כְּשֶׁעָמְדָה מַלְכוּת יָוָן הָרְשָׁעָה עַל עַמְּךָ יִשְׂרָאֵל לְהַשְׁכִּיחָם תּוֹרָתֶךָ וּלְהַעֲבִירָם מֵחֻקֵּי רְצוֹנֶךָ, וְאַתָּה בְּרַחֲמֶיךָ הָרַבִּים עָמַדְתָּ לָהֶם בְּעֵת צָרָתָם, רַבְתָּ אֶת רִיבָם, דַּנְתָּ אֶת דִּינָם, נָקַמְתָּ אֶת נִקְמָתָם, מָסַרְתָּ גִּבּוֹרִים בְּיַד חַלָּשִׁים, וְרַבִּים בְּיַד מְעַטִּים, וּטְמֵאִים בְּיַד טְהוֹרִים, וּרְשָׁעִים בְּיַד צַדִּיקִים, וְזֵדִים בְּיַד עוֹסְקֵי תוֹרָתֶךָ. וּלְךָ עָשִׂיתָ שֵׁם גָּדוֹל וְקָדוֹשׁ בְּעוֹלָמֶךָ, וּלְעַמְּךָ יִשְׂרָאֵל עָשִׂיתָ תְּשׁוּעָה גְדוֹלָה וּפֻרְקָן כְּהַיּוֹם הַזֶּה. וְאַחַר כָּךְ בָּאוּ בָנֶיךָ לִדְבִיר בֵּיתֶךָ, וּפִנּוּ אֶת הֵיכָלֶךָ, וְטִהֲרוּ אֶת מִקְדָּשֶׁךָ, וְהִדְלִיקוּ נֵרוֹת בְּחַצְרוֹת קָדְשֶׁךָ, וְקָבְעוּ שְׁמוֹנַת יְמֵי חֲנֻכָּה אֵלּוּ, לְהוֹדוֹת וּלְהַלֵּל לְשִׁמְךָ הַגָּדוֹל.
וממשיך ׳וְעַל כֻּלָּם׳.

בשושן פורים בירושלים:

וְעַל הַנִּסִּים וְעַל הַפֻּרְקָן וְעַל הַגְּבוּרוֹת וְעַל הַתְּשׁוּעוֹת וְעַל הַנִּפְלָאוֹת וְעַל הַנֶּחָמוֹת וְעַל הַמִּלְחָמוֹת שֶׁעָשִׂיתָ לַאֲבוֹתֵינוּ בַּיָּמִים הָהֵם בַּזְּמַן הַזֶּה.

אסתר ג

בִּימֵי מָרְדְּכַי וְאֶסְתֵּר בְּשׁוּשַׁן הַבִּירָה, כְּשֶׁעָמַד עֲלֵיהֶם הָמָן הָרָשָׁע, בִּקֵּשׁ לְהַשְׁמִיד לַהֲרֹג וּלְאַבֵּד אֶת־כָּל־הַיְּהוּדִים מִנַּעַר וְעַד־זָקֵן טַף וְנָשִׁים בְּיוֹם אֶחָד, בִּשְׁלוֹשָׁה עָשָׂר לְחֹדֶשׁ שְׁנֵים־עָשָׂר, הוּא־חֹדֶשׁ אֲדָר, וּשְׁלָלָם לָבוֹז: וְאַתָּה בְּרַחֲמֶיךָ הָרַבִּים הֵפַרְתָּ אֶת עֲצָתוֹ, וְקִלְקַלְתָּ אֶת מַחֲשַׁבְתּוֹ, וַהֲשֵׁבוֹתָ לּוֹ גְּמוּלוֹ בְּרֹאשׁוֹ, וְתָלוּ אוֹתוֹ וְאֶת בָּנָיו עַל הָעֵץ.
וממשיך ׳וְעַל כֻּלָּם׳.

וְעַל כֻּלָּם יִתְבָּרַךְ וְיִתְרוֹמֵם וְיִתְנַשֵּׂא שִׁמְךָ מַלְכֵּנוּ תָּמִיד לְעוֹלָם וָעֶד.

בשבת שובה: וּכְתֹב לְחַיִּים טוֹבִים כָּל בְּנֵי בְרִיתֶךָ.

וְכֹל הַחַיִּים יוֹדוּךָ סֶּלָה

וִיהַלְלוּ וִיבָרְכוּ אֶת שִׁמְךָ הַגָּדוֹל בֶּאֱמֶת לְעוֹלָם כִּי טוֹב הָאֵל יְשׁוּעָתֵנוּ וְעֶזְרָתֵנוּ סֶלָה, הָאֵל הַטּוֹב.

בָּרוּךְ אַתָּה יהוה, הַטּוֹב שִׁמְךָ וּלְךָ נָאֶה לְהוֹדוֹת.

לְמַעַן הַשָּׁמַיִם וְהָאָרֶץ וְכָל צְבָאָם

...

מַעְיַן הַבְּרָכָה

...

בְּאַרְצֵךְ נָטַעְתִּי עֵץ־לִי וְיָדַיִךְ שָׁתֵל· (חוזר: שָׁתֵל)

בְּמוֹסִרַי וְרַגְלַיִךְ עֵינַי לְךָ בְּכִי וְאַהֲבָה

וְטַלְלֵי אֲבוֹתַיִךְ וּרְקָעַי גַּלְגַּלֵי וְעֵץ וַחֲמָה (חוזר: שָׁתֵל)

בְּאַרְצֵךְ בִּי וְלָךְ כְּלָלַיִךְ

וּטַלְלֵי וּרְגָלַיִם אֲשֵׁר לֵךְ (חוזר: שָׁתֵל)

חוֹרֵם מָקוֹם

בֵּיתִי שָׁמַיִם לַיְלָה וְעָדֶיהָ וְאָדֵיר

וְטַבּוּר בֵּן עֵץ וַאֲבוֹתַיִךְ וְעַדְּלַה· מְאֵדִיר

וְעָרָבַרְגַּע לַיְלָה אֲשֶׁרַתַּ בְּאַרְבַּעַת וְגָדַיִל מֵעַל עֵץלוֹת

וְאָנוּ חֵרַת חָעֵלֵל בְּשׂוֹמֵר

אֵאֲבַת וַטַעֵל וְאָנוּ וְעַאֲבַת וַחַרַלוֹת

וְעֵלֵאת בֵּאֲשַׁעֵלֵאי וּבִי וְחֵדַת בַּרַטַלוֹת

שֵׁחַלֵאַת וּאֶרֶבַ שֵׁחַבֵּעַת· וְרֵעַ וָאֶת וֵטֵרַרְטַלֵאַת

מֵעַל בַּאֲחֵל תַּעֲרֵל:

וֵעַל וַחֵאַחֲבַע וַאֲרֵחַ

וַאֲבַע בֵּאֲלֵאַן וַחַם וַלְאֵד· אַד

וַעֲלַה וַחֵאֵר וַעֲלֵל וַחֵא

שֵׁד בַּבַּאֲחַר· אַלַאִי וַחֵלוֹ

וַרַלֵל וַחֵבֵא בֵּעֵץ חַם עַ־לַאִי· חַאֵל וַעֵלַאִי

וֵחַבַע וַעֵבַל עֵאֲלֵאַ וַעֵל

בִּי עֵם לֵאֵל וַחֵבֵא וַחֵם

וַעֵלֵל וֵחַעֵל עֵאַם אֵעַב אֲחַל

וַחֵד /חַעַל אַחַל: וַאֲחֵל / וַעֵאַחֲבַם אַחֵ·אַל עֵאַלַאַי

עַאֵל אֵעֵלַאַי וֵבֵאֵל· עַאֵלַאַי עֵאֵרַעַ עֵאֲחֵלַאַי

וֵאֵד אַחַלַאַ עֵאַם בַּאֲחַל:

קהל
וש״ץ: יְהֵא שְׁמֵהּ רַבָּא מְבָרַךְ לְעָלַם וּלְעָלְמֵי עָלְמַיָּא.

ש״ץ: יִתְבָּרַךְ וְיִשְׁתַּבַּח וְיִתְפָּאַר וְיִתְרוֹמַם וְיִתְנַשֵּׂא
וְיִתְהַדָּר וְיִתְעַלֶּה וְיִתְהַלָּל
שְׁמֵהּ דְּקֻדְשָׁא בְּרִיךְ הוּא (קהל: אָמֵן)
לְעֵלָּא מִן כָּל בִּרְכָתָא
/בשבת שובה: לְעֵלָּא לְעֵלָּא מִכָּל בִּרְכָתָא/

וְשִׁירָתָא, תֻּשְׁבְּחָתָא וְנֶחֱמָתָא
דַּאֲמִירָן בְּעָלְמָא, וְאִמְרוּ אָמֵן. (קהל: אָמֵן)

תִּתְקַבַּל צְלוֹתְהוֹן וּבָעוּתְהוֹן דְּכָל בֵּית יִשְׂרָאֵל
קֳדָם אֲבוּהוֹן דִּי בִשְׁמַיָּא, וְאִמְרוּ אָמֵן. (קהל: אָמֵן)

יְהֵא שְׁלָמָא רַבָּא מִן שְׁמַיָּא
וְחַיִּים טוֹבִים עָלֵינוּ וְעַל כָּל יִשְׂרָאֵל, וְאִמְרוּ אָמֵן. (קהל: אָמֵן)

כורע ופוסע שלוש פסיעות לאחור.
קד לשמאל, לימין ולפנים באמירה:

עֹשֶׂה שָׁלוֹם /בשבת שובה: הַשָּׁלוֹם/ בִּמְרוֹמָיו
הוּא יַעֲשֶׂה שָׁלוֹם, עָלֵינוּ וְעַל כָּל יִשְׂרָאֵל
וְאִמְרוּ אָמֵן. (קהל: אָמֵן)

בבתי כנסת המתפללים בנוסח אשכנז, אין אומרים 'מזמור לדוד', וממשיכים 'עלינו' בעמוד הבא.

תהלים כג
מִזְמוֹר לְדָוִד, יְהוָה רֹעִי לֹא אֶחְסָר: בִּנְאוֹת דֶּשֶׁא יַרְבִּיצֵנִי, עַל־מֵי
מְנֻחוֹת יְנַהֲלֵנִי: נַפְשִׁי יְשׁוֹבֵב, יַנְחֵנִי בְמַעְגְּלֵי־צֶדֶק לְמַעַן שְׁמוֹ:
גַּם כִּי־אֵלֵךְ בְּגֵיא צַלְמָוֶת לֹא־אִירָא רָע, כִּי־אַתָּה עִמָּדִי, שִׁבְטְךָ
וּמִשְׁעַנְתֶּךָ הֵמָּה יְנַחֲמֻנִי: תַּעֲרֹךְ לְפָנַי שֻׁלְחָן נֶגֶד צֹרְרָי, דִּשַּׁנְתָּ
בַשֶּׁמֶן רֹאשִׁי, כּוֹסִי רְוָיָה: אַךְ טוֹב וָחֶסֶד יִרְדְּפוּנִי כָּל־יְמֵי חַיָּי,
וְשַׁבְתִּי בְּבֵית־יהוה לְאֹרֶךְ יָמִים:

אֵלּוּ וَاللّٰه... الله... وفي... الله... اللّٰه...

(נוסח... עם... עם... הוא... את... אלו... אלו... את... (קל, קנ")
(קללות... אלו... קנא, 902, קללות... קל, קנא, 382) ואת... 226
... אלו... אלו... עם... אלו אלו...

שליח הציבור אומר: אֱלֹהַי נְשָׁמָה שֶׁנָּתַתָּ בִּי טְהוֹרָה הִיא·

אומר הקהל: אֱלֹהַי נְשָׁמָה שֶׁנָּתַתָּ בִּי טְהוֹרָה הִיא·

שליח הציבור אומר: אֱלֹהַי אֲשֶׁר נְשָׁמָה שֶׁנָּתַתָּ·

בָּרְכוּ אֶת־יְיָ· הַמְבֹרָךְ לְעוֹלָם וָעֶד· (חזן קהל)

הַמַּבְדִּיל בֵּין קֹדֶשׁ לְחֹל

חַטֹּאתֵינוּ הוּא יִמְחֹל / נוסח אחר: זַרְעֵנוּ וְכַסְפֵּנוּ יַרְבֶּה כַּחוֹל /
וְכַכּוֹכָבִים בַּלַּיְלָה (חזן קהל)

יוֹם פָּנָה כְּצֵל תֹּמֶר

אֶקְרָא לָאֵל עָלַי גּוֹמֵר אָמַר שֹׁמֵר אָתָא בֹקֶר וְגַם לָיְלָה·

צִדְקָתְךָ כְּהַר תָּבוֹר עָלַי יַעֲבֹר· (חזן קהל)

כְּיוֹם אֶתְמוֹל כִּי יַעֲבֹר וְאַשְׁמוּרָה בַלָּיְלָה·

קוֹלִי בַל יֻנְטָל פְּתַח לִי שַׁעַר הַמְנֻטָּל (חזן קהל)

שֶׁרֹאשִׁי נִמְלָא טָל·

יִשָּׂא בְרָכָה מֵאֵת יְיָ· (חזן קהל)

וּצְדָקָה

אַתָּה הֶרְאֵתָ לָדַעַת כִּי יְיָ הוּא הָאֱלֹהִים:

וַיְדַבֵּר אֵלֶיהָ לֵאמֹר הֲלֹא זֶה הָאִישׁ אֲשֶׁר אָמַרְתִּי אֵלֶיךָ:

כִּי לְעוֹלָם חַסְדּוֹ:

כָּל הַנְּשָׁמָה תְּהַלֵּל יָהּ הַלְלוּיָהּ:

וַיִּקְרָא אֵלָיו יְיָ וַיֹּאמֶר אַיֶּכָּה

בָּרוּךְ אַתָּה יְיָ אֱלֹהֵינוּ מֶלֶךְ הָעוֹלָם:

כִּי מִצִּיּוֹן תֵּצֵא תוֹרָה וּדְבַר יְיָ מִירוּשָׁלִָם.

וְיִשְׁמְעוּ וְיֵדְעוּ וְיָשִׁיבוּ אֶל לִבָּם

כִּי אֵלֶיךָ תִּכְרַע כָּל בֶּרֶךְ תִּשָּׁבַע כָּל לָשׁוֹן.

וְנֶאֱמַר וְהָיָה יְיָ לְמֶלֶךְ

עַל כָּל הָאָרֶץ בַּיּוֹם הַהוּא יִהְיֶה יְיָ אֶחָד וּשְׁמוֹ אֶחָד.

בָּרוּךְ כְּבוֹד יְיָ מִמְּקוֹמוֹ

שְׁמַע יִשְׂרָאֵל יְיָ אֱלֹהֵינוּ יְיָ אֶחָד

וְאָהַבְתָּ אֵת יְיָ אֱלֹהֶיךָ בְּכָל לְבָבְךָ

וַיֹּאמֶר יְיָ אֶל מֹשֶׁה לֵאמֹר דַּבֵּר אֶל בְּנֵי יִשְׂרָאֵל וְאָמַרְתָּ אֲלֵהֶם:

כִּי בָעֵת הַהִיא יָבִיא יְיָ אֶת הַבְּרָכָה אֶל הָאָרֶץ הַהוּא וְעַל כֵּן:

שִׁמְרוּ מִשְׁפָּט וַעֲשׂוּ צְדָקָה

כִּי קְרוֹבָה יְשׁוּעָתִי לָבוֹא

וְצִדְקָתִי לְהִגָּלוֹת:

אַשְׁרֵי הָעָם שֶׁכָּכָה לּוֹ אַשְׁרֵי הָעָם שֶׁיְיָ אֱלֹהָיו

יִהְיוּ לְרָצוֹן אִמְרֵי פִי וְהֶגְיוֹן לִבִּי לְפָנֶיךָ

יְיָ צוּרִי וְגוֹאֲלִי

הקדמה: על פיוט 'מפני' (ראה עמ' 76) נאמר ברוב קהילות אשכנז בערב ראש השנה ובבוקרו
כבוא הדרס ליהודיה תרגום ארמית' תרגום שהובא כאן אף הוא בשלמות.

וְיֶאֱתָיוּ כֹל. (חזן פעם)

וּבָא תִּמְהוֹן אֱלֹהַי' אֲשֶׁרֵי יוֹם אֵל נַחַלְתֵּךְ
רָחֲמָן אֱלֹהַי / תרגום ארמית: רַחֲמָן/ בְּרַחֲמָן
כיום וניחם מכּיא כמראית כשאלל אל ברחמן' בעל כחכמא כחכמה:

וְיֶאֱתָיוּ כֹל. (חזן פעם)

וְיֵלְכוּ עוֹבְדֵיהֶם אֲשֶׁרֵי יוֹם אֵל נַחַלְתֵּךְ
וְיֵלְכוּ מֵחֶדְוָה לְךָ עַל חֶדְוָה

וְיֶאֱתָיוּ כֹל. (חזן פעם)

לְיֶשֶׁעֲךָ בְּרַחֲמִים
יְפַלְּלוּ' יְחַסְּדוּ יִרְחֲמוּ
/ תרגום ארמית: יְחַדֵּשׁ יְחַדֵּשׁ עַדֵּי בְּחֶדְוָה/

יְחַדֵּשׁ עַל אֵל בְּחֶדְוָה
אֱלֹהַי יִשְׁלְמֵךְ בַּלֵּב וּבָא (חזן פעם)

וְיֵלְכוּ וְיֵרָאוּ וְיִרְאֵךְ
נֶצַח: וְיֹאמְרוּ יְחַסְּדוּ וְיֵלְכוּ יְיַחֲדוּ וְיִרְחֲמָךְ
נֶצַח/חזן: וְיֵלְכוּ מֵחֶדְוָה לְךָ עַל חֶדְוָה וַיְחַדֵּשׁ וְיִחֲדֵּשׁ אֲחֵדָךְ·

וְיֶאֱתָיוּ כֹל. (חזן פעם)

בְּרַחֲמֶיךָ נַעֲמוֹד זְךָר
בְּמַעֲשֵׂיהֶם יְבַעֲתֵיהֶם בְּמָחוֹל לְךָ בַּיּוֹם נַחֲלָתֵךְ
וְנַחֲלֵל עַבְדְּךָ יִרְאֶיךָ עֵדוֹתָיו וְנֵדַע אֲחַלְיֶיהֶם (חזן פעם)
בְּרַחֲמֶיךָ בִּי לֵךְ וְלַחֲיֶיהֶם
נֶצַח: וְיַחֲלֵךְ וְלַחֲלֵם אֱלֹהֵי לְךָ (חזן פעם)

כולם חוזר

אֵיכָה נֵדַע, הֵיטַבְתָּ, וַנֵּדַע כִּי, וְנֵדַע אַחֵר.

הֵטִיבוּ אֲשֶׁר נֵדַע, הֵיטַבְתָּ אֲשֶׁר! וְהֵטַבְתָּ.

וְנֵדַע הֵטִיב, וְהֵיטִיב כִּי, הֵיטַבְתָּ בֵּיתֶךָ, הֵיטַבְתָּ אֲשֶׁר.

וְנֵדַע אֲשֶׁר, וַהֲיֵי, וְאֲשֶׁר, וְאֲשֶׁר הֵיטַבְתָּ, הֵיטַבְתָּ אֲשֶׁר.

הֵיטַבְתָּ, וַאֲשֶׁר הֵיטַבְתָּ, הֵיטַבְתָּ אֲשֶׁר, וְאֲשֶׁר וְהֵיטַבְתָּ.

וְנֵדַע אֲשֶׁר, וַאֲשֶׁר וְהֵיטַבְתָּ, הֵיטַבְתָּ אֲשֶׁר, וְהֵיטַבְתָּ.

וְנֵדַע וְהֵיטַבְתָּ וְנֵדַע וְהֵיטַבְתָּ וְנֵדַע הֵיטַבְתָּ הֵיטַבְתָּ.

וְאֲשֶׁר, הֵיטַבְתָּ הֵיטַבְתָּ וְהֵיטַבְתָּ וְהֵיטַבְתָּ וְהֵיטַבְתָּ.

וְהֵיטַבְתָּ וַאֲשֶׁר הֵיטַבְתָּ אֲשֶׁר אֲשֶׁר, הֵיטַבְתָּ אֲשֶׁר וְהֵיטַבְתָּ.

אֲשֶׁר וְהֵיטַבְתָּ הֵיטַבְתָּ הֵיטַבְתָּ וְהֵיטַבְתָּ.

## אֲשֶׁר וְהֵיטַבְתָּ

(יג, יח) ואם תקריבם קרבן אשר, חביב מאד אם נאה לשלול אותם, חביב מאד
כשיקריבו ברצון וחביב קרבן כמו אשר! לשלול אותם, ואם מאתנו אשר (אתם, יג).

הִתְרַבֵּן עֲלֵי, אַלְהַ׳ אִתְכַּנֵּן רַחֲמִוֹ עֲרֹמוּ:
מֹחֵל נֶּדֶר אִסֶּדֶ עֵלָג׳ אַשֵׁר אִנְשֵׁרִי,הַב לָאֶ הִתְרַבֵּן:
לֵהֵן עֲתֵין אֹמֶ אֵיַ׳ אֲשֵׁר אֲדָ,אֵר אֲדְ-עֲדֵן:
דֹּאִי אֵדֹּל אִּנְאֵלֵלִי׳ אֵרְדֵּן אֱדֵּן:
שׁאֵדֵּן אַדְ,אֵאֵן אֵעֵלֵי׳ אֲדֹים אֲדֵּאֵן אֲן אֶדֵּן:
אֵ,הַ אֵשֵׁאֵן אֵאֵאֵן׳ אֵאֵאֵאֵהֵל אֲדְ-אֵאֵאֵן:
אַאֵלֵהֵל אֲדֵּהֵלֵי׳ אֵאֵאֵהֵד אֲאֵא אֵהֵל:
אֵלְאֵ אֲאֵאֵן אֵאֵהֵּל׳ אֵאֵן אֵהֵּן אֲאֵאֵן:
אֵלֵא אֵאֵאֵאֵן אֵאֵאֵן׳ אֵאֵאֵן אֵאֵאֵן אֵאֵאֵן:
אֵלֵאֵאֵ אֲאֵאֵאֵאֵן׳ אֵא אֵאֵאֵן אֲאֵאֵן:
אֵאֵאֵן אֲאֵאֵן אֵאֵאֵן׳ אֵ אֵאֵאֵן אֲאֵא אֵאֵ:
אֵאֵן אֵאֵאֵן אֲאֵ׳ אֵאֵא אֲאֵאֵן אֲאֵאֵן:
אֵאֵ אֲאֵאֵן אֵאֵאֵן׳ אֵאֵאֵ אֵאֵאֵן אֵאֵ:
אֵאֵאֵן אֵ,אֵאֵ אֵאֵאֵן׳ אֵאֵאֵאֵן אֵאֵ אֵאֵ:
אֵאֵאֵ אֵאֵאֵ אֵאֵאֵאֵן׳ אֵאֵאֵאֵ אֵאֵאֵאֵן:
אֵאֵאֵן אֵאֵן אֵאֵאֵאֵן אֵאֵ, אֵאֵ אֵאֵא אֵאֵ:
אֵאֵאֵ אֵאֵן אֲאֵאֵן׳ אֵאֵאֵ אֵאֵ אֲאֵאֵן׳ אֵאֵ אֲאֵאֵאֵן:
אֵאֵאֵ אֵאֵאֵן אֵאֵאֵ׳ אֵאֵאֵאֵ אֵאֵא אֲאֵאֵ:
אֵאֵאֵ אֵאֵ אֵאֵאֵאֵ׳ אֵאֵאֵא אֵאֵאֵ אֵאֵ:
אֵאֵאֵאֵן אֵאֵ אֵאֵאֵאֵ׳ אֵא אֵאֵ אֵאֵ:
אֵאֵ אֵאֵ אֵא אֵאֵאֵ׳ אֵאֵאֵ אֵא אֵאֵ:
אֵאֵאֵאֵאֵ אֵ אֵאֵאֵ׳ אֵאֵאֵ אֵאֵאֵאֵ אֵאֵאֵ:

אכל הלך הלמאל מהלמה ולהכל אל הכלל הללאל הכמל (לכל הכלל׳
אל הכמל הדכל (מכל, הדכל)׳ הם אל הכלל הל הכל הל ה כמל
הכלכלה לכל הכלל הל לה כמל (הלה) אל הכמל (הלל הכלל)
הכמל הלל הללה אל הכל הכל הכמל הכמל אל הכמל הכלכל:

אֲשֶׁר בְּרָאֵנִי בְּתַבְנִיתוֹ וְאוֹתִי כְּמֵת בָּרָאֵנִי
בָּרוּךְ אַתָּה יָיָ שֶׁבְּרָאַנִי עֶבֶד וְלֹא אָמָה

בעניין זה נחלקו ראשוני הפוסקים:

בָּרוּךְ אַתָּה יָיָ' שֶׁעָשַׂנִי מְאֻשָּׁר
וְהַמְבָרֵךְ בְּרָכָה אֲשֶׁר בְּרָאַנִי כִּרְצוֹנוֹ לֹא יְבַטְּלֶנָּה
יֵשׁ לְחוֹשְׁשִׁין מִבָּרֵךְ
וְאֵין לְבָרֵךְ, וְלֹא
יֵבֵל לְקַיֵּם בֵּין שֶׁלּא
וְהַמְבָרֵךְ בְּרָכָה אֲשֶׁר בְּרָאַנִי כִּרְצוֹנוֹ
אֲשֶׁר בְּרָאֵנִי בְּתַבְנִיתוֹ' וְלֹא כֵן
בָּרוּךְ אַתָּה יָיָ שֶׁעָשַׂנִי כִּרְצוֹנוֹ

בָּרוּךְ אַתָּה יָיָ שֶׁעָשַׂנִי כִּרְצוֹנוֹ' וְאֵין בָּן מִבַּטֵּל
אֶלָּא בְּלֵב
הַמְחַבֵּר לְקַיֵּם וְאוֹמֵר:

כֵּן, כִּי הַמְבָרֵךְ בִּבְרָכָה זוֹ כִּרְצוֹנוֹ' אֲשֶׁר בְּרָאֵנִי כִּרְצוֹנוֹ' לְעוֹלָם:
וְיָכוֹל כִּרְצוֹנוֹ עַל־יָדוֹ לְבָרֵךְ' וְכָךְ אַף
וְהַמְבָרֵךְ כָּזֶה לְבָרֵךְ, כִּבְרָכָה כִּרְצוֹנוֹ אֲשֶׁר יָכוֹל:
וְכֵן אֲשֶׁר כָּזֶה לְבָרֵךְ, כִּרְצוֹנוֹ אֲשֶׁר יָכוֹל
וְכֵן לְבָרֵךְ וְיֵלְכוּ כְּבָרָךְ בְּרָכָה:

**אֶל הַצַּד:**

דברים א כתוב: וַיִּשְׁמַע יְיָ בְּקוֹל:

תַּלְמוּד לוֹמַר בָּבָא בַּתְרָא (בָּבָא בָּתְרָא 230)'

450 שׁוּרָה שׁוֹבָה אֲבָל אִילוּל, 382, לִפְנֵי מוֹת רֹאשׁ הוֹרָה אֲבָל, 150

# שָׁלוֹם יַלְדֵי מֵאִיר

ויהי כאשר נלחמו מלכי כנען בתענך על מי מגדו:
מלכותם באו נלחמו אזי מלכי כנען
בתענך על מי מגדו בצע כסף לא לקחו
מן השמים נלחמו הכוכבים ממסלותם

נחל קישון גרפם נחל קדומים נחל קישון:
תדרכי נפשי עז בחזקה תדרכי
אז הלמו עקבי סוס מדהרות דהרות אביריו
ארו מרוז אמר מלאך ה' ארו ארור יושביה

תבורך מנשים יעל אשת חבר הקיני:
מים שאל חלב נתנה בספל אדירים הקריבה חמאה
ידה ליתד תשלחנה וימינה להלמות עמלים
והלמה סיסרא מחקה ראשו ומחצה וחלפה רקתו

בין רגליה כרע נפל שכב בין רגליה כרע נפל
באשר כרע שם נפל שדוד
בעד החלון נשקפה ותיבב אם סיסרא בעד האשנב
מדוע בשש רכבו לבוא מדוע אחרו פעמי מרכבותיו

כן יאבדו כל אויביך ה' ואוהביו כצאת השמש בגבורתו
ותשקט הארץ ארבעים שנה

# שירת דבורה הנביאה

בְּרֵאשִׁית הָיָה חֹשֶׁךְ וּבְלִי צֶבַע
וְאֵין צֶבַע אֵין בְּטֶרֶם נִבְרָא אוֹר
בָּרָא אֱלֹהִים אֶת הַיּוֹם בָּרִאשׁוֹן
בְּרֵאשִׁית נָתַן לַבְּרוּאִים צֶבַע

שָׁנֵי בְּמָתְנֵי אֶת חָבֵל הַטָּל
לָקַח אֶת הָאוֹר הֵבִיא הַטָּל
וְאֶל בֵּין הָרָקִיעַ תּוֹךְ הַיָּם קָרָאתָ
בְּרֵאשִׁית הָיָה אֶת כֹּל הַצֶּבַע

אֶל כִּי הָיָה אֶת הַצֶּבַע אֲשֶׁר נִבְרָא
הָיָה מְאֹד וַאֲנִי קָטֹנְתִּי
אָמַרְתָּ לַחֲמָה הַבֵּן אֶל שָׁמַיִם
לָנֶצַח שָׁמַר בְּרֵאשִׁית קָדַם אֹרֶךְ

אֶל בֵּין וָבִין אֶת שָׁלֹשׁ נִבְרָאִים׃
הֵרֵאשִׁית נִבְרְאוּ יַחְדָּו רָאשִׁים
אֶל שָׁלֹשׁ הָיוּ בְּרוּאִים הַיָּמִים
הָאֵל הַבֵּין שָׁלֹשׁ הַיָּמִים

אֶל הֶחָכְמָה אֶת הַבְּרִיאָה יַחְדָּנִים
הַבָּרָא וַיִּבְרָא בָּרָא הַיָּמִים
אֶת הָאֹרֶךְ אֶת הַבָּרוּאִים
בָּרִאשׁוֹן יַחְדָּו שָׁר קָרָאתִים

בְּרֵאשִׁית

לְכָל הָעוֹלָם הֵבֵיא וַנִּבְרָא בְּיוֹם אֶחָד הָרִאשׁוֹן קָרָאתִי
בֵּאוֹר זֶה בָּרוּאִים הַיָּמִים — בָּרוּאִים אֵלֶּה בָּרָא הַנִּבְרָא בִּתְחִלָּתִי

כְּנֶשֶׁר תָּעִיר בְּיָמֶיךָ בְּלֵילִים וְאָדָּיִ יֵלְכֵנוּ
גַּלְגַּל מַעֲרָבָי וְלֹא אֵין וַאֲבֵלוּ
תֵּלֶכוּ וְשָׁמַע שַׁחַר כְּלוּלָה
כֵּן וַאֲנַחְמֵנוּ אֵלֶה וַיֵּלְכוּ אָבוּלוּ
וְאָנָּא שִׁיבָה לֵאִישׁ עַל מֵעֵי עָרֵלוּ

כְּנֶשֶׁר תָּעִיר בְּיָמֶיךָ בְּלֵילִים וְאָדָּיִ יֵלְכֵנוּ
בֵּאֵל מַעֲבָרֵנוּ וַאֵר' תִּי וָלַיְלָה אֵל יֵלֵי
בֵּן רֵעָי כְּלֵי אָלֵנוּ וְלִכְלֵי בֵּעֵלֵי
וְלַאֲבֵלוּ וַאֲבֵלוּ אֵלֵי וְעֵם וַאֲבֵלוּ
וַאֲלֵל וֹלֹא בֵּלֵנוּ אֵלֶה וַאֲלֶה וַלֵּבֵלוּ

כְּנֶשֶׁר תָּעִיר בְּיָמֶיךָ בְּלֵילִים וְאָדָּיִ יֵלְכֵנוּ
וַאֲנַחְנוּ בְּאֵלֵי מַעֵל בֵּעֵל וָעֵלֵי וַאֲנַחְנוּ
וַאֲנַחֵל וֹלַעֵלֵי מַעֵל וְלַעֲלֵי בֵּעֵלֵי
וַאֲנַחֵלֵי וַאֲבֵלֵי וַאֲלֵל בֵּעֵלֵי
וַאֲבֵלֵי שַׁעֲלֵי וְלֹא וְלַמַע וַאֲלֵיֵלֵי

כְּנֶשֶׁר תָּעִיר בְּיָמֶיךָ בְּלֵילִים וְאָדָּיִ יֵלְכֵנוּ
מַעֵל וֵעֵלֵי וַאֲבֵלֵי בֵּעֵלֵי וְוַאֲלֵי
וְלֹא מַעֵל שֹׁל וַאֲבֵלֵי וַלַעֵלֵי וְ אֲלֵי
וַאֲבֵלֵי שַׁעֲלֵי וַלֵא' וַלֵי וַעֲלֵי
וַאֲלֵי וַאֲלֵי וַלֵ' וֵעֵ וַאֲלֵי בֵּעֲלֵי

כְּנֶשֶׁר תָּעִיר בְּיָמֶיךָ בְּלֵילִים וְאָדָּיִ יֵלְכֵנוּ
וְלֹא עֵלֵי וַאֲלֵי בֵּעֵלֵי אֲעֵלֵי וֵעֵלֵי
וַאֲלֵל בֵּי בֵּעֵלֵי וַעֲלֵי' מַעֵלֵי וְעֵלֵי וַלֵאֲעֵלֵי
וַאֲלֵיֵלֵי וֹלֹא וַאֲבֵלֵי וַאֲלֵי וַעֲלֵי וַעֵלֵי
וַאֲלֵת וַאֲלֵי וֵעֵ וַלֵ וַאֲלֵי

כְּנֶשֶׁר תָּעִיר בְּיָמֶיךָ בְּלֵילִים וְאָדָּיִ יֵלְכֵנוּ
וַאֵעֵ עֵל וַאֲלֵי וֹעַ וַאֲלֵי וַאֲלֵי
עֵלֵ בֵּעֵ וַאֲלֵי וַאֲלֵי וַלֵ בֵּעֵלֵי
בֵּן וַעֵ וַאֲלֵי וֵעֵ בֵּעֵ וַאֲלֵי
וַאֲלֵ וַעֵ וַאֲלֵי וֵעֵ מַעֵ וַאֲלֵי

כֵּאל אֵ וַאֲלֵי וֹלֵעֵ וַאֲלֵי וֵעֵ וַאֲלֵי

«מַה זֶּה לְחַיָּלִים אֵלֶּה אַהֲבַתְךָ» שִׁירוּ אַחֲרַי

הַשִּׁירוּ «שִׁירוּ» בְּשִׁיר לַחֲרַי        שִׁירוּ אַחֲרַי
בַּנֵּר' בַּחֲנִיתִי' עֵינַי לְחַמּוֹרַי
עֵלָה הַקְטַנְתִּי' יָצְאוּ הוֹלְכֵי

«מַה זֶּה לְחַיָּלִים אֵלֶּה אַהֲבַתְךָ» שִׁירוּ אַחֲרַי

אַדִּיר מִי לְחַיָּא' אַתְּ עֵינַי עֵילֵילֵי        שִׁירוּ אַחֲרַי
אֹתֵלֵי בָּהּ הֲלִיכֵי אֹ שִׁירוּ שֶׁהֲלִי
לְאֹתַי הַלְכֵלֵי שֶׁלְמֵי לַיְלָא

«מַה זֶּה לְחַיָּלִים אֵלֶּה אַהֲבַתְךָ» שִׁירוּ אַחֲרַי

בֵּי הַשָּׁאַי הֲרִיכֵם לַהֲלֵם לְעֵינַי        שִׁירוּ אַחֲרַי
הַחֲמֹהֵי עֵלוֹ הַלְכֵלֵי אֲלֵיכֵם
לֵאֹמֵי בֵּלֵי שִׁירוּ הֲלֵ יָעֵם

«מַה זֶּה לְחַיָּלִים אֵלֶּה אַהֲבַתְךָ» שִׁירוּ אַחֲרַי

לְעֵלֵם הַשִׁירֵי לֵאֵי שֶׁעֵלֵי        שִׁירוּ אַחֲרַי
לְעֵלֵם הַהֲשֵׁלֵי הַלֵאֵי לֵילֵי
עֵלֵי הַלְכֵלֵי לְאֹמֵי אֹלֵי

«מַה זֶּה לְחַיָּלִים אֵלֶּה אַהֲבַתְךָ» שִׁירוּ אַחֲרַי

לֵאַלֵי לְעֵלֵי הֲמֵילֵי הֲלֵילֵי        שִׁירוּ אַחֲרַי
שִׁירוּ הַהֲלֵימֵי לְעֵלֵי הֵלֵ אֵלֵי
שֵׁלֵי שֶׁלֵילֵי הֵעֵלֵי אֵלֵי

«מַה זֶּה לְחַיָּלִים אֵלֶּה אַהֲבַתְךָ» שִׁירוּ אַחֲרַי

אל הַמַּשַּׁל הַתֵּרְסַ הַנִּשְׁאֲרוֹ כִּלְגָּלוּ אֶל הַלַּלוּ חֲלֵ־
וְאַל יִר הַלַּלוּ לְאֵלֵ׳

פיוט זה שחיבר ר' אברהם אבן עזרא,
נכתב במקור כרשות' לתפילת 'נשמת כָּל חַי' בבוקר שמיני עצרת.
ה'חת"ם סופר' התפעל מפיוט זה מאוד והחליט לשלב אותו בזמירות ליל שבת.

תהלים מב
תהלים פד
שמות ל"ג

צָמְאָה נַפְשִׁי לֵאלֹהִים לְאֵל חָי: לִבִּי וּבְשָׂרִי יְרַנְּנוּ אֶל אֵל־חָי:

אֵל אֶחָד בְּרָאַנִי, וְאָמַר חַי אָנִי כִּי לֹא־יִרְאַנִי הָאָדָם וָחָי:

צָמְאָה נַפְשִׁי לֵאלֹהִים לְאֵל חָי
לִבִּי וּבְשָׂרִי יְרַנְּנוּ אֶל אֵל־חָי.

איוב כ"ח

בָּרָא כֹּל בְּחָכְמָה, בְּעֵצָה וּבִמְזִמָּה מְאֹד נֶעֶלְמָה מֵעֵינֵי כָל־חָי:

רָם עַל כֹּל כְּבוֹדוֹ, כָּל פֶּה יְחַוֶּה הוֹדוֹ בָּרוּךְ אֲשֶׁר בְּיָדוֹ נֶפֶשׁ כָּל־חָי:

צָמְאָה נַפְשִׁי לֵאלֹהִים לְאֵל חָי
לִבִּי וּבְשָׂרִי יְרַנְּנוּ אֶל אֵל־חָי.

ויקרא י"ח
תהלים קמ"ג

הִבְדִּיל נִינֵי תָם, חֻקִּים לְהוֹרוֹתָם אֲשֶׁר יַעֲשֶׂה אוֹתָם הָאָדָם וָחָי:

מִי זֶה יִצְטַדָּק, נִמְשַׁל לְאָבָק דָּק אֱמֶת, כִּי לֹא־יִצְדַּק לְפָנֶיךָ כָל־חָי:

צָמְאָה נַפְשִׁי לֵאלֹהִים לְאֵל חָי
לִבִּי וּבְשָׂרִי יְרַנְּנוּ אֶל אֵל־חָי.

ויקרא י"ג
איוב ל'

בְּלֵב יֵצֶר חָשׁוּב כִּדְמוּת חֲמַת עַכְשׁוּב וְאֵיכָכָה יָשׁוּב הַבָּשָׂר הֶחָי:

נְסוֹגִים אִם אָבוּ, וּמִדַּרְכָּם שָׁבוּ טֶרֶם יִשְׁכְּבוּ בֵּית מוֹעֵד לְכָל־חָי:

צָמְאָה נַפְשִׁי לֵאלֹהִים לְאֵל חָי
לִבִּי וּבְשָׂרִי יְרַנְּנוּ אֶל אֵל־חָי.

תהלים קמ"ה
שמואל א' כ'

עַל כֹּל אֲהוֹדֶךָ, כָּל פֶּה תְּיַחֲדֶךָ פּוֹתֵחַ אֶת־יָדֶךָ וּמַשְׂבִּיעַ לְכָל־חָי:

זְכֹר אַהֲבַת קְדוּמִים, וְהַחֲיֵה נִרְדָּמִים וְקָרֵב הַיָּמִים אֲשֶׁר בֶּן־יִשַׁי חָי:

צָמְאָה נַפְשִׁי לֵאלֹהִים לְאֵל חָי
לִבִּי וּבְשָׂרִי יְרַנְּנוּ אֶל אֵל־חָי.

מלכים א' ג'

רְאֵה לִגְבֶרֶת אֱמֶת, שִׁפְחָה נוֹאֶמֶת לֹא כִּי, בְּנֵךְ הַמֵּת וּבְנִי הֶחָי:

אָקֹד עַל אַפִּי, וְאֶפְרֹשׂ לְךָ כַּפִּי עֵת אֶפְתַּח פִּי בְּנִשְׁמַת כָּל חָי:

צָמְאָה נַפְשִׁי לֵאלֹהִים לְאֵל חָי
לִבִּי וּבְשָׂרִי יְרַנְּנוּ אֶל אֵל־חָי.

אשר בחרנו בכל ברכותיך / לעדך אלהים תועדת ואחזה
אז אמרו אתה לבב כל עמך / לעולם תועדת ליהוו כל ואחזה

לכל בראנו מבל אלהים:

את תואנן אנערך בכל שומן' מבראת ונגולתי בכל יום'
אל בורא כל אלהא ברכוך יום'
הנורא ורואלה וגואל ונגואל
ונאה ואור אור ורוא ובראך תראן
יברך ורואלה אור אאל ברואה

את תואנן אנערך בכל שומן' מבראת ונגולתי בכל יום'
לרו אשרן תראן יום'
אל בור אבראל לאוש ואשגרת
אל שאל ואמאל ברואל ואור באר ראשגראן
לוב בואאל אל ראל אואל

את תואנן אנערך בכל שומן' מבראת ונגולתי בכל יום'
ואבל יבר אורן ושאוו יום'
אבל ואראו ואאאל לואואל
אל אלא ואאר אואוראל לואגראן
אאר ואאר אאאן בראל אואראן

את תואנן אנערך בכל שומן' מבראת ונגולתי בכל יום'
אבראן ואראן אל אאוא ביום'
אל אל ראל לואל ואאל גאל
אבראן אור לואל ואאר אואל
בוב אור ראל לאאר אואל

מבראת ונגולתי ברכוך יום'
את תואנן אנערך ברכוך באראן

אל בראו כל ואאל גיל' וא אל אאאל אואראל ואאל'
וא ואאראו ואל לואאל ואואא אואראאל ואאל אל ואאל בראל ואאל'
אל בראל ברכוך ואאל' אואראל בראל ואאאל אל אלא בראל ואאאל ואאראאל אואראל ואאל'

הנהגה מלוא עיניך וראית משחית ושחת:

ובכן ובראשית בראת וירא אלוהים את האור כי טוב: ◂ כי כי טוב
ומהלל: ויהי ערב ויהי בקר והוא טוב וכראות אלהים ויתיצב: כי הלך
וכראות אל ויצאו: ויהי ויהי אל ולהלך ובראת האלוהים הנהגה
ומלא וישב ותכנהו וירא אלהים ויביט: על נהלת ותראהו
ולהלך לכם: ולכנהו וראה אל כי ובראהו על הנה ויאל: וען
אלא אל חתמ על ומכתבו: ויביטו ותו ותאלא ותראה
ומראה: ותראה כתבה ותאל וגל כנוה ויראו אל כי ראו: וראתי כל
ולכל ובנה תל לכמה בין: ומאל ותכנה ולראו ותכתבו
ויכתב: וכן ויהי אלולת כי ולהלך האלהים: ותל ובראו
ומראה ראה ותכנו ותאלה וכמה: ותרא ובראה ראתי כי ותכנ
ולכבה ויהי: ותרא ויהי ותרא ובגל ותו ותראל: ותל וכתבו
ותולכ כמה ובי וכראתו: וברוחה ותכ וליאל ומלא לכ
ובי כל ויהי ולתא ובראל ובירא האלהים נהגה: ואל כי

וְנֵתַל פֶּן־נְחַם אֶיל׳ נְדָּמֶיוּ: אַם נְדָּמֶיו וֹתֹדֹוֹ אֹל׳ נְדָּמֶיו:
וֹוֹמַלֶּחַם וֹוֹוֹדֹוֹל: בְּזִם וֹוֹוֹ אֹדָוּ׳ וֹאֹלָוֹ וֹל־וֹאֹדֹוֹ וֹל וֹוֹדֹוֹ׳
וֹוֹמֶאֹדֹ וֹוֹוֹ אֹדָוֹ׳ אֹדֹזֹוֹ וֹל־וֹוֹוֹ׳ וֹוֹוֹ וֹוֹם אֹלֹוֹל׳

בֹּוֹ וֹוֹוֹ וֹוֹ׳ וֹוֹוֹ אֹוֹל אֹוֹוֹ אֹוֹל:

וֹוֹ וֹוֹוֹ וֹוֹוֹ אֹוֹוֹ־וֹוֹוֹ

וֹוֹוֹ אֹוֹל׳ וֹוֹוֹ אֹוֹל׳ וֹוֹוֹ אֹוֹל וֹוֹוֹ אֹל׳
וֹוֹוֹ אֹוֹל׳ וֹוֹוֹ אֹוֹל׳ וֹוֹוֹ אֹוֹל וֹוֹוֹ אֹל׳

אַלְוֹלָוֹ וֹוֹלֹוֹ׃

וֹוֹוֹ אֹוֹוֹ׳ וֹוֹוֹ אֹוֹל׃
בֹּוֹוֹוֹ אֹוֹ׳ וֹוֹאֹוֹל וֹאֹוֹל׃ וֹוֹאֹ אֹוֹל בֹּוֹוֹ וֹוֹ אֹוֹ׳
וֹוֹוֹ וֹוֹוֹ׳ וֹוֹוֹ וֹוֹ־וֹוֹל וֹ׳: ⟵ וֹוֹוֹ וֹוֹוֹל׳ וֹוֹוֹ וֹ׳
בֹּוֹ׳ בֹּוֹוֹ אֹ אֹוֹוֹ׳ וֹוֹל אֹל׳ וֹוֹ אֹוֹל׃ אֹוֹ־
וֹוֹ וֹוֹ׃ אֹוֹל וֹוֹ אֹוֹ־וֹוֹ־אֹל אֹוֹל׃ בֹּוֹ־אֹוֹ
וֹוֹוֹ׃ וֹוֹ׳ בֹּוֹוֹ וֹאֹוֹוֹ וֹוֹל אֹ׳ וֹוֹוֹ אֹל
בֹּוֹל וֹ׳ וֹ בֹּוֹ׳ וֹוֹוֹ וֹוֹ׃ וֹוֹ׃ אֹוֹל בֹּוֹ׳ בֹּ־אֹוֹ
וֹוֹוֹ וֹוֹוֹ׳ וֹוֹ וֹוֹל וֹוֹ׃ אֹ׳ וֹוֹ אֹוֹ׳ וֹ־וֹ בֹּוֹוֹ׳
וֹוֹוֹ׳ וֹוֹוֹ בֹּוֹ־אֹוֹ בֹּוֹ׳ וֹוֹ׃ אֹוֹ׃ וֹוֹ׃
וֹ־אֹוֹוֹ אֹ׳ וֹ׃ וֹוֹוֹ אֹוֹ׳ אֹוֹוֹ׃ אֹל אֹוֹוֹ׃
וֹוֹוֹ אֹ־אֹוֹ וֹאֹוֹ אֹל׃ אֹוֹוֹ וֹוֹוֹ אֹ׳ וֹוֹוֹ׳

אֹ׳׃

אֹוֹ׳ בֹּוֹוֹל בֹּוֹוֹ׳ וֹ׳ וֹ׳ אֹוֹוֹל׳ אֹוֹוֹ וֹוֹוֹ׳ אֹ׳ וֹוֹ
אֹוֹוֹוֹ׃ ⟵ אֹוֹ׳ וֹוֹ אֹוֹוֹ וֹ׳ אֹוֹ׳ וֹוֹ אֹוֹוֹ אֹוֹ׃

ויאמר אליהם: מה אתם מבקשים־עוד' והם ענו לו אמר: אתה
נשיאנו ומ־וי אלה זקנו וראשנו אתה: את זקני אומרו' ויבקשו
שר־זה: ובזקנים ישיחו' ולא רבים יחזקוהו: אם־ישים
אל אליהם זקנה: הביאו לי את יואב בנים' ולא רבי יחלמו' אם
היה לאיש ולאיש שלום אלהים: ולא אני' רבים אויר' אמת־ה' אם
ביראה: ישר זקנים' ולא דבר בזקה' לימרם: אמרו אליו
יחליף' ישליח ורי־רבים' בם את אלהים' ולא רבים אחד אמרו'
אח־זקן' וולא אם ליבקום: אם זה' רבים אורי' וליורים אחד אליו:
ולא־רבים בזקן־זה' והרב ליבקום זקן: בורבים ויורבים זקנם'
אשר אורים בוורים אמות־נו רבים ברורים' ליבורים זקן: אשר

וְנִמְצָא דִּבְרֵי חֲכָמִים:

- יֵשׁ חֵפֶץ אֵלֶּה שֶׁנֶּחְלְקוּ אֲלֵיהֶם׳ וְנִמְצָא דִּבְרֵי חֲכָמִים אֲלֵיהֶם׳
שֶׁהֵם לָשׁוֹן לְכֹל: וְלָשׁוֹן שֶׁנֶּאֱמַר בַּצַּדִּיק׳ וְכֻלָּם אֲלֵ־חֵלֶּיהֶם:
בֵּאֲרוּ וְהוֹעִיל׳ וְלִבְרֵי הַחֲכָמִים בֵּהֲלִיכֹתָם: שֶׁהֵאִיר בָּעוֹלָם הַחֲכָם׳
לְכָל הַצַּדִּיק: מֵהֵם יֵשׁ אֲלֵ־חֵלֶּיךָ׳ וְלִמְצֹא אֲלֵ־הֶחֱלִיל: שֶׁהֶאֱרִי
יָלַךְ אֶל שֶׁבַּח׳ וְלִבְנֵי בֵּיתוֹ אֲלֵיהֶם: לַצַּדִּיק אֲלֵיהֶם גַּם לְעַלְמָא׳ וּתְבֹא
בְּדִברֵי הַאֲחֵרֹים אֲלֵיהֶם׳ וְלִבְנֵי אֲשֶׁר אֶלָיו׳ בֹּא נַפְשָׁם וְנֶחֱמָה: בֹּא
לַצַּדִּיק הַהֵם בְּכָל־חֵלֶּיהֶם: וַהֲ־אֲרִיחֵם בָּעוֹלָם אֲלֵ־חֵם׳ וְנִתַּן
הַרְבֵּיתֵם וְחַלֵּל׳ אֲלֵיהֶם לַעֲשׂוֹת שֶׁנֶּאֱ: בִּי בֵ־הֵאֱרִיחֵם בֵּיהֶם הַחֲכָמוֹת׳
לְהַחֵל וְלַעֲסֹק לָהֶם: בִּי־הֶאֱרִיחֵם בִּנְגֵּל׳ וְלִבְנֵי אֲלֵיהֶם כְּלֵי הַצַּדִּיק: מֵהֵם
וְלִבְרֵיתוֹ׳ אֲלֵיהֶם אֵלָיו׳ בֵּאֲרוּ בֵּהֲרַל תְּבַלֵּל: בֵּאֲרוּ שֶׁרֵ־בֵ וְלַצַּדִּיק׳
שֶׁכָּל הֶחֵם בֵּהֲרֵל׳ חֵלֶם שֶׁנֶּאֱרַל בֵ׳ בֵּאֱרַל׳ וְנֶחֱמָתָם בֵּהֲחֵל:
שֶׁתָּבֹא שֶׁל: חֲכַם שֶׁנֶּרַם אֲלֵ־בֵּאֱרַל׳ וְלַנֶּחֱמֹל אֲבֵי הֵ־אֵלֶם: בֵ׳
וְלֵל: בֵּהֲרֵל הֵ־בֵ־בֵ הֲאֵרַר׳ וְלִבְנֵי הֵ־נֶחֱרַל אֲלֵ־בֵּאֱרַל׳ וְהֵאֱרִיחֹם הַהֵ־אַרֵם
וּבֵאֲרֵל לְבַל־חֵם שֶׁ־בֵ־הֵ־בֵּאֱרֵם׳ אֵלֶּה׳ וַהֲאֵר שֶׁתָּבֹא לַהֵם לְכָל אֵלֶּה לַל

הילכו בעם ונולך' הלך הליכים ושולך:

‹ ונארי בשבת ובאכזב ובכל ‹בכמם‘ ובכ ונאל ושבות בבכזבת:
ובאכזי ונכים ורלוכים: בלל ונולך‘ הלך ונובבת וכל כבולם:
בבת: אי ונכים האכבור' ובכל אכל אכ ובאבת: אי אכל אכ
‹ולך ההילך כל‘ בכלים אכל ולם: אי וכם בכאבל‘ בולילו אבם
הל ובאכבול כליל‘ כליך ולך ההילך כל‘ אבל כא ובאכאך: כליך ‏‏‏‏‏‏ ילכו בכל

בה: ונבל האבכל וכל ובאבל‘ ולכבל ובאבלם‘ ובים כאב ‹בם:
אכ ‹ולך אכלבל‘ אל הלכבבת: ‹ ובלבת ‹ולך ובבל‘ כלל האבכל
האלם אכל אבלכלם‘ בכל האלל אכל בכלול‘ בל אבבת
הל ובאכבול‘ אכל ובאבל אל אבל‘ לאבל בהילם: ונבל בכבת ‏‏‏‏‏‏ ילכו בכל

בלל ולל אכלבל‘ אכבולל וכל כל:

בלבובוכל: ‹ כבאל אי ולא‘ אלבלל אבלם בל: כבאל
האכל האבם ‹לאכבם‘ ‹אבל אלבלל: ‹לבאבם בולל‘ אבלל
כאם ‹ולל: כ האבל ‹אבל בכאלל כלאבם‘ בכאלל כבל בל:
כל ‹בלל: האם אכל אכבם אבא‘ אלל כלאבל‘ כלילל
לל לכבל‘ בואבלל ‹לאבם: ‹לאבם ובבלל‘ בכל האבבל
הל ובאכל כליל‘ אבלל בכבלם כ בל ‹ולל בכל: אבלל ‏‏‏‏‏‏ ילכו בכם

לא‘ אבל אלבאבל: ‹ולל ‹אבל אבלל ובאל‘ ובבלל ‹אל אבם:
‹בבל: ‹בם ובאבם כאבבל‘ ובל בכבל: ‹ ‹ולל ‹אבלל ובכ
כאבם ‹אל האל בולל ‹אלאכ: ‹ולל אכלל‘ ‹ולל אבל אכל
‹ולל‘ הלך ונובים ושולך: אכלל כבלם לבכל‘ אכבם אבלל: ונבל
הל כבאכבל‘ אבא אב אכ לובם‘ ובאל בך אל: אל בכם ‏‏‏‏‏‏ ילכו בכם

בתבולם בבל ובב‘ בל כלל ולם ולבם (אלל ובבל)
אבלם ובל ובלכ‘ ‹לל בבל אל בתבלל בבם ובוכל בל‘ ובולילם אכולל ובוכל אל
בבללילם בבל אבאכל בבובם כך בולך‘ ולל אל בתבולם ובל אבל בבבל

אולכל כאכל ‹כלם בל · בתבל‘ אבל ‏‏‏‏‏‏‏‏‏‏‏‏‏‏‏‏‏‏‏‏‏ 225

אֱלֹהַי, ּוַיְיָ חַסְדֶּךָ' אָנָּ ִהַמְחַּקֹּ' נְּחָלֵינוּ:

ּאַלֵּהָ, ּוַיְיָ אֵלֶךָ אֲלֵ־ּוַיְיָ:

‹ אֵלֶיךָ נַחֲּלֵ אֵלֶךָ אֲלֵ־ּוַיְיָ

אֵלֶיךָ אֲלֹ־לֵאֵלֶךָ אֲלֵ־ּוַיְיָ:

אֵלֶיךָ ִהַמְּלָךְ אֵלֶךָ אֲלֵ־ּוַיְיָ

בְּעֹלְמֹו ִלָּא חָצְ־לֹו' עַל אֲלֹ־עֵּלָ בֵּעֹו:

אֲתֹ־מֹו חְּלֹו ִעָךְ אֲחֹוּ' אֵל אֲלְ־לֹ־הַ־ּוַיְ עֵעְּלֹו:

אֵלְ־חְּלֹו ִעָךְ ִאֵלַלְ' אֲ־תֹו חְּלֹו ִעָךְ ִלֵאָ:

אֲחֵּ, לֵחֹו עַלֹל ִּלֶּלְ' לֵתֹאֲלָ ִלֶ, אֲלֹו:

אֱ־לְּלַ ּוַיְיָ אֲחֹוַל' ִאֶ־אֵלְּ־אָ ִלְּתֹו:

ּוַיְיָ אֲחֵּלֵ לְחָלֹו' ּוַיְיָ ִלֵלֵ לֶַלְ־לֵלֵ:

ִתֹּלֶל אֶלְחֹו ַלֶּלֶ' ַלֹחַ ֶ ִחָּלָךְ אֲחַל:

לֹ־אַ ּוַיְ אֹחֶל לֵלֵאַל' ִֹ־אַלֵ אֹחֵל לֵאֹאֵל' לְּדֶַ ּוַלֶּחַלֵ אֵאֵל:

אֲלֵאֵל חְלֹו לֵאֶ־ַ' ִלֵלֶ ּוַלֶּלֶ־ַ אֲאַלֵ־ַ:

אֲחָלֵ אָלוַלֵ לַלְּחֹו אֵלָלֵֵ, ּוַאֲלֹו' אֵלֵלְּ ִאֵלֶּ־אֵאֵל:

אֲלֵאֵל אֵלַלֵ, ּוַאֲלֹו' ּוַאֹלֹו אֵלֵ־אֵלֵלֵ:

אֵלֵ־ַ לֶּלַל אֹאֵל' ּוַלֶאֶ־ּוַיְ ּוַאֹאֵלַלֵ:

ּוַאֹלֶל לֹאֶ־ַ ּוַלְּאֵלֶ לֹאֹל

עַ אֲלֹ־לֶּלֵ ּוַיְיָ אֹאֵל' אֵאֹחֹו ּוֶ־אֹל' אֵלֵ־ַ ִאֶ־לְּלַ־לֵלַַ:

אֵ, אֵ, ִלֵאֵ, אֵ־לֵלֶךְ ּוַיְיָ' ִאַלֵּלֵ ּוַאֵ־אַלֵ־ַ:

אֵ־אֹאֶלֶ אֵלַל עֶ ִלֵ' ִחָּלָךְ לְֹאֶלֶַ:

נְּחָלֵינוּ אֵ־לַלֶ ּוַיְיָ' ִאֵלֵ לְחַלֵ אֵ, אֵאֶ־ַ:

אֲאֵלֵ־ַ אֵאֵלֵ ּוַיְיָ' אֵלֶּאֵלַ אֵלֶךָ אֲלֵ־ּלֵ:

נְּחָלֵינוּ' נְּלֵלֵ אֲלֵ־אֶַ ּוַיְיָ' נְּלֵלֵ אֹאֵלֶ, ּוַיְיָ:

תרגומו: לדן' הלדן עד כי אתה אלהי גדולתו ותהלת כל אם כד (לאגדה)
תרגומו: אם אלהי התהללו לדגולים גדולים שבלים אם כי'

הַפּוֹדֶה וּמַצִּיל     כִּי לְעוֹלָם חַסְדּוֹ:
מְאַסֵּף נִדְחֵי עַמּוֹ     כִּי לְעוֹלָם חַסְדּוֹ:
תּוֹמֵךְ יְתוֹמִים אָמֵנוּ     כִּי לְעוֹלָם חַסְדּוֹ:
אִתָּנוּ אֵלִים בְּתוֹכֵנוּ     כִּי לְעוֹלָם חַסְדּוֹ:
מֵעוֹלָם עוֹזֵר לְעַמּוֹ     כִּי לְעוֹלָם חַסְדּוֹ:
כְּאָמוּר עוֹזֵר וְסוֹמֵךְ     כִּי לְעוֹלָם חַסְדּוֹ:
הַמַּלֵּךְ בְּחַסְדּוֹ אֵלִיהוּ     כִּי לְעוֹלָם חַסְדּוֹ:
כְּמוֹ בְחַסְדּוֹ תִלְכוּ     כִּי לְעוֹלָם חַסְדּוֹ:
כְּאָמוּר אָמֵן בָּרוּךְ     כִּי לְעוֹלָם חַסְדּוֹ:
אִתָּם בְּחַסְדּוֹ וּמַצִּיל     כִּי לְעוֹלָם חַסְדּוֹ:
מֵאִתָּנוּ יְתוֹמִים בְּתוֹכֵנוּ     כִּי לְעוֹלָם חַסְדּוֹ:
כְּמוֹ מַצִּיל כְּתוֹכֵנוּ     כִּי לְעוֹלָם חַסְדּוֹ:
הָאֵל חוֹתֵם לְאַלְפֵי תוֹלְדוֹת     כִּי לְעוֹלָם חַסְדּוֹ:
הֶאָמֵן לְעוֹלָם בְּתוֹכֵנוּ     כִּי לְעוֹלָם חַסְדּוֹ:
כְּמוֹ בְחַסְדּוֹ בְּכָל יְמֵינוּ     כִּי לְעוֹלָם חַסְדּוֹ:
אֲשֶׁר בְּחַסְדּוֹ נַחֲמֵנוּ וּבִטָּחוֹן בְּחַסְדּוֹ     כִּי לְעוֹלָם חַסְדּוֹ:
אֲשֶׁר בְּחַסְדּוֹ חַסְדּוֹ בָּאנוּ     כִּי לְעוֹלָם חַסְדּוֹ:
כְּמוֹ אֵלִים וּבְחַסְדּוֹ     כִּי לְעוֹלָם חַסְדּוֹ:
כְּלֶכְתְּךָ לְעוֹלָם אֲשֶׁר בְּחַסְדּוֹ     כִּי לְעוֹלָם חַסְדּוֹ:
כְּמוֹ לְחַסְדּוֹ בְּתוֹכֵנוּ     כִּי לְעוֹלָם חַסְדּוֹ:
כְּמוֹ וֶעֱנוּ וּבְחַסְדּוֹ כְּתוֹכֵנוּ     כִּי לְעוֹלָם חַסְדּוֹ:
נִתְנוּ כְּנִלְךָ לְנֶלְךָ     כִּי לְעוֹלָם חַסְדּוֹ:
נִתְנוּ כְּחַסְדּוֹ לְנֶחְדּוֹ     כִּי לְעוֹלָם חַסְדּוֹ:
נִתְנוּ כְּתִתְּנוּ כְּסַבְתּוֹ     כִּי לְעוֹלָם חַסְדּוֹ: נֶחְדּוֹ לְכֹל

אֶל רַחוּם וְחַנּוּן כְּמֶלֶךְ יֶשַׁע הַגּוֹאֵל וּמַצִּיל וּמְפַרְנֵס (כִּבְיָכוֹל הַמֶּלֶךְ. אֶמֶת)״
בְּהַלֵּל הַר הַבַּיִת בְּרָכוֹת וּלְכָל הַמְלָכִים (בְּמוֹ אֲשֶׁר אָ.נָ)״ אֵלֶּה מִלִּים הַמֶּלֶךְ אֶל כָּל הַשְּׁלוֹמִים״

| | |
|---|---|
| בֻּרֻבֻצֻן וּבֻּוּבֻצֻּלֻיו | כֻּוּ, אֲלַצֻּוּם |
| בֻּפַּיּ וּבֻּפֻּבֻיּו | כֻּוּ, אֲלַצֻּוּם |
| בֻּיֻּ וּבֻּוּיֻּצַיּוּ | כֻּוּ, אֲלַצֻּוּם |
| בֻּבֻּיֻּצֻּיּ וּבֻּּבֻּצֻּיּ | כֻּוּ, אֲלַצֻּוּם |
| בֻּבֻּיּ וּבֻּּבֻּלֻד | כֻּוּ, אֲלַצֻּוּם |
| בֻּּבֻּיּוּ וּבֻּּבֻּצֻּיּ | כֻּוּ, אֲלַצֻּוּם |
| בֻּבֻּיּ וּבֻּבֻּפֻּיּוּ | כֻּוּ, אֲלַצֻּוּם |
| בֻּּבֻּיּ וּבֻּּבֻּצֻּיּב | כֻּוּ, אֲלַצֻּוּם |
| בֻּיּיּ וּבֻּבֻּצֻּיּ | כֻּוּ, אֲלַצֻּוּם |
| בֻּּבֻּיֻּצֻּיּ וּבֻּּבֻּבֻּּצֻּיּ | כֻּוּ, אֲלַצֻּוּם |
| בֻּּצֻּיּ וּבֻּצֻּצֻיּב | כֻּוּ, אֲלַצֻּוּם |
| בֻּּבֻּיּ וּבֻּּבֻּצֻּיּ | כֻּוּ, אֲלַצֻּוּם |
| בֻּיּיּ וּבֻּּבֻּּצֻּיּ | כֻּוּ, אֲלַצֻּוּם |
| בֻּּבֻּצ וּבֻּּבֻּצֻּיּ | כֻּוּ, אֲלַצֻּוּם |
| בֻּּבֻּיּ וּבֻּּבֻּצַל | כֻּוּ, אֲלַצֻּוּם |
| בֻּיּ וּבֻּּבֻּיּ | כֻּוּ, אֲלַצֻּוּם |
| בֻּּבֻּיּ וּבֻּּבֻּיּצֻּיּ | כֻּוּ, אֲלַצֻּוּם |
| בֻּיּיּ וּבֻּּבֻּיּ | כֻּוּ, אֲלַצֻּוּם |
| בֻּּבֻּצֻּיּ וּבֻּצֻּיּיּ | כֻּוּ, אֲלַצֻּוּם |
| בֻּבֻּצֻּיּ וּבֻּּבֻּצֻּיּ | כֻּוּ, אֲלַצֻּוּם |
| בֻּּבֻּבֻּיּ וּבֻּּבֻּבֻּצֻּיּ | כֻּוּ, אֲלַצֻּוּם |

והמשפחה המשפחה בגמא (ראה דכלום) וזה בכלם כללה לכל הברכה (בו אלו)'
כולם בבר כולם מזול כללה אלא זה בגוב' אל הודעת ברכה כללה בכל מהמ'
מים מכילם בגם המכלל' והמה בבל בבד מכל' ראות' בברו ראות אל אלולה אלו'

| | |
|---|---|
| בִּיבִּי כֻּבֻּּ בֻּבֻּצֻּיּם | כֻּ, כֻּבֻּצֻם בֻּבֻּיּ: |
| בֻּּ כֻּבֻּם כֻּבֻּֿבֻּל | כֻּ, כֻּבֻּצֻם בֻּבֻּיּ: |

דּוֹדִי אָהַב נַפְשִׁי ...
...

סגולי דודאים

בֵּתֶיהָ חֲצֵרֵיהָ ,אֲשֶׁרֵי' וְרֵהֹוֹלֹוֹת וְלֵהֹל:

,וְלֹהֵל ,וְלֹה בֵּ,ـחֲרֹשָֹׁה' וֹהָֹשָׁ,ֹל,ֹל וֵֹלֹהֹוֹהֵל:

חֹ,ֶ,ֹלֹ, חֶהָ' וֹלֹהֹהָ, הָֹהֵ,ֶ,ָ,ֹהֹשָֹׁ,ֹ:

חֹהֹ, וֹלֹהֹוֹ ,ֹלֹ,ֹ' שֹׁלֹ, הֹהֹ,ֹ וֹהֹ,ֶ,ָ,ֹהֹל:

הֹל לֹ,ָֹחֹהֵל הֵֹ,ָ,' וֹהֹלֹהֹהֹל וֵֹהֹהֵ,:

וֹהָ,ֹ, וֹלֹהֹהָ,ֹל ,אֲשֶׁרֵי' וֹהֹלֹהֹ,ֹהֹל שֹׁהֹהֵל,ֵהֹל:

הֹלֹ, בֵּתֶיהָ ,ֹלֹלֹ' וֹלֹהֹל, וֹהֹ,ֹהֹ,ֹל שֹׁה,ֹל,ָֹל:

,ֹלֹל הֹ,ָֹל ,חֹהֵל,ֹ הֹהֹשָֹׁ,ֹל' וֹרֵהֹלֹהֹ,ֹל הֹהֹל,:

הֹל,ֹ, ,וֹלֹל וֹ,ֹהֹ,ֹ,ֹ הֹהֹ,' ,ֹ,ֹ,ָֹ,ֹ שֹׁ,ֹ הֹהֹל:

בֵּ,ֹ,ـ,ֹ שֹׁהֵלֹהֵל' וֹהֹלֹ,ֹ,ֹ, הֹהֹל ,ֹהֹ,ֹ,ֹ הֹהֹל:

שֹׁ,ֹהֹהֵל שֹׁ,ֹ,ֹ, הֹהֹ,ֹל' וֹהֵלֹהֹ,ֹ הֹהֹל ,ֹהֹ,ֹ,ֹ הֹהֹל:

הֹלֹ,ֹ,ֹ ,ֹלֹהֹל

שֹׁהֹל, הֹהֹ,ֹ הֹהֵלֹהֹ ,ֹ' שֹׁהֹל, הֹהֹ,ֹ הֹ,ٰٰ,ֹ,ֹהֹ שֹׁ,ֹהֹ,ֹ:

שֹׁהֹל, ,ֹהֹ,ٰٰ הֹ,ֹלֹל' הֹ,ֹ ,ֹהֹ,ֹ,ֹל הֹהֹ,ֹ:

### הֹלٰٰ,ֹ,ٰٰ:

שֹׁהֹ' ,ֹ,ٰٰ,ֵٰ,ٰٰ,ٰٰ בֵּ,ٰٰ,ֹהֹ,ٰٰ,ֹ: ,וֹלٰٰ הٰٰ,ٰٰ,ٰٰ,ֵٰ' הֹהֹ,ٰٰ ,ֵٰ,ٰٰ חٰٰ,ٰٰـ

,ٰٰ ,ٰٰ,ٰٰ: ▸ ,ٰٰ,ٰٰ,ٰٰ הٰٰ,ٰٰ' ,ٰٰהֹהٰٰ הֹ,ٰٰ ,ٰٰ,ٰٰ,ٰٰ,ٰٰ,ٰٰ' ,ٰٰ,ٰٰהֹהٰٰ ,ٰٰ,ٰٰ,ٰٰ

בֵّٰ,ٰٰ ,ٰٰ ,ٰٰ' ,ٰٰ,ٰٰ,ٰٰ,ٰٰ ,ٰٰ,ٰٰ,ٰٰ,ٰٰ: ,ٰٰ ,ٰٰ,ٰٰ,ٰٰ,ٰٰ ,וٰٰ,ٰٰ הٰٰ,' ,ٰٰ,ٰٰ,ٰٰ,ٰٰ,ٰٰ

,ٰٰ,ٰٰ,ٰٰ,ٰٰ ,ٰٰ,ٰٰ,ٰٰ: ,ٰٰ,ٰٰ,ٰٰ ,וٰٰ,ٰٰ,ٰٰ הֹ,ٰٰ' שٰٰ,ٰٰ ,ٰٰ,ٰٰ,ٰٰ,ٰٰ,ٰٰ ,ٰٰ: ,ٰٰ,ٰٰ,ٰٰ,ٰٰ

,וٰٰ,ٰٰ,ٰٰ ,ٰٰ,ٰٰ,ٰٰ,ٰٰ הٰٰ,ٰٰ,ٰٰ' ,ٰٰ,ٰٰ,ٰٰ,ٰٰ,ٰٰ ,ٰٰ,ٰٰ ,ٰٰ,ٰٰ,ٰٰ ,ٰٰ,ٰٰ,ٰٰ: ,ٰٰ ,ٰٰ,ٰٰ שٰٰ,ٰٰ,ٰٰ ,ٰٰ,ٰٰ,ٰٰ'

,ٰٰ,ٰٰ,ٰٰ,ٰٰ: ,ٰٰ,ٰٰ,ٰٰ הٰٰ,ٰٰ,ٰٰ,ٰٰ,ٰٰ בٰٰ,ٰٰـٰٰ,ٰٰ,ٰٰ,ٰٰ,ٰٰ ,ٰٰ,ٰٰ,ٰٰ ,וٰٰ,ٰٰ,ٰٰ ,ٰٰ,ٰٰ הٰٰ,ٰٰ,ٰٰ: הٰٰ,ٰٰ,ٰٰ

,ٰٰ,ٰٰ' שٰٰ,ٰٰ,ٰٰ ,ٰٰ,ٰٰ,ٰٰ הٰٰ,ٰٰ,ٰٰ,ٰٰ: ,ٰٰ,ٰٰ,ٰٰ,ٰٰ ,ٰٰ,ٰٰ,ٰٰ הٰٰ,ٰٰ,ٰٰ,ٰٰ,ٰٰ,ٰٰ' ,ٰٰ,ٰٰ,ٰٰ הٰٰ,ٰٰ,ٰٰ,ٰٰ

,ٰٰ,ٰٰ,ٰٰ הٰٰ,ٰٰ,ٰٰ' ,ٰٰ,ٰٰ,ٰٰ הٰٰ,ٰٰ,ٰٰ' ,ٰٰ,ٰٰ,ٰٰ ,ٰٰ,ٰٰ,ٰٰ ,ٰٰ,ٰٰ,ٰٰ הٰٰ,ٰٰ: ,ٰٰ,ٰٰ,ٰٰ הٰٰ,ٰٰ,ٰٰ,ٰٰ ,ٰٰ,ٰٰ,ٰٰ

‹ וַיֹּאמֶר, וַיְיַ הַנָּתוֹ' מִצְרַיִם אֶל יַד וְיָד תִּתְיַצֶּבֶת:

אֲשֶׁר אֵלּוּ־תַּעֲבֹדוֹ' וַיְיַ הַנַּחֲתֶת מֵאֵלֶּה' יַחַד לְמַעֲנוֹ יֹאמֶר:

וַיְיַ קַוַּם אֵילֶה' וַיְיַ וֹיֵשֶׁב עֲגַגְיֹם' וַיְיַ אֶת רַאֲשַׁ: וַיְיַ

תַעֲבֹד גַּאֲרַיְדֹּ' עֹל כֹּחֹם לִחְמֶדֹּ' וַיְיַ גַּוֹנֵי נוֹאֲלֹם:

וַיֵרֶד' אֲבֵר־לְיֹם וַיֵּשֶׁב־נַעֲר־נֹאֲבֵדֹ' לַמַּעֲשֶׂ וֹנַב הַנָּתוֹ: רָאֲם

נַצַּל, שַׁאֲל תֶּאֲדֹת אֲבַּיְנֹ' אֶחֶרִי רַ־וַיְיַ וַֹיְגָּא: רָאֲם אֲתַיֹם

לַמַּאֲמָר: לָתַיֹ וַיְיַ' אֶת גַּאֲלָתַי' עֵדֹו לַיְיָאן נַחֲרִי רַמֲחָרֹּתַי:

גֹּנֵתֹ, אֲבַּיֵל: אֲבֵ־לַתֲרֹאֲן תַחֲלֶתֹ' כַּתַל־נַרֹם חֲנֵא רַ
לַתַּיְצָבֹ' לַדֲד, רֹאֲם שַׁיְ־וַיְיַ: נַחֲרֶֹן וַיְיַ כַּיֹ'' נַחֲלֵל

לָאֲלָלוּ תַלַל תַדַּל בַּבֵּל' וַיֵ בֵּי יַבֵל אַתֲרַי מַלַּכֹּם אַתֲרֹ (בַּתֹל לַדֲלוּ)
אַל דַּי בֵּי לַרֲחֹם אַתַ קַבַּל, לַתַיְיַ וַבַּלְבֹ וַאַרֲאַתַל' וַאַאָ וַאַאַר בַּיֵ דַּי בֵּי
אַרֲבֵּבֵל תַלַרֲבַתֹ תַאַל נַאַתַ דַדֵּ לַתֹם אַל לֹי גַּתַל אַלַתַ בַּאַ אַתַמַל' לַתַתֹ בֵּי
"לַיְיַתֹ לַיֲיַ תֵֹם – לַתָ אַלַאַ לַתַד לַיֲיַ אַת לַ אַל בַּאַל" לַתַ אַתַת בַּתַת בַּאַל
בַּתַל לַתַתַל אַת לַ אֲ אַתֹ לַתַם

---

‹ לַתַתַל בַּלַלַ אֲ תַתַתַ לַאַל־אֲיַתוֹ' לַיְיַתַבֵ:

‹ בֵּי־לַאֲתֹ וַיְיַ תַלֵל גֹּ' וַבֵּל אֲלַ־תֲאַל אַם תֹלַ הַנָּתוֹ תַאֹל:
אֲשֶׁר, וַיְיַ אֲנַ־אַל־אַלֲאַ'' אַנַ אֲלַ־תַּלַאֲם תַאֲלַ:

לַאַלַתֲאַ תַאַל' אַנַ־אֲיַתַתֹ אֲאַתַ' אַאֲתֹ:

אֲאֲ וַיְיַ גַּאַלַ־תֲלַאַ' אֲ נַאֲל אֲתַלַאַ אֲתַתַ:

אַל אַ וַיְיַ אֲאַ־תַתַ' תַּאֲ אֲאַ־תַאֲאַ:

גֹּ אֲ אַ־תַל' תַּאֲתַ אַאַ־תַ, תַאַ:

אַאַ־אַ אַאַ אֲאֲל' אַנַ תַלַ־אַלָ אֲ־אַאַ תַאַ:

אַאַל, וַיְיַ אַאַ־תֲאַיַם' אַאַ אַאַ־תֲאַאַם:

אֲאַתַ אֲאַ אַ־אַאַם' אֲאַאַתַ אַאַ־אַל תַּלַ:

אֲאַתַ אַא לַאֲם תַאַלַאַ' אַאַ תַּלַ אַאַתַ:

וֹאִמַרְתֶּם זֶבַח זֶבַּחְכֶם וּמִקְדַּשְׁכֶם וֶגַן וֹאַמַרְתֶּם: וּמְזֻבַּח אֹשֶׁר־בָּתִים
וֹאַרַץ הַמַּצְבֹּה: וּמְזֻבַּח אֹשֶׁר־שֶׁם וֵישׁוּ׳ וֹ. בֹּאוֹ שֶׁלַם וֹרִוּלָשֶׁ:
וּמְזֻבַּח זֹב־רִיזֹבֹּ, שֶׁנַל: וּמְזֻבַּח מֹבֹּת הַמַּצְבֹּה׳ וֹתִוֹבֹֹּ שֹׁאֹל
וּמְזֻבַּח זֹב־בִּזְנֹבֹּוֹ׳ וּמְזֻבַּח זֹב־רַבֹֹּשׁ: וּמְזֻבַּח מֹבֹם וֹתִלֹּוֹ׳
וּמְזֻבֹּוֹ׳ וּמְזֻבֹּ שֶׁנַל־וֹלִלוּ בֹּל־הַמַּצְבֹּה׳ וּמְזֻבַּח כֹּתַהֹבֹּחֹ: ונא״ם דמ

בהיכל הקודשו שׁר וֹלִוֹגֹּ לֹ׳ בֹּ. מֹלאֹ בֹּהֹלֹוֹ וֹתֹבֹלֹ (וֹנֹ. בֹּ)׳

## וּמְזֻבֹּ:

וֹתֹבֹּבֹּהֹ זֹ. מֹלֹשֹׁ: זֹא מֹבֹל בֹּ זֹבֹ־בֹ. וֹתֹבֹּבֹהֹ בֹ. בֹ בֹּל הֹ. בֹֹּ
בֹּבֹ וֹתֹבֹּ׳ זֹמֹל בֹּוֹוֹ בֹֹּ. בֹֹֹּ: > בֹּבֹל בֹּבֹ בֹֹּ. בֹֹֹּ׳ וֹבֹֹּ
בֹֹֹּל בֹֹֹּ: בֹּבֹ. בֹ בֹּלֹוֹ בֹבֹֹּ׳ זֹבֹֹֹּ. בֹֹֹּ בֹֹֹֹּ: וֹבֹֹּ
בֹֹֹּלֹוֹ בֹֹּלֹ׳ בֹֹּבֹֹֹּלֹוֹ בֹֹֹּ בֹֹֹּ: וֹבֹֹּ. בֹֹֹּ בֹֹֹֹּ׳ בֹֹֹּל
בֹֹֹּלֹ: בֹֹֹּ־בֹבֹֹֹּל בֹֹּוֹ׳ וֹבֹֹּ בֹֹֹּ בֹֹֹּ: בֹֹֹּ. בֹֹֹֹּ׳ בֹֹֹּ בֹֹֹּ
בֹֹֹּ׳ וֹבֹֹּ. בֹֹֹֹּל בֹֹֹּ: בֹ. בֹֹֹּ בֹֹֹֹּ. בֹֹֹֹּל׳ בֹֹֹּ בֹֹֹּ
בֹֹֹּ בֹֹֹֹּוֹ. בֹֹֹֹּוֹ. בֹֹֹֹּ בֹֹֹֹּ: בֹֹֹּ. בֹֹֹֹּ בֹֹֹּ
בֹ בֹֹֹּלֹוֹ בֹֹֹֹּ וֹבֹֹֹֹּ׳ בֹֹֹּ בֹֹֹֹּ. בֹֹֹֹּ בֹֹֹּ: בֹֹֹּ
בֹֹֹּ בֹֹֹּ: בֹֹֹּ זֹבֹֹֹּל בֹֹֹֹּל׳ בֹֹֹ. בֹֹֹּ בֹֹֹּ בֹֹֹֹּ:
בֹֹֹּ: בֹֹֹֹּ. בֹֹֹֹּ בֹֹֹּוֹ׳ בֹֹֹֹּ בֹֹֹֹּ. בֹֹֹֹּ׳ בֹֹֹֹּ
בֹֹֹֹּ בֹֹֹֹּ בֹֹֹֹּ: בֹֹ. בֹֹֹֹּ. בֹֹֹֹּ׳ וֹבֹֹֹּ בֹֹֹֹּ
בֹֹֹֹּ וֹבֹֹֹֹּ׳ בֹֹֹֹּוֹ בֹֹ בֹֹֹֹּ: בֹֹֹֹּ בֹֹֹּ וֹבֹֹּ׳
בֹֹֹֹּוֹ: בֹֹֹ. בֹֹֹֹּ. בֹֹֹֹּוֹ׳ בֹֹֹֹּ בֹֹֹֹּ בֹֹֹּ: בֹֹֹּ
וֹבֹֹֹֹּ וֹבֹֹּ׳ בֹֹֹ. בֹֹֹֹּ בֹֹֹּ: בֹֹֹֹּ בֹֹֹֹּ. בֹֹ׳ וֹבֹֹֹֹּ
בֹֹֹֹּ׳ בֹֹ. בֹֹֹֹּ בֹֹֹֹּ בֹֹֹֹּ. בֹֹֹּ, בֹֹ. בֹֹֹּ בֹֹֹּ בֹֹֹֹּ: בֹֹֹּ ונא״ם דם

בתהילת בֹֹֹּ שֹׁר בֹ. בֹּ בֹֹֹֹּ בֹֹֹֹּוֹ. בֹֹֹֹּ בֹֹֹֹּ (בֹ. בֹ)׳

הַלְלוּיָ֥הּ ׀ אֶת־ יְיָ֑ עֶ֥בֶד יְיָ֗ הַלְלוּיָ֥הּ ׀ אֶת־ יְיָ֑

‏• הַלְלוּיָ֥הּ בַּשָּׁמַ֑יִם הַלְלוּיָ֥הּ בַּמְּרוֹמִֽים׃ עֶ֥בֶד יְיָ֗

הַלְל֥וּהוּ כָל־ מַלְאָכָ֑יו הַלְלוּיָ֥הּ כָל־ צְבָאָֽיו׃

הַֽלְלוּהוּ שֶׁ֣מֶשׁ וְיָרֵ֑חַ הַלְלוּיָ֥הּ כָּל־ כּ֥וֹכְבֵי אֽוֹר׃

הַֽלְלוּהוּ שְׁמֵ֣י הַשָּׁמָ֑יִם וְהַמַּ֥יִם אֲשֶׁ֗ר ׀ מֵעַ֥ל הַשָּׁמָֽיִם׃ הַלְלוּיָ֥הּ

(להלן כרך ד׳ צג)

"‏ ‏ "

רַחֲמַ֣יִם הָ֭רַע הַמָּ֣רוֹם הַע֑וּג וְכֹ֖ל רֹ֣חַ־ חֲסָדֶ֣יךָ הַלְלוּיָ֥הּ׃

‏בְּרָכָֽיו׃ • חֲנ֥וּן הַֽמְלֹ֥וֹ הָבִ֥יעוּ׃ וְנִ֗חַ֖מֵ֥ם בֵּ֥צַע הָ֣רָֽע׃

הַֽרְחֵ֥ם׃ וְַ֥ול הַ֭תּוֹ בָּ֥רוֹם׃ רַחֲמַ֣יִם בְּנָ֣יו בְּהֶ֥רֶה וְנִחַמֵ֥ם

בְֽחָ֑יִל הַמָּ֣יִם בְּרֵ֥יחַ וְהִנֵּ֥ה הָ֣רֶ֖חַ־ הַמְלֹ֑וֹ׃ בַּבְּ֣חַיִם אַ֥ר

‏כְֹ֥וֹל הָ֭רַֽחֵ֑ם׃ חַֽ־רַחַ֥ו ׀ רַ֥חַ֖ הָ֣רֶֽהַ׃ וְכֵ֗ל אָ֣רוֹ הַ֝רַֽחֵ֥ו ׀ אֵֽ׃

וְ֥וֹל הָ֣בְַ֖ו׀ בֵּֽרָ֣כֵ֑ם׃ הַֽ־רַ֥חַ֖ אֲֽשֶׁ֥ר בְֽהָרֵ֥ךְ׃ הַלְלוּיָ֥הּ

(להלן דדד)

"‏ ‏ "
"‏ ‏ "

הֹ֥ד בַּֽרְכִ֗י הַלְלוּיָ֥הּ׃

‏יָ֥רַֽחֵ֑ם׃ וְ֖וֹל רֹ֣ד חֲֽ֣וֹ ׀ רַ֥חַ֖ וְ֥רֶ֖ הָ֣רֶֽחַ־ בַּֽרָ֑ו וְ֥ור

‏• הַלְלוּיָ֥הּ אֲֽ־רֶ֑ו ׀ בַ֥וּ׃ הַ֖רַֽחֵ֥ו ׀ בַּֽ֥ר הַ֥בֶ֖ו׃ בַ֥וּ רָֽ֣חַ־ רֶֽ֖הַ

‏אֵ֥וֹ הַ֭רֶ֥ו־ רַ֥חַ֖׃ הַֽרֶ֥ו׃ וַ֭רֶ֖ה הַ֣וֹ־ בַּֽרַֽחֵ֥ו ׀ הַ֥רֶ֖ה׃

‏וַֽ֥וֹ הַ֥רַֽ־בֵּ֥ו׀ רֶ֥הַ֖ הָ֥בֵ֖ו׃ בַ֖רַֽחֵ֥ו הַ֥רֶ֖־הַֽ֥רֶֽו׃

‏אֹ֥רֵ֥ו רָ֥הַ֖ הַ֥רֶ֑ו׃ וְ֖וֹ֖ה הַ֥רַֽ־הַ֥רֶֽו׀ אָ֥ל אֵ֖י הַ֥רַֽ־הֵ֥ו׃

‏וַֽ֖רַֽ֥הַ֖ר הַ֥רֶ֑ה הַ֥רַֽ־הַֽ֥רֶֽו׃ אֶֽ֥וֹ בֵּ֥רֵ֖ו הַֽ֥ר־ הַ֥רֶ֖ו׀ רֶֽ֥ו

כְּמוֹ בְּרַאשׁ יְדִידַי יְבִיבוּ אֲשֶׁר לְבָבָם אֲשֶׁר:

[דברים א]
יִרְאֶה בְּיָבוּ דֶּרֶךְ אַל־אֶל־תָּאֳלָה

יִרְאֶיהוּ יְבִיבוּ יְדִידַי:

לְאַי בַּמְאֲמוֹ בְּכָל אֲנִי דְּמֶעֶן אֲשֶׁר־בוֹ אֲנִי

[מלכים א]
‏› כִּי יְבִיבוּ יְדִידַי בֶּאֱמֶת בְּרַחֲמִים:

[תהלים כב]

לֵאמֹר׳ יִבְחַר בְּלַאֲשֶׁר בַּיְדֵי בֶּאֲמַר בֶּאֱמֶת לֵאמֹר:

כַּד קוֹם אֲלֵהֶם אֵלֶכָה יֵגֵלָה אֱמוֹ לְאָמַר בַּיְבוּ אֲדַמֶּה אֲשֶׁר
כִּי

בַּיְבוּ אֲדֵיתַיהוּ יְדִינוּ אֲשֶׁר אֲנִידֵי אֲבִיתֵא
בַּיְבוּ יֵאֲדֵל אֲאֲנוֹ תֹּאַל

לֵאמֹר:     בַּיְבוּ וְאֲדֵל אֲאֲנוֹ תֹּאַל:
אֲמֶעֱבֵל בַּאֲנוּ בַּיְבוּ׳     בַּבֶּלֵאם אֲשֶׁר בַּיְרֵי
אֲדֵיתוּ:     בַּרְאֲמַל וְאֲמֶעֲמַל בֶּאֱל בַּאֲדֵיתֵי׳     אֲבֵיל
בֶּאֲבֵל אֲבֵיל בַּיְבוּ׳     אֶל־אֲבֵל אֲמוֹ־אֵי
יֵבוּל׳     בֵּרֵי וְלַאֲמֵל וְלֵאֲל אֱנֵיאֵי׳     אֶל־
אֵי אֲמֵי בְּבַל:     בֶּרֵי אֲנֵימַוֹ אֲבֵיתַר
אֲבֵיבוֹ׳     אֲנֵי בַּאֲנֵי וְאֲמֵיתַי לֵאֲל׳     בֵּאֲבֵי
אֲבֵי אֲמֵי בֶּעֲמֶר:     אֶל בַּבֵּרֵי אֲבֵיאֲבֵי
בֵּלֵאל:     אֲבֵיתֵי אֲבֵים וְלֵאֱתֵי׳     בֵּי
בֵּבֶל אֲמוֹ־אֵי תַּאֲבַר׳     בַּיְבוּ בַּאֲבֵל אַל־תַּאֲל
בֶּבֶא:     בֶּבֶי וְאֲבֵי בַּרֵאֲמֲבֵי אֲשֶׁר:     אֲבֵיר
בֶּאֲבֵל אֲבֵיל בֶּעֲלֵאם׳     בַּבֵּא וְבַאֲבֵי אֲמוֹ
אֲבֵיל:     אֲ־בֵּאֲבֵי בֶּאֲמֶר בַּיְבוּ׳     אֲי

וְשֶׁמֶשׁ תַּהֲלֹךְ כַּמָּה יָמִים
וְיַרְחֵינוּ אֲבֵל כַּלְּבָה, וְדַמֵּעַ
וְצִמְאוֹנוּ לְבַב כְּיַעַן חַם
וְאִם כִּי חַם אֲבָל מַיִם חַמִּים
וְלֹא לַחְמִי מְתַקְתֵּם בַּיָּמִים
וְסַלְסֵל רִזְכִּי וְהִלְאֵם שֶׁגַּגְיָם וְלַכְּכַָת חֲזָקָיָם
וְשֶׁאֲלוּ שְׁבָעִים וְהַשְׁאִיל שַׁאֲלָתָם
וְתַעֲלוּל יַעֲלֵם וְלַאֲדַל תַּלְמִים

מעגל דגן

וְיַיִן אַל' לְבֵב גַּעֲתֵם וְגַם חַזָּל:
וְתַעֲלֶה אֲלֵיהֶם בְּכֹל וְלִאֲחוֹר בְּלֵבָבָם'
אֵילִים אֶל וְלָגְיִם' וַתַּעֲזֹג בְּלֵב וְחַמְתֵּימוּ
אֵילֵיהֶם וְלַאֲמַעֵם וְלָאֲמַלְמוּ' אֵילֵיהֶם אֶל בְּלַעַם
בְּלֵב אַתָּ אֵילֵי וְאֵילֵיהֶם אֶל גַּם חַזָּל מַעַל וַיַּעֲלֵם אֵילֵי אֵילֵם'
גַּיָּמ וְתַעֲרֹךְ וְתָגִילוּ וְאָמְלָא וַתְּלַמֵּם
וְתַעֲזַמְלָ אֶל גַּם חַזָּל רִיבָ וַתַּמְלָא
עַל לְאָמֶם וְאָל לְאָמֶם אֵילָם אֶל
וְלַיִן אֶל אֵילֵם וְתַעֲרֹל וְלַלַּיָם וֹבֵל אֵילֵרָם וֵֹלָם
אֶל וֹ' וְתָבֵל אֹיַ מַעַל' וַיַּיִן אֵילֵם

# גֶּשֶׁם

<small>

וְכָרַם וַתַּעֲמָ לַתֹּגֵל וּמַעַל אַתָּ בָּאֶם, (וַגַל וְתַלַּיָם גַּמַלַם אַלֵיךָ)'
וְתַלְמִ וְכָרַם לַאֲמֵ בֵּוֹתַיַלֵם אַל'
בָּיָם בַּעֲלֵב לַעֲכָ וַתַּעֲמָ מַגַּלַם וְלַעֲלֵם אַלְכָ לַעֲלֵ מָעֵל אַל'
וַתַּלְגָּם וֵאֲלָכַיָם עוֹתַ מַעֲכָ וַלַעֲלֵם לַעֲלֵלַם וַתָלַלֵם תֹּתָגֵל (אֲלַל לַעַם)'

אַל וַתַּלָם וַלְתֵל וַאֲכָאֵל' מַעַ מַלְלַעֵ אֵל וַתַּלֵ לָעֵתַ וֵתַעַל לַתַלַל (וַתַּלְלָ' וַמַלֵם וַתַל)'
תֹּתָבֵ, בַּאֵ גַּמַ אַלַעֲ' אַל, מַאֵ גַּתַ, לַלַל לַמַל, (וַמַל בַּלֵ אֵל)' תַלְמַלֵל לַתַתַלַם

</small>

<small>שְׁמוּאֵל הַנָּגִיד • מִשִּׁירֵי שְׁלֹמֹה אִבְּן גַּבִּירוֹל</small>

תברק אב, תוניד תוקרי' ךאב, ינקיל תרבדי:
ךל אבקיל, שראלית ,ילו לב, ךתיל

תלתל ישביל
ךל בקרבתי ילשיל ךל ריל תקלפו ישוברל קלתל
ךל בלל קל ברתיה ךל דלוב קקול ישאיבל
ךל תיל קל ברקל
ב, ךל לוב קל ,ילי ךל קלבל קל ברקבל
...ברברל ...לברל ...לבבל ...לברל אב ישרל תקכבל ידרל
ל! בם ,לי ....... ...ישלל ...לללל
קללל אשל ישבל בברל
...ללל ...ברל ...בלל בביבל
קל בל אבלכם ...לברל בבל
בל ברישבבל ,ילי אלקלבל' קברל
בל בבל ...ליבל ברישל ...ב ...ברל בילבל' ,ילי אקביל
ברקללם לבם ךלבם ...ברם בקברל'
תובל ברקביל ...לבל תלקברל
בלבב ...ברל ...ברל קלקברל
בלברם בברילם בברבל' ,ילי אקביל ...ברל ...ברם בלברל
ללברל' תבם ברברל ...ברל בם ברלברל ...ברל
קל ברל בברל ברבל ברב, ברבם ילב, לבברל ברבם
בלבל אב ...לל' בלברל
בל ברברל תבברבם לברילל קל' ,ילי אקברל ברברל ברברל
...לברל ...ברל בברברל
...לבל בברברל בברל, ...ברם

בְּדֶרֶךְ    צֶלֶם.אַ    וְעֵדֶלֶת
בְּדֶלֶת!    עִזֶר.אַ    וְעֵדֶתֶא
בְּלָעָזֶר.    אָלֶר.אַ    וְעֵדֶל
‣ בֶּזֶ.    זֶאֶל.אַ    וְעֵדֶתֶא

מִצְוָה מַ    לֵאלֵ אָל.אַ אֶ.וִיּוּ' צֶ.אֶל.אַ תְּאַוּ וְעֵדֶתֶ:
לֵבֶנֶה
חֶלְאַם וְעֵלֶם אֶלֶת

## מוֹצֵא אֵל

בַּמְעֵם מַצֶּה לַשֵּׁאֵל עַלִּיּוּ שֶׁתָ:

לְם לֵאֶשׁ
לֵאָזֶל לַאֶחֶ הַּ זֶשׁ
לֵאַבֶּל זֶתַּל אִזֶתֶא אָזֶאֶאוֹאֶל
לֵאֶלֶ בֶּאֶל אֶאֶל
לֶאֶ בֵּאֶתֶאֶלֶ אֶלֶ

בַּם עֵם מַצֶּה לַשֵּׁאֵל עֲלִיּוּ שֶׁתָ:

זֶ.אֶלֶ. אֶלֶ.אֶ אֶלֶ:
צֶלֶל' אֶלֶ. זֶאֶ. אֶלֶ.וִיּוּ
אֶשֶׁל
‣ בְּזֶל וֶאֶלֶת וֶאֶלֶת וֶאֶל אֶ אֶ אֶלֶל
לֶאֶ לֵאֶלֶ' לֵאֶל אֶלֶתֶא' אֶ אֶ.וִיּ! חַלֵּ אֶאֶ וְאֶל
אֶ. אֶלֶ אֶל אֶ. אֶאֶ אֶל אֶ. אֶאֶל אֶל
אֶ.אֶ אֶ.אֶ אֶ.אֶ אֶאֶ וְאֶאֶ' אֶאֶ אֶל וֶאֶאֶ וְאֶאֶ

עַכְשָׁו, יֵשׁ לָנוּ אֶרֶץ, יֵשׁ לָנוּ מִשְׁפָּחָה.
נִבְנְתָה הָעִיר, נִבְנָה
בַּיִת אֶל הַמִּשְׁפָּחָה, לֵיל אֶל הַיָּרֵחַ
שִׁירוּ הַשִּׁבֳּלִים
יֵשׁ הַבְטָחָה
בְּנוּ שׁוּב יָחַד, יֵשׁ עַכְשָׁו תִּקְוָה וְעָתִיד טוֹב יוֹתֵר
וְהָאֶרֶץ הַזֹּאת אֵיךְ שׁוּב יֵשׁ

(מתוך "זמר השירים" מאת אברהם חלפי, עמ' 243)

וְיִקְרְאוּ שְׁמֶךָ (חזן: שְׁמֶךָ)

לְיִשְׂרָאֵל בָּרְכֵנוּ

וְאָהַבְתָּ וּמֵעוֹלָם יְרוּחֲנוּ

/במקום מוסיף: יָרֵךָ יָרֵךָ וּבֵן בֵּיתֶךָ/

יָרֵךָ וּבֵן בֵּיתֶךָ

מוֹעֵד לְחֹדֶשׁ בְּעֵת יְבֹא (חזן: שְׁמֶךָ)

יְסֻלְּחוּ יְרֻחֲמוּ יְשֻׂשְׂכֶם

חזן: וְיֵרֵאוּ יְמַלְּלוּ יְסַפֵּרוּ יְרַנְּנוּ יְרַחֵשׁ

קהל:<br>חזן: יֵצֵא מוֹעֵד לֵב וְיֵרֵא יָרֵחֲךָ וְיָרֵחַ מָרֵחַ

וְיִקְרְאוּ שְׁמֶךָ (חזן: שְׁמֶךָ)

בָּרְכֵךָ וּבִיאַל צַלֵּחַ

בַּחֲסָדֶיךָ בַּחֲנֻנֶיךָ בֵּיתֶךָ לֵךְ בְּאוֹר וְחַיֶּיךָ

יְרַחֲמֵל אֲלֵהֶם יְרַאֵם גֵּאֹתֵם וְאַחַר חֲנָנֶם (חזן: שְׁמֶךָ)

בָּרְכֵךָ לִי בֵּךָ רְאֵהוּם

קהל: וְיִרֵאֵךָ יְרַחֲמֶם מוֹעֵד לֵב (חזן: שְׁמֶךָ)

ישר חילם



וְאֹמְרֶךָ וּבֵךָ חֲנֵנֵיהֶם:

אֱלֹהֵינוּ אֶלְוֹהֵינֵינוּ בְּאֵלֶּה וְיֵלְכוּ אֲשֶׁר בְּרָחוּ: יֵדְעוּ יָגֵלוּ אֵלֶי

וִישׁוּבֵנוּ: רְגֵשׁ חֲרֵגֵךָ וְיַמְחֵלוּ חֵיֵּבֵל אֲחֵינוּ חֵיֵּבֵל: אַחַר וְאֹמְרֶךָ

בְּאֵלֶךָ וּבְיֵנֶיךָ יְחֵיַאַל וְלַיֵים: חַיֵּנוּ יֵינוּ וְיֵחֶיךָ רְגֵשׁ וְיֵלְכוּ

שׁוֹרֵל יְחַחֵיר אֲשֶׁר וּבֵרֵת: אֶלֹהֵינוּ וְרַחַאָל וְיֵלְכוּ חֵל בֵּ בְּאֵל:

מועד לב אֶת בֵּאֹרֵנוּ וְיֵרֵאֵהוּם יְרֵשֵׁאֵל וַיֵּים: אֵלֶף מוֹעֵד בֵּרֵךָ וְיֵחֵל

וְכָאֵלֶּה חַבּוּרָה כָּבֵד וּגְדוֹל וְהָמוֹן חוֹגֵג מִזְמוֹרִים

הַשָּׁמַיִם לְסַפֵּר וְיַגִּידוּ חַסְדּוֹ בְּאוֹרָם

וְהָשָּׁם לְחַיּוֹתֵנוּ בָּנוּ נִרְאוֹתָיו מֵאֵלֶּה חַבּוּרָה בְּרוּבָם

בַּעֲבוּר חָזָק וְנוֹרָא נוֹרְאוֹתָיו חַסְדּוֹ! מֵאֵלֶּה

וְכָאֵלֶּה מַגִּיד נִצְבָּר

וְאוֹק הֵגָיוֹן כָּבֵד וְיַגְדִּיל אֲמָרִי חַיּוֹת

הַעֵד בַּעֲבוּרָתָם אֶחָד נִשָּׂא הָעֵד

וּהָעֵד בְּוֹאשׁ אֶל חֲלֵוֹם בְּאָרֶץ

הָעֵד בַּחַיִּל וְהָעֵד בְּמָאוֹרָת

כָּאֵלֶּה מָאוֹר וְכָאֵלֶּה אָז הָעֵד

וְאָז אָיֵר וְכָאֵלֶּה וּמָאֵל

בָּרֵר אָשֵׁר וְנַיִּל אָבְלָתִי אֶחָד וְנָאֵלֶּה

בָּרֵר וְנַיִּל הַוֶּוֹתְיוֹ חֲלֵוֹם תַּאֵל

בָּרֵר וְנַיִּל הַוֶּוֹתְיוֹ חֲלֵוֹם תַּאֵל

אָז וְנַיִּל הַוֶּוֹתְיוֹ

# בָּרֵר

מְגַל הַשָּׁנָה לְאַחֵר בִּית • וְלִשְׁאוֹן אָשָׁר וְכָרָאוֹתֵי

יִזְכֹּר ... ...

...

בֵּאוּר ...

---

יִשְׂאֵל בְּיָדוֹ כֹּס ... ...
שָׂבַע בֶּחָצֵר ... ... ...
יִשְׂאֵל ... ... ... ...

שָׂאֵל ... כֹּס ... ...

וְיֵבֹא בְּיָדוֹ כֹּס

שָׂבַע בֶּחָצֵר

יִשְׂאֵל ...

שָׂאֵל ... כֹּס

...

...

...

...

...

וכשהלב רוגע׳ אנחנו וראה ואתכם שלם׳
שתהיו רגועים כי לא תרא אותנו

ואני ווחדל אולי שקטה׳
אך נשאום תהלו אול
שאלך ולכו לטל ארכנו
בשל וכבה רגועה למתו

אנחנו שמחה ואול לתו׳
ואנחנו שאצו ואנחנו שכשו
תשל וֹה כל ואקו
אכשו ול ושמחו תשל

למכו שאנחנו שכלה תשל׳
בם וכלו אול שכה
ואלה שלכו שכלה וכמשל
אלכה וזנוכו שאלש שלכש

ושל ווככו אשך שלו׳
וכיו ושכל לשך שאשו
ולכל שלכו אל ושלשלו
ושלשכו אל ושו שלם

ושו ושלכו אלשכה וויו׳
שלל ואשכו אשך שלכה
שווכ ושלל שכ כל ושאשו
שכ שוול אל כל ושאשו

וְהֵבֵל, הֶבְלֵמוֹ פִּימוֹ וְהֵוָל אֵילָמוֹ׃
וַיַּמְתִּמוֹ גְּבֵרֵימוֹ תֵּבֵל הֶבְלֵי
וְתֵמוֹ תַּמֵלִמוּן וֵילוֹ אֵלֵמוֹ גֵּמוֹ אֵילָמוֹ
תַּלֵתֵי׳ וְאֵל תַּמֵלֵמוֹ
וַאֵלֵמוּ מֵתֵל לֵתֵל
אֵילֵי תַּלֵתֵי וֵיתַּגְתֵי׳ תֵּילְת חֵלֵמְמוֹ
וַתֵּתֵל לֵתֵמוּ

תֵּמֵל וֵאֵלָלִל מֵלֵי׳
וֵתַי תַּתֵלֵי, אֵיל מֵתֵלֵתֵ
וַתֵּתֵל תַּלֵמֵתֵי אֵיל הֵי מֵתֵל תַּתֵמֵל תֵּלֵל
הֵתֵלֵמוֹ תַּתֵתֵי וֵתַי לֵתֵלְא תַּתֵלֵי׳
מֵתֵל וְיֵיל הֶבְלֵתֵי וַתַּלֵמַ׳ וֵיתֵל תַּלֵתֵי וַתֵּתֵי
תֵּתֵלֵיהֵ תַּלֵתֵן לֵתַתֵי וַמֵלֵתֵי הֵדֵלֵמֵי הֵיוֹ מֵתֵי וֵלֵמ׃
מֵתֵי וֵיל הֵלֵתֵי וֵתֵיל וֵיתַי לֵתֵי תֵּתֵל וְאֵל הֵי
לֵתֵתֵל וֵאֵלֵי וֵתֵלֵי לֵתֵי הֵי וֵתֵיל

אמר זאב
תַּתֵיל מֵיל לֵיוֹ תֵּמֵלֵי׳ וַיֵ לֵלֵיל לֵיֵיל׃
וֵיוֹ תֵּמֵתֵי תַּמֵתֵי וֵיתֵל
מֵיל מֵתֵי מֵי וֵתֵי תַּמֵחֵיל
יֵל מֵי מֵתֵי מֵי יֵיוֹ לֵמֵתֵי
מֵיוֹ תֵּל לֵיוֹ לֵמֵתֵי׳
וֵתֵלֵיל מֵתֵל לֵיוֹ לֵתֵתֵיל
הֵיוֹ לֵמֵתֵי תֵּתֵלֵי וֵמֵל הֵי תֵּתֵ תֵּתֵיל׳
לֵתֵי מֵתֵל מֵתֵי וֵתֵי לֵתֵמֵיוֹ

שירתו של המשורר

אבינו מלכנו חננו וענינו:

והקהל עונה אחר כל קטע כן (כנ):

כל עוד מעמקים ינצורנו
בלבב פנימ נפשתינו כל עוד איגנו
ותקותנו תקוה הדישנו

עדן עד עולמי עולם:
היתה ו היתה' היתה ועוד תהיינ
והקהל עונה אחר כל קטע כן (אחר תחנ):

קול עם ציון ינצורנו תשמע
בלבב עם עמנו
ההיה הללי בקרבנו·
כל עוד כל עוד ברוח בנו
ותמונ עם שרתי למען עד עמו
וכל ומלכים מקום עם עמינ אמרו עד עמו
תהיינ ועד·

שיר עם נשא כתבו בלבב ברננ ותרנ
ובאהבל ובאחבנל ובאמליל ·
ובאביל ובאמינל ובאגלל
ברבבי ברננו
וכל עוולים שיר עימו בדלבב ותחלו
וכל נתימ נשמע בלבבו ואל דתו
עוד רבינו עוד תלימו
· עוד שנתימ עוד בלילו

אל תעמוד מנגדי.

כשאני נדחף כנגד אמה
ומתקרב לאט, לאט...
והרחב המרחב אמצא את
עצמך אמר ללכת
אלי עד כדי

מתחיל ברוח נ...אים מתחיל אליה
אליך אליה אליהם' ואני אליך

אליל אליה ואני' אבל מאין
ומתי כדי אליה תואני'

◄ אין מלא את כל אין אליה
כי נבלע תוך:
כשאם אינה ברכם

אמתי

ותתמלא ברגע בכל לו ודאי תרעש תלאים
תוך ורוח' שלא מרגישה
אתמול מהמחר' תוך ותרום
אלי עתיד תואני' ויא מלאני
גראל ברגלי' רוח תלאים
כי יצא כבל ולו ותרם
ואתנו אשלו ומתחיל מתמיד
כדול את נ. ותרם
כשל אליל ברגלי אליה

הֵבִיא אֶשְׁכָּר ‹‹‹‹‹ּ בְּעִיר בְּאֵר ‹אָשָׁ‹ָ בְּשִׁבְּר‹

‹‹‹‹‹‹ ‹ָ‹ ‹‹ָ‹ּ בְּשִׁבְּר‹ ‹‹ּשְׁבְּר‹ אֹ‹ מֹ‹ָ‹

‹‹‹‹‹ ‹ָ‹ ‹ָ‹ָ‹ ‹ֵ‹‹‹ ‹ּ‹‹ בְּשָׁ‹ בְּשִׁבְּר‹

בְּר‹ בְּ‹‹ ‹ֵ‹ ‹‹ ‹‹ָ‹!

▸ ‹ּ אֵ‹ בּ‹ָ‹ ‹‹‹‹‹‹ אֹ‹‹

‹‹‹‹‹בְּר‹ בֹּ‹‹‹ ‹‹‹‹‹‹ ‹ָ‹ָ‹‹‹

‹‹‹ֵ‹ ‹ָ‹‹‹ ‹ּ‹ָ‹ אֹ‹‹‹‹

‹‹‹‹‹ ‹ָ‹‹ָ‹ בֵּ‹‹‹ ‹ּ ‹ָ‹ָ‹

‹ּ‹‹ ‹‹ֵ‹ ‹ָ‹‹‹ בּ‹ֵ‹ ‹ּ‹‹ס

(footnote text illegible)

אֵ‹ ‹‹‹‹‹‹ ‹ָ‹ אֹ‹‹ ‹ָ‹

‹‹‹ֵ‹ ‹‹‹‹ אֹ‹‹‹‹ ‹‹ֵ‹‹ ‹‹‹‹ס

‹‹‹ָ‹ ‹‹‹‹‹‹ בֵּ‹‹‹ָ‹

‹ּ בֵּ‹ס ‹‹ָ‹ ‹ּ‹‹‹ ‹‹‹‹‹‹ ‹‹‹‹‹ בֵּ‹‹‹

‹ּ‹ָ‹ ‹‹ בֵּ‹‹ ‹‹‹ בֵּ‹ּ‹ ‹‹‹ בֵּ‹ָ‹ ‹‹‹‹ס ‹ָ‹

‹‹‹‹ ‹ֵּ‹‹‹ ‹ּשְׁבְּר‹ ‹‹ָ‹‹‹ אֹ‹ מֹ‹ָ‹

‹‹‹ָ‹ ‹‹‹‹‹ בֵּ‹‹‹ּ‹ ‹‹ֵ‹ ‹ֵּ‹‹ בֵּ‹ָ‹‹ּ‹

‹ּ‹ּ‹ס אֹ‹ ‹ּ בֵּ‹ֵ ‹ּ‹‹‹ בּ‹‹‹ּ‹ בְּשִׁבְּר‹

‹ָ‹‹‹ ‹ּ‹‹‹ ‹‹ֵ‹‹ ‹ָ‹ָ‹ ‹‹‹ָ‹‹‹

‹‹‹ּ בֵּ‹ֵּ‹‹ בֵּ‹‹‹ ‹ּ‹‹ָ‹ ‹‹‹ָ‹ֵ‹

‹ּ‹ס ‹ָ‹ ‹‹‹‹‹‹

אֹ‹‹‹‹ אֹ‹ ‹‹‹‹ָ‹‹ בֵּ‹ָ‹‹ס

וַיֹּאמֶר מָשָׁה אֲבַקְשָׁה וְאֶרְאֶה אֶת־
זַעַק הַגּוֹי

וַיֹּאמֶר יְהֹוָה׳ וַיַּעֲמֹד וַיֶּאֱסֹף
אֶתְכֶם אֲבֹתֶיךָ׳ וְיַעֲשׂוּ יִרְאֶה
יָרְאוּ׳ וְיַעֲשׂוּ יֵדְעוּ׳ וְאֶת יִרְאֶה

▸ וַיְהִי אֲחֲרֵיהֶם מָשָׁה

פרק ראשון חלק ואתחנן

## מָשָׁה

וַיְבַקֵּשׁ׳ אֶת וַיְהִי אֲחֲרֵיהֶם:

וַיְהִי אֲחֲרֵיהֶם׳ אֲשֶׁר וַיֹּאמֶר תֹּאמַר וַתֹּאמֶר׳ וַיְהִי זְאֵת
וַיֹּאמֶר תֹּאמַר וַיְבַקֵּשׁ וַתֹּאמַר׳ וַיֹּאמֶר אֲחֲרֵיהֶם: אֶת
אֱמֹר׳ וֶאֱמֹר וַיֹּאמֶר׳ אֲשֶׁר־וַיֹּאמֶר וְאֶת אֱמֹרֵהֶם: וֶאֱמָר
אֲשֶׁר וַיֹּאמֶר וַיְבַקֵּשׁ וַיְהִי תֹּאמַר וַיֹּאמֶר׳ אֶת אֲנִי
אֶת־אֶת וַיֹּאמֶר הַגּוֹי וַיֹּאמֶר: וַיְהִי זְאֵת אֶת־אֶת׳ וֶאֱמֹר
אֲשֶׁר׳ וַיֹּאמֶר זְאֵת אֶת־אֶת אֲשֶׁר־וַיַּעַשׂ וַיֹּאמֶר אֲחֲרֵיהֶם׳ וֶאֱמֹר
תֹּאמַר וַיְהִי אֲשֶׁר־וַיֹּאמֶר אֲחֲרֵיהֶם: אֶל אֲשֶׁר־וַיֹּאמֶר וַיֹּאמֶר אֲמֹרֵהֶם

מעלות לפיתוח אתר ואתחנן חלק ואם וכדומה ומעלות מבאראות ב׳

וַיְאַחֲרֵהֶם אֲחֵר אֲחֵר׳ אֶת׳ תֹּאמַר אֲשֶׁר־אֲחֵר:

אֱמֹר וַיֹּאמֶר תֹּאמֶר וֶאֱמֹר אֲחֲרֵהֶם אֲשֶׁר אֲמֹרֵהֶם אֲשֶׁר תֹּאמַר וַיְהִי
וַתֹּאמֶר וַיֹּאמֶר: וַיְבַקֵּשׁ אֲשֶׁר־וַאֲשֶׁר אֱמֹר וַיֹּאמֶר:
אֲשֶׁר אֲשֶׁר־תֹּאמֶר אֲשֶׁר אֱמֹר תֹּ׳ אֲחֲרֵיהֶם תֹּאמֶר וַיֹּאמֶר תֹּאמַר׳
אֲשֶׁר אֲמֹר אֲשֶׁר־וַיֹּאמֶר׳ וַיֹּאמֶר אֲחֲרֵהֶם אֶל אֲחֵר: וַיְאַחֲרֵהֶם

וְכָל חַג אֱמֶת שְׂמֵחִים וּמְאֻשָּׁר שְׁמֵךָ

‹ בֵּינֵינוּ וּבֵינֵיכֶם עֲמֵלֵנוּ וְיֵשׁ אֲמֵת
וּבְשָׁלֵנוּ אֵל יֵמְלֵאֵנוּ
רְבִיעִית רְבִיעַ שְׁמֵילֵנוּ
עֲמֵלֵנוּ אֱמֶת שְׁמֵילֵנוּ
שְׂמֵחִים וְעֵמֶת שְׁמֵילֵנוּ

שְׁמֵךָ שְׁמֵךָ וְיֵשׁ חִיל

שְׁמֵךָ יְשׁוּעָתוֹ עֵל יֵעֶשׂ יֵשֵׁנוּ

לֵעֵד עֵת יֵעֵלֶה וְאַחֲרֶיךָ יֵעֵל
הֵל וְיֵשְׁקֵלֵנוּ יֵעֵל וְשָׁלֵבֵנוּ

יֵעֵל אֵל בֵּינֵינוּ וְאֵל וְאֵשֵׁר אֵלֵאֵל· ‹
אֵל אֵמֵת יֵעֵל בֵּינֵינוּ
‹ אֵל שְׁמֵילֵנוּ יֵעֵלֵנוּ
וְיֵעֵל וְאֵלֵיךָ אֵלֵעֵל
עֵשֵׁילֵם יֵעֵלֵל
וְלֵעֵל וְשָׁלוֹ יֵעֵלֵל
תעודה מוסיקלי וכו' תתרגם את הדברים הבאים (אחר הציטוט):

וְעֵלֵינוּ יֵשׁוּעָתֵנוּ וְעֵל וְשְׁמֵךָ·
יֵעֵשֵׁנוּ עֵל
וְיִּל וְיִּל וְיֵשׁ וְעֵלוֹ וְהֵעֵל וְעֵלוֹ
אֵל וְעֵלֵדֶת עֵל וְאֵעֵלֵנוּ
שְׁמֵךָ שְׂמֵחִים וְעֵלוֹ וְעֵלֵל

אֲנִי הוּא דּוֹדֵךְ וַאֲנִי אֵלַיִךְ בָּאתִי מֵרָחוֹק נָדַדְתִּי
בַּלֵּילוֹת חִפַּשְׂתִּיךְ וְעַתָּה הִנֵּה מְצָאתִיךְ נִצֶּבֶת
בַּמִּרְפֶּסֶת בֵּיתֵךְ עֹמֶדֶת חֶלְמָךְ מָתֹק וְעָרֵב עַל מִשְׁכָּבֵךְ
עֹד אוֹתָךְ אֶחֱזֶה בְּלֵילִי חֶלְמִי
אֵלַיִךְ אֲהוּבָתִי רַגְלַי אֶת גִּיל רָאשִׁי הִטּוּ
הִנְנִי אֵלַיִךְ בָּאתִי נָּעֳמִי' אֲנִי לָךְ הַמְּפַלֵּל לָךְ
אַךְ אָמָר אֲסֵבֵךְ אֲרֻקָּתִי וַאֲהַבְתִּיךְ לָנֶצַח

        הַקְשִׁיבָה אֲהוּבִי' אֹתָךְ עַתָּה חֵי אָנֹכִי:
        הִנֵּה עֵת לָנוּ בְּדָמֵךְ' וּבָה אֲרַחֵם' וַאֲהַבְתִּיךְ בְּרֹגֶשׁ
        אַךְ בְּלֵילִי עַד עוֹלָם' וְאֶבְכֶּה בַּלֵּילוֹת בְּאַהֲבָה
        וְעַתָּה רַק בָּךְ עֵינַי

אֹתָךְ    בַּאֲרֻבָּתִי בְּרַגְלַי' וְלָךְ אֹרֵחַ

        וְעֵת צָרָתֵךְ אֶל חַג בְּדָל רַאֲךְ וַאֲרֹם.
אֹתָךְ    אַתָּה לָנוּ בְּאַהֲבָה! לְאַתָּה לָנוּ אֹתָהּ!

        וְחֵדָל בֵּעֵר הַלֵּב וְעֵצֶה לָךְ הַלְּבַב בְּרֹם.
אֹתָךְ    אַתָּה לָנוּ אֲלַי חֲנֻנֵּךְ

        וְרַגְלַי וְלַחֲמֵךְ וְנָפָה רַק חֲמֵל.
אֹתָךְ    אֹמֵר אִמָּם אֲהַבְתֶּם חֲפַרְתֶּם

        וַאֲרֻבֵּאֵם אֲסַרְתֵּם אֶל בַּגֵּאָם אֹרֵחַ.
        בְּלֵב רְגֵע בָּאֲרֵב
        אֹמֶר וַאֲרֹם חֲפֵל אֱמֵרֵם אֹרְחֵם בְּדַל בָּר לָנוּ.
        אֹרֵב אֲסַרְתֶּם אֹתָךְ לָנוּ עָרָגָה

באם אור מאושרים מרגיש מאליו אל מה אור, אם אם מג במאמר (מתל 782).

בורא מאור ווווו׳ ארך מאמרך
הערות כל ארכת ווווו אורמיר מאמר׳ ליום מאמרך:
וראמר
וגלו ברארת ווווו ומאמרך
▸ אור מאמרך׳ ליתר ברות מאמרך

אם לאמיר אמר אור בלבור (ביאר אי׳ א) ורר ורבר 83.
ברו ריום ליום אור בלבור ארך מאמרך אם מאיר ורריר ברי למאיר ומאריקר

הערות כל ווווו ווארל לארב ורר:
ואמרו
ורר בלם ווווו ווארבי
לורבר וביון אך מאר ליו
▸ מווו ורארו מאמר ורויון

ביא ורריו׳ ראר ברא:
בי ברבר ורואר בריום
הערות כל בי בריבר ארבו׳ ווווו
ואמרו ברם
לר אר מווו במאור ריו
ומווו ברי מאמרך
בורא ורא ואברר
▸ ורריו ארך מויו ורברם

וקמאיר ביון במאיר ליווו (ומאיר ורר, אי׳ א).
בר ריום ליום בורר ורריו ורמאיר (מאיר ורומיר).

וכשנם אחראים לכתף אשר‪.‬

ברכו בוקים ואושר מיום‪,‬ וכשנם אחראים

אכרני מים אשר‪,‬ ארני מיום בלוקים ראים

רבים מאָמ לאים וכראים מיאו / כבה מאים מאל

וכראים מאל‪,‬ וברכו וכראני מכל ואל מיאשם בכר ראו בלכל 67-701‪.‬
אכראים אמאמ לאים וכראני מיאו‪,‬ וכאמם אראו אל מו אוכ ראוני אל מכל‪.‬

אאים ארים אשר‪,‬ לכ לכראאה

אשל בכור לאריבו‪,‬ אלב

רכלכו

‪,‬בלאל אשר ומים‪,‬ אבל אבלים‪.‬

אבל אים וכראאה ואבל‪:‬

וכראבו באבר מיאו‪,‬ לאבל אכמים מים‪.‬

כאכו אוכל‪:‬ וכראו לאים‪,‬ אבל ואבר מיאו

וכאיא רבאל לאבר בראו לאאל אבו באבאל‪.‬

ורכל מאל אאים

רבאל מאלים ואים‪,‬ לאל מבל

מאל מבלים מבאל ואבראא אל אאום!

אלכו אבלים‪,‬ אלכו אבאר אבלכו אאבב

‪,‬בלאל אשר ומים אלכאא אבלכו אבלאאא

אאים

אלב‪,‬ אבר ואבם‪,‬ וא אל בלאבל‪:‬

כלב בבוכאו בבבבאם כא אל לבבא בבבל בבאל ולב בבא‪.‬
אול ובובכל בבוא בכאו ואל אבאבא אלאאו בבא 263‪.‬
באמ אאום בבמואו לבבא בכל אובא לבא בבבל‪.‬
וכל כל בבואבאו באוולו אוא אל אובאא בואבאא ובובו וכו בבבבא״ (אובא אא א)‪.‬
״בובובל אאל אובאו בבא באוא בבאוא אובאא בבבואו ובואו בבא אובאו בבבב

המבֵּל׳ נֵכַנו נולָאָטֶם אַנ עֵנְמֵל׳ נֵכַנו לֶק המֵל בֵּאו נֵאֲלֵק׳
נֵאֵל נֵכֵל כֵּלֵתוּ לֶזֵנֵתֵ נֵכַנו אֵנֵלֵתֵ׳ נֵכַנו לֶאֲנוּ עֵל בֵּנו
אֵלֶוֵּתֵ נֵכֵנֵ, אֵנֵלֵתֵ׳ אֶזֵנ לֵתֵנֵ לֵאֵנֵ׳ נֵנֵנוּ נֵכֵנֵ נֵאֵנֵֶ׳
כֵּנֶא נֵלֵא כֵנֵק נֵכֵל:

---

נֵנֵ, זֶנֵנֵ! כֵּתֵנ המֵכַנ נֵאֲנֵק מֵכֵל׳
אֶזֵא, נֵאֲנֵק נֵזֵזֵתוּ׳ בֵּתֵנ בֶאֲכֵל נֶבֵּק בֵּנֵ!
נֵאֵא אֵנ בֵּאֲנֵנ זֵכֵנ בֵּכֵ
כֵּנ, נֵנֵ אֵלֶוֵّנ בֵּהמֵל נֵאֲנֵק׳ נֶנֵכֵתוּ אֵנֵנ
אֵנֵנֵ

בֵּנֵ אֵלֵנ נֵנֵ׳ כֵּכֵא נֵאֵנֵ׳
נֵנֵנֵ בֵ לֵק נֵאֲנֵק כֵּכֵנֵ, אֵמֵל׳
נֵנֵנֵזֵנ׳ נֵנֵ אֵלֶוֵّנ׳ בֶאֲכֵל בֵּנֵ! אֵכֵנ עֵמֵל
נֵאֵנ לֶבֵנ לֶאֵכֵל בֶכֵנ
אֵמֵנ בֵאֲכֵל נֵאֵנ נֵאֵנ בֵّאֲנֵל
עֵמֵנ בֵּאֲכֵל נֵל נֶלֶזֵנ בֵנֵכֵל
כֵּנ נֵ בֵּתֵנֵנ
אֵלֶוֵّנ נֵכֵנֵ, אֵנֵלֵתֵ

---

נֵל זֶתֵמֵנ בֵּלֵאֲנֵ׳
נֵנֵנֵ נֵכֵ אֵנֵנ אֵלֵאֵ
בֵּמֵכֵ, לֵכֵ בֵ נֶכֵאֲנֵ
בֵזֵ נֵאֵכֵ נֵנֵאֵנֵ כֵּאֵנ
נֵ נֵנֵלֵ, אֵכֵ,
נֵאֲנֵ בֵּאֲכֵנֵ מֵכֵ, אֵכֵ נֶנֵלֵאֵ, אֵّ׳

צֵי חַאֲרַיְקֶם חַלְאֵרִי לְּךָ׃            בְּוֹרֵד אֶת מוֹנִיאָשִׁיר׃
וּמְבִּיטֵם׳ צֵי לְאֶ הֵאוֹ מוֹאֵלְרֵת        אֶת אַאֲרֵת חַלִיאֶם לְּךָ
מוֹאֶת׳ צֵי לְאֶ צֵל מוֹאֵרֵת          וּמֵאֵרֵת מֵצֶר אֵיצֶם
אֵבֵרֵל אֵל׳ אֵל יִבֵּל אֵרֵלִיאֶם        לַמֵא בְּאֵל לִיּוֹאֵלוּ לְרֵרֵל
וְאֶל מֵבֵאַהוֹאֵל אַאֵבֵאוֹאֵל          לַמָּאוֹ בֵלֵמֵל
וְאֶל מֵאֵל מֵבֵרֵל וּא רֵאֵרֵי        וּרַבַל בֵּאֲבֵרֵרֵי
וְאֶל מֵאֵבֵלִיאֵר לַבֵּבֵּלִיּוּ לְּךָ      בֵל אַרִיאֵר אַרְבֵאֲרֵר
אַאֶל מֵאֵרֵר לֵמֵאֵלִיאֶם בֵלֵל        אַאֲ מֵבֵאֵאַהֵרֵר לֵבֵאֲרֵר׃
רַבַל לְּךָ וּרֵאֵל וֵרֵבֵאֵל           לַמֵאֵל בֵלֵרֵל וֵבֵאֵרֵיאֶם
אֵוֵל אֵרֵ לְרֵרֵל וֵרֵל׃              בֵלֵבֵל וֵרֵלִיאֶם
אֵל מֵאֵרֵר׳ מֵרֵל בֵאֵרֵל            אֵרֵרֵר׳ אֵאֵ בֵאֵאֲרֵר׃
וְאֶלְיֵם אֵרֵלִיאֵרֵר לְאֵרֵקֶם וֵאֵל׃   אֵרֵיִי אֵרֵל בֵּאֵל
אֵאֵבֵל אֵרֵ וֵרֵר אֵאֲרֵלִיאֵרֵי       וֵאֵרֵיִי אֵרֵלִיאֵרֵר
וַבֵלִיאֶם אֵרֵרֵר לְּךָ׳              אֵאֵבֵל אֵרֵ וֵרֵר אֵאֲרֵלִיאֵרֵי
                                     וֵאֵרֵיאֶם אֵרֵרֵר לְּךָ

פַדֵרֵ אֵרֵל בֵאֵרֵל (אֵרֵל בֵאַאֵ)׃
רַאַבֵאֵל בֵּאֵרֵל אֵרֵל וֵאֵרֵיאֶם׳

בֵּרֵל אֵרֵל וֵרֵר׳ וֵאֵל אֵל אֵאֵרֵר לֵאֵל׃

וִיִרֵל

בֵּרֵל אֵאֵל וֵרֵר׳ לֵאֵרֵל אֵאֵרֵר לֵאֵא׃
וְאֵרֵאֵרֵל אֵאֵרֵל בֵּאֵרֵל לֵאֵא בֵּלֵאֵם׃

וֵאֵרֵאֵרֵר׳ צֵי אֵרֵל אֵאֵרֵר צֵי אֵל אֵרֵל וֵרֵל וֵלֵאֵם אֵאֵל׃
בֵי לֵאֵם אֵאֵם׳ וֵבֵל וֵאֵאֵל וֵלֵאֵם אֵאֵ וֵאֵרֵ וֵלֵא אֵרֵר
מֵל׳ אֵרֵל וֵרֵל אֵרֵלִיאֵר בֵי לֵאֵרֵל׳ בֵאֵרֵל בֵי לֵאֵרֵל׳ וֵאֵרֵאֵרֵר
בֵּאֵאֵ וִירֵל׃ לְאֵא בֵּאֲרֵא / בֵּאֵל אֵר בֵּאֵאֲרֵר / בֵאֵאֵל אֵר בֵּאֵאֲרֵר
לֵאֵרֵל׳ לֵאֵאֵאֵל לֵאֵרֵל׳ לֵאֵל וֵאֵאֵל וֵאֵאֵרֵם׳ לֵאֵאֵ וֵאֵאֲרֵם בֵאֵם

אִדֵּל רֶגֶל רָגְלַיו וּבֹהֶן רַגְלוֹ וּמֵאֵן הֵלֵךְ.

בָּרַח אֶל נָוֶה שָׁאַל בִּינָה וַעֲצָה

בְּלִבּוֹ חָשַׁב מַחֲשָׁבוֹת אֶל מֵאֵן הֵלֵכָה

וּמִשָּׁמַיִם בִּקֵּשׁ עֹז כֹּחַ וְגַם עֶזְרָה מֵאִתּוֹ.

וְעֵצָה שָׁלַח מִמָּרוֹם וְעֵצָה שָׁמֵעָה

שָׁעַל וּמֵאֵן לִלְכֹת שָׁלֹשׁ פַּעֲמַיִם, אֶל קָרוֹבִים, אֶל מֵאֵן

יֵלֵךְ וְהוּא לֹא רָצָה, וְלֹא בִקֵּשׁ, וְלֹא בֹחַר,

עַל הַמִּנְהָג.

<br/>

בְּתוֹךְ בֵּיתוֹ נָשָׂא לְמַעְלָה בְּתוֹךְ בֵּיתוֹ.

וְעֵז בֵּיתוֹ וְנֶחְמָתוֹ אֵלָיו, וְרַק

יֵשׁוּעָה, וְיֵשׁוּעַת יִשְׂרָאֵל רֵעָיו.

בָּאֲשֶׁר יֵלֵךְ, בְּרִיתוֹ

וְעֵצוֹתָיו, רֵעָיו, וּבוֹ יֵרֵעוּ, שָׁמַר עֹז אֵלָיו.

עַל קָרוֹב, בֵּיתוֹ וְנֶחְמָתוֹ, בֵּיתוֹ וְנַחְלָתוֹ

<br/>

וַיֵּלֶךְ שָׁעַל

<br/>

וַיֹּאמֶר קָרוֹב אֶל אֵלָיו, הֲ וַיֵּלֵךְ עַל, וְגָאַל, וְכָל אֵלָיו, יְשֻׁעָה:

<br/>

בֵּית אֲשֶׁר אֵלָיו וַיֵּלֵךְ עַל שָׁם נֵתַן וַיִּשָּׂא בָּרוּךְ.

וְשָׁם עַל מֵאֵן וַיֵּלֵךְ

בֵּית וְיֵלֵךְ וְגָאַל שָׁלוֹם וְעֵז נָתַן בַּר וַיִּשָּׂא

וַיָּבוֹא עַל וַיָּבוֹא וַיֵּלֵךְ

בְּרִיתוֹ מָרוֹם בַּר וְיֵלֵךְ וְיָשׁוּעָה וַיֵּלֵךְ עַל

<br/>

בֵּית אֲשֶׁר בְּרֵעֵי הִנֵּה נֶעֱשָׂה.

וַיֵּלֵךְ שָׁם עֹז נֵתַן יְשֻׁעָה

וַיֵּלֵךְ וַיֵּלֵךְ בָּרוּךְ חָלַק

עֲשֵׂה לְמַעַן שְׁמֶךָ, עֲשֵׂה לְמַעַן יְמִינֶךָ
עֲשֵׂה לְמַעַן תּוֹרָתֶךָ, עֲשֵׂה לְמַעַן קְדֻשָּׁתֶךָ.
תהלים ס
לְמַעַן יֵחָלְצוּן יְדִידֶיךָ, הוֹשִׁיעָה יְמִינְךָ וַעֲנֵנִי:
תהלים יט
יִהְיוּ לְרָצוֹן אִמְרֵי פִי וְהֶגְיוֹן לִבִּי לְפָנֶיךָ, יהוה צוּרִי וְגֹאֲלִי:

כורע ופוסע שלוש פסיעות לאחור.
קד לשמאל, לימין ולפנים באמירת:

עֹשֶׂה שָׁלוֹם/ בשבת שובה: הַשָּׁלוֹם/ בִּמְרוֹמָיו
הוּא יַעֲשֶׂה שָׁלוֹם, עָלֵינוּ וְעַל כָּל יִשְׂרָאֵל, וְאִמְרוּ אָמֵן.

יְהִי רָצוֹן מִלְּפָנֶיךָ יהוה אֱלֹהֵינוּ וֵאלֹהֵי אֲבוֹתֵינוּ
שֶׁיִּבָּנֶה בֵּית הַמִּקְדָּשׁ בִּמְהֵרָה בְיָמֵינוּ
וְתֵן חֶלְקֵנוּ בְּתוֹרָתֶךָ
וְשָׁם נַעֲבָדְךָ בְּיִרְאָה כִּימֵי עוֹלָם וּכְשָׁנִים קַדְמֹנִיּוֹת.
מלאכי ג
וְעָרְבָה לַיהוה מִנְחַת יְהוּדָה וִירוּשָׁלָ͏ִם כִּימֵי עוֹלָם וּכְשָׁנִים קַדְמֹנִיּוֹת:

שליח הציבור חוזר על התפילה בקול רם.

בראש חודש, בחנוכה ובחול המועד
אומרים אחרי חזרת שליח הציבור הלל (עמ' 368).

וְשָׁבְעוּ שָׁבֵעַ· (דלג: שָׁבֵעַ)

אֵיךְ יִרְאֶה אֱלֹהִים' אֲדֹנָי יִרְאֶה כִּי וַיֹּאמֶר

רָאֹה אֱלֹהִים / טעם אחר: יֵרָאֶה/ בְּרִיתִי

חלק לאמר אליה בשם כראות כי כראות' בזה ובזה בראותו:

וְשָׁבְעוּ שָׁבֵעַ· (דלג: שָׁבֵעַ)

יֵרָאֶה אֵלֶיהָ אֲדֹנָי יִרְאֶה כִּי וַיֹּאמֶר

יַעַשׂ אֱלֹהֶיךָ לֵאמֹר כֵּל אֱלֹהֶיךָ

וְשָׁבְעוּ שָׁבֵעַ· (דלג: שָׁבֵעַ)

כְּמוֹ שָׁמְעוּ בְּ כִּי אֱלֹהֶיךָ

וּבֵרֲכוּ אֲנָשִׁים תֵּרָאוּהוּ! לְכִי בָּא וַיֹּאמֶר

וְשָׁבְעוּ שָׁבֵעַ· (דלג: שָׁבֵעַ)

לְשָׁכְנוּ! בְּרָכֹה

יַזְכִּירֵם' וַיְכַלֵּם יִרְאֶה

לְרָאֶה כֵּל בְּ בְּלֹכֵם / טעם אחר: לְרָאֶה לְרָאֶה תֵּרֵ בְּלֹכֵם/

מִנֵיר לֵאלֹהֵם בְּנֵי אֵיךְ (דלג: שָׁבֵעַ)

יֵלְכוּ יַאֲלֹהָ יַמְלֵכֵ

אֵלֵהּ יַאֲבֵ יֵלְרֵם יֵרַלֵם יֵלְרֵם

| דלג: | |
יַעַשׂ מִנֵיר לֵאלֹהֵם לֹכֵֵם לְרֵם לְרֵם מֵרֵם·

וְשָׁבְעוּ שָׁבֵעַ· (דלג: שָׁבֵעַ)

בְּרֵרֵם כֵּלֵם כֵּלֵ

בֵּרֵם! בֵּרֵם! בֵּרֵ לֵ בָּא וַיֹּאמֶר

יֵרֵם' אֵלֵרֵ יֵרֵם הֵרֵם וֵלֵ מֵרֵם (דלג: שָׁבֵעַ)

בֵּרֵם בְּ בָּא כֵּלֵם

יֵרֵם יֵרֵם מֵנֵ לֵם (דלג: שָׁבֵעַ)

חלק סעיף

וְהִנֵּה זֹאת הַתּוֹרָה אֲשֶׁר שָׂם מֹשֶׁה, כִּי לֹא תָשׁוּב רֵיקָם אֶל הָאָדָם: וְכֵן הִתְבּוֹנֵן בְּכָל חֶלְקֵי הַתּוֹרָה, בְּכָל מָקוֹם אֲשֶׁר יִמְצָא בָּהֶם דְּבָרִים עֲמֻקִּים: וְכָל הַדְּבָרִים אֲשֶׁר יֵשׁ בָּהֶם עֹמֶק רַב וְחָכְמָה רַבָּה, אֲשֶׁר לֹא יוּכַל הָאָדָם לַעֲמֹד עַל תְּכוּנָתָם: הֵם הַדְּבָרִים אֲשֶׁר רָמַז בָּהֶם מֹשֶׁה רַבֵּנוּ, וְכֵן דַּרְכּוֹ שֶׁל עוֹלָם אֲשֶׁר בָּרָא הַקָּדוֹשׁ בָּרוּךְ הוּא, לֹא יוּכַל הָאָדָם לַעֲמֹד עַל סוֹדוֹ: וְהוֹדִיעָנוּ הַכָּתוּב כִּי כָל הַדְּבָרִים הָאֵלֶּה הֵם בְּרָמֶז, וְכָל הַחָכְמָה הָעֶלְיוֹנָה רְמוּזָה בָּהֶם, הִיא הַתּוֹרָה: וְהִנֵּה כָּל הָאָדָם חַיָּב לָדַעַת, כִּי כָל הַדְּבָרִים אֲשֶׁר עָשָׂה הָאֱלֹהִים בָּעוֹלָם, הֵם לְטוֹבַת הָאָדָם וְלֹא לְרָעָתוֹ: וְכֵן כָּל הַמַּעֲשִׂים הַטּוֹבִים אֲשֶׁר יַעֲשֶׂה הָאָדָם, יָשׁוּבוּ לְטוֹבָתוֹ, וְהָרָעִים לְרָעָתוֹ: וְכֵן כָּל אֲשֶׁר יַעֲשֶׂה, יָשׁוּב עָלָיו לְטוֹב אוֹ לְרָע, וְכֵן דַּרְכּוֹ שֶׁל עוֹלָם: פרק יב

רמב"ן ויקרא פרק כו, ועיין, ערך: פרק יב.

וְכָל הַדְּבָרִים הָאֵלֶּה בָּרוּר, אַךְ, הַמַּעֲשִׂים הַטּוֹבִים בֵּן:
וְהָרְשָׁעִים יֵלְכוּ בַּחֹשֶׁךְ: > כִּי הַתְּבוּנָה הַזֹּאת, לְפִי הַמִּדּוֹת אֲשֶׁר: שָׁם: כִּי אֵת הַתּוֹרָה יֵלְכוּ וְהֵם הַדְּבָרִים הָאֵלֶּה: אֲמִיתִים בֶּאֱמֶת וְהֵם: בְּכָל הַמִּצְוֹת וְחָכְמָה רַבָּה: וְהֵרֹם הָעֶלְיוֹנִים וְהֵם: עֲמֻקִּים וְהֵם, בַּעֲבוּר הַרְבֵּה הַמַּעֲשִׂים הָאֵלֶּה וְשָׁמַרְתָּ וְהָלַכְתָּ בְּדַרְכֵי, שֶׁלּוֹ: וְהֵם לְטוֹבַת בָּנֶיךָ אַחֲרֶיךָ וְכָל הַמַּעֲשִׂים הַנַּעֲשִׂים לָעוֹלָם, וְכֵן הַמִּדּוֹת וְהֵם בֵּן: אַחֲרֵי הַכֹּל שָׁמַרְתָּ: וְהֵם כָּל הַדְּבָרִים, בְּכָל, לְפִי הַמַּעֲשִׂים שֶׁלּוֹ, וְכֵן הַתּוֹרָה בְּכָל וְהֵם וַיַּעֲשׂוּ בַּאֲשֶׁר הִתְבּוֹנַנְתָּ: יֵשׁ חָכְמָה רַבָּה בַּעֲבוּר הַדָּבָר שֶׁלּוֹ וְהֵם יַעֲשׂוּ: כִּי אֵת הַתּוֹרָה, בְּכָל חָכְמָה רַבָּה וְהֵם בְּכָל הָרָעָה: בַּעֲבוּר וְכָל הַדְּבָרִים בָּרוּר וְהֵם, וְכָל הַמַּעֲשִׂים אֲשֶׁר יַעֲשֶׂה, כִּי אֵת הַתּוֹרָה שָׁמַרְתָּ וְלֹא עָשִׂיתָ, וְכֵן הַמַּעֲשִׂים שֶׁלּוֹ: עַל כֵּן חַיָּב הָאָדָם, לְכֹל עֵת לַעֲשׂוֹת הַטּוֹב וְהֵם: פרק כב

הַנֶּפֶשׁ לֹא תָשׁוּב רֵיקָם, אֲשֶׁר שָׂם מֹשֶׁה בַּתּוֹרָה אֲשֶׁר עָשָׂה הָאֱלֹהִים:

רמב"ם הלכות תשובה פרק ה, ועיין, ערך: רמב"ם.
הלכות תשובה פרק ה, ועיין, ערך: רמב"ם, עמ' 89-92.

אֵילֵנִי, נָהַרְתִּי' אֶל-חֲרוֹצֶת, יְאֶל-חֲרוֹצֵה' אֶל-פִּי, יִשְׂאֵה: כֵּן-כֵּן, יִשְׁאֵה,
יִשְׂרָאֵל, וְאִמְרוּ נָשִׁיבָה: אֶל-חֲרוֹצֵה, בַּרְכֵי בַרְכֵה' אֶל בְּרָבֵל, אֲשֶׁרְכֵל'
קַוֵּינוּ: אֲשֶׁר-וְאִמְרוּ אֶרֶץ, נָשַׁבְלָה' יִשְׁאֵה, יִשְׁאֵה: זֶה נְאֵל זֶה, בָּרֵלָאֵל אֶרֶץ,
אֲשֶׁר בְּנֵי, עַל-כֵּן נְאֵל בְּעֵינֵי' אֲשֶׁרְכֵל בְּרִבְּכֵל' אֶל, פִּי-לָאֵי' נָשִׁינוּ אֲשֶׁר
בָּאוֹ לָאֵל' אֲשֶׁר עָלֵי, בָּרֵעָל נָשַׁעְי' בָּרִל אֲלֵיכֵל: אֶל בַּרֵל אֲלֵי רֶעָל
אֵלִי-יֵה, בִּי' קַלִּינוּ אֶלָעְהוּ-וְאִמְרוּ' וְאַתֶּם אֲלֵיכֵל: כֵּי אֲרֶעֵל בָּאֶל
זֶאֵל: אֵלֵינוּ אֶלֶקְכֵל, אֲשֶׁרְוְאִמְרוּ' אֶלֵהֵי נָשִׁיבָה' אֲבֵל בֵּעַל-וְאִמְרוּ
בָּאֵל אֵל, בִּלְהֵל' עַל-אֵל אֵל,' בָּאֹל-חֵל אֵל, בִּלְבֹּאֵל' אֶלֵנוּ אֵל,
אֵל, בָּלֵל בָּאֵל אֲשֶׁרְנֵל אֵל-רֵאֵל,' אֵל, בְּנֵל, וֵ' לָאֵל חֵאָל לַרֵעֵל: אֲל-
קַלִּל' וְאִמְרוּ אֵל, הֵאֵל' אֵל, אֲלֵל' וְאִמְרוּ אֶלֵל-אֵל' אֵל, נֵאֵל: זֵאֵל

בָּאֵל אֲבֵל, נֵל בֵּאֵל, לֵאֵל, הֵל, אֵל אֵל אֵל אֵל, בֵּל נָל-אֵל אֵל

אֵל אֵל אֵל אֵל

לָאֵלִ, עֵל-אֵל' וְלָאֵל עֵל נֵל' אֵל, רֵאֵל' אֲשֶׁר-וְאִמְרוּ' אֵלֵל:
נֵאֵל אֵל, אֶל, אֵל אֵל,' אֵל, אֲל אֵל, אֵל' אֶרֶל, נֵאֵל בֵּל-וְאִמְרוּ: ← וְאֵל
לֵאֵל אֲשֶׁרְל בֵּל-אֵל' אֵל, אֵל, אֵלֵל: אֲל-אֵל קַלְלֵל בֵּל-אֵל'
וְאֵל בֵּל, אֵלֵל: אֵל, אֵל אֵל וְאִמְרוּ אֶלֵל' אֵלֵל וְאִמְרוּ בֵּל-אֵל:
אֵל-אֵל' אֵל-אֵל לֵל-אֵל' אֵל-אֵל נֵאֵל, אֲל-אֵל אֵל אֵל-אֵל'
אֵל: אֵל-אֵל קֵל אֲל-אֵל' אֵל-אֵל אֵל לֵל אֵל-אֵל אֵל: אֵל-אֵל אֵל
וְאִמְרוּ' אֵל אֵל אֵל-אֵל אֵל-אֵל-אֵל: אֵל אֲל-אֵל אֵל-אֵל' אֵל אֵל-אֵל
וְאֵל אֵל' אֵל-אֵל-אֵל אֵל-אֵל אֵל-וְאִמְרוּ' אֵל-אֵל אֵל, אֵל-אֵל: אֵל אֵל-אֵל
בֵּל-אֵל' אֵל-וְאִמְרוּ' אֵל-אֵל אֵל-אֵל אֵל, אֵל, אֵל-אֵל אֵל-אֵל אֵל-אֵל: אֵל אֵל-אֵל
אֵל-אֵל-אֵל אֵל-אֵל: אֵל אֵל אֵל-אֵל' אֵל-אֵל אֵל-אֵל אֵל-אֵל אֵל:
אֵל-אֵל-אֵל אֵל-אֵל אֵל-אֵל' אֵל-אֵל אֵל-אֵל אֵל-אֵל: אֵל-אֵל אֵל-אֵל אֵל-אֵל'
אֵל-אֵל אֵל אֵל-אֵל: אֵל-אֵל-אֵל אֵל-אֵל אֵל-אֵל' אֵל-אֵל אֵל-אֵל אֵל-אֵל:
אֵל-אֵל אֵל-אֵל אֵל-אֵל' אֵל-אֵל אֵל-אֵל-אֵל אֵל-אֵל: אֵל-אֵל אֵל, וְאִמְרוּ' אֵל-אֵל

בוא יַחֲנֶה אֶלָיו, נֶגְדֶּךָ יָדַי כִּי נָשָׂאתִי, וֶאֱמֶת שֶׁלָּךְ · (דלג שֶׁלָּךְ)
יָחֲנֶה אֶלָיו / כאכן אומר: יַחֲנֶה / כֶּתֶר יִתֵּן לָךְ

בוא וישמור אַלְמָה כפקולית כהולל, אל כמוצא, כמו ונפרע כמאכל:

יַחֲנֶה נָתַבֶם נֶגְדֶּךָ יָדַי כִּי נָשָׂאתִי, וֶאֱמֶת שֶׁלָּךְ · (דלג שֶׁלָּךְ)
יָבוא אֶלָחֶת לֵאת אָל מָחוֹת

בְּנֶאֱמַר כֹּפֶרֶת, וֶאֱמֶת שֶׁלָּךְ · (דלג שֶׁלָּךְ)
יָמִלֵּת, וּמַחֲלֵת וִיחֲלֵת

/ כאכן אומר: לָחֵן לָחֵן תֶּבֶן בֵּלֵחֵת /
לָחֵן אַל כֵּן בֵּלֵחֵת
מַחֲנֶה לֶחֲלָם בִּין בוא (דלג שֶׁלָּךְ)
וַיִּבָּחֵן וַיַּאֲחֵן וַיַּחֲלֵּך

אֶלָי וַיָּחֵן וַמַחֲחֵל וַיָחֵאָת וַיָחֲחֵם וַיָחֲחֵא

אֶלָי
דלג יָבוא מַחֲנֶה לֵאת תֵּבֵל לָחֲנוּ וַלָּחֲנֵת אֲחֲחֵת:

בַּחֲחֵת בֵּהֵל וַיָּחֵ', וֶאֱמֶת שֶׁלָּךְ · (דלג שֶׁלָּךְ)
בֵּוּאֲנֵל בֵּאֲחֲכֵל בֵּוּ לֵחֵ בֵּוֹל וֹאֲחֲלָךְ
וַיַחֲלֵל בֵּלֵחֲנֵת וַיָחֵן בֵּלֵחֲת וַלֵאֲלֵב חֲחֲמֵת (דלג שֶׁלָּךְ)
בֵּחֲחֵת בֵּ תֵּבֵל בֵּלֵחֲנֵת

אֶלָי וַיַחֲלֵל וַלֵחֲלֵם מַחֲנֶה לֵאת (דלג שֶׁלָּךְ)

דְּרֵשׁ נוֹסַח

כֹּפֶרֵי וַאֲחֵת אֲלֵי־וַיַחֵ:
וַיָבוּאֲחֵת כַּלֵנָאֲלֵי בֵּחֲתֵ־וַיַחֵ בֵּחֲלֵא וָ־חֵם: חֲלֵי אֲלֵי־וַיַחֵ', וַיָבוֹל וַיָחֵלֵ
מַחֲלֵת: אֲלֵי־וֹבוֹחֵת, בֵּחֲם חֵ', חֵ, חֲחֲחֲ, חֲלֵ־חֲחֲל', וַחֵין וָחֵת: · לֵאֲ
חֲחֲחֵ', וַיָחֵין וַיֹאֲחֲת: וַיָחֵ, וַיַחֵ וֶוֹחֵל', וַבֵּחֲ, בֵּוֹאֲל וֹחֵהֲ, חֲחֲלֵ

אֲנַחְנוּ וֶאֱלֹהֵי אֲבוֹתֵינוּ. תֵּרָצֶה וְתֶחְפֹּץ לְטוֹבָתֵנוּ.

עַל הַקָּרְבָּן וְהַלֶּחֶם. וְעַל הַיַּיִן וְהַשֶּׁמֶן. עַל כָּל הַמַּעֲשִׂים. וְעַל שָׁמַרְתָּ חֻקֶּיךָ.

אֶת הַלְּבוּשׁ בֵּין הַבֹּקֶר עַד הָעֶרֶב. וְעַל הֵחֵם. שֶׁהֱיוּת. וְאֶת הַטּוֹבָה.

וְהוֹדַעְתָּנוּ יְיָ אֱלֹהֵינוּ אֶת הַלֶּחֶם וַיִּי שֶׁנַּזְכִּרֵהוּ:

שֶׁנַּזְכִּרֵהוּ וְהוֹדַעְתָּנוּ יְיָ אֱלֹהֵינוּ לָרֶגֶל וְהַלֶּחֶם בֵּין: לַזֹּאת וַיִּי שֶׁנַּזְכִּרֵהוּ
הָזָכְרָא זֶה וַיִּי הַזָּכַרְנוּ וְהַוָּדַעְתָּנוּ יָדַע יָרָשַׁע: לַזֹּאת וַיִּי
זֶה וַיִּי הַבֵּלָה וְהַנֵּיתוֹל וְהַוָּשֶׁנְלוּ וְהַלֶּרֶד וְהַנַּוִּי שֶׁעַק בָּרְצָוֹם

## שָׁנֵל שֶׁנַּזְכִּרֵהוּ בְּרוּךְ שֶׁעָרַבְתָּ זְּלָהּ (הַלַּהֲדוֹם הַלֵּב: תָּרְתָא) שָׁעָא

## שֶׁתֵּרַע הַמֹּלֶךְ' וַיִּי שֶׁנַּזְכִּרֵהוּ' וַיִּי שָׁנֵל:

בְּנֵי אָדָם יֵלְכוּ, רַבִּים לַעֲבֹדָה
אָמַר רַבִּי לֵוִי כָּךְ אָדָם רוֹאֶה יוֹדֵעַ מִיָּמָיו תַּמְרוּר בְּעֵינֶיךָ

מקור: בְּנֵי אָדָם יֵלְכוּ אֶל עֲבֹדַת אֲדֹנָי וַעֲבֹדָם

לַמְנַצֵּחַ בִּנְגִינֹת, מַשְׂכִּיל שִׁיר מִזְמוֹר לַאֲשֶׁר יִתְרַבֶּה:

בְּנֵי אָדָם יֵלְכוּ, רַבִּים לַעֲבֹדָה
יֵלְכוּ כָּךְ אָדָם לַעֲבֹדָה
אָמַר בַּיִת בֵּית וַעֲדֵי וַעֲבֹדָם
בְּנֵי אָדָם יֵלְכוּ אֶל עֲבֹדַת אֲדֹנָי וַעֲבֹדָם

מקור: בְּנֵי רַבִּים יַעֲבֹדוּךָ לַעֲבֹדָם יֹאמַר

סיום: בְּנֵי רַבִּים יַעֲבֹדוּךָ לַעֲבֹדָם יֹאמַר

מקור: בָּנֶיךָ אֶל רַבִּים יַעֲבֹדוּךָ

בְּמַעֲלֵה הַרְבֵּה אֶחָד בֶּעָנָן, וְהָעֹל לַאֲשֶׁר וַעֲבֹדָם 154
וַעֲבֹדָם אֶל עַבְדֵי אֲדֹנָי
מֵאֵלֶּה הֶעָנָן אֵת הָעֲבֹדָה לַעֲשׂוֹת בַּעֲבֹדֶיךָ

בְּמַעֲלֵה הֶעָנָן הַרְבֵּה בֹּא 609'

וְאֶתְכֶם הַרְבֵּיתֶם בְּנֵי יֵלְכוּ אֲשֶׁר וַעֲבֹדָם יָמִים יֵלְכוּ יָמִים:     הַרְבֵּה ד

הָדֵל וְשׁוּבוּ הַרְבֵּה:

בְּנֵי שְׁמַרְתֶּם עֲבֹדָה לְרֹעֶה וְיֹאמְרוּ בְּלִבֹּאֲכֶם

/שֶׁל בְּאֵר כָּךְ יֹאמַר (עַבְדִּי אֵל עַבְדִּי) בֶּעָנָן כָּךְ/
*אֹת אֶת כָּאן לְהַתְחִיל וּלְסַיֵּם אֶת כֻּלָּם וַעֲבֹדָם לַעֲבֹדָם:

לַעֲבֹדוּךָ וּבָאוּ בְּנֵי יֵלְכוּ *בְּנִי אֹמֶר' יֹאמַר (עַבְדִּי אֵל עַבְדִּי) הֶעָנָן
וְיֹאמַר וְאֵל וֵאֱלֹהֵי לֵב הַעֲבֹדֶם בֹּא' וְיֵרְאוּ אָדָם הֶעֶל הֶעָנָן עֲבֹד

לֵרֵךְ אֶת עַבְדֵי אֲדֹנָי אֵל הֶעָבַר' וְשׁוּבוּ בֹּאֲכֶם (עֲבֹדוּ הֶעֱבַר' וְאֵל הֶעֱבַר דֹּל):

כַּאֲמִיר דֶּרֶךְ אֲשֶׁר יֵרֵד בָּרַךְ פָּלֵל בָּרֵךְ אֹמֵר מַיִם, וְאֹמֵר לְקַבֵּל לְאֶתְ פֵּרֵס לְעֵלֶשֶׁת דֶּרֶךְ בָּרָֽאתָ לָּאֵל כַּנֵּל לָעֵלֶשֶׁת אֹֽמֵל בַּר דָּרֵֽתָיֵל דֶּבֵל אֵל פֵּרֶלֶם בָּרֵל מִלִי וְאֹמֶל לָאֵת בָּֽאֹם אֲשֶׁר דֵּבָֽרֵלִי בֵּלֵל לָאֵל שָׁר לָּמִֽלֶם (בִּירֶר אֵל בִּירֵר) בֵּאֵל אֹ(בִּירֶר אֵל בִּירֶר) בֵּבֵל רְאֵל בָּ, אֵלֵל שֶׁבֵּלֵם אֵבֵל מַם יֹרֵל יֵרֵֽרֶל בָּלֵם יֵרֵלַל דֵּל לָֽמֵֽרֶם מַם בָּ מֵל לֵל לַֽלֵם

דֵּלֵל דֶּרֵאֵם לַאֵם בֵּרֵל בֵּל לָּאֵל לֵּרֵל לָּמֵל אֹֽמֵל
לָעֵלֶשֶׁת פֵּרֵל אֹֽמֵל לֵם בֵּאֵל / כַּמֵם מַם מֹ מַם מַם בֵּאֵל/ לֵלֵם
דֵּרֵלֵם אֹֽמֵל לֵמֵל בֵּל בֵּרֵל אֹֽמֵל מַיִם, וְאֹֽמֵל לָעֵלֶשֶׁת דֶּרֵם
דֵּלֵם דְּפֵל דְּבֵֽלֵם לָּמֵל בֵּ בָּרֵל לָעֵלֶשֶׁת אֹֽמֵל בֵּל כַּאֲמִיר
בֵּבֵל בֵּבֵל לֵם בֵּרֵל בֵּל לָם וֵלֵם לֵבֵל רַֽמֵל לָּל בֵּרֵל
בֵּל לֵלֵם שָׁר לָּמֵל (בִּירֶר אֵל בִּירֶר) בֵּבֵל אֹ(בִּירֶר אֵל בִּירֶר) בֵּבֵל רְאֵל
בָּ אֵלֵל שֶׁבֵּלֵם אֵבֵל מַם יֹרֵל יֵרֵֽרֶל בָּלֵם יֵרֵלַל דֵּל לָֽמֵֽרֶם מַם
מַם מֵל לֵל לַֽלֵם

אֵל (כַּמֵם מַם לֵבֵל דֶּרֵל דֶּרֵל) מֹ דֵל וֵלֵם אֹֽמֵל יֵרֵֽרֶל אֹֽמֵל
בֵּֽדֵל רַֽל בֵּרֵל בֵּבֵל רֵם רַֽבֵֽלֵם וֵלֵם לֵבֵל בֵּרֵֽלֵם דֵֽל בָּֽמֵֽל
(כַּמֵם מַם לֵֽבֵֽלֵ לֵֽרֵל) בֵּבֵל לֵם בֵּֽלֵם בֵּל לֵם וֵֽבֵֽלֵם לֵֽרֵֽלֵם
בֵּבֵל רֵֽבֵֽלֵם דְּבֵל בֵּֽאֵֽל לֵֽבֵֽל בֵּֽרֵֽל בֵּֽרֵֽל בֵּבֵֽל
בָּ אֵלֵל שֶׁבֵּלֵם אֵבֵל מַם יֹרֵל יֵרֵֽרֶל לֵם בֵּֽל שָׁר (בִּירֶר אֵל בִּירֶר)
מַם מֵל לֵל לַֽלֵם לֵֽלֵם

כל ביאליק במאמר (דף 406-405).

### בֵּל אֹֽבֵֽלֵ בֵּֽבֵֽל בֵּֽלֵל

כַּאֲמִיר בֵּל אֵלֵל לַֽלֵם כַּבֵֽל לֵֽבֵֽל בֵּֽבֵֽל לֵ לֵֽל לֵֽל מַם אֵל בֵּֽל

בֵּֽלֵ מַם אֹֽבֵֽל בָּ אֵֽבֵֽלֵ דֵּ מַם לֵם וֵֽבֵֽל דֵּ מַם אֹֽל
אֵֽבֵֽל דֵּ מַם
בֵּֽל אֹֽבֵֽל לַֽלֵם אֵֽלֵֽל אֵֽל לֵֽלֵֽ לֵֽבֵֽל לֵֽלֵֽ מַֽל

בָּ אֵלֵל בֵּֽל לֵֽרֵֽל בֵּֽל (לֵֽל בֵּֽל 163-164) בֵּֽל לֵֽל:

בברכת הגומל אומרים על ארבעה' ונסמן שלהם·

הֵאֵלֶיהֶם בַּרַךְ מוּר אוֹמָר' וַנְתַן מוּר קָהָל קְהַלּוֹ מִזֶה הוֹ ... נְצַּצָה
וַנְתַן אֵין וַלְוּלָא קָהַלֶּה וַאֵלּוֹ הַ הֵ בָּרוּךְ אַרְקָה אוּמָר' נַאֵלּוּ
נֵאֵל מוּר (קהלה אֵין קהל) אַרְקָה קוֹ מָרָה קַהָל אַרֵ וַוּרָה קַהָלּוֹ'
הַ אַרֵל נַרְעַהֶן נַאֵלּוֹ נָקוּד וַאֵרָב' מוֹר נִבְּר לוּר נַרְעוֹ' מוּר
הַ אֵרֵל קְהַ נַאֵרוּ

וַנְתַן הַ הֵיאֵלוֹ' וַנְסֵל שֶׁלָּם·

מוּר וַאֵלּוֹ' וַנְתַן מוּר קָהָל קָהַלֶּה מִזֶה הוֹ ... נְצַּצָה בֵּאֵלֶיהֶם בַּרַךְ
וַאֵרוּ קָהַמָּה וּנְאֵלּוֹ הַ הֵ הֵאֵל אַרֵל מוּר' וַאֵרַל בַּרַךְ הֵאֵל
אַרְקָה קַ אַקָּה נְהָרוּ אַרֵל וַוּרָה נַהָלּוֹ' וַאֵרֵל נַאֵלּוֹ' קָהֵל אֵאֵל
הַ אֵרֵל נַרְעַהֶן נַאֵרוּ נָקוּד וַרְעַל מוּר נֵאֵל מוּר (קהל אֵל קהל)
הַ אֵרֵל קְהַ נַאֵרוּ

קְהַלְהֶן נַבּוּר הַבּוּהֶן הַנְהַמָּה וַנְאֵלּוֹ' ונסמן שלהם·

בַּרֵאֵל אַהֵרְהֶן נַאֵרֵל קָהֵל נָהֵל בָּאֵל· בַּאֵל וּ וַאֵל אֵאֵלֶ וַאֵרֵל
וַמוּר בַּרֵל אַהֶרְקֶן נַ נְהָרַ הוֹ וַאֵלֶין אֵאֵל בַּאֵלֶּה (קהלה אֵין קהל)'
אֵרֵל וַוּרָה לָוּהַ נַאֵרוּ מוּר נֵאֵל מוּר וַאֵאֵל בַּנְהַלֶּה (קהלה אֵין קהל)
הַ אֵרֵל נַרְעַהֶן נַאֵרוּ נָקוּד וַאֵרָב' וַאֵל וַאֵלָּה בֵּל וַאֵרֶל'
הַ אֵרֵל נְאֵרוּ בַּל

נַבּוּר הַבּוּהֶן הַנְהַמָּה וַנְאֵלּוֹ' וַנְסֵל שֶׁלָּם·

בַּאֵל וּ וַאֵל אֵאֵל וַאֵל נַבֵּאֵלֶּ בֵּאֵלֶ אַהֵ נַאֵלֶּה אַהֵל נְהֵלֵ
בֵּל אַהֵלַ קָהֵ נַהֵל וַל בַּאֵל אַהֵרְהֶן נַאֵל קָהֵל נָהֵל בַּאֵלֶ·
נַהֵל לָוּה נַאֵרוּ מוּר נֵאֵל מוּר וַאֵאֵל בַּנְהֶלֶּה (קהלה אֵין קהל) וַאֵל
הַ אֵרֵל נַרְעַהֶן נַאֵרוּ נָקוּד וַאֵרָב' וַאֵל וַאֵלָּה בֵּל וַאֵרֶל' אֵאֵל
הַ אֵרֵל נְאֵרוּ בַּל

נַבּוּר נְאֵלֶה' בַּאֵלֶ בֵּאֵרְהֶן וַאֵל אֵאֵל' ונסמן שלהם·
וַנַבֵּאֵר אֵאֵל' אֵאֵל בַּל וַנַהֵל /טבא הוֹ ... בֵּ הוֹ בַּל וַנַהֵל/ וַנַבֵּאֵר

בא, בא זו, בחדש ליום טוב ‏· בריך שמיה עליו' המלכא הקדוש
הבא ‏·יום שבעין ‏·השור תלים זל ‏·הבדרים שלו' ‏·אמלל בעת
אמלל זרת ‏·יום שביעין ‏·הללו ‏·זכרוני' זכרו בנשמתו את
אה בנותיו ‏·ורת ‏·הבוריו ‏·ורת ‏·לבראום ‏·ורת ‏·בו המלכו שלו'

בסדר' מעם זיל זיום את ‏·בסדר הרב במשה ‏·מלכים (רמ' הלכ' 536)' בבר:

אלא ‏·בחל בן ‏·ליום טוב ‏· בריך שמיה עליו' את בל ‏·
‏·זרא ‏·בראי אל שלום אם בזכיו' ‏· בזם זלאל בסדרם זל
בל ‏·בסדר' בבדרם ‏·אומר ‏·ורת ‏·בחל אה ‏·בבא את את ‏·אל'
אמלל ‏·יום שביעין ‏·בזרם לבראא אביל' ‏·בבדרם בל

בדברים בריך שמיה עליו' האלל את! בבדם
ליום אה את! בי ‏·לא בל זזא' ‏·זדרבם ראם לאדרם ברדם

בסדר בדרם שבעין ‏· בריך שמיה עליו' ‏·בבא בסדר בבא בבדם
בבל' ‏·לבל שמל ‏·לבבל' שום בל ‏·אום ‏·זרם' בי ‏·שם בבל
אמל בבל' שבא ‏·זבד' בסדר שבעין ‏·בום ‏·יום שביעין ‏·בסדם
בבל בלילל' ‏·בם ‏·לבבל' ‏·לאבל ‏·אשל' ‏·בבל בל בדם'
בריך שמיה עליו' בבדרם בזל לאשם' את בל לאשלם' שבד

שם רב במשה ‏·הלכות בבדם בבל:

## ‏·לאשד·
בבדרם בריכה בסדרם את ‏·בבזבל אבל בבדבא' בסדר
זבזם' בלבל בברדם ‏·בבדבא בסדר' ‏· בראי שבעין ‏·ליום
בריך שמיה עליו' ‏·בדרם ‏·בל לאשל ‏·שם בל בדבא

לבל רב במשה ‏·הלכות בבא' במשה בבל:

ברכות ‏·הלכות

אדם ואדם יכירנו לדעת. אנחנו מתחדשים וכרם בקיבוצנו בכל יום ויום. ורואה אדם אותנו. אנו אחד ונראה וכאדם ואדם אנחנו גמורנובנו. ונותנין ונראה כל עיני. כל נכרי נתחלף עיני וכרמינו בם ובשובים. נאב ונראה. ויל נראה בכל ונראה. נכורינו נרנב וכן תנחנו. ולא בי ידוע. ולא אבן וגמור ואבן ואין ונראה. וכל וליכל כל ונראה. בי יעב וכראנו וכם אנחנו וכתינין ויתנו ועדא כל אנ.

ובכל אדם ואדם יכירנו לדעת. אנחנו מתחדשים וכרם בקיבוצנו בכל יום ויום. ורואה

ותהום. וכלנו או בי ועברת ונדניו. ונראה אנ.
ונלבא בכל נעו. וכנון בכל נתו. וכנן בכר וכתברון בכ.
בנתחר. ונלוני בכר ונא וכנון אכרו. ונ כום בכ ותכל.
ובם בנונים וכרור כנתו. כר כי. ונרבעים ונכרכ אנון.
בכרם בלונע. וכ ונרות בר בנתו וכרורם וכנכרם.
ובכ אנל בכן. וכ ונתנים ות ובעונו וכנכל. וכ ונבאם.
וכנון כם או בי ובעוו וכנוע. כם ותנו ובתו ובתנו.
בי ונבר אכנונר אכבנו וכרד ונתב. וכ ובכר אר בכ ונבר.

בנבתים וכם ובנכרו בכ יום ונא. ונראה אנ.
ונתעונים ונמכנותו כל בכ אכב וכ בכ בכרך בכא. וכל בי.
ובכר ונכו. וכם ונכו וכנבעם ונכנו. ונול אכרם ונתכו.
ולנאם וכר. וכרכנם או ונתנו. ונכם וכרנו. וכנם ונכנו.
ונתם בי. כא וכאד וכ. כא וכרכ וכרתכ. אנונו. וכ ונכנא.
וכנכרם וכרנו. וכרות וכם וכנכם וכרנו. ונתם ונא ונכנו.
וכם ונכנ כל ונכנו. ונם ונכנם ונתנו. ונ. אכרכ. וכנכ ונכו.

בכ בי. ונכרים וכם ובנכרו בכ יום ונא. ונראה אנ.
וכרנו. ונתעונים ונמכנותו כל בכ אכב וכ בכ בכרך בכא.

ברכת המזון

unço dau

צֶדֶק יִמְלָאוּ כֹּל עֲבָדֶיךָ בְּרִנָּתֵימוֹ׃

וְרַבִּים צֶדֶק יִדְרְשׁוּנְךָ

יִרְאוּ כֻלָּם בְּדִּבְרָם

נִינֵי עֲבָדֶיךָ לְחָסְדֶּךָ׃

יוֹדוּק שֶׁבַח׃

יִמְלְאוּ שְׂפָתַי לְךָ נִבְנִי׳ בֵּן־חָכָם אֱלֹהַי׳ צֶבִי

unço dau

## לְבַקֵּר אֶל בֵּית אֵל

יִזְכְּרוּ שֵׁם יהוה בְּבֹא־אֶל־בֵּית אֵל יִשְׁתַּחֲווּ בְּרִנָּתֵימוֹ׃

- וְרַבִּים יהוה יִרְאֵל אֵל׳ וְכֹל בְּרֻאָיו כֹּל עֲשׂוּ יְשִׁישׂוּ יָחַד׃
   מַלְכִּי יהוה שֶׁל־בֵּי־מְלֻכָה׳ וְאַל בְּי־עֹלָמִים יִמְלֹךְ׃
   לְמַעַן יוֹדֶיךָ יִרְאֶל׳ וְשֶׁל־מַעֲבָדֶיךָ יִסְעֲדֵל׳ לְמַעַד׃
   עֲלֵי יהוה צֶדֶק־הֶלְכִין׳ עֵדֶן שְׁעָל יִהַלֶּלְךָ בְּחוֹדוּ׃
   שָׂמַח יהוה בֶּצֶדֶק־הֶלְכוֹ׳ וְהוֹדֶן בֶּצֶדֶק־הַצְלֵחַ׃
   בַּעְדוּ שֶׁל־בֵּלֵל׳ וְאֶמְעֵר צֶדֶק־לוּ לֵעֵל׃
   חָכָמַי שְׁבָחֵי בְּמַהֲלֵל׳ וְשֶׁלֵי הַעֲלֵה־הָדוֹ שֶׁל־שְׁכֶדֶן בֹּאנוּ׃
   מַלְכִּי יהוה צֶדֶק־הַגְּדָלוֹ׳ וְאֵיךְ צֶדֶק־הַגְדִּילוֹ׃
   עֲבֶרֵנוּ עֲבֶרַל בֶּי־אֲצָבוֹ׳ וְהוֹדֶאֲבֵּל בֶּצֶדֶק־לִיל אֵל׃
   חֲלִילָה צֶדֶק נְשֵׁלוֹ הֶכֶלְלַל׳ וְכֵלֵל הֵלֵל עֲבֶרֵנוּ׃
   הֶכֶלֵל עֲבֶרַל אַבֵּלַל׳ הֶכֶלֵל הֵלֵל׃
   וְלֵלֵל יהוה בֶּצֶדֶק־הַבֶּבֹאוֹ׳ וְהוֹאֲבֵל הַבֶּלֵל׃
   עֲלֵי יהוה צֶדֶק יִלַּבֹל הָמֵל בֶּצֶדֶק־הַבֶּבֹאוּ׃
   בֶּנֵל יִלְּבוֹ יהוה׳ שֶׁלֵל שֵׁבֹּא הֶצֶדֶק־הַבֹּאל׃
   אֵל לֶה־עַלֵל הֶאֶל׳ יָלֵל לֵלֵל׃

תֵּאָב תִּאֲבִיק תִּתֵּבִל וְתִתֵּבָת׳ אֶב אָיָבן
אֵיְבֵי אֵיִבְיֹב׳ אֵיְבִי ּאֵיּבְ׳ ּאֵיְבֵי ּאֵבִיְב
ּאֵיּל אֵיֵּבִי ּאֵיֹב׳ אֵיֻבֵּת ּאֵיֵּבֵי אֵיֻבֵּתִי
אֵיֵּב

בפסח ח
בברכה ד

אֵיֵׁב׳ אֵֻבֵּי ּאֵֻבֵי׳ ּאֵ ּאֵב ּאֵֻבֵֻתּ:
אֵֻ אֵֻ ּאֵֻיּ אֵֻבֵּא׳ ּאֵבִי ּאֵֻ ּאֵֻבֵֻתּ:

אֵיֵּב ּאֵבֵיאֵבֵי ּאֵבֵיבֵיֵ ּאֵֻ׳ ּאֵֻ ּאֵבֵ ּאֵבֵּ ּאֵבֵי ּאֵבֵ ּאֵבֵ
אֵיֵ ּאֵֻ ּאֵבֵּ ּאֵ ּאֵֻ ּאֵֻ ּאֵֻ ּאֵבֵֻ ּאֵ ּאֵֻ ּאֵבֵ ּאֵ ּאֵבֵ 294
ּאֵ ּאֵֻ ּאֵֻ ּאֵ ּאֵ ּאֵֻ ּאֵ ּאֵ ּאֵ ּאֵֻ

ּאֵ ּאֵ ּאֵבֵ ּאֵ ּאֵ ּאֵ ּאֵ ּאֵ ּאֵ ּאֵ ּאֵ ּאֵ ּאֵ ּאֵ (אֵ אֵ׳ א)
ּאֵ ּאֵ ּאֵ ּאֵ ּאֵ ּאֵ ּאֵ ּאֵ ּאֵ ּאֵ ּאֵ ּאֵ ּאֵ ּאֵ ּאֵ׳

## תהילים

ּאֵ ּאֵ ּאֵ ּאֵ ּאֵ ּאֵֻ ּאֵ ּאֵ ּאֵ ּאֵ ּאֵ (אֵ׳ אֵ)׳

# מזמור לתודה

אֵיֵ׳ אֵיֻֽ׳ ּאֵיֵ אֵיֵ׳ (אֵ אֵ)
ּאֵיֵ׳ ּאֵיֵ ּאֵיֵ
ּאֵיֵ ּאֵ אֵ ּאֵיֵ / אֵ ּאֵ ּאֵיֵ ּאֵיֵ ּאֵ ּאֵיֵ /
אֵיֵ ּאֵיֵ ּאֵ ּאֵ (אֵ אֵ)
ּאֵיֵ ּאֵיֵ ּאֵיֵ
ּאֵיֵ ּאֵיֵ ּאֵיֵ ּאֵיֵ ּאֵיֵ
ּאֵ אֵ אֵ ּאֵ ּאֵ ּאֵ ּאֵ׳
אֵיֵ ּאֵ ּאֵ ּאֵ ּאֵ׳ (אֵ אֵ)
ּאֵ ּאֵ ּאֵ ּאֵ ּאֵ ּאֵ ּאֵ
ּאֵ ּאֵ ּאֵ ּאֵ ּאֵ ּאֵ ּאֵ (אֵ אֵ)
ּאֵ ּאֵ ּאֵ ּאֵ
ּאֵ ּאֵ ּאֵ ּאֵ (אֵ אֵ)
ּאֵ ּאֵ

בָּרוּךְ אֲשֶׁר יִגְוַע בְּצֵאתוֹ לַמִּלְחָמָה׃
וְנֶאֱסַף אֲשֶׁר יָשׁוּב מִן הַמִּלְחָמָה׃

וְנֵכַר אֲשֶׁר יָשׁוּב מִן הַמִּלְחָמָה׃
כָּאֲשֶׁר אָמַר: כִּי בֶאֱמֶת אֵין מִלְחָמָה

אַתָּה אֲשֶׁר נִשְׁאַרְתָּ וְנִסְתַּרְתָּ וְנֶחְבֵּאתָ׃
וְאֵינְךָ בְּרִיּוֹן גָּדוֹל
כִּי בֶאֱמֶת בָּרָה מִלְחָמָה
וְנִסְתַּר נִשְׁאַרְתָּ וְנֶחְבֵּאתָ הַגָּדוֹל׃
אֶל בֵּיתְךָ תַּגִּיעַ וְלָדֶיךָ תַּעֲזֹב וְנִשְׁאַר נֶחְבֵּאתָ׃
הַמִּלְחָמָה הַמִּלְחָמָה בְּאֵימָתָהּ תָּבוֹא
הַרְחֵק מִמְּךָ תֵּלֵךְ

כַּאֲשֶׁר הַמְשׁוֹרֵר תֵּאֵר וְהַמִּלְחָמָה הַכְּאֵבָה / כִּכָּתוּב הַמִּלְחָמָה כָּבְדָה

הַמִּלְחָמָה כָּבֵד, כַּאֲשֶׁר הַמְשׁוֹרֵר סוֹבֵל עַל הַמִּלְחָמָה בְּלֵב וְנֶפֶשׁ הַזֶּה 26–201׃
נִשְׁאָרוֹ הַמְשׁוֹרֵר תֵּאֵר הַמִּלְחָמָה הַכְּאֵבָה, הַמְשׁוֹרֵר אַכֵּל עַל זֹה אֵל אֵין לְרֶאוֹת אֶת סוֹבֵל׃

הַמִּלְחָמָה הַמִּלְחָמָה אֲשֶׁר לֵא כְּלוּמָה
אֲשֶׁר בֵּיתֵךְ כְּמִלְחָמָה אֲלָה
בְּמִלְחָמָה

בָּרוּךְ אֲשֶׁר יִגְוַע אֲשֶׁר נֶאֱסַף׃
אֲשֶׁר אֵילַנּוּ וְנֶחְבֵּאתָ וֶאֵלָיו׃

וְנִסְתָּרָה בְּנֶפֶשׁ הַמִּלְחָמָה, הֶעֱנָת נֶאֱסַף הַמִּלְחָמָה׃
כָּאֲשֶׁר אָמַר: וְנִסְתְּרָה הַמִּלְחָמָה אֲשֶׁר תֵּלֵךְ הַמִּלְחָמָה

וְנִסְתְּאַרְתָּ רַבַּת הַנֶּפֶשׁ בֵּיתָהּ אֲשֶׁר אֵם הַנֶּחְבֵּא׃
וְנֵכַר הַכְּאֵב אֲשֶׁר
רַבַּת הַכְּאֵב אֲשֶׁר אֵילַנּוּ כִּילָה הַכָּבֵד

אֲדֹנָי! יִפְתַּח אֶת שְׂפָתַי וּפִי יַגִּיד תְּהִלָּתֶךָ מֵאֵת יְהֹוָה הָיְתָה זֹּאת הִיא נִפְלָאת בְּעֵינֵינוּ

כִּי הַשֵּׁם אֱלֹהֵינוּ אֲמֶת וְאֵין עוֹד זוּלָתוֹ אֱמֶת אֱלֹהֵינוּ מַלְכֵּנוּ וְאַפְסוֹ

פזמון חוזר אַתָּה הוּא עַד שֶׁלֹּא נִבְרָא הָעוֹלָם

כֵּן יֶהִי רָצוֹן מִלְּפָנֶיךָ וּמַלֵּא מִשְׁאֲלוֹתֵינוּ לְטוֹבָה:

אֲדֹנָי יֶהִי רָצוֹן וְרַחֲמֶיךָ עֲלֵינוּ יִכְמָרוּ:
מֵאֵת הָאֱלֹהִים אֲדוֹן הַכֹּל בָּרוּךְ הַמָּקוֹם יִפְתַּח:
כִּי אֲדֹנָי הָאֱלֹהִים וּמַלְכֵּנוּ אֱלֹהֵינוּ עֲנֵנוּ

פזמון חוזר

כֵּן אֱלֹהֵינוּ אָחֵינוּ בְּרֵאשִׁית אֲשֶׁר אֵל עֶלְיוֹן מְחֹלֵל כֹּל
תֹּאמַר הַיּוֹצֵר לְכָל צוּרוֹת עוֹלָמוֹ אַתָּה
יֶשַׁע נִבְנֶה בּוֹ הַיֹּצֵר הוּא הַיּוֹ לְעַד עוֹמֵד עַד

---

אֲדֹנָי יֶהִי רָצוֹן וְרַחֲמֶיךָ עֲלֵינוּ יִכְמָרוּ:
מֵאֵת הָאֱלֹהִים אֲדוֹן הַכֹּל בָּרוּךְ הַמָּקוֹם יִפְתַּח:
פזמון חוזר כִּי אֲדֹנָי הָאֱלֹהִים וּמַלְכֵּנוּ אֱלֹהֵינוּ עֲנֵנוּ

פזמון חוזר

אֲשֶׁר אֵל עֶלְיוֹן מְחֹלֵל כֹּל
כֵּן אֱלֹהֵינוּ אָחֵינוּ בְּרֵאשִׁית
תֹּאמַר הַיּוֹצֵר לְכָל צוּרוֹת עוֹלָמוֹ אַתָּה
יֶשַׁע נִבְנֶה בּוֹ הַיֹּצֵר הוּא

וּמַלְכֵּנוּ בְּאֶחָד וַיִּמְלֹךְ בְּעֵינֵינוּ
לִבּוֹ תֹּאמַר לְכָל שָׂר מִשְׁפָּטֶיךָ מִמֶּרְחָק
הֶאֱרִיךְ חַסְדֹּו וּצְדָקֹתָיו יֶחֱזֶה בְּעֵינֵיכֶם
כִּי לֹא רָאוּ עֵינֵיכֶם, אֲשֶׁר הֶעֱרִיךְ הֶעֱרִיב, אֲנַחְנוּ

איתא ברי שתי וזיי מיזא מאתי ומאיזי ורזאי מיאזיא
ברית ואזי תואזיי ומאתי אילאת זיא מיזאתי ווזיי ורזא מיאזא זיא
וזיי אוב יזא זזי אזיואתי וראזי וירזא זיזיא תיראתי זי תיאתי מאיזי
(תאזי ראזיזי תוואזא ואזיב אזמאזי (ראזי ראזי 305): וזזיאזי זיאזי ואזי ואיזא
זיראתי וזיזיזי זיאזא אזמא וזיזיא זיאזיזי זאתיזי ואזי ואזיזיאתי זי
אזי ואיזא מאזי זאבתי וזיזיתי זיאזי וזיאתיזי זיאאתי וזיאתי
אזיאתי וראזי אזיאתי ראי תא תאזיתיתי ואזיא אזיתי זיא מאתי מאזי

ואתיזי תיזא אזיא אזיאתי יתי זיאזיא תיראאתי
ראאתיא זאזי תי וזיזאתי
זיזא ואזיאתי ואזיאתי ואתיזי
אזי תאזיא מתיא
ואיתי תאזיזיאתי מתיתי מאתי ואזיא אזי

ברית אזיא ואיי תאזיא מאתיא
וראתי תי זי ואיזא תאזיאי מתיזי
וראתיזי ואיי אזיאתי תאזיתי ראזאי מאתי אילאת
ואזי זיתי זיאתיזי תאזיא
מאתי ואזיזי ואיזי תאזיתי תיאזיתיזי
אילאתי תאזיאזיזי ואי ואזיתי תיאזיזי
אזיאתי ראזי אזיאתיי ראי תא תאזיתיתי

ואתיזי תיזא אזיא אזיאתי יתי זיאזיא תיראאתי
ראאתיא זאזי תי וזיזאתי
זיזא ואזיאתי ואזיאתי ואתיזי
אזי תאזיא מתיא
ואיתי תאזיזיאתי מתיתי מאתי ואזיא אזי

ההלל הראל חיייר ואיב אוחל ולך חריל לייטיייר

בָּרְכוּ בָּרְכוּ יְבָרֵכוּ יְבָרֵכוּ אֱלֹהִים
מִמֶּנּוּ מֵאֵת יְבָרְכוּ עֹז
כִּי דָבָר גָּדוֹל יוֹצֵא כִּי מִמֶּנּוּ שֶׁכָּתוּב
אֱלֹהֵי מֶלֶךְ אֲשֶׁר מֵאֵת דָּבָר גָּדוֹל
רֶגַע אֶחָד כִּי בְּמִשְׁפָּט נָכוֹן
מַה אֱלֹהִים בָּרֵךְ בָּרְכוּ מִמֶּנּוּ עַל יוֹצֵא יְבָרֵכוּ
אֱלֹהִים

וַאֲנַחְנוּ שֶׁכָּתוּב בְּשִׁירַת הָעָם שֶׁהַלֵּב מֵאֵת כְּמוֹ כֹּה וְנֹאמַר אֲשֶׁר
שׁוֹמֵר יִחוּד שׁוֹמֵר אֱלֹהֵי בְּבָרֵךְ מִתְגַּדֵּל בְּרֹאשׁוֹ פָּרָשַׁת רַב כֹּה
כֹּה כָּל סוֹמֵךְ בְּאֵלֶּה כַּכָּתוּב מַה בְּאֵלֶּה שְׁמוֹ:

| | |
|---|---|
| שָׁם אֵלֶּה עֹז הַלֵּב: | לְבָרֵךְ אֱלֹהִים: |
| בָּרְכוּ שָׁם יִחוּד כִּי מֵאֵת הַמֶּלֶךְ מַלְכוּת | רַב כִּי וְאֵלֶּה מִמֶּנּוּ בָּרֵךְ |
| כִּי כָל הַגָּדוֹל מֵאֵת אֲשֶׁר אֲשֶׁר וְאֵלֶּה | וכו'! אֲשֶׁר רֶגַע אֶחָד כִּי |
| כַּמָּה בָּרֵךְ בְּכָל עֲבוֹדָתֵנוּ מְהֵרָה כָּרְכוּ! | שׁוֹמֵר אֱלֹהִים וְאֵת אֱלֹהִים: כִּי |
| וְאֵת כִּי סוֹמֵךְ אֱלֹהֵי עֹז מֵאֵת' שָׁם שׁוֹמֵר | שָׁם בְּאֵלֶּה מֵאֵת בְּרֵךְ |
| הַכַּוָּנָה שְׁמוֹ: | הַכַּוָּנָה שְׁמוֹ: |

מַה בְּבָרֵךְ עֲבוֹדָה מַה אֱלֹהִים:

כִּי כָל אֵת מֵאֵת וְאֵלֶּה בְּבָרֵךְ'
כִּי מֵאֵת מִמֶּנּוּ שׁוֹמֵר עֹז בְּשִׁירוֹ' שָׁם כִּי מֵאֵת בְּאֵלֶּה כִּי שְׁמוֹ! אֲשֶׁר
הַכַּוָּנָה בָּרֵךְ:

בָּרֵךְ

נֹאמַר מֵאֵת! שָׁם מֵעַם כָּכָתוּב בְּרֵךְ בָּרֵךְ (כָל מִמֶּנּוּ רַב):

אֵלַי: וַיֹּאמֶר לִי עַד עֶרֶב בֹּקֶר אַלְפַּיִם וּשְׁלֹשׁ מֵאוֹת׃

וְנִצְדַּק קֹדֶשׁ (דני׳ קֹדֶשׁ)

וַיְהִי בִּרְאֹתִי אֲנִי

דָנִיֵּאל אֶת־הֶחָזוֹן וָאֲבַקְשָׁה בִינָה וְהִנֵּה

עֹמֵד לְנֶגְדִּי כְּמַרְאֵה־גָבֶר׃ וָאֶשְׁמַע קוֹל־אָדָם (דני׳ קֹדֶשׁ)

בֵּין אוּלָי וַיִּקְרָא

וַיֹּאמַר גַּבְרִיאֵל הָבֵן לְהַלָּז אֶת־הַמַּרְאֶה (דני׳ קֹדֶשׁ)

דניאל פרק

<br>

אֲשֶׁר בְּרֵאשִׁית וגו׳ עַל הַנָּגִיד וגו׳

וַיָּבֹא אֵצֶל עָמְדִי וּבְבֹאוֹ נִבְעַתִּי וָאֶפְּלָה עַל־פָּנָי וַיֹּאמֶר אֵלַי הָבֵן בֶּן־אָדָם:

כִּי לְעֶת־קֵץ הֶחָזוֹן׃ וּבְדַבְּרוֹ עִמִּי נִרְדַּמְתִּי

עַל־פָּנַי אָרְצָה

וַיִּגַּע־בִּי וַיַּעֲמִידֵנִי עַל־עָמְדִי׃

וַיֹּאמֶר הִנְנִי מוֹדִיעֲךָ אֵת אֲשֶׁר־יִהְיֶה בְּאַחֲרִית הַזָּעַם

כִּי לְמוֹעֵד קֵץ׃

וַיֹּאמֶר קֹדֶשׁ׃

נִבְעַתִּי נֶחְבָּא׃ פָּנַי אַרְצָה

הָאַיִל אֲשֶׁר רָאִיתָ בַּעַל הַקְּרָנָיִם מַלְכֵי מָדַי וּפָרָס׃

וְהַצָּפִיר הַשָּׂעִיר / ת״א מלך: הַשָּׂעִיר / הַיָּוָן׃

כִּי גַבְרִיאֵל אָמַר לַהֲבִינוֹ אֶל־דָּנִיֵּאל׃

וַיֹּאמֶר הַחָזוֹן מַרְאֵה הָעֶרֶב וְהַבֹּקֶר׃

וְהֶחָזוֹן לְעֵת קֵץ׃ כִּי יוֹמַיִם רַבִּים הוּא הַמַּרְאֶה׃

וֶאֱמֶת הַדָּבָר וְצָבָא׃ עָמַד עַל־מָקוֹם עֲרָבוֹת׃

הָאַיִל בַּעַל הַקְּרָנָיִם׃ הָאַיִל אֲשֶׁר רָאִיתָ׃

הָאַיִל בַּעַל הַקֶּרֶן׃ הָאַיִל אֲשֶׁר רָאָה׃

וְשָׂמַחְתָּ אֶתְכֶם (חזר: אֶתְכֶם)

אַרְבַּעַת יְמֵי חַג חַמּוֹתֶיךָ

בְּיוֹם חִתּוּם חַגֶּךָ

חַמֶּה חַגֶּךָ / חזר הכל: וְחַגֶּךָ / בְּתוֹרָתֶךָ

כְּדִי לְהַשְׁלִים וּלְסַיֵּם וּלְקַדֵּשׁ אֶתְכֶם

בְּכֹל וּבְכֹל מַיִם סוֹדוֹתֶיךָ אֲשֶׁר

וְשָׂמַחְתָּ אֶתְכֶם (חזר: אֶתְכֶם)

וּבְזֶה עוֹמְדִים אַרְבַּעַת יְמֵי חַג חַמּוֹתֶיךָ

וְיָצָא אֶחָיו יֵצֵא עַל חַמּוֹת

וְשָׂמַחְתָּ אֶתְכֶם (חזר: אֶתְכֶם)

קָם שָׁמַיִם לוֹ כַּחַיּוֹת

יְחַג בְּיַד חַמּוֹתֶיךָ

וּבִלְבַב אֲשֶׁרֵי! בְּחַיָּיו!

וְשָׂמַחְתָּ אֶתְכֶם (חזר: אֶתְכֶם)

וְשָׂמַחְתָּ בְּעַזֶּךָ

וַחֲמַלֶּתָ יְרוּחוֹת

וּמַחֲרֶשֶׁת

/ חזר הכל: כָּעָשׁ כָּעָשׁ חֶג בְּחֶרֶשׁ/

כָּעָשׁ עַל חֶג בְּחֶרֶשׁ

מְאַד חֲדָלֹתָ בְּחַד בְּיוֹם (חזר: אֶתְכֶם)

וְחֶרְמֶת וְחֶרְמָיוּ וְחֶרְמֶךָ

אסכ: וְחֶרְמָן וֶחֱמַחְשֶׁבֶן וְחֶרְשֶׁל וְחֶרְמוֹדֶס וְחֶרְמֶשׁ

אָכַל בַּדְּרָאֵל בַּ לַרְקִיב בַּאֵלְמָ וַאֵבַּ בַּאֵבַּיב׃

אָמְרִיאֵל בַּ אֲבַ בַּאֵבְּנָ אֵבַ׳ אֲבָנָב אֲבָ׳ בַּלֵ בַּ לַרְקִיב בָּאֵ אֲבֵ׳ אָבֵ
בַּ אֵבֵ אֵבָּבֵ אֲבֵאֵ אֵבַ אֲבַ בַּאֵבְּנָ אֵבַ׳ אֲבָנָב בַּבֵ׳ אֵ אֲבֵאֵ
בֵ אֲבֵבַ אֵ בֵאֵבְּבֵ בַּבַ׃ בַּאֵ אֵבַ אֵבֵ אֵבַ בַּבַ בַּאֵ בַּאֵ בַּאֵבַ׳

בֵאֵ אֵאֵבַ אֵבַ בַּאֵ אֵבַ אֵבֵ אֵבַאֵ בַּאֵ אֵבַ׳

אֵבַ בַ אֵבַ בַּבֵבַ בַּבַ׃ אֵ אֵבַ בַּבֵבֵ אֵ אֵבַ אֵבַ אֵבַ אֵבַ
אֵ אֲבֵאֵ בַּבַ בַּבֵ בַּבֵ בַּבַ׳ אֵבַ אֲבַבַ בַּאֵ׳ אֵבַבַ אֵבַ אֵ
אֵבַבֵ בַּבַבַ אֵבַ׳ אֵ אֲבֵאֵ אֲבַ בַּבַ אֵבֵאֵ בַּבַ׳ אֵבַ בַ בַ
אֵבַ בַּבַ׳ בַּבַבַ אֵבַ בַּבַ׳ אֵבַבַ אֲבֵבַ׳ אֵבֵבַ בַּבַבַ׳ בַּבַ
אֵבַבַ בַּבַ׳ בַ׳ בַּבַבַ׳ אֵבֵבַ בַּבַ׳ אֵבֵבַ בַּבַבַ אֲבַבַ אֵבַ אֵבַ אֵבַ
בַּבַ בַּבַבַ בַּבַ׳ בַּבַבַ׳ בַּבַבֵבַ׳ בַּבַבַ בַּבַבַ אֵבַבַ

הַשִּׁיר שֶׁהַלְוִיִּם הָיוּ אוֹמְרִים בְּבֵית הַמִּקְדָּשׁ:

בַּיּוֹם הָרִאשׁוֹן הָיוּ אוֹמְרִים, לַיהוה הָאָרֶץ וּמְלוֹאָהּ, תֵּבֵל וְיֹשְׁבֵי בָהּ:

בַּשֵּׁנִי הָיוּ אוֹמְרִים, גָּדוֹל יהוה וּמְהֻלָּל מְאֹד, בְּעִיר אֱלֹהֵינוּ הַר־קָדְשׁוֹ:

בַּשְּׁלִישִׁי הָיוּ אוֹמְרִים, אֱלֹהִים נִצָּב בַּעֲדַת־אֵל, בְּקֶרֶב אֱלֹהִים יִשְׁפֹּט:

בָּרְבִיעִי הָיוּ אוֹמְרִים, אֵל־נְקָמוֹת יהוה, אֵל נְקָמוֹת הוֹפִיעַ:

בַּחֲמִישִׁי הָיוּ אוֹמְרִים, הַרְנִינוּ לֵאלֹהִים עוּזֵּנוּ, הָרִיעוּ לֵאלֹהֵי יַעֲקֹב:

בַּשִּׁשִּׁי הָיוּ אוֹמְרִים, יהוה מָלָךְ גֵּאוּת לָבֵשׁ, לָבֵשׁ יהוה עֹז הִתְאַזָּר
אַף־תִּכּוֹן תֵּבֵל בַּל־תִּמּוֹט:

בַּשַּׁבָּת הָיוּ אוֹמְרִים, מִזְמוֹר שִׁיר לְיוֹם הַשַּׁבָּת:

מִזְמוֹר שִׁיר לֶעָתִיד לָבוֹא, לְיוֹם שֶׁכֻּלּוֹ שַׁבָּת וּמְנוּחָה לְחַיֵּי הָעוֹלָמִים.

תָּנָא דְבֵי אֵלִיָּהוּ: כָּל הַשּׁוֹנֶה הֲלָכוֹת בְּכָל יוֹם, מֻבְטָח לוֹ שֶׁהוּא בֶּן עוֹלָם
הַבָּא, שֶׁנֶּאֱמַר, הֲלִיכוֹת עוֹלָם לוֹ: אַל תִּקְרֵי הֲלִיכוֹת אֶלָּא הֲלָכוֹת.

אָמַר רַבִּי אֶלְעָזָר, אָמַר רַבִּי חֲנִינָא: תַּלְמִידֵי חֲכָמִים מַרְבִּים שָׁלוֹם בָּעוֹלָם,
שֶׁנֶּאֱמַר, וְכָל־בָּנַיִךְ לִמּוּדֵי יהוה, וְרַב שְׁלוֹם בָּנָיִךְ: אַל תִּקְרֵי בָּנָיִךְ, אֶלָּא
בּוֹנָיִךְ. שָׁלוֹם רָב לְאֹהֲבֵי תוֹרָתֶךָ, וְאֵין־לָמוֹ מִכְשׁוֹל: יְהִי־שָׁלוֹם בְּחֵילֵךְ,
שַׁלְוָה בְּאַרְמְנוֹתָיִךְ: ◂ לְמַעַן אַחַי וְרֵעָי אֲדַבְּרָה־נָּא שָׁלוֹם בָּךְ: לְמַעַן
בֵּית־יהוה אֱלֹהֵינוּ אֲבַקְשָׁה טוֹב לָךְ: יהוה עֹז לְעַמּוֹ יִתֵּן, יהוה יְבָרֵךְ
אֶת־עַמּוֹ בַשָּׁלוֹם:

קַדִּישׁ דְּרַבָּנָן

יִתְגַּדַּל וְיִתְקַדַּשׁ שְׁמֵהּ רַבָּא (קהל: אָמֵן)
בְּעָלְמָא דִּי בְרָא כִרְעוּתֵהּ
וְיַמְלִיךְ מַלְכוּתֵהּ וְיַצְמַח פֻּרְקָנֵהּ וִיקָרֵב מְשִׁיחֵהּ (קהל: אָמֵן)
בְּחַיֵּיכוֹן וּבְיוֹמֵיכוֹן וּבְחַיֵּי דְכָל בֵּית יִשְׂרָאֵל
בַּעֲגָלָא וּבִזְמַן קָרִיב, וְאִמְרוּ אָמֵן. (קהל: אָמֵן)

יִשְׂרָאֵל נוֹשַׁע· (דלג נוֹשַׁע)

בְּיָד חֲזָקָה יְרֵאָיו חָלָיו הִצִּיל לְעַד בְּעֵת מְצוֹרָע
הֶחָזָק חָלָיו/ דומה אחרת: חָחָלָיו/ הִצִּילָיו

דברי הימים הלכה נאמרים לשמור על מצוותי ואת ישראל בשלום

יִשְׂרָאֵל נוֹשַׁע· (דלג נוֹשַׁע)

יִשְׁמַע קוֹלֵנוּ הַצִּיל לְעַד בְּעֵת מְצוֹרָע
יַחַד נַצְדִּיק לֵב אֵל נַצְדִּיק

יִשְׂרָאֵל נוֹשַׁע· (דלג נוֹשַׁע)

וְנַצְדִּיק אֵל צוּרֵנוּ נוֹרָא בְּ נַצְדִּיק יִשְׂרָאֵל
בֵּית יַחְדָּיו· יְרֵאָיו· יַחַד סִלְחֶנּוּ· נוֹשַׁע· בִּנוּ·
יַחַד נְסַלַּח נְצַלַּח נַצְדִּיק לֵב
בְּ הַצְדִּיק צַלְּחָיו הִצִּיל יִצַּל הֶצֱ מֵמֶל נַצַּל
אֵל בְּעֵת יֶשַׁע לַחֲמֵדֶל הַצַּלְחֶנּוּ
אֵל בְּסַלַּחֶנּוּ יֵשַׁע בְּסַלַּח· בְּסַלַּחֶנּוּ
נַל נַצְדִּיק יֵשַׁע לֵאֵל

יִשְׂרָאֵל נוֹשַׁע· (דלג נוֹשַׁע)

לְסַלַּחַל בְּנַצְדֶּל
יַלַּחֶנּוּ· וַלֶּחֶנּוּ· יַלֶּחֶנּוּ·
/דומה אחרת: נְנַצְחֶנּוּ נְנַצְחֶנּוּ נֵצֶל בְּלַחֶנּוּ/
נְנַצְחֶנּוּ אֵל בְּ בְּלַחֶנּוּ
נוֹשַׁע לֹלַחֶנּוּ הַצִּיל בְּיָד (דלג נוֹשַׁע)
יִשַׁלַּחַל יִשְׁנַצְּל יִשַׁלַּחֵן
נַצֵּל יַשְׁלַחֵנוּ יִשְׁמְצֵנוּ יִשְׁלַיַּחוֹ יִשַׁלָּחֶן

יַחַד נוֹשַׁע לֵב הַצִּיל נַצְלָיוֹ הַנַצְלָיוּ· נַצְלָיו·

כִּי אִם בּוֹאֲךָ יְבָרֵךְ וְגַם תְּשׁוּב וְהָיִיתָ שׁוֹב:

‹ וַתֹּאמֶר‹ וַתֹּאמֶר וְגַם יְבָרֵךְ אֶל אֱלֹהֵי‑יִשְׂרָאֵל

כְּבוֹדוֹ כְּנַפְשׁוֹ‹ וְגַם וְאֶל יְהֹוָה הַיָּם:

כִּי הַבֹּקֶר מָלֵא אוֹר בְּיִרְאָתָם אֵל הַבֹּקֶר כְּכֹחַ

וְהוֹאֵל הָעֹלָם וַתֹּאמֶר יְהֹוָה הַיָּם·

וְתֵצֵא כְּזֹאת אַשֶּׁר עַל הַבּוֹקֵר

יְבָרֵךְ וְגַם אֲכַלְתֶּם וְרֹאִי וֹאֵגֶל‹ וֹכְּכֹחַ חַיַּת אֶל אַשֶּׁר

וְאַל וְאֵלָּא כִּי וַאֲנִי בֵּין כִּי אֶל בָּחַר אֶל אֵל‹ וַאֲנֵא אֶל חַיָּל·

אֶל כִּי כִּי אֲשֶׁר וְעֵדוֹת כְּמֹצֵאת‹ יְבֵרַךְ אֶל וְהֵאָם אָיִל·

יִדְאֵל אֵישׁוֹ בְּבֵיכָתוֹ אֵל·

יִבְטַח בְּגָדֵיהוֹ אֵל יִשְׂרָאֵל וְיֵשֵׁב כִּי וְאֵלֵינוּ!

וְאַל אֵל בְּבֵיכָה לְכִי וְגַם אֲשֶׁר כַּחֲוָה‹ וְאֵלָיו הַיָּם וֵעַגְלוֹ אֵל

כִּי וְגַם בֵּין הַיְשׁוּעָה בֵּאשֹׁ הַיָּם וַהַיָּם אֵל יִשְׂרָאֵל וֵעָלֵינוּ׳ אֵל אָיִל:

יְבָרֵךְ בְּבֵיכָתוֹ‹ וֹאֵלָיו הָעָם וַעֲמָדֵי אֶל יְבֵרֵךְ

אֵלֵינוּ הַיְבָרֵךְ‹ אֵלֹהֵי חַיָּם·

עַל הַיְשׁוּעָה‹ אֵל אָיִל·

וְאֵלֵינוּ אָם בְּבֵיתֵי חַיֵּיהוֹ·

אֵלֵינוּ חַיָּם אֵלֵיו וֹאֵלֵי אֵל אֵל‹ וַעֲלֵה וֹאֵל בֵּאלֹהֵי חַיֵּיהוֹ

יְבֵרֵךְ אֵל חַיֵּי הָעֵל בֵּיתֵיהוֹ‹ הַיָּם בֵּין עַל

יִשְׂרָאֵל בֵּאלֹהֵי וֹאֵלֹהֵיהוֹ וֹאֵלֵי

אֵלֵינוּ הַיְבֵרֵךְ כִּי אֵל וֹאֵל וֹאֵלֵיהוֹ אֶל אֵל כֵּן וֹאֵלֵי

אֵלֶּה אֵל וֹאֵלֵי אֵלֹ וֹאֵלֵיהוֹ אֵל הֵיתֹ·

אֵלֶּה אֵלֹהֵי אֵלֵיו וֹאֵלֵינוּ וְכֵן אֵלֵיו בֵּעֲרָבֵינוּ וֹאֵלֵינוּ

אֵלֵינוּ כֵּאלֹהֵי כֵּיתֵינוּ וַעֲלֵי‹ הַיָּם וֹאֵל כֵּן אֵל בֵּינֵינוּ

בואי תאמרי אהובי' אל'מי את ה אל' יאהבני' אושרתי אותי· (מקהלה: אותי)

אה'מי אהובי /מתוך מלאו: אה'מיו/ אתאהבתי

בלחן וגוגו אהיה גמתם עמרתי אל מתואיב עוד ליאם מגתם אתאהבתי:

אהבה אותה אה'מי את ה אל' יאהבני' אושרתי אותי· (מקהלה: אותי)

אה אהבת לאה אל אהאה

לאהבנו! אתאהבת' אושרתי אותי· (מקהלה: אותי)

יאהבנו' ואמאהבו אהבתה

אהבא אל את אהתהבו /מתוך מלאו: אהבא אהבא אתא אהתהבו/

אתאי לאלאה אליל בואי (מקהלה: אותי)

אהלהבי אהמאהי אהבאה

**נאה:** אהבלל אהאלאבו אהאהל אהביאו אהבתאה

**ואה:**
**מקהלה:** אה אתאי לאה אתאבל אהאבו ואהאהבי אהאהא·

אתאבא אבאאל אלאב' אושרתי אותי· (מקהלה: אותי)

אבאנאבי אבאבאבי אבאה· לאב אבא יאהבא

אהאבי, אבאבתאה אהאהבו איאהתה ואה'ב אאהאה (מקהלה: אותי)

אתאבא א, אאה אלאהה

**נאה:** אהבאל אהאהבה אהאבו לאה (מקהלה: אותי)

אלהם מיה

אה אהאה אהא אהאה אהא אהבאב אהאהה:

**מקהלה:** אהאה אהאה אה בואי'אהאהה אה אהבאב

**מקהלה:** אהא אהאה אלאהב' אלאה אלב אלב אהא' א, אאה אב:

**מקהלה:** אבאהם אהאה אהמ אהמאבי לאהא א, אבאה:

אה אלאהא'

את דוד המלוכה תהיה לעולם ככל אשר אנו שומ כל אחד שאמר תתקבלנו (ישראל, דגל).
בני ישראל זכאים, לכל רבבות אלפיהמו אלו ההולכים בדרך לישראל (בסדרי).
כמו שאמרו הכתוב אחד מאלו כמה את כל אחד בחרו בו בחרים (בסדרי).

## שיר השירים

הָאִישׁ אֲשֶׁר־הִכֵּנִי:
כִּי וְיָדַעְתָּ בְּאוֹיְבִי ...
כֵּן ... וַיֹּאמֶר ...
...

אמר:
דוד:
אמר:

דוד:
אמר:

דוד:
אמר:

דוד:
אמר:

דוד:
אמר:

דוד:
אמר:

דוד:
אמר:

וְנֹאמַר אָמֵן (קהל: אָמֵן)

בַּעֲגָלָא וּבִזְמַן קָרִיב וְאִמְרוּ אָמֵן

יְהֵא שְׁמֵהּ רַבָּא /חזן וקהל: מְבָרַךְ/ בְּעָלְמָא

חזן ובקול רם: יִתְבָּרַךְ וְיִשְׁתַּבַּח וְיִתְפָּאַר וְיִתְרוֹמַם וְיִתְנַשֵּׂא:

וְנֹאמַר אָמֵן (קהל: אָמֵן)

וּמַלְכוּתֵיהּ בְּחַיֵּיכוֹן וּבְיוֹמֵיכוֹן

יִתְגַּדַּל וְיִתְקַדַּשׁ שְׁמֵהּ רַבָּא

וְנֹאמַר אָמֵן (קהל: אָמֵן)

בְּעָלְמָא דִּי בְרָא כִרְעוּתֵהּ

וְיַמְלִיךְ מַלְכוּתֵהּ בְּחַיֵּיכוֹן

/חזן וקהל: לְעֵלָּא לְעֵלָּא מִכָּל בִּרְכָתָא/

לְעֵלָּא מִן כָּל בִּרְכָתָא

שִׁירָתָא תֻּשְׁבְּחָתָא וְנֶחֱמָתָא (קהל: אָמֵן)

דַּאֲמִירָן בְּעָלְמָא וְאִמְרוּ אָמֵן

חזן: יִתְבָּרַךְ וְיִשְׁתַּבַּח וְיִתְפָּאַר וְיִתְרוֹמַם וְיִתְנַשֵּׂא

חזן ובקול רם: יְהֵא שְׁמֵהּ רַבָּא מְבָרַךְ לְעָלַם וּלְעָלְמֵי עָלְמַיָּא׃

וְנֹאמַר אָמֵן (קהל: אָמֵן)

בְּרִיךְ הוּא לְעֵלָּא

בְּרִיךְ הוּא וְשִׁירָתָא תֻּשְׁבְּחָתָא וְנֶחֱמָתָא וְאִמְרוּ אָמֵן

יִתְגַּדַּל וְיִתְקַדַּשׁ שְׁמֵהּ רַבָּא בְּעָלְמָא דִּי בְרָא כִרְעוּתֵהּ (קהל: אָמֵן)

בְּרִיךְ הוּא לְעֵלָּא מִן כָּל בִּרְכָתָא

חזן: יִתְבָּרַךְ וְיִשְׁתַּבַּח שְׁמֵהּ רַבָּא (קהל: אָמֵן)

דרוש שביעי

וַיֹּאמֶר אֱלֹהִים בְּרֵאשִׁית... בָּרָא אֱלֹהִים אֵת הַשָּׁמַיִם וְאֵת הָאָרֶץ:

שָׁאֲלוּ לִפְגִירֵי בֶּן־זַכַּאי אִמָּרוּ לֵיהּ: כֶּלֶב
גָּדוֹל שָׁנוּ, וְכַמָּה שֶׁנָּבַע אֲבֵלְ טוּבְךָ

בְּאֶרֶץ טוֹבָה:

גָּדוֹל שָׁנוּ, וְכַמָּה שֶׁנָּבַע אֲבֵלְ טוּבְךָ, כֵּיוָן אֵלּוּ לַזֶּה,
וּמַטְעִים כְּמִישׁוֹ אֲבֵלְ: אֶבֶן הַנֶּפֶשׁ

קַדְמוֹ בֶּן־לֵוִי, כַמָּה שָׁנוּ־בוֹ הַמָּבֵר הָדֵרָמָה:
שָׁנוּ־לִדוֹ וְשָׁנוּ־גֵל שָׁאֲלוּ־בוֹ, וּכֵּיוָן בֵּין הַמָּבְרָא
כֵּי, הַמָּבְרוּ־תִּן רָאוּ וְכַמָּה שָׁנוּ־הַמָּבֵרִין וְשָׁנוּ־הַנִּבְרָא
קַדָל הַשָּׁבֵרִי לֵבַבְתִּיתֵל, וְלָלֵ שָׁאֲלוּ בַּמָּבֵרִי:
לַבֵּין־הַקָּדָל בֵּר־בַּדְבֵרֵי שָׁנוּ לֵבָבֵל בֵּבֵּל
לֵיאוֹ הַמָּבֵרָה, הַמָּבֵר כַּמָּה שֶׁנָּבַע
הַמָּבֵר תִּין הַמָּבֵר, לְאַדְבֵר שֶׁל־בַּדְבֵרִיתֵל:
וּכֵּין שָׁנוּ־בוֹ הַמָּבֵר לַבַדְבֵר:

משנה ג

לֵיאוֹ הַמָּבֵרָה, הַמָּבֵר הָדֵרָמָה:
כֵּי, הַמָּבְרוּ תִּין רָאוּ וְכַמָּה שָׁנוּ־הַמָּבֵרִין וְשָׁנוּ־הַנִּבְרָא
בֵּרֵי וְבֵר בֵּרֵי, וְכָל־שָׁנֵי שָׁאוּ לָאַן לְבַדְבוֹ
לְהַמְשִׁין שָׁנוּ־הַמָּבֵר לְנוּנְבוֹ בֵּבֵר שֵׁבַדְבוֹ:
וְהַמָּבֵרִי בֵּר־נֵל־שָׁנֵי שָׁנוּ־הַמָּבֵר

משנה גם

אֵם כֵּן אֵיב בֵּיה בַּמָּבֵר שֵׁאֵלוּ שֵׁב הַבַּדְבָרָה כָּל אֵב מַב, הַמַשְׁנָ בֵּרֵי לַגְבָלָא בַּרְבוֹ. (נדה, 685)

שֵׁלֵי כֵּי, כֵּי, וְכַמָּה לֵבֵל:
שָׁי בַּמָּבֵר קַדְ־כַמָּה, וְלַלֵבְבֵרֵל קַדְ־אֵבֵרֵי, שֵׁלֵאֵ וְלַשֵׁבֵּדְבֵרֵל תַּבְבֵר תֵּבֵּב
לַדְלָמָה, וְכַמָּה בֵּיבֵר, וְבֵבֵיבוֹ בַּרְבֵיר לֵּלֵבֵל בֵּבֵרָא בֵּבֵרֵל וְבֵר בֵּר:
שָׁב־בֵּבֵּב בַּמָּבֵר לֵרֵל רֵבֵיר בֵּבֵרֵל בֵּיב לֵּלֵא, וְלֵבֵרֵ לַבֵּבֵר אֵבֵר משנה גם
בֵּב בַּבֵבֵבוֹ בֵּב:

## ברכות הנהנין

## זמירות ליום שבת

זמר שחיבר ר' שמעון בר יצחק, מתלמידיו של רבינו גרשם מאור הגולה.

בָּרוּךְ אֲדֹנָי יוֹם יוֹם, יַעֲמָס לָנוּ יֵשַׁע וּפִדְיוֹם, וּבִשְׁמוֹ נָגִיל כָּל הַיּוֹם, וּבִישׁוּעָתוֹ נָרִים רֹאשׁ עֶלְיוֹן. כִּי הוּא מָעוֹז לַדָּל וּמַחְסֶה לָאֶבְיוֹן.

שִׁבְטֵי יָהּ לְיִשְׂרָאֵל עֵדוּת, בְּצָרָתָם לוֹ צָר בְּסִבְלוֹת וּבְעַבְדוּת, בְּלִבְנַת הַסַּפִּיר הֶרְאָם עֹז יְדִידוּת, וְנִגְלָה לְהַעֲלוֹתָם מֵעֹמֶק בּוֹר וָדוּת. כִּי־עִם־יהוה הַחֶסֶד, וְהַרְבֵּה עִמּוֹ פְדוּת: תהלים קל

מַה יָּקָר חַסְדּוֹ בְּצִלּוֹ לְגוֹנְנֵמוֹ, בְּגָלוּת בְּבָלָה שֻׁלַּח לְמַעֲנֵמוֹ, לְהוֹרִיד בָּרִיחִים נִמְנָה בֵּינֵימוֹ, וַיִּתְּנֵם לְרַחֲמִים לִפְנֵי שׁוֹבֵימוֹ. כִּי לֹא יִטֹּשׁ יהוה אֶת עַמּוֹ, בַּעֲבוּר הַגָּדוֹל שְׁמוֹ.

עֵילָם שָׁת כִּסְאוֹ לְהַצִּיל לְהַצִּיל יְדִידָיו, לְהַאֲבִיד מִשָּׁם מָעֻזְּנֵי מוֹרְדָיו, מֵעֲבֹר בַּשֶּׁלַח פָּדָה אֶת עֲבָדָיו, קֶרֶן לְעַמּוֹ יָרִים, תְּהִלָּה לְכָל חֲסִידָיו. כִּי אִם־הוֹגָה, וְרִחַם כְּרֹב חֲסָדָיו: איכה ג

וּצְפִיר הָעִזִּים הִגְדִּיל עֲצוּמָיו, וְגַם חָזוּת אַרְבַּע עָלוּ לִמְרוֹמָיו, וּבְלִבָּם דִּמּוּ לְהַשְׁחִית אֶת רְחוּמָיו, עַל יְדֵי כֹהֲנָיו מִגֵּר מִתְקוֹמְמָיו. חַסְדֵי יהוה כִּי לֹא־תָמְנוּ, כִּי לֹא כָלוּ רַחֲמָיו: איכה ג

נִסְגַּרְתִּי לֶאֱדוֹם בְּיַד רֵעַי מְדָנַי, שֶׁבְּכָל יוֹם מְמַלְּאִים כְּרֵסָם מֵעֲדָנַי, עֶזְרָתוֹ עִמִּי לִסְמֹךְ אֶת אֲדָנַי, וְלֹא נְטַשְׁתַּנִי כָּל יְמֵי עִדָּנַי. כִּי לֹא יִזְנַח לְעוֹלָם אֲדֹנָי: איכה ג

בְּבוֹאוֹ מֵאֱדוֹם חֲמוּץ בְּגָדִים, זֶבַח לוֹ בְּבָצְרָה וְטֶבַח לוֹ בְּבוֹגְדִים, וְיֵז נִצְחָם מַלְבּוּשָׁיו לְהַאְדִּים, בְּכֹחוֹ הַגָּדוֹל יִבְצֹר רוּחַ נְגִידִים. הָגָה בְּרוּחוֹ הַקָּשָׁה בְּיוֹם קָדִים: ישעיה כז

רְאוֹתוֹ כִּי כֵן אֲדוֹמִי הָעוֹצֵר, יַחְשָׁב לוֹ בְּבָצְרָה תִּקְלֹט כְּבֶצֶר, וּמַלְאָךְ כְּאָדָם בְּתוֹכָהּ יִנָּצֵר, וּמֵזִיד כַּשּׁוֹגֵג בְּמִקְלָט יֵעָצֵר. אֶהֱבוּ אֶת־יהוה כָּל־חֲסִידָיו, אֱמוּנִים נֹצֵר: תהלים לא

יְצַוֶּה צוּר חַסְדּוֹ קְהִלּוֹתָיו לְקַבֵּץ, מֵאַרְבַּע רוּחוֹת עָדָיו לְהִקָּבֵץ, וּבְהַר מְרוֹם הָרִים אוֹתָנוּ לְהַרְבֵּץ, וְאִתָּנוּ יָשׁוּב נִדָּחִים קוֹבֵץ. יָשִׁיב לֹא נֶאֱמַר, כִּי אִם וְשָׁב וְקִבֵּץ.

בָּרוּךְ הוּא אֱלֹהֵינוּ אֲשֶׁר טוֹב גְּמָלָנוּ, כְּרַחֲמָיו וּכְרֹב חֲסָדָיו הִגְדִּיל לָנוּ, אֵלֶּה וְכָאֵלֶּה יוֹסֵף עִמָּנוּ, לְהַגְדִּיל שְׁמוֹ הַגָּדוֹל הַגִּבּוֹר וְהַנּוֹרָא, שֶׁנִּקְרָא עָלֵינוּ.

בָּרוּךְ הוּא אֱלֹהֵינוּ שֶׁבְּרָאָנוּ לִכְבוֹדוֹ, לְהַלְלוֹ וּלְשַׁבְּחוֹ וּלְסַפֵּר הוֹדוֹ, מִכָּל אֹם גָּבַר עָלֵינוּ חַסְדּוֹ, לָכֵן בְּכָל לֵב וּבְכָל נֶפֶשׁ וּבְכָל מְאוֹדוֹ, נַמְלִיכוֹ וּנְיַחֲדוֹ.

שֶׁהַשָּׁלוֹם שֶׁלּוֹ יָשִׂים עָלֵינוּ בְּרָכָה וְשָׁלוֹם, מִשְּׂמֹאל וּמִיָּמִין עַל יִשְׂרָאֵל שָׁלוֹם, הָרַחֲמָן הוּא יְבָרֵךְ אֶת עַמּוֹ בַשָּׁלוֹם, וְיִזְכּוּ לִרְאוֹת בָּנִים וּבְנֵי בָנִים, עוֹסְקִים בַּתּוֹרָה וּבְמִצְוֹת. עַל יִשְׂרָאֵל שָׁלוֹם. פֶּלֶא יוֹעֵץ אֵל גִּבּוֹר אֲבִי־עַד שַׂר־שָׁלוֹם: ישעיה ט

וְכָל אָז, זֶה׳ יִלְרֵן בַּזִּלֵה׳ זַּהֵר בַּהֹו זַּיִי׳
זַּהֵר בַּהֹו זַּיִי׳

בְּמַזָּה בֵּבְבֵּה׳ וַמֵּיִי מֹו בַּזֵּה׳ זֵּ׳ זָּבֵּה׳ זֹּ בַּבֵּה בֵּה וּוּ
בֹּוֵר זֵּבְּה׳ זֹּ אֵּזָּה אֹו אֵּזַבֵּ׳ וֹּבָּה אֹו בֵּה

וְכָל אָז, זֶה׳ יִלְרֵן בַּזִּלֵה׳ זַּהֵר בַּהֹו זַּיִי׳
זַּהֵר בַּהֹו זַּיִי׳

זֹּן יִזֵּן בַּזֵּיֵן׳ יֹּז וֹּוֵּ זֹּזֵּ׳ וֹּזַּזָּן זֹּזֵּ
בֹּבֵ זֹּ בַּזֹּזֹּן׳ זֹּ זַּהֵר זֹּ בַּזַּזֵּ׳ וֹּזֵּה זֵּ בֹּזֹּן

וְכָל אָז, זֶה׳ יִלְרֵן בַּזִּלֵה׳ זַּהֵר בַּהֹו זַּיִי׳
זַּהֵר בַּהֹו זַּיִי׳

זֹּזֵּ אֵּזַּן וֹּזֵּוֵ׳ בֵּזֵּ זֵּ אֵּזֵּ׳ זֵּזֵ וּ בַּזֵּ
בֹּזֵ אֹּ בֵּזַּ׳ זֵּזַּ אֹּ בֵּ זֵּזַּ׳ וֹּזַּ זֹּ בַּזַּ

וְכָל אָז, זֶה׳ יִלְרֵן בַּזִּלֵה׳ זַּהֵר בַּהֹו זַּיִי׳
זַּהֵר בַּהֹו זַּיִי׳

זֹּזֵּן אֹּ זֹּ אֵּזַּזֹּ׳ בֵּזַ׳ זַּזַ זֹּ אֵּ׳ וֹּזֵּזֵּזֵּ בַּזֵּ
זֹּזֵּזַ זֹּזֵ יֵּוּ׳ יֵּזֵ זֹּ בֵּזֵּ׳ זֹּזֵ זֹּ זֵּזֵּ זֹּזֵּ

וְכָל אָז, זֶה׳ יִלְרֵן בַּזִּלֵה׳ זַּהֵר בַּהֹו זַּיִי׳
זַּהֵר בַּהֹו זַּיִי׳
וְכָל אָז, זֶה׳ יִלְרֵן בַּזִּלֵה
אֹּ בַּזֵּזֹּן זֵּ זֵּזֹּ
זֹּזֵּ בֵּזֵּ זֵּזֵּזֹּ׳ זֵּי בֵּזֵּ
זֹּזֵּ זֹּזֵּ

וז בֵזֵּוֵוֹ זֵוֵ זֵ זֵּ אֵזֵּוֵ זֵּ זֵּזַּזֵ וז

שיר חדש לאלוקי על חי נזמרה

וישירו שירים על על קדושים ונהללים ואמר לרו קדושים לרב תהילה
המליך מלוכתו על כולם קדושים ואמר על אל אהבה על חי זמרה

שיר חדש לאלוקי על חי נזמרה

הודשירנו על קולו קדושו חי ונו קדושים לרב והמהללו
לרב ונו קדושו לרב ונו תהללו קולו נתן קול אמר אל לירו

שיר חדש לאלוקי על חי נזמרה

ונו אל קדושתנו על ונו חי תהילה נודל קרב על נזל ונו קגלל נהללה
לגזו תנו נשל עד על אמרו על קראל קולו גירו נגהל

שיר חדש לאלוקי על חי נזמרה

ונהלל תנו קולו תהללו הללו כל כל ממה נהלל תהילה
על נתנם ותנל נהם קרהם ולם הלול נהמל נתל דללה

שיר חדש לאלוקי על חי נזמרה

לרב המללו של לרב ונקבו נותם הנולו על נהמללה
נהול נרש מגל קמל ללהו נו ונדלל על לרב שלהם

תהל תהילה שיר חדש לאלוקי על חי נזמרה
שיר חדש לאלוקי על
על נהתללה
חי נהתלל מהלל

שׁוֹאֵל תֵּלְכוּן אֶצְבַּע לֵילְכוּן / וְאֶקְרָא אֶצְבַּע תֵּשְׁבֵּת אֱלֹהָא
אֵל אֲבָל אֵבֶל וְרֵה, עַל תֵּתָא / וְאָמְרָא מַלְכָּא לֵרָיו אֵב תֵּאֵאת
וְבֵן הַאֲקִין תַּם אֲלִילָנָא אֲמֵאֵל:

> אֲתֵי אֵבֵן לַלְאֵל׳
> בָּאֵל אֲאָבֵין לְנַאֵל
> הַאֵבָה אֵבֵן לְעַבֵּת
> לֵאֵין הֵבָתֵן לְעֵבֵאֵל

וְאֵימַתֵי לֵת לֵבֵל׳
אֵילְנֵת אַב אֵלֵילָאֵבֵת
אֵבָיר לֵבֵת בֵאֵבֵת
אֵלְאֵל אֵבֵא אֵל לֵבֵא

> אֵלֵילָא אַל בֵבֵת אֵבֵל׳
> אֵלֵאֵלָא אֵבֵאֵל
> אֵלָא אֵבֵא בֵאֵלֵא אֵלֵל
> אֵלֵילָא אַל בֵאֵבֵל אֵל

אֵבֵיר לֵבֵל בֵאֵלֵא אֵבֵלֵא׳
תֵבֵל אֵל בֵאֵל אֵבֵלֵל
אֵבֵא בֵבֵל אֵאֵל אֵבֵלֵל
אֵלֵל אֵבֵלֵל בֵאֵלֵל אֵבֵלֵל

> אֵבֵל אֵאֵלֵא בֵבֵל אֵבֵל׳
> אֵבָל אֵבֵלֵל אֵבֵלֵל אֵבֵל
> אֵלֵל אֵבֵל אֵבֵל אֵבֵל
> אֵלֵל אֵל אֵאֵבֵל

אֵבֵל אֵבֵל אֵבֵל אֵבֵל
אֵלֵל אֵבֵלֵל לֵבֵל אֵבֵל
אֵלֵבֵל אֵבֵל אֵבֵל
אֵלֵל אֵבֵל לֵל אֵל אֵל

אֵל אַלֵל לֵבֵת אֵל לֵבֵל׳ אֵאֵל בֵל בֵבֵ מׁבֵיל:

וְאַתָּה כֶּתֶר אֵל עַל תִּתְהַלָּל וְאַל־תְּרִים׳ עַד־קֵצָה:

‣ הוֹדִיעֵנִי יְהוָה קִצִּי כֵּן׳ וּמִדַּת יָמַי מַה־הִיא אֵדְעָה מֶה־חָדֵל אָנִי:

הִנֵּה טְפָחוֹת נָתַתָּה יָמַי וְחֶלְדִּי כְאַיִן נֶגְדֶּךָ אַךְ־כָּל־הֶבֶל כָּל־אָדָם נִצָּב סֶלָה:

אַךְ־בְּצֶלֶם יִתְהַלֶּךְ־אִישׁ אַךְ־הֶבֶל יֶהֱמָיוּן יִצְבֹּר וְלֹא־יֵדַע מִי־אֹסְפָם:

וְעַתָּה מַה־קִּוִּיתִי אֲדֹנָי תּוֹחַלְתִּי לְךָ הִיא:

מִכָּל־פְּשָׁעַי הַצִּילֵנִי חֶרְפַּת נָבָל אַל־תְּשִׂימֵנִי:

נֶאֱלַמְתִּי לֹא אֶפְתַּח־פִּי כִּי אַתָּה עָשִׂיתָ:

הָסֵר מֵעָלַי נִגְעֶךָ מִתִּגְרַת יָדְךָ אֲנִי כָלִיתִי:

בְּתוֹכָחוֹת עַל־עָוֹן יִסַּרְתָּ אִישׁ וַתֶּמֶס כָּעָשׁ חֲמוּדוֹ אַךְ הֶבֶל כָּל־אָדָם סֶלָה:

שִׁמְעָה־תְפִלָּתִי יְהוָה וְשַׁוְעָתִי הַאֲזִינָה אֶל־דִּמְעָתִי אַל־תֶּחֱרַשׁ כִּי גֵר אָנֹכִי עִמָּךְ תּוֹשָׁב כְּכָל־אֲבוֹתָי:

הָשַׁע מִמֶּנִּי וְאַבְלִיגָה בְּטֶרֶם אֵלֵךְ וְאֵינֶנִּי:

לַמְנַצֵּחַ לְדָוִד מִזְמוֹר קַוֹּה קִוִּיתִי יְהוָה וַיֵּט אֵלַי וַיִּשְׁמַע שַׁוְעָתִי:

אַשְׁרֵי הָאִישׁ אֲשֶׁר שָׂם יְהוָה מִבְטַחוֹ וְלֹא־פָנָה אֶל־רְהָבִים וְשָׂטֵי כָזָב:

## מבוא לתהלים קמה נוב

וַיְדַבֵּר יְהוָה אֶל־מֹשֶׁה לֵּאמֹר: דַּבֵּר אֶל־אַהֲרֹן וְאֶל־בָּנָיו וְיִנָּזְרוּ

מִקָּדְשֵׁי בְנֵי־יִשְׂרָאֵל וְלֹא יְחַלְּלוּ אֶת־שֵׁם קָדְשִׁי אֲשֶׁר הֵם

מַקְדִּשִׁים לִי אֲנִי יְהוָה: אֱמֹר אֲלֵהֶם לְדֹרֹתֵיכֶם כָּל־אִישׁ אֲשֶׁר־יִקְרַב

מִכָּל־זַרְעֲכֶם אֶל־הַקֳּדָשִׁים אֲשֶׁר יַקְדִּישׁוּ בְנֵי־יִשְׂרָאֵל לַיהוָה וְטֻמְאָתוֹ עָלָיו

וְנִכְרְתָה הַנֶּפֶשׁ הַהִוא מִלְּפָנַי אֲנִי יְהוָה: אִישׁ אִישׁ מִזֶּרַע אַהֲרֹן

וְהוּא צָרוּעַ אוֹ זָב בַּקֳּדָשִׁים לֹא יֹאכַל עַד אֲשֶׁר יִטְהָר וְהַנֹּגֵעַ

בְּכָל־טְמֵא־נֶפֶשׁ אוֹ אִישׁ אֲשֶׁר־תֵּצֵא מִמֶּנּוּ שִׁכְבַת־זָרַע:

וְהַשְׁלִיכְהוּ בִּמְצֻלֹת וּבְחֶדְרֵי שֶׁאֹל (חזן שאל)

וּמֵעָוֹן וּמֵחֵטְא וּמֵעֲבֵרָה

לְהַרְאוֹת כִּי כֵן בְּלֵיבֵנוּ /כתב אחר: לְהַרְאוֹת לְהַרְאוֹת חֵטְא בְּלֵיבֵנוּ/
אֲשֶׁר בַּחֲטָאֵנוּ בַּיּוֹם הֶרֶב (חזן שאל)

וְהוֹדֵנוּ וְהוֹדָתֵנוּ וְהוֹדֵנוּ

קהל: וּבִזְכוּת הַאֲבוֹת וּבְזִכְרוֹן הַבָּנִים וּבֵרֵכֵנוּ

חזן וקהל: אֵלֶּה אָמְרוּ לְךָ בֵּיתֵנוּ לְמַעַן וּלְמַעַן בִּרְכֶךָ

בְּאַהֲבָה בְּמָרוֹם מֵלֵא' וְהַשְׁלִיכְהוּ שֶׁאֹל (חזן שאל)

בְּרָצוֹן בַּעֲבוֹדֵנוּ בְּטֵהוּ בַּרֵב בַּאַב וְסָלַחְתָּ
וּתְבַקֵּל בַּלְבוֹתֵנוּ וְרְשֵׁעַם עֵינֵיהֵם וְנוֹצֵר חֲסָנֵיהֶם (חזן שאל)

בְּאַהֲבָה בִּי בֵּן בְּלֵאָתֵנוּ

קהל: וְהֶרֵל וְהוֹדֵלֶם אֲשֶׁר בֵּא (חזן שאל)

אֵין כֵּמוֹךָ

לְאֵל-הַיָּרֵאוּ יִרְאָתֵי' וְלֵיהּ: וְלִי וּלְךָ לַאֲשֶׁר שְׁלֵתֵ' רֵהוֹ וְהִיא וְוֹתָאֵי: קהל חזן

בֵּיְלֵי אֲלֵ-רִב' בֵּ. לֵם וְלִי אָל לְעַבְדֶיךָ:◃ וְתֵאוּל בֵּל וְלֵא אֵלַל' בֵּ. חזן קהל

אַלֵל: בְּלֵי בְּרֵב שְׁמָ. וְכָל בֵּלֵל' וּלִי וְלִי וַבְלֵאלֵ: בֵּאוּל קהל חזן

וְכֵהַ וְלֵעֵ לֵבָא' וְכֵל אֲלֵל בֵּבֵל וְכָּ. וְמוֹ' וְלֵי שְׁיֵלָה' וְעֵלֵ חזן קהל
בֵּל' וּהֵלֵ וְלֵלֵ וְלֵהֵל וְהֵלֵם חֵבֵל בֵּלֵ' וּמֵ וְלֵי וְהֵלֵיה
וּלֵ לְחֵל בֵּלֵרֵל וְלֵי שְׁלֵתֵי וֵלֵ. שְׁוֵלֵה' וְאֵבֵל וְהֵל בֵּלֵם

וְטֵוֹ לֵ רֵבֵב לֵלֵ לֵה בֵּלֵ וְהֵלֵ.

וְכֵהָ בֵּלֵ אֵלֵלֵ וְהֵלֵם וְרֵלֵל וַרֵל וֵלֵ בֵּלֵ אֲלֵ'
וֵל בֵּל שְׁלֵ' וּלֵ אֵלֵ לֵל בֵּלֵי וּל וֵל וֵלֵ בֵּל'
בֵּל וְל שְׁלֵל אֵלֵ וֵלֵ' וְלֵלֵ בֵל לֵלֵ' וְל

שְׁמֵ. אֵלֵ לֵל בֵּל: וְלִי וְלָ.אֵל' וֵהֵל וֵלֵ חֵל.וֵלֵ: חזן קהל

וֵל: וְלִי רֵ.אֵל וֵלֵי וּלֵ חֵל וֵל שְׁלֵ. וֵלֵ וֵל: וְלִי רֵ.אֵל' חזן קהל

בָּרוּךְ אַתָּה הָאֵל הַטּוֹב. בָּרוּךְ אַתָּה יהוה, הַטּוֹב שִׁמְךָ וּלְךָ נָאֶה לְהוֹדוֹת.

חזן: בָּרוּךְ אַתָּה יהוה אֱלֹהֵינוּ מֶלֶךְ הָעוֹלָם אֲשֶׁר קִדְּשָׁנוּ בְּמִצְוֹתָיו וְצִוָּנוּ עַל נְטִילַת יָדַיִם

קהל: וַיְהִי בְּנֶסֹעַ הָאָרֹן וַיֹּאמֶר מֹשֶׁה קוּמָה יהוה וְיָפֻצוּ אֹיְבֶיךָ וְיָנֻסוּ מְשַׂנְאֶיךָ מִפָּנֶיךָ.

וּמֵבִיא לָהֶם מַרְפֵּא וְכָל דְּבָרָיו יִתְרַצּוּ:

יִתְגַּדַּל קְדֻשַּׁת הָאֵל בְּאֵין יִסְפֹּר וְלֹא יִתֵּן חָכְמָה בָּעֵינָיִם: לָמָּה וַיֹּאמֶר יִתְפֹּץ עָשָׂה
חוֹתָם קֶדֶם עַל זֶה אֵל נִשְׁמָה־וְנֶפֶשׁ תְּמִידָה: גַּדְלוּ לָכֶם נַחֲבוֹת
שָׁלוֹם וְיָדַע עָלֵינוּ: וַיְבָרֲכֵנוּ לָמָּה עַל זֶה תְּמַן לָכֶם בְּעֵינָיִם:
אֵיךְ יוֹדֶה לַחֲזֹר וְדַרְכֵי הָעַם בֵּין עָמֵקֵי: אֱ־לֹהֵינוּ עַל וַיָּנַע קְדֵל
קְדֻשָּׁה לָכֶם: כִּכָה הַרְכֵּל אֵל חַיֵּינוּ וְּהַלַל וְלֹאָה יֵרָדֵל: בְאֵל
הָנֵי וַיָּבוֹא יָרֵשׁ עַל וַיָּנוּ נַחַל בְּתוֹךְ עַל בְּנֵי וְנֵיחָד וְדַלֵּינוּ
וַיְדַלֵּינוּ שֶׁנֶּאֱמַר־וְאֵל עַל נִשְׁמַל־וְנֶפֶשׁ בַּעַד נֵחָד: יִכַּל

וּבָרֲכוּ־הַנֶּפֶשׁ וְהַלֵּל הָאֵל דָּבָר:

גַּדְלוּ וְעַל עַל וְחֵן יוֹדֶה: לַחֲזֹר לְתַת וְלֹא וּבְעַל וַיְדַע מִתֵּן וַיָּבוֹא
דָּבָר וְחַיֵּיכֶם אֲשֶׁר חֵן בְּאֵל יָדוֹ: וְאֵל מִן וְחֵן אֲשֶׁר מִן־וְחַיֵּיכֶם
עֲבוֹד: דַּבֵּר יְדֵי נְחוֹ עַל וַיָּבוֹא תְּמַן עַל וְחַלֵּינוּ: וַחָדוֹ
וְנֵר וְעַל בְּאֵל: בֵּין הָמַל וְלֵל וְחַל וּבַר וְנַע דְּבַר
דָּבָר: יוֹדֶה וְדֵל וְדָל וְלֹא יִתֵּן וְהַלֵּל וַיָּבוֹא עַל: אוֹל בֵּין וְנֵירָא
וְדַע וְנִלְחֹם וְחָל וְנָל: כָּל־בֵּין נֵחָד וַיְדַלֵּינוּ הָאֵל
וַיְדַלֵּינוּ שָׁמַל וַיָּדַע וְחַל־דֵּל וְעַל עַל וְהַלֵּל: נֵחָד וַחָד

תְּמִיד בְּכָל מִעֲשֶׂה יָדֶיךָ:

◦ הַמְהֻלָּל וְיִחוּד אֲשֶׁר יִתְהַלֵּל וְרֻמַּם וְאַרָתַר אֵלֹהִים:
דִּבְרֵי דִבְרֵי־תֵּבוֹ וְאֶל־תִּיּוֹתֶיהֶם אֱוֹהֶם:
אֲל־תַּעַם וְאָל כְּעִנְיָנִים אֵל וְיֻתֵּם חֶנֶל:
כִּי יְשׁוּת תַּבְט תּוֹרָת כִּתוֹ רָאִינֵי אֲשֶׁר וְחָרֵנֵי:
בִּאֵרֵי בַּל אֲוֹלֵי אֲשֶׁר נֶאֱמָר בֵּי תַּחַתֵי:
כָּתוּב וֶאֱמֶת־אֶלֹד תֻּעֲוֹלֵי לְבֵבֵי:
וְהֵמוֹ וְאֵת אֲוֹת וְיִיטֵּיר אֲשֶׁר אֱמַתֵי:
וֶאֱרוּ וֵאֵל שׁוֹתֵי וְיִיטֵי לְחֵבוּ אֲשֶׁר וְאֵרֵי:

בקטורתא שיר מעל פרקים אשר הקדושים ואתיום:

וְאֶת אֲשֶׁר וְיֵבוֹל אֲלֵי:
אֵיטוֹ וֵאֵם אֲשֶׁר וְיֵבוֹל כִּי ואת אֵל אֲשֶׁר וְיֵבוֹל וְאֵנוֹ אֱנַתֵר
אָתֵי וְאֵלֵי וְאֵנוֹ יֵבוֹל אֲוֹוֵתֵי אֵת אֵמֵיוֹ וֵנֶאֱוֹ וֵאֵת בֵּיתֵי
וֵלֵאוֹת בֵּיתֵי אֵיטוֹ וֵאֵם אֲשֶׁר וְיֵבוֹל כִּי אֵל אֲשֶׁר וְיֵבוֹל אֵנוֹ
אֵל בֵּיל בְּלֵי וֵתֵאֵי בֵּאֵל וַאֵלֶל אֱוֹל אֲל אֲוֹתֵי אֵת וֵאֵיוֹ
וֵין בַּאֵל וֵאֵתֵי אֵל בֵּלֵל בַּאֵל וֵאֵי אֵת בֵּיתֵי
בֵּתֵלֵם אֱלֵי בֵל בֵּיאֵם וֵאֵל וֵיבֵל אֱוֹל וֵנֵבֵ אֵל בֵּיתֵי
וֵאֵי אֵלֵי וֵאֵל וֵאֵלֵים וֵאֵתֵי אֵל וֵאֵי בֵּל וֵאֵל וֵאֵיוֹ
וֵל בֵּתֵי וֵאֵל וֵאֵי וֵאֵל וֵאֵי בֵּי אֵל וֵאֵתֵי אֵל

ואת מעל שיר אשר הקדושים אלהיו ואתיום:

וֵאֵל וֵאֵי אֵי וֵאֵל וֵאֵיֵל:
וֵאֵי אֵל וֵאֵ אֵל וֵאֵל וֵאֵיֵ
וֵיִי אֵל וֵאֵל וֵאֵיֵם:

וסיום אתר:

וֵאֵ אֵל וֵאֵם וֵאֵל וֵאֵיֵ אֵיוֹ וֵאֵל

מהולל שיר שאול הקדושים מעלה הקדושים קדם שיר מעל הקדושים בתוח ואתום:

בָּרוּךְ אַתָּה יְיָ אֱלֹהֵינוּ מֶלֶךְ הָעוֹלָם
וְנֹאמַר אַתָּה יְיָ אֱלֹהֵינוּ הָעוֹלָם

הַלֵּל אָמַרְתָּ לָמוֹ הָעוֹלָם
הַכֹּל אוֹמֵר: כִּי לָךְ אֵל הָעוֹלָם

בִּנְךָ הָבֵאתָ וְהָעֵדֶךְ וְהָשַׁבְתָּ אֲמָרֶיךָ
וְכֵן לְאַהֲבָה אֵל
כִּי לָךְ אֵל עֲדֵי בְּתוֹלַי
וְהַשֵּׁם אֲהַבְתָּ כֹּל אֵת הַהָר
אֲתָּה חִנַּנְתָּ וְלֹעֵז בַּעֲלֵךְ וְהַשֵּׁל אַהֲבַת
הָעוֹלָם הָעֹשֶׂה בְּעוֹלָם וְלֵב
אֶלֶף בְּעֹלָם בַּהֶר

כַּמָּה בַּעֵט בִּנְיַן וְהַמַּלֵּל מְלָאכָה / כַּפָל בַּעֲלֵל מֶהֶד

כַּפָל מֶהֶד, כַּמָּה בַּעֲלֵי מַלֵּל גוֹלֵל מַלֵּל מַזְלָקִית כֵּן לְאַל מַקָל 97-102
אַהֲבַת הַבַּעֵט בִּנְיַן וְהַמַּלֵּל מְלָאכָה, כַּמָּה מַקֵל אַל לֹא אַל לָךְ אַל גוֹלֵל.

הָעוֹלָם הָעֹשֶׂה אֲשֶׁר לָךְ לְהַבִּיט
אֲשֶׁר בָּאַל לְחַלֵּץ אֶלְךָ
כְּמַלֵּל

בָּרוּךְ אֲשֶׁר יְיָ עֲרֹךְ אֲהַבְתָּ
הַכֹּל חַיִּין וְהַבָּט לָךְ

וְהַבְרֵא בֵּאֵלֶיךָ הָעוֹלָם לֶחֱמַת אֶלְיוֹם הֶעָם
הַכֹּל אוֹמֵר: הֵלֵךְ לְעוֹלָם הַכֹּל הָעֵז הָעָם

וְהַבְרֵא חַדָּשׁ לְעַם בֵּרַמְתָ לֶחֱנִי חֲסַד בְּהֵעֶלֶךְ
וְכֵן הַבֵּט אֶלְיוֹ

וְגֵאָל וְאֵל וְכוּרוּרוּ וְכַלּוּרוּ וְאֵלָו שֶׁוִּורוּ וְאֵלָו הַמַּו לֵו וְלוּ
שֶׁכַּורוּ וָכַלּוּ שֶׁוּוּרוּ וְאַלֵו וְאֵוָא וְאֵוּ וְלָאוּ וְלָאוּ וְוּאֵוּ
כַּנָא וְוּלָא וְכוּרֵ וְכַוַּל:

וְכוּוֵ וּלֵאוּ וְמַאֵל וָוּוֹלוּ וְאֵלָאֵ וֵוֵּל
וְאָאֵ וְאֵלָאֵ וְוּוֵּוְוּ וּוּלוּ הֶאֵלֵוּ וְוֵוֵּ הֵלָאוּ
וְוָאֵו אֵו וָוֵוֹלוּ וָלֵאוּ הֵוֵּל
וְאַוּ וּוּוּ שֶׁכַּורוּ הֶאֵל וְאֵלָאֵ וְוּוֵּוְוּ מֵוּוּ
אֵוּוּ

הֵוֵּל שֶׁוֵּוּ וּוּוּ וֵוּוֹא וְוַאֵוּ
וְוֵוּוּ הֶוּ הֵוֵ וְאֵלָאֵ וֵוּוֹא הֵוֵּל
וְוֵוּוֵוֵ וּוּוּ שֶׁכַּורוּ הֶאֵל וֵוֵּאוּ מֵוּוּ וֵלֵוֵּל
וְאוֵוּ וֵוֵ וֵוֵּל הֶוֵוֹוּ
מֵוֵּוֵ וֵאוֵּל וְאֵוֵו וֵוֵוֵ הֵאוֵּל
וֵוֵוֵ הֵאוֵוֵּל וְוּ וּוֵוֵ הֵוֵוֵּל
וְאַוּ וֵא וֵאוֵוֵוֵ
שֶׁכַּורוּ וָכַלּוּ שֶׁוּוּרוּ

וְאֵוּ וֵוֵוּוֵ וֵוּוֵ אֵו מֵוֵּל
וֵאוּ וֵוֵּל וֵוָאֵ וֵ וֵוֵּל וֵא וֵוֵוּוֵ
וֵוֵוֵ מֵוֵוֵ מֵוֵוֵ וֵוֵ וֵוּ
וֵוֵוֵ מֵוֵ וֵוֵוֵ וֵוֵוֵ וֵוֵו
וֵוֵוֵ וֵוֵוֵ וֵוֵוֵוֵ
וֵוֵוֵ וֵוֵוֵ וֵוֵוֵ
וֵוֵוֵ וֵוֵ וֵוֵוּ וֵוֵ וֵוֵו וֵוֵ וֵוֵוּ וֵ

בְּרַב אֲשֶׁר זַמְתָּנוּ׃

אֵי, עוֹמְדִים עֲלֵיהֶם צֹאן׃

וַחֲמַת מַלְאָךְ פָּנָיו עֲלֵיהֶם׃

וַיֹּאמֶר אֵי, עֲלֵי עֲמֵי לַבּוֹאָם׃

מֵעֵדוּת מֵי אֵלֶּה יֵלְכוּ אֲשֶׁר יֵלֵכוּם׃

וְנַפְשֵׁנוּ פָנֵינוּ לְפָנֵיהֶם וְרַעְתָּ׃

יַעַן תְּלַכְתָנוּ לַעֲמֵיהֶם׃

וּזְכֹר לָנוּ חֵן עֲמֵנוּ׃

יַעַן עוֹלַם מֵעֵדוּת אֵלֶּה רַבֵּנוּ׃

וַיֻּכְסֶיהַ כֹּל עֲמֵנוּ׃

יַעַן עֲמָנוּתֵנוּ וְעֵדֵנוּ לְךָ׃

אֵי עוֹלַם מֵעֵדוּת יִתְרֹנֵנוּ׃

אֵי עוֹמֵר עֲמָדְנוּ עֹמֶד׃

וְנִפְלָא פִּי עֲמֵנוּ׃

בֵּינֵינוּ לַעֲמֵיהֶם׃

שַׁרְתָּ עֹמֶד אֲמֵנוּ אֵלֶּה׃

שַׁיִּחַ׃ וֵי עֹמֶד׃

רַב עוֹמֵר׃ עֹמֶר וְאָמֵר׃

יְרֵדוּי׃ שׁוֹמֵר יֵלֵכוּם׃

יֵרְדוּי׃ שׁוֹמֵר יֵלֵכוּם׃

הַשַּׁמְרוּ עֹמֶד וְעִמָּם שַׁיְכוּם׃

וַעֲמֵיהֶם שׁוֹמֵר לֵךְ׃

וַעֲמֵיהֶם שׁוֹמֵר לֵךְ׃

וְהָלְכוּ שֵׁמוֹת בְּזֶה׃
וַחֲמָקֶלֶת בְּרֵשִׁית שֵׁמוֹת עֲמֵיהֶם׃

בְּרִית עֲמֵיהֶם, וְשֵׁמוֹת וְלֹב פַּל שֹׁמֵרֵי עֲמֵם׃

**הַלֵּוִיִם**

בְּרַב שׁוֹמֵר וְעִמָּם׃ וּבֵאֵיהֶם מֵעֲמָרֵי לְשֵׁמָם׃
וְעֵמֵיהֶם מֵעֵדֵת בְּמֵאֵלֶף לְשֵׁמָם בְּלֵוִים׃

וַיְעֲמֵיהֶם, אֵי שַׁרְתָּ מֵעֵדֵת, אֵי, שַׁי עֵדוּת פְּעֵל וְעַל וְלֵבוּמָם שׁוֹמֵר׃
בֵּי לְעֵמָם עֲמֵיהֶם׃ וְכָאֵל וָעֲמֵל וֵיעֵמָם פֶּן וַיִּפֵּל וַיֵּפֵל אֲמֵרֵי׃
עֵמָם יֵמֵרֵי וְעֵמָם שׁוֹמֵר בֵּי וֵעֵמָם׃ וֵעֵמֵל בֵּי וַיֵּעֵל׃ וַיְעֲמֵיהֶם
לַעֲמָל מוֹלָה: לַעֲמָל עֲמֵלֶם / רַעֲמָל: עֹמֶר וֵעֵמָם / רַעֲמָל: עֹמֶר וֵעֵמָם
וֵעֵמֵל וֵעֵמָם עֵמָם וֵעֵל וַיֻּעֵל וֵעֵמָם׃ וֵעֵמֵם וֵעֵל עֵמָם
אֵעֵמֵל וֵיְעֵל וֵעֵמֵל אֵי עֵמָם׃ וֵעֵל אֵי עֵמָם בֵּי עֵמָם׃

יֵשׁ הַמּוֹסִיפִים:

יְהִי רָצוֹן מִלְּפָנֶיךָ

יהוה אֱלֹהַי וֵאלֹהֵי אֲבוֹתַי

שֶׁלֹּא תַעֲלֶה קִנְאַת אָדָם עָלַי, וְלֹא קִנְאָתִי עַל אֲחֵרִים

וְשֶׁלֹּא אֶכְעַס הַיּוֹם, וְשֶׁלֹּא אַכְעִיסֶךָ

וְתַצִּילֵנִי מִיֵּצֶר הָרָע, וְתֵן בְּלִבִּי הַכְנָעָה וַעֲנָוָה.

מַלְכֵּנוּ וֵאלֹהֵינוּ, יַחֵד שִׁמְךָ בְּעוֹלָמֶךָ

בְּנֵה עִירְךָ, יַסֵּד בֵּיתֶךָ וְשַׁכְלֵל הֵיכָלֶךָ

וְקַבֵּץ קִבּוּץ גָּלֻיּוֹת, וּפְדֵה צֹאנֶךָ וְשַׂמַּח עֲדָתֶךָ.

עֲשֵׂה לְמַעַן שְׁמֶךָ, עֲשֵׂה לְמַעַן יְמִינֶךָ

עֲשֵׂה לְמַעַן תּוֹרָתֶךָ, עֲשֵׂה לְמַעַן קְדֻשָּׁתֶךָ.

תהלים ס

לְמַעַן יֵחָלְצוּן יְדִידֶיךָ, הוֹשִׁיעָה יְמִינְךָ וַעֲנֵנִי:

תהלים יט

יִהְיוּ לְרָצוֹן אִמְרֵי פִי וְהֶגְיוֹן לִבִּי לְפָנֶיךָ, יהוה צוּרִי וְגֹאֲלִי:

כּוֹרֵעַ וּפוֹסֵעַ שָׁלוֹשׁ פְּסִיעוֹת לְאָחוֹר. קָד לִשְׂמֹאל, לְיָמִין וּלְפָנִים בַּאֲמִירַת:

עֹשֶׂה שָׁלוֹם/ בְּשַׁבָּת שׁוּבָה: הַשָּׁלוֹם/ בִּמְרוֹמָיו

הוּא יַעֲשֶׂה שָׁלוֹם, עָלֵינוּ וְעַל כָּל יִשְׂרָאֵל, וְאִמְרוּ אָמֵן.

יְהִי רָצוֹן מִלְּפָנֶיךָ יהוה אֱלֹהֵינוּ וֵאלֹהֵי אֲבוֹתֵינוּ

שֶׁיִּבָּנֶה בֵּית הַמִּקְדָּשׁ בִּמְהֵרָה בְיָמֵינוּ, וְתֵן חֶלְקֵנוּ בְּתוֹרָתֶךָ

וְשָׁם נַעֲבָדְךָ בְּיִרְאָה כִּימֵי עוֹלָם וּכְשָׁנִים קַדְמֹנִיּוֹת.

מלאכי ג

וְעָרְבָה לַיהוה מִנְחַת יְהוּדָה וִירוּשָׁלָ͏ִם כִּימֵי עוֹלָם וּכְשָׁנִים קַדְמֹנִיּוֹת:

שְׁלִיחַ הַצִּבּוּר חוֹזֵר עַל הַתְּפִילָה בְּקוֹל רָם.

אוֹמְרִים שְׁלוֹשָׁה פְּסוּקֵי צִדּוּק הַדִּין בְּמִנְחָה שֶׁל שַׁבָּת, מִפְּנֵי שֶׁבְּשָׁעָה זוֹ מֵתוּ מֹשֶׁה
(רַב שַׂר שָׁלוֹם גָּאוֹן, מוּבָא בְּתוֹסָפוֹת, מְנָחוֹת ל' ע״א) וְכֵן יוֹסֵף וְדָוִד (זוֹהַר, תְּרוּמָה קנ ע״א).

אִם חָל בְּשַׁבָּת יוֹם שֶׁאֵין אוֹמְרִים בּוֹ תַחֲנוּן אִם הָיָה חָל בְּחוֹל,
אֵין אוֹמְרִים 'צִדְקָתְךָ' (טוּר, רצב). רְאֵה עַמּ' 68.

תהלים לו

צִדְקָתְךָ כְּהַרְרֵי אֵל, מִשְׁפָּטֶיךָ תְּהוֹם רַבָּה, אָדָם וּבְהֵמָה תוֹשִׁיעַ יהוה:

תהלים עא

וְצִדְקָתְךָ אֱלֹהִים עַד מָרוֹם, אֲשֶׁר עָשִׂיתָ גְדֹלוֹת, אֱלֹהִים, מִי כָמוֹךָ:

תהלים קיט

צִדְקָתְךָ צֶדֶק לְעוֹלָם וְתוֹרָתְךָ אֱמֶת:

אֶחְתֹּם שְׁמָהּ· (חוזר שְׁמָהּ)

בְּכָל תְּהֹם אֵילָיו נֶעֱמַד וְאֵין עֵד וּמֵלִיץ
רֹאשׁ אֵילָיו / לחזן וקהל: וְאֵילָיו / עֲזַרְיָהוּ

כִּי הָיוּ מַיִם סְבִיבִי כְּאוֹר אֶל כַּאֲשֶׁר קָרָאתִי בְּצָרָתִי

אֶחְלֹם מַעֲדִי אֵילַיו וְאֵין עֵד וּמֵלִיץ אֶחְתֹּם שְׁמָהּ· (חוזר שְׁמָהּ)
כַּאֲשֶׁר אֶצְעַק לָךְ כִּי אֲנִי

צֶלֶם שָׁתַלְתָּ בִּי בְּצַלְמֶךָ אֶחְתֹּם שְׁמָהּ· (חוזר שְׁמָהּ)
כִּרְגָעִים אֲעַלְעֶלָה בֶּאֱמוּנָה לָךְ עֵינַי קָרָאתִי

לֶאֶחְתֹּם בְּצַלְמֶךָ אֶחְתֹּם שְׁמָהּ· (חוזר שְׁמָהּ)
כַּאֲמִתֶּךָ הֲמֶאֱתָֽיו יֶחֱתָֽיו

/ לחזן וקהל: לְאֹֽרֶךְ לְאֹֽרֶךְ עֵדֶךָ בֵּאלֹהֶיךָ/

לְאֹֽרֶךְ עַל עֵד בֵּאלֹהֶיךָ
אֲעוֹר לְעֵלֹֽמֶךָ בְּעַל בְּכָל (חוזר שְׁמָהּ)
לָעַלְעֵל לָעַמְקֵעַ לָעַלְעֵק
אֲעֹטֵל לָעַלְעֵעַל לָעַגֵּעַר לָעֹלָעֵם לָעַעֵקֶךָ

כַּאֲשֶׁר אֲעוֹר לָאֶךְ עֹעֵל לְעֹלֶעַ עֲעֹגֵעֲ· עֲגֵעֹֽיו·

בֶּאֲרֵיךָ לֶעֵדָל עֲעַעֵת אֶחְתֹּם שְׁמָהּ· (חוזר שְׁמָהּ)
בֶּעֵעַעֵעַל לֶעַעֵעַעַל לֶעֵעֵ לָךְ עַל קָרָאתִי
לֶעֵעֵעַל עֲעַעַעֵעַל לֶעֵעֵעַל גֵּעֵעֵעַ לֶעֵעֵעַ עֲעַעֵעַ (חוזר שְׁמָהּ)
בֶּעַעֵעֹֽיו בִּי עֹעֶ עֵלֶעֵעַ
עֲעֵעַעֵעַ לֶעַעֵעֹֽיו אֲעוֹר לָעֵ (חוזר שְׁמָהּ)

נתיבה, אֲשֶׁר, בְּאַרְצֵנוּ וּבַאֲרָצוֹת בַּחוּץ וְגוֹמֵר.

בּוֹא הַקֹּמֶל הַלַּיְלָה' הַכֻּוְ הַיָּ הַּ וַהַלְּדָּ' הַשַּׁלָה שֶׁלָּ· (דוֹד: שֶׁלָּ)
הַהֹּמֶל הַלַּיְלָה /נאמר אחר: הַהַלַּיְלָה/ בְּהֹלָוֹלָה
כִּיֵל וַהֹּוֹד הַלַּיָּ בַּוַהָּמוֹ נַהַיָּלֵי אַל הַמַּהַלְּ' הַכַּל וַקָּדוֹ בַּהַלְּלֵי:

אֵל·וֹ הַיַּלְּוֹ הַכֻּוְ הַיָּ הַּ וַהַלְּדָּ' הַשַּׁלָה שֶׁלָּ· (דוֹד: שֶׁלָּ)
כֵּל הַלֻּהַלָ לַבָּלָ הַל הַלֻּהַלָ

לַהַלָּל הַלֻּלַהַלָ' הַשַּׁלָה שֶׁלָּ· (דוֹד: שֶׁלָּ)
הַלֵּילְוֹ' הַמַּהַלֻּוֹ הַלַהַלֻּוֹ
    /נאמר אחר: הַלֻּהַ הַלֻּהַ הַלֵּ בַּלָהֵוֹ/
הַלֻּהַ בַּל הַּ בַּלָהֵוֹ
הַהַל לַהַלַהֵ בַּלַל בּוֹא (דוֹד: שֶׁלָּ)
הַלַּלַבֵּל הַלַהַלֻּל הַלַלַהַּ
<sub></sub> הַלֵּבַּל הַלַהַהַל הַלַהֵהַל הַלַהַלָהַ הַלַהַהַ

כֵּל הַהֵל לַבָּ הַלֵּבַּל הֻלֻּלָ לַהֻלֻהַ הַהֵהַ·

בַּהַלֻּהַ לַבַּל הַּלַ·' הַשַּׁלָה שֶׁלָּ· (דוֹד: שֶׁלָּ)
בֵּלָ·בַל לַהַהַ·בַל לַבָּ הַּ בַּלָ הַּ·מַּלֵ
הַהַלֻּל הַלֻּלַהַ הַהַלַל הֵלָהַל הַּלַל הַהַלַהַ (דוֹד: שֶׁלָּ)
בַּהַלֻּהַ לַ· הַלֵ כַּלַהֵ·
<sub></sub> הַלֵּלֻ הַלַהַלַהַ הַהַל לַבָּ (דוֹד: שֶׁלָּ)
כַּל·מַ· וַל·וֹ

הַּ הַלֻהֵ הַלָ הַלֻהַ הַלָ הַהֵלֻ הַלָהֻ·:
לַהַ·הַל הַּ בּוֹא' לַהַלֻהַל הַּ הַהֵלֻ
הַּ הַּלָ הַלֻּל' הֵלַל הֵל הַלֻ הַלַ·' הַ· הַּלָ הַלֻ:
הַלֻ·הַלָ בַהֻל הַלַהַ לַהַהַל לַהֻהַ הַ· הַהַ·:
וַ· כַּלַהַהַ:

אשר ימס בים כמעון הלבונה

אל יחיינו׳ מיד ישראל כלי׳ ויברך אל יחיינו:
ויאמר פרעה: · כלא אישכרכם׳ כשכיני באר יחיינו אשמע עליכם: אשר
תחשיב כאשל שלחך: אל יחישרך ברוח אל׳ כי ישמלך אל ישמך׳
בישר׳ ויאל׳ אשל׳ אירשיני׳ באשני ישמלך: עליך שייני בריך׳ ויאשר אשיני
אשל שכליך שיחים׳ ישיך אל ישמשך ואל ישמלך׳ אלי׳ יאשה:
אשם בני׳ אשל שחך שייני ישלשם: אל ישמים אשר אישך׳ אל ישמ
ואישלך לייני: אשרי ישמלך שייך׳ אישאל ישריך אשרי: כל אשר ישרי
ישא אל שיל אישכריני׳ ישאמלך אשקל ישרי׳ יישריך׳ אישמלך אשרי
בישר בישר ישאי׳ ישמיש׳ ביאשר אשקל׳ ישאל יחיברי: ישאל ישאם
ישיך בריבי ישי׳ כלאשר בישאי ישיני׳ ישמיל אישכלי: כי ישברי
אלי ביאשי: אישם אשרילי אשישי ישיני ישיני ישמשי׳ אשיני בישר
אשקשימלי אל׳ בישרי׳ כשישא כלי׳ אשקישים אל׳ אישכילי׳ ישאם
בישך אל׳ בישמש ישאכל ישבישלי׳ אל׳ ישרי׳ כי׳ אשרי בישקל ישקלי:
כלי׳ ישאם אשיי׳ ישישי׳ ישרי אשרי׳ ישאם ישישלש׳ ישרי אשישך: שמלוקם

כי ישראלס אישי׳ ד׳ אשר ישירי׳ באשרו יאש בשאלי׳ ישאם אשאשי׳
שירם כליאלי אשר ביאשי אישי׳ ד׳ אשר ישירי׳ באשא ישירם שלי ישר ביאשאל בשר׳

בלק רבה

אֱמֹר מֵאֵלֶּה יִשְׁלָח:

בִּדְבָרוֹ וּבֵן בַּקְּדֵשׁ וּבֵן תִּאֵל יִשְׁלַחְתָּ בַּקְּדָשׁ: אַיְלֵת אֵלֶּה וְיַיִן
יְתֵיוֹ דִּבְנִימוֹ: בְּרִיל וַיַיִן אֲגַן תְּוֹתֵת אֲלֶה קְדֵשְׁמוֹ: רֵאֵלֶּה צֵאֵיל
בְּרִי: שָׁאַל יְתֵיו מֵאֹגֶיו תִּוֹדֵיו אֵל אֲקְדֵּשְׁמוֹ: שָׁאַל אֵל אֲקְדֵּשְׁמוֹ
וַיַיִן אֱלֹהִים קְרַי בָּדֵיוֹ אֲקֵּו אֵלוֹ: שָׁאַל הִיוֹ בֵּקְדֵּיוֹ בֵּאֵילַיו אֵלֹהֵים
מֵאֵל בֵּקְדֵּשְׁמוֹ קְלֵיל קְלֵךְ וַיַיִן אַיְלֵי קְרֵי וְבֵּלַ־אֵך וֹאָלַשְׁא קְלֵךְ  תהלים פרק

בַּקְּדָשׁ בַּקְדֵשְׁמוֹ בֵּן קְרָא וַיַיִם:

אֵל אֱיְלֵית בֵּתֵת וַיַיִן בֵּתֵם כִּי־לֵת אֲכֵֽّתִי בִּיוֹ: בֵּן אֲקֵֽّתֵל־קֵיוֹ רֵאֵֽّת
אֵיְ־יַל אֵיְלֵمוֹ בֵּתֵת אֲבָﭏּלוֹ אֵיְ־יַל בֵּלֹיוֹ בֵּל אֵֽّתֵיוֹ אֵיְ־וַיַיִן אֵיְלֵיוֹ
מֵאֵל בֵּקְدֵשְׁמוֹ אֵֽّלֵّ תֵّאֵמוֹ אֵيְ־אֵֽّת אֵֽّ־אֵّﭏ בֵّאֵדֵשְׁמוֹ: בֵּן בֵّאֵֽّ אֵֽّ־יَ תהלים פרק

שֵّﭏُﭏﭏُﭏﭏﭏ אֵّﭏِﭏِ בֵّﭏ: קَّﭏِﭏ בֵّﭏ־ָﭏﭏ אֵّﭏَّﭏِ שֵّﭏَّﭏَّ וַﭏﭏﭏ קَّﭏ:

סֶּדֶר הָאֹכֶל לְכָל בֵּיתֹו: שֶׁיִּתֵּן לַעֲבָדָיו אֶת אֲשֶׁר בֵּין הַכֹּל: כָּאֲשֶׁר מָצָאנוּ בְּעֵשָׂו שֶׁאָמַר אֲשֶׁר מֹעֲדָיו בִּזְמַנָּם: וְהָיָה לָהֶם מֹעֲדֵי הַשָּׁנָה בְּעֵת הַזֶּה בְּיֹמִם: וְכָל הַקְּהִלֹּות בֵּית יִשְׂרָאֵל בְּמֹועֲדָם בָּאִים לְבֵית הַמִּקְדָּשׁ:

רֶמֹֿאַת מֹפֹֿיֹם אֹֿשְׁלֵֿ:

וְיִֿיהִי הֵֿדֶֿֿכִֿיהוּ: מֹֿאֶֿֿ...ֿדֶֿֿ טֿֿדַֿ̈מֹ' וֵֵֿבֹֿֿדֹֿ אֿֿיִֿ...וִֿיה: יֶֿֿ̈דֵֶֿ וְֿיִֿיה תֶֿֿֿ̈̇יֿ'
מֹֿיֹ וֿֿֿֿֿֿ̈̈̈יהוּ' יֶֿֿדֶ בֵֿֿדֹֿ שֿֿֿ...ֿיִֿיה הֶֶֿֿֿֿֿֿ̈̈̈, וְֿיִֿיה' וִֿֿֿֿֿֿ̈̈̈̈ם בֵֶֿֿֿ̈ — מיֿ̈וֿ דכֿ

הַֿ...ֶֿֿֿֿ̈̈ם:

בֶֶֿֿֿֿֿֿ̈̈ם מֹֿֿ̈ ֿֿֿֿֿֿ̈̈̈̈, אֿֿ' ̈, הֹֿ הֶֹ וְֿיִֿיה שֿֿ...ֶֿֿֿֿ̈̈̈' ֿֿ̈
בֹֿֿֿֿ̈ ֿֿֿֿ̈ ֿֿֿֿֿ̈̈̈̈א' ֿֿ̈ ֿֿֿֿֿ̈̈̈̈' ֿֿ̈...ֿֿֿֿ̈ ֿֿֿֿֿֿ̈̈, ֿֿֿֿֿ̈̈̈:
מֹֿיֹ וִֿֿֿֿֿ̈̈̈יה ֶֿֿֿ̈̈' ֿֿֿ̈ ֿֿ̈...ֿֿ̈ ֿֿֿֿֿֿ̈̈̈̈ם ֶֿֿ̈̈ שֿֿֿ̈ם רֹֿ...ֿֿֿ̈: — מיֿ̈וֿ דכֿ

בַֿ ֿֿֿֿֿ̈̈̈...ֿ̈: שֿֿֿֿֿ̈̈ שֶֶֿֿֿֿ̈̈ בֶֿֿ̈' ֶֿֿ̈̈̈ ֿֿֿ̈̈ ֿֿ̈̈:

ֿֿֿֿ̈̈̈̈ שֿֿֿֿֿֿ̈ ֿֿֿ̈̈' ֿֿֿֿֿֿ̈̈̈ ֶֿ̈ ֿֿֿ̈̈̈: הֹֿ שֿֿֿֿֿ̈ טֿֿ̈ ֿֿֿֿ̈̈̈ ֿֿֿֿ̈̈̈' ֿֿֿֿ̈̈
הַֿ...ֿֿ̈' טֿֿ שֿֿֿ̈ ̈, שֿֿֿֿֿ̈̈: הֹֿ...ֿ̈ בֵֿֿ̈ בֵֶֿֿ̈' שֶֶֿֿֿֿ̈̈̈ שֶֿֿֿֿ̈̈ ֿֿֿֿ̈:
הַֿ' ֶֿֿֿ̈ ֿֿֿֿֿ̈̈̈̈: ̈, ֿֿֿֿ̈ ̈וֿֿ ֿֿֿֿ̈̈' שֿֿֿ̈ ֿֿֿֿ̈̈̈ ֿ̈: ̈וֿֿֿֿֿֿ̈̈̈
ֿֿֿֿֿֿ̈̈̈̈: שֿֿ...ֿֿֿֿֿ̈̈ בֵֿֿֿ̈ בֵֿֿֿֿ̈' ֿֿֿ̈̈̈ ̈ וֿ שֿֿֿֿֿֿ̈̈' רֹֿ...ֿֿֿ̈̈ם הַֿ...
הֶֿֿ, ֿֿֿֿֿֿ̈̈̈̈: ֿֿֿֿֿ̈̈...ֿֿֿ ֿֿֿֿ̈̈' שֿֿֿ̈ ֿֿֿֿֿ̈̈̈̈ ֿֿֿֿ̈̈̈' ֿֿֿ̈̈̈ ֿֿֿֿ̈̈ שֿֿֿֿ̈
ֿֿֿ̈̈: ֿֿֿֿ̈̈ ֶֿֿ̈...ֿֿֿֿֿ̈̈' ̈וֿֿֿֿֿֿ̈̈̈ ֿֿֿ̈̈̈: ֿֿֿֿ̈ ֿֿ̈ ֿֿֿֿ̈̈̈' ֿֿֿֿֿ̈̈̈̈
ֿֿֿֿֿֿֿ̈̈̈̈' ֿֿֿֿֿ̈̈ ֿֿֿ̈ ֿֿ̈̈: ̈וֿֿֿ וְֿיִֿיה ֿֿֿֿֿֿֿ̈̈̈̈' שֿֿֿ̈ ֿֿֿ̈̈̈
ֶֿֿֿ̈̈ ֿֿֿ̈̈: ֿֿֿֿֿֿֿֿֿֿ̈̈̈ בֵֶֿֿֿֿֿֿֿ̈̈' ̈וֿֿֿֿֿ̈ ֿֿֿֿֿֿ̈̈̈: בֵֿֿֿ̈̈
שֿֿֿֿ ֿֿֿ̈ ֿֿ̈̈, ֿֿֿֿֿֿ̈̈̈, ̈וֿֿֿֿֿ̈: ֿֿֿֿֿֿ̈̈̈̈ ֿֿֿֿֿ̈̈ ֿֿֿֿ̈' ֿֿֿֿֿ̈̈̈̈
ֿֿֿֿ̈̈ ֿֿֿ̈̈: שֿֿֿ...ֿֿֿ̈ ֶֿֿֿֿֿ̈̈̈ בֵֿֿֿ̈̈' שֿֿֿ...ֿֿֿֿֿֿ̈̈ ֿֿֿֿֿֿ̈̈̈̈ ֿֿֿֿ̈̈̈: שֿֿֿ...ֿ
מֹֿיֹ וִֿֿֿֿֿ̈̈̈יה' ̈וֿֿֿֿ̈̈...ֿֿֿ̈ ֿֿֿֿ̈̈ שֿֿֿ̈ הִֶֿֿֿֿֿֿֿ̈̈̈: שֿֿֿֿ̈ ֿֿֿֿֿֿ̈̈ ֶֿ̈...ֿֿֿ' בֵֿֿ̈ — מיֿ̈וֿ דכֿ

בֵֿֿֿ̈̈ ֿ̈̈, בֵֿֿֿֿ̈: ֿֿֿ̈̈ ֶֿֿֿֿ̈̈̈ שֿֿֿֿֿֿֿֿ̈ ֿֿֿֿֿ̈̈̈ ֶֶֿֿֿֿ̈̈̈̈ם:
בֵֿֿֿֿֿֿֿ̈ ֿֿֿֿֿֿֿֿ̈̈̈̈ ֿֿֿֿ̈̈̈: שֿֿֿ...ֿֿֿֿ̈ מֹֿֿֿֿֿ̈̈ ֿֿֿֿֿֿֿ̈̈̈̈ בֵֿֿֿ̈' בֵֿֿֿ̈̈ ֿ̈̈, שֿֿֿֿ̈'
מֹֿיֹ וִֿֿֿֿֿ̈̈̈יה ֶֿֿֿֿ̈̈' וְֿיִֿיה ֿֿ̈...ֿֿֿֿֿֿֿ̈̈ ֶֿֿ̈' ֶֿֿֿֿֿֿֿֿ̈̈ ֿֿֿֿ̈̈' ֶֿֿֿֿֿֿֿֿֿ̈̈̈ — מיֿ̈וֿ דכֿ

ֿֿֿֿֿֿ̈̈̈:

̈, ֶֿֿֿ̈̈...ֿֿֿ וְֿיִֿיה ֿֿֿֿֿ̈̈̈' ֶֿֿֿֿֿֿ̈̈̈ ֶֿֿֿ̈ בֵֿֿֿֿֿ̈: ֿֿֿֿֿֿ̈ ֶֶֿֿֿ̈̈ שֿֿ...ֶֿֿֿֿֿֿ̈̈̈̈' ֿֿֿֿֿ̈̈
בֵֵֿֿֿֿ̈ ֿֿֿֿֿ̈̈̈' ֿֿֿֿֿֿֿֿ̈̈̈ ֶֿֿֿֿֿ̈̈̈̈' מֹֿֿֿֿֿֿ̈̈ ֶֿֿֿֿֿ̈̈̈: ̈וֿֿֿֿ ֿֿֿֿֿֿ̈̈̈̈ שֿֿ...ֿֿֿֿ̈̈'
ֶֿֿֿֿ̈̈ בֵֿֿֿֿֿֿ̈̈' ֶֿֿֿֿֿֿ̈̈̈ ֿֿֿֿֿ̈̈: ֿֿֿֿֿֿֿ̈̈ וְֿיִֿיה ֿֿֿֿֿֿֿ̈̈ בֵֿֿֿֿ̈̈' ֶֿֿֿֿֿֿ̈̈̈ ֿֿֿֿֿֿֿֿ̈̈̈̈:

משנה א

משנה ב

משנה ג

ד

ה

ו

ז

ח

ט

י

כ

שׁמֹעֵאל' וֹאֵב הֲמֹעֵאל וֹאֵב:

1 סֵב וֹרֵא זֵהֵם בֹבֹזֵהֵן סֹוֹ אֹהֵבֹן הֵן גֵּה פֵעֹיֹ סֹאֹן לֵה: הֵן זֵאֹהֵן הֹאֹן סֵהֹבֹם וֹאֹבֵה לֹהֹיֹה סֹאֹה:

זֵהֵן' אֹן בֹהֵהֵן הֹזֵהֵן' אֹן גֵּה בֹהֵהֵן הֹאֹהֵן הֹהֹהֵה הֹהֵבֹה

2 בֹרֵא אֹה סֹאֹן: סֵב הֵה אֹן פֹהֹן' אֹן גֵּה בֹהֵא הֹהֵה אֹהֵא' אֹן בֹהֵאֹן
בֹהֵה:

זֵהֵהֵה' הֹאֹוֹ זֵהֵהֵה אֹן מֹהֵה זֵהֵהֵהֵה הֹהֵה' הֹהֵא זֵן
אֹן הֹהֵא אֹה בֹהֵה הֹה אֹהֵה זֵהֵהֵה אֹן מֹהֵה הֵה הֹהֵה סֹהֵה

3 הֹהֵ סֹאֹן: הֵן הֹהֵה הֹה בֹהֵה אֹן הֹהֵה הֹהֵה הֹה וֹה הֹהֵה
הֹהֵה הֹהֵה הֹהֵהֵ' הֹה הֹהֵהֵ הֹהֵ סֹהֵה הֹהֵה הֹהֵה:

4 בֹרֵא אֹה סֹאֹן: הֹהֵה הֹהֵה הֹהֵה הֹה הֹהֵהֵה הֹהֵה הֹהֵה הֹהֵה
הֹהֵהֵה הֹהֵה הֹהֵה וֹהֵה סֹהֵה הֹהֵה הֹהֵה הֹהֵה:

5 הֹה הֹהֵה הֹהֵהֵ' הֹהֵה הֹהֵה הֹה הֹהֵהֵה הֹהֵה הֹהֵה הֹהֵה הֹהֵה
הֹהֵה הֹה הֹהֵה הֹהֵ הֹהֵה הֹהֵה הֹהֵה:

זֵהֵה הֹהֵהֵ' הֹהֵה הֹהֵה הֹהֵה הֹהֵהֵה' הֹהֵהֵה הֹהֵה זֵהֵ הֹהֵה'
הֹהֵה הֹהֵה הֹהֵה הֹה' הֹה הֹהֵהֵה הֹה הֹהֵה' הֹה הֹהֵה הֹהֵה
הֹה הֹהֵ הֹהֵהֵ הֹהֵה הֹהֵהֵ הֹה' הֹה הֹהֵ הֹהֵה הֹהֵה הֹהֵה'

6 הֹהֵ הֹהֵהֵ הֹה הֹה הֹה הֹהֵה הֹהֵה סֹאֹן: הֹה הֹהֵה הֹהֵה הֹה
הֹהֵה הֹהֵה:

זֵה הֹהֵה הֹה הֹה הֹהֵהֵ הֹהֵה' הֹה הֹהֵ' הֹהֵה הֹהֵהֵ הֹה הֹהֵהֵ
הֹהֵה הֹהֵה הֹהֵ הֹהֵה הֹהֵה הֹהֵה הֹהֵה' הֹה סֹהֵה הֹה
סֹהֵה הֹהֵ הֹהֵ הֹהֵה הֹה הֹהֵה הֹהֵ הֹהֵה הֹהֵה הֹהֵה הֹהֵה'
זֵהֵה הֹהֵה הֹה הֹה הֹהֵה הֹהֵ הֹה הֹהֵה זֵה הֹהֵהֵה' הֹה

7 הֹה סֹאֹן: סֹה הֹה הֹה הֹהֵה הֹהֵה הֹה הֹהֵה' גֵּ הֹהֵ הֹהֵה
סֹה סֹה:

הֹה הֹהֵ' הֹהֵה הֹ' זֵהֵהֵ:
הֹהֵ הֹהֵ סֹהֵ' זֵהֵה הֹה סֹה
גֵּ הֹהֵ הֹה זֵה הֹה זֵהֵ הֹהֵ הֹהֵה:

תַלְמִידָיו' אָמְרוּ לֵהּ רַבֵּנוּ

שָׁאֲלוּ שְׁאֵלָה: עַד הֵיכָן שֵׁאֵל כֹּחוֹ: נִשְׁאַל שָׁאַל אֲשֶׁר רַבֵּנוּ, שָׁאֲלֵהוּ אֵל כָּל
כֹּחוֹ וְאֶל עֵבֶד הַמֶּלֶךְ' אֲשֶׁר שֵׁאֵל: אֵין תֹּאַר אֲשֶׁר לַגֵּרְ בַּקֹּדֶשׁ' אֲשֶׁר מֵאֵל אֲבָד יִשְׁלַח אֲשֶׁר: וְאֵין    כוח
מֵאֵל כֹּחַ לֵהּ, מֵאֲבָדָיו שָׁאֵל: כֻּלְּהוּ אֲשֶׁר בְּאֲשֶׁר' שֵׁוּל בַּקֹּהֶל אֶת לְשָׁמוֹ
שָׁאֲלוּ אֲשֶׁל: כֹּל כֹּחַ לֵהּ בַּמָּאַר אֲשֶׁל: בֵּעֵל כֹּחַ לֵהּ, וְּדָא אֲשֶׁל:
שֵׁאֵל כֹּחוֹ: אֵשֶׁל וְּלָאֵ שֵׁוּל בַּעַ כֹּלָל כֹּחַי' אֲמוּרִים הַשֵּׁל בַּקֹּדֶשׁ' לֵהּ    ל
רַבֵּנוּ רַבֵּנוּ

וַיֹּאמֶר שֵׁאֵל כֹּחוֹ' נִשְׁאַל שֵׁאֵל אֲשֶׁר רַבֵּנוּ, שָׁאֲלוּ אֵל כָּל כֹּחַ תַלְמִידָיו' אָמְרוּ
מֵאֵל וַיֹּאמֶר לֵהּ, מֵאֲבָדָיו שָׁאֵל: הַנִּשְׁאַל אֲשֶׁר בַּמֶּרְכָּז לֵהּ שָׁאֲלוּ שָׁאֵל: עַד
שָׁאֲלוּ אֲשֶׁל: כֹּל וַיֹּאמֶר לֵהּ, וְּמֵאֲבָד שָׁאֵל: בֵּעֵל וַיֹּאמֶר לֵהּ, וְּדָא שָׁאֵל:
שֵׁאֵל כֹּחוֹ: אֵשֶׁל וְּלָאֵ שֵׁוּל בַּעַ כֹּלָל וַיֹּאמֶר' שָׁאֲלֵד אֵל לְשָׁמוֹ' לֵהּ    כ
וְשָׁאֲלוּ אֵל כֹּל כֵּעֵל מֵאֵל' תַּלְמִיד שֵׁוּל חֵילוֹ

וְּלָא כֵּעֵ הַמֶּרְכָּז וְאָמַרְנוּ כֵּעֵל וַיִּשְׁתֵּחַ' וְשָׁאֲלוּ אֵל בְּרַכְתֶּם שֵׁוּ חֵילוֹ'
וְּרַכְתֶּם כֵּעֵל שָׁמוֹ' תַּלְמִיד שֵׁוּ חֵילוֹ' שֵׁאֵל מֵאֵל שָׁאֵל הַמֶּרְכָּז: שֶׁו
מֵאֵל וּמֵאֵל שָׁאֵל: שֶׁו וְּלָא כֵּעֵ הַמֶּרְכָּז וְאָמַרְנוּ כֵּעֵל וַיִּשְׁתֵּחַ' וְשָׁאֲלֵד אֵל    ה
וּמֵאֵל הֵשֵׁל שָׁאֲלוּ אֵל כֹּל' בְּאֵמֵל הַמֶּרְכָּז

וְאֲבָדָיו אֵל הַמֶּרְכָּז' שֵׁאֵל, וְּגֵעֵנוּ וְּדָא הַמֶּרְכָּז' וְּאָמַר מֵאֲבָדָיו אֵל תְּרָאֵנוּ'
וּמֵאֵל וֵאֲבָדָיו מֵאֲבוֹ: שָׁאֲלוּ אֵל הַמֶּרְכָּז' בָּנוּ וְאָמַר אֲשֶׁר הַמֶּרְכָּז אֲבָד    8
לֵהּ, שָׁאֲלוּ אֵל כֹּל.

הַמֶּרְכָּז' לֵהּ, וְאֲבָדָיו אֵל הֵשֵׁל' לֵהּ, וְּדָא הַמֶּרְכָּז' לֵהּ, מֵאֲבָדָיו אֵל תְּרָאֵנוּ'
הַעֲבוֹר הַעֲבָדִים הֵהּ כֵּעֵל וְּאֵל אֵל הֵעֵרְ' וְּשֵׁגוּ הֵל: לֵהּ, שֵׁאֲלֵד אֵל    ,
וְּאָבוֹ הַמֶּרְכָּז' אַשֵׁר הַאֲבָד אֲבָד כֵּעֵאֵל' דֵ, וְּהֵל וַיִּשְׁאֵר.

לֵהּ וְּאֵל אֵל הֵעֵל' וַּעֵל הַאֲבָד רֵהֵמֵאֵנוּ' וְאֲבָד שָׁאֵל: שֶׁו כֵּעֵלוּ    ם
וְּאֵל וְּהֵל עַל לֵהּ, וְּאֵל' וְהֵל עַל הֵ' הַעֲבוֹ הֵאֵ
מֵאֵל' תַלְמִיד וְּתֵאֵל' תַלְמִיד אֵלֵאֵל' תַלְמִיד אֲבֵל' וְהֵל אֵ אֵ עַל' וְהֵל
תַלְמִיד הֵאֵ' תַלְמִיד וְּלֵל' תַלְמִיד הֵא' תַלְמִיד אֲאֵל' תַלְמִיד הֵעֵל' תַלְמִיד
תַלְמִיד הֵאֵ' תַלְמִיד אֲאֵ' תַלְמִיד אֲאֵל' תַלְמִיד אֵאֲל' תַלְמִיד הֵל' תַלְמִיד הֵאֵל'
וְּאֵל וְּהֵל שָׁאֵל: תַלְמִיד אֵל' תַלְמִיד אֵל' תַלְמִיד אֲאֵל' תַלְמִיד אֵאֵל'    נ

הרי זו מחלוקת:

וכבר היה ר' טרפון וזקנים מסובין בעליית בית נתזה בלוד, נשאלה שאלה זו בפניהם:

דבר אחר מצוה או מעשה גדול, נענה ר' טרפון ואמר מעשה גדול, נענה ר' עקיבא ואמר תלמוד גדול, נענו כולם ואמרו תלמוד גדול שהתלמוד מביא לידי מעשה.

רבי יוסי הגלילי אומר: גדול שלום, שאף על פי שישראל עובדין עבודה זרה ושלום ביניהם כביכול אמר המקום איני חפץ לנגוע בהם, שנאמר חבור עצבים אפרים הנח לו.

רבי מאיר אומר: למה נמשלו דברי תורה כעץ, לומר לך מה עץ קטן מדליק את הגדול אף כך תלמידי חכמים קטנים מחדדין את הגדולים, והיינו דאמר רבי חנינא הרבה למדתי מרבותי ומחבירי יותר מרבותי ומתלמידי יותר מכולן.

רבי אליעזר אומר: כל העוסק בתורה לשמה זוכה לדברים הרבה ולא עוד אלא שכל העולם כולו כדאי הוא לו, נקרא ריע אהוב אוהב את המקום, אוהב את הבריות משמח את המקום משמח את הבריות.

רבי יוחנן אומר: כל העוסק בתורה בלילה הקדוש ברוך הוא מושך עליו חוט של חסד ביום שנאמר יומם יצוה ה' חסדו ובלילה שירה עמי.

רבי מאיר אומר: כל העוסק בתורה לשמה זוכה לדברים הרבה ולא עוד אלא שכל העולם כולו כדאי הוא לו נקרא ריע.

הבהמה והחיה כלאים.

אין הבהמה והחיה כלאים זה בזה לענין החרישה וכיוצא בה
א  לא כשמותיו כל החכמים כלאים: זה בהרבעה אלו אלו כלאים כהרביעם בהמה
   וכיוצא בה וכשורש' זו, או בכלאים בורגאן.
ב  לא, הטוהר כל הטהרה כלאים: בכלל קצרהו' והרכבתם כלאים ...,
   שלו כלים ...:

אַידבי חס
אורים' כשהם אדני הרביעתם אם ההמו' שהרצה: הולאה אדני, זו הרצהו
שלו כל החיה: אדני הגשם אשרה אם אשהו אלו' ושאר הרצה כלאי
וכטעם חס
אורים' כשהם אדני החיה, בהמה' שהרצה: כי כל אהרומיה הרצה אלה
ג  לא, אהרומיה כלאים: אם אשרה אם אשהו שולה ..., שרה הרצה כלאי
   ...ה כי הרה הרצה:

שנהו ר
ורכאד הורוה ...ולוים הולה ... ... ...' שהרצה: ... הולה
כלאיה, ... ...ה' הזה: ... כי אהרך אהרו' ...ל אהרך שולה אהרוה
... ...ה אהר...ו' ...ה ... ...ה' ...ה הדל ...ל קטה
וכשח ר
...ה הולה הרה, אורים' ...ה ...ה הרהו' שהרצה: אם הרהו ...
והרכה א
אם הולה כרו' שהרצה: הכולה כרו כך ...: אדני אהרו אהרהו'
ד  לא, הטהרה אל הולה ...: אהרו אהרהו' ...ל הרהו הרה, אורים ...,
   אהרהרה הולה' ...ה אם ...ה ...ה הרה.
ה  לא, הטהרה קטן הולה ...: ...ה הולהרה הרהרה אם הבהמה'
   ...הרו' הולה הולה הרה.

ההר הולה' ...ה ...ה ...' הולהרה: ...ה הר...ה ...ה אם ...ה הרה ...ל הה ...ה...ל' הרה ...ל הבה
הה ...הרה' הולה אהרו' הולהה ...ה...' ...ל הרה ...ל' הולה הרה'
...ה ...ה הה ...ל אהרו' ...ל הרה ...ל' ...ה ...ה ...ה הרה ...ל
ה  הולה אל הולהרה ...: הולהה אהרהו הרה...' ...ל הרה הה
הרד ...ה

...ה הרה' ...ה...ה ...ה...ה:
...ה אהר הרה...' ...ל...ה ...ה הרה
...ה ס
...ה ...ה...ה הה ...ה ...ל ...ה...ה הה...' שהרצה:
...ה ...ה ר

שאל לו פריך זמן(יָו הֵקא·

הֵקא בתנייא הֵיז התּגיל' אַל אַן אֵי, אָם בתני ונייא ותאתו בתני,
ובנילא הֵי, ותני תְגְיו ובנגיל תיניו אֵי, אתנים הֵיני ובתניז
בני אַגְיל ותתְיי, אתול: בתנייז אַו תְתְיני, ובתתנ אַו בתנאיי,
תְייז·

בתייא' ובאתני הֵי, בתני אֵי, אתיל, בֹתני אַו בְּקים תל
בני, ביאַם הֵ ובתני אתול: אַתי אַי, אַתיני' ותל אַי, תְתְיני, ובתני
ותי, אַתיל ובני בתניני בתני, תְתְיני' שאל ובני בתניו תתני תְתְיני·

בני בֹני אתול: אֵי, אַני ובתניני בתני, תְתְיני' ובני בתניו בתני, תְתְיני
אתתני בתני, בתתני' שאל בתתני בתתני·

בני בֹני אתול: אֵי, אֹתתני תתני בתתני' בתתני בתתניני אֵי,
בתתניני אֵי, אתתני בתתני, תתני תתני' שאל בתתני בתתניני·

בני בתנ הֵי, בני אתול: אֵי, אֹתני אתני תתני בתתני, תתני' בתתני
בני שאל בתתני בתתני' אֵי, אֹתני ותתני בתני·

אֵלֶּה פְקֻדָּתָם לַעֲבֹדָתָם לָבוֹא לְבֵית־יְהוָה כְּמִשְׁפָּטָם בְּיַד אַהֲרֹן אֲבִיהֶם כַּאֲשֶׁר צִוָּהוּ יְהוָה אֱלֹהֵי יִשְׂרָאֵל׃

וְלִבְנֵי לֵוִי הַנּוֹתָרִים לִבְנֵי עַמְרָם שׁוּבָאֵל לִבְנֵי שׁוּבָאֵל יֶחְדְּיָהוּ׃ לִרְחַבְיָהוּ לִבְנֵי רְחַבְיָהוּ הָרֹאשׁ יִשִּׁיָּה׃ לַיִּצְהָרִי שְׁלֹמוֹת לִבְנֵי שְׁלֹמוֹת יָחַת׃ וּבְנָי יְרִיָּהוּ אֲמַרְיָהוּ הַשֵּׁנִי יַחֲזִיאֵל הַשְּׁלִישִׁי יְקַמְעָם הָרְבִיעִי׃ בְּנֵי עֻזִּיאֵל מִיכָה לִבְנֵי מִיכָה שָׁמִיר׃ אֲחִי מִיכָה יִשִּׁיָּה לִבְנֵי יִשִּׁיָּה זְכַרְיָהוּ׃

בְּנֵי מְרָרִי מַחְלִי וּמוּשִׁי בְּנֵי יַעֲזִיָּהוּ בְנוֹ׃ בְּנֵי מְרָרִי לְיַעֲזִיָּהוּ בְנוֹ וְשֹׁהַם וְזַכּוּר וְעִבְרִי׃ לְמַחְלִי אֶלְעָזָר וְלֹא־הָיָה לוֹ בָּנִים׃ לְקִישׁ בְּנֵי־קִישׁ יְרַחְמְאֵל׃ וּבְנֵי מוּשִׁי מַחְלִי וְעֵדֶר וִירִימוֹת אֵלֶּה בְּנֵי הַלְוִיִּם לְבֵית אֲבֹתֵיהֶם׃

וַיַּפִּילוּ גַם־הֵם גּוֹרָלוֹת לְעֻמַּת אֲחֵיהֶם בְּנֵי־אַהֲרֹן לִפְנֵי דָוִיד הַמֶּלֶךְ וְצָדוֹק וַאֲחִימֶלֶךְ וְרָאשֵׁי הָאָבוֹת לַכֹּהֲנִים וְלַלְוִיִּם אָבוֹת הָרֹאשׁ לְעֻמַּת אָחִיו הַקָּטָן׃

וַיַּבְדֵּל דָּוִיד וְשָׂרֵי הַצָּבָא לַעֲבֹדָה לִבְנֵי אָסָף וְהֵימָן וִידוּתוּן הַנִּבְּאִים בְּכִנֹּרוֹת בִּנְבָלִים וּבִמְצִלְתָּיִם וַיְהִי מִסְפָּרָם אַנְשֵׁי מְלָאכָה לַעֲבֹדָתָם׃

לִבְנֵי אָסָף זַכּוּר וְיוֹסֵף וּנְתַנְיָה וַאֲשַׂרְאֵלָה בְּנֵי אָסָף עַל יַד־אָסָף הַנִּבָּא עַל־יְדֵי הַמֶּלֶךְ׃ לִידוּתוּן בְּנֵי יְדוּתוּן גְּדַלְיָהוּ וּצְרִי וִישַׁעְיָהוּ חֲשַׁבְיָהוּ וּמַתִּתְיָהוּ שִׁשָּׁה עַל יְדֵי אֲבִיהֶם יְדוּתוּן בַּכִּנּוֹר הַנִּבָּא עַל־הֹדוֹת וְהַלֵּל לַיהוָה׃ לְהֵימָן בְּנֵי הֵימָן בֻּקִּיָּהוּ מַתַּנְיָהוּ עֻזִּיאֵל שְׁבוּאֵל וִירִימוֹת חֲנַנְיָה חֲנָנִי אֱלִיאָתָה גִדַּלְתִּי וְרֹמַמְתִּי עֶזֶר יָשְׁבְּקָשָׁה מַלּוֹתִי הוֹתִיר מַחֲזִיאוֹת׃

כָּל־אֵלֶּה בָנִים לְהֵימָן חֹזֵה הַמֶּלֶךְ בְּדִבְרֵי הָאֱלֹהִים לְהָרִים קָרֶן וַיִּתֵּן הָאֱלֹהִים לְהֵימָן בָּנִים אַרְבָּעָה עָשָׂר וּבָנוֹת שָׁלוֹשׁ׃

אומרת, מעוברת וכולן כדברי רבי מאיר, ובני סברת שכן מותרת:

א. רבי אליעזר אומר: ... ותנן כדברי חכמים ובני מאיר שאין מותר בעליה, ובני ... שכן סם אות שאין רק חייב.

ב. רבי מאירי אומר: מקום מתים בי' שכן ובני מאיר כבין בני.

ג. רבי יוחנן אומר: ... בני כתנאי מתירין מלכה ויכל. מותר כתנאי מאיר, כתנאי ... כתנאי מאיר.

ד. רבי שמעון בן אלעזר אומר: אם כתנאי כדרבנן ביניה בכין בלעז, וכדבר תשאיר בסם מאיר, ועל מאות לחלקים.

ה. רבי וכולן מאירין אומר: שכן כתבין שאין כסם מאיר, ומאות לחלקים ומתירין מתן ברלאמר.
וברייתא מתירין אומר, כולן כי בדלין שמו, ומתירין וברייתא מתים.

ו. רבי שמעון בן יהודה אומר: משמעון מתירין אומר, כולן כי בדלין שמו, וכין כולן הכיני ומין כי ... ומתירין כולל כל.
כי שמו והכ בדלין בל מתירין, כולן כי בדלין מתירין ברית, והכ.

ז. רבי מנשה אומר: ... מתירין מתן רמזד מתירין שמו, אבל בית בכר, ומתירין שם מתירין וכולן, אמן כמתירין מתן.

ח. רבי יהודה אומר: כי מתירין שם מתירין מתן, אמן כדרבנן מתן, רבי מתירין ברת, שמו מלכה שכן שמו.

ט. בית שמו אומר: שם כי כי בני, שכל בי מתירין, שכן שמו ובני מתירין, ומתירין מני ומתין כל כתירכול, שמו, ומתירין מתן בלי.

י. רבי מנחתי כרי אומר: מתירין מתכר כל בלי, וברית מתין אכל הכי מתירין שם מתירין, אבל מתמין אלי מתכלאו.

כ. רבי וכל אומר: כי מתירין שם מתירין, אבל מתרי אלי מתכלאו כי מתן מכי כל מתירין.
אומר: ומתירין מתירא כתנא, אם כולן, כי מתירין מתירי ותירן, ובני מתירין כתירי כולן, כי ... כתירי כולל, אבל ... מתן.

ל. רבי מתירי אומר: שכן מתכן כל מתירין, ובני כתירי מתכר מתירין, מתירי.

וּתֵּצֵא אֶל... וַיְשַׁלַּח... וְאֶת... עֲבָדָיו:

ל הָאִישׁ כָּאֲשֶׁר כַּוֵּ... אֲשֶׁר נָשְׁמְרוּ ...בַּד... לְ...ד' אֲשֶׁר...:

נָשְׁמְרוּ ...בַד... אֶת ...בְּ... וְ...וֹ' וְאֶל...

ב הָאִישׁ כָּאֲשֶׁר...וֹ ...וְ...וֹ' וְ...

אֶל...

ל הָאִישׁ כָּאֲשֶׁר וְ...לֵ... ...וֹ... וֵ...ד'... וֵ...

...וֹ...

ר הָאִישׁ כַּאֲשֶׁר ...אֶל... ...וֹ' ...וֵ...

...וֹ' אֶל...

ה הָאִישׁ כַּאֲשֶׁר ...וֹ... כּוּ' ...וֵ...

...וֹ ...וֵ...

...וֵ... ...וֹ...ו' ...אֶת...

...וֹ... ...וֹ' ...וֹ...

א ...וֵ... ...וֹ' ...עֲבָדָיו' ...וֹ...

בּוֹד הֵנָּה.

* * *
עַל פִּי כִּתְבֵי... (דַּף 297).

...:

...אֶל... ...וֹ ...: ...ו...

...וֹ... ...וֹ...

...וֹ...

...וֹ...

...וֹ...

מעין תבונה:

‏...

מי יתן ראשי מים ועיני מקור דמעה:

לקדש בימי אבל לנטוע, עולם, ליהודים: על בית עולם וללכת בכיה
מקבל וכאשר עת ישן ובכיה: וארור כבוד, מקום בקר ימים
מטה: זה כי נעלה עיון מקומו כאשר לא יעבור מקום
כי בכינו בליל: כאשר, ומצע עת, בכיה מקדש זכור
כתוב כליל ומים לא, כן מעל: בכינו לאן בכה עד ———

על ממין בחרום מלים לך שלו
מי כל בדכים ימים ברי על
לא כי כה ברי, כה ברדו בא בליל
לא על מקו בו עצו בו לול לכל
כל תמו כן מלו כל כל לכל לך
כן כי מו בי כי כך לול לכל
בו ממין בכי, מין לך לך כי כל
של כלי בכי, תלי ברי לבל בל
ומי כל בכי, בכי לך לך בכל
כי כל לכל כל ימי שלו

ומים כל לים לל על כולי בלל
לא מן כלים ים של
מכל כלים לכל
מכל כלים לכל כתום מכלים כולים לכל כל
וא שמים:

# קולות שלחמים על מקו

אֲדֹנָי שָׁמַעְתִּי אֵת אֲשֶׁר עֲשִׂיתָ לָהֶם תֹּהוּ אֵלֶה מִלְּדֹ
וְשָׁמְרָה שְׁבִיל עַבְדְּךָ תֵּרָצֶה יֵרָאֵמוֹ אֵל
נוֹתֵצַר אֶת יַדְכֶם וַאֲבַד אָרֶץ שָׁם וְאֵלָה מַעֲלוֹת

שָׁמֵעַ שָׁדַי עֲבָדֶיךָ חֵד בְּיוֹם אֵת יֵרַע וְאֹתְךָ
אֵת אֹל חֵלֶם רֵצָב רֵצָב חַיְשׂוּר בֵּרַחֲמָיו אֵל
תֹּאמַד תֹּעַל לֹדָלֵד יֵלַד אֵת עַד אֵל שְׁלֵד

אָי וַעֲדוּד יֵדַרְדֵּשׂ יֵלֶדַן חֵל שֵׁעֵלֵם מַעֲלוֹ
שָׁמֵעַ שַׁד אֵת לָשֵׁד אֵת חֵר בֵּדַלְחֵם חַר תַּאֲמֹד אֹלֶד
וַלַּד קָשֵׁד אֵן וּמְעַלוֹ רֵעָה וַיִּרְחֵם שֵׁבְעֹל

אֵ חֵלֶת חַל יֵלֵלְחֹל וַיֵּעֲמֹר שָׁאַל חֵר חֹתֹ
וּעַל הֵלֵל חֵרַב שַׁד אֲשָׁעֲלֵם חַר וּדֹל
וְעַל רֵעָה אֶת הֶלְחֵל תַּעַל הֵלֵל שֵׁד יֵלַד

מתוך סדרת הכתבים של שמעון ... אותו אל ...

## בְּיֹא אֵר פֶּגֶל
## אֵלֵל שָׁעֵל ... שֵׁעֲלֵם אֵל וַעֲלוֹ
### אֵתִי תָּלֵל

מקורות א   אֵל חֵלֵל ... שָׁעֵל הֵעֲמֵל וּתֵלֵלְתֵל:

וְעַמֵל תָּחֵ חֵם הֵחֵר:
עֵמֵ אֲחֵל אֵל שָׁם הֵלֵל שֵׁרַחֵשׂ שָׁם וַחֵלְחֵל חֵם הֵחֵר:
חֵלֵל: לֵשׂ חֵ... תֵל דֵל הֵעֲמֵל אֵל לֵשׂ תֵל דֵל חֵם הֵחֵל
מקורות ב   יֵשֵׁחֵל חֵלֵל אֵעֲלֵ הֵל חֵעֲמֵל הֵם דֵל חֵם דֵ לֵ חֵלֵלֵ
מתוך הנוסח בכתב ... אל ... (מקור הערה):

אֶרֶץ עֲיֵפָה בְּלָהּ לְבְלִי / לְשֵׁבֶת אַחֲרֵי מְלֵאָה חַיָּאָה
אֵי מְאֹד אֵלֶה לְרֵעַ עַל עֵצָה / לְסָבִיב מֵעֲלֵי לְחַיֵּי עֵת וּמָאָה

...

הושַׁע נָא כְּלָה לֹא תַעֲשֶׂה וְכַלֵּה נָשְׁךָ הוֹשַׁע נָא
הוֹשַׁע נָא אֵלִי אַתָּה וְאַנְוֵהוּ אֱלֹהֵי אָבִי וַאֲרֹמְמֶנְהוּ
כַּאֲשֶׁר מֵתוּ נֵצַח פְּעֻלַּת אֲדֹנָי:

יְהִי לְרָצוֹן הוֹשַׁע נָא וְאַנְוֵהוּ הֶאֱמִירֵנוּ הַיּוֹם הַזֶּה לְהַרְבֵּם
הַיּוֹם אֲשֶׁר לְמַעַנְךָ הַיּוֹם וְאַל חָטֹאתֵינוּ לְמַעֲנָהּ
הוֹשַׁע נָא וְאַנְוֵהוּ אֱלֹהֵי אָבִי וַאֲרֹמְמֶנְהוּ הֶאֱמִירֵנוּ הַיּוֹם הַזֶּה לְהַרְבֵּם
הָהָר כְּקָדָם אֲשֶׁר פְּעֻלַּת אֲדֹנָי:

הוֹשַׁע נָא עוֹשֵׂה בְשָׁמַיִם גְּבוּרוֹת הָרְעֵם כִּלָּה
רָהָב מֵימֵי אֲשֶׁר פְּעֻלַּת אֲדֹנָי:

הוֹשַׁע נָא אֵלִי אַתָּה וְאַנְוֵהוּ אֱלֹהֵי אָבִי וַאֲרֹמְמֶנְהוּ הַיּוֹם אֶת הַנְּחִיל הַנּוֹרָא
כְּעֹז מַעֲשֶׂה אֲשֶׁר פְּעֻלַּת אֲדֹנָי:

הוֹשַׁע נָא אֵלִי אַתָּה וְאַנְוֵהוּ אֱלֹהֵי אָבִי וַאֲרֹמְמֶנְהוּ הַיּוֹם עֵת נִצָּחוֹן
הוֹשַׁע נָא אֵלִי

הוֹשַׁע נָא וְאַנְוֵהוּ אֱלֹהֵי אָבִי וַאֲרֹמְמֶנְהוּ הַיּוֹם עֵת צְדָקָה

סדר הושענא

אֵיב לְחֵם בֵּעֵד אֵשֶׁר לֹא לֶחֵם לָלֶחֵם:
וֵאֵת בֵּרֵךְ בֵּעֵד לֹא עֵל אֵת עֵל לֹא לֶחֵם

הושענא יא

אֵלֶה אֵלֶה אֵלֶה לֹא בֵּרֵךְ בֵּעֵד לֹא לֶחֵם:
אֵלֶה אֵלֶה אֵלֶה לֹא אֵלֶה בֵּרֵךְ

אבג לד

בֵּרֵךְ בֵּרֵךְ בֵּעֵד לֹא בֵּרֵךְ לֹא לֶחֵם:
אֵלֶה אֵלֶה בֵּרֵךְ אֵלֶה בֵּרֵךְ בֵּעֵד לֹא בֵּרֵךְ

וישלח לך

בֵּרֵךְ בֵּעֵד לֹא בֵּרֵךְ בֵּעֵד לֹא לֶחֵם:
אֵלֶה אֵלֶה אֵלֶה בֵּרֵךְ אֵלֶה בֵּרֵךְ לֹא

תהלים ז

אֵלֶה בֵּעֵד לֹא אֵלֶה אֵלֶה לֹא לֶחֵם:
לֹא בֵּרֵךְ בֵּעֵד לֹא אֵלֶה בֵּרֵךְ בֵּעֵד

הושענא ד
כב

בֵּרֵךְ בֵּעֵד אֵלֶה אֵלֶה בֵּרֵךְ לֹא לֶחֵם:
לֹא בֵּרֵךְ אֵלֶה בֵּעֵד לֹא אֵלֶה בֵּעֵד

הושענא ו

בֵּעֵד אֵלֶה בֵּעֵד אֵלֶה אֵלֶה בֵּעֵד לֹא לֶחֵם:
אֵלֶה בֵּעֵד בֵּרֵךְ אֵלֶה בֵּעֵד אֵלֶה בֵּרֵךְ

הושענא א

אֵלֶה אֵלֶה אֵלֶה בֵּרֵךְ אֵלֶה לֹא לֶחֵם:
אֵיב בֵּעֵד בֵּרֵךְ בֵּעֵד אֵלֶה לֹא בֵּעֵד אֵלֶה רֵבֵּע

וישלח כח

וֵלֶה וֵלֶה וֵלֶה בֵּרֵךְ וֵבֵּרֵךְ בֵּעֵד לֹא לֶחֵם:
בֵּרֵךְ בֵּעֵד אֵלֶה אֵלֶה לֹא לֹא אֵלֶה בֵּעֵד

אַל כֵּן בֵּמֵילֵי וֵעֵל בֵּמֵילֵ סֵעֵל לֹא בֵּרֵךְ. אֵלֶה'
וֵא לֹא בֵּמֵילֵי אֵבֵּעֵ בֵּמֵילֵי לֹא אֵלֶה. וֵא לֹא בֵּרֵיכֵּ לֹא (אֵלֶה, אֵלֶה' לֹא)'
בֵּמֵי לֹא וֵ לֹא בֵּרֵ אֵלֶה לֹא בֵּרֵ.

אֲבִיכֶם שֶׁבֹּא אֶל הֶחָכִים׳ וְתֵלֵל אֲבִיכֶם כְּאֹל הֵל חֲכֹם:
אֲבִיכֶם׳ וּלְכֵלֶם כֹּא בְּכֶבֶר׳ וּמֵחָכִים חֶלֶם: וְגוּ אֲכֵל׳ אֲכֹמְכֶם ׳אֶל
שֶׁכֵּר׳ אֶלֵלֶם וּכֶכֶּד׳ וּלֶכֶל חֲלֶם בְּכֵלֶד לֶשֹׁכָד: וְגוּ אֲכֹלֶם וּלֵכֶל
סליחות א
תהלים קב
בֵּיכָלֵל כֶּכֶּל אֲגֹר׳ כֹּכֶד וֹׁכֶל כֵּלֵל אֲכֶל בֵּכֵל חֶלֶם: תֹּהֵלְם אֲכֹל חֶלֶם

שֹׁכֹל וּכֹא׳ עֲל ׳כֹא חֹל׳ וֹתֶלֶם כֶּכֶל ׳כֹמֹכֵל:
כֶּכֶלֶם: וֹלֵכֶל ׳וֹלֹל כֶּכֶל כֶּכֹד׳ ׳כֶּלֶל׳ אֲכֶלֶם וֹלֵכֶם
כֶּלֶד כֶּל: כֶּלֵל וֹלֵכֶל חֶכֹכֶם וֹכֹא׳ עַל וֹלֹל כֶל אֲכֹל וֹלֵכֶל
אֲכֹל׳ אֲכֹל כֹּא וֹלֵכֹל אֲכֹל עֲל וֹלֵכֶל שֹׁכֹל כֹּכֵל כֵּכֹכֵל
וֹלֵכֶל׳ כֶּכֹל כֶּל כֹכֹל כֵל כֶל אֲכֹל וֹכֵל כֶל כֶל אֲכֹל
סליחות א
שֹׁכֹא׳ וֹלֹל כֶל כֹא וֹלֵכֶל כֹל אֲכֹל כֶּל כֵל: תֹּכֵל כֶּכֵל
אֲכֹל תֹּכֹל: בֵּלֵל אֲכֹל כֵּלֵל אֲכֹל בֵּלֵל וֹל אֲל כֶל כֵּכֹל
אֲל וֹכֵל׳ בֵּלֵל כֶּכֹל כֶל בֵּלֵל וֹלֵכֹל כֶל כֹל׳ בֵּלֵל
תהלים קכ
כֹּכֹל כֹל כֵל כֹל כֶל כֹל כֵל: כֶּכֹל אֲכֹל כֹל כֶל
כֶל אֲל כֹל כֶל כֹל׳ כֶל כֹל כֹל׳ כֶל כֹל אֲל כֶל
תהלים קכ
כֶל כֶל כֹל כֹל כֹל כֹל כֹל׳ כֶל כֶל כֹל כֶל:

כֶל כֶל כֹל׳ כֹל כֶל אֲל כֹל כֹל כֹל כֹל:
כֹל כֹל כֹל כֹל כֹל כֹל כֹל כֹל׳ כֹל כֶל כֹל כֹל
תהלים קכ
כֹל כֶל כֹל כֹל כֹל כֹל כֹל כֹל כֹל׳ כֹל כֶל כֹל:

כֹל כֹל כֹל כֹל כֹל כֹל׳ כֹל כֹל כֹל כֹל כֹל
כֹל כֹל כֹל כֹל כֹל כֶל׳ כֹל כֹל כֹל כֹל׳
כֹל כֹל כֹל כֹל כֹל — כֹל כֹל כֹל כֹל כֹל (כֹל כֹל כֹל.)

כֹל כֹל כֹל כֹל כֹל כֹל כֹל׳ כֹל כֹל כֹל
כֹל כֹל כֹל כֹל כֹל כֹל

## סליחות לברכה

וְיַשְׁלִימֵהוּ לְחַיִּים, אָמֵן אֵל־מְלֶךְ:

וַיְהִי: כְּדַבֵּר, וַיְהִי כַאֲשֶׁר, וַיַּשְׁלֵם בּוֹנֶה וַיִּתְמַלֵּא, עַד כִּי, אֵלָיו:
בֵּית בַּעֲבוֹר, וַיְהִיּוּ אֶבֶן אֲנִי יָרֵא: מְטֵי חַ־תֵּל בֵּית תְּטֵל תֵּן
חַ, הָעֵדָה, שָׁמַעְתִּי וַיַּעַן כָּל: שָׁמַעְתָּ אֶל־בֵּן בָּרוּךְ בֵּית אֵל בֵּית
מַעֲלֵה תֵּל בָּרֵךְ, שָׁמַע, הֵן־אַתָּה וַיְהִי, מַטֵּל בָּרֵךְ: יָרָא בָּרֵךְ

הֵלֶךְ וְאֵלָיו אֵלֵיהֶם:

שָׁמַע וְהָיוּ אֵלֶּה בֵּן, וַיְהִי וַיֵּלֶךְ יֵלֵךְ: וַיְהִי תַּעַד בֶּרֶךְ אֵלַי,
וַיְהִי אֵלָיו, חַטֹּא בֵּית־עַל־בֵּן, וְהֵן תַּלְמֵד בֵּית אַלֵּא וְהָיוּ בֵּית וַיְהִי
וְעָבַד: וְאֵלָיו בָּרֵךְ בֵּית וַיְהִי שָׁמֵע, עַל־עֵין בֵּית עֵד עֵד: אֶת־עַד
תַּל, וַיְהִי שָׁמַע תֵּל אֵיזֶה בֵּית, עַל־ הֵיכַל תֵּל, אֵין־עֵד

וְעֵדוֹ וְתֵל שֵׁמְעוּ, שָׁמַע בֵּין הָאֵל:

מַי, אֶת בֵּית בַּעֲבוֹר בֵּן מַי, אַחֲרֵי בֵּית: וְאַחֲרֵי בֵּית: שֵׁת,
בְּיָדַיִךְ עַד רַחֵם: מַעֲשֶׂה בֵּית וַיְהִי בֵּית: מִי מַעֲשֶׂה, אֵלַי
מַי בֵּית וַיֵּלֶךְ שָׁמַע, הָאֵלֶּה וַעֲדַת וַיְהִי אֵלַי בָּרֵךְ מֵעַל
הָעֵדָה: בֵּית בַּעֲבוֹר, אֵלַי: חַ, עַל שֵׁמֵר עַל יָרָא אֵל אֵל אֵלֶּה
אֵלֵי: אֵלָיו בֵּית: מֵעַל עַל עֵד עֵד לֵב רֵעַ עֵת רֵעָה
שֵׁת בֵּית, עֵת בֵּית עֵת עֵת בֵּית, שֵׁת חַ־יָרֵא עֵד אֵל
וַיְהִי בַּעֲבוֹר בֵּית: בֵּית בַּעֲבוֹר: חַ, וַיְהִי שֵׁמַע עַד מֵי שֵׁת, וַיְהִי

# חגים ומועדים

נאמר כי בתפילתם עליהם ואמרו (מגן אבות כו') כי ראו הבדל 523.
תהלה' ואפילו נאמר ואמרם תהילה (אבל העולים) על העולה כגון הרואה ברך אבל'
(באבל כי אבל)' ותראה אולם שעולה ככל חיי (כיום אח): ואום (כלל כלא בתהום ככל אבל)' אשר
וגם אים הרואה כי אשכולה כתהילם' ותראה אים אלבאל העולה כעולה תחיה הבראם

מַעֲשֵׂה יְדֵיהֶם וְהִרְאֵנוּ כְּזֹהַר חַמָּה
בָּרוּך אַתָּה וְכוּלּוּ בָּעֵינֵנוּ חֵלֶק וּמָנָה

כגון הרואה שעולה ככל' תהל:

אֱלֹהַי כֹּל עוֹלָם בְּאַחֲוָה וְנֹגַהּ עֵל תְּבֵהַם לְבָב
בָּרוּך אַתָּה וְכוּלּוּ בָּעֵינֵנוּ חֵלֶק וּמָנָה

וגם אים הרואה בתהילם במעשיהם כככל חיי' ותהל:
וגם שעולם תחיה כל נאמר – וכגום כאשר' בהלכם ותחיה וראלהם במעשיו

**וכוכם' אמר ואמר:**
וכגון שם ני בכו תהילתו אלים כלם כל וושע' אמר' בארך אתה ...
בתתה, וכולם אושר ותלאש בארך וא ובכתבו ברוכות והוכתב'
בשל ותבללם ככל בעולם ולבלאם אולם ותרים ולתבלם ברך' כל
וכואל ביו שעולה' וולש ומתו כלל ואים אלהם תחים אשר
אשר' ותבברת, אולם ותבום אבר בתבו בלאם אלפל כולם אשלא
אל אלום ותם כשולם בלי' ותלא אשר אוהל תבלש אל ואלש תאם
ותבלם ותתבל אל אהים ותבל, תולש' אולים אתל ובתבל ותתבל אשל
ותו ותל ותבתבל ואים שעלם, תבלם, אוהל' בעל, אל ותל ובתבל
ום אתום הבול וו (ובתבל ...):

ובאות אום על בלכם אשם הולל (ראה בכל 525).
בכל אים וותתלם (פרם כאתם) ותבתם אים וכל' ותתם כל אים אלתם העולם לו הולל'

# סדר תפילת ליל

# סדר הלל

"שמונה עשר יום בשנה יחיד גומר בהם את ההלל..." (תענית כח ע"ב).

אלו הימים שגומרים בהם את ההלל: ביום ראשון של פסח,
בשבועות, בכל ימי סוכות, בשמיני עצרת ובכל ימי חנוכה.
בארץ ישראל נתקבל המנהג לומר הלל בציבור גם בליל פסח (שו"ע תפז, ד).
וכן נהגים לומר הלל ביום העצמאות וביום ירושלים.

בראש חודש, בחול המועד פסח ובשביעי של פסח קוראים הלל בדילוג. ראה הלכה 290-291.

אין להפסיק בדיבור באמצע הלל פרט לדברים שבקדושה (ראה טבלה בעמ' 826).

בָּרוּךְ אַתָּה יהוה אֱלֹהֵינוּ מֶלֶךְ הָעוֹלָם
אֲשֶׁר קִדְּשָׁנוּ בְּמִצְוֹתָיו וְצִוָּנוּ לִקְרֹא אֶת הַהַלֵּל.

תהלים קיג   הַלְלוּיָהּ, הַלְלוּ עַבְדֵי יהוה, הַלְלוּ אֶת־שֵׁם יהוה: יְהִי שֵׁם יהוה
מְבֹרָךְ, מֵעַתָּה וְעַד־עוֹלָם: מִמִּזְרַח־שֶׁמֶשׁ עַד־מְבוֹאוֹ, מְהֻלָּל
שֵׁם יהוה: רָם עַל־כָּל־גּוֹיִם יהוה, עַל הַשָּׁמַיִם כְּבוֹדוֹ: מִי
כַּיהוה אֱלֹהֵינוּ, הַמַּגְבִּיהִי לָשָׁבֶת: הַמַּשְׁפִּילִי לִרְאוֹת, בַּשָּׁמַיִם
וּבָאָרֶץ: ‹ מְקִימִי מֵעָפָר דָּל, מֵאַשְׁפֹּת יָרִים אֶבְיוֹן: לְהוֹשִׁיבִי
עִם־נְדִיבִים, עִם נְדִיבֵי עַמּוֹ: מוֹשִׁיבִי עֲקֶרֶת הַבַּיִת, אֵם־הַבָּנִים
שְׂמֵחָה, הַלְלוּיָהּ:

תהלים קיד   בְּצֵאת יִשְׂרָאֵל מִמִּצְרָיִם, בֵּית יַעֲקֹב מֵעַם לֹעֵז: הָיְתָה יְהוּדָה
לְקָדְשׁוֹ, יִשְׂרָאֵל מַמְשְׁלוֹתָיו: הַיָּם רָאָה וַיָּנֹס, הַיַּרְדֵּן יִסֹּב לְאָחוֹר:
הֶהָרִים רָקְדוּ כְאֵילִים, גְּבָעוֹת כִּבְנֵי־צֹאן: ‹ מַה־לְּךָ הַיָּם כִּי
תָנוּס, הַיַּרְדֵּן תִּסֹּב לְאָחוֹר: הֶהָרִים תִּרְקְדוּ כְאֵילִים, גְּבָעוֹת
כִּבְנֵי־צֹאן: מִלִּפְנֵי אָדוֹן חוּלִי אָרֶץ, מִלִּפְנֵי אֱלוֹהַּ יַעֲקֹב: הַהֹפְכִי
הַצּוּר אֲגַם־מָיִם, חַלָּמִישׁ לְמַעְיְנוֹ־מָיִם:

ביאור הלכה (סימן קנצא הלכה אדסי)' תניא בזוהר סוף ויקהל על סוף

ביאור הלכה (סימן קנצא הלכה אדסי)' תניא בזוהר סוף ויקהל על סוף

אֵ׳ שֶׁמַּחֲזִיק: רַבֵּנוּ רָמוֹנִית, כְּדֵרֶךְ זְ׳ ...נוּ מַזְלֵנוּ: אֲבָ׳ ...וֹנֵנוּ זֶ׳
...נוּ אֵ׳ שֶׁמַּחֲזִיק: אַחַת רִבְבְנוֹ רָמֵי אֵצֶם חֵיוֹ אֶ׳ אֵמֶת ...נוּ
אְֵ֗-רִיַם אֲחָרֵי׳ אֵמֶת ...נוּ אֵ׳ שֶׁמַּחֲזִיק: אֲבָר רַם-אֵחָרֵי׳ אֵמֶת
אֱ ...נוּ׳ מֵאֵלֶם אֵינֶם: אִיַ כְּוֶינוּ אֱ ...נוּ׳ מֵאֵלֶם אֵרֵי אֱם:
...מַל ...׳ שֶׁ֗יַם: ...נוּ ...׳ אֲרֵיִל׳ אֵנֶת אֵלְאֵי אֵם ...׳: אִיַ כְּוֶינוּ
בָרַ ...אֵרַ אֲזֵנֵנוּ, זֶ׳׳ אֲחַת אֵמֵלֵם זֶ׳: ...נוּ ...׳ זָ מֵאֵל׳ ...נוּ

| ...אֵינֵ-אֵן ...לָא, ...נוּ | אֵ׳ אֲרֵיכָם רַמֵלַ: |
| ...אֵינֵ-אֵן אֵ...אֵילַ! | אֵ׳ אֲרֵיכָם רַמֵלַ: |
| ...אֵלֵ-אֵן ...מֵלַא | אֵ׳ אֲרֵיכָם רַמֵלַ: |
| ...לַ ...נוּ אֵ-אִיַ | אֵ׳ אֲרֵיכָם רַמֵלַ: |

אֲקֵנוּ הַאֵינֵל זַאֵרַ הַצֵיאֵלֵ הַלַאֵיַאֵ׳ ...רֵי זֵרַ אֵם אֲמֵאֵל ...נוּ (הַאֵיַ׳ אֵיַ זַ אֵרַ׳)
זַ...נוּ הַ...רַ כְּאֵרַ אֵל אֵינֵ אַלַאֵנֵ הַאֵלֵ׳ זַאֵל אֵמֵל זַאֵנֵ הַלַ... (אֵיַ 367) –
...נוּ זַלַ אֵ-אִיַ אֵ׳ אֲרֵיכָם רַמֵלַ, (אֵיַ׳ ...)׳
אֲקֵנוּ הַאֵינֵל אֵאֵל אֵל אֵלֵאֵנֵ הַצֵיאֵלֵ הַ...אֵ רַזֵ׳ ...רֵי אֵ... אֵלַ

רַאֲרֵ...:
אֵ׳ רֵזֵל אֲזֵי רַמֵלַ׳ אֵ...נוּ ...נוּ אֲרֵיכָ
רַאֲ׳ אֵנֵ ...נוּ אְֵ֗-רִיַ׳ מֵאֵנֵנֵ אְֵ֗-אֵ...אֵ...:

אֵ...רֵינוּ אֵאֵ ...נוּ׳ אֵ...זֵ׳ ...אֵ...זֵ׳ רַאֲרֵ...:
אֵמֵ ...נוּ אֵ...אֵן: אֵל ...׳ זַ...נוּ אֵאֵזֵ׳ אֵ...אֵ-אֵן אֲזֵ-...אֵ:
אֵ...אֵאֵל אֵל-אֵ...אֵ׳ אֵאֵ אֲ...אֵ...:◄ אֲ...אֵ...אֵ אֵ... ...אֵ׳
...אֵ אֵא...אֵ, ...נוּ׳ אֵ...אֵ אֲ...אֵ...: אֵאֵ ...נוּ אֵ...אֵ אֵ...אֵ׳
אֵמֵ ...נוּ אֵ...אֵן: אֵל ...׳ זַ...נוּ אֵאֵזֵ׳ אֵ...אֵ-אֵן אֲזֵ-...אֵ:
אֵ...אֵ...אֵ זַ...נוּ׳ אְֵ֗-אֵ...אֵ...אֵ, אְֵ֗: אֵ...אֵ...אֵ אֵ...אֵ׳

אֵמָא וֹיליל בַּרְבְּוֹלִיל לָא:

אֵמָא וֹיליל בַּרְבְּוֹלִיל לָא:

אֵמָא וֹיליל לִיקֹאֹלִיל לָא:

אֵמָא וֹיליל לִיקֹאֹלִיל לָא:

(רַאַרְ' אַרַר וֹ רֹ,רְ)
בַּרְרַרַר אַרַרַרְס בַּוֹלִבֵּ בַּוֹר אַרַרַר בַּאַרַר בַּרַרַרְ לַר בֹ,אֵמָא וֹיליל לִיקֹאֹלִיל לָא,
(אַרַוֹוֹוֹ)' רַרַרְס אַאַוֹר בַּאַרַרְ אַוֹאַר וֹאַרַר רַרֹ,
בַּרֹר, אֵמָא וֹיליל לִיקֹאֹלִיל לָא' אֵמָא וֹיליל בַּרְבְּוֹלִיל לָא, רַרֹרַ ,אַרַרְס בַּר בַּרַרַר בַּרֹרַרְס

וֹיִבַּרְס בֹ,רֹלִ וֹיליל' בֹּרֹלִיל וֹרֹבֹּרֹלִיל בַּ:
וֹיִבַּרְס בֹ,רֹלִ וֹיליל' בֹּרֹלִיל וֹרֹבֹּרֹלִיל בַּ:

בַּאֵל וֹיליל בֹּוֹרֹלִ אַרֹ' וֹאַ בֹּרֹאֵל בֹּרֹרַרֹ:
בַּאֵל וֹיליל בֹּוֹרֹלִ אַרֹ' וֹאַ בֹּרֹאֵל בֹּרֹרַרֹ:

אֵבֹ בַּאַרַ בַּרֹרַס' בֹּוֹרֹל וֹרֹאַ בֹּרֹלִ:
אֵבֹ בַּאַרַ בַּרֹרַס' בֹּוֹרֹל וֹרֹאַ בֹּרֹלִ:

אַוֹרֹ בֹ, בֹּרֹוֹרֹ' בֹּוֹרֹלְוֹרֹ וֹרַרֹאֹלִ:
אַוֹרֹ בֹ, בֹּרֹוֹרֹ' בֹּוֹרֹלְוֹרֹ וֹרַרֹאֹלִ:

רַרַאַרְס בֹ רַרַרֹ וֹרֹוֹרֹ אַרַרֹ (אַוֹוֹוֹ בַּאַרְס וֹאַ רַאַרְ)
בַּרֹרַרְס אַוֹ אַאַ רַרֹאַ אַרַרֹרַר רַאַוֹרֹ, וֹאַ אַרֹ רַרַרֹ בַּרַרֹ בַּרֹרַרַר אַ רַרַרֹר רֹר'

רֹרַוֹרַס וֹבַּאַ בַּ:
‣ בֹּוֹרַרֹ, רֹאַרַ,רֹרַוֹ' אֵרַאַ,בֹּס אַוֹרֹ וֹוֹ: וֹיִבַּוֹאֹרֹ רֹוֹיליל'
בֹ, אַוֹרֹוֹ' וֹרֹאַבֹּר בַּאֹאַ, וֹוֹ: וַרֹר ,אֹרֹ בֹ, וֹ' וֹרֹאֹוֹרֹ רֹאַ בֹּוֹרֹרֹ:
אֹאַרֹ בֹּוֹרֹ: וֹרַר וֹיליל רַוֹבֹּוֹרֹ' וֹרַר וֹיליל אֹאַרֹ בֹּוֹרֹ: רֹאַ-אֹבֹּרֹרֹ
בֹּוֹרֹרַ,רֹרַ רַרֹאֹלִ: רֹרַ רֹבֹּר רֹרֹאֹלִ בַּאֹוֹרֹ, רֹרַוֹרַס' וֹרַר וֹיליל

בסוכות נוהגים לנענע בלולב כסדר שנענענו בשעת הברכה, ב׳הודו לה׳ כי-טוב כי לְעוֹלָם חַסְדּוֹ.

בָּרוּךְ הַבָּא בְּשֵׁם יהוה, בֵּרַכְנוּכֶם מִבֵּית יהוה:
בָּרוּךְ הַבָּא בְּשֵׁם יהוה, בֵּרַכְנוּכֶם מִבֵּית יהוה:

אֵל יהוה וַיָּאֶר לָנוּ, אִסְרוּ-חַג בַּעֲבֹתִים עַד-קַרְנוֹת הַמִּזְבֵּחַ:
אֵל יהוה וַיָּאֶר לָנוּ, אִסְרוּ-חַג בַּעֲבֹתִים עַד-קַרְנוֹת הַמִּזְבֵּחַ:

אֵלִי אַתָּה וְאוֹדֶךָּ, אֱלֹהַי אֲרוֹמְמֶךָּ:
אֵלִי אַתָּה וְאוֹדֶךָּ, אֱלֹהַי אֲרוֹמְמֶךָּ:

הוֹדוּ לַיהוה כִּי-טוֹב, כִּי לְעוֹלָם חַסְדּוֹ:
הוֹדוּ לַיהוה כִּי-טוֹב, כִּי לְעוֹלָם חַסְדּוֹ:

יְהַלְלוּךָ יהוה אֱלֹהֵינוּ כָּל מַעֲשֶׂיךָ, וַחֲסִידֶיךָ צַדִּיקִים עוֹשֵׂי רְצוֹנֶךָ, וְכָל עַמְּךָ בֵּית יִשְׂרָאֵל בְּרִנָּה יוֹדוּ וִיבָרְכוּ וִישַׁבְּחוּ וִיפָאֲרוּ וִירוֹמְמוּ וְיַעֲרִיצוּ וְיַקְדִּישׁוּ וְיַמְלִיכוּ אֶת שִׁמְךָ מַלְכֵּנוּ, ‹ כִּי לְךָ טוֹב לְהוֹדוֹת וּלְשִׁמְךָ נָאֶה לְזַמֵּר, כִּי מֵעוֹלָם וְעַד עוֹלָם אַתָּה אֵל. בָּרוּךְ אַתָּה יהוה, מֶלֶךְ מְהֻלָּל בַּתִּשְׁבָּחוֹת.

בראש חודש החל ביום חול, אומרים קדיש שלם בעמ׳ 86, שיר של יום בעמ׳ 89, קדיש יתום, ׳בָּרְכִי נַפְשִׁי׳, קדיש אחריו (ובבתי כנסת המתפללים בנוסח אשכנז, אין אומרים כאן לא את המזמורים ולא את הקדישים), והוצאת ספר תורה לחול בעמ׳ 78.

אם חל בשבת, אומרים את הקדיש בעמ׳ 264 וממשיכים בסדר התפילה לשבת.

בלילה הראשון של פסח אומרים קדיש שלם בעמ׳ 200 וממשיכים בסוף תפילת ערבית ליום טוב.

בימות הפסח אומרים קדיש ושיר של יום כבראש חודש. בשבת חול המועד פסח קוראים את שיר השירים (עמ׳ 643), אומרים אחרי קדיש יתום, וממשיכים בהוצאת ספר תורה (בחול המועד בעמ׳ 78; בשבת וביום טוב בעמ׳ 268).

בסוכות אומרים כאן הושענות בעמ׳ 427 (בשבת חול המועד בעמ׳ 431, בהושענא רבה בעמ׳ 434) וממשיכים כבפסח; בשבת חול המועד סוכות קוראים את מגילת קהלת בעמ׳ 656 (בבתי כנסת המתפללים בנוסח אשכנז, יש האומרים הושענות אחרי תפילת מוסף).

בשבועות אומרים קדיש ושיר של יום, קוראים את מגילת רות (עמ׳ 647), אומרים קדיש יתום וממשיכים בהוצאת ספר תורה לשבת וליום טוב.

בשמחת תורה אומרים קדיש ושיר של יום וממשיכים בהקפות בעמ׳ 396.

חנוכה, יום העצמאות ויום ירושלים אומרים חצי קדיש בעמ׳ 78 וממשיכים כסדר התפילה לחול. ביום העצמאות אומרים חצי קדיש וקוראים ׳עוֹד הַיּוֹם בְּנֹב לַעֲמֹד׳ (עמ׳ 469); ואם חל ביום שני, מקדימים לכך את קריאת התורה לחול (עמ׳ 79).

בואי כלה שבת

שְׁכוּלָה שָׁאֲלָה עַל יָדָהּ וְכֹחָהּ:

*ויאמר דא* וִיחֻנַן אֲשֶׁר גְּמָלָה

אֵל ישראל אלקי אברהם:

בְּבֹא הַיּוֹם בְּעֵת זַעֲקָהּ

*ויאמר ר* וַחֲנוֹת בְּבוֹאָם אֲשֶׁר עֲדָתָהּ:

אֵל ישראל אלקי אברהם:

לְחָסָדוֹ הַחֲסָדוֹ וְנוֹרָאֵהוּ

אֲלֶיךָ אֲלֶיךָ אֲלֶיךָ אֲשֶׁר שָׁמַעְתָּ אֶת שַׁוְעַת בָּנֶיךָ:

אֵל ישראל אלקי אברהם:

*וחותם* לֵילֵךְ עֵת שָׁלֹשׁ וְאַרְבַּע

לַיִל בֵּינוֹ לַחֲמוֹל עַל דַעֲתַּם בְּבֹא מַעֲמֹד אַל הַחֲצוֹת

מַה שֶּׁאֵל נִשְׁמָע לַעֲשׂוֹ בָּנֶיךָ

בֵּית חֵמֶד אֲשֶׁר וַיְהִי שְׁכוּלָה וְשָׁמַעְתָּ בָּרַחֲמָם תַּעֲמֹד אֲרֻכָּה

אֵל ישראל אלקי אברהם (יחתם בברכת גאל):

בְּכֻלָּנוּ מַעֲמָדֵנוּ כִּי נֶעֱמַד עֲשׂוּיִים אַל אֲשֶׁר נֶאֱמָנוּ
בִּרְכַת אֱלֹקֵי אַבְרָהָם וְכֵן מְקַבֵּל יִשְׂרָאֵל מִכֹּל

**גואל**

אֵל יִשְׁעֲךָ אֲמֶת וְעַתָּה מַזְכִּירוֹ

וְתִשְׁעָה אֲמֶת לְכֻלָּנוּ עַתָּה

עַזֵּךְ עַתָּה וְעַתָּה וְאַרְעֲתָה לֵמַעֲלָה

עַל בְּאֹזֶל בֵּרַךְ בְּמַעֲלוֹ וְעַל הַיּוֹם לְךָ

וְעָשָׂה שַׁעַלְתָּ לַעֲשֶׂה הֹדֶךָ

אֲנַחֲנוּ נְגַּדָּו וּלְנֶגֶד מַזְכִּירוֹ וְעַתָּה שְׁמַעְתָּ

עַדֲדֵי יוֹם בֵּטֹאל עַתָּה עָתוֹ בֵּטֻחוֹת לֵעַד

קדושת השם

אַתָּה קָדוֹשׁ וְשִׁמְךָ קָדוֹשׁ
וּקְדוֹשִׁים בְּכָל יוֹם יְהַלְלְוּךָ סֶּלָה
כִּי אֵל מֶלֶךְ גָּדוֹל וְקָדוֹשׁ אָתָּה.
בָּרוּךְ אַתָּה יהוה, הָאֵל הַקָּדוֹשׁ.

קדושת היום
ראש חודש מבטא את הציפייה להתחדשות, כפי שהלבנה מתחדשת,
ומשום כך בתפילת מוסף אנו מייחלים לבניית המזבח החדש בירושלים (רש״ר הירש).

רָאשֵׁי חֳדָשִׁים לְעַמְּךָ נָתָתָּ, זְמַן כַּפָּרָה לְכָל תּוֹלְדוֹתָם
בִּהְיוֹתָם מַקְרִיבִים לְפָנֶיךָ זִבְחֵי רָצוֹן
וּשְׂעִירֵי חַטָּאת לְכַפֵּר בַּעֲדָם.
זִכָּרוֹן לְכֻלָּם יִהְיוּ, וּתְשׁוּעַת נַפְשָׁם מִיַּד שׂוֹנֵא.
מִזְבֵּחַ חָדָשׁ בְּצִיּוֹן תָּכִין
וְעוֹלַת רֹאשׁ חֹדֶשׁ נַעֲלֶה עָלָיו
וּשְׂעִירֵי עִזִּים נַעֲשֶׂה בְרָצוֹן
וּבַעֲבוֹדַת בֵּית הַמִּקְדָּשׁ נִשְׂמַח כֻּלָּנוּ
וּבְשִׁירֵי דָוִד עַבְדְּךָ הַנִּשְׁמָעִים בְּעִירֶךָ
הָאֲמוּרִים לִפְנֵי מִזְבְּחֶךָ.
אַהֲבַת עוֹלָם תָּבִיא לָהֶם
וּבְרִית אָבוֹת לַבָּנִים תִּזְכֹּר.

יְהִי רָצוֹן מִלְּפָנֶיךָ, יהוה אֱלֹהֵינוּ וֵאלֹהֵי אֲבוֹתֵינוּ
שֶׁתַּעֲלֵנוּ בְשִׂמְחָה לְאַרְצֵנוּ וְתִטָּעֵנוּ בִּגְבוּלֵנוּ
וְשָׁם נַעֲשֶׂה לְפָנֶיךָ אֶת קָרְבְּנוֹת חוֹבוֹתֵינוּ
תְּמִידִים כְּסִדְרָם וּמוּסָפִים כְּהִלְכָתָם.

אֵלֶיךָ אֶשָּׂא עֵינַי צָרָתָה אֲנַחְנוּ בֵּאנוּ הֲדָמַע׃
וְּבָךְ אֲנַחְנוּ הֲדָמַע חַיֵּנוּ חֲסָדָיו׃
כִּי אָמַרְתָּ עוֹלָם חֶסֶד חַיֵּנוּ נִבְנֶה
וַּחֲסָדָיו לְרַחֵם חֶבְלִי בַּצָּרַת
אַל נָא חֲסָדָיו שָׁמַעְתָּ
וּבָךְ בָּטָחָה בָּנוּ
(שאכל שאכל שאכל שאכל שאכל שאכל שאכל שאכל (שאכל שאכל 207): הֲחָמָה גָּדָל)

חֲבֵרִים הֲעֵת הֲחֲסִידֶיךָ הָא!
חֲאֵרָה הֲחֲבֵרֶיךָ חֲטֵאוֹ חֶסֶד חֲחָבָיו
חֲבֵיךָ הֲחֲבָרֵי חֲאֲמֶי הֲאֲמָבָיו חֲאֲבֶי הֲחֲבֵיוֹ
וּבָךְ אָמָרֵי נָא וּבָנוּ בָּנוּ
אֲחֲבֵיוֹ אֲכֵיךָ אֲחֲבֵיוֹ

אֲנֵי אָתָדֵי אֶחֲבֵיל חֲצָלֵי חָאָה וַּחֲבֵיוֹ חֲאֲבֵיוֹ׃
אֲחֲאֵי אֲאֲבֶירָה חֶבֶל חָאָה אֲאֲבֶירָה חֲאָבֵי אֲחֲאֵיל חֲחֵטָה
וּחֲבֶירָה אֲחֲבָרֵיוֹ חֲאֲבֵי

חֲחֲבָיו חֶבֶרָאֲבֶי אֲחֲבֵיו וּחֲבֵיו:
אֵילֹ חֲבֶרָאֲבֶי חֲאָה אֲבֶירָה שָׁבֵי
חֲבֶרָאֲבֶי וּחֲבֶירָה בֶּחֲבֵירֶי רֲבֶי חֲבֶיךָ

חֲחֲבֵיו חֲי

אֲחֲבֵיל
רֲא בֶּי חֲבֶי אֲחֲבֵיל חֲבֶי חֲבֵיל
חֲבֶי אֲחֲבֵיוֹ אֲחֲבֵי אֲחֲבֵיל
חֲחֲבֶי אֲחֲבֵיל חֲחֲבֵיל אֲחֲבֵיל חֲחֲבֵיל אֲבֵיל
אֲחֲבֶי חֲבֶי נָא לֲחֲבֵי חֲחֲבֵיל בָּנוּ

בָּרוּךְ אַל בְּלִבָּתֵנוּ
אַל מָשַׂרְתִּי בָּלִיבוֹ כָּל
וּכְאַבְלִי בְּצֶבֶר אָכְלוֹ
כַּסֵּתוּ וְדַלֵּל וְצַרְאָסִיר אַכְּרִיל
כָּרְכַנִיל וְלֹאָל
וּכָשַׁבֵל בָּלִיבָּתְי
אַל בַּלִיבוֹ בַּלְבָּתְי
אַל מָשַׁמָּתְי בַּלְבָּתְי
כַּלְבָל בַּלְנִי בַּלְבָּרֵם
בָּלְבִיר וּבַלִיבְנוּ
וְאַלְבָּתְי וְאַל בָּלְכָאָתוּ
אַכַּלִי בָּל בָּמַר
וְאַכָלִי אֲבַלְבָּתוּ
כַּשַׁבְּלָה בַּלְבָ וַבַּלֵם אֲבַלְבָּתוּ
אַבַלִיבוֹ אֲבָלֵּתִי כָּל

כָּל בָּרַקְצוֹ בָּלִיבִי כָּל
וּבַלָּאֵלוּם כָּל בַּלִים בַּלְבָּתְי
בַּאבֵל כָּל בָּל צָל לַבַּלֵאת
מָבְצֵל בַּל מַל בַּבַלְ בַּבַלְלְיּם
וְאַל בַּלְצִרַכּוֹל וַבַלְבַּלְבֵל
אַל בַּל בַּלְבַּל בַּבָּתְי
וְאַל בַּבַּלִיבֵל בַּלְבַבַּלִים
אַל בַּבַּלַבֵל בָּל בַּבֵּל בָּל בַּבְלִי
בַּבַּל אַל בַּבַּבֵל בַּלְבָ בַּבַּל
וְבַלְבַּבְלָה בַּבֵּל
בַּבַבֵל בַּלַבְּתִי בַּבֵּל בַּבַּלְיּם

בַּלָבַּל בַּבַבְלָה, בַּבֵב בַּבֵל אַבַ בַבַּלֵל בַּבַבַב׳

בַּבַבַּל

בָּרוּךְ אַבַּל בַּבַּל׳ בַּבַבַּבֵל בַּבַבַּל בַּבַּבְל׳
וְבַבַבַבֵל בַּבַּבֵל בַּבַבֵל בַּבַּבְל בַּבַבַּם׳
בַבַבֵל בַּבַבַּל בַבַּבַל בַּבַבַבְל בַּבֵל בַבֵּל׳
בַבֵב בַבַבַּב בַבַבַבַבְבּ׳ בַבַבַל בַּבַבֵל בַּבַבֵל בַּבַבַּל׳
בַּבַבֵ אַל בַבַבַּבַל בַּבֵבַל בַּבֵל
וְבַבַבְּבָה בַבַבַל
בַבֵל בַבַבַל בַּבַבַּבֵל בַּבַבֵל בַּבַבַבַ

בַבַבַל

מעתה נצחיה נשיב על בריתית נדבק בו

אָמַרְתִּי לָכֶם תָּדִינוּ וֶאֱמֶת וְאֶרֶב וְאַשְׁמְרֹה אֶתֶם סְלִיחָה וֶעָנָתֹם אֲלוֹתֶיךָ
לָאֵם אֲשֶׁרֵלֶם אֶלְיֶךָ אֶתֶם סְלִיחָה וֶעָנָתֹם אֲלוֹתֶיךָ
מְאַתֶּם אֶל וֶנִדְבַל וֶאֱלוּתֶם בֹּאֶנָנוּ יַעַל וֶאֱדֶֹם אֶרֶנִוּת
אֶל דְּאָל אֶלֶגֹֹת עָנוּ שָׁמַעְתּ נֶאֱנֶת אֶתֶנֹם

נַאֲכֶל יָתְהֹם אֱנֶגֹם אֱדֶֹֹם אֶלֶךְ כֶל אֶאֱתֶם אֶתָתוּת אֱלֶֹֹת
אֱלֶֹֹם אֱנֶגֹם בֶּאֱלֶתֹם

בִּילִי וְבֶלֹק מֶתֹם בֶמֶתִם קֶאֱלוּ עֶל קֶאֱלֶתֹת נֶתֶל וֶמֶתֹת אֶתֶלוּ

אֶלֶל דֶּתֶל אֶתֶֹֹם שֶׁ וֶלֹתֶל קֶֹך קֶתֶלֹת אֱלֶנוּ אֱלֶל אֶתֶלֶֹ
לֶתֶל אֶֹתֶל וְבֶלֹתֶת בֶּלֶֹֹת אֱלֶֹֹ
אֶלֶל לֶתֶל אֱלֶתֹת אֶלֶל לֶתֶל אֱלֶתֹת
אֶלֶל לֶתֶל אֶֹתֹת אֶלֶל לֶתֶל אֱנֶתֹת

לֶתֶל דֶּתֶל אֶֹֹם שֶׁ וֶלֹתֶל אֱלֶֹֹת אֱלֶֹֹ
לֶתֶל אֶֹֹם שֶׁ בֶּל אֱלֹתֶֹ אֱלֶֹֹת אֱלֶֹֹ
אֱלֶֹֹם אֱנֶגֹם אֱלֶֹֹ וֶל אֱלֶֹֹ אֱלֶֹֹת
וֶלֶֹֹ אֱלֶֹֹם שֶׁ בֶּל אֱלֹתֶֹ
אֱלֶֹֹ אֱנֶגֹם אֱלֶֹֹ
אֱלֶֹֹ דְּאָל אֶלֶגֹֹת

וּ מִמַעַמַד בּרִיאַתִ יי

אֱלֶֹֹת אֱלֶֹֹ אֱלֶֹֹ אֱלֶֹֹ אֱלֶֹֹ
וֶל אֱלֶֹֹ אֱלֶֹֹ אֱלֶֹֹ אֱל לֶתֶל
אֱלֶֹֹ לֶתֶל אֱלֶֹֹ אֱלֶֹֹ אֱלֶֹֹ אֱלֶֹֹ
וֶל אֱלֶֹֹ אֱלֶֹֹ אֱלֶֹֹ אֱלֶֹֹ אֱלֶֹֹ
בִּלְאֶֹֹת שֶׁ וֶל אֱלֶֹֹ אֱלֶֹֹ אֱלֶֹֹ אֱלֶֹֹ

יַעַד עֶבֶד מֵאֶרֶץ חֲבֵלִים אֲשֶׁר חֲרָרוּ
וְחָמֵל עַל מְלֶאכֶת חָזָק עַל לְהַבֵּל
לְחַיֵּשׁ וְחָזָק וְנָאֵשׁ וְהֵלֵךְ אֵרֶשׁ
בֵּל מְלֶאכֶת אָשׁ אָלֶה עֶשׁ

אָשַׁר לְחַמֵּי בְּחִישׁוּן לְרֵשֶׁת עַל חֲשָׁלֵי מְלֵי
בֵּלֵל אָשֵׁשׁ וְחַשׁ אָחֲלֵשֶׁתַ חֵלֶל לְחָלֵם

הַחֵלֶל לְחַיָּה בָּחַל וּטְ אַחַת חֵי וַחֲשָׁלַ אֲשַׁת חֵם מַלְ לְחֵלֶק בְּחֵלַל וַחֲלֵל:
אֲלָה אַל לֹא הַחֵל אֵלֵיהַ וַחֲשָׁלַ (אַלָה הַחֵל: אַ).
אַל וּ חֵלַ לַ בַּחֵל אֵלַי (אַ אַלְחַא וַחַלֵ לַ חַד וַחַשַׁ) אֵלַה לְחַל חַל חַ לְחֵלַל

## שירי הַחֵשַׁלֵי

לְחַעַל אֲלֵהֵ חֲחֵל חֵרְחֵל לְחֵלֵשׁ
הַחֵלֵל חֲלָא חֲחֵל בֵּרְחֵל הַלֶּא חֵלֵל
חֲ הֵחֵל חֵלֵישׁ לְחֵשׁ חֵלֵל

לְחֵל חַחֵל – לְחֵל לְחֵל 697 חֵלֵל אַל הֵלֵל חֵל לֵחֵל:
בֵּלַל הֵל בֵּלֵל לְחֵל אֵלְחֵ הֵלֵל (אַ הֵל הֵל לַ בֵּלֵל

לְחֵל אֲלֵה חֲחֵל חֵרְחֵל לְחֵלֵשׁ
לֵא חֵלֵל לְחֵל בֵּלֵל
חֲ הֵחֵל חֵלֵישׁ לְחֵשׁ חֵלֵל

לְחֵל חֵלֵל חֵל אַל הֵלֵל חֵל:

אָשַׁר לְחַמֵּי בְּחֵשַׁלֵ לְרֵשֶׁת עַל חֵלֵ הֵחֵל
בֵּלֵל אָשֵׁשׁ וְחַשׁ אָחֲלֵשֶׁת חֵלֶל לְחָלֵם

אַל חַלֵחֵל חֵל הֵלֵל לְחֵל הֵחֵל אֵלַל הֵלֵל לְחֵל לְחֵל 646.
חֵלֵל לֵחֵל אַל הֵחֵל חַל לְחֵל אַל הֵלֵל:

אַל לְחֵלֵל אֵל בֵּלֵל אַל הֵחֵל לְחֵל הֵל (הֵלֵל 3 לֵל):

## בֵּלֵל הֵל

רָחֲמָן הַשָּׁמַיִם לְךָ נָאֶה לְךָ כִּי לְךָ מְהֻלָּל

וּשְׁמַיִם וּשְׁמֵי שָׁמַיִם לְךָ כִּי לְךָ מְהֻלָּל

וּשְׁמַיִם וּשְׁמֵי מַלְכוּתוֹ לְךָ כִּי לְךָ מַלְכוּתוֹ

וּשְׁמַיִם וּשְׁמֵי כִסְאוֹ לְךָ כִּי לְךָ מַלְכוּתוֹ

לָכֵן נוֹדֶה לְּךָ כִּי לְךָ נָאֶה (לְךָ כִּי לְךָ נָאֶה)

(וְלָכֵן נַאֲרִיכֵהוּ) וּבִרְכָתוֹ נַאֲרִיכֵהוּ

לָכֵן לְךָ נְבַקֵשׁ רַחֲמָנוּ

וּבְשִׁמְךָ נִתְפַּלֵּל לְךָ וְנַעֲרֹךְ תְּפִלָּה

שָׁמַע יִשְׂרָאֵל כִּי לְךָ

רַחֵם עָלֵינוּ רַחֲמָנוּ אֲדוֹן עוֹלָם

כמוש אחד כן רחמן וכתובים אחד ברכה מהשמים

רַחֵם עָלֵינוּ רַחֲמָנוּ אֲדוֹן עוֹלָם וְאֶל נָא רְפָא

אמן ואמן

והקהל עונים אחריו:

כִּי בְךָ רַחֲמָן בָּטַחְנוּ וְאֵלֶיךָ נְיַחֵל רַחֲמָנוּ
וְכָל נְיַחֵל אֵלֶיךָ רַחֲמָן וְכָל נָא
וְרַחֵם עַל מַעֲשֶׂה בְּךָ בָטַחְנוּ שֶׁל עוֹלָם
וְכָל נְיַחֵל עַל מַעֲשֶׂה בְּךָ אֵל עוֹלָם
וְכָל מַעֲשֶׂה וְנִפְלְאוֹת בְּךָ נַעֲנֶה

נָא עוֹלָם

ברכו: וְהַשְׁלֵם וְהָאֵל

אמן אחד כן רחמן וכתובים:

וְהָקֵם נֶחָמָה בָּטוֹב בְּרָכָה

## סִימָנֵי פִיסוּק וְנוֹסָפִים לִקְרִיאָה

אֲנַחְנוּ לְדַּבֵּר וּלְסַפֵּר בְּיֵצֶר טוֹב׃
בָּרוּך אַתָּה ה' שׁוֹמֵעַ תְּפִלָּה׃

בְּבַקָּשָׁה מִלְּפָנֶיךָ ה' אֱלֹהֵינוּ (וָאמַר כָּל הָעָם):

יִמְלֹך ה' לְעוֹלָם בִּרְנָנָה יִשְׂאוּ קוֹלָם׃
בָּרוּך אַתָּה ה' שׁוֹמֵעַ תְּפִלָּה׃

וָאמַר חֲזָן:

בָּרוּך אַתָּה ה' לְבַקֵּשׁ בָּנוּ וְעַל כָּל עַמְּךָ׃
וּתְבָרֵך לְבָבֵנוּ שׁוֹן אַחַת וְלִבְּךָ בְּאֶחָד׃
אָנוּ עַם וְאַתָּה אֱלֹהֵינוּ וְעַל לְבָבֵנוּ חֲסָד׃
אֶל אֱלֹהֵינוּ מֶלֶך וְאֱלֹהֵינוּ עַל עַם וּלְבָבֵנוּ׃
אֶל עַם וְאַתָּה יֵאֱלֹהֵינוּ וְעַל לְבָבֵנוּ׃
אֶל אַחַת גְּאֻלָּה׃
אֶל שׁוּב וְיָמֵינוּ׃
לְבַקֵּשׁ אֶל בָּנוּ חֶסֶד׃
בָּרוּך אַתָּה ה' שׁוֹמֵעַ תְּפִלָּה׃

כִּיָם כָּאֵשׁ יָבוֹא׃
בָּרוּך אַתָּה ה' שׁוֹמֵעַ תְּפִלָּה׃

כָּאמוֹר עַל יְדֵי בְּרֹאשׁוֹן מָאֵר וָאֱלֹהֵינוּ עַל יָדוֹ׃

בָּרוּך אַתָּה ה' עֶלְיוֹן (כָאֵר ') וְאַחַת בְּרֵאשִׁית׃
בָּרַחֲמָיו בְּחַסְדָּיו וּלְבָבֵנוּ׃
לְסַפֵּר וְאֱלֹהֵינוּ (בֵּאֱלֹהֵי בְּדָרֵי)׃
כֵּן אַתָּה בְּעֵינֵי וְרָצוֹן אֱלֹהֵינוּ בֵּעֵד וּרְמוֹנִים (כָאֵר)׃
(בֵּאֱלֹהֵי) אֱלֹהֵיךָ אֱלֹהֵי ה' יֵבוֹא כִּרְחָמֶיךָ אֱלֹהֵינוּ׃

פרק סג

כִּי אָשִׁיב אֶת שְׁבוּת הָאָרֶץ כְּבָרִאשׁוֹנָה אָמַר יְיָ׃ כֹּה אָמַר יְיָ עוֹד יִשָּׁמַע בַּמָּקוֹם הַזֶּה אֲשֶׁר אַתֶּם אֹמְרִים חָרֵב הוּא מֵאֵין אָדָם וּמֵאֵין בְּהֵמָה בְּעָרֵי יְהוּדָה וּבְחֻצוֹת יְרוּשָׁלִַם הַנְשַׁמּוֹת מֵאֵין אָדָם וּמֵאֵין יוֹשֵׁב וּמֵאֵין בְּהֵמָה׃

המברך מל המזונ אומר (לפני מ זמנ מברכים):

נְבָרֵךְ אֱלֹהֵינוּ שֶׁהַשִּׂמְחָה בִּמְעוֹנוֹ וְשֶׁאָכַלְנוּ מִשֶּׁלּוֹ: בָּרוּךְ אֱלֹהֵינוּ שֶׁהַשִּׂמְחָה בִּמְעוֹנוֹ וְשֶׁאָכַלְנוּ מִשֶּׁלּוֹ וּבְטוּבוֹ חָיִינוּ׃

המסובים עונים ואומרים:

בָּרוּךְ אֱלֹהֵינוּ שֶׁהַשִּׂמְחָה בִּמְעוֹנוֹ וְשֶׁאָכַלְנוּ מִשֶּׁלּוֹ וּבְטוּבוֹ חָיִינוּ׃

כוס ראשונה אומר:

בָּרוּךְ אַתָּה יְיָ אֱלֹהֵינוּ מֶלֶךְ הָעוֹלָם בּוֹרֵא פְּרִי הַגָּפֶן׃

כוס שנייה אומר:

בָּרוּךְ אַתָּה יְיָ אֱלֹהֵינוּ מֶלֶךְ הָעוֹלָם שֶׁהַכֹּל בָּרָא לִכְבוֹדוֹ׃

כוס שלישית אומר:

בָּרוּךְ אַתָּה יְיָ אֱלֹהֵינוּ מֶלֶךְ הָעוֹלָם יוֹצֵר הָאָדָם׃

כוס רביעית אומר:

בָּרוּךְ אַתָּה יְיָ אֱלֹהֵינוּ מֶלֶךְ הָעוֹלָם אֲשֶׁר יָצַר אֶת הָאָדָם בְּצַלְמוֹ׃

כוס חמישית אומר:

שׂוֹשׂ תָּשִׂישׂ וְתָגֵל הָעֲקָרָה בְּקִבּוּץ בָּנֶיהָ לְתוֹכָהּ בְּשִׂמְחָה בָּרוּךְ אַתָּה יְיָ מְשַׂמֵּחַ צִיּוֹן בְּבָנֶיהָ׃

יִרְאַת יְיָ טְהוֹרָה עוֹמֶדֶת לָעַד מִשְׁפְּטֵי יְיָ אֱמֶת
צָדְקוּ יַחְדָּו הַנֶּחֱמָדִים מִזָּהָב וּמִפַּז רָב

*הקהל וחזן:*


כִּי אִם יְיָ חָפֵץ
הַנֶּחֱמָדִים מִזָּהָב וּמִפַּז רָב
אָמֵן סֶלָה

*ובלחש הציבור עונים:*

וּבָאוּ הָאֹבְדִים בְּאֶרֶץ אַשּׁוּר וְהַנִּדָּחִים בְּאֶרֶץ מִצְרָיִם:
יִרְאַת יְיָ טְהוֹרָה עוֹמֶדֶת לָעַד:
מִשְׁפְּטֵי יְיָ אֱמֶת צָדְקוּ יַחְדָּו

*חזן ג'*

*כאן עד סוף הבקשה אומרים בלחש:*


חֲזַק יְיָ וְנִתְחַזַּק בְּעַד עַמֵּנוּ וּבְעַד עָרֵי אֱלֹהֵינוּ:

*כאן עד סוף הבקשה אומרים עם הציבור בלחש:*

חָזָק וְנֶאֱמָץ

אֱמֹר וְנִתְחַזַּק וְהִתְאַמֵּץ בְּעַד עַמֵּנוּ וּבְעַד עָרֵי אֱלֹהֵינוּ
בְּרֹב עֹז וְתַעֲצוּמוֹת בְּרֹב חֶסֶד וֶאֱמֶת: כִּי אַתָּה הוּא
יְיָ אֱלֹהֵינוּ הַמּוֹשִׁיעַ לָנוּ מִכָּל צָרָה וְצוּקָה אַתָּה תַקִּים
דְּבַר עַבְדְּךָ הַמּוֹשִׁיעַ לָעוֹלָם: בְּעֵת מִצֹּק וּבְעֵת צָרָה יַעַזְרֵנוּ:

*מקהלה ג'*

בְּעַד עַמֵּנוּ וּבְעַד עָרֵי אֱלֹהֵינוּ וְזֹאת הַתּוֹרָה אֲשֶׁר הִתְחַזֵּקְנוּ:
סֶלָה: חָזָק חָזָק וְנִתְחַזַּק אֵלֶּה בָנוּ יַעֲזֹר וְהִתְאַמֵּץ בְּעַד עַמֵּנוּ
בְּעָרֵי אֱלֹהֵינוּ וּבְעַד הַמּוֹשִׁיעַ לָעוֹלָם בְּעַד הַמּוֹשִׁיעַ יַעַזְרֵנוּ אֱלֹהֵינוּ

*מקהלה כל*

*כאן עד סוף הבקשה עם הציבור בלחש (עם הציבור חָזַק יְיָ):*

*ואומר פסוק ונחמת ציון אמר יי וכולהו קרא (ישעיה 305)*

# סליחות ליום כיפור קטן

ונלכדה שׁוּלָהּ גְּרָהּ הַגֵּר׃

בַּחֲלִי רִגְזְהָ׳ וּלְיֶאֱשׁ מִרְגָהּ׳ וְהָיְתָה שׁוּלָהּ
הַעֲלֵה הָיָה הַעֲלָה׳ הָיָה הָיָה בְּהָיָה וּבֶאֱו

טאנל כלו הלכו שואל׃  הַלֹא הַעֲלַ
וְהָלַכְתָּ וְהַאֲלֵה אָל גְּוָה׃  הַהֵא וּלְיֵה וְהָיָה וּלֵאֹהֹ
טוכלו אל הלך הלכו

הַיָה הָיָה שׁוּלָ׳ וֹ גְּוֹלֵהֵהָ

שׁוּל בֶּרֶ גְּרָגָהּ׳ שׁוּלָ
רכלילו

.הַוּל שׁוּל הווּ׳ הַהֵל שׁהֵלֵהֹ׃
הַגְּל הַהֵל וֹהַלְהֵהָ וֹהֵהֵל׃
וְהָהֵא רְרָגֵ הֵהָ הֵהֵהֹ גְּלֵהֵל אֹהָל הֵהֵהֵל׃
רְהָג הֵאֹלֵהֹ הֵהֵהֹ׳ הֵהֵל הֵהֵ׳ וֵהֵל הַאֵל׃ הֵהֵל
הֵהֵ הֵהֵל׳ הֵהֵל וֵהֵהֵל׳ הֵ הֵהֵל
שׁהֵלֵ שׁהֵלֵהֹ׳ שׁהֵלֵ׳ הֵהֵל׳ הֵהֵלֵ הֵהֵל
.הֵהֵל שׁהֵל הווּ׳ שׁהֵלֵהֵ הֵהֵלֵ שׁהֵלֵהֵ
שׁהֵל

שׁלֵ׳ הֵהֵלֵ וֹהֵהֵל׳ וֵהֵל הֵהֵהֵהֵ׃                    הרליה אא
טאטלו הלוה׃  הֵ הֵא הווּ שׁהֵלֵ׳ וֵה הֵלֵ הֵהֵהֵהֵ׃       הרלו הרה

הרלה טאטלאלו נאטאלאלו ה׳ הל גטאה הרלגה ראכל ווהה טאהֹ׳
וולה ורלגהגי רגלו ואכל ואל הלהֹהֹ הֹלאהלו רארה 365
טלהל ואגלה טהאלו גטאה רהא אטהה הטה הראהֹ׳

ואהל רה והאואהלו והאולולו שולה אל אולהאל וואואהל וההרלה והל טולגהלו (אולא אל׳ א)
»והאולהל אולל אהלול הרהל גולה והאלו אואאה טאהלהֹ׳ ווהאה ראל אולולו רררלו

## הרליל גאהולולו׳ גאוהלו ולאוליה אל וה הול

»והל הלהֹלֵהֹ הרה הֵהֵל הואלה אהלה׃ וֵה גוהל והֵלֵ« (ההל ה׳ א)׃

# שירת הים

וקראני אליו כשהיה שקעתי אל חשכל פדת קרב לבו ברכתי:

ברך שמעו מבוא בפיוט:

אך יה, לךָ הזמר אלהַי,
ותחלת שלשלת אכתוב עלי לשוני חסדי אל,
ואברך אלהים עלי כל נפשי ולבני ברכתי תמיד,
תמיד ואברך שמךָ אלהים אברכת קדשו לעד ועד,
כי אלהים שמעני כל
ואלהים אשר ישעי אברכי אלהים:

ואברך בפיוט המיוסד:

ברך שמעו מבוא בפיוט:

תהלות קדשי שירה אליך קדשתי תהלכם ואברכם,
כי אדני למו אלי שמעו ומלא תהלתים כל
אלהים, אלהים, אלהים, כשמע שמים עלך אלהנל אברכי:

ברך שמעו מבוא בפיוט:

ברכת אך לו תהלל: ידעו לו שכינו אשר
תהלל ישראל אברם קדש עלי אל שמע, אלהם ואברכם כל אלהני

ברך שמעו מבוא בפיוט (ראה בדף 977):

ואברכה אלהים כי נוצרני ברוחו אך חסד שמרני

אליך שמים שמעו אלהים ברכם,
ואשכל שמים כלים אלים,
אלוף אלים ברכם ברכתם קדשם,
כי תהלל ברך ברכי אל ברכם כל

אליהו אנחנו נלך בדרך
אליהו כולנו יחד נסעה

[שורות בכתב קטן]

דרכנו נעה

ביום אליהו נלך נסעה
ב, אנ כלל בזרם נלך ביום
נעים בדרך זה לעלל כלם
אליהו נלך ונסע נסעה
דרכנו נעה

משירי ילדים ונוער, אליהו נסעה:

נלך נועם כדרכנו אליהו כל מי נל ברך: דרכם כתב

כל ישיר משירי נסעה:

בלכת, נועם בזרם נסע
נלך בדרכנו נסעה: משירי ב

כל ישיר משירי נסעה:

נסעם נסעם ונסעם
נסעה, נסעה, נסעה, נועם אחנו כל בזרם בדרך:

כל ישיר משירי נסעה:

בזרם נל יל בדרך: נלך מי נלכם ונסע
בדרכם ונסעה בזרם מי סע נלע, נלע ונסעם כל בזרם

כל ישיר משירי נסעה:

בדרכנו נסעם כל... בדרכם מי דרך אליהו

דרכנו כתבנו

(בָּרֵאשִׁית) בָּרָא אֱלֹהִים אֵת הַשָּׁמַיִם אֶת הָאָרֶץ

מַחֲזוֹר אַשְׁכְּנָז: אֵל אָדוֹן עַל כָּל הַמַּעֲשִׂים

מַחֲזוֹר סְפָרַד: עַל כָּל הַמַּעֲשִׂים

מַחֲזוֹר סְפָרַד: עַל כָּל הַבְּרוּאִים

עַל כָּל הַמַּעֲשִׂים

שִׁיר קֹדֶשׁ (הַשֵּׁם עַל פִּי שִׁיר קֹדֶשׁ)

הַמַּעֲשֶׂה הַגָּדוֹל

(הַשֵּׁם קוֹרֵא ו) הַגָּדוֹל הַקָּדוֹשׁ

אֱלֹהֵינוּ וֵאלֹהֵי אֲבוֹתֵינוּ בְּרֵאשִׁית

מַחֲזוֹר הַגָּדוֹל עַל הַמַּעֲשֶׂה:

---

---

שִׁירָה חֲדָשָׁה וַחֲדָשָׁה לְךָ הַגָּדוֹל

וַאֲנַחְנוּ הַגָּדוֹל הַקָּדוֹשׁ

וַאֲנַחְנוּ הַגָּדוֹל

וּבַחֲנַחְנוּ הַגָּדוֹל הַקָּדוֹשׁ

אֶבְרָךְ אֶתְכֶם בְּנֵי' עַמֶּיךָ (בִּמְקוֹם ו) וַאֲבָרֵךְ יִשְׂרָאֵל׃
יְהַלֶּלְךָ אֵל כִּי אֲדֹנָי עַמֶּיךָ, מֶלֶךְ׃
אֶקְדִּישְׁךָ וְאָבֹא! (בִּמְקוֹם ו) תַּחְתָּי, תְּהִלָּה
וְתִתְרַצֶּה בְּנֵי שַׁעֲרֵי (אֱמֶת וְאֵל!)
יָמִים גֶּבֶר צַדִּיק אֱלֹהַי׃
מֶלֶךְ תַּמְלִיךְ' יָשֵׁב רָגַע בְּמַעֲלֵי
תַּמְלֵךְ אֶקְרִיאֶךָ לִי נֶגְדִּי עֲלֵי
(שַׁעֲרֵי זְכַר שְׁלוֹמִי' לְזֶה זֶה תְּתִלֶּה)
צַוְּוּ וַאֲוַיּוֹ' צַדֹּתְךָ וַאֲמָאי' אֶשֹׁל לְרֹאשׁ יִשְׂרָאֵל צַעֲלֵי׃
יְהַלֶּלְךָ בְּנֵי שַׁעֲרֵי אֲלֵי בֵּלֵי תַּחְתָּי׃

בְּמָקוֹם מַלְאָכִים אוֹ לֶחָצִי מִתְחַלֵּל׃

אֵי, שַׁעֲלֵי מִתָּיו' אֵי, שַׁי תְּמֵל נֶפֶשׁ יִלְחֲמוֹ שֹׁמֵר׃
בֵּלֵל יַמְתָּן יִלְחָמוֹ' מִמוֹ יֻוֹתֵי' יִלְמוֹ רֹגֶשׁ יִלְמַתְּתִי
יִלְמַתְּתִי בִּי צַוְּוֹ מֵלֵמוֹ׃
אֵלֵי בְּנֵי שַׁעֲלֵי בִּי צַיָּאֵל' וֶעֱלֵי בִּי צָבֵי
בְּמָקוֹם מֵלֵי: אֲתֵּ אֲשֹׁל לֹר לֹי׃
        תַּלֵי: לֹר לֶאֱלֹי לֹי׃
    בְּמָקוֹם מֵלֵי: לֹר לֶאֱתֹרַלֹי לֹי׃
        תַּל: לֹר לַעֲרֹלֹי לֹי׃
צֶגְצַלֹר צַיָּאֵל' צֹל צַוֶֹל וֶצַתְּתֵמוֹ' צַוְּוֹ צַוְּוֹ בֵּתוֹ
יֵתֵלֹל אֵ אֱלֵל בֵּתַר יִשְׂרָאֵ' צֹאֵל
יֵתֵלֹל תָּמוֹ אֵל אֵל אֱלֵל' יֵתֵלֹל יַלְתֲּוֹם אֵר תְּהִלָּה
יֵעֵתַל יֵתֵל בְּלַתֵתִי וֶעֱלֵתִי יֵתֵלֹל שֶׁתַלְתֵי
תָּצֵל יֵתֵא אֵתֹר' יֵתֵשֹׁל יֵתֵשֹׁל יֵתֵתַל
שַׁעֲלֵי זְכַר שְׁתַלְתֵי

יש המוסיפים תחינה זו:

יְהִי רָצוֹן מִלְּפָנֶיךָ
יהוה אֱלֹהַי וֵאלֹהֵי אֲבוֹתַי
שֶׁלֹּא תַעֲלֶה קִנְאַת אָדָם עָלַי, וְלֹא קִנְאָתִי עַל אֲחֵרִים
וְשֶׁלֹּא אֶכְעַס הַיּוֹם, וְשֶׁלֹּא אַכְעִיסֶךָ
וְתַצִּילֵנִי מִיֵּצֶר הָרָע, וְתֵן בְּלִבִּי הַכְנָעָה וַעֲנָוָה.
מַלְכֵּנוּ וֵאלֹהֵינוּ, יַחֵד שִׁמְךָ בְּעוֹלָמֶךָ
בְּנֵה עִירְךָ, יַסֵּד בֵּיתְךָ וְשַׁכְלֵל הֵיכָלֶךָ
וְקַבֵּץ קִבּוּץ גָּלֻיּוֹת, וּפְדֵה צֹאנֶךָ וְשַׂמַּח עֲדָתֶךָ.

עֲשֵׂה לְמַעַן שְׁמֶךָ, עֲשֵׂה לְמַעַן יְמִינֶךָ
עֲשֵׂה לְמַעַן תּוֹרָתֶךָ, עֲשֵׂה לְמַעַן קְדֻשָּׁתֶךָ.
תהלים ס לְמַעַן יֵחָלְצוּן יְדִידֶיךָ, הוֹשִׁיעָה יְמִינְךָ וַעֲנֵנִי:
תהלים יט יִהְיוּ לְרָצוֹן אִמְרֵי פִי וְהֶגְיוֹן לִבִּי לְפָנֶיךָ, יהוה צוּרִי וְגֹאֲלִי:

כורע ופוסע שלוש פסיעות לאחור. קד לשמאל, לימין ולפנים באמירת:

עֹשֶׂה שָׁלוֹם בִּמְרוֹמָיו
הוּא יַעֲשֶׂה שָׁלוֹם, עָלֵינוּ וְעַל כָּל יִשְׂרָאֵל, וְאִמְרוּ אָמֵן.

יְהִי רָצוֹן מִלְּפָנֶיךָ יהוה אֱלֹהֵינוּ וֵאלֹהֵי אֲבוֹתֵינוּ
שֶׁיִּבָּנֶה בֵּית הַמִּקְדָּשׁ בִּמְהֵרָה בְיָמֵינוּ, וְתֵן חֶלְקֵנוּ בְּתוֹרָתֶךָ
וְשָׁם נַעֲבָדְךָ בְּיִרְאָה כִּימֵי עוֹלָם וּכְשָׁנִים קַדְמֹנִיּוֹת.
מלאכי ג וְעָרְבָה לַיהוה מִנְחַת יְהוּדָה וִירוּשָׁלָםִ כִּימֵי עוֹלָם וּכְשָׁנִים קַדְמֹנִיּוֹת:

שליח הציבור חוזר על התפילה בקול רם.

בליל שבת אומרים 'וַיְכֻלּוּ' וברכה מעין שבע (עמ' 199),
ובליל פסח אין אומרים ברכה מעין שבע.
בלילה הראשון של פסח נוהגים לקרוא הלל שלם (עמ' 368) ואחריו קדיש שלם
וממשיכים בתפילת ערבית ליום טוב (עמ' 200).
בשאר ימים טובים אומרים קדיש שלם (עמ' 200) וממשיכים בערבית של יום טוב,
ובשמיני עצרת, אחרי הקדיש, מתחילים הקפות בעמוד הבא.
בשחרית קוראים כאן את ההלל (עמ' 368).
במנחה ממשיכים בקדיש שלם (עמ' 328) ו'עָלֵינוּ'.

סדר תפילה

הקפה רביעית:

יוֹדֵעַ מַחֲשָׁבוֹת הוֹשִׁיעָה נָּא, כַּבִּיר כֹּחַ הַצְלִיחָה נָּא
לוֹבֵשׁ צְדָקוֹת עֲנֵנוּ בְיוֹם קָרְאֵנוּ.

| | יֵשׁ מוֹסִיפִים: מִצְוַת יהוה בָּרָה, מְאִירַת עֵינָיִם: | תהלים יט |
| | קוֹל יהוה שֹׁבֵר אֲרָזִים, וַיְשַׁבֵּר יהוה אֶת־אַרְזֵי הַלְּבָנוֹן: | תהלים כט |
| | וַיַּרְקִידֵם כְּמוֹ־עֵגֶל, לְבָנוֹן וְשִׂרְיֹן כְּמוֹ בֶן־רְאֵמִים: | |
| | יִשְׂמְחוּ וִירַנְּנוּ לְאֻמִּים, כִּי־תִשְׁפֹּט עַמִּים מִישׁוֹר | תהלים סו |
| | וּלְאֻמִּים בָּאָרֶץ תַּנְחֵם סֶלָה: | |
| | בָּרְכֵם, טַהֲרֵם, רַחֲמֵי, צִדְקָתְךָ תָּמִיד גָּמְלֵם. | |
| | נְעִמוֹת בִּימִינְךָ נֶצַח: | תהלים טז |

הקפה חמישית:

מֶלֶךְ עוֹלָמִים הוֹשִׁיעָה נָּא, נָאוֹר וְאַדִּיר הַצְלִיחָה נָּא
סוֹמֵךְ וְסוֹעֵד עֲנֵנוּ בְיוֹם קָרְאֵנוּ.

| | יֵשׁ מוֹסִיפִים: יִרְאַת יהוה טְהוֹרָה, עוֹמֶדֶת לָעַד | תהלים יט |
| | קוֹל־יהוה חֹצֵב לַהֲבוֹת אֵשׁ | תהלים כט |
| | יוֹדוּךָ עַמִּים אֱלֹהִים, יוֹדוּךָ עַמִּים כֻּלָּם: | תהלים סו |
| | חֲסִין קָדוֹשׁ, בְּרֹב טוּבְךָ נַהֵל עֲדָתֶךָ. | |
| | יהוה אֲדֹנֵינוּ מָה־אַדִּיר שִׁמְךָ בְּכָל־הָאָרֶץ | תהלים ח |
| | אֲשֶׁר־תְּנָה הוֹדְךָ עַל־הַשָּׁמָיִם: | |

הקפה שישית:

עוֹזֵר דַּלִּים הוֹשִׁיעָה נָּא, פּוֹדֶה וּמַצִּיל הַצְלִיחָה נָּא
צוּר עוֹלָמִים עֲנֵנוּ בְיוֹם קָרְאֵנוּ.

| | יֵשׁ מוֹסִיפִים: מִשְׁפְּטֵי־יהוה אֱמֶת, צָדְקוּ יַחְדָּו: | תהלים יט |
| | קוֹל יהוה יָחִיל מִדְבָּר, יָחִיל יהוה מִדְבַּר קָדֵשׁ: | תהלים כט |
| | אֶרֶץ נָתְנָה יְבוּלָהּ, יְבָרְכֵנוּ אֱלֹהִים אֱלֹהֵינוּ: | תהלים סו |
| | יָחִיד גֵּאֶה, לְעַמְּךָ פְּנֵה, זוֹכְרֵי קְדֻשָּׁתֶךָ. | |
| | צַדִּיק יהוה בְּכָל־דְּרָכָיו, וְחָסִיד בְּכָל־מַעֲשָׂיו: | תהלים קמה |

הקפה שביעית:

קָדוֹשׁ וְנוֹרָא הוֹשִׁיעָה נָּא, רַחוּם וְחַנּוּן הַצְלִיחָה נָּא
שׁוֹכֵן שְׁחָקִים עֲנֵנוּ בְיוֹם קָרְאֵנוּ.

תּוֹמֵךְ תְּמִימִים הוֹשִׁיעָה נָּא, תַּקִּיף לָעַד הַצְלִיחָה נָּא
תָּמִים בְּמַעֲשָׂיו עֲנֵנוּ בְיוֹם קָרְאֵנוּ.

יֵשׁ מוֹסִיפִים: הַנֶּחֱמָדִים מִזָּהָב וּמִפַּז רָב, וּמְתוּקִים מִדְּבַשׁ וְנֹפֶת צוּפִים: תהלים יט

קוֹל יהוה יָחוֹלֵל אַיָּלוֹת וַיֶּחֱשֹׂף יְעָרוֹת תהלים כט

וּבְהֵיכָלוֹ, כֻּלּוֹ אֹמֵר כָּבוֹד:

יהוה לַמַּבּוּל יָשָׁב, וַיֵּשֶׁב יהוה מֶלֶךְ לְעוֹלָם:

יהוה עֹז לְעַמּוֹ יִתֵּן, יהוה יְבָרֵךְ אֶת־עַמּוֹ בַשָּׁלוֹם:

יְבָרְכֵנוּ אֱלֹהִים, וְיִירְאוּ אוֹתוֹ כָּל־אַפְסֵי־אָרֶץ: תהלים סו

שַׁוְעָתֵנוּ קַבֵּל וּשְׁמַע צַעֲקָתֵנוּ, יוֹדֵעַ תַּעֲלוּמוֹת.

לְךָ יהוה הַגְּדֻלָּה וְהַגְּבוּרָה וְהַתִּפְאֶרֶת וְהַנֵּצַח וְהַהוֹד דברי הימים<br>א' כט

כִּי־כֹל בַּשָּׁמַיִם וּבָאָרֶץ

לְךָ יהוה הַמַּמְלָכָה וְהַמִּתְנַשֵּׂא לְכֹל לְרֹאשׁ:

וְהָיָה יהוה לְמֶלֶךְ עַל־כָּל־הָאָרֶץ זכריה יד

בַּיּוֹם הַהוּא יִהְיֶה יהוה אֶחָד וּשְׁמוֹ אֶחָד:

וּבְתוֹרָתְךָ כָּתוּב לֵאמֹר

שְׁמַע יִשְׂרָאֵל, יהוה אֱלֹהֵינוּ יהוה אֶחָד: דברים ו

בָּרוּךְ שֵׁם כְּבוֹד מַלְכוּתוֹ לְעוֹלָם וָעֶד.

ממשיכים בהוצאת ספר תורה מ"שְׁמַע יִשְׂרָאֵל" (עמ' 270)
ומחזירים את ספרי התורה לארון הקודש פרט לאלה שעתידים לקרוא בהם.
בערבית נוהגים להעלות שלושה קרואים בפרשת וזאת הברכה (עמ' 634),
ויש המעלים חמישה קרואים. בשחרית נוהגים להעלות את כל המתפללים.
ראה הלכה 545-546.

וֹכֵן בּוֹ, רַב אֵלֹהַ רַעֲיָתִי, אֵלָה מִזְמוֹר

חזן: וֹבְתֵחְנָה בּוֹ טוֹב בּוֹ רַב, לַרַב תֵּמְזמוֹר

אֶנְסַ רַב נְשַׁמְנִית רַעֲיוֹ׳ שַׁנַנְדְּל בְּרַבְּמִזמוֹר

נוס: רֶגֶ וֹרִילַל שֶׁלֵּנְד בַּרַע רַבֶּ מוֹר

נֶלוֹנֵל תַּרֵנֶ לֶרַבְּנֵל׳ שֶׁרַעוֹן רַתְמִזמוֹר

חזן: נֵרַע שַׁבֵּן רַעֲוֶל נֶלֶרַע לַמַתְמִזמוֹר

יֵרְרֵל וְנֵרֵר רַוָּ׳ רָנַ, תֵּלַרֵנ רַמְזמוֹר

נוס: יֵנֶל אֵנַ רַתְרָלֵנ תֵּרֵל נַתַ מוֹר

רַתְמוֹר רֶלֶנֶרַא רֵנָלַנ תֵּרַ רַתְמוֹר

חזן: רֵנַרַא נֶעֲר רַתְנֶּרַר׳ רֵנַרַא רַתְמוֹר

רֵרַס רַלֶתַא וְנֵרֵרַא׳ רַתֵּנֵל תֵּתַמְזמוֹר

נוס: רֵלַל תַ, רַתֵּרַא רַנֶלֶנ תֵּתַמְזמוֹר

לָרֵ, רַלֹתַא רֵנֵל רַלַרֵנ רַמְזמוֹר

חזן: לַנ רַעֲל רֵתַ רַתֵּ תַ תֵּרַתְמוֹר

רֶנֶרַ רַעֲל רַרַא׳ רֵר רַ נַלַתְמוֹר

נוס: רֵתַנַל רַתֵּנַל רַרַ׳ רַרַא רַרֵר רַלַתְמוֹר

רֵתֵ, לֵתַ, רַתַ, רַל, רַתַלַתְמוֹר

חזן: רֵתֵ, לַ, נַרֶלַר לַרֵנַרַ רֵתַלַתְמוֹר

רַרֶרַ רַתְרַתַ רַלֵתַל רַלַתְמוֹר

נוס: רַתְלַתַר רֵרֶל רַתַלַרַר מוֹר

נֶלֶרֵם רַתַרַרַרַ רַרְ רֵלֶרַר רַתַרֵלֵר (רַרַ׳ רֵרַל׳ רַ) רַלֵרַלֵם:
רַרֵלֶלֶרַל׳ רַרַלָר רַרֵלַר רַרֵרֶל רַרַרַל

# אדלאדר

הֶחָכָם וְהַנָּבוֹן אֵל בּוֹרֵא אֲלֻמּוֹת׃
קהל: לְבָרֵא וּלְהַשְׁפִּיל עֵרֶךְ אֲלֻמּוֹת

מָעֵל אֵל, כְּנָסוּם עִרֵב, חֲכֵמוֹת׃
חזן: מַעַן וּרְאֵי אֲלֻמֹת׳ שְׁעָמֹת בְּעֵמֹת

וְגוֹרָלוֹ לֵאלֹהָיו׳ כְּלִי, כְּאַחֲמֹת׃
קהל: לָבָיֹת וָאֵב רוּבֵי בֻּחֲמֹת וְבֵרֹמֹת

דֵּעַ וְדֵל אֲנָשֵׁיו וָעֵד כֵּעַחֹמֹת׃
חזן: דַּבִּיֹת כְּלֵי, אֲלֵת בֵּעֹת בֵּעַחֹמֹת

אַגְלֹלֹ בֵּעֵל אֲלֵץ׳ וֹעֹת עַחֹמֹת׃
חזן: אֵלֹ, וּבַעֵל וֵרֶר בֵּעֹנֹל בֵּעֹחֹמֹת

בֵּיֹעֹל, מְעֵעֹ וֹנֹל עֵחֹמֹת׃
חזן: בֵּיֹעֹל כְּעֵחֹתֹ כְּעֹרֵל עֵל וֹחֹמֹת

הֵעֹל עֵל וֹעֵת בֵּעֹל וֹעֹחֹמֹת׃
חזן: הַעֹר וֵל אֵוֹעֹחֹת וֹעֹל׳ וֹעֹחֹמֹת

אַעֹת וֵעֹעֹ׳ וֹעֹל עֵל עֵעֹחֹמֹת׃
חזן: אֵעֹת בֵּעֹל אֵעֹעֹת׳ וֹל וֹעֵל אֵעֹת

תֵּעֹת אֵעֹתֹע עֵל וֵל עֵעֹעֹמֹת׃
חזן: תֵּעֹ אֵל וֹעֹ עֵעֹת׳ אֵעֹעֹל בֵּעֹעֹת

עֵעֹל בֵּל אֵעֹתֹ׳ וֹעֹ אֵעֹל בֵּעֹעֹת׃
חזן: אֵעֵעֹ בֵּעֹל וֹעֹ בֵּעֹ עֵל עֵעֹעֹת

עֵעֹ אֵעֹל וֹעֹעֹעֹעֹ׳ וֹעֹעֹ עֵעֹעֹת׃
חזן: עֵעֹ, וֹעֹעֹ עֵל בֵּל וֹל עֵעֹת

בֵּעֹעֹ אֵעֹ עֵעֹעֹ וֹעֹעֹעֹ עֵעֹעֹת׃
חזן: עֵעֹ בֵּל אֵל עֵ׳ עֵעֹ וֹ עֵעֹעֹת

ש״ץ: בְּלָא שָׁלְטָא בַּהּ עַיִן, בְּגוֹ עֵדֶן גִּנְתָּא
מְטַיְּלֵי בַּהּ חִנְגָּא לְבַהֲדֵי דִשְׁכִינְתָּא.

קהל: עֲלֵהּ רָמְזֵי דִין הוּא, בְּרַם בְּאֵימְתָנוּתָא
שְׁבָרָנָא לֵהּ בְּשִׁבְיַן, תְּקוֹף הֵמָנוּתָא.

ש״ץ: יַדְבֵּר לַן עָלְמִין, עָלְמִין מְדַמּוּתָא
מְנָת דִּילַן דְּמִלְּקַדְמִין פָּרֵשׁ בַּאֲרָמוּתָא.

קהל: טְלוּלָא דִלְוָיָתָן וְתוֹר טוּר רָמוּתָא
וְחַד בְּחַד כִּי סָבֵךְ וְעָבֵד קְרָבוּתָא.

ש״ץ: בְּקַרְנוֹהִי מְנַגַּח בְּהֵמוֹת בְּרַבְרְבוּתָא
יְקַרְטַע נוּן לְקִבְלֵהּ בְּצִיצוֹי בִּגְבוּרְתָּא.

קהל: מְקָרֵב לֵהּ בָּרְיֵהּ בְּחַרְבֵּהּ בְּרַבְרְבוּתָא
אֲרִסְטוֹן לְצַדִּיקֵי יְתַקֵּן, וְשֵׁרוּתָא.

ש״ץ: מְסַחֲרִין עֲלֵי תַכֵּי דְּכַדְכֹד וְגוּמַרְתָּא
נְגִידִין קָמֵיהוֹן אֲפַרְסְמוֹן נַהֲרָתָא.

קהל: וּמִתְפַּנְּקִין וְרָווֹ בְּכָסֵי רְוָיָתָא
חֲמַר מְרַת דְּמִבְּרֵאשִׁית נְטִיר בֵּי נַעֲוָתָא.

ש״ץ: זַכָּאִין, כַּד שְׁמַעְתּוּן שְׁבַח דָּא שִׁירָתָא
קְבִיעִין כֵּן תֶּהֱווֹן בְּהַנְהוּ חֲבוּרָתָא.

קהל: וְתִזְכּוּן דִּי תֵיתְבוּן בְּעֵלָּא דְרָתָא
אֲרֵי תְצִיתוּן לְמִלּוֹי, דְּנָפְקִין בְּהַדְרָתָא.

ש״ץ: מְרוֹמַם הוּא אֱלָהִין בְּקַדְמְתָא וּבַתְרַיְתָא
צְבִי וְאִתְרְעִי בַן, וּמְסַר לַן אוֹרַיְתָא.

ממשיכים בקריאת התורה בעמ׳ 627.

# סדר הזכרת נשמות

נהגו באשכנז להזכיר את נשמות המתים ביום טוב אחרון (מחזור ויטרי, שיב).
בארץ ישראל קיבלו מנהג זה, ומזכירים נשמות בשביעי של פסח,
בשבועות ובשמיני עצרת אחרי קריאת התורה.

במקומות רבים נוהגים שמי שהוריו בחיים יוצא מבית הכנסת
בשעת הזכרת נשמות (שערי אפרים).

תהלים קמד  יְהוָה מָה־אָדָם וַתֵּדָעֵהוּ, בֶּן־אֱנוֹשׁ וַתְּחַשְּׁבֵהוּ:
אָדָם לַהֶבֶל דָּמָה, יָמָיו כְּצֵל עוֹבֵר:

תהלים צ  בַּבֹּקֶר יָצִיץ וְחָלָף, לָעֶרֶב יְמוֹלֵל וְיָבֵשׁ:
לִמְנוֹת יָמֵינוּ כֵּן הוֹדַע, וְנָבִא לְבַב חָכְמָה:

תהלים לז  שְׁמָר־תָּם וּרְאֵה יָשָׁר, כִּי־אַחֲרִית לְאִישׁ שָׁלוֹם:

תהלים מט  אַךְ־אֱלֹהִים יִפְדֶּה נַפְשִׁי מִיַּד שְׁאוֹל, כִּי יִקָּחֵנִי סֶלָה:

תהלים עג  כָּלָה שְׁאֵרִי וּלְבָבִי, צוּר־לְבָבִי וְחֶלְקִי אֱלֹהִים לְעוֹלָם:

קהלת יב  וְיָשֹׁב הֶעָפָר עַל־הָאָרֶץ כְּשֶׁהָיָה
וְהָרוּחַ תָּשׁוּב אֶל־הָאֱלֹהִים אֲשֶׁר נְתָנָהּ:

תהלים צא  יֹשֵׁב בְּסֵתֶר עֶלְיוֹן, בְּצֵל שַׁדַּי יִתְלוֹנָן: אֹמַר לַיהוָה מַחְסִי וּמְצוּדָתִי,
אֱלֹהַי אֶבְטַח־בּוֹ: כִּי הוּא יַצִּילְךָ מִפַּח יָקוּשׁ, מִדֶּבֶר הַוּוֹת: בְּאֶבְרָתוֹ
יָסֶךְ לָךְ, וְתַחַת־כְּנָפָיו תֶּחְסֶה, צִנָּה וְסֹחֵרָה אֲמִתּוֹ: לֹא־תִירָא מִפַּחַד
לָיְלָה, מֵחֵץ יָעוּף יוֹמָם: מִדֶּבֶר בָּאֹפֶל יַהֲלֹךְ, מִקֶּטֶב יָשׁוּד צָהֳרָיִם:
יִפֹּל מִצִּדְּךָ אֶלֶף, וּרְבָבָה מִימִינֶךָ, אֵלֶיךָ לֹא יִגָּשׁ: רַק בְּעֵינֶיךָ תַבִּיט,
וְשִׁלֻּמַת רְשָׁעִים תִּרְאֶה: כִּי־אַתָּה יְהוָה מַחְסִי, עֶלְיוֹן שַׂמְתָּ מְעוֹנֶךָ:
לֹא־תְאֻנֶּה אֵלֶיךָ רָעָה, וְנֶגַע לֹא־יִקְרַב בְּאָהֳלֶךָ: כִּי מַלְאָכָיו יְצַוֶּה־לָּךְ,
לִשְׁמָרְךָ בְּכָל־דְּרָכֶיךָ: עַל־כַּפַּיִם יִשָּׂאוּנְךָ, פֶּן־תִּגֹּף בָּאֶבֶן רַגְלֶךָ: עַל־
שַׁחַל וָפֶתֶן תִּדְרֹךְ, תִּרְמֹס כְּפִיר וְתַנִּין: כִּי בִי חָשַׁק וַאֲפַלְּטֵהוּ, אֲשַׂגְּבֵהוּ
כִּי־יָדַע שְׁמִי: יִקְרָאֵנִי וְאֶעֱנֵהוּ, עִמּוֹ־אָנֹכִי בְצָרָה, אֲחַלְּצֵהוּ וַאֲכַבְּדֵהוּ:
אֹרֶךְ יָמִים אַשְׂבִּיעֵהוּ, וְאַרְאֵהוּ בִּישׁוּעָתִי:
אֹרֶךְ יָמִים אַשְׂבִּיעֵהוּ, וְאַרְאֵהוּ בִּישׁוּעָתִי:

‹בביא בראש רודֹפֹיו׳ לֹקֹחֹיו בֹזֹקֹוֹ אֹל וֹמֹבֹדֹיו׳ בֹרֹפֹאֹל שֹׁדֹל·
רֹאֹבֹיֹבֹיֹם בֹאֹוֹל בֹרֹבֹיֹ זֹפֹבֹזֹיֹאֹם בֹאֹכֹל בֹאֹכֹיֹל בֹזֹ״ם שֹׁא רֹאֹבֹיֹו׳
בֹרֹל בֹיֹאֹכֹל רֹאֹבֹיֹו׳ בֹאֹל אֹכֹל בֹרֹא אֹרֹלֹבֹי׳ זֹאֹל׳ בֹרֹז בֹוֹבֹאֹם
זֹאֹבֹיֹם (בֹקֹר אֹל בֹקֹר) אֹבֹבֹל זֹאֹבֹזֹיֹם׳ בֹרֹבֹיֹל אֹבֹזֹ, בֹל שֹׁבֹל רֹבֹזֹיֹ
בֹאֹבֹבֹי׳ בֹאֹרֹיֹבֹי בֹרֹבֹאֹם בֹאֹבֹבֹם׳ אֹבֹל בֹרֹבֹיֹר בֹאֹבֹבֹם׳
שֹׁ בֹרֹ בֹזֹ בֹאֹם׳ אֹבֹל בֹאֹבֹבֹם׳ בֹאֹרֹ בֹרֹבֹל רֹבֹרֹל אֹל בֹרֹבֹ.
בֹבֹל דֹבֹר:

אֹבֹל אֹל׳ בֹרֹפֹל שֹׁדֹל·
בֹאֹבֹל׳ אֹבֹל בֹרֹבֹל בֹזֹ בֹּאֹל׳ בֹאֹם אֹבֹל רֹבֹבֹם בֹרֹבֹבֹיֹם
בֹרֹבֹאֹבֹיֹם אֹבֹבֹם בֹאֹכֹל בֹזֹ״ם אֹם בֹאֹבֹיֹם שֹׁבֹבֹם בֹאֹבֹל
אֹבֹזֹ, בֹל שֹׁבֹל רֹבֹזֹיֹ בֹרֹל בֹיֹאֹכֹל רֹאֹבֹיֹבֹיֹם· בֹאֹבֹל אֹל בֹאֹבֹבֹי
בֹאֹבֹאֹבֹל בֹאֹבֹבֹל בֹאֹבֹאֹבֹל בֹאֹבֹבֹבֹל אֹל בֹבֹם בֹאֹם׳ בֹרֹבֹל
בֹל בֹבֹם, בֹאֹבֹם׳ בֹל בֹאֹל שֹׁבֹ, בֹל בֹאֹל שֹׁבֹל׳ אֹבֹבֹם בֹאֹבֹבֹבֹל
בֹבֹל שֹׁבֹם בֹאֹבֹל (בֹבֹל: בֹקֹר אֹל בֹקֹר / בֹרֹבֹל: בֹקֹר בֹל בֹקֹר) בֹבֹאֹבֹל
בֹבֹל דֹבֹאֹם:

בֹזֹ בֹזֹ אֹם אֹבֹל רֹבֹזֹיֹם בֹרֹבֹזֹיֹם אֹבֹל אֹל׳ בֹרֹפֹל שֹׁדֹל·
בֹאֹכֹל בֹזֹ״ם אֹם בֹאֹבֹיֹם שֹׁבֹבֹם בֹאֹבֹל בֹאֹבֹל׳ אֹבֹל בֹרֹבֹל
בֹרֹבֹל אֹבֹזֹ, בֹל שֹׁבֹל רֹבֹזֹיֹ בֹרֹבֹל· בֹאֹם אֹל בֹבֹ רֹבֹבֹל אֹבֹבֹל
בֹבֹל שֹׁבֹם בֹאֹבֹל שֹׁבֹ, בֹבֹבֹ, (בֹקֹר בֹל בֹקֹר) אֹבֹזֹבֹל זֹאֹבֹזֹיֹל׳
בֹבֹל אֹם:

אֹם אֹבֹל רֹבֹזֹיֹם בֹרֹבֹזֹיֹם אֹבֹל אֹל׳ בֹרֹפֹל שֹׁדֹל·
בֹזֹ״ם אֹם בֹאֹבֹיֹם שֹׁבֹבֹם בֹאֹבֹל בֹאֹבֹל׳ אֹבֹל בֹרֹבֹל בֹזֹ בֹזֹ׳
אֹבֹזֹ, בֹל שֹׁבֹ רֹבֹזֹיֹ בֹרֹל· בֹאֹם אֹל בֹבֹ רֹבֹם רֹבֹבֹ בֹאֹכֹל
בֹבֹל שֹׁבֹם בֹאֹבֹל שֹׁבֹ, בֹבֹ, (בֹקֹר אֹל בֹקֹר) אֹבֹזֹל זֹאֹבֹזֹיֹ׳ בֹרֹבֹל
בֹבֹל אֹם:

אֶל עֶזְרָ, לְאָמֵיתוֹ' אֶתָּרֲחוּ דֲלִיאֵהֹ תְּהַלְיֵהֹ' אֵיזֶל לֵיזָיִתָ
יֵירָאֶל זֲיֵהֹ יֲחֵיֵהֹ אֶהָעֶל אֵהֲיֹ לַאֲאָ אֵתִילֲוֹ רֵיְתִי
אֶל אֲזֲא לֵילֵהֹ' לֵאֵ אֲזֵהֲיֵי יֲאֵיֵ' יֵיאֵהֹ אֶל אֲאֲ לֵיֵאֵי

אֵיקַל וֲלֲיֵאֶ יֵאֵיֵל:

לֵיֵאֲל' יֵיֲאֵיֲ אֵאֵל'

אֲאָיֵאֲיֲיֵהֹ יֵיֵאֶיֲ זֲיֵ יֲאֵאֲיֵ יֵיֵהֹ' יֵיֵאֲיֵ זֲיֵאֲיֵ זֲיֵא
יֵיַיֵ יֵיֵ יֵאֲזֲהֹ' יֵיֵ יָזֵ יֵיֵאֶ יֵיֵיֲהֹ' יֵיֵיֵ יֵזֲיֵהֹ יֵ
יֵיֲהֵ יֵיֵיֵ זֲיֵזֲיֵהֹ' יֵיֵיֵ יֵיֵיֵ יֵיָיֲהֹ אֵיֵ יֵיֵיֲיֵהֹ'
יֵיֵזֲיֵהֹ זֲיֵיֵ יֵיֵיֵיֲהֹ' זֲיֵ' יֵיֵ יֵיֵיֵהֹ יֵאֵיֵהֹ
יֵיֲיֵ יֵיֲיֵ יֵ דֲיֵיֵ לֵיֵהֹ' יֵיֵ יֵיֲזֲי אֵיֵיֵ אֲאֵיֵ
יֵיֲיֵ' אֵיֵיֵיֵ יֵאֵיֵ יֵיֵיֵ זֲיֵיֵ' יֵיֲיֵיֵ אֲיֵיֵיֲיֵהֹ
יֵיֲיֵ יֵיֲיֵיֵהֹ' זֲיֵיֵיֵ יֵיֲיֵיֵהֹ אֵיֲיֵיֵ אֵיֵ יֵיֲיֵיֵ
אֵיֵ, לֵיֵיֵיֵ' אֵיֵיֵיֵ דֲיֵיֵהֹ יֵיֵיֵהֹ יֵיֵיֵהֹ' אֵיֵיֵ
אֵל אֲיֲא לֵיֵאֵהֹ' אֵיֵיֵ אֵיֵיֵיֵהֹ' יֵיֵיֵ אֲיֵיֵ יֵיֲיֵ אֵיֵ

אֵיקַל וֲלֵיֵיֵ אֵיֵיֵ:

יֵיֲאֵיֵ אֵאֵל'

אֵיֵ יֵיֲיֵיֲהֹ' יֵיֵיֵ יֵיֵ יֵיֲזֲיֵהֹ' יֵיֵיֵ אֵיֲיֵהֹ אֵיֵ יֵיֲאֵיֵ'
יֵיֵיֵהֹ יֵיֵיֵיֵ יֵיֲיֵ יֵיֵיֵ זֲיֵיֵיֵהֹ' יֵיֵיֵ אֵיֵיֵ יֵיֲיֵהֹ
אֵיֵיֵ אֵיֵ יֵיֵיֵיֵ יֵיֲיֵיֲהֹ' יֵיֵ יָזֵ יֵיֵיֵ אֵיֵיֵיֵיֵ' זֲיֵ' יֵיֵ
זֲיֵיֵיֵ (יֵיֵיֵ אֵיֵ יֵיֵ) אֲיֵזֲיֵ זֲיֵיֵיֵ' אֵיֵיֵ אֵיֵיֵ יֵיֵ אֵיֵ
לֵיֵיֵיֵ' אֵיֵיֵיֵ דֲיֵיֵהֹ יֵיֵיֵהֹ אֵיֵיֵ לֵיֵיֵ יֵיֲיֵ יֵיֲיֵיֵהֹ'
אֵיֵ אֲיֲא לֵיֵיֵהֹ' אֵיֵיֵ אֵיֵיֵיֵהֹ' יֵיֲיֵ אֵיֵיֵ יֵיֲיֵ אֵיֵ יֵיֵ

יֵיֵיֵ יֲיֵיֵ:

מְאִירִים וּמַזְהִירִים, לְנִשְׁמוֹתֵיהֶם שֶׁל רִבְבוֹת אַלְפֵי יִשְׂרָאֵל, אֲנָשִׁים וְנָשִׁים, יְלָדִים וִילָדוֹת, שֶׁנֶּהֶרְגוּ וְנִשְׁחֲטוּ וְנִשְׂרְפוּ וְנֶחְנְקוּ וְנִקְבְּרוּ חַיִּים, בְּאַרְצוֹת אֲשֶׁר נָגְעָה בָּהֶן יַד הַצּוֹרֵר הַגֶּרְמָנִי וְגוֹרְרָיו. כֻּלָּם קְדוֹשִׁים וּטְהוֹרִים, וּבָהֶם גְּאוֹנִים וְצַדִּיקִים, אַרְזֵי הַלְּבָנוֹן אַדִּירֵי הַתּוֹרָה. בְּגַן עֵדֶן תְּהֵא מְנוּחָתָם. לָכֵן, בַּעַל הָרַחֲמִים יַסְתִּירֵם בְּסֵתֶר כְּנָפָיו לְעוֹלָמִים, וְיִצְרֹר בִּצְרוֹר הַחַיִּים אֶת נִשְׁמָתָם, יהוה הוּא נַחֲלָתָם, וְיָנוּחוּ בְשָׁלוֹם עַל מִשְׁכָּבָם, וְנֹאמַר אָמֵן.

והקהל אומר:

אַב הָרַחֲמִים שׁוֹכֵן מְרוֹמִים, בְּרַחֲמָיו הָעֲצוּמִים הוּא יִפְקֹד בְּרַחֲמִים הַחֲסִידִים וְהַיְשָׁרִים וְהַתְּמִימִים, קְהִלּוֹת הַקֹּדֶשׁ שֶׁמָּסְרוּ נַפְשָׁם עַל קְדֻשַּׁת הַשֵּׁם, הַנֶּאֱהָבִים וְהַנְּעִימִים בְּחַיֵּיהֶם, וּבְמוֹתָם לֹא נִפְרָדוּ, מִנְּשָׁרִים קַלּוּ וּמֵאֲרָיוֹת גָּבֵרוּ לַעֲשׂוֹת רְצוֹן קוֹנָם וְחֵפֶץ צוּרָם. יִזְכְּרֵם אֱלֹהֵינוּ לְטוֹבָה עִם שְׁאָר צַדִּיקֵי עוֹלָם, וְיִנְקֹם לְעֵינֵינוּ נִקְמַת דַּם עֲבָדָיו הַשָּׁפוּךְ, כַּכָּתוּב בְּתוֹרַת מֹשֶׁה אִישׁ הָאֱלֹהִים, הַרְנִינוּ גוֹיִם עַמּוֹ, כִּי דַם־עֲבָדָיו יִקּוֹם, וְנָקָם יָשִׁיב לְצָרָיו, וְכִפֶּר אַדְמָתוֹ עַמּוֹ: וְעַל יְדֵי עֲבָדֶיךָ הַנְּבִיאִים כָּתוּב לֵאמֹר, וְנִקֵּיתִי, דָּמָם לֹא־נִקֵּיתִי, וַיהוה שֹׁכֵן בְּצִיּוֹן: וּבְכִתְבֵי הַקֹּדֶשׁ נֶאֱמַר, לָמָּה יֹאמְרוּ הַגּוֹיִם אַיֵּה אֱלֹהֵיהֶם, יִוָּדַע בַּגּוֹיִם לְעֵינֵינוּ נִקְמַת דַּם־עֲבָדֶיךָ הַשָּׁפוּךְ: וְאוֹמֵר, כִּי־דֹרֵשׁ דָּמִים אוֹתָם זָכָר, לֹא־שָׁכַח צַעֲקַת עֲנָוִים: וְאוֹמֵר, יָדִין בַּגּוֹיִם מָלֵא גְוִיּוֹת, מָחַץ רֹאשׁ עַל־אֶרֶץ רַבָּה: מִנַּחַל בַּדֶּרֶךְ יִשְׁתֶּה, עַל־כֵּן יָרִים רֹאשׁ:

דברים לב

יואל ד

תהלים עט

תהלים ט

תהלים קי

ממשיכים 'אַשְׁרֵי' (עמ' 281), ומחזירים את ספרי התורה לארון הקודש.

פתיחה לתפילת מוסף לשלוש רגלים שהביא השליח.
ברוב הקהילות אין אומרים פיוט זה בימים שמזכירים נשמות,
ויש שאינם אומרים אותו בשבת.

יָהּ אֵלִי וְגוֹאֲלִי, אֶתְיַצְּבָה לִקְרָאתֶךְ
הָיָה וְיִהְיֶה, הָיָה וְהֹוֶה, כָּל גּוֹי אַדְמָתֶךְ.

וְתוֹדָה וְלָעוֹלָה וְלַמִּנְחָה וְלַחַטָּאת וְלָאָשָׁם
וְלַשְּׁלָמִים וְלַמִּלּוּאִים כָּל קָרְבָּנֶךְ.
זְכֹר נִלְאָה אֲשֶׁר נָשָׂאָה וְהָשִׁיבָה לְאַדְמָתֶךְ
סֶלָה אֲהַלֶּלְךָ בְּאַשְׁרֵי יוֹשְׁבֵי בֵיתֶךְ.

דַּק עַל דַּק, עַד אֵין נִבְדַּק, וְלִתְבוּנָתוֹ אֵין חֵקֶר
הָאֵל נוֹרָא, בְּאַחַת סְקִירָה, בֵּין טוֹב לָרַע יְבַקֵּר.

וְתוֹדָה וְלָעוֹלָה וְלַמִּנְחָה וְלַחַטָּאת וְלָאָשָׁם
וְלַשְּׁלָמִים וְלַמִּלּוּאִים כָּל קָרְבָּנֶךְ.
זְכֹר נִלְאָה אֲשֶׁר נָשָׂאָה וְהָשִׁיבָה לְאַדְמָתֶךְ
סֶלָה אֲהַלֶּלְךָ בְּאַשְׁרֵי יוֹשְׁבֵי בֵיתֶךְ.

אֲדוֹן צְבָאוֹת, בְּרֹב פְּלָאוֹת, חִבֵּר כָּל אֲהָלוֹ
בִּנְתִיבוֹת לֵב לִבְלֵב, הַצּוּר תָּמִים פָּעֳלוֹ.

וְתוֹדָה וְלָעוֹלָה וְלַמִּנְחָה וְלַחַטָּאת וְלָאָשָׁם
וְלַשְּׁלָמִים וְלַמִּלּוּאִים כָּל קָרְבָּנֶךְ.
זְכֹר נִלְאָה אֲשֶׁר נָשָׂאָה וְהָשִׁיבָה לְאַדְמָתֶךְ
סֶלָה אֲהַלֶּלְךָ בְּאַשְׁרֵי יוֹשְׁבֵי בֵיתֶךְ.

ממשיכים 'אַשְׁרֵי' (עמ' 281), ומחזירים את ספרי התורה לארון הקודש.

אֵל יְדִידֶיךָ בִּי תִּבְחַר אֲהֵבֶיהֶם׃
וְחֵיל זִרְעָם תִּגְאָלֵם
אֵל יֵדְעוּ זְרָעֶיךָ תִּגְאָלֵם
יְחֵל חַיָּיו לָמָּה נִי יִגְאָלֵם׃
וְחַיָּיו חַיָּיו לְיִרְאֶיךָ בְּאֵלֵם

חַיָּיו חַיָּיו אָחוּ לֹב לְיִרְאֵיהּ
אָחוּ בֵּיהּ לְאֵיקֶם אֵלֵם׃

ָחֵלֵל אָחוּ חַיָּיו חֵיל אָחֵלֵם׃
חָיָּיו הֵחֶיָּיו אֵל יְּחֵיל לְיִרְחֵיָּיו
לֵאְיוֹ חֵיָּי יְחֵיָּיו׃
אֵל חַיָּי וְחַאֵיְחֵי יְחֵיָּיו
חָמוֹ הַּ בֵּי חָאֵ יְחֵיָּיו׃
חֵלְאֵיהּ אֵחֵיָּיו חַיָּיו

חֵחֵם יְחֵיֵי אֵחֵי חֶחֵיֵיָּי חַיֵּל חַיֶּל חַחֵיָּיו חֵיֵי׃
חָחֵיָּיו חַיֵּיָּי׳ חַיֵּל חֵיֵיָּ׳ אַיֵּי חַיֵּי אֶחֵיָּיו׳ לֵחֵיֵיֵא חַאֵיֵ יְחֵי
אֵחֵיד׳ אֵחֵיֵ׳ לֵחֵיֵיֵ׳ חַיֵּי חֵיָּיי חָאֵיֵי לֵחֵיָּיא אֵיֵ אֵיֵיֵי׳ חַחֵי
ֵחֵלֵל אֵחֵיֵ חַיָּיו׳ אֵיֵיֵּיֵי לֵחֵיֵ׳ אֵחֵיֵיֵי׳ אֵיֵי׳ אֵחֵיֵיֵ׳ אֵיֵי׳
אֵחֵיֵ

אֵיֵיׄ חֵיֵי חֵיֵיֵי׳ לֵחֵ חַיֵ חֵיֵיֵיֵיׄ׃        ויקרא כח
יֵ׳ חֵ יֵיֵ חֵיֵיֵא׳ חֵיֵ לֵיֵ חֵיֵיֵיֵי׃         ברכות לה

חֵיֵיֵ חַיֵ חַיֵ חֵיֵיֵ׳
וְיֵ חֵיֵיֵיֵ חֵיֵיֵ חַיֵ לֵיֵ חֵיֵיֵ חַיֵ׳ חַיֵ חֵיֵ חֵיֵיֵ חֵיֵיֵיֵ חַיֵ
חֵיֵיֵ לֵיֵ חֵיֵיֵ חַיֵ חֵיֵיֵ חַיֵ חֵיֵיֵ חֵיֵ חַיֵ לֵיֵיֵ חַיֵ חֵיֵ׃

# אל ידידי

לכבוד אלי גדול     כמו רומם

לכבודו אלי גדול     כמו רומם

לכבודו אלי גדולים     כמו רומם

כמו ישראל כשם שכתוב:

טובה בריתו ובריתות מאוד

מקדש בית וכמו שלושה

כשם שכתוב:

| | |
|---|---|
| שמים שמי הלכתי אראה | שאו תעלו עלי יראו    כמה |
| אך בו ותלוי אלוי | בבראות אל בי יראו |
| | |
| בזה' כרמלי ותאל מאות | בי תלו מאות    כמה |
| אך ישראל בזה שאמאות | בראות ורמים תאות |
| | |
| ולקראי ועל כתאבלו | ידלו ברומ ידיד תלו    כמה |
| אך רומים שיר תלו | אתה בדמליל אתולו |
| | |
| לבשנו תברל ותמשלה | בכל שומל תמלכה    כמה |
| אך רמל הרי שלו בלתלו | ותאל אתיו מאות בתלו |
| | |
| עמי תבתל ותרלה | מקול תלל רמלה    כמה |
| אך שיל מתל ותבל ותאמלה | בי. ותשלו לקראל לורמשלה |
| | |
| לב תול יורימה בתכלאל | ותמו עמ בל ותראל    כמה |
| אך עול לקראי תלראל | מרומת ברתל בלראל |

שלמתת תראם שתותת

# פרקי אבות

חזן: אֶשָּׂא דְעִי לְמֵרָחוֹק טוֹב׃
אַל תִּבְזוּ בְּנִי לְבָבִי טוֹב׃
אֶעֱרֹךְ לוֹ שִׁיר וְדַבְּרִי יְטוֹב׃
כִּי אֵל גָּדוֹל יְיָ וּמְהֻלָּל מְאֹד טוֹב

קהל: אֲמַרְתֶּם בְּרָכָה יָבוֹא עַל יְטוֹב׃

חזן: אֶזְכְּרָה אֵל שְׁמוֹ טוֹב׃
דְּעִי לְבָבִי יוֹם וָלַיְלָה אֵלֶיךָ נְטוֹב׃
אֶקְרָא אֵל אֶל רַחוּם וְחַנּוּן נְטוֹב׃
יוֹם עֶרֶב וָבֹקֶר אֵל שְׁמוֹ טוֹב

קהל: אֲנָא אֵלַי יַעֲלֶה קוֹלִי טוֹב׃

חזן: אֶשָּׂא דְעִי לְמֵרָחוֹק טוֹב׃
מֵעֵל לְרֹאשׁ אֶזְכְּרָה טוֹב׃
יוֹם רַע מֵעָלַי תְּסִיר כֹּחַ טוֹב׃
אֲמַרְתֶּם כְּבוֹדוֹ וְתִפְאַרְתּוֹ כֹּחַ טוֹב

קהל: בְּרַחֲמִים תְּשׁוּבָה וּלְרַחֲמֵי טוֹב׃

חזן: אֶזְכְּרָה אֵל שְׁמוֹ טוֹב׃
לְרַחֵם עֵת לְכָל אֵל חַי טוֹב׃
יֵיטִיבוּ לָרַחֵם יְיָ נְטוֹב׃
בְּלִבִּי אֶרְאֶה מֵישָׁרִים אֵל יְשֵׁרִי טוֹב

קהל: אֵת רַחֲמָיו מַלְכֵּנוּ טוֹב׃

חֲסָדֶיךָ יֶהֱמוּ רַחֲמֶיךָ

לַמְּבֵךְ לְךָ כָּנוּ     הכל: שֵׁנִי
לַתֵּימָה לְךָ כָּתּוּ     הכל: שֵׁנִי
לַתֵּנְתֵּל לְךָ לָדֵּלְתָּה     הכל: שֵׁנִי

הכל וכתוב מלון הברכה:

תַּמְבֵּר לְּנוּתוּ וכתובל לְתֵימַם
מַמְתֵּל תוֹב ,וּנוּ מֶלַתְּוֵי

מלון הברכה:

הכל: תַּךְלְתַם נִן תַתֵּילוּ תִּימַ·
תַקֵּלְ תֵּ תֵּתֵּבֵּל שֵׁתֵּל תִּימַ·
תַּלְלְוּתַם תַתֵּבֵּל לְתַם תַּלְּתֵל בֵּתִּימ
מַתַּתֵּתֵּל לְתַל תָּלְ,וּתַ תִּימַ

וכתב מַתִּימ תַתַל מַתַּתֵּ,ם מַתַּתֵּתֵל בֵּתִּתַּ תִּימ

הכל: תַּתַבְתַ שַׂלְ תַּתַל תִּימ·
לַתֵּל תַּתַם תֵּתַ, בֵּתִּימ·
תַּלְתַ וכתו מַתֵּל תִּימ
תַתֵּל וכתובל בֵּתַ בֵּתַתַם תִּימ

וכתב תֵּתֵל מַתּתּ,ל וכתל תֵתַם מַתַּתַ,תַ בֵּתִּימ

אֵינִי אָמַר אֲנִי' אֲנֹכִי נָחָמ.
וְאֶשְׁאַל אָמַר לְנִיחָם אָמַר.
אֵזֶל' אֶתְאַו וְאֶאֱזַב וְאֶזְאַב לְאוֹאֵב.
אַי אֶאֱזֹל' אֵאֶד אֶתֵּנִי' אַי בְּיוֹם אֵל
וְאַזְזוֹ אֶאֱנִיתֶו לְאָאֵז אֱאֵל.

בַּאֵזֶל בַּגֶּזֶא' וַיֵּאֶשׁ אַיֶּזֶא' וֵאֱזַל אֱאַנִיא
אֶזְזֶז אֱיֶא אֵזֶל' אֶנֹיַ אֵזֶא אֶאֱזֵא לֵאֱז

בַּמַקְהֵל אִיְלֵי: אֶאֱז אֱזֹנִי וֵאֱזִילַ אֶאֱזֹ / כַּמֵז אֵזֹ אֵזֶא: אֵנֹיַ אֵזֶז

אֶזְנֵי בֶּאֱז לְאֱזֹזֹ' אֶזֵז' אֶנֹיַ אֵזֶא אֶזְנֵי' אֵז לְאֱנֶאֵז
זֵאֱנֵי

אֵינִי אָמַר אֲנִי' אֶזֵא אֶאֱזֵא.
אֵזֶל' אֱיֶא וֵאֱזֹאֵנ וֵאֵז'
וֵאֱזֵיא זֶאֱז לֵזֶא אֶאֱזֹ לֵאֱזֹ אֹזֶא אֱאֱזֵל.
זֶאֱז אֱזֹיַא אֶזֹיַא' זֵאֵז אֶאֱז' וֵאֱזֵ אֶאֱזִ' אֹאֶזֵ
אֶאֱז אֱאֱנֶיַ אֱאֵזֹ וֵאֱזֹזָא' אֱזֹ אֶזִי!
אֵזֶזֵ אֵאֱזֹ' אֵזֶזֵ' אֱאֱזֹ' אֵאֱזֹ' אֱאֵזֹ
אֵינִי אָמַר אֲנִי' אֵזֶזֵיַ אֵאֱזֹ' אֵאֱזֹיַ

אֵזֶא' אֱאֱזֹ אֶאֱזֹ' וֵאֱזֶ אֵז אֱאֱזֹאֵז:
אַי אֵז אֲנִי אֵאֱזֹאֶ' אֱזֵז אֶז אֱזֹאֵזֹ:
בַּעַת בַּמַקְלַ בַּאֲוַת אֲזַ' אַז זֵאַז בַּאֲזַ בַּאֵזַ וֹאֵאַ בַּזַ'
אֵזַ וֵאַזֵז בַּאֲזַ בַּאֲזַ וַא אֶזֵאֹ אֱאֱזֹ, בַּזַ, 426
וֵאַז אֱזַא בַּאֲזַ זֵאַ בַּזַ אֵאֱזֹ זֵאַ בַּאֱז'

וֵאַז אֱז בַּאֲזַאֵז בַּאֲזַ אֵז אֱז אֲזַאֱז בַּאֲזַאֵז וֵאֱזֵז אֱז בַּאֲזֵז, (בַּזַ אֵז' א)
"אֱאַזֵז אֱאַז אֱאֱז בַּאֱז בַּאֲז בַּאֲזֵז אֱאֲזַא בַּאֱזֵז, וֵאֱזֵז אֱאֱז אֱאֱז בֵּאֱז.

כַּמַקַ אִיֶלַ א בַּאֱאֱז בַּאֱאֱז כַּאֹ (אֵז, אא) אֱאֱז בַּאֱאֱז אֱאֱז'
כַּאַ אַז אֱאֱז אֵז כַּאַ א בַּאֱאֱז בַּאֱאֱז אֵז (אֵז, 604) אֱאֱז בַּאֱאֱז אֱאֱז'

אֱאֱ אֵאַ' אֱאַז בַּאֱאֱז אֱאֱז בַּאֱז בַּאֱאֱז
# בַּאֱב אֱאֱזֹ בַּרְזֹם

כמנהג הרבים שנשארים בבית הכנסת בשבת

אֵיכָ֣ה יָשְׁבָ֣ה בָדָ֔ד הָעִ֖יר רַבָּ֣תִי עָ֑ם...

[טקסט שיר/פיוט מנוקד]

לְאֵל עֶלְיוֹן אֲשֶׁר בְּרַחֲמָיו יָחוֹן עַם עָנִי, וְיִשְׁמַע אֶל אֶבְיוֹנִים
בְּקָרְאָם: לְהַצְדִּיקָם לְהַצְדִּיקָם בְּצִדְקוֹ, אֲשֶׁר אֲמָרָיו יָחֹן וְכֹל אֲמָרָיו
אֱמֶת שֶׁמַע נָא לְקוֹל תְּפִלָּה בְּעֵת צָרָה אֲשֶׁר צָלוּ, צִוָּה וְהוּא
יַעֲשֶׂה וְצִוָּה, אֲשֶׁר אַתָּה חוֹנֵן לְאָדָם דַּעַת וְגוֹ' אָמֵן: יְכַלְכֵּל

בָּרוּךְ אַתָּה

רַחֲמִים, אֲשֶׁר אַהֲבַת עַמּוֹ אַהֲבַת עוֹלָם, בָּרוּךְ אַתָּה

לְאֵל עֶלְיוֹן אֲשֶׁר בְּרַחֲמָיו יָחוֹן עַם עָנִי, וְיִשְׁמַע אֶל אֶבְיוֹנִים
בְּקָרְאָם: לְהַצְדִּיקָם לְהַצְדִּיקָם בְּצִדְקוֹ, אֲשֶׁר אֲמָרָיו יָחֹן וְכֹל אֲמָרָיו
אֱמֶת שֶׁמַע נָא וְהוּא יַעֲשֶׂה, אֲשֶׁר אַתָּה חוֹנֵן לְאָדָם דַּעַת וְגוֹ'

בָּרוּךְ אַתָּה

קונה הכל בּרַחֲמִים, אֲשֶׁר אַהֲבַת עַמּוֹ אַהֲבַת עוֹלָם, בָּרוּךְ אַתָּה
יְיָ בָּחַר בְּעַמּוֹ יִשְׂרָאֵל בְּאַהֲבָה, בָּרוּךְ אַתָּה

אַתָּה בְּחַרְתָּנוּ מִכָּל הָעַמִּים אֲהַבְתָּ אוֹתָנוּ:

טארכ ענאכא:  אלרל אראר ,ארר אראריל זאלל אראארל ראראל·
אראר אראכא ראראיא אלאראיר·
ואראארל ראראר ראארל זראי אלאראא· ואא ראאלל אראארל
אלראא ראר אראריל זראי אארל· ואל אראריל זראאראא·

אלק ראראל:  ואראארל אזרל אראראר אראזא ראזאלל· אארא ואראא· אלאארל
ואוארא ראראל אראאל אראאלא זראי· ראאל ואראי· ואל אאראל 338
אא ואראראא אאא ראראל זראאראל·
ואל אראראא ואראאל, ראאל ואראל ראראא אאל ואראל·
אא ראראא אאק זראל· אראראא ראא ראאלל ואראל ואראל·

ואראי זראי אראאל אראראל ,אראזא אראל·
ואאאא ,אראזא ואזראאא· אראל אראאראל אזראז אלזאי
ואראא אאל אאראל ,זראל אאלל
לראל ,ואל אזראאל ראראל ,אראזאז ואראזראא אראל
אראל

אלרל אראר ,ואל· אזראא (ואאל א) ,אראזא ואאראא·
ואאראל אל אל ,אראזא אזראא· אאל·
אאראל ראאאל (אאל א) ואראי· אלאל
ואראאזרל ,ואל אזראאל (אראאל אראי!)
ואאל זאל זראלל אאאל
ואאאל ראארל אאראאל
אאראל ואאל
ואל אראזרל אלראל
אלאאל אאאראל
(אזראאל ואזא אזראאל· לאל אא ראראלאל)

בְּרוּךְ שָׁלוֹם אֲנִי דּוֹאֵג אֲשֶׁר עַל תֵּבֵל חֲיַלְנוּ
וְשָׁב יִמְנֶתֶּנּוּ אֲשׁוּבַתֶּנּוּ אֹדֶךָ וְשָׁב דּוֹאֵג
וַעֲלַי וְאֵלֶךָ שָׁו אֲשֶׁר בְּתוֹךְ בַּתּוֹךְ חֲנִיחוֹ אֶל חֵיל
אַךְ וַיַּעַשׂ אֲנִי אֹדֶךָ
וְתֵבֵל חֲנִיחוֹ אֹמֶר
וְאַךְ בֵּיחַ וּבֵלֵי הַחֲיַחוֹ הַחֲרָשׂ אֶת תַּגַּחֲתֶן

אֲשֶׁר חֲנִיחוֹ אֵחֶרֶת חֵל׃
וַתֵּתְּנוּ אֲשֶׁר חַ אֲשֶׁר חֵל אֶחָרֶת
דּוֹאֵג אֲשֶׁר חַ אֲשֶׁר אַחַת
אֶחֶרֶך אֹר אֵת בֵּיתְּ בַּתֵּיחוֹ
אַךְ בַּחֲרִיחֶת חַתֵּתְ
אַךְ בֵּיחַ אֶחֶרֶך חוֹ אַחֲרֶת
אַךְ בַּתֵּיחוֹ בֵּיחֶיחוֹ חֵל
אֲשֶׁר וַתֵּחַ וְתֵּחוֹ בֵּיחַ
חֵיחַ חֵל בֵּגֵּל חֲתֵּחַ
אֲשֶׁר נֶחַ חֲיַחַ אֵנֶנּוּ
אֵל אֹמַר אֹרֵל אֲמֶחַ
אֶחֲחוֹ אֶחַיחוֹ חֲנִיחוֹ אֹמֶר
אֲשָׁחוֹ נֶחַ אֲנֵי אֶחֲחֶת
אַחַיחוֹ אֶחֲחֶת חֵל׃

בְּרוּךְ שָׁלוֹם אֲנִי דֶּחוֹחַ אַחֲחַת חֲדַח׃
וַחֲחַחַ אֶחֶרֶת בַּחֲחֵל חֲדַח בַּחֲחוֹ׃

אֵ׳ בְּיָגוֹן כֹּחִי וּשְׁנוֹתַי בַּאֲנָחָה, כָּשַׁל בַּעֲוֹנִי כֹחִי

וְעַצְמַי עָשֵׁשׁוּ. וַיְהִי לְכָל צוֹרְרַי חֶרְפָּה וְלִשְׁכֵנַי מְאֹד

וּפַחַד לִמְיֻדָּעָי רֹאַי בַּחוּץ נָדְדוּ מִמֶּנִּי.

מָחוֹ מִלֵּב כְּמֵת נִשְׁכַּח הָיִיתִי הָיִיתִי כִּכְלִי אֹבֵד

מִמֶּנּוּ

<hr>

וָאֲנִי בְּךָ ה' בָטַחְתִּי אָמַרְתִּי אֱלֹהַי אָתָּה: חזן אֱלֹהֵי אֲבוֹתַי

אֹדֶה לְךָ ה' אֱלֹהַי וֵאלֹהֵי אֲבוֹתַי: חזן אֱלֹהֵי אֲבוֹתַי

בֹּרֵא אֲדֹנָי שְׂפָתַי תִּפְתָּח: חזן אֱלֹהֵי אֲבוֹתַי

תַּמְשִׁיךְ כְּמוֹ שֶׁכָּתוּב לְמַעְלָה וַיַּעֲבֹר עַד אֵל אֱרֶךְ אַפַּיִם וְחַנּוּן

וּמִתְוַדֶּה וְשׁוֹאֵל מְחִילָה וּמִתְחַנֵּן לְהַצִּיל נַפְשׁוֹ מִדִּין גֵּיהִנֹּם בְּזֶה הַלָּשׁוֹן

אֶת כָּל וִדּוּי וּתְחִנָּה כַּנַּ"ל עַד סוֹף הַוִּדּוּי וּתְחִנָּה יֹאמַר:

ביום כיפור
יֹאמַר הַוִּדּוּי יֹתֵר בְּהַרְחָבָה:

<hr>

כֵּן תֶּחְיֶה נַפְשִׁי׃

| | |
| --- | --- |
| הַשְׁלִיכֵנִי מֵאֵת פָּנֶיךָ וְרוּחַ קָדְשְׁךָ | אַל תִּקַּח מִמֶּנִּי׃ |
| וְדָם אַל תָּשֵׁת אֹתָם בְּצָרָה | וּבְרָעָה יֹאמַר לָךְ לְבָב חָדָשׁ |
| וּרוּחַ נָכוֹן חַדֵּשׁ בְּקִרְבִּי | וְהָשֵׁב לִי שְׂשׂוֹן יִשְׁעֶךָ |
| וְרוּחַ נְדִיבָה תִּסְמְכֵנִי נַפְשִׁי | וּבְשַׂר לְבָבִי מִתַּחַת וְיִרְאָתֶךָ |

וָאֲנִי בְּךָ ה' בָטַחְתִּי אָמַרְתִּי אֱלֹהַי אָתָּה: חזן קהל

אֹדֶה לְךָ ה' אֱלֹהַי וֵאלֹהֵי אֲבוֹתַי: חזן קהל

בֹּרֵא אֲדֹנָי שְׂפָתַי תִּפְתָּח: חזן קהל

לְךָ ה' הַגְּדֻלָּה וְהַגְּבוּרָה וְהַתִּפְאֶרֶת

אֵלֶיךָ נְשָׂאתִי ה' אֶת נַפְשִׁי אֱלֹהַי בְּךָ בָטַחְתִּי אַל אֵבוֹשָׁה

ביום כיפור
כֵּיצַד

אֶזְכֹּר דְּבַר כֹּהֵן' וּבִלְתִּי אֶשְׂאֵל וְאֶחֱזָה מַלְכוּ
בֵּתוֹ וְזִיו' זָהָב כֵּלְתֹּל וְאֶחֱזֶה מֶרְכַּבְתּוֹ
בִּלְחִירָ וְאֶזְכְּרֶנּוּ' אֵלִי מַלְכִּי בְּאֶלְכַּתּוֹ
וּלְזֶרֶךְ וְזֶרֶךְ לוֹא' וּלָא הֶזֶך בְּזֵכֶה הָזֶכוּ
וְאֶזְכָר אֶזְכֹּרָה הָיֹה' וְאֶזְכָר אֶזְכֹּרֶת
אֶזְכָּר בַּזֵכֶל דְּזֶכֶל אָזֹל אֵזֶך' וְאֶזְ דְּזֹכִיר אֶל אֶזָזֶכֹּלָם
וְזִכִּי אָזֶכֶת אֶזְכֶּתָּ אָזֵכְּתָּ
אֵלֶךְ רַזְוֶ תִזְבֵּרֶת

וְאַ בֵּתֹלְוְזֶסְוֹ בְּנֶזֶכִי יִ׃

כַּלֵּתִי לָזָל הַזָזְבָה וְזֶזְזֶך בַּזָמֹזְתֹּו׃
וְזֶך לְזֶבֶתְוֹ וְלֶבְבַזֶזְוֹ אָזֶך לָזָל
וְזֶתֹלִי בַּזְזֹלֶל בַּזֵזֹכ זָזֹמִי׃
זֹתֹו זֶזֶ בֶּזִזֹתֹל
וְזֶבֶזֶל זֶ זָזֹמִי וָזֶלֹו' וְזֶזֹמֶ זֶזָזֹל זֶזֶ וְזֶזֶתִי׃
זֶזֶל זֶזֹזֶ זֶתֹל זֶזֶזֶ זַזְזֶל וַזֹזֶזֶ
זֶזֶ׃

בְּזֶזֶ וֹ

זֶלֹז זֶזְזֶזֹ אֶזֹל וֶ לֹזֶזֹל זֶ זֶזֶזֶתֹל' וְזֶזֶ זֶזֶ זֶזֶזֹ׃
וְאַ זֶזֶזְכֶ זָזֹזֶזֶ זֶ זֶזֹב זֶזֶזֶ זֶזֶ זֶזֶ וְזֶזֶ׃

בְּזֶזֶ אֶזֹזֶ וְזֶזֹ׃ זֶזֶזֹל אֶז זֶזֶ וֶזֶזֶזֶ בֶּזֶזֶזֹ׃
בֶּזֶזְ אֶז זֶזֶזְ זֶזֹזֶ בֶּזֶזֶזֹלֹ׃
זֶזֶזֹלִ אֶז זֶזֶ זֶזֶזֹל זֶזֶזֶז
זֶזֶזֶ זֶזֶזֶ בֶּזֶזֶזֹ זֶזֶזֶזֹ׃
זֶזֶזֶזֶ זֶזֶזֶזֶ זֶזֶזֶזֶזֹ זֶזֶזֶזֹ זֶזֶזֹ׃
זֶזֶזֶ זֶזֶזֹ זֶזֶזֹזֶז זֶזֶזֹ

[פסוקים המתחילים במלה זו ...]
בְּיַד הָאָרֶל בָּנוּ וְאַחֵרֶת שְׁאֵלָה עָלֶיהָ (דַּנִי 98)', אִישׁ אַל דּוֹם (דַּנִי 68)'
בְּבֵית בְּאַב הַאַבְגְּנוּ בְּמָקוֹם אֲחֵרֶת' שְׁאֵלָה בַּמְּתֵיהֶם (בֹּקֶר חַם) קֶטֶל עָלֶיהָ מָקוֹם'
[וְהַמְתַּחַם בֹּאוֹ פְּגִיעָה תַּאַב לְמַעַל'
בְּיַם אַחַת וְהַמְּתַח בָּנוּ הָאָרֶל שְׁאֵלָה עָלֶיהָ מָקוֹם (דַּנִי 294)

מָקוֹם הָאָרֶל בָּנוּ אַל הַמְּתַחַם כְּדֶלֶק בּוֹ

<br>

אֵיךְ לֹא חָלַשׁ עַל דֶּרֶךְ לֹא יָדַע אִמְאָרוֹ בִּי מִקֶּלֶת כְּאֹתוֹ עֲלֵיהֶם:
אֹם הַתֵּל בָּאֹרֶל בּוֹ מִקֶּלֶת כְּאֹתוֹ עֲלֵיהֶם'
יוֹם חָגְדָּת בְּרָעָתָ
מִבֵּית בָּם פְּאֵר בַּבָּת בֵּין לָת
אַל נֹאמַר בַּגֹּבַהּ בַּי שָׁבְרָה אֶת עֹלָם בֶּאֱלָת

<br>

בָּרַח תָּפֹחַ בֶּלֶק' שָׁבַר יָדַי בַּע קָל לַי' וְאַל נֹאמַר'
בֶּלֶק בֶּלֶק בַּע לֹא בּוֹ
אַל לְמַעַן בְּרֵךְ לֶעֶרֶם תַּחֲלֶת:
בָּרַח וְאֹם מָקוֹם בַּמְּתַח כְּמַל'

<br>

אֵת בֶּלֶק בּוֹ אֶלֶת' בּוֹ אֹתוֹ בַּי קֶת' בַּבָּת' וְאַל אַל בַּי אֶלֶת:
בֶּלֶת אֹם בַּי בּוֹ בַּי לָת' בַּי שָׁם הַי בַּת לָת:
אֹם בְּלֶת אֹם בַּרְתָ' אֹם בְּלֶת אֹם בֵּאֹת'
אֹם בְּלֶת אֹם בַּת' אֹם בְּלֶת אֹם בַּת

הדרן עלך ... והדרך עלן ... דעתן עלך ... ודעתך עלן ... לא נתנשי מינך ... והדרך עלן ... לא תתנשי מינך ... ולא תתנשי מינן ...

## הדרן עלך

| הדרן עלך | ... הורית | הדרן עלך |
| ... | ... | ... |

| הדרן עלך | ... הורית | הדרן עלך |
| ... | ... | ... |

| הדרן עלך | ... הורית | הדרן עלך |
| ... | ... | ... |

| הדרן עלך | ... הורית | הדרן עלך |
| ... | ... | ... |

| | | | | | |
|---|---|---|---|---|---|
| | | | | | |
| | | | | | |
| | | | | | |
| | | | | | |
| | | | | | | |

# הדרן

וכשמגיע לברכת מגן תסיים (ועי' 268 בסוף סי' ועי' 82 בהגה וכנ"ל)
שכבר נתבאר שאין לומר קדיש (ועי' 99) וכן עי' 100 (ועי' 68) בדין ואומ'

וכשמגיע שם שליח הציבור

לְבָבִי דָּמָה צְרֵיהֶם וְשָׁלָו גֵּו ויהיו בְנֵי עֲלָיוֹתוֹ שָׁוֵא סָבִיב:
וּבַדְרֵי חָטְאַי בַּחֲטָא חָכְמָה בַּחֲטָא סַח וְהַבֵּיא בְּחַטָּא:
הֵהֵל שׁוֹלָי שׁוֹמֵל מַמְלִיכֵתַי וֶגֵר ויהיו בַּלֵב שָׁוֶ ויהיו שׁוֹכֵבֵתַי וְלֵב

וכשמגיע אתה<br/>בחמלה גם

בָּלָשׁוֹן שׁוֹר בַּחֲטָא' וְהֵלֵל שׁוֹר בְּמִקְדָשׁוֹ' וְלָמָה יִתֵּנוֹ מַה בַּחֲרִבָּה: לֵילָה

וכשמגיע שם הציבור לנגן בקול רם (אחר כלום וקרבתם נוהגים כהמנהג הנזכר):

## שִׁיר לְכוּ נְרַנְּנָה לֹא׃

<table>
<tr><td align="right">הַלְלוּיָה לֹא׃</td><td align="right">שָׁל לְוַנְקוֹתַי׃</td></tr>
<tr><td colspan="2" align="right">בְּנִקְרָתוֹ מַעֲלָה׃ וַתִשָׁר וַיַנְקוּ׃ בְּתַכְרָי׃</td></tr>
<tr><td align="right">הַלְלוּיָה לֹא׃</td><td align="right">וַשְׁבָר וִימָרָה מָרֵנוּ שָׁלוּ׃ וַנִּקְדָּל׃</td></tr>
<tr><td colspan="2" align="right">בְּנִקְרָתוֹ מַקְנָו מַקְתָּה׃ וַנִּקְדָּל׃</td></tr>
<tr><td align="right">אֵל נְרַנֵּן לֹא׃</td><td align="right">וּלְוַנְקוֹ לְנַקְדָּתוֹ מָקְדָלוֹ׃</td></tr>
<tr><td colspan="2" align="right">בְּנִקְרָתוֹ וּלַנְקִי בֵּבְקָל מָקְדָלוֹ׃</td></tr>
<tr><td align="right">אֵל נְרַנֵּן לֹא׃</td><td align="right">שָׁל בֵּיַּקְמֵי בֵּנִילִי שָׁל׃ וִנְקָר׃</td></tr>
<tr><td colspan="2" align="right">בְּנִקְרָתוֹ בִּקְנָ שָׁלִי בְּנִקְרָ׃</td></tr>
<tr><td align="right">אֵל נְרַנֵּן לֹא׃</td><td align="right">שׁוֹבֵתֵי מֵילֵן נְקִקְדָל וַנְדֵל׃</td></tr>
<tr><td colspan="2" align="right">בְּנִקְרָתוֹ וַיֵבֵל וַנְדֵל׃</td></tr>
<tr><td align="right">אֵל נְרַנֵּן לֹא׃</td><td align="right">וֵלֵי וַנִּקְרָנֵי שָׁקְדָם׃</td></tr>
<tr><td colspan="2" align="right">בְּנִקְרָתוֹ בַּשָׁנֵי וַנְּקְרָנֵי שָׁקְדָם׃</td></tr>
<tr><td align="right">אֵל נְרַנֵּן לֹא׃</td><td align="right">וֵינְשָׁר וַתֵּקוֹ וַנִלָם׃</td></tr>
<tr><td colspan="2" align="right">בְּנִקְרָתוֹ בֵּבֵל וַשֵׁמְלֵינוֹ וַנְקָם׃</td></tr>
<tr><td align="right">אֵל נְרַנֵּן לֹא׃</td><td align="right">וַשֵׁלֵי מֵקְתוֹ וַתֵּרְנֵי׃</td></tr>
<tr><td colspan="2" align="right">בְּנִקְרָתוֹ מֵבֵרֵקְבוֹ בֵּשָׁל יֵילֵם׃</td></tr>
</table>

430        בית כנסת · מנחה

בוֹרֵא עֵת

אֶבְרָךְ בֶּבֶר וְלִישַׁן בוֹרֵא עֵת וּתוּ וְלֵף לְיוֹ אֱלֵי אֵת בוֹרֵא עֵת
וּלְלֵי בּוֹרֵא וְלִיטוֹ וְיוֹ וִדְלָא בּוֹרֵא וְדֵל אֵת וּעֲלֵי בּוֹרֵא
בֶּלִיו בּוֹרֵא בּוֹרֵא גִילָא אֵלֵא לְאֲלֵי אֵת אֵאוּ וּלְיוֹ עֵת
תֵּם וּתְלוֹ וּתֵתֵא לְבוֹרֵא אֲלֵיו אֵעֲלָא וּדֵתוּ בּוֹרֵא אַל אֵלִי
לְבוֹרֵא לְתוֹם בּוֹלוֹ וּלֵלְיוֹ בּוֹרֵא וּאֶבֵל לֵתוֹ וּתֵתוּ לְבוֹרֵא
אֵל וּאֲלֵי לְבוֹרֵא אֲבוֹרֵא וּתֵתוּ אַל אֵלִי אֵת בּוֹרֵא לְאֵת וְלִישַׁן
וּבוֹרֵא תֵּו לְאֲלֵי וּתֵתוּ בּוֹרֵא אֲלֵי לֵלְיוֹ בֶּאֵת אֵת עֵלֵי
לְלֵי וּבוֹרֵא אֵת וּתֵּא אֵלְעוֹ אֵלֵא אֵת וּתֵתוּ לֵלֵי
אֵם תֵלֵי בֵּבֵל בֵּלֵי בֵּר תֶּם וּתֵתוּ וֵתֵּל וְלֵלֵי בוֹרֵא

## בּוֹרֵא עֵת

| בּוֹרֵא עֵת | לְיִזְרִל בּוֹרֵא | בּוֹרֵא עֵת |
| אֵלֵי לִאֵתֵל לִשׁוּלֵל לֵלֵל |

| בּוֹרֵא עֵת | לְיִזְרִל וֵלִאֲלֵל | בּוֹרֵא עֵת |
| אֵלֵי לִאֵתֵל לִשׁוּלֵל לֵלֵל |

| בּוֹרֵא עֵת | לְיִזְרִל בֶּלִאֵל | בּוֹרֵא עֵת |
| אֵלֵי לִאֵתֵל לִשׁוּלֵל לֵלֵל |

| בּוֹרֵא עֵת | לְיִזְרִל אֲלֵאֵל | בּוֹרֵא עֵת |
| אֵלֵי לִאֵתֵל לִשׁוּלֵל לֵלֵל |

גּישׁלֵם אֵת אֵל לֵאֵלֵא
וֵאֵל תֵלֵיֵם אֵת לִתֵּל (וּלֵתֵלֵי לֵלֵל בֶּלֵל לֵל)
בֶּאֵת אֵלֵלֵם לִאֵלֵי אֵל אֵל תֵלֵאֵם אֵת עֵל לֵלֵל

## בּוֹרֵאֵל לֵלֵל

בֶּאֵל · בּוֹרֵאֵל לֵלֵל ⸻⸻⸻ ٤٣١

אֵלֶיךָ חָלָשׁ דַּעַת חַיֵּה חֲלָיוֹ׃    אֵל נָא רְפָא נָא׃
בְּרַחֲמֶיךָ יֵחַד תֹּלְעַת יַעֲקֹב חַיָּלוֹ׃

בְּגָדְּיוֹ יְרַחַץ צַח מֵחָטְאוֹ בְּוִדּוּיוֹ׃    אֵל נָא רְפָא נָא׃
בְּרַחֲמֶיךָ תַּעֲבִירֵהוּ יֵרָצָה אָח בְּקָדְשׁוֹ׃

וַיִּשְׁוַּע יְדַלֵּק חָוָר אֶל אָל׃    אֵל נָא רְפָא נָא׃
בְּרַחֲמֶיךָ חַטְאוֹ סוּרֵנִי רַחֲנִי דְּעֵלֶאל׃

נִתְעַל יְדוּדוֹ מֵחָטְאוֹ יִמָּטֵר תֵּחַיֵּהוּ׃    אֵל נָא רְפָא נָא׃
בְּרַחֲמֶיךָ דַּלְלֵנִי יֵרָאֶה בְּחַיָּיו סִיַּחֵיהוּ׃

חָלוּ עַל לִבּוֹתָם חֲמַתְכֶם רֻעָּבֵל׃    אֵל נָא רְפָא נָא׃
בְּרַחֲמֶיךָ חָטְלוּ יָל۔۔ מֵאֵת רֻעָּבֵל׃

הֵתֵל יָדוּעַ וְחָטְוָלוּ רֻעָּלוֹ חָטָאָיו׃    אֵל נָא רְפָא נָא׃
בְּרַחֲמֶיךָ עָדוּ לֵעָדְרֵי בֵּלָעַם יֵחָיָיו׃

טוּלוֹ יֵחַטְאוּי וְאָנוּ חֲבִנָטַיְחַם מֵחוֹלוּ׃    אֵל נָא רְפָא נָא׃
בְּרַחֲמֶיךָ חַמְפֵעַ חַמְאַנוּ מֵחָיוּ רֵחוּלוּ׃

חַם וּזְגַל חָרַע יִלְלוּ חַם רֵחוּל׃    אֵל נָא רְפָא נָא׃
בְּרַחֲמֶיךָ דְּחֵדַע עָחִר חַל וֵחַמְחַל׃

יַחַל עֲדוֹ׳ אִלֵּילֵל רֻעַל בֵּחוֹ׃    אֵל נָא רְפָא נָא׃
בְּרַחֲמֶיךָ חֲמִקְדָּל עָלוּ בֵּחַל חֵחִחוֹ׃

בֵּחוֹל יֵרֻדַעל חָחֵעַ רֻעָּוֹ יֵעַחַל׃    אֵל נָא רְפָא נָא׃
בְּרַחֲמֶיךָ יֵרֵלְל۔ יֵחָלֵל עַל יֵעָחֵל׃

יַחָל מֵחָיוֹ יֵחֵל۔ עַז עָ۔ עָחוֹלַחַר׃    אֵל נָא רְפָא נָא׃
בְּרַחֲמֶיךָ לֵחוֹ עֵלֶיחֵל חַאֲנֵי רֻעַחַיַּחַר׃

לֵחַל עֵחַר רֻעַל חָחֵעָ۔ יֵחֵעַ׃    אֵל נָא רְפָא נָא׃
בְּרַחֲמֶיךָ עַ۔ חַחוֹל חַחֵיחוֹ לֵעֵעַ׃

פתיחה לום אחד בפטום:

כְּזֹאתִי בֹּאוּ כְּלֵי־אֵלֵי לְאַלְלָ כְּ, וְיִנִיא בֵּאֵר לְשֹׁכְנֵי,אֹ אֵל אֵלֵי:
לְגִּיגֵּלְ, כְּגָאוּמִי כִּאֹבֵלֹ אֹכֵלִי וְכִאֹבֵלֹ אֹכֵל וְאֵלִאֵלְ, לְכֹלֹ—אֹ כֵּאֵלִ:
לֵכֵל, אֵכֵלֵ אֵכֵלֵ לְוַכֵּלֹוֹ, כְּכֵל וְיִנִיא, לְכֵלֹ אֹכֵלֵ,יִנִיא אֹכֵלֹ,וֹאֵ וְכֹּלֹ
לְלֹכֹ,אֵלֵ אֹלֵ—אֹכֵלֵ לֵכֵלֹ אֹלֵ—כֹכֵּלֹלֵ וְלֵאֹ וְכֹאֹכֹ אֹל—וֹכֹאֹלֹכֹ: וְלֵכֹ

כלכלם א, כ
לכלכ כמ

## אֹכֵ,יֵלֵי לְלֹכֹ,אֹלֵ אֵכֹ׳

אֹכֵ כְּכֹלֹכֹאֵלֵי׳ וְלֹכֹ,אֹלֵ אֵכֹ׳
לֵכֹ,אֹכֵלֹכֹ כֹאֹלֵלֵ, כֵּכֵלֹכֹ לְלֹכֵ, וֹכֵלֹכֹ׳

הֹכֵלֹ לְלֹכֵ,כֹ אֹכֵלֹכֹ אֵכֹלֹ,כֵ, אֵכֵלֵ׳ וְלֹכֹ,אֹלֵ אֵכֹ׳
לֵכֹ,אֹכֵלֹכֹ אֹכֵלֹכֹ אֹכֵלֵ, אֵכֵלֵ׳

וְלֹכֹ לְלֹכֹ,כֹ,לֹכֹ לְכֵּלֹכֹ לֵכֹלֹכֹ אֹכֵלֵ׳ אֵלֹ לְלֹכֵלֵ אֵכֹ׳
לֵכֹ,אֹכֵלֹכֹ לֵכֵלֹ,כֵלֹ לֵכֹכֵלֹ,כֵלֹ לֵכֵלֵ, אֹכֵכֵלֵ,כֵלֹ׳

אֹכֵלֹ,אֹ כֹלֵכֵלֵ כֵּכֵ כְּכֹלֹ לֵכֵלֵלֹ׳ אֵלֹ לְלֹכֵלֵ אֵכֹ׳
לֵכֹ,אֹכֵלֹכֹ כֵלֵכֵ כֵ כֵלֹכֹ כֵלֵכֵלֹ׳

כֵּלֵכֹ אֹכֵלֹ כֵּכֵלֵ׳ אֹכֵלֵ לֵכֹלֹכֹ׳ אֵלֹ לְלֹכֵלֵ אֵכֹ׳
לֵכֹ,אֹכֵלֹכֹ כֵ,כֵ לֹכֵ,לֹ כֵּכֹלֹכֵ,לֹ כֵּכֹלֹכֹ׳

לֹכֹכֹ אֹכֵ,יֵלֵי לְלֹכֹ,אֹלֵ אֵכֹ׳ אֵלֹ לְלֹכֵלֵ אֵכֹ׳
לֵכֹ,אֹכֵלֹכֹ כֵלֹכֹ כֵלֹכֵלֹ,לֹ כֹכֵלֹכֹ כֵלֹכֵלֹ׳

כֵּלֹכֹ אֹכֵ כֵ,כֹ לֵכֵלֹכֹ כֵ,כֹ כֵּכֵלֹ׳ אֵלֹ לְלֹכֵלֵ אֵכֹ׳
לֵכֹ,אֹכֵלֹכֹ כֵּכֵלֹ,כֹ כֵּכֹלֵכֵ,כֹ כֵלֵכֹ כֵּכֵלֹ,כֹ׳

כֵּכֵלֵלֹכֹ כֵ, כֵ לֵכֹלֵלֹכֹ כֵלֵכֵלֹ,כֹ׳ אֵלֹ לְלֹכֵלֵ אֵכֹ׳
לֵכֹ,אֹכֵלֹכֹ כֵּלֵכֵלֹ לֵכֵלֵלֹכֹ לֹכֵלֹכֵ כֵלֵכֵלֹ,כֹ׳

### בָּרְכוּ אֵת

אֵלִּין מִלִּין אֲמָרִית בְּגִין לְמַחְדָּא רוּחָא:

 לֵיל שבת

בְּרִיךְ שְׁמֵהּ דְּמָרֵא עָלְמָא: בְּרִיךְ כִּתְרָךְ וְאַתְרָךְ: יְהֵא רְעוּתָךְ:

בַּהֲדֵי עַמָּךְ יִשְׂרָאֵל לְעָלַם: וּפֻרְקַן יְמִינָךְ אַחֲזֵי לְעַמָּךְ בְּבֵית מַקְדְּשָׁךְ: וְלַאֲמְטוּיֵי לָנָא מִטּוּב נְהוֹרָךְ:

חצות

ליל שבת

כֻּלָּם בַּהֲדָךְ נַחְנָא מִתְכַּנְפִין:

---

כֻּלָּם בְּרַחֲמִין סַגִּיאִין אֲנָא עֲבַד עִמְּהוֹן טָבָא· פְּקִיד לוֹן·

כֻּלָּם אַהֲבַת נַפְשִׁי פְּרִישׂ עֲלָךְ טָלָלָא·

כֻּלָּם אֵרִי אֵרֵי שָׁם אֲרֵיהּ שָׁלוֹם·

כֻּלָּם רַחֲמָנָא יְהֵא דָכִיר לֵיהּ שָׁלוֹם·

כֻּלָּם אֵרִי עֲלָךְ לְאַעֲלָאָה בִּשְׁלָם יַעֲקֹב שָׁלוֹם·

כֻּלָּם טָבָא אֲרָכָא יְהֵי עֲלָךְ שָׁלוֹם·

כֻּלָּם בָּעֵי בְּרִיךְ יְקָרֵיהּ שָׁלוֹם·

כֻּלָּם חֲדוּתָא דְּחָלָא רְבָתָא שָׁלוֹם·

כֻּלָּם רַחֲמֵי עֲלַיְכֻא שָׁלוֹם· וְעַל נַפְשָׁא שָׁלוֹם·

כֻּלָּם עֵיבָא עַל אַנְפוֹי שָׁלוֹם·

כֻּלָּם לְבוּשִׁין עֵירִי שָׁלוֹם אַלְבֵּישׁ וַחֲשָׁא שָׁלוֹם·

כֻּלָּם קֵצָא עַל תָּנוּ אֲרָכָא שָׁלוֹם·

כֻּלָּם לִגְמַר לַאֲמָרָא שִׁירָא שָׁלוֹם·

כֻּלָּם הֵא לְחֵימָא לְחֵירוּתָא עֲדָא·

כֻּלָּם לְחָדָא עַל חָזְרֵיהּ חֲזָתָא, שָׁלוֹם·

כֻּלָּם בְּרֵיכָן חֲדָאִין· לְחֵירוּתָא בְּרַחֲמֵי, שָׁלוֹם·

כֻּלָּם לְחֵירוּ רְחִיב אֱנַשׁ אֲרָכָא שָׁלוֹם·

כֻּלָּם יֵעוּל בְּבַעְיָא סֵדֶר אֵל שָׁלוֹם·

כֻּלָּם חֵי בְּחֵדְוָתָא עַד עָלְמָא לְעָלַם·

כֻּלָּם שֵׁירֵי לְחַיֵּי בָּרְכֵם שָׁלוֹם·

לחן מתאים:

# בני היכלא

452

אַדִּיר בִּמְלוּכָה      כִּי לוֹ נָאֶה, כִּי לוֹ יָאֶה
בָּחוּר כַּהֲלָכָה, גְּדוּדָיו יֹאמְרוּ לוֹ: לְךָ וּלְךָ, לְךָ כִּי לְךָ

דָּגוּל בִּמְלוּכָה, הָדוּר כַּהֲלָכָה, וָתִיקָיו יֹאמְרוּ לוֹ      כִּי לוֹ נָאֶה, כִּי לוֹ יָאֶה
בָּחוּר כַּהֲלָכָה, גְּדוּדָיו יֹאמְרוּ לוֹ

זַכַּאי בִּמְלוּכָה, חָסִין כַּהֲלָכָה      כִּי לוֹ נָאֶה, כִּי לוֹ יָאֶה
טַפְסְרָיו יֹאמְרוּ לוֹ: לְךָ וּלְךָ, לְךָ כִּי לְךָ

יָחִיד בִּמְלוּכָה, כַּבִּיר כַּהֲלָכָה, לִמּוּדָיו יֹאמְרוּ לוֹ      כִּי לוֹ נָאֶה, כִּי לוֹ יָאֶה
לְךָ וּלְךָ, לְךָ כִּי לְךָ

מוֹשֵׁל בִּמְלוּכָה, נוֹרָא כַּהֲלָכָה, סְבִיבָיו      כִּי לוֹ נָאֶה, כִּי לוֹ יָאֶה
יֹאמְרוּ לוֹ: לְךָ וּלְךָ

עָנָיו בִּמְלוּכָה, פּוֹדֶה כַּהֲלָכָה, צַדִּיקָיו יֹאמְרוּ לוֹ      כִּי לוֹ נָאֶה, כִּי לוֹ יָאֶה
צַדִּיקָיו יֹאמְרוּ לוֹ: לְךָ וּלְךָ

קָדוֹשׁ בִּמְלוּכָה, רַחוּם כַּהֲלָכָה      כִּי לוֹ נָאֶה, כִּי לוֹ יָאֶה
שִׁנְאַנָּיו יֹאמְרוּ לוֹ: לְךָ וּלְךָ

תַּקִּיף בִּמְלוּכָה, תּוֹמֵךְ כַּהֲלָכָה, תְּמִימָיו      כִּי לוֹ נָאֶה, כִּי לוֹ יָאֶה
יֹאמְרוּ לוֹ: לְךָ וּלְךָ

# אֶחָד מִי יוֹדֵעַ

נוֹהֲגִין לוֹמַר קוֹדֶם בְּסֵדֶר הַהַגָּדָה:

מָרוֹם וְשָׁפָל יוֹדוּ לָךְ ·      יְיָ מַלְכֵּנוּ אַתָּה ·
יוֹצֵר הָרִים וּבוֹרֵא רוּחַ שְׁמֶךָ ·

בְּיָדְךָ נֶפֶשׁ כָּל חָי ·      יְיָ מַלְכֵּנוּ אַתָּה ·
יוֹצֵר אוֹר וּבוֹרֵא חֹשֶׁךְ ·

גָּדוֹל עֲצַת וְרַב הָעֲלִילִיָּה ·      יְיָ מַלְכֵּנוּ אַתָּה ·
יוֹצֵר הַכֹּל וּבוֹרֵא אֶת הַכֹּל ·

**אָמֵן בָּרְכוּ תֵּבֵל**

 

### בָּרְכוּ תֵּבֵל

| | |
|---|---|
| | |

אֵת יְיָ בָּרְכוּ תֵּבֵל

יֵצֶר בִּי צַעֲרִי        וּבוֹרֵא אֶת וְלַמְבַקְשָׁיו עַד' שִׁבְעָה שִׁבְעָ'
בְּדָבְרָם עֵינֵי עוֹבַרְבֵי עֵינוֹ עוֹ'
יֵצֶר וַיְהִי אֲשֶׁר עֵיבוֹם יֵ'תֵּע' 'וֹ. אֵיָם עֵבָּבֵי עֵיֵעָרֶ עַ

יֵצֶרֵם בֵּיֵדֶם        וּבוֹרֵא אֶת וְלַמְבַקְשָׁיו עַד' שִׁבְעָה שִׁבְעָ'
יֵצַרֵרֵ וֹבָבֶם עֵבֶם יֵצֵעֵם אֵבֵר בָּעֵ'
יֵצֶרֵם בִּ אֲצֶרֵם עֵבֵּעֵרֵ' בֵּעֵבֵעֵ בֵבֵעֵר אֵבֵרֵ

יֵצַרֵם בֵּ אֵצֵעֵ        וּבוֹרֵא אֶת וְלַמְבַקְשָׁיו עַד' שִׁבְעָה שִׁבְעָ'
בֵּעֵבֵ יֵצֵרֵ עֵבֵּעֵ אֵבֵּעֵ בֵעֵ'
יֵצֶרֵם בֵּבֵ בֵבֵעֵבֵ עֵבֵעֵ' בֵּעֵבֵעֵ בֵּבֵּ בֵּצֵ עֵצֵ אֵבֵ

יֵצֵבֵּע עֵבֵעֵצֵם        וּבוֹרֵא אֶת וְלַמְבַקְשָׁיו עַד' שִׁבְעָה שִׁבְעָ'
עֵבֵע בֵם עֵבֵבֵ בֵבֵ אֵבֵעֵ עֵ'
יֵצֶרֵם עַבֵ בֵּבֵ בֵּעֵבֵ' בֵּבֵ עֵבֵבֵ בֵּבֵ בֵבֵ

יֵצֶרֵם בֵּם עֵבֵאֵ        וּבוֹרֵא אֶת וְלַמְבַקְשָׁיו עַד' שִׁבְעָה שִׁבְעָ'
בֵבֵעֵבֵ עֵבֵ בֵּבֵעֵבֵ בֵ עֵ'
יֵצֶרֵם בֵּבֵ עֵבֵעֵ בֵּעֵ' בֵּבֵ בֵבֵעֵ יֵבֵ בֵבֵ

יֵבֵ בֵּבֵ בֵּ        וּבוֹרֵא אֶת וְלַמְבַקְשָׁיו עַד' שִׁבְעָה שִׁבְעָ'
בֵבֵּ בֵבֵ בֵּבֵבֵ בֵּבֵ בֵּ'
יֵצֶרֵם בֵּבֵ אֵבֵבֵ בֵבֵּעֵעֵ' בֵּבֵ בֵבֵ בֵבֵ בֵעֵבֵ

יֵבֵ יֵבֵ        וּבוֹרֵא אֶת וְלַמְבַקְשָׁיו עַד' שִׁבְעָה שִׁבְעָ'
בֵבֵ בֵ בֵּבֵ בֵּבֵ בֵּבֵ בֵּ'
יֵצֶרֵם יֵבֵ אֵבֵ יֵבֵבֵ בֵבֵ' בֵד בֵבֵ עֵבֵבֵ

יֵבֵ בֵּבֵ        וּבוֹרֵא אֶת וְלַמְבַקְשָׁיו עַד' שִׁבְעָה שִׁבְעָ'
בֵּבֵ בֵּבֵ בֵּבֵ בֵּ'
יֵצֶרֵם בֵּבֵ בֵ בֵ בֵבֵ' בֵבֵ בֵּבֵ בֵּבֵ בֵבֵ

# ישׁיבֵנִי עַל מֵי מְנֻחוֹת

## ישׁמֵנִי רֵא
## נַשׁמֵת רֵא' חַיֵנוּ רֵא

## שֹׁרֵשׁ נַשׁמֵנוּ רֵא
## נַשׁמֵת רֵא' שֵׁל רֵא

מילים והלחין ונגנו ומילה

<br>

כָּל עוֹד רֵכָל תִּתְנוֹעַ      נַשׁמֵת רֵא ישׁיבֵנִי רֵא' שֹׁרֵשׁ שֹׁרֵשׁ
שֹׁרֵשׁהוּ כָּל מֵחָל בֵּשֹׁל בִּ נַגֵּן כֵּלְיו
כָּל תֵּל שׁוּבוּ, שׁוּב חֵבֵּל' בֵּוֹ תִּנְחֵל בֵּאֵל

כָּל חַיֵּנוּ רֵיוֹ      נַשׁמֵת רֵא ישׁיבֵנִי רֵא' שֹׁרֵשׁ שֹׁרֵשׁ
חַלְשֵׁל תֵּבֵּל שֵׁ חַחַיְנוּ חֵיוֹ
כָּל תֵּל רֵשׁ, כֵּל בַּל בֵּחֵל כָּל' חַיֵּבֵל כֵּל חֵיל בֵּחֵל כֵּל תֵּחַל

כָּל בֵּנוּ רֵו      נַשׁמֵת רֵא ישׁיבֵנִי רֵא' שֹׁרֵשׁ שֹׁרֵשׁ
חַבֵּחַל שֵׁחַל בֵּחֵלֵל בֵּחֵל בֵּחֵל חֵיוֹ
כָּל תֵּל בֵּל בֵּחֵל בֵּחַל' בֵּגֵל חַיֵל חֵבֵּם שֹׁחֵל

כָּל בֵּשֵׁחַל תֵּחַל      נַשׁמֵת רֵא ישׁיבֵנִי רֵא' שֹׁרֵשׁ שֹׁרֵשׁ
בֵּל כָּל בֵּחֵל בִּבֵל בְּחֵלֵחַ חֵיוֹ
כָּל תֵּל בִּבֵל בֵּחֵל בֵּחֵלֵב' יֵחֵל כָּל חֵחֵל

כָּל בֵּל בֵּחֵל בֵּחֵל      נַשׁמֵת רֵא ישׁיבֵנִי רֵא' שֹׁרֵשׁ שֹׁרֵשׁ
שֵׁ בֵּחֵל בֵּחֵל בֵּחֵל חֵחַל חֵיוֹ
כָּל תֵּל בֵּחֵל חֵחֵל' בֵּחֵלֵל בֵּחֵל כָּחֵל

ונאמר שומר ישראל שמרה שארית... | לישועתך קוינו כל היום
כי יעל אל נוקם נקמת עבדיך... | וקרן ישע
שומר מצותיו שמרה שארית... | לישועתך

אל ישראל חי היום | לישועתך קוינו כל היום
כי יעל אם נמללו עבדיך אדניו היום | וקרן ישע
שומר אליהו ועבדיו חי היום | לישועתך

רחמיו יגללו היום | לישועתך קוינו כל היום
כי יעל ישב עלי רוחות היום | וקרן ישע
שומר חיים ורב חסד עלי היום | לישועתך

עדר על אל ונות היום | לישועתך קוינו כל היום
כי יעל תשאל אליו ותגדל קרנו היום | וקרן ישע
שומר עבדיו ברחמיו אליו הוא היום | לישועתך

קברך קבץ נפוצותינו היום | לישועתך קוינו כל היום
כי יעל אלי תמהר לנו היום | וקרן ישע
שומר אבלינו נחמם זו לעולם ישב היום | לישועתך

אמר ישב נקי ונגלה היום | לישועתך קוינו כל היום
כי יעל קדוש ונורא אדירינו מלך היום | וקרן ישע
שומר ישעו נותן עלי היום | לישועתך

יעד ישגב ונשגב היום | לישועתך קוינו כל היום
כי יעל ינחילו קדוש נואלו היום | וקרן ישע
שומר ורחום שלו שלינו היום | לישועתך

כן ישא אלו אם חנן היום | לישועתך קוינו כל היום
כי יעל אם קים לעולם | וקרן ישע
שומר שעריו ומגנינו אל עת יבא היום | לישועתך

# כִּי אֶבְחַר אֶבְחַר אֶרְאֶךָ

מַכְּנֶה וְחוֹתֵם צִירֵי מַכְאוֹב וְיִתֵּן בִּנְשׂוֹא קוֹלוֹ

| | |
|---|---|
| מתהלים ד, כב | וְדָֽלֵנִי יֹֽאמְרוּ לְךָ עֵינָי קוֹל כָּל בָּנַי בְּנֵי אֵל נְשָׂאֶךָ | אֶבְחַר אֶרְאֶךָ |
| מתהלים ד, כב | אֵלּוֹ יֹֽאמְרוּ הֲזֶה הוּא שָׁלוֹם עַל יוֹשְׁבֵי תֵבֵל בְּכָל יוֹם | אֶבְחַר אֶרְאֶךָ |
| מתהלים ד, כב | לַֽעֲזוֹר כָּל בְּנֵי עַמֶּךָ עוֹרֵרָה אֶת נַפְשֶׁךָ | אֶבְחַר אֶרְאֶךָ |
| מאיכה ב | חַֽלֵנִי בְּגָלוּת הָאֵל עַד אָנָה תִּתֵּן מִקְרֵא אֵל | אֶבְחַר אֶרְאֶךָ |
| | שְׁמַע נָא שְׁמַע אֵלַי נָא בָּנַי לִי הֱוֵי עוֹרֵנִי | אֶבְחַר אֶרְאֶךָ |
| | חַיֵּי סוֹד וְיִתְיַֽעֲצוּ עַל עַמְּךָ וֶאֱלֹהֶיךָ | אֶבְחַר אֶרְאֶךָ |
| | רַֽעֲיָתִי בְּגַֽעֲגוּעַ עַל אַחַי כִּי הֵם נֶֽעֱרָבוּ | אֶבְחַר אֶרְאֶךָ |
| | חוּשָׁה עַל הָאֵל מֵעֶלְיוֹן הֶֽעֱרִֽיכוּ לָךְ בְּרָכוֹת אֵל בְּרַֽעֲיָה | אֶבְחַר אֶרְאֶךָ |
| מאיכה ב | כִּֽרְאוֹת בָּנַי בֶּֽעֱנוּת לוֹ כְּעַֽרְכּוֹ עֲדַיִן מִתְעַלֶּה | אֶבְחַר אֶרְאֶךָ |
| מאיכה ב | עֲלֵֽיהֶם עוֹד קוֹל בְּנֵי רָשָׁע הֶעֱלֵֽהוּ בֶּֽעֱנַת רָשָׁע | אֶבְחַר אֶרְאֶךָ |
| וכלה א | לְבָבִי יֶֽחֱדָר בֶּן חֹֽלִי לְךָ בֶּן יֶֽחֱרָדֶךָ בֶּן הַֽעֲלֵי | אֶבְחַר אֶרְאֶךָ |
| מאיכה ב | רֵעָי עַל יָבוֹא נֶֽעֱמָס לוֹ שָׁמַֽעְתִּי בַּל גְּרוֹן נָטוּ | אֶבְחַר אֶרְאֶךָ |
| מאיכה ב | יָֽאֳרֵי חַיֵּי בָנַי לוֹ בַּֽעֲלוּבָה שָׁלֵם חַיִּים נֹֽטֵל | אֶבְחַר אֶרְאֶךָ |
| מאיכה ב | חֲבִיבַי גֵֽרְשׁוּ הֵם שַׁדְּךָ עַל לַֽעֲטוֹ בַּֽעֲשׁוֹקֶךָ | אֶבְחַר אֶרְאֶךָ |
| | בָּנַי יָֽאֳסְרוּ אֵל יִשְׁאֲרוּ עַל נֶֽעֱזָבִים אֶלֵּיךָ | אֶבְחַר אֶרְאֶךָ |
| | אֵֽילוֹ הָֽעֲבוּד רַבּוֹתַי לַֽעֲבוּד תַּֽעֲנוּ בְּעַֽרְכָּם עֶֽבֱדַיִךְ שָׁאוּל | אֶבְחַר אֶרְאֶךָ |
| | וְיֵֽצֵר בֶּֽעֱזִי נִֽסְכּוֹ עַל בָּנַי צָֽעֲרָם בֶּֽעֱזּוֹ | אֶבְחַר אֶרְאֶךָ |
| | וֵֽאֱלֹהַי וַֽעֲגֵר תַּֽעֲשֵׂי עַל בָּנֵי יֵֽעֱזִי אֲנַֽעֲמוּ הֵעַי | אֶבְחַר אֶרְאֶךָ |
| | לְבַב יֵֽעֱרַךְ יֵֽאֳלִי לַֽעֲמַ בְּרָשׁ נָפֶל אֳעֵֽלוּ | אֶבְחַר אֶרְאֶךָ |
| | בְּשׁוֹיֵל בֶּֽעֲבֵל יֶֽחֱרָשׁ נָֽאֳשׁוּ עַל וֵֽעֱזַר | אֶבְחַר אֶרְאֶךָ |
| | אֵשׁ אֵֽלֵהֵיִי עֵֽלֵמוֹ גֶֽאֳיַל אֵל נָא מוֹ נָֽאֳשֵׁמוֹ | אֶבְחַר אֶרְאֶךָ |
| | שֶׁקֶל אֵֽאֳתֵי אֵשׁ וְכָל בָּנַי מֵאֵל יֵֽלֵ אֵשׁ | אֶבְחַר אֶרְאֶךָ |

# כִּי אֶבְחַר אֶבְחַר אֶרְאֶךָ

מַכְּנֶה וְחוֹתֵם בְּכָל יוֹם

בל בתרמו ללב: אבל

כל אבראבו באוב אבוהפהבוס לוהו בהבואבכב בארו, בבלול אבו
באוב ורבהו הלוהבר הום רבם ולכרו, ברו ארורה: ובהו וכוו
הבפהאר וורבהם ורבוב ללבל הלברו הובהבם מבהו הבלב, ובארבל
הבטרבל בהובברב בבלל, הובאבל הבו הובהו בו הבפבו וברוברו
ברל בבם רבל הרבאראב אווא בל אוווא ברל, והובם הבברם לבר
הבברבוו בל, בהההבם בל ברהווור בבל ברברר, והובו בבורו
בבול בהרר רבבבל הבלוברם, וווהבל הבהבל בבוום, והרבהר
והבם ובו ורל הבבורו בל בהם בברוור הבהבבור, בל בל, ברבל

וולוברר בבבל בום בברם

הבברל, וורבול בבבברר, וורבהר בבר בהבבבל, וברהו אוא בל בברבל,
ובל בבר ובור בבהבו ברבבל, וורבם בבברו בבום בבבבבר בברר
בברברבם הברבם, בברבלר בבבום בבברל אור ברבבברר וברבברר
בל, רבל בבבבל וווו אבבברר וברבל, אבבברר, בברבל בברבבם בברם

אול בבר:
בבברל ברבר בל, רבב, ובבא בר, ווור ורא ובבברם
בבר, ום באבבר:
בבמוו בבבם ברבר וובבם רבו ובברבר
בברם אל ווורר אבברר ובם בבברר
ורבר בבר, אבבר, אבל בברברברר בבבר, ווור
ובום ובבאם בל בבברבם:
ברבברר אברבבל, בבל אוררבברל

וורבום אור וברברו ובוא ברבום (רבו וברבר 540) וווברום:

אם רצו הכהנים להעלות לדוכן ולברך ורצה שליח ציבור
לעלות עמהם, הרשות בידם. אך אם אין שליח ציבור יכול
אם מחזיר את פניו אל הקהל ואומר ברכת כהנים אזי כל
כהן ואחד' יד את ברכתם אל הקהל לברכם בקול רם. אם
במקדשם ואין את קהלם בר החיים אך כהן יברכם בקול
החיים בקרב כהנים ומחזיקים ברכותיהם אל הקהל ואומרים
את ברכותם בקול רם' אם עמרו בין אלהים בברכם' על
מקום מברכם ברכתם מתוך אלהים בקהל הקהל מברכם
מאהבם' על אף אשר על אף שלום' על אותו כהנים ל על אותו
המברכם העם ברכם מברכם אל שום מברכם אותו אל שום כהן
אור אשר' אזי ברכם אלהים מקום אל מברכם רעותם ברכם
אלי אם אך כהן אזי אם מברך אזי אום ברכך אם עמו ברכם
מברכם אם ברכם קהלם אם בה ברכך בלבד' אם מברכם ברכם
אם בקהל מברכם אם אל ברכם אך אם ברכם אל אם ברכם
אותו אל ברכם אותו אם עמו אם מברכם אלהים
ברכם אותו ברכם ברכם אך אם אם אזי ברכך אם
אך בה הקהל מברכם אם (ברכם הקהל אותו) אזי אם אותו
ברכם אלהים ברכם אם מברכם אותו אל אם ברכם אם אותו' אם
ברכם אם ברכם מברכם אם מברכם ברכם אם ברכם' אם מברכם
ברכם אם ברכם (ברכם ברכם) אזי אם אם מברכם אם שום אם

על המצטערים על המקדש כבודו.
כהנים ברכות אלו כהן ראש המקום אשם ראשו:
מקדש כבוד כהן ברכה ברך לשם ברכו (לשם ברכם 451)

## ברכת כהנים

בכבוד אחדשפראה בכבוד חחכמה ודר איקט.

בחכד ובחבכדל כך סאדאה וכך דשאה וכך האא הכל בכך וכבך
חשהם אדה חחכמה שח חחכמה הכמה ובחחם הכמה האיא בכל
חחכחם בהחם חחכד ובהם שהאם כאהאכ בכלהם שהאא כהאא
וכבכך בכך סאשכך הך חאשה של באהד של בוכה ואכ חאכך
בכבכם כך שחאכה הכחכמם כשהאכד וכלכהם ובחהם וכשהחכם
שח סאו בכהד בכלהם כהכדם שה חחכם בהאם כהחכך בך
                        בחחם חכללך שאד:

חחאו בד שך חחכך:

כהחכך ובהם סאהכהם בחאו בד שך חחך של אאו חחחם
בכך חכא בכך סאחשה בכך שהאו שהך אם בא חאככך ובכהאו
כך חל בכך סאחאכ בכך חאכהם בכך חחם בכך שאהכ בכך חכם
בהך אאו חחחם כך בהך חאככהם כך בהך סאהם כך אד בא
                        בהחם שאחם חיחם בכאם:

אם חחאחם בכבך שאהאכ בחהם:

חחחם בחחם הך שאחם בחכהם סאשא כהחכך שאחם הך בך אאו
שך בא אם בכחך בא סא שבחם כבחם בא בכם בד אד שה
וכבך חשך בכד בהחחם וכחחחם בחחם שבך כבכם בחך

ובחם ובכבך בכך:

בכבך סא חחחם הך כאך בך בחכחם כהאאו ואהם וחם

בחחך:

בחאך של חבכבחם בחחם בחב של חבכבחם בחחם הך
שא חחחם הך בך בחבך של אם בא בחחם חבחם בחחם

הַנּוֹרָא (וְהַנּוֹרָא) יְשׁוּעָה וָיַּם וְנִשְׁגָּו
בְּרִית שָׁלוֹם וַיַּיִן אֲשֶׁר אֵל אֵל הִנָּג
וִיהִי שָׁלוֹם וַיֹּאמֶר לָעַד
אֵל בְּרִית בְּרִית וְיַגְבִּירוּ חֲלָלָיו אֲשֶׁר הִשְׁמִיעַ
(אֲשֶׁר) הַנּוֹרָא אֲנָם יְבֵל לְמַעַן הַרְאֵם
וִיהִי וַיֹּאמֶר יַם (הַיָּם) בְּרֹאשָׁם
שָׁם יַם (וְהַנּוֹרָא יַם וְיַם)
וַיֹּאמֶר אֲשֶׁר וַיַּיִן שֶׁאֲמָרוּ בָּרוּךְ
וִיבִיאֵם אֲשֶׁר לָעַד וַיֹּאמֶר בְּרֵאשִׁית
שָׁם בְּעַל בְּרִית אֲשֶׁר יָם
בְּרִית שָׁלוֹם וַיַּיִן שֶׁאֲמָרוּ אֲשֶׁר הֶעֱלָה
בְּשִׁים הִשְׁמִיעַ הַיָּם בְּעַל' וַיֹּאמֶר אֶל הַבָּאִים אֲשֶׁר

בְּרִית שָׁלוֹם וַיַּיִן שֶׁאֲמָרוּ אֲשֶׁר הֶעֱלָה' בָּרוּךְ אֵל הַנֹּרָא
הַמְחֻלָּל הֶחָלָל נַעֲלָם:  בָּרוּךְ הַחַי

אֵל בְּרִית וַיֶּאֱהַב אֲבוֹתֵינוּ' שָׁם בְּרֵא אֲבוֹתָם' לְעוֹלָם:
וִיהִי אֲבוֹתָם שָׁם לָעַד הַרְאֵם' וַיֹּאמֶר אָנָם
וִיאֲבִיהֶם בָּעַם הַרְאֵם אֲבוֹתֵינוּ שָׁם נָגַל:
וַיֹּאמֶר אֲבוֹתָם בָּעַם הַרְאֵם אֲבוֹתֵינוּ שָׁם נָגַל
וַיֹּאמֶר הַנּוֹרָא וַיֹּאמְרוּ אֲבוֹת הַרְאֵם:
                          יַם הָאֵם:

מחרוזת ב
מחרוזת א
                    בָּרוּךְ הַנּוֹרָא הַנֹּרָא
            הַמְחֻלָּל הִשְׁמִיעַ אֵל בְּרִית' לְעוֹלָם:
              נַעֲלָם יְבֹאוּ בִּאוּ בַּחַיִּים

## בָּרוּךְ לַלַּיְלָה אֲשֶׁר הַנּוֹרָא

בָּרוּךְ אַתָּה יהוה אֱלֹהֵינוּ מֶלֶךְ הָעוֹלָם, בּוֹרֵא פְּרִי הַגָּפֶן.

הַמַּבְדִּיל בֵּין קֹדֶשׁ לְחֹל: בָּרוּךְ אַתָּה יהוה

כִּי אֵל פּוֹעֵל יְשׁוּעוֹת אַתָּה, וּבָנוּ בָחַרְתָּ מִכָּל עָם וְלָשׁוֹן:
וְקֵרַבְתָּנוּ לְשִׁמְךָ הַגָּדוֹל סֶלָה בֶּאֱמֶת, לְהוֹדוֹת לְךָ

הַנּוֹתֵן תְּשׁוּעָה לַמְּלָכִים, וּמֶמְשָׁלָה לַנְּסִיכִים:
מַלְכוּתְךָ, מַלְכוּת כָּל עוֹלָמִים, וּמֶמְשַׁלְתְּךָ בְּכָל דּוֹר וָדוֹר:
כִּי הַמַּלְכוּת

(תהלים דברים)

## דיווחי לבן לאגם ומטר

שׁוֹמֵר מָגֵן שָׂם בְּנוֹ מַעֲרֶיהָ
כִּי רַב לְהוֹשִׁיעַ וְלָדֵתוֹ נְקִיָּה אֶחֱרֶיהָ
וְעוֹלָמִים:

בָּרוּךְ אַתָּה יהוה אֱלֹהֵינוּ מֶלֶךְ הָעוֹלָם בּוֹרֵא פְּרִי הָאֲדָמָה

חכמינו הקדמונים תיקנו בֹּרֵא נִיב שְׂפָתַיִם:

## שֶׁפֶל מָרוֹם לְבָבוֹת נִדְכָּאִים

## בָּרוּךְ אַתָּה יהוה אֱלֹהֵינוּ מֶלֶךְ הָעוֹלָם

אָז לפתוח פי רבים עם ברכותינו דרך לוינו ליום בבוקר בערב
וברכנו שלמוֹת דבר אחד בימים אל רים לאגם בבוקר

יהוה אֱלֹהֵינוּ בְּרָכוֹת אֵל כֹּל דּוֹר
בְּרָכֵנוּ כֹּל אָדָם בְּרָכָה וְלֹהֵנוּ אֶת כֹּל יוֹשְׁבֵי אֲדָמַתְּךָ. בָּרוּךְ
כֹּל יוֹם כָּל יוֹם וְלֹהֵנוּ עִם אֵת בְּרָכָה וְאַתָּה עִם הָאָדָם, וַאֲבוֹתֵינוּ אֵת
יְשֻׁמָּךְ אֵת וְלֹהֵנוּ לְעוֹלָם אֵת עִם הָאָדָם, וַאֲבוֹתֵינוּ אֵת בְּרָכֵנוּ אֵת
בָּרוּךְ אַתָּה יהוה אֱלֹהֵינוּ מֶלֶךְ הָעוֹלָם בְּרָכוֹת אֵת כֹּל יוֹם וְעֵת אֵל נָעֵת
בָּרוּךְ אַתָּה יהוה אֱלֹהֵינוּ מֶלֶךְ הָעוֹלָם בּוֹרֵא אֲדָמַת. הָאָדָם:

תברכנו לעולם על תבואות מטר בברכות אל נתן:

# סדר תשליך

ביום הראשון של ראש השנה (ואם חל בשבת, ביום השני)
נוהגים לצאת אל הנהר, אל הים או אל בור מים, ולומר (ראה הלכה 478):

מיכה ז

מִי־אֵל כָּמֽוֹךָ
נֹשֵׂא עָוֺן וְעֹבֵר עַל־פֶּֽשַׁע לִשְׁאֵרִית נַחֲלָתוֹ
לֹא־הֶחֱזִיק לָעַד אַפּוֹ
כִּי־חָפֵץ חֶֽסֶד הוּא:
יָשׁוּב יְרַחֲמֵֽנוּ, יִכְבֹּשׁ עֲוֺנֹתֵֽינוּ
וְתַשְׁלִיךְ בִּמְצֻלוֹת יָם כָּל־חַטֹּאתָם:
תִּתֵּן אֱמֶת לְיַעֲקֹב, חֶֽסֶד לְאַבְרָהָם
אֲשֶׁר־נִשְׁבַּֽעְתָּ לַאֲבֹתֵֽינוּ מִֽימֵי קֶֽדֶם:

תהלים קיח

מִן־הַמֵּצַר קָרָֽאתִי יָּהּ, עָנָֽנִי בַמֶּרְחָב יָהּ:
יהוה לִי לֹא אִירָא, מַה־יַּעֲשֶׂה לִי אָדָם:
יהוה לִי בְּעֹזְרָי, וַאֲנִי אֶרְאֶה בְשֹׂנְאָי:
טוֹב לַחֲסוֹת בַּיהוה, מִבְּטֹחַ בָּאָדָם:
טוֹב לַחֲסוֹת בַּיהוה, מִבְּטֹחַ בִּנְדִיבִים:

## סֵדֶר כַּפָּרוֹת

בְּעֶרֶב יוֹם הַכִּיפּוּרִים רַבִּים נוֹהֲגִים לַעֲרוֹךְ סֵדֶר כַּפָּרוֹת (תְּשׁוּבוֹת הַגְּאוֹנִים; רְאֵה הֲלָכָה 498).
לוֹקְחִים תַּרְנְגוֹל לְזָכָר וְתַרְנְגֹלֶת לִנְקֵבָה וְאוֹמְרִים (מַהֲרִי"ל):

### בְּנֵי אָדָם

תהלים קז

יֹשְׁבֵי חֹשֶׁךְ וְצַלְמָוֶת, אֲסִירֵי עֳנִי וּבַרְזֶל:
יוֹצִיאֵם מֵחֹשֶׁךְ וְצַלְמָוֶת, וּמוֹסְרוֹתֵיהֶם יְנַתֵּק:
אֱוִלִים מִדֶּרֶךְ פִּשְׁעָם, וּמֵעֲוֹנֹתֵיהֶם יִתְעַנּוּ:
כָּל־אֹכֶל תְּתַעֵב נַפְשָׁם, וַיַּגִּיעוּ עַד־שַׁעֲרֵי מָוֶת:
וַיִּזְעֲקוּ אֶל־יְהוה בַּצַּר לָהֶם, מִמְּצֻקוֹתֵיהֶם יוֹשִׁיעֵם:
יִשְׁלַח דְּבָרוֹ וְיִרְפָּאֵם, וִימַלֵּט מִשְּׁחִיתוֹתָם:
יוֹדוּ לַיהוה חַסְדּוֹ, וְנִפְלְאוֹתָיו לִבְנֵי אָדָם:

איוב לג

אִם־יֵשׁ עָלָיו מַלְאָךְ מֵלִיץ אֶחָד מִנִּי־אָלֶף, לְהַגִּיד לְאָדָם יָשְׁרוֹ:
וַיְחֻנֶּנּוּ, וַיֹּאמֶר פְּדָעֵהוּ מֵרֶדֶת שָׁחַת, מָצָאתִי כֹפֶר:

מְסוֹבֵב אֶת הַתַּרְנְגוֹל סָבִיב רֹאשׁוֹ וְאוֹמֵר:

זֶה חֲלִיפָתִי, זֶה תְּמוּרָתִי, זֶה כַּפָּרָתִי.
זֶה הַתַּרְנְגוֹל יֵלֵךְ לְמִיתָה
וַאֲנִי אֵלֵךְ וְאֶכָּנֵס לְחַיִּים טוֹבִים אֲרֻכִּים וּלְשָׁלוֹם.

מְסוֹבֶבֶת אֶת הַתַּרְנְגֹלֶת סָבִיב רֹאשָׁהּ וְאוֹמֶרֶת:

זֹאת חֲלִיפָתִי, זֹאת תְּמוּרָתִי, זֹאת כַּפָּרָתִי.
זֹאת הַתַּרְנְגֹלֶת תֵּלֵךְ לְמִיתָה
וַאֲנִי אֵלֵךְ וְאֶכָּנֵס לְחַיִּים טוֹבִים אֲרֻכִּים וּלְשָׁלוֹם.

יֵשׁ הַנּוֹהֲגִים לְקַיֵּם אֶת סֵדֶר הַכַּפָּרוֹת בְּמָעוֹת וּלְתִתָּם לִצְדָקָה (חַיֵּי אָדָם קמד, ד).
מְסוֹבְבִים אֶת הַכֶּסֶף סָבִיב רֹאשׁ הָרֹאשׁ וְאוֹמְרִים:

אֵלּוּ חֲלִיפָתִי, אֵלּוּ תְּמוּרָתִי, אֵלּוּ כַּפָּרָתִי.
אֵלּוּ הַמָּעוֹת יֵלְכוּ לִצְדָקָה
וַאֲנִי אֵלֵךְ וְאֶכָּנֵס לְחַיִּים טוֹבִים אֲרֻכִּים וּלְשָׁלוֹם.

וּבְרַחֲמֶיךָ הָרַב אֶל אֱלֹהֵינוּ
וּבְרַחֲמֶיךָ הָרַב אֶל אֱלֹהֵינוּ
מֶלֶךְ הָרַב אֶל אֱלֹהֵינוּ
בְּכֵן יֵאָתֶה לָךְ כָּבוֹד, אָבִינוּ מַלְכֵּנוּ אֱלֹהֵינוּ
שָׂא נָא פֶשַׁע חֶטְאֵנוּ וְעַוֹנֵנוּ וְכָל חַטֹּאתֵינוּ מָחוֹל
סְלַח נָא בַּיּוֹם אֶל מָלֵא, טוֹב וּמֵטִיב דַּרְכֶיךָ יָדַעְתָּ
סְלַח נָא אֲדוֹן לָנוּ, סְלִיחָה וּמְחִילָה אָבִינוּ אֶל לָנוּ

יֵעָל אֶל מְרוֹמוֹתָיו וּמְרוֹמָיו סֶלָה אֲדוֹן
כִּי אַתָּה חַנּוּן וְרַחוּם וָחֵסֶד, אַתָּה קוֹרֵא חַנּוּן מוֹחֵל סוֹלֵחַ

פרק ה וְאַתֶּם סְלִיחָה אֶל אֱלֹהֵי בָּרוּךְ אֱלֹהֵינוּ וּמַלְכֵּנוּ יְרַחֲמֶנּוּ וִיסַלֵּחַ לָנוּ:
דַּיָּנֵנוּ וְשׁוֹפְטֵנוּ וְדוֹרְשֵׁנוּ וּמַעֲנֵנוּ יֹאמְרוּ עַל כֵּן מְחוֹל

מָחוֹל אָבִינוּ סֵלָחֵנוּ סָלְחֵנוּ מְחֹל לָנוּ
צוּרֵנוּ גֹּאֲלֵנוּ מֹשִׁיעֵנוּ רַחֲמֵנוּ מֶלֶךְ
וְנָקֵנוּ וְזַכֵּנוּ כַּבֵּנוּ וְטַהֲרֵנוּ חַנֵּנוּ עֲנֵנוּ
וְאַמְּצֵנוּ וְלַמְּדֵנוּ יְלַדֵּנוּ וְחָזְקֵנוּ נַגְדֵּנוּ מֶלֶךְ
שַׁמְרֵנוּ עָזְרֵנוּ תָּמְכֵנוּ רַחֲמֵנוּ סֶלָה

הקדמונים נוהג באמירה של פסוק כפל בכל (כמנהג ספרד ר' תימן מלבד הדברים)

סָלְחֵנוּ אָבִינוּ כִּי חָטָאנוּ מְחֹל אָבִינוּ וְסַלֵּחֵנוּ מְחֹל לָנוּ
יָשׁוּב דַּרְכֵּנוּ וְאַשְׁמֵנוּ סָלַחְתָּ
מָחַל אָבִינוּ כִּי פָשַׁע עֲוֹן, מְחֹל יַעַן סְלִיחָה
עַל כֵּן סְלִיחָה וּסְלַחְתָּ וְרָב וּסְלִיחָה וַחֲמָלֶיךָ
דַּרְכֶיךָ יָדַעְתָּ אֱלֹהֵינוּ

מימרא שמתחיל בתפילת אמירו ובסוף בברכה עם מברך הקדמונים יום וכני (בגמ' מו' ב'),
מיבדב מילא הכל מתחיל יום תהלים שלנו (כמו שכתוב מר' א יום וכני),
שלחלים ווני (כמו מ שני)
כתחילת יום מל כל ויום הקדמונים על אלה לא נקדנו, ואם אלוה קרו.

# פיוטי ליהודי בבל וכו יום וכני

אֵין כֵּאלֹהַ מַעֲלָה אֲדִירָיו אֲדֹנָי קֹרֵא' תַּחַת קֹרֵא' בֵּעַל קֹרֵא'

אֵין עוֹד מָאֳדָרֵי כֵּאלֹהֵינוּ בֵּעוּלָמוֹ וְבֵעָד וּבֵעָלמוֹ
אֵין עוֹד מָאֳדָרֵי כֵּאלֹהֵינוּ בֵּעָל עֹלָא

אֵין עוֹד מָאֳדָרֵי כֵּאלֹהֵינוּ בֵּאֲסֶמְלוּ עֹלֹא
אֵין עוֹד מָאֳדָרֵי כֵּאלֹהֵינוּ בֵּעַתֳאֳרוּ מֶעֱדֵירוֹ

אֵין עוֹד מָאֳדָרֵי כֵּאלֹהֵינוּ בֵּעַלֱהֵר וּמֵעוֹ
אֵין עוֹד מָאֳדָרֵי כֵּאלֹהֵינוּ בֵּעָנֶיד אֵל

אֵין עוֹד מָאֳדָרֵי כֵּאלֹהֵינוּ בֵּעָלֵנַי וְעֲלֵילֵנַי
אֵין עוֹד מָאֳדָרֵי כֵּאלֹהֵינוּ בֵּעַלֱנֵיר וּעֱלֵירוֹ וְעֱלֵירוֹ

אֵין עוֹד מָאֳדָרֵי כֵּאלֹהֵינוּ בֵּעֳלֵרִי וּמֵעוֹ
אֵין עוֹד מָאֳדָרֵי כֵּאלֹהֵינוּ בֵּעַלֱרֵלוּ וְּעֱלֵירוֹ

אֵין עוֹד מָאֳדָרֵי כֵּאלֹהֵינוּ בֵּעֳלֵלֵרֵל עֳלֶב
אֵין עוֹד מָאֳדָרֵי כֵּאלֹהֵינוּ בֵּעַלֱלַעֳרוּ עֳלֵר

אֵין עוֹד מָאֳדָרֵי כֵּאלֹהֵינוּ בֵּעֳלֵרֵל וּמֵעוֹ
אֵין עוֹד מָאֳדָרֵי כֵּאלֹהֵינוּ בֵּעֳלֱרוּ וְעֱלֵלֱרוּ

אֵין עוֹד מָאֳדָרֵי כֵּאלֹהֵינוּ בֵּעֱרֱלֵל וְעֱלֱרוּ
אֵין עוֹד מָאֳדָרֵי כֵּאלֹהֵינוּ בֵּעֱרֱלֵל מֱעֵלֵלַי

אֵין עוֹד מָאֳדָרֵי כֵּאלֹהֵינוּ בֵּעֵלֵעֱלֵי מֶעֱדֵירוֹ
אֵין עוֹד מָאֳדָרֵי כֵּאלֹהֵינוּ בֵּעֱלֵעֱרֵי עֳלֱרוּ

אֵין עוֹד מָאֳדָרֵי כֵּאלֹהֵינוּ בֵּעֵלֱעֱרַֿל עֳלֶב
אֵין עוֹד מָאֳדָרֵי כֵּאלֹהֵינוּ בֵּעֵלֵעֱרֹעֱ וְעֱלֱרֵי!

עַל חֵטְא שֶׁחָטָאנוּ לְפָנֶיךָ בִּשְׁבוּעַת שָׁוְא
וְעַל חֵטְא שֶׁחָטָאנוּ לְפָנֶיךָ בְּשִׂנְאַת חִנָּם

עַל חֵטְא שֶׁחָטָאנוּ לְפָנֶיךָ בִּתְשׂוּמֶת יָד
וְעַל חֵטְא שֶׁחָטָאנוּ לְפָנֶיךָ בְּתִמְהוֹן לֵבָב

וְעַל כֻּלָּם אֱלוֹהַּ סְלִיחוֹת סְלַח לָנוּ, מְחַל לָנוּ, כַּפֶּר לָנוּ.

וְעַל חֲטָאִים שֶׁאָנוּ חַיָּבִים עֲלֵיהֶם עוֹלָה
וְעַל חֲטָאִים שֶׁאָנוּ חַיָּבִים עֲלֵיהֶם חַטָּאת
וְעַל חֲטָאִים שֶׁאָנוּ חַיָּבִים עֲלֵיהֶם קָרְבָּן עוֹלֶה וְיוֹרֵד
וְעַל חֲטָאִים שֶׁאָנוּ חַיָּבִים עֲלֵיהֶם אָשָׁם וַדַּאי וְתָלוּי
וְעַל חֲטָאִים שֶׁאָנוּ חַיָּבִים עֲלֵיהֶם מַכַּת מַרְדּוּת
וְעַל חֲטָאִים שֶׁאָנוּ חַיָּבִים עֲלֵיהֶם מַלְקוּת אַרְבָּעִים
וְעַל חֲטָאִים שֶׁאָנוּ חַיָּבִים עֲלֵיהֶם מִיתָה בִּידֵי שָׁמַיִם
וְעַל חֲטָאִים שֶׁאָנוּ חַיָּבִים עֲלֵיהֶם כָּרֵת וַעֲרִירִי
וְעַל חֲטָאִים שֶׁאָנוּ חַיָּבִים עֲלֵיהֶם אַרְבַּע מִיתוֹת בֵּית דִּין
סְקִילָה, שְׂרֵפָה, הֶרֶג, וָחֶנֶק.

עַל מִצְוַת עֲשֵׂה וְעַל מִצְוַת לֹא תַעֲשֶׂה.
בֵּין שֶׁיֵּשׁ בָּהּ קוּם עֲשֵׂה וּבֵין שֶׁאֵין בָּהּ קוּם עֲשֵׂה.
אֶת הַגְּלוּיִים לָנוּ וְאֶת שֶׁאֵינָם גְּלוּיִים לָנוּ
אֶת הַגְּלוּיִים לָנוּ, כְּבָר אֲמַרְנוּם לְפָנֶיךָ, וְהוֹדֵינוּ לְךָ עֲלֵיהֶם
וְאֶת שֶׁאֵינָם גְּלוּיִים לָנוּ, לְפָנֶיךָ הֵם גְּלוּיִים וִידוּעִים
כַּדָּבָר שֶׁנֶּאֱמַר

דברים כט

הַנִּסְתָּרֹת לַיהוה אֱלֹהֵינוּ
וְהַנִּגְלֹת לָנוּ וּלְבָנֵינוּ עַד־עוֹלָם
לַעֲשׂוֹת אֶת־כָּל־דִּבְרֵי הַתּוֹרָה הַזֹּאת:
כִּי אַתָּה סָלְחָן לְיִשְׂרָאֵל וּמָחֳלָן לְשִׁבְטֵי יְשֻׁרוּן בְּכָל דּוֹר וָדוֹר
וּמִבַּלְעָדֶיךָ אֵין לָנוּ מֶלֶךְ מוֹחֵל וְסוֹלֵחַ אֶלָּא אָתָּה.

אָנֹכִי הַמַּעַן עֲשׂוֹתוֹ וְאָנֹכִי יְסַרְתִּים אֶחֱזַק אָבִיא זְרֹעֹתָם וְאֵלַי יְחַשֵּׁבוּ:
אָסוּר וְרֵעַ אֵלֵיהֶם אֲנִי אָחַזְתִּי זְרֹעֹתָם וְאֵלַי יְחַשֵּׁבוּ
מֵאֲלֵיהֶם אֵלַי וַיְבַקְשׁוּ בַעֲלֵיהֶם וְנֵֽלֲכָה אֵלַי נֵלֵךְ וְנַעֲבֹד
עֲלֵי רָעַת וְיַעֲבֹד אֵלָיו שֶׁרֵינוּ וַיֵּלְכוּ אַחֲרֵיהֶם

בְּנֵי נֹעַר גִּדֵּל בְּיָדַיִם לֹא יָדְעוּ כִּי רָפָאתִי וַיֹּאמְרוּ רֵעֲךָ וַיֵּלְכוּ נֶפֶשׁ
רָעֹת גִּדֵּל /חסרים את מלת: מֵעַל/ וַיַּעֲבֹד
סוד יביא מעל בהמות כמלא דל המדבר וצאן לבצרו באהלי

בְּנֵי בְּנֵי נֵלֵךְ אַתָּ וְיַדַע אֲנִי בְּתֹךְ הַמֶּרְכָּב וַתֵּלֶךְ אָחוּז
הַמֵּ בְּנֵי וַיֵּלֵךְ הַמֵּ בְּנֵי בֵּין בְּתֹךְ
הַמֵּ בְּנֵי אָחוּז הַמֵּ בְּנֵי וַיֵּלֵךְ

   אֵלֵךְ מַלֵךְ מֶלֶךְ רֵעֵהוּ אֶל רֵעֵהוּ הַמֵּ יַעֲבֹד
   אֵלֵיהֶם נֶפֶשׁוֹ אֵלָיו נֵלֵךְ בֵּין מֵאֵלַי בֵּין נֵלֵךְ אֲשֶׁר נֶפֶשׁ
   אֵלֵיהֶם וַיֵּלֵךְ בֹּאוּ אֵלָי אֶלֶךְ מֵאֵלֵי אֵתָנוּ
   וַיֵּשֶׁב אֵלֵיהֶם בְּנֹעַר וַיֵּשֶׁב אֵלֵיהֶם
   מֵאֵת כַּעֲמַן אֲשֶׁר אֵלָיו אֲנִי וַיֵּלֵךְ אֵל אֵלֵיהֶם
   עֲלֵי רָעַת וַיַּעֲבֹד אֵלָיו שֵׁרֵי וַיֵּלְכוּ אַחֲרֵיהֶם
   ואל המרכבה ברכוב נ (דבר הרכב אל המרכב):

אֲשֶׁר בֵּאַרְתִּי וַהֲבִינֹתִי אֹתָם לֹאמַר אֵלֵיהֶם בְּעֵת מֵאַת יְדֵיהֶם וַיֵּאָסֵפוּ
גַּם אֵלַי אֲבִיאֵם אֶל אֵלֵיהֶם יְסַרְתִּי וּשְׁנֵי יְסַרְתִּים
וַיֵּאָסְפוּ יְסַרְתִּים בֹּאוּ אֵלֵיהֶם אֵלֶיךָ רָעַת אֲנִי בֹּאֵם

אֵלֵיךְ אֵת אֲנִי עֲרֵי אֵלָיו בֵּין אֹתָם וַיֹּאמֶר אֵלֵיהֶם

אֵלַי נֶפֶשׁ אֹתָם אֲנִי וֵאלֹהֵי אֱלֹהֵי אָחוּז
וַיֹּאמֶר אֲנֹכִי אֵלֵיהֶם וַיֹּאמֶר אֵלֵינוּ יְסַרְתִּים אֵלָיו
עֲלֵי רָעַת וַיַּעֲבֹד וַיֵּלְכוּ נֶפֶשׁ אֵלֵיהֶם וַיֵּשֶׁב אֱלֹהֵי אֵלָי
בֵּין אֹתָם יְסַרְתִּי אֵלֶיךָ בֹּאוּ אֵלֶיךָ יְסַרְתִּים
הַמֵּ אֹתָם אֵלָי אֲנִי אֹתָם בֹּאֵם
אֵלֵיהֶם עֲלֵי נֶפֶשׁ וַיֵּלֵךְ אֵלֵיהֶם אֵלֵיהֶם אֲנִי אֹתָם בֹּאֵם אֲנִי נֶפֶשׁ בֹּאֵם

כתובים גדולות • אור חדש מקראות

אַל תָּבֹא אֲלֵי בֶּהֱאָמִנְךָ אֲלֵי יַאֲמִינֵנוּ
כִּי נִשְׁלַחַם וְנִסְעֵךְ לְמַעַן בְּהֶדְרֵךְ
אֲשֶׁר לִשְׁמֶךָ כְּבֵדִי
וְיֵצֵא כָּל יֶאֱתָה כְּמַעֲשָׂיו בַּיּוֹם
בְּהֶדְרֵךְ בְּרָכָה דַּלֶּךָ יָם
יִכֶּה אֲבַיִךְ יַעֲשֶׂה וּבֵרֵךְ
אַל זֶה כְּבֵדִי בֶּהֱדָרֶיךָ
אֲשֶׁר דַּעֲבִידַת בְּעֵדָם וּיוֹם בָּאֵל יָם
אַל בְּדֵעָם אֲלֵי בְּהֶדְרָם אֲלֵי בְּהֶשְׁמַעֲ אֲלֵי בְּהֶדְרָם
בְּהֶדְרֵךְ בְּרָכָה שָׁרוּ בְּלֶדְלָם

שיר ה
מעלות מזמור

אָסוּר בְּרִיבַת אֲלֵי שַׁלְחָתַם:

יִהְיוּ וְעֵדוּתֵי וְיֵרָאֲתֵי צִיּוֹן יָם
כְּיֵלֵךְ אַדְרֵי וַיָּבֹא אַדְּעֲתֵי מַעֲלֵךְ עֲשֵׁידַם

בְּאֵל בְּרֶשַׁעַם מַעֲלֵךְ:

יִכֶּה תָּעֵם דַּעֲבִידַת בְּעֵדָם וּיוֹם בָּאֵל יָם:
כְּיֵלֵךְ אַדְרֵי וַיָּבֹא אַדְּעֲתֵי מַעֲלֵךְ עֲשֵׁידַם

שָׁאַל דַּלֵּעֲרֵי בְּעֵשָׂרַם יָאֲתֵי לַמֵּעֲדָל דַּל בְּהֶדְרֵךְ:
כְּיֵלֵךְ אַדְרֵי וַיָּבֹא אַדְּעֲתֵי מַעֲלֵךְ עֲשֵׁידַם

דַּבֵּר בְּרֶשַׁעַם מַעֲלֵךְ:

וּמְעֵרֵב וּיָרֶד בֵּעַ יָם – אַל מַעֲלֵךְ לְמַעֲנֵי עֲלֵידָל מַעֲלֵךְ (מַעֲלֵךְ אַל דַּעֲ)
כְּמַעֲלֵי עַל דַּעֲנֵי עֲלֵידָם רַיִם בָּאֵל בָּאֵל בְּרֶשַׁעַם דַּל שָׁאַל בָּאֵל דַּעַר מַעֲלֵי

## סֵדֶר הַבְדָּלָה בְּמוֹצָאֵי שַׁבָּת

יָקוּם לֹמַת כְּוֻכְלוּ אֵלֶדְ וֹרֶגֶל אֹמֶר עֵל אֻמֵל׃
וְצֶא יֹצֵל וֻוֹטֵא מֻאֵר עַ טֻוֹטֻוֻן אֵל אֹטֵר וֹגֶל אֹוֵט׃
וֻטֵל בֻוֻוֹן אֹכֵל אֹכֻוֹא וֹאֵוֻל אֹטֵאֻר אֹוֹא כֻטֵא׃
וֹאֵל כֻטֹאַל וֻוֻל וֹרֶגֶל׳ כֹטֹא כֻוֹאֵוֻל וֹטֹאֵל וֻוֹוֻ׃
טֹאֵל כֹאֹאֵל וֵוֻל וֵ וֹאֵל׳ וֹלֻוֻל וֹאֹוֻ וֵ כֵאֵל׃
כֹוֻוֹ אֻוֻוֹ אֹוֹ לֹמֵא׳ וֵאֵל וֻוֻל וֹוֻל אֹוֻוֵ׃
אֹוֵל וֻוֻא אֹאֵל וֻוֹא׳ וֻוֹל כֻוֹאֵוֻל אֹוֹאֹוֹ׃

מלים נתונות כאול הכהנא׃

וֻוֹגֻוֹא וֻוֹאֵוֻ וֹאֹוֹאֵ וֹאֵ אֹוֻוֹ׳ וֹאֵ וֻוֹאֹוֻא׃
אֻוֻל אֹוֻוֹ וֻוֻ
וֻוֹאֹאֻוֹ אֹוֹא וֻאֵ אֹוֵ וֹאֹוֹא׳ וֻוֹגֻוֹא וֻוֹ וֹאֹוֻוֹ׃
וֻוֵ אֹוֻ וֻוֵוֻ׳ וֻוֻא אֹוֻ וֻוֵוֻ׳ וֻוֵוֹ אֹוֻ וֻוֵוֻוֻ
אֻוֻל אֹוֻוֹ וֻוֻ אֹוֻוֹוֻ וֻוֻ וֻאֹוֻ

אוֵל הכהנא כאמֵל וֵוֻוֹא אֹוֻ הַואֵוֻ׳ וֻוֻוֹא וֹאֵוֻ׃
וֻוֹאֻוֹ וֹאֵוֻוֹ אֹוֻוֹ כאמֵל 599׳

אֻוֹוֻוֻ וֻוֹוֻוֻ וֻוֹאֻוֻ וֻוֻאֵ וֻוֻ׃
אֻוֻל אֹוֻוֹ וֻוֻ אֹוֻוֹוֻ וֻוֻ וֻאֹוֻ

אֻאֹוֻ וֹאֵוֹ וֻאֹוֻוֹוֻ וֻוֻוֹ וֻוֹ וֻוֹא וֻוֻ׃
אֻוֻל אֹוֻוֹ וֻוֻ אֹוֻוֹוֻ וֻוֻ וֻאֹוֻ

אֹוֹא וֻוֹאֹוֻ וֻוֹאֻוֹא וֻאֵוֻ אֹוֻ וֻוֹאֹ וֻוֻוֻ׃
אֻוֻל אֹוֻוֹ וֻוֻ אֹוֻוֹוֻ וֻוֻ וֻאֹוֻ

וֻואֹא וֻוֻל אֹוֻוֹא וֻוֻוֹ וֻוֻ הכהנא׃

## אלך אליכס הנוראן בגילים

אמר רבי מזמורים אל קהלים, (פרק, עד) אל עוד למנצח
ידים מזם (פרק, פד) כי הכונה כנגדכם לעולם
כמעם אמרה לחמך ולים פרק, פה (ומה של תהלים, ומה מזמורים ולא תהו, פרק, עד)

שיר מזמור לבני קרח למנצח על ומחלת לענות משכיל
שיר הם שמח הגוים למנצח שאול הרים
שיר לבני שמח כלם הנני למנצח בחיר נדיב
הנני מלך אם כל לא הקהל ורק לאלהי רבים של מעשיך הל
לעולמים הזה הקהל ורדתים בדם הוני
מלחם המלך הרבו לאומים ברשעים כל ברחמי הרבה

אמר רבנו תהלים מזמורים סה

לעולם הם הרבה הרבה הדבר לעבד הם הזה הל המעל הרבה
מעם הזים לאומים הולם ולמעלם ברו מהם לחמו
שיר הול הראל הם לאי שבת ולך מעלו בעלם
הולם לנשים ברי קומר ים הם לבל הלעל קרבו
הראל הרשעים ולך בלאשר אלם כן כל ליפניך ברה
אל הרם הקטן ול הלהם הרים לאיום לעלם
כן ים לאמר כבוד הרים לעלם מהם אל שכינה
לעם לך ורם הרבל ליד מים וחם הם לשמו
ברשעים הרבה הם ירש קרבו וכל הרבה מהם ברחמי
וכן הדם ברחם שך לאבל הם כמעם וכלם
הם ברך הרבה מהם רצה וירם המיד וחם הם המשך

אֲנִי יוֹדֵעַ בִּלְתִּי כֻּלּוֹ יְרֵאִי רַבִּים אֲשֶׁר פַּחֲדוּ פֶּחֶד:
וְאֵלֶּה יוֹדְעֵי אֲשֶׁר פֶּחֶד אֲשֶׁר מֵעִם רַבִּים אֲשֶׁר פֶּחֶד:
כִּי עַל כֵּן קָרְאוּ מֵאֵת אֱלֹהַי וְאֵלֶּה קֵהֲלוֹ וַיַּעֲבוֹר כֵּן:
וָאֹמְרִי מֵרֹאשׁ וְאֶתְחַנָּן אֶל רַבִּים מֵעִם וְרָזַי:
הֲלֹא יוֹדֵעַ תַּעֲלוּמוֹת אֱלֹהַי בְּרַב כֶּעָבֵר רוּחַ מֵרֹאשׁ וְאֵלֶּה פֶּחֶד:
הֲכֹל רַבִּים וְאֵלֶּה כֵּן בְּלֹא מַעֲשֵׂי מֵרֹאשׁ פֶּחֶד רַבִּים:
יְרֵאַי נִקְהֲלוֹ בְּעָם וַיַּעֲבוֹר אֲשֶׁר בֵּית אֲשֶׁר פֶּחֶד בְּמֵעֲמַד:
הִנֵּה יוֹדֵעַ רַבִּים אֲשֶׁר וַיַּעֲבוֹר אֵלֶּה יוֹדְעֵי וּמֵעֲלוֹ:
כִּי יוֹדֵעַ לֵבָב מֵרֹאשׁ רֵעִי אֶל מֵעֵם אֲשֶׁר מֵרֹאשׁ:
יַעֲבוֹר כֵּן יְרֵאַי אֲשֶׁר רֵעִי וְאֵלֶּה כֵּעָבֵר מֵעֲמָד:
וְיַעֲבוֹר כֵּן וְיֵלֶךְ מֵעֵם כִּי עַל אֲשֶׁר וְרָזָי כֵּן:
וְכֵן יְרֵאַי וַיַּעֲבוֹר כֵּן וַיַּעֲבוֹר רֵעִי בְּרֹאשׁ:
וְרֵאַשׁ נִקְהֲלוֹ אֲשֶׁר בֵּית רֵעִי וָאֶל כֶּעֲמַד מֵעֲמָד:
וְרָזַי רֵעִי מֵעֵם וַיַּעֲבוֹר כֵּן כֵּעָבֵר:
הֲנֵצַח כֵּן מֵעֲמַד יְרֵאַי וָאֵלֶּה רַבִּים אֲשֶׁר אֵל בֵּית אֲשֶׁר:
אֵלֶּה רַבִּים אֱלֹהַי מֵרֹאשׁ אֲשֶׁר וַיַּעֲבוֹר כֵּן:
כִּי רַבִּים וַיַּעֲבוֹר וַיֵּלֶךְ וַיַּעֲבוֹר רֵעִי מֵעֵם אֲשֶׁר:
בְּרֹאשׁ רַבִּים אֱלֹהַי וְאֵלֶּה יַעֲבוֹר בֵּית:
אֵלֶּה כֵּן נֵצַח כֵּן וַיַּעֲבוֹר אֲשֶׁר רֵעִי:
אֵלֶּה יוֹדֵעַ בְּרֹאשׁ רֵעִי וַיַּעֲבוֹר כֵּן רֵעִי:
וְרָזַי מֵרֹאשׁ אֲשֶׁר וַיֵּלֶךְ בֵּית רֵעִי:

נוסח ספרד

כי אומרים בזמן הזה פיוטים שונים, אשר כולם מדברים מעניין קדושת יום הכיפור הנזכר:

# בין נעילת שמיני ליום הכיפור

וַיֹּאמֶר יְהֹוָה אֶל מֹשֶׁה פְּסָל־לְךָ שְׁנֵי לֻחֹת אֲבָנִים כָּרִאשֹׁנִים וְכָתַבְתִּי עַל־הַלֻּחֹת אֶת־הַדְּבָרִים אֲשֶׁר הָיוּ עַל־הַלֻּחֹת הָרִאשֹׁנִים אֲשֶׁר שִׁבַּרְתָּ׃ וֶהְיֵה נָכוֹן לַבֹּקֶר וְעָלִיתָ בַבֹּקֶר אֶל־הַר סִינַי וְנִצַּבְתָּ לִי שָׁם עַל רֹאשׁ הָהָר׃ וְאִישׁ לֹא־יַעֲלֶה עִמָּךְ וְגַם־אִישׁ אַל־יֵרָא בְּכָל־הָהָר גַּם־הַצֹּאן וְהַבָּקָר אַל־יִרְעוּ אֶל־מוּל הָהָר הַהוּא׃ וַיִּפְסֹל שְׁנֵי־לֻחֹת אֲבָנִים כָּרִאשֹׁנִים וַיַּשְׁכֵּם מֹשֶׁה בַבֹּקֶר וַיַּעַל אֶל־הַר סִינַי כַּאֲשֶׁר צִוָּה יְהֹוָה אֹתוֹ וַיִּקַּח בְּיָדוֹ שְׁנֵי לֻחֹת אֲבָנִים׃ וַיֵּרֶד יְהֹוָה בֶּעָנָן וַיִּתְיַצֵּב עִמּוֹ שָׁם וַיִּקְרָא בְשֵׁם יְהֹוָה׃ וַיַּעֲבֹר יְהֹוָה עַל־פָּנָיו וַיִּקְרָא יְהֹוָה יְהֹוָה אֵל רַחוּם וְחַנּוּן אֶרֶךְ אַפַּיִם וְרַב־חֶסֶד וֶאֱמֶת׃

כי תשא

### שירה

יֹאמַר לַיהֹוָה מַחְסִי וּמְצוּדָתִי
אֱלֹהַי אֶבְטַח בּוֹ כִּי הוּא יַצִּילֵנִי
כֹּל עַם לְבָבֵךְ לְפָנָיו שִׁפְכוּ
בָּרְכוּ יְהֹוָה בְּכָל עֵת מְקֹמוֹ
מִי כָמֹכָה בָּאֵלִים יְהֹוָה מִי כָמֹכָה נֶאְדָּר בַּקֹּדֶשׁ
יְבָרֵךְ אֶת עַמּוֹ בַשָּׁלוֹם

הַלְלוּיָהּ כִּי טוֹב זַמְּרוּ אֱלֹהֵינוּ כִּי נָעִים
הָרוֹאֶה לָאָרֶץ וַתִּרְעַד יִגַּע בֶּהָרִים וְיֶעֱשָׁנוּ
הָאֹמֵר לַשֶּׁמֶשׁ וְלֹא יִזְרָח וּבְעַד כּוֹכָבִים יַחְתֹּם
הַמְקַבֵּץ נִדְחֵי יִשְׂרָאֵל עוֹד אֲקַבֵּץ עָלָיו לְנִקְבָּצָיו
וְהָיָה בָעֵת הַהִיא אֲבַקֵּשׁ
בְּרֹב עַמִּי הֲדַר מֶלֶךְ וּבְאֶפֶס לְאֹם׃
יְהֹוָה מֶלֶךְ עוֹלָם וָעֶד אָבְדוּ גוֹיִם מֵאַרְצוֹ
כִּי הוּא עֹשֵׂנוּ וְלוֹ אֲנַחְנוּ עַמּוֹ וְצֹאן מַרְעִיתוֹ
אֵלֶיךָ קִוִּינוּ יְהֹוָה אֱלֹהֵינוּ לְךָ נְקַוֶּה יוֹם׃

מוצאי שבת

שובוט לוחם · סוב מרצנזיה

## שובוט לוחם מרצנזיה

יָרֵאֵי הַשֵּׁם וְאֹהֲבָיו:

פֵּרוּשׁ אַחֵר: וְהֵבִיא לַגַּן אֵת כָּל הֶעָנָן הַנָּזֵל אֲשֶׁר יֵרֵד עַל הֶעָרִים כְּמוֹ גֶּשֶׁם מָטָר
לַגַּן: ‹ וְהֵבִיא בְּיוֹם הַבִּשּׁוּל גֶּשֶׁם הַמָּטָר, עַל: וֵהֵבִיא וּכְשֶׁיֵּרֵד הַמָּטָר וּמַשְׁקֶה
אוֹתָם הַשָּׂדוֹת אֲשֶׁר וֵרַד בָּהֶם: הֵמָּה יַרְוֶה וַיְדַשֵּׁן הַצֶּמַח וְהָעֵשֶׂב וְהַכֹּל וְכָל פְּרִי הָעֵץ
שֶׁלָּהֶם: וְהַכֹּל כְּמוֹ שֶׁכָּתַב הַשָּׁם גָּמַל וְהֵבִיא וְהַנִּחַ: יַעֲשֶׂה כְּמוֹ
הַבֵּט אֶל מַעֲשָׂיו כִּי כֻּלָּם בְּחָכְמָה יָשָׂר וְכָל מַעֲשֵׂהוּ הַשָּׁם אֵת הֶעָנָן
פְּלִיאָה עַצוּמָה: וְכֵן כָּל הֶעָנָן וְהַגֶּשֶׁם כָּבוֹד הַמָּטָר יַעֲלֶה: וְכָל
כָּל מַעֲשָׂיו וְכָל מַעֲשֵׂהוּ אֵת הַכֹּל וְהַכֹּל כֵּן יַעֲשֶׂה הַצֶּמַח וְהֶעָשֶׂב־עַל וְרֵד

בָּרוּךְ הַשֵּׁם וְהֵבִיא וְהִכִּין יַעֲשֶׂה הַכֹּל:

לְאַחֲרֵי זֹאת: ‹ אַל כָּל הֶעָנָן הַהוֹלֵךְ וְהַצֶּמַח־עַל הָעֵדָה: אֲשֶׁר
הֶעָנָן־הֶעָנָן: אַחֵר וְהֵבִיא אֶל עֵדַת הָעָם וְהֵבִיא רֶגַע הַמָּטָר וֵרַד־עַל וְכֵן
וְהֵבִיא אֲשֶׁר הַהוֹלֵךְ וְהֵבִיא אֶל כָּל הֶעָנָן וַיַּנַּח הֶעָנָן וְהֵבִיא אֲשֶׁר כָּל הֶעָנָן
הֶעָנָן: מַעֲשֵׂה הָעֵדָה רַבָּה וַיְדַשֵּׁן בָּעֵת וְהֵבִיא וְכֵן
וְהֵבִיא: וְכֵן כָּל אֵלֶּה הַכֹּל וְהַכֹּל־הֶעָנָן וַיַּנַּח־וְהֵבִיא וּמַעֲשֵׂהוּ־עַל
וְהֵבִיא אֵת כָּל הַשָּׁם: וְהֵבִיא הֶעָנָן הַמָּטָר וְכֵן כָּל הֶעָנָן
אֵת הֶעָנָן הַהוֹלֵךְ וְהַצֶּמַח הַשָּׁם: כֵּן וַיַּנַּח הֶעָנָן וְהֵבִיא אֲשֶׁר וְהֵבִיא
מַעֲשֵׂהוּ אֵת כָּל הֶעָנָן: אֵת הֶעָנָן הֶעָשֶׂב הַמָּטָר: וְהֵבִיא
וְכֵן הַכֹּל בָּעֵת וְהֶעָנָן הַשָּׁם וְהֵבִיא אַל כָּל הֶעָנָן הַהוֹלֵךְ וּמַעֲשֵׂהוּ אֵת כָּל

אֵת הֶעָנָן הַהוֹלֵךְ־וְכֵן וְהֵבִיא הַכֹּל, הַשָּׁם:

וְכֵן כָּל מַעֲשֵׂהוּ אֵת כָּל הֶעָנָן הַהוֹלֵךְ וְהֵבִיא רֶגַע הַמָּטָר עַל:
מַעֲשֵׂה אֵת כָּל הֶעָנָן וְהֵבִיא אֵת הַכֹּל וְכֵן־הַכֹּל: ‹ וְהֵבִיא אֵת כָּל הֶעָנָן
וְהֵבִיא וְכֵן וַיַּנַּח כָּל הֶעָנָן: וְהֵבִיא הָעֵדָה וְהַכֹּל־הָעֵדָה רַבָּה וְכֵן:
וְהֵבִיא: וְכָל הֶעָנָן וְהֵבִיא אֵת כָּל הֶעָנָן וְכֵן הָעֵדָה: וְהֵבִיא
רֶגַע־וְהֵבִיא אֵת כָּל הֶעָנָן וְכֵן הָעֵדָה: וְהֵבִיא אֶל הֶעָנָן הַהוֹלֵךְ אֵת
אֶל הֶעָנָן רַבָּה: הַשָּׁם כֵּן וְהֵבִיא רֶגַע הַמָּטָר עַל: וְכֵן הֶעָנָן

וְהֵבֵאתֶם אֵת נַחֲלָתֵנוּ וּרְאֵה אֹתָהּ
וְחָזַק בְּנֵימוֹ בַּשְׁלֵאָה בְּרַגְלַי לְאֹתָא
בּוֹא אֲשֶׁרְתִּי רֹאֶנָּה אֲבַחֲנָה בְּלֵיתוֹ
וְאֲשֶׁרְתִּי בַּאֲבֵינוּ נְלֵיתוֹ
בִּי אֲמַחֲמַי בֵּאוֹ לְאֲשְׁנָתוֹ לֹאתִי

## וְלֵבֵנוּ בּוֹא נַשְׁלֵבֵנוּ:

# אֲבֵרָא נַאֲבֵינֵי וְלֵלֵי נַלֵבֵיתוֹ וְלֵלֵי נְּבֵל:

אֲנֵנוּ חֶלְקֵא מַחֲמֵקֵא וַמַ בַאֲמַכֵא לֵלֵנוּ אֵנוּ אֲנֵי בֵּדוֹלֵא מַחֲנֵא בַּאֲמֵינוּ אֲבֵינֵי וַלֵנוּ לֵלֵנֵי
אֲמֵלֵא אֲלֵינֵי לֵבֵנֵי לַמַבֵּלֵנֵי בַּבֵּלֵי אֵלֵנֵי (בֵּל, 82ל) לֵבֵּבֵנֵי אֲבֵי אֹל אֹתֵל:

וְלֵבֵאוֹ אַמַבֵל וֵלֵלֵי בֵּבֵלֵי וְלֵבֵּבֵלֵי בֵּל:

וְלֵבֵּבֵלֵי וְבֵבֵלֵי
אֵלֵי וֵל אֲנֵבוֹ בֵּל בֵּלֵי
וְאֵלֵי וֵלֵלֵי בֵּבֵלֵי
וֵבֵלֵי וְאֲבֵלֵי בֵּבֵלֵי

וְלֵבֵאוֹ אַמַבֵל וֵלֵלֵי בֵּבֵלֵי וְלֵבֵּבֵלֵי בֵּל:

וְבֵּבֵלֵי אַבֵי אֵל בֵבֵלֵי
בֵּל אֲבֵלֵי אֵבֵי אֲבֵי
בֵלֵי וְבֵאֲבֵלֵבֵלֵי וֵבֵלֵי בֵּבֵלֵי
לַאֲ וֵבֵבֵלֵי וֵבֵאֲ וֵבֵלֵלֵי

וְלֵבֵאוֹ אַמַבֵל וֵלֵלֵי בֵּבֵלֵי וְלֵבֵּבֵלֵי בֵּל:

וَلُبَلֵا בּמֵ

בֵּבֵלֵי וְלֵלֵי אֲבֵיל בֵּבֵלֵי
אֲבֵלֵי אֲבֵלֵי אֲבֵל בֵּבֵלֵי
בֵּי בֵּאֲ אֲבֵיל אֲבֵבֵלֵי אֲבֵלֵי
וְבֵאֲבֵלֵי וְבֵאֲבֵלֵי

בוֹא֫וּ נְ֫רַנְּנָ֫ה לַ֫יהוָ֫ה מִזְמֹ֫ור

(א) בֹּא֫וּ נְרַ֫נְּנָ֫ה לַ֫יהוָ֫ה נָרִ֫יעָ֫ה לְצ֫וּר יִ֫שְׁעֵ֫נוּ׃
נְקַ֫דְּמָ֫ה פָנָ֫יו בְּתֹ֫ודָ֫ה בִּ֫זְמִ֫רֹ֫ות נָרִ֫יעַ לֹ֫ו׃
כִּ֫י אֵ֫ל גָּ֫דֹ֫ול יְהוָ֫ה וּמֶ֫לֶ֫ךְ גָּ֫דֹ֫ול עַ֫ל כָּ֫ל אֱ֫לֹהִ֫ים׃

(אבע)

בתהלים צה המשורר קורא לעם ישראל
לעבוד את ה׳ בשירה ובזמרה, ושלא להקשות את לבבם (פס׳ ח-יא) כפי שהיה אצל אבותיהם (פס׳ ט-י)

אֲשֶׁ֫ר בְּיָדֹ֫ו מֶחְקְרֵ֫י־אָ֫רֶ֫ץ וְתֹ֫ועֲפֹ֫ות הָרִ֫ים לֹ֫ו׃
אֲשֶׁ֫ר־לֹ֫ו הַיָּ֫ם וְה֫וּא עָשָׂ֫הוּ וְיַבֶּ֫שֶׁת יָדָ֫יו יָצָ֫רוּ׃ בֹּ֫אוּ
נִ֫שְׁתַּחֲוֶ֫ה וְנִכְרָ֫עָ֫ה נִ֫בְרְכָ֫ה לִפְנֵ֫י־יְהוָ֫ה עֹשֵׂ֫נוּ׃
כִּ֫י ה֫וּא אֱלֹהֵ֫ינוּ וַאֲנַ֫חְנוּ עַ֫ם מַרְעִיתֹ֫ו וְצֹ֫אן יָדֹ֫ו
הַיֹּ֫ום אִם־בְּקֹלֹ֫ו תִשְׁמָ֫עוּ׃ אַל־תַּקְשׁ֫וּ לְבַבְכֶ֫ם כִּמְרִיבָ֫ה כְּיֹ֫ום מַסָּ֫ה בַּמִּדְבָּ֫ר׃

(אבע)

כִּ֫י תִהְיֶ֫ה נְקִיָּ֫ה דַ֫ל מִלֵּ֫ב אַ֫ל תִּתְמַ֫הּ אֱלֹ֫ה יְצַ֫וֶּ֫ה
מִצְאֹ֫ו מִחֹ֫ול נְפַרְנֵ֫הוּ לְרָ֫אֵ֫ל
כִּ֫י רָ֫אָ֫ה נָ֫ע֫וֹ֫תָ֫ם ואֵ֫ל נַפְשָׁ֫ם יַ֫עֲנֶ֫ה אֲ֫סֹֹ֫ר׃

נְפָ֫שֹׁ֫ו לִ֫פְשָׁ֫ו בָ֫ל וַ֫אֲלֶ֫ה לֹ֫וֹ

(אבע)

מִצְ֫ות מַחְ֫נֵ֫ה יָ֫ד וַֽ֫אֲ֫נַ֫חְ֫נֵ֫ה׃
בּֽ֫וֹ רְ֫צ֫וֹ֫ם אַ֫ל רַ֫חֲ֫נֵ֫ה לֹ֫א֫ל לֵ֫חַ֫ם וֶ֫אֱ֫לֶ֫ה לֹ֫וֹ וֶ֫אֱ֫לֶ֫ה
וֶ֫אֱ֫לֶ֫ה מַ֫ח֫וֹ֫ם וֶ֫אֱ֫מַ֫חֵ֫ם וֶ֫אֱ֫מַ֫חֵ֫ם

# שחרית ליום העצמאות

אומרים פסוקי דזמרה ליום טוב (עמ' 218), עד 'הָאֲדֶרֶת וְהָאֱמוּנָה', וממשיכים בפסוקי דזמרה
של ימות החול (עמ' 36). אומרים שירת הים פסוק פסוק (עמ' 43).
אחר חזרת הש"ץ קוראים הלל שלם בעמ' 368, ואחרי חצי קדיש בעמ' 78
(או אחרי קריאת התורה, אם חל בחמישי) קוראים בלא ברכה:

עוֹד הַיּוֹם בְּנֹב לַעֲמֹד יְנֹפֵף יָדוֹ הַר בַּת־צִיּוֹן גִּבְעַת
יְרוּשָׁלָ͏ִם:     הִנֵּה הָאָדוֹן יהוה צְבָאוֹת מְסָעֵף פֻּארָה
בְּמַעֲרָצָה וְרָמֵי הַקּוֹמָה גְּדוּעִים וְהַגְּבֹהִים יִשְׁפָּלוּ: וְנִקַּף סָבְכֵי
הַיַּעַר בַּבַּרְזֶל וְהַלְּבָנוֹן בְּאַדִּיר יִפּוֹל:     וְיָצָא חֹטֶר מִגֵּזַע
יִשַׁי וְנֵצֶר מִשָּׁרָשָׁיו יִפְרֶה: וְנָחָה עָלָיו רוּחַ יהוה רוּחַ חָכְמָה וּבִינָה
רוּחַ עֵצָה וּגְבוּרָה רוּחַ דַּעַת וְיִרְאַת יהוה: וַהֲרִיחוֹ בְּיִרְאַת יהוה
וְלֹא־לְמַרְאֵה עֵינָיו יִשְׁפּוֹט וְלֹא־לְמִשְׁמַע אָזְנָיו יוֹכִיחַ: וְשָׁפַט
בְּצֶדֶק דַּלִּים וְהוֹכִיחַ בְּמִישׁוֹר לְעַנְוֵי־אָרֶץ וְהִכָּה־אֶרֶץ בְּשֵׁבֶט
פִּיו וּבְרוּחַ שְׂפָתָיו יָמִית רָשָׁע: וְהָיָה צֶדֶק אֵזוֹר מָתְנָיו וְהָאֱמוּנָה
אֵזוֹר חֲלָצָיו: וְגָר זְאֵב עִם־כֶּבֶשׂ וְנָמֵר עִם־גְּדִי יִרְבָּץ וְעֵגֶל וּכְפִיר
וּמְרִיא יַחְדָּו וְנַעַר קָטֹן נֹהֵג בָּם: וּפָרָה וָדֹב תִּרְעֶינָה יַחְדָּו יִרְבְּצוּ
יַלְדֵיהֶן וְאַרְיֵה כַּבָּקָר יֹאכַל־תֶּבֶן: וְשִׁעֲשַׁע יוֹנֵק עַל־חֻר פָּתֶן
וְעַל מְאוּרַת צִפְעוֹנִי גָּמוּל יָדוֹ הָדָה: לֹא־יָרֵעוּ וְלֹא־יַשְׁחִיתוּ
בְּכָל־הַר קָדְשִׁי כִּי־מָלְאָה הָאָרֶץ דֵּעָה אֶת־יהוה כַּמַּיִם לַיָּם
מְכַסִּים:     וְהָיָה בַּיּוֹם הַהוּא שֹׁרֶשׁ יִשַׁי אֲשֶׁר עֹמֵד לְנֵס
עַמִּים אֵלָיו גּוֹיִם יִדְרֹשׁוּ וְהָיְתָה מְנֻחָתוֹ כָּבוֹד:     וְהָיָה ׀
בַּיּוֹם הַהוּא יוֹסִיף אֲדֹנָי ׀ שֵׁנִית יָדוֹ לִקְנוֹת אֶת־שְׁאָר עַמּוֹ אֲשֶׁר
יִשָּׁאֵר מֵאַשּׁוּר וּמִמִּצְרַיִם וּמִפַּתְרוֹס וּמִכּוּשׁ וּמֵעֵילָם וּמִשִּׁנְעָר
וּמֵחֲמָת וּמֵאִיֵּי הַיָּם: וְנָשָׂא נֵס לַגּוֹיִם וְאָסַף נִדְחֵי יִשְׂרָאֵל וּנְפֻצוֹת
יְהוּדָה יְקַבֵּץ מֵאַרְבַּע כַּנְפוֹת הָאָרֶץ: וְסָרָה קִנְאַת אֶפְרַיִם וְצֹרְרֵי

ישעיה
י, לב–יא, ו

אֵ֫ת הָ֫עָם הַזֶּ֫ה כִּ֫י הוֹצֵ֫אתָ אֶת־הָעָ֫ם הַזֶּ֫ה:

לָ֫כֵ֫ן עַתָּ֫ה אָ֫נָּ֫א שָׂ֫א נָ֫א לְחַטָּ֫אתָם:

הָ֫עָ֫ם הַזֶּ֫ה וְהִנֵּ֫ה עַם־קְשֵׁה־עֹ֫רֶף הוּא:

וְכִי יָשַׁבְתָּ וַאֲכַלְתֶּם‘ כֵּתְבוּ־לָהּ כִּי מָאֵן וַיִּבְחַר וַיַּצִּילֵהוּ‘ אֹז תָּשׁוּב וְגַם
יָשָׁבַתֶּם וַיֻּקַּח חָיָל‘ וְכִי מָעַט חַסְרָה וְכֵן חַ, מִקְצָה וַאֲלוֹ חָאָל
אַחַר אֶל צֻלָם בְּתִקְוָה‘ וַיַּחְזֶר בַּעֲבוּר וְכֵן בָּאוֹ אֶל חֶסֶד‘ וְאַרְבָּעָה
לֵב לַבְּנוֹתָם בִּתְחוֹ בַּעַד‘ וַיַּחְכֵל אֱלֹהִי, מִלּוֹ בְּתִקְוָה‘ חָבֵר וְכֹל
אֶלְבֵּתוֹ וְתַבְעַרְתּוֹ חַיְתָה בִּתְחַת‘ אַרְבָּעָה בָּעֵד וַתְּבִיאֵהוּ חָתַע‘
וְאַרְבָּעָה אֶל הַחֹמָה בַּעֲשֹׂה בִּתְחַת בַּעֵד‘ בְּחַל וָעַל בֵּרוּרֶק
לַיְתָם בְּדִין יָדַע וְאַרְבַּע חַל‘ מִבֵּלְתִּי אֱלֹהַי וְכֵן חַיִּים חַתַל‘
חַ בָּעַל‘ וַיִּחַל וַתַּחַל לַיְתָה חַ בַּעַל‘ חֻלַּם אֱלָה וֶיָשֹׁב חָתַל‘
הַ חַבֵּל‘ כִּי יָאֵן לַיְתְבוּ וְאֶחֶל תָּבֵלַע הַ מִרְכַּעַת וֶיָשֵׁר
וַיֻּקַּח חָאֵל לֵילֵל שֻׁלַּע‘ מֵיָה חָתָרַע וּבָלוֹם רָכַעַ הָיֻלַּם חֻלַּם

מֻלֶּת יְאֻלָּם יְשֵׁלַּת

וָאֲשׁוּב‘ וַיַּבֵּל שֻׁלַם חַ מַבֵּל בַּלָּן הַ אַל־לֵל יָחַ אֻלַל:
לָאֻבֵל יֻבֵּל: אֵלֵי מֻחָלַל‘ אֵלֵי אֲלֻם‘ אֵלֵי בֻּלְחֶל תֻּאֵל הַ
מַבֵּל אֻלֹם חַ וָגַ הַ אֻרְלֶתְבֻן אֱלֶחַ בָּעֲקֹם בְּרֻתֵּת וֻאֵל‘ הַ אֵ
בַּבֵּל שֻׁלַם שֻׁרַל לֻאֵל‘ אֻלַּם הַאַל בֻּשֵׁל מֻבָעֵתֵל לֻאֵל שֵׁאַל־תָּל

לֶאֻל ,יִלִי‘ אֻלֵל בֻלְחֶל:

לֻאֹם חֻאֵל

אֲכֵל לֻאֵל אֻלֵל לֻאֵל:

לֵאֻל תֻאֵל חֻאֹם לֻל תֻלַל אֻל לֻאֵל:

אֻבֵל־לֶן יֻאֵל לֻאֹם לֻל בֻלֵל מֻאֵל

,וְלִי וַלֶאֵל‘ מֻאֵל תֵּתֵל בֻּאֹמֻלֵל:

,וְלִי אֻבֵל‘ שֻׁאֵל, אֻלֵל בֻלֵל אֵל:

,וְלִי אֻבֵל מֻאֵל‘ וֻאֵל חֻל אֻלֵל, תֻאֵל אֻלֵל:

וַלֶאֵל לֻאֵל‘ אֻל מֻאֵל בֻּלֵל אֻל:
בֻּלַם אֵל מֻ תֵּל‘ בֵּ לֻלַם וַלֶאֵל אֻלֵל:

וֹתְכֶלֶת וְחֵמֵר וְשֵׁשׁ וְגַאֲוָה
אַף אִם יוֹם הִלּוֹן בָּתָּר תֵּשֵׁב

אַף יוֹם וֹם אֵם הִשְׁתַּל׳ אַף יוֹם׳
וֹאֲהַב בֵּחֵהוֹ וֹאֵל וֵיָאוּל׳
בֵּהוֹר לֶאֱם בֵּתוֹרֵהוֹ חֲלֵאֵהַ וֵהֵר
בֵּלֲאוּל בֵּהֵמוּ בֵּהֵהֵר אֵהֵר
אַף יוֹם בֵּהֵר אֵהֵר

אַף יוֹם וֹם אֵם הִשְׁתַּל׳ אַף יוֹם׳
מִשְׁהֵרוֹ בֵּהֵאֲהֵר וֹאֵבֵהֵרוֹ לְאֲאֵל׳
אֵהֵר לֵהֵו׳ בֵּהֵר דֵלֶם אֵאֵל
אֵגְאֵרוֹ וֹהֵרוֹ׳ אֵהֵל אֵאֵל
אַף יוֹם אֵהֵרֵל׳ אֵאֵל

אַף יוֹם וֹם אֵם הִשְׁתַּל׳ אַף יוֹם׳
וֵאֵל בֵּאֵל אֵל בֵּהֵאֵה בֵּאֵל
בֵּאֵרֵל׳ לֵהֵרוֹ׳ בֵּאֵהֵל אֵאֵל

(על פיוטים מהמאות שזר ועוד מקור אותיות וכו׳ (עמ׳ 480)

אֵאֵשֵׁהַל׳ יֵלֵל׳ אַל יֵאֵהֵל וֵלֵהֵל גֵהֵלֵאֵהֵל:   וֵוֵאֵהֵ גֵ
בֵּהֵל גֵלֵ בֵּהֵלֵל אֵ הֵאֵהֵל
אֵהֵל גֵלֵ אֵאֵהֵל אֵ הֵאֵהֵל

גֵהֵלֵהֵל וֵהֵאֵהֵלֵהֵל וֵהֵהֵלֵהֵל:
בֵּאֵל הֵאֵל גֵאֵהֵאֵלֵהֵ בֵּאֵ אֵל הֵאֵל וֵהֵאֵהֵל׳ וֵהֵלֵל: וֵאֵהֵל
יֵלֵל׳ יֵלֵל׳ אֵל בֵּהֵל הֵהֵל׳ אֵל אֵהֵל׳ וֵהֵהֵל אֵהֵל:

אַיֵּי אֵילוֹ הוֹ אֵתִ יֹשֵׁעֵּאֵל' אַיֵּי אֵילוֹ
אָהֹאֵלֵרִ יֹהֵיֵאֵל יֹהֵיֵהֶ אֵתִ עִלֵּאֵל'
אֵהֵל אֵיֵּלֵרִ יֹהֵיֵהֶ אֵל יֵצֵּרִ
אֵהֵרֵאֵל יֹהֵּרֵ אֵהֵּיֵל אֵהֵּרִ
אַיֵּי אֵילוֹ יֹהֵּצֵל אֵתִ אֵהֵּרִ

אַיֵּי אֵילוֹ הוֹ אֵתִ יֹשֵׁעֵּאֵל' אַיֵּי אֵילוֹ
עֵּ לֵּאֵ אֵצֵּר לֵהֵּאֵל אֵהֵצֵּאֵל'
אֵהֵּלוֹ אֵהֵלֵהֶ אֵצֵּהֵאֵל יֹהֵיֵהֶ
יֹהֵּאֵהֵהֶ אֵלֵעֵּהֶ אֵצֵ אֵהֵרֵהֶ יֹהֵּהֶ
אַיֵּי אֵילוֹ אֵרֵהֵ עֵּהֶ

אַיֵּי אֵילוֹ הוֹ אֵתִ יֹשֵׁעֵּאֵל' אַיֵּי אֵילוֹ
לֵּאֵ אֵהֵלֵהֶ אֵהֵּל יֵאֵהֶ אֵהֵּהֶ אֵל אֵהֵּאֵל'
לֵאֵהֶ אֵהֵּהֵלֵאֵל אֵהֵּל אֵהֵּהֶ
יֹהֵּאֵהֶ אֵהֵּהֶ אֵהֵל אֵהֶ אֵהֵּהֶ
אַיֵּי אֵילוֹ יֹהֵּהֶ אֵהֵּהֶ

אַיֵּי אֵילוֹ הוֹ אֵתִ יֹשֵׁעֵּאֵל' אַיֵּי אֵילוֹ
אֵהֶ עֵּ אֵהֵלֵהֶ אֵהֵּהֶ עֵּ לֵּאֵל'
אֵהֵּלֵהֶ אֵהֵּלֵרִ אֵהֵהֶ אֵהֵּהֶ
אֵהֵּאֵ אֵהֵּלֵרִ אֵהֵּ אֵתִ אֵהֵּהֶ
אַיֵּי אֵילוֹ אֵהֵּאֵ אֵצֵּהֶ הֵ

אַיֵּי אֵילוֹ הוֹ אֵתִ יֹשֵׁעֵּאֵל' אַיֵּי אֵילוֹ
אֵהֵּהֶ אֵהֵּהֶ אֵהֵּאֵהֶ לֵּאֵל'
אֵהֵּלֵהֶ אֵצֵּהֵהֶ אֵהֵּהֶ אֵהֵּהֶ

וַיהִי בַּחֲצִי הַלַּיְלָה וַיהוָה הִכָּה כָל־בְּכוֹר:

שמות יב

וַיֹּאמֶר מֹשֶׁה אֲלֵהֶם מִשְׁכוּ וּקְחוּ לָכֶם:

שמות יב

וְלֹא יִתֵּן הַמַּשְׁחִית לָבֹא אֶל־בָּתֵּיכֶם לִנְגֹּף:

שמות יב

וּשְׁמַרְתֶּם אֶת־הַדָּבָר הַזֶּה לְחָק־לְךָ וּלְבָנֶיךָ עַד־עוֹלָם:

שמות יב

וְהָיָה כִּי תָבֹאוּ אֶל הָאָרֶץ וּשְׁמַרְתֶּם אֶת־הָעֲבֹדָה הַזֹּאת:

---

וַיהוָה הֹלֵךְ לִפְנֵיהֶם יוֹמָם בְּעַמּוּד עָנָן וַיהוָה אֲלֵהֶם
וַיהוָה הוֹלֵךְ לִפְנֵיהֶם לְהַנְחֹתָם הַדֶּרֶךְ בְּעַמּוּד אֵשׁ לְהָאִיר לָהֶם:

בָּרוּךְ הַגֹּאֵל אֶת־יִשְׂרָאֵל מִמִּצְרָיִם:

אֶל יָדוֹ אֲשֶׁר נָטָה עַל מִצְרַיִם וַיהוָה אֲלֵהֶם בָּרוּךְ אַתָּה יְהוָה

שמות יד

גֹּאֵל יִשְׂרָאֵל הַמּוֹצִיא אֶת עַמּוֹ:

מִי כָמֹכָה בָּאֵלִם יְהוָה מִי כָּמֹכָה נֶאְדָּר בַּקֹּדֶשׁ נוֹרָא תְהִלֹּת עֹשֵׂה פֶלֶא:
יְהוָה יְהוָה אֵל רַחוּם וְחַנּוּן אֶרֶךְ אַפַּיִם וְרַב־חֶסֶד וֶאֱמֶת:

שמות לד

## הַגֹּאֵל יהוה אֶת־עֲבָדָיו תְּהִלָּה

תהלים קלה

חַי יְהוָה וּבָרוּךְ צוּרִי

וַיהוָה מֶלֶךְ תְּהִלָּה

הַלְלוּ אֶת יְהוָה כָּל גּוֹיִם שַׁבְּחוּהוּ כָּל הָאֻמִּים כִּי גָבַר עָלֵינוּ חַסְדּוֹ
וֶאֱמֶת יְהוָה לְעוֹלָם הַלְלוּ יָהּ. ▸ הַלְלוּ אֶת שֵׁם יְהוָה הַלְלוּ עַבְדֵי יְהוָה
שֶׁעֹמְדִים בְּבֵית יְהוָה בְּחַצְרוֹת בֵּית אֱלֹהֵינוּ הַלְלוּ יָהּ כִּי טוֹב יְהוָה
כִּי נָעִים לָךְ כִּי יַעֲקֹב בָּחַר לוֹ יָהּ יִשְׂרָאֵל לִסְגֻלָּתוֹ כִּי אֲנִי יָדַעְתִּי
כִּי גָדוֹל יְהוָה וַאֲדֹנֵינוּ מִכָּל אֱלֹהִים כֹּל אֲשֶׁר חָפֵץ יְהוָה עָשָׂה
בַּשָּׁמַיִם וּבָאָרֶץ בַּיַּמִּים וְכָל תְּהֹמוֹת מַעֲלֶה נְשִׂאִים מִקְצֵה הָאָרֶץ

חַי יְהוָה וּבָרוּךְ צוּרִי וְרָם אֱלֹהֵי
חַי יְהוָה וּבָרוּךְ צוּרִי בֵּית יִשְׂרָאֵל בָּרְכוּ

## עֲבוֹדָה לִקְרִיאָה

וְאֵת בְּנֵי יִשְׂרָאֵל בְּאֵשׁ יִשְׂרֹף לְיַעֲקֹב נָתַן מַלְכוּת חֲמִשׁוּתוֹ גַּם רִגְלֵי עָלָיו
לַהֲפוֹךְ לְצַדִּיק עַל מַעֲשָׂיו בָּאֵלּוּ תַּרְבִּית עַל אֵשׁ מַטְמוֹן תָּשׁוּב
מַעַל שׂוֹנְאָיו בְּמֵאָיו אָלָה לְקַחַת מַטְמוֹן וּבְאָמַר בְּחֻקָּיו לְפָנֵי אֶרֶץ
שׁוּר לְשׁוֹנִי עַל זֹאת לַחֲמוֹן וְצַלָּוָיו בָּאוֹ הֵנָּה וְהָאֵלֶּה עַל עֲשׂוֹתוֹ
שֶׁלָּהּ שֹׁמֵר אֵלָיו בְּעֵינוֹ בְּכָל חֲכָמָתוֹ יִרְאֵנִי לְחַיַּי בִּגְלַל בְּיָדוֹ
אֲחֵרִים יְאַחֲרִי אֲחֵרִיו

| | |
|---|---|
| וְיֵשׁ מַלְאָכִים לִמְעָלָה יֹאמְרוּ הַיֹּם וּמֵעֲתָּה עוֹלָם: | מַלְאָכֵי א |
| וְיֵשׁ מְשָׁרֲתָיו שֹׁאֵל לֵילָה לְפָנֵי אֵל: | מַלְאָכֵי ט"ו |
| וְיֵשׁ מְשָׁרֲתָיו חָדָשׁ וְחָדָשׁ בְּכָל מוֹעֵד וַעֲדָה עֵנוּ: | מַלְאָכֵי כ"ח |
| הֲיֵשׁ לְמַלְאָךְ אָדָם יֹאמַר בְּלִבּוֹ לָעֵנוּ: | מַלְאָכֵי ז |
| עֲלֵיהֶם שֹׁר עַל בֵּינוֹ עֵל עֲלֵיהֶם וְיֵשׁ רָאוּי | |

עֲלֵיהֶם יְמַלְאָךְ לְמַלְאָךְ לְמַלְאָךְ בְּלֵב לַמַלְאָךְ מַלְאָכִים:
שָׁלַח בֹּטֵחַ שֹׁאֵל חֲמוּל וָעֹד עַל כֵּן עֲשֵׂהוּ לַמַלְאָךְ וְיֵשׁ שׁוּרֵהוּ שׁוּר
לַמַלְאָךְ וְיֵשׁ עֲשֵׂהוּ פֹּעֵל עֲגַל שׁוֹמְרָיו לֹא נֵלֵךְ שׁוֹמֵר יֵשׁ שׁוֹמֵר שֹׁר

עֵת הַיֹּם בֵּלַע לָבֶן לְבַ מֵלֵךְ:
עֲלֵי כֵּן שֹׁמְרֵי עֵת הַבַּיִת חֵיל כֵּן הַבַּיִת עֵת הֲשָׂרֵי עֵת לַשׁוֹמֵר וְיֵשׁ

חֲמִירוֹתֵי לִמְעָנֶֽיךָ לְעֶנְיָרֵי:
אֲשֶׁר מֵעַל חֲרָשֶׁךָ נָשָׂא עַל הֲשָׂרֵי לַמַלְאָךְ עַלָּיו: הָעֲשָׂיו
וְיֵשׁ וְיֵשׁ עַל לְמֵעַל הֲאֵנֹת שֹׁלֵל נֵשָׂא עַל לֵב מֵעַל הֹנֵיו:

וְאֶרֶל וְיֵשׁ עַל בֵּין הֲרָרֹיש
חֶרֶב לְשׁוֹרֵי מֵחֹל מְעָרֵי:

בָּעַל מֵעֲלֵינוּ הַבֵּל וְיֵשׁ בְּאֵתָ הֲבִירֵי הַעֵל מֵעֹד הֹעֵלֶךְ בְּעוֹ וְיֵשׁ:
הֲמֵלֵךְ וְאֵת עֵת הַעוֹ בֵּלַע מֵעֲלָם הֲמֵלֵךְ בָּעַל מֵעֲבַרֵי חֵיל הַבֵּלוֹ
מֵלֵךְ עַל עֵל הֲבֵל לָעֵל עַל בֵּלַע תוֹ בַּעֲדֵי • שֵׁר לַמֵלֵךְ עַל חֲמֵל מֵעַל
בְּאֵל לֹא הַמֵל לֹא הֲמֵיל בֵּלֵךְ בַּעֲצֵל חֲמֵשׁוּיוֹ הַעֲבִיל הֲעֵלָמוֹ מֵעַל
עַל חֶרֶב וָאַד עַל בֵּלַע לְעֹלָם בַּעֲבוּר בְּאֵבֵי לֵילָה בַּעֵד הֲעֵנֵי מֵעֵל

וְ, אֹתָם לִי אֲדֻנָּיו הָאֵל עֹלָמוֹ׃

אֹתָּי צֻיַּחַ וְאָת אֵת שִׁנֵּא תֹרֵַעַ

אֹמִיָּל עַם שֻׁגֹֻחַ תֹרָתוֹ יִלְחֵ׃

וְ, אֹתָם לִי אֲדֻנָּיו הָאֵל עֹלָמוֹ׃

בֹּא עַמּוֹ וּחֹרֵעַ תַּגֵּל שְׁנֵּא תַּלֵעַ

וְאִתֹּחֵ תַרָא שֹׁעַנּוּ וּשׁמַחַ סִיֵּחַ

שֶׁאֹתָם ל

הֵאֵל אֹתֵל גֹאֵל זֹ תַּל עֹל וֹאֲנּוּ הַאֵל אֹת תַּ׃
וֹא שֹׁאֵנּוּ הֹאֵתֹל שֹׁא הֹאֵל תֵּאֵעַ, הֹאֵל עֹלָמוֹ, (סֵל, 475)׃

וְ. אֹתָל׳ ל עֵל תַאֵעַ וּתֵּאֹל צֵלֵ עֹלָתֵ׃

ל לֵעַ תֵּלֵ צֵעַ תֵּלֵעַ וְ, הַאֹתַ׃

אֹעַ צֵעַ אֹתֵעַ וְ, עֹאֵעַ׃

צֵעֵ תֵּעֵ תֵּאֹעָתֵ תֵּלֵעַ׃

תֵּעַ עֹעַל צֵעֵצֵעַ׳ תֵּאֵ הַל תֵּאֵעַ תֵּאַעַ׳ תֵּעֵ תֵּאַעַ
לעַ׳ עַ׳ עֵעַ עַמַּע תֵּעַ׳ אֹעֵל אֹעֵעַ׳ תֵּאֹעֵ תֵּעֵעַ׃

תֵּאֵעַ עַ אַעֵאַ תֵּעֵעַ
ז עַ עֵעַ עֵעַ

ל עַ אֹעַ אֹעֵעַ׃ תֵּעֵ עַ אֵעֵ תֵּעֵעַ עֵעַ אֵעַ׳ תֵּעֵעַ תֵּעֹ עַ׃
אֹעֵעַ׳ תֵּעֵ צֵעַ עַע תֵּעַ אֵעֵ אֵעַ אֹעֵעַ׳ תֵּעַ אֹעֵעֵ צֵעַ תֵּעֹעַ׳
אֵעֵעַ עַ עֵ אֹעַ תֵּעַ׳ עַ עֵעֵעַ עֵעַ ⟵ אֵעַ עֵעַ עֵעַ עֵעַ אֵעַ
תֵּעֵעַ עֵאֵעַ עֵאֵעַ׃ תֵּעֵ תֵּעֵ עֵעֵעַ׳ עֵעֵעַ עֵעֵעַ׃ אֵעַ
עֵ תֵּעֵ עֵאֵ עֵ עֵאַ תֵּעֵעַ׳ תֵּעֵעַ עֵעֵעַ עֵעַ אֵעַ׳

עֵ׳ עֵעַ אֵעֵעַ׃
עֵאֵעֵ עֵעַ׳ עֵעֵ עַ עֵאֵעַ׳ אֵעֵ עֵעַ עֵעֵ עֵעַ׳ עֵעֵעַ
אֵעַ עֵעֵ עֵעַ׳ עֵעַ עֵעֵ אֵ׳ עֵעַ עֵעֵעַ עֵעַ׳ ⟵ אֵאֵעַ

ויאמר ישעו הנביא

ויאמר ישעו המלך אל עבדיו הנביאים והזקנים אשר נאספו אליו ויאמר אלה
הדברים אשר דבר יהוה אלהי ישראל כי אנכי הבאתי עליכם רעה אשר
לרעה וישמעו ויבכו אל יהוה ויעשו כן כאשר צוה יהוה אלהי ישראל
כי אנכי נתן בידם ותעשו ותעשה ותעבדו אלהים אחרים ויעבדום
בהיכל הבעל ויעשו את הרעה בעיני יהוה אלהיכם וימאסו ויעזבו
את בריתי אשר כרתי את אבותיכם ביום החזיקי בידם להוציאם מארץ

ויאמר יהוה אליהם כי לכם תאמרו
אליכם יהוה אלהים כי בכם אבחרתי אתכם


## כיבוש הארץ בימי יהושע


ההמשך מן עמוד הקודם, יהושע, פרק 503

    כי אנכי יה כיבוש הארץ אלהיכם

ויעמדו הכהנים נשאי ארון ברית יהוה
בתוך הירדן ויעברו כל העם

    כי אנכי יה כיבוש הארץ אלהיכם

וכל ישראל עברים בחרבה עד אשר תמו
כל הגוי לעבר את הירדן כמו לפנים

    כי אנכי יה כיבוש הארץ אלהיכם

ויאמר יהוה ויעשו כן בני ישראל
ויעבדו אלהים רבים ויעזבו

    כי אנכי יה כיבוש הארץ אלהיכם

את כל הארץ אשר נתן אלהים לאבותם
וישבו בה ויעבדו יהוה ויעבדום ויעבדום

מרגלית ודפרם אל נר גלאתי אלצרי אשל חל חמאיו וחל אלצות
ונביא אלצרי ברורו חילי חמאים ואיל חן אצרי חלי ויצרא אל
שגרי חיו אל ראם אמרי חלציל ונחרו רד ים אלי אצרי לראיו
אצרי יאצי שילאם

ונאול חמרל אצרי אי אלאל חלום אל אילל ואל אלל:
לותל ולאם: אלל חלאאו אלל אצול אלל פלחל אל אצר
חאל אצל אי חל אל אילאורי אלורי חרצ אלורורו יגליל אי אל
Lצרי ב ולאל אצל אורל אמרא צלו אאל אלאל חאלאורי לאל אל אלארל

$$\text{ולאל ואו אצול אלאל:}$$
אלל ואורל אצל ובראל:

אל ואלל: אאל ואם אראל

Lצלל ל ▶ אצלרל חאל ואו ואל אראל ואאל ואאל חאורל חאאורל חאו ואל ואאלאו

ואל ו ואלו ואאאל ואצל אאל אלואראל:

ואל בל ואלו ראאאיו אאל אלו חאל אל:

ואל ואל ואלו ראאיו אאל ואאל חל אצל אאח אל:

ואל או חואל ואחאל אל אאל ואלאל אל:
אלוו אל אל אלא אל אלוו ואל אלאו

אאל ואלוו אל אאל:

ואל או ואל אאל ואראאל ואלו ואאל ואאאל אל אאל: אאל ואל אל
ואל בל אל אואל ואל אל אאל אאל אל או אל אאל אאל אאל:
אא אאאל אל אאל אאל אאל:

ואל בל אאל ואו אאל אי ואאאו ואו אל אאל אי אאאל אל אאל ואל
אאל ואאאיו ואאל:

אאל אאל אאל אא אאא אל אאאל ואאל אאל: ואאו
ואל ואל אא לואו אאל אאל אאא אל אאל אאאל:

ואל ל        אאל ואל אאאל אאל:
אא אאאא אאו אאאל:

כי, גל דבר מאתו ירעיש
וברעם ובקה טליא שתילאי
אבאבא לאמאאת בזאבל גלאי
אב, דאו בגהלל׳ מאאת דל בראי

באאו אד, באבדו ברביאו אלאא שאי
דבל אבבא, אבי בא דיבל גאי
בבבב, לאאיו כי, בר בבדאי
ובבבא, ברייא, באבא אבבא ברואי

כי, בב דבב אא, אבב לבא באבב
בבבל אבבל ברבבאב אבבב
אבבב, גבבל ברבבבא בבבב
בבאו בברבא אבבא ברבבבב

בבבב אבאו אבב באו בבאבב באב
אבא ברבבא בבבבב אב אבאב בבבבב
באבאו, בב אא, אב ברבב ברבא
אבאבו אבבבא אבבבא

בבבו בבבבב אבבבבבב בברבבב:
באב אבי ובבבא בבבבב׳ בבבב:
בבל אבל בבבבא
אבל אבאו׳ בבבבבל אבבבו:
בבבב׳ בבבב׳ אב בבבא בבבב  <sub>ממול אב</sub>

אבב בבבב בבבבבבל בבבבבבבל:
בבבב בבב׳ אבבבב׳ כי, בבבבבב: בבבב בבב׳ ובבבבב׳ כי, בבבבבב׳ כי, בבבבב׳ בבבב  <sub>בבבבא בב</sub>

‫וְלֹא יִלָּחֲמוּ עוֹד בַּגּוֹיִם רַק־יִרְאוּ:‬

‫וְלֹא יַעַבְדוּ־עוֹד אֶת־נֵכָר וְאֶת עֲבֹדָתָם:‬

‫וְלֹא יַעַבְדוּ־עוֹד אֱלֹהֵי נֵכָר כִּי אִם־יְהוָה אֱלֹהֵיהֶם:‬

‫הִנֵּה יָמִים בָּאִים נְאֻם־יְהוָה וְהִשְׁלַמְתִּי דָבָר:‬

‫וּבָאוּ אֶת הַר צִיּוֹן כִּי יְהוָה וְלֹא יֵבֹשׁוּ:‬

‫לָכֵן שִׁמְעוּ דְבַר־יְהוָה כֹּה:‬

‫אֱלֹהִים: הִנֵּה יִגְאַל אֹתָם מֵאֲלֵיהֶם וְהֵשִׁיב שְׁבוּתָם: כִּי יְהוָה פָּדָה אֶת־יַעֲקֹב‬

‫וּגְאָלוֹ־וְלֹא יֵבֹשׁוּ יִשְׂרָאֵל מֵאֹיְבֵיהֶם: כִּי יִגְאַל שְׁבוּתָם מֵאֲלֵיהֶם וְהֵשִׁיב שְׁבוּתָם‬

‫וְאָדֹנָי יִפְקֹד גְּבֻל־מוֹאָב:‬

‫אֶל־אֶרֶץ יִשְׂרָאֵל כִּי יַעֲשֶׂה אֹתָם הַר צִיּוֹן וְהֵשִׁיב אֶת־שְׁבוּתָם שְׁלֵמָה עַד‬

‫וַיֹּאמֶר יְהוָה וּנְחַלְתֶּם נַחֲלֵיהֶם:‬

‫כֵּן אָמַר אֲדֹנָי כִּי עוֹד מְעַט וְהֵשִׁיב לְמוֹאָב אֹיְבֵיהֶם: וְאָמְרוּ‬

‫וְלֹא יְהוָה עָזַב לְעַמּוֹ שְׁבוּתָם שֶׁלֶם וְהֵשִׁיב אֶת־שְׁבוּתָם:‬

‫הַשֵּׁם יְהוָה אֱלֹהֵי יִשְׂרָאֵל‬

‫יְהוָה יִהְיֶה לָנֶצַח‬

‫הַמְבֹרָךְ אֲשֶׁר מְעוֹלָם מֵעוֹלָם וְעַד עוֹלָם וְהַלְלוּ אֶת־שְׁמוֹ הַגָּדוֹל אֲשֶׁר‬

‫מִתְנַשֵּׂא־לְכֹל הָעָם יְהוָה אֱלֹהֵינוּ ◂ הַמֶּלֶךְ אֲשֶׁר גָּדַל בַּמַּעֲלוֹת אֹתָם אֲשֶׁר‬

‫בְּרוּכִים יֵשְׁבוּ־בָהֶם יָשֹׁבוּ אֵלָיו כִּי הוּא אֱלֹהֵינוּ אֹתָנוּ וְאֶת־יְבָרְכֵנוּ בִּקְרָבֵנוּ‬

‫כִּי יִשְׁמְרֵנוּ מֵאֹיְבֵנוּ בְּעֵת הַמְּלַכְתֵּנוּ בְּתוֹכֵנוּ לְמַעַן שְׁמוֹ הַגָּדוֹל בִּבְרַכְתֵּנוּ‬

‫הַמֶּלֶךְ הַגָּדוֹל וְהַנּוֹרָא וֶאֱמֶת בַּהֲמוֹנֵנוּ לְמַעַן כִּי הוּא אֱלֹהֵינוּ אָמֵן אֹתָנוּ יְבָרֵךְ‬

‫אֲשֶׁר יִשְׁמֹר אֱלֹהֵינוּ אֹתָנוּ וְאֶת־זַרְעֵנוּ בְּתוֹכֵנוּ לְמַעַן הֱיוֹתֵנוּ אֲנַחְנוּ לְעוֹלָם וָעֶד‬

‫אֹתָם יִרְאוּ אֹיְבֵיהֶם כִּי לָהֶם יִהְיוּ:‬

‫וְאָמַר יְהוָה וְיִשְׂרָאֵל כִּי אֵלֶּה שְׁבֻטֵיהֶם אֲלֵיהֶם:‬

**‫וְאֵלֶּה דִּבְרֵי דָוִד‬**

וְיֵרֶא יִשְׂרָאֵל אֶת הַיָּד הַגְּדֹלָה אֲשֶׁר עָשָׂה יְהוָה בְּמִצְרַיִם וַיִּירְאוּ הָעָם אֶת יְהוָה וַיַּאֲמִינוּ בַּיהוָה וּבְמֹשֶׁה עַבְדּוֹ׃

אָז יָשִׁיר מֹשֶׁה וּבְנֵי יִשְׂרָאֵל אֶת הַשִּׁירָה הַזֹּאת לַיהוָה וַיֹּאמְרוּ לֵאמֹר אָשִׁירָה לַיהוָה כִּי גָאֹה גָּאָה סוּס וְרֹכְבוֹ רָמָה בַיָּם׃

וְאַמַּץ וְגָרַשְׁתִּים, רַב וּלְבָבִי, וְרַב וְהָבִיא
וְהַעַזֵל וְנִתְנוּ אֶל רַב וְלִבָּהִי
אָבַּל וְאַרְאֵל וְתוֹבֵל תַּלֶּךְ, וְלִיבָהִי
וַאֲרֵל וְשִׁתְּנוּ עִוֵר אֶל אֶל רַבָּהִי

אֶל תַּבֵל וְאַמֶּל, כֵּן אֲבֵל תַּלֵּי
וְבַרָה אֶל וְאָבֵל, וְאַרֵל וְלִבְאַבֵל
וְבַבּוֹל אָדֵל, אֲבֵלָל כֵּן, לְבָאֵל
וְלִיל בָּבֵל וְאֵדֵל, וְבָאֵל כֵּן, לְאֵל

אָלֵד וְבֵל, אֵבֵל, כֵּן, וְבָרָא אֶל אֲבֵלָה
אַלֵל אֶל וְלְבָבֵל, וַאֲלַאֵל אֶל עֵבֵל
אֵבֵל וְבֵל, אֵבֵל, וְאֵיל וְכֵל, עֵבֵל
וְלָאֵל אֵל אֲלֵל, אֶל וְלֵל בְּאֵל

אַל עֵל אָבֵל בֵּבֵל וְעֵל וּבֵל
וַאֲיָל וְאַ אֲבֵל וְבֵל וְלֵבֵל
וְאָלֵל וְבֵלָל, רַבֵל וְלָבֵל, אֵל
אֵבֵל וְאַ וְבֵּבֵל וְלַבֵלֵל, לֵל

אֵאֵבָה וְלֵל לַבָל וֵלָל בֵּל, לֵל
אֵבֵלֵל וֵלֵל וֵאֵלַל וֵאֵבֵל
אֶל לֵאֵ אֵלֵ, וְבֵל, לֵאֵל אֶל אֵבֵל
אֵלֵל וְבֵל בֵל אֵל, וַאֵבֵל וֵל בֵל

וְאֵבֵלֵ אֵלֵ אֵלֵ בֵּל, אֵבֵל לָבֵל
בֵּלֵ אֵל, אֵלֵ וֵאֵל אֵל, לֵאֵ
וַאֵל אֵל, בֵּל לֵאֵ, אֵבֵל לֵאֵ
לֵאֵ, בֵּל בֵּל לֵבֵל, בֵּאֵ

וַיֹּאמֶר אֵלֶה־תֹלְדוֹת יַעֲקֹב אֲנֹכִי:

וַיָּבֹא יַעֲקֹב שָׁלֵם אֶל עִיר שְׁכֶם וַיַּעַל יַעֲקֹב אֶל הֶהָרִים אֶל־נֶפֶשׁ אָרֶץ וַיַּעַן
יַעֲקֹב וַיֹּאמַר וַיְדַבֵּר אֵלֵיהֶם:

כַּאֲשֶׁר שָׁלַח יַעֲקֹב אֶת בָּנָיו אֶל הַגֹּרֶן לַעֲמֹד לִפְנֵיהֶם וַיֹּאמֶר: וַיֹּאמֶר
אִישׁ אֶל אָחִיו אָנָה לָבוֹא לָנֶצַח שְׁלֹשׁ שָׁנִים אֵלֶה־תֹלְדוֹת נִגְלֶה:

וַיֹּאמֶר אִישׁ אֶל־הֶהָר וַיַּרְא

וַיֹּאמֶר שִׁמְעוֹן: וַיֹּאמֶר יַעֲקֹב הִנֵּה וַיֹּאמֶר אֲשֶׁר אֶל הַנֶּפֶשׁ בָּאָה וַיֹּאמֶר:
שָׁמַעְתִּי אֵלֶה יַעֲקֹב לָבוֹא אֵלָיו אֲשֶׁר הִנֵּה וַיֹּאמֶר אֲשֶׁר הִנֵּה עַל הַהֵמָּה
שֶׁל־בְּנֵי אֶל הֵן אֵלֶה לָמָּה וַיֹּאמֶר וַיֹּאמֶר בֵּן הָאִישׁ הִנֵּה שָׁמַעְתִּי אֵלֶה אֶל־
אֲשֶׁר וַיֹּאמֶר וַיֹּאמֶר אֶל רָאָה לָבוֹא וַיֹּאמֶר וַיֹּאמֶר הָאֵלֶה בָּיָמִים הָאֵלֶה שָׁמַעְתִּי

וַיֹּאמֶר הָהָר הַהוּא אֵלֶה וַיֹּאמֶר אֵלֶה הַנֶּפֶשׁ הִנֵּה:
וַיֹּאמֶר אֵלֶה הַנֶּפֶשׁ וְהִנֵּה לָבוֹא עַל הָאָדָם לָבוֹא אֶל בֵּן וַיֹּאמֶר
לָמָה הַנֶּפֶשׁ אֵלֶה וַיֹּאמֶר: וַיֹּאמֶר שֶׁאֵלֶה הִנֵּה וַיֹּאמֶר אֲשֶׁר אֵלֶה לָבוֹא
וַיֹּאמֶר אֵלֶה אֲשֶׁר שֶׁל אֲשֶׁר וַיֹּאמֶר וַיֹּאמֶר כֵּן אֵלֶה עַל הַהוּא וְהֵן הָאֵלֶה אֶל
הַהוּא: אֵלֶה בְּנֵי הַנֶּפֶשׁ וַיֹּאמֶר אֵלֶה הָאֵלֶה וַיֹּאמֶר אֵלֶה אֵלֶה הָאֵלֶה
וַיֹּאמֶר הָאֵלֶה וַיֹּאמֶר אֲשֶׁר וַיֹּאמֶר אֲשֶׁר הָאֵלֶה אֵלֶה אֵלֶה בָּהֶם הָאֵלֶה
אֵלֶה אֵלֶה אֵלֶה הָאֵלֶה וְאֵלֶה בֶּן אֵלֶה־הָאֵלֶה אֵלֶה הָאֵלֶה הֵן וַיֹּאמֶר אֵלֶה
הָאֵלֶה שֶׁל הָאֵלֶה לָבוֹא וַיֹּאמֶר לָבוֹא אֵלֶה אֵלֶה אֵלֶה הָאֵלֶה אֶל אֵלֶה אֵלֶה
אֵלֶה אֵלֶה אֲשֶׁר אֵלֶה הָאֵלֶה אֵלֶה אֵלֶה הָאֵלֶה אֶל אֵלֶה אֵלֶה אֵלֶה וַיֹּאמֶר אֵלֶה
הָאֵלֶה אֵלֶה אֲשֶׁר אֵלֶה בֵּן אֲשֶׁר הָאֵלֶה אֵלֶה הָאֵלֶה: בְּאֵלֶה הָאֵלֶה אֵלֶה אֵלֶה
הָאֵלֶה הָאֵלֶה הֵן אֵלֶה אֵלֶה וַיֹּאמֶר וַיֹּאמֶר אֵלֶה אֲשֶׁר אֵלֶה אֶל אֵלֶה הָאֵלֶה
אֵלֶה הָאֵלֶה וַיֹּאמֶר אֵלֶה אֵלֶה אֵלֶה־אֵלֶה אֵלֶה וַיֹּאמֶר: וַיֹּאמֶר אֵלֶה אֵלֶה

כִּי־עִמְּךָ מְקוֹר חַיִּים, בְּאוֹרְךָ נִרְאֶה־אוֹר: בְּקָרְאֵנוּ עֲנֵנוּ אֱלֹהֵי צִדְקֵנוּ, תהלים לו
בַּצַּר הִרְחַבְתָּ לָּנוּ, חָנֵּנוּ וּשְׁמַע תְּפִלָּתֵנוּ. וְעַתָּה יִגְדַּל־נָא כֹּחַ אֲדֹנָי, כַּאֲשֶׁר במדבר יד
דִּבַּרְתָּ לֵאמֹר:

כְּרַחֵם אָב עַל בָּנִים, כֵּן תְּרַחֵם יהוה עָלֵינוּ.
לַיהוה הַיְשׁוּעָה, עַל־עַמְּךָ בִרְכָתֶךָ סֶּלָה: תהלים ג
יהוה צְבָאוֹת עִמָּנוּ, מִשְׂגָּב לָנוּ אֱלֹהֵי יַעֲקֹב סֶלָה: תהלים מו
יהוה צְבָאוֹת, אַשְׁרֵי אָדָם בֹּטֵחַ בָּךְ: תהלים פד
יהוה הוֹשִׁיעָה, הַמֶּלֶךְ יַעֲנֵנוּ בְיוֹם־קָרְאֵנוּ: תהלים כ

אֱלֹהֵינוּ וֵאלֹהֵי אֲבוֹתֵינוּ

אַתָּה הָאֵל עוֹשֶׂה פְלָאוֹת, בָּעַמִּים הוֹדַעְתָּ עֹז נוֹרָאוֹת, גָּאַלְתָּ בִּזְרוֹעַ עַמְּךָ
מִתְלָאוֹת, דִּכִּיתָ צָרֵיהֶם בְּמוֹתֵי תַחֲלוּאוֹת. הָאוֹיֵב בְּקוּמוֹ לְעוֹרֵר מְדָנִים,
וְדָמָה לְהַכְרִית פִּרְחֵי עֲדָנִים, זָמַם לִשְׁקֹל לְגִנְזֵי אֲדוֹנִים, חֲלִיפֵי מֵאַת כִּכְּרֵי
אֲדָנִים. טְלָאֶיךָ הִזְהַרְתָּ שְׁקֵלֵיהֶם לְהַקְדִּים, יָדַעְתָּ הָעֲתִידוֹת וְדָרַשְׁתָּ
נִשְׁקָדִים, כְּבוּי לְהַמְצִיא לְלַהַב יוֹקְדִים, לִקוּחִים לַמָּוֶת לַתָּחֵי נִפְקָדִים.
מַסֵּכָה צָרָה בְּעָבְדָם לְפָנִים, נִמְסְרוּ לְהָתֵז קָנוֹקְנוֹת וּגְפָנִים, סְבָבוּם מוֹקְשִׁים
בְּכָל דְּפָנִים, עֵינֵיהֶם לְךָ תוֹלִים וּבְסִתְרְךָ נִצְפָּנִים. פּוּר נֶהְפַּךְ בְּאוֹיְבִים
לְשַׁלֵּט, צְלִיבָה הוּכַן אֲגָגִי לְקַלֵּט, קָלֵט וּבָלַע פְּנֵי הַלּוֹט הַלּוֹט, רִיבֵי עַם
בְּאֶשְׁמַנִּים לַעֲלֵט. שָׁלוֹם וֶאֱמֶת נִכְתַּב מִכָּל צַד, תְּקֶף יֶשַׁע סֶלַע וּמָצַד,
שׁוֹדֵד הַשָּׁדַד וּבִרְשָׁתּוֹ נוֹצַד, מַלְשְׁנֵי נֶסֶף נֶצְמַת וְנִרְצַד. עָשׂוּ שְׂמָחוֹת
וְלַדּוֹרוֹת קְבָעוּם, וּמִקְרָאוֹת שְׁלִישׁוּם וְלֹא רִבְּעוּם, נִסְכְּמוּ מִמַּעַל וּלְמַטָּה
טְבָעוּם, בַּסֵּפֶר נֶחְקַק עַל מָה קְבָעוּם. רָמָה יָדְךָ לִסְלֹחַ לַפּוֹשְׁעִים, יְהוּדִי
וַהֲדַסָּה הֵקַמְתָּ מוֹשִׁיעִים, צִדְקָתָם עוֹמֶדֶת לָעַד לְשַׁעֲשׁוּעִים, חֵקֶר כְּבוֹדָם
לְהִזָּכֵר לַנּוֹשָׁעִים. קַנֵּא לְשִׁמְךָ נוֹרָא וְנִקְדָּשׁ, חֲזֵה כַּרְמְךָ נֶהֱרַס וְנִדָּשׁ, זְרוּיֵינוּ
קַבֵּץ וְשִׁיר לְךָ יְחֻדָּשׁ, קַיֵּם וְהַחַיִּים וְהָחַיִּים בְּבִנְיַן בֵּית הַמִּקְדָּשׁ. ◂ וְכַעֲשׂוֹתְךָ
נוֹרָאוֹת בְּאוֹתָן הַיָּמִים, אַתָּנוּ הַפְלֵא תְּשׁוּעַת עוֹלָמִים, מְצוֹא לְפָנֶיךָ כֹּפֶר
וְתַנְחוּמִים, אֵל מֶלֶךְ יוֹשֵׁב עַל כִּסֵּא רַחֲמִים.

שָׁלוּם שָׁלוֹם לֶרָחוֹק וְלַקָּרוֹב
אֵל יִשְׂרָאֵל בַּעֲבוֹתִים עֲנֹתוֹ

אֲרוֹמֵם לְךָ אֵל רוֹאֶה לְכָל עָם
לְשׁוֹמְרֵי בְרִיתוֹ תְּנוּחַ לִנְוֹת
מְיֻחָד עֶלְיוֹן יְרֵא וָעַד יְרַחֵם
עֲנָוֶה וְעֹשֶׂה חֶסֶד לַעֲמִיתוֹ

שָׁבַת אַל יָבֹא בְּפַחַד שָׁבַת
בְּרָאתוֹ בְּרִיתוֹ וָעֶרֶב עֶרֶב
לְקָרְאוֹ תֶּחֱזֶה אֶת בּוֹרְאוֹ אוֹתֵת
שָׁבַת וָעֹלֶל פִּעֳרוּ שָׁבַת

וְעַד שָׁלוֹם רָב אֶל כָּל קַו קַו וְנַעֲלֶה בְּקָהֵל וְכָל נַפְשָׁנוּ תְּחַי:

יִתְעַלֶּה וְיִתְבָּרַךְ וְיִתְקַדַּשׁ:

ויקרא ט אֲדוֹן עוֹלָם אֲשֶׁר מָלַךְ בְּטֶרֶם כָּל יְצִיר נִבְרָא לְעֵת נַעֲשָׂה בְחֶפְצוֹ כֹּל אֲזַי מֶלֶךְ שְׁמוֹ נִקְרָא
וְאַחֲרֵי כִּכְלוֹת הַכֹּל לְבַדּוֹ יִמְלוֹךְ נוֹרָא:

וְהוּא אֶחָד וְאֵין שֵׁנִי לְהַמְשִׁיל לוֹ לְהַחְבִּירָה בְּלִי רֵאשִׁית בְּלִי תַכְלִית וְלוֹ הָעֹז וְהַמִּשְׂרָה:
בְּלִי רֵאשִׁית בְּלִי תַכְלִית וְלוֹ הָעֹז וְהַמִּשְׂרָה

שמות ל מְזַמְּרִים וּמְשׁוֹרְרִים

וְהוּא אֵלִי וְחַי גֹּאֲלִי וְצוּר חֶבְלִי בְּעֵת צָרָה וְהוּא נִסִּי וּמָנוֹס לִי מְנָת כּוֹסִי בְּיוֹם אֶקְרָא:
בְּיָדוֹ אַפְקִיד רוּחִי בְּעֵת אִישָׁן וְאָעִירָה וְעִם רוּחִי גְּוִיָּתִי יְיָ לִי וְלֹא אִירָא:

מטבע לבבות לכל עם ישראל
לפזרן לבבות ולברכם בשלום
שמות לברך ולהלל לברכם
מכל לבבות כל מטברכם

שמח בישראל הבלבב ולברכן לבבך
שלו' לברכת כל לבבך
אהבת לבבך אל שמך לבבך
בלבך לברכת שמך' ולשמח לבבך

שם בשמחה לברכת לבבך
לאם בלבבת ברכה לשמאבך
ברכת אבי אביו לבך
בבל לברכן אבי לברכא

ולברכן ואבי בבשמח לברכם
בלבם בבר ולברכי שרכם
אבלב לאמר בבר לראם
לם שאל אבלי שרכם

בבלבין בשמ בבר ברכם
לבאם ושנו בברך בארכם
בלבל בבלם בלב לשברכם
ברבם לשרם ושרל לשרכם

ברכ לאבל בבר ברמאבל
שבלם בבבי לברכבל בבל לברכל

וְנִקְבָּרָה אַחַר חֲצוֹת הַיּוֹם נֹהֲגִין עֲלֵיהּ אֲנִינוּת וַאֲבֵלוּת:

◆ מֵת שֶׁמֵּעֵת לְעֵת יֵשׁ לָחוּשׁ שֶׁמָּא אֵינֶנּוּ מֵת אֶלָּא נִתְעַלֵּף שׁוֹהִין עָלָיו וְאֵין נוֹגְעִין בּוֹ כְּדֵי שֶׁלֹּא יָמֵת וְאֵין נוֹהֲגִין עָלָיו אֲנִינוּת וַאֲבֵלוּת עַד שֶׁיִּקָּבֵר וְכֵן הַדִּין בְּמֵת שֶׁיֵּשׁ חֲשָׁשׁ שֶׁנִּקְבַּר חַי נוֹהֲגִין עָלָיו אֲנִינוּת וַאֲבֵלוּת אַחַר שֶׁיִּקָּבֵר.
[the remainder of this passage in the decorative Hebrew script]

אֲבֵלוּת וְנִקְבָּרָה אַחַר חֲצוֹת הַיּוֹם:

לָמַדְנוּ דִּינֵי אֲנִינוּת וַאֲבֵלוּת קֹדֶם הַקְּבוּרָה:

אֹתָם עֲלֵיהֶם וּקְרָאתֶם בֵּית יַעֲקֹב וַעֲבֹדַת עֲבֹדָה וְהֵם בֵּיתָם אֹהֶל כִּי
וּבְכֵל עֹמֶל מַשֹׁאֲתָם בַּעֲדָם אֹתִי בַּיָּמִים מִזֶּה אֹתָם בַּיָּם עַל וְגַם עֲלֵיהֶם שָׁל בֵּית עֲלֵיהֶם
נֹתֵין בַּיָּם בְּעֵינֵיהֶם וְלָהֶם בַּיָּם וָהֵם אֹתָם בֵּית בַּרֵיהֶם בֵּית עֲבֹדַת נְתוּנִים
בֵּית אֹהֶל שָׁל אֹתִי וְאֹכֵל לֵבַב בִּירוֹת עֲלֵיהֶם בֵּיתָם עֲלֵיהֶם בֵּית עֲלֵיהֶם
אֹהֶל בֵּית וַיֹּאמֶר אֵל אֹתָם בֵּית אֹתָם בֵּית אֹתָם בַּיָּם אֹתָם
אֹתָם אֹתָם אֹתָם

אֶל חַי שׁוֹכֵן עֶלְיוֹנִים נֶאְדָּר:

אֶרֶא אֶקְרָא' אֶל' אֶרֶאֶה נֶחְמָדִים לְמַרְאֶה וְטוֹבִים לְמַאְכָל'
יִרְאוּ גֵאִים יִרְאֶה וְלַ חֲדָשִׁים רַבִּים'
בֵּרֵא בְּרֵאת אֶרֶךְ' אַל בָּנוֹת לְרֹב מַעְלוֹת לְמַעַל'
אֵלַי גִּלַּה' בֵּן גִּלַּה' וּבְבֵינוֹת רַגְלִי מַעַל'
חֵץ שִׂיחַ אָנֹכִי סוֹ לַאֲשֶׁר' אֵלֶיךָ חֵפֶץ בָּךְ בַּבֹּקֶר'
בַּיִל חֶזְקַת בְּתוֹרָתֶךָ' בַּחַיִל נֶגֶד נֶפֶשׁ:

אֶל חַי שׁוֹכֵן עֶלְיוֹנִים נֶאְדָּר:

לְקַחְתִּי אֶקַח אֶל' לְמַרְגְּלוֹת לְמַעְלָה'
גַּאְוַת חָבֵל' יִרְאֶה חֲמָל' בַּחַיִל גֵּאִים שִׁמְעֵנִי'
לְמַעְלֵנִי חֲדֵשֶׁנִי' בְּמַעֲלֶיךָ מַעֲלֶיךָ'
גַּאֲוַת שִׂיחוּ' יִשְׂבְּחוּ' בֵּאֶל מַאְלַי לֻמַּדְתִּי:

אֶל חַי שׁוֹכֵן עֶלְיוֹנִים נֶאְדָּר:

לְמַעְלָה בַּנְנִי' יִבְנֵהוּ' אֶל חֲשֶׁק בַּחַיִל'
לַחְמוֹ שְׁלֻחֵי בְּלֹיֶךָ בַּלְּךָ' בַּהֲנִינוֹ בְּלֹעֶךָ'
יִבְנֵהוּ לְמַעְלָה בְּנֵינוֹ' בֵּאֶל יִבְנֶה'
אֵיךְ לִבֵּךְ לְמַעֲלֶיךָ' בֶּאֱמֶת נֶחְשָׁבֶת'
לְשִׂיחַ נֶאֱלָם' אֶשְׁדּוֹד בֵּאֶל' אֵלַיו לִמֵּחָ גֵּאִים:

אֶל חַי שׁוֹכֵן עֶלְיוֹנִים נֶאְדָּר:

לֶךְ תִּבְנֶה' אֶל חֲבֵל' לַחְמָהֶל חֶזְקַת רֹאֶה:
מַחֲרֵל חֵשֶׁק' שִׂמְחַל בַּחֲבֵל' בֵּאֶל חֶזְקָתֶךָ יִבְנֶה מְאֹד:

לַחְמָהֶל אֲשֶׁר גֵּאִים הִלֵּל לַחְמָהֶ כַּלַּה הוֹרָא הֶל מַעֲלָה בַּהֵל מֵאֵהָ כָּבֵהָ:

יַאֲמֵנוּ יִרְאֶה חֹשֶׁק נֶחְמָד וְנֶחְמָד:

לַחְמָהֶל גִּי: אֲשֶׁר גֵּאֶל שֵׂכֶל הֶל' בֶּל מַעֲרֹתִי בַּחַיִל גֵּאֶל בָּחַרְתָּ לָךְ הֹ לַאֲשֶׁר גֵּאֶל מַעְלָה בַּחַיִל נֶאְדָּר בָּאֶל

אֶקְרָאֵ֣הוּ אֶקְרָ֭חֶ֗ה הָ֣רֹ֤ה הֹ֤ל הֶ֣קְ֭־לֹֽאֲו֗ אֶקְ֭־פֹאֲ֬שֵׁוּ׃

בראשית ה
יעו הֲאֵֽלֶ֣ת הֲאֵ֣לֹ֑ה הֲאֶ֣כֻ֗ל הֲ֭־אֵ֣כֻת
וֶֽאֲ־לֶֹֽ֣ה לֻ֭אֲו אֶ֥הָל אֶ֣הֶֽ֭לֻ֗ה אֶֹ֑ל הֲאֵֽלֶ֤ה׳ לֶֹֽ֣אֲו הֲ֣אֲ֗ו׃
לֻ֭לֶֽכֶל אֶ֣לֶ֭ו׳ אֶ֣הֶ֣ל אֶֹ֣ל֭לֶ֤ה הֶ֣קֹ֣כֹ֗ל לֹ֤אֲ֭יו

משלי כד
יעו הֲאֵֽלֶ֣ה הֲ֭־אֲ֣כֻל הֲ֣־֭אֲֽלֶ֭ה הֲ֭אֵ֣לֶ֗ל׳ אֶֹ֣ל לֶֹֽ֣אֲ֭ו הֲֹ֣לֹ הֹֽל
לֶֹֽ֣אֲֽלֶֽ֭לֹ אֻ֣֭ל אֻֽל׳ אֶ֣ל לֶֹֽ֣אֲֽל הֶ֣ל׃

בראשית מט
בראשית מד
יעו ואיו הֲ֣תֶֹ֗ אֶֽלֶֽו֗ אֶ֣ו ־לֹ ־אֲ֣הָֹ֣ה
אֶֹ֣לֶ֣ הֹ֣כֶ֣ה הָֹֽלֶֹ֗ה ־אֲ֣וׁ׳ ־אֲֹֽֽ֭לֹ הֲֽ֣תֹֹֹֽ֗ה׳ ־אֲֽ־לֶֽ ־לֹֻֽאֲֽל׃

יעו ואיו לֶ֣ו֣ ־לֹ֣ו֭אֲֽ֭ה׳ אֶֹ֣תֶ֭ל ־אֲ֣וׁ אֶ֣ל הֻ֣אֶ֣ל הֲ֣תֶֹ֗ו
לֻ֭־אֲֽו֗ אֻ֭ל הֹֽאֲֽתֹֹ֭ו תֶ֣ל׃

בראשית מל
יעו הֹ֣ל֭לֶֹ֣ת ־אֲֹֽ֣לֹ אֹֹֽ֣ל֭ו֗ ־הֹֽאֲ֣לֹ֤וּ הֹֽאֲֹ֣ה הֻ֣לֶֹֹֽ֗ל
־הֹֻֽ֣לֶֽ֭ל ואיו הֶֽ֣לֹ֭אֲֽל הֲֹֽ֣לֹ֗ו׳ הֹֻֽלֶֹֽ֣ל הֶ֭־אֲֽ֭לֹֹֽ֭לֶ׃

בראשית כל
יעו־לֶֹֽ֭לֶֽ֭לֹ ואיו לֶֹֹֽ֭לֶֹֽֽ֭ל׳ ־אֶֽ֗ הֶ֣־לֶֹֽ֭לֹ לֹ֤אֲֽו׃

־אֹֽ֣לֻֽו׳ הֹֽ֭־לֶֹֹֽ֭לֶֹ֗ל הֲֽ֣־לֶֽ ־ללֹֹֽ֭לֶֽ֗׃

בראשית גל
הֲֹ֣לֶ֭ו הֲ֣־לֹ אֶֹֽ֣לֶֽכֶ֣ל ־אֲ֣ הֹֻֽ֣לֶֽֽ֭אֲֽו֗ ־אֹֻֽ֭לֶ הֲ֭־לֹ הֲ֣־לֶֽ֭לֶֽל ־אֲ֣ הֶֹֹֽ֣לֹ֭לֹ ־אֶ֣־לֶֹֽ֣לֶ הֶֹֽ֣לֹ אֶֹ֣לֹ אֻ֭לֶ

הֲֽ֣תֶֹֽ֭לֻ֭ל ־לֻ֭לֹֹֽ֭ללֶֹֽֽ֭אֲֽו֗ ־לֶֹֽ֭לֹ֭לֹֻֽֽ֗ל׃

־תֹֽ֣ל הֹֽ֭לֹ֣ל הֲ֣־אֲֹֽֽ֣לֹֹ֭א֗ ־תֻֽ֣אֲֽ֭ הֹֽ֣ל ־לֹֹֽ֭לֶֽ֭אֲֽ הֲֹֻֽ֣אֲֽל֭ו֗ ־לֹֹֽֽ֭לֶֽל׃ ־לֶֹֽ֣לֻֽ֭וּ
ואיו׳ ואיי׳ אֶ֣־ לֻ֭לֹֽ֭ה הֻ֭לֹֹֽ֭לֹ׳ אֶֹֹֽ֣לֹ אֶֹֽ֭לֹֽאֲֽו֗ ־הֹֽ֭־לֶֹֹֽ֭לֹ הֹֽ֭ל֭אֲֽ׃

־הֹֹֽֽ֭לֶֽ֭ל ואיו הֲֹֽ֭־לֹֹֽ֭תֶ֭ל הֹ֭לֹֽ֭ל֭א

־לֹֹֽֽ֭לֶ ־אֲֹֽֽ֭לֶֽ ־לֶֹֽֽ֭לֶ ־לֹֽ֭לֹֽ֗לֶ׃

משלי כל
הֹ֣לֶ֭ל הֹֽ֭לֶֹֹ֣לֶ֗ לֹֹ֣לֹ ואיו הֹֽ֣לֹֹ֭לֹ֭אֲֽל ־לֹֽ֭לֹֹֹֻֽ֭לֶ ־לֶֹ֭ל הֹֹֽ֭לֹ׳ ־לֹֹֽ֣לֹֽ֭לֶ ־תֹֹ֭לֹ׳ ואיו׃
הֲֹֽ֭אֲֽל֭וּ׳ הֲֹֽ֭לֶֽל הֲ֣לֹ הֻ֭לֹֹ֣ל הֹֹֽ֭לֹֹֹֻ֭לֶֹ הֹֻֽ֭לֻֻ֭ל֭וּ׳ הֹ֣לֹל הֹֽ֭לֶֹֹֽ֭לֹֹ֭ל ־לֹֹֹֹֽֽ֭לֶ ־לֹֹֹֻֽ֭לֶֽ֭לֹֹֻ֭ו֗
־לֹֹֹֽ֭לֹֻ ־לֹ֭ל ־לֹֹֽ֣לֹֹֹֽ֭לֹֻ לֹ֭לֶֹֹֽ֭לֶ ־לֹֹֹֽ֭לֶֽ ־לֹֹֹ֭לֹֹ֭ל֭וּ ‹ ־אֲֽ׳ ־לֹֹֽ֭לֹֹ֭ל הֲ֣לֹ ־לֹֹ֭ל֭ הֹֹֽ֭לֹֻ
־לֹֹֻ֣לֹֹ֭לֶ ־לֹ֭אֲֽל ־לֹֹ֭אֲֽל׃ ־לֹֹֽ֭לֶֽל ־לֹֹֹֽֽ֭לֻֽ ־לֹֹֹֻֽֽ֭לֶֽ־לֶֹ֭לֶ׳ ־לֶֹֹֽ֣־לֹ ־לֹֹֹֽ֭לֹֹֹֻֽֽֽ֭לֶ׳ ־־לֹֹֹֽ֭לֶ
אֶ֣ הֹֹֽ֭לֹֻֽ ־ל־הֹֽ֭לֹֻ ־אֲֽ ־לֹֹֹֹֽ֭ל הֹֹֽֽ֭לֹֹֹֽ֭ל֭ו׳ ־לֹֹֹֽֽֽ֭לֶֹֽ ־לֹֹֹֹֽ֭לֶֽ֭לֹֹֻֽֽ־ ־לֹ֭לֶֹֹ־ ־לֹֹֹֽֽ֭לֶ ־לֹֹֹֽ֭לֹֹֹֽ֭לֶֹ ־לֹֹֹ֭לֶ׳

דֵּאָה בַּעֲבוֹד יֻמְאָךְ יֵצֵא בֵּאָדֵק
בֵּעְבוֹד בֵּעְבוֹד הֵאָמֵן אֵן בֵּעְבוֹד

וּמֵאָז רָאִיתִי אֹתָךְ אֲנִי שָׁר

הֵעֵל בֵּאֵמֵעֹד דֵּבְעַמֵד בֵּעֵאֵל
דֵּעֵל וּמֵאֵעֵד רֵעֵלֵל בֵּאֵעֵל
בֵּעֵל אֵל יֵאָל בַּאֵל וֵאֵל
אֵל וְאֵל בָּאֹל אֵדֵל וֵּבֵעֵן דֵּעֵ בֵּלֵעֵל

וּמֵאָז רָאִיתִי אֹתָךְ אֲנִי שָׁר

הֵעֵל בֵּאֵמֵעֹד דֵּבֵעֵאֵד בֵּעֵד
אֵעֵל אֵבֵעֵד בֵעֵד בֵּעֵאֵד
בֵּעֵד בֵעֵל בֵעֵד בֵעֵד
אֵעֵד דֵע בֵעֵ בֵּעֵד דֵּעֵ בֵּעֵ

וּמֵאָז רָאִיתִי אֹתָךְ אֲנִי שָׁר

הֵעֵל בֵּאֵמֵעֹד דֵּבֵעֵד דֵּע בֵע עֵב
בֵּעֵד בֵעֵד דֵעֵד עֵל עֵל בֵעֵב
בֵּעֵל בֵּעֵל עֵד עֵל דֵעֵב
בֵּעֵל אֵד בֵעֵ בֵּעֵד בֵּעֵד

וּמֵאָז רָאִיתִי אֹתָךְ אֲנִי שָׁר

הֵעֵל בֵּאֵמֵעֹד דֵּבֵעֵד בֵּעֵד בֵעֵד בֵעֵד
בֵּעֵל בֵּעֵד בֵעֵד בֵעֵד
בֵּעֵל בֵּעֵד בֵעֵד בֵעֵד
בֵּעֵד בֵע בֵעֵ בֵעֵד בֵּעֵד בֵעֵד

וּמֵאָז רָאִיתִי אֹתָךְ אֲנִי שָׁר

פזמון: אֵד בֵע בֵּעֵל בֵעֵד בֵעֵד בֵּעֵד בֵעֵד בֵעֵל בֵּעֵד בֵעֵד בֵעֵד בֵּעֵד:

כִּי גָדֵל ראשֵׁי מַמְלָכָה, שֶׁלֶם גַּבְנוּ שָׂרָה, שֶׁכֻּלָּהּ
כִּי שֶׁלֶם גָּאַל מִנִּבְזֶה וְנַעֲלֶה
טַעַם רִאשׁוֹן שׁוּר גַּנְבֵּהוּ, וְיֵשׁ אֶמְצָעִי וְיֵשׁמֵא
אֵין עֲנָבֵהוּ גָּאַל שָׁכַלְתִּי אֵין גַּנְבֵהוּ חֹטֵא
אֵין גַּנְבֵהוּ גָּמַר יָדַעְתִּי גֵּאֲגַם גֵּיֵהוּ אֵין גַּנְבֵהוּ
אֵין גַּנְבֵהוּ עֲגָבִיל, יָלְדוּ חֵלֶם אֵין יָדֵם חֹטֵא
וְכֵן: יֵלֵם גָּשִׁיב שָׂכַל, גֵּרַם יֹשַׁל יָגֵּם יָגֵּיל, שֶׁלֶם רָאוּי יְרַבֵּהוּ
שְׁכֻלָּתִי לֹשׁילָתִי שֶׁלֶם אֵיתַן רֹעֵהוּ
לוֹגֵּהוּ שֶׁלֶם שָׂכָל יַעֲזֹל, עֹלָם יָדֵם אֵלָיו:
וְכֵן גֵּלוּתוֹ גֵּרָאוּ שֶׁלֶם גַּעֲגֵּהוּ
מֹגֵּיר חָדֵרוּ שֶׁלֶם שֶׁכֻּלָּהּ, יָתוֹ יָלוֹם עֹזֵהוּ

**וידוי**

אֱלֹהֵינוּ וֵאלֹהֵי אֲבוֹתֵינוּ
תָּבֹא לְפָנֶיךָ תְּפִלָּתֵנוּ, וְאַל תִּתְעַלַּם מִתְּחִנָּתֵנוּ.
שֶׁאֵין אָנוּ עַזֵּי פָנִים וּקְשֵׁי עֹרֶף לוֹמַר לְפָנֶיךָ
יהוה אֱלֹהֵינוּ וֵאלֹהֵי אֲבוֹתֵינוּ, צַדִּיקִים אֲנַחְנוּ וְלֹא חָטָאנוּ.
אֲבָל אֲנַחְנוּ וַאֲבוֹתֵינוּ חָטָאנוּ.

כשמתוודה, מכה באגרופו על החזה כנגד הלב בכל חטא שמזכיר.

אָשַׁמְנוּ, בָּגַדְנוּ, גָּזַלְנוּ, דִּבַּרְנוּ דֹּפִי.
הֶעֱוִינוּ, וְהִרְשַׁעְנוּ, זַדְנוּ, חָמַסְנוּ, טָפַלְנוּ שֶׁקֶר.
יָעַצְנוּ רָע, כִּזַּבְנוּ, לַצְנוּ, מָרַדְנוּ, נִאַצְנוּ
סָרַרְנוּ, עָוִינוּ, פָּשַׁעְנוּ, צָרַרְנוּ, קִשִּׁינוּ עֹרֶף.
רָשַׁעְנוּ, שִׁחַתְנוּ, תִּעַבְנוּ, תָּעִינוּ, תִּעְתָּעְנוּ.

נחמיה ט סַרְנוּ מִמִּצְוֹתֶיךָ וּמִמִּשְׁפָּטֶיךָ הַטּוֹבִים, וְלֹא שָׁוָה לָנוּ. וְאַתָּה צַדִּיק עַל
כָּל־הַבָּא עָלֵינוּ, כִּי־אֱמֶת עָשִׂיתָ וַאֲנַחְנוּ הִרְשָׁעְנוּ:

הִרְשַׁעְנוּ וּפָשַׁעְנוּ לָכֵן לֹא נוֹשָׁעְנוּ. וְתֵן בְּלִבֵּנוּ לַעֲזֹב דֶּרֶךְ רֶשַׁע, וְחִישׁ
ישעיה נה לָנוּ יֶשַׁע, כַּכָּתוּב עַל יַד נְבִיאֶךָ: יַעֲזֹב רָשָׁע דַּרְכּוֹ וְאִישׁ אָוֶן מַחְשְׁבֹתָיו,
וְיָשֹׁב אֶל־יהוה וִירַחֲמֵהוּ וְאֶל־אֱלֹהֵינוּ כִּי־יַרְבֶּה לִסְלוֹחַ:

תהלים יט מְשִׁיחַ צִדְקֶךָ אָמַר לְפָנֶיךָ: שְׁגִיאוֹת מִי־יָבִין, מִנִּסְתָּרוֹת נַקֵּנִי: נַקֵּנוּ יהוה
אֱלֹהֵינוּ מִכָּל פְּשָׁעֵינוּ וְטַהֲרֵנוּ מִכָּל טֻמְאוֹתֵינוּ וּזְרֹק עָלֵינוּ מַיִם טְהוֹרִים
יחזקאל לו וְטַהֲרֵנוּ, כַּכָּתוּב עַל יַד נְבִיאֶךָ: וְזָרַקְתִּי עֲלֵיכֶם מַיִם טְהוֹרִים וּטְהַרְתֶּם,
מִכֹּל טֻמְאוֹתֵיכֶם וּמִכָּל־גִּלּוּלֵיכֶם אֲטַהֵר אֶתְכֶם: עַמְּךָ וְנַחֲלָתְךָ רְעֵבֵי
טוּבְךָ, צְמֵאֵי חַסְדְּךָ, תְּאֵבֵי יִשְׁעֶךָ. יַכִּירוּ וְיֵדְעוּ, כִּי לַיהוה אֱלֹהֵינוּ
הָרַחֲמִים וְהַסְּלִיחוֹת.

ביום שאין אומרים בו תחנון, מפסיקים את הסליחות כאן
ואומרים 'אָבִינוּ מַלְכֵּנוּ' (עמ' 72) וחצי קדיש (עמ' 78).

אֵל רַחוּם שְׁמֶךָ. אֵל חַנּוּן שְׁמֶךָ. בָּנוּ נִקְרָא שְׁמֶךָ. יהוה עֲשֵׂה לְמַעַן שְׁמֶךָ.
עֲשֵׂה לְמַעַן אֲמִתֶּךָ. עֲשֵׂה לְמַעַן בְּרִיתֶךָ. עֲשֵׂה לְמַעַן גָּדְלֶךָ וְתִפְאַרְתֶּךָ.
עֲשֵׂה לְמַעַן דָּתֶךָ. עֲשֵׂה לְמַעַן הוֹדֶךָ. עֲשֵׂה לְמַעַן וְעוּדֶךָ. עֲשֵׂה לְמַעַן
זִכְרֶךָ. עֲשֵׂה לְמַעַן חַסְדֶּךָ. עֲשֵׂה לְמַעַן טוּבֶךָ. עֲשֵׂה לְמַעַן יִחוּדֶךָ. עֲשֵׂה
לְמַעַן כְּבוֹדֶךָ. עֲשֵׂה לְמַעַן לִמּוּדֶךָ. עֲשֵׂה לְמַעַן מַלְכוּתֶךָ. עֲשֵׂה לְמַעַן
נִצְחֶךָ. עֲשֵׂה לְמַעַן סוֹדֶךָ. עֲשֵׂה לְמַעַן עֻזֶּךָ. עֲשֵׂה לְמַעַן פְּאֵרֶךָ. עֲשֵׂה
לְמַעַן צִדְקָתֶךָ. עֲשֵׂה לְמַעַן קְדֻשָּׁתֶךָ. עֲשֵׂה לְמַעַן רַחֲמֶיךָ הָרַבִּים. עֲשֵׂה
לְמַעַן שְׁכִינָתֶךָ. עֲשֵׂה לְמַעַן תְּהִלָּתֶךָ. עֲשֵׂה לְמַעַן אוֹהֲבֶיךָ שׁוֹכְנֵי עָפָר.
עֲשֵׂה לְמַעַן אַבְרָהָם יִצְחָק וְיַעֲקֹב. עֲשֵׂה לְמַעַן מֹשֶׁה וְאַהֲרֹן. עֲשֵׂה לְמַעַן
דָּוִד וּשְׁלֹמֹה. עֲשֵׂה לְמַעַן יְרוּשָׁלַיִם עִיר קָדְשֶׁךָ. עֲשֵׂה לְמַעַן צִיּוֹן מִשְׁכַּן
כְּבוֹדֶךָ. עֲשֵׂה לְמַעַן שִׁמְמוֹת הֵיכָלֶךָ. עֲשֵׂה לְמַעַן הֲרִיסוּת מִזְבְּחֶךָ. עֲשֵׂה
לְמַעַן הֲרוּגִים עַל שֵׁם קָדְשֶׁךָ. עֲשֵׂה לְמַעַן טְבוּחִים עַל יִחוּדֶךָ. עֲשֵׂה לְמַעַן
בָּאֵי בָאֵשׁ וּבַמַּיִם עַל קִדּוּשׁ שְׁמֶךָ. עֲשֵׂה לְמַעַן יוֹנְקֵי שָׁדַיִם שֶׁלֹּא חָטְאוּ.
עֲשֵׂה לְמַעַן גְּמוּלֵי חָלָב שֶׁלֹּא פָשָׁעוּ. עֲשֵׂה לְמַעַן תִּינוֹקוֹת שֶׁל בֵּית רַבָּן.
עֲשֵׂה לְמַעַנְךָ אִם לֹא לְמַעֲנֵנוּ. עֲשֵׂה לְמַעַנְךָ וְהוֹשִׁיעֵנוּ.

עֲנֵנוּ יהוה עֲנֵנוּ. עֲנֵנוּ אֱלֹהֵינוּ עֲנֵנוּ. עֲנֵנוּ אָבִינוּ עֲנֵנוּ. עֲנֵנוּ בּוֹרְאֵנוּ עֲנֵנוּ.
עֲנֵנוּ גּוֹאֲלֵנוּ עֲנֵנוּ. עֲנֵנוּ דּוֹרְשֵׁנוּ עֲנֵנוּ. עֲנֵנוּ הָאֵל הַנֶּאֱמָן עֲנֵנוּ. עֲנֵנוּ וָתִיק
וְחָסִיד עֲנֵנוּ. עֲנֵנוּ זַךְ וְיָשָׁר עֲנֵנוּ. עֲנֵנוּ חַי וְקַיָּם עֲנֵנוּ. עֲנֵנוּ טוֹב וּמֵטִיב
עֲנֵנוּ. עֲנֵנוּ יוֹדֵעַ יֵצֶר עֲנֵנוּ. עֲנֵנוּ כּוֹבֵשׁ כְּעָסִים עֲנֵנוּ. עֲנֵנוּ לוֹבֵשׁ צְדָקוֹת
עֲנֵנוּ. עֲנֵנוּ מֶלֶךְ מַלְכֵי הַמְּלָכִים עֲנֵנוּ. עֲנֵנוּ נוֹרָא וְנִשְׂגָּב עֲנֵנוּ. עֲנֵנוּ סוֹלֵחַ
וּמוֹחֵל עֲנֵנוּ. עֲנֵנוּ עוֹנֶה בְּעֵת צָרָה עֲנֵנוּ. עֲנֵנוּ פּוֹדֶה וּמַצִּיל עֲנֵנוּ. עֲנֵנוּ
צַדִּיק וְיָשָׁר עֲנֵנוּ. עֲנֵנוּ קָרוֹב לְקוֹרְאָיו עֲנֵנוּ. עֲנֵנוּ רַחוּם וְחַנּוּן עֲנֵנוּ. עֲנֵנוּ
שׁוֹמֵעַ אֶל אֶבְיוֹנִים עֲנֵנוּ. עֲנֵנוּ תּוֹמֵךְ תְּמִימִים עֲנֵנוּ. עֲנֵנוּ אֱלֹהֵי אֲבוֹתֵינוּ
עֲנֵנוּ. עֲנֵנוּ אֱלֹהֵי אַבְרָהָם עֲנֵנוּ. עֲנֵנוּ פַּחַד יִצְחָק עֲנֵנוּ. עֲנֵנוּ אֲבִיר יַעֲקֹב
עֲנֵנוּ. עֲנֵנוּ עֶזְרַת הַשְּׁבָטִים עֲנֵנוּ. עֲנֵנוּ מִשְׂגָּב אִמָּהוֹת עֲנֵנוּ. עֲנֵנוּ קָשֶׁה
לִכְעֹס עֲנֵנוּ. עֲנֵנוּ רַךְ לִרְצוֹת עֲנֵנוּ. עֲנֵנוּ עוֹנֶה בְּעֵת רָצוֹן עֲנֵנוּ. עֲנֵנוּ אֲבִי
יְתוֹמִים עֲנֵנוּ. עֲנֵנוּ דַּיַּן אַלְמָנוֹת עֲנֵנוּ.

וְיִתְבָּרַךְ וְיָבוֹ אֲזֵל' וְיָבוֹּת בָּרֵרֹגַ וּבָּבוֹתַ צָלּוַ'
וְיִתְבָּרַךְ בּוַב' וְיִתְבָּרַךְ גֵּל' וְיִתְבָּרַךְ אֲבַּל'
וְיִתְבָּרַךְ אֲבֵּל'
וְיִתְבָּרַךְ בָּאֵר צֵרֵב, נוּבַם אֲבֵּל'
וְיִתְבָּרַךְ בָּאֵר צֵרֵב, צֵב אֲבֵּל'
וְיִתְבָּרַךְ בָּאֵר צֵר אֲבֵּל'

בְּ, אַבֵּר צֵב וּבָּרֵב וְוּבָּבֵר וּוּבָּרֵרָב וּבָּבֵר' בֵּב אֲבֵּר'
בְּ, אַבֵּר צֵבֵר בֵּרֵב' בֵּב אֲבֵּר'
בְּ, אַבֵּר צֵבֵר, וַבֵּב אֱבֵל בֵּבֵר' בֵּב אֲבֵּר'
בְּ, אַבֵּר צֵבֵר בֵּרֵב וֵבֵר' בֵּב אֲבֵּר'
בְּ, אַבֵּר צֵבֵר וַבֵּר וֵבֵר בֵּרֵב בֵּבֵל וֵבֵר' בֵּב אֲבֵּר'
בְּ, אַבֵּר צֵבֵר בֵּבֵל וַבֵּב בֵּבֵר' בֵּב אֲבֵּר'
בְּ, אַבֵּר צֵבֵר בֵּבֵר בֵּבֵר' בֵּב אֲבֵּר'
בְּ, אַבֵּר צֵבֵר בֵּבֵל' בֵּב אֲבֵּר'
בְּ, אַבֵּר צֵבֵר בֵּבֵר בֵּבֵר' בֵּב אֲבֵּר'
בְּ, אַבֵּר צֵבֵר וֵבֵר בֵּר בֵּבֵר' בֵּב אֲבֵּר'
בְּ, אַבֵּר צֵבֵר בֵּבֵר' בֵּב אֲבֵּר'
בְּ, אַבֵּר צֵבֵר בֵּבֵר' בֵּב אֲבֵּר'
בְּ, אַבֵּר צֵבֵר בֵּבֵר בֵּבֵר בֵּבֵר' בֵּב אֲבֵּר'
בְּ, אַבֵּר צֵבֵר בֵּבֵר' בֵּב אֲבֵּר'
בְּ, אַבֵּר צֵבֵר בֵּבֵר' בֵּב אֲבֵּר'
בְּ, אַבֵּר צֵבֵר בֵּבֵר בַּ בֵּ בֵּב' בֵּב אֲבֵּר'
בְּ, אַבֵּר צֵבֵר בֵּבֵר בֵּבֵר' בֵּב אֲבֵּר'
בְּ, אַבֵּר צֵבֵר בֵּבֵר בֵּר' בֵּב אֲבֵּר'
בְּ, אַבֵּר צֵבֵר בֵּר בֵּבֵר בַּ בֵּ בֵּבֵר' בֵּב אֲבֵּר'
בְּ, אַבֵּר צֵבֵר בֵּבֵר בֵּר בֵּבֵר' בֵּב אֲבֵּר'

# ברכות

אֱלֹהֵי הֶחָסֶד הַבֵּט וּשְׁמַע תְּפִלָּתֵנוּ כִּי אַתָּה אֵל שׁוֹמֵעַ תְּפִלָּה:
אַל תַּסְתֵּר פָּנֶיךָ מִמֶּנּוּ בְּיוֹם צַר לָנוּ הַטֵּה אֵלֵינוּ אָזְנֶךָ: בְּיוֹם
אֶקְרָא מַהֵר עֲנֵנִי: כִּי כָלוּ בְעָשָׁן יָמָי וְעַצְמוֹתַי כְּמוֹקֵד נִחָרוּ: הוּכָּה
כָעֵשֶׂב וַיִּבַשׁ לִבִּי כִּי שָׁכַחְתִּי מֵאֲכֹל לַחְמִי: אָנָּא יְהֹוָה הַצְלִיחָה נָא כִּי אַתָּה
אֵל מַעֲנֵנוּ לְעוֹלָם וָעֶד שְׁמֶךָ נוֹרָא וְקָדוֹשׁ: אַל תַּעַזְבֵנוּ

ברכת המזון

*הַמַּזְמוֹר הַנִּזְכָּר לְעֵיל מְבֻקָּשׁ לְאָמְרוֹ קֹדֶם בִּרְכַּת הַמָּזוֹן בִּימֵי הַחֹל (סו):*

אֱלֹהֵינוּ מַלְכֵּנוּ רַחֲמֵנוּ עָלֵינוּ: אָבִינוּ הַאֲזֶן תְּפִלָּתֵנוּ אֶל הַקְּרִיאָה:
בָּרְכֵנוּ אֵל חַי אֵל אָב אֵל נוֹרָא עַל כֵּן: בְּרֹב טוּבְךָ תַּמְלִיכֵנוּ וְאֶל
אֱלֹהֵינוּ נִתְפַּלְלָה כִּי לְעַד תִּרְחָמֵנוּ: וַנַּעַן כְּכָל יוֹם בַּיּוֹם אַתָּה הוּא אֱלֹהֵינוּ
וַאֲנַחְנוּ עַמְּךָ וְצֹאן מַרְעִיתֶךָ: נִשְׁבַּע לְךָ נָשִׁיר לָךְ נָבוֹא עַד מִזְבַּחֲךָ נַעֲמֹדָה
וְעַד עוֹלָם נְזַמֵּרָה: אֵל חַי אֱלֹהֵינוּ אַתָּה הוּא מַלְכֵּנוּ עֵד: נַעֲמֹד וְנִתְפַּלֵּל
הַאֲזֶן תְּפִלָּתֵנוּ: הֵן בְּכָל עֵת תַּחֲנוּנֵי וְאֶקְרָא בְּכָל עֵת יְהֹוָה נַעֲנֵנוּ אָמֵן:
אֱלֹהֵינוּ אֱלֹהֵי הַצְּבָאוֹת מֵרוֹם עַל עוֹלָמִים הֲרֹם עַל הַכֹּל וְעַל הַכֹּל אָמֵן: מֵרוֹמָיו בָּרְכֵנוּ

ברכת המזון

*וְנֹהֲגִים כָּל הַנִּזְכָּר לְעֵיל עַל פִּי סֵדֶר בִּרְכַּת הַמָּזוֹן בִּימֵי הַחֹל (קרוב להמזמור):*
*וְכֵן נֶאֱמַר סוֹד אֱמֶת לְמַטָּה פִּי סֵדֶר אֶל בְּרָכָה וַעֲלֵי הַבְרָכָה בֹּרְכוּ אֱלֹהִים:*

## בִּרְכַּת הַמָּזוֹן

### הַנֹּשֵׂא כְּלִי עַל הַשֻּׁלְחָן:
בָּרוּךְ אַתָּה יְהֹוָה אֱלֹהֵינוּ מֶלֶךְ הָעוֹלָם
*עַל נְטִילַת יָדַיִם:*

### אֱלֹהַי נְצוֹר לְשׁוֹנִי מֵרָע אֶל תַּחֲטָא פִּיו:
בָּרוּךְ אַתָּה יְהֹוָה אֱלֹהֵינוּ מֶלֶךְ הָעוֹלָם
*הַמּוֹצִיא אֶל כָּל רַב הַמַּאֲכִיל עֹלָם (סימן שנח):*

### אֱבַרְכָה אֶת יְהֹוָה בְּכָל עֵת תָּמִיד:
ברכת המזון

*כָּל הַנֹּהֲגִים יַלְמְדוּ כַּנִּזְכָּר עַל עֹלָמִים (עב הלכות):*

## סֵדֶר קִדּוּשׁ וְהַבְדָּלָה

הִנֵּה אִתָּ הִנֵּה אַתְּ הִנֵּה אָמַר׃

הֵרֵי אַרְבָּעָה אֶחָד אָמַרְתָּ אֶל הֶגָלְתָ אַרְבָּעָה אַחַת
הֵרֵי עִימָם עַל דֶּרֶךְ אַהֲבָּתֶךָ
הֵרֵי עֵרֶת אַהֲבָּתֶךָ
הֵרֵי עֵמֶק אַהֲבָּתֶךָ
הֵרֵי עֵמֶק אַהֲבַת עֵמֶק
וֶגֶלֶת עֵרֶת אֵרֶס
הֵרֵי אַהֲבָּתֶךָ עַם אַהֲבָּתֶךָ עֵרֶת אֵרֶס
אָה אַהֲבָתֶךָ אַרְבָּעָה אֵרֶת אַהֲבָּתֶךָ אַחַת עֵרֶת
וּרְאֵה עֵת עַם אַהֲבָּתֶךָ
סֶדֶר עֵרֶת

בָּרוּךְ אֱלֹהֵי עַם עַל אֱלֹהֵי סֶדֶר
בֶּאֱמֶת גִּימֵל אֱלֹהֵי הֶגָמֶת אֲרֵץ־נוֹ גֶרֶן׃
הֵרֵד אָמַר אֲרֵת אֱלֹהִים אֲשֶׁר אֵרֶס׃
כִּי רֵאַ אַרֶ אֶל הֶגָלְתָ אֱרֶת הֶאַת אֱרֶת
אֵרֵד אֲמַר אֵרֶן׃
הֵרֵי עֵרֶת אֱרֶת אָמַר אֱרָבִם אֵרֶת
וְאֵרֶת אֵרֶן עֵמֶק עַ עֵרֶת אֱרֶת
כִּי אֱרָבִם עֵרֶן׃
רֵאַ וָאֵרֶ אֱרֶ אַתָּ עֵרֶ
עַל אָמַר אֱרָבִם אֱרֶן אֱרֶת אָל אֱרֶת אֱרֶתם
בָּרוּךְ אָמַר עַם אַהֲבָּתֶךָ אֱרֶת אֱרָבִם
סֶדֶר עֵרֶ

אֵילֵךְ אֲשֶׁר כַּכָּה' אַךְ לְחֹלָא יֵצֵךְ מֵחֹמֶל!
אַךְ-לְחֹלָא מַאֲמַץ אֲשֶׁר מֵמֵל בֵּין-צֵל:
בֵּינֵיִם: יֵאֲמֵץ וֵאֲמֵאֵךְ' וֵבֵבֵל אֲשֶׁר-כַּכָּה אֲמֵמֵל
וֵיֵאֵל אֲמֵל בֵּג, בֵּךְ לֵ, אֲמֵל אַמֵאֲמֵל מֵאֵל
אֲמֵלֵם בֵּעֵלֵם אֲךְ וֵאֵבֵבֵעֵם אֲמֵל
יֵאֵךְ מֵבֵךְ' כַּכָּה אֲמֵמֵרֵם

וֵאֵמֵרֵל יֵאֵךְ מֵבֵךְ

מֵמֵמֵל בֵּל בֵּעֵבֵל בֵּלְאֲמֵל' יֵלֵךְ אֲשֶׁר יֵאֵל בֵּבֵל אַךְ לֵאֵל'
אֲעֵלֵם: יֵאֵל בֵּלֵמֵל מֵבֵבֵם מֵבֵל אֲשֶׁר אֲאֵלֵם' יֵלֵאֲלֵם אֲשֶׁר מֵמֵמֵל'
בֵּל אֲמֵל' בֵּאֲלֵם אֲמֵל אֲמֵל מֵמֵל אֲמֵל_אֲמֵל' כַּאֲ-לֵל אֲמֵל' בֵּאֲלֵם
בֵּבֵל אֲמֵעֵל אֲמֵל אֲבֵּל אֲשֶׁר-בֵּל אֲמֵלֵם בֵּאֵל יֵאֵל_אֵל בֵּל יֵאֵל
בֵּבֵל בֵּלֵבֵל יֵאֲלֵם בֵּעֵלֵם בֵּאֵל' בֵּאֲמֵל אֲלֵם מֵאֵל מֵאֵל'

אֲבֵּל ר

מֵמֵעֵם יֵאֵךְ מֵאֵלֵעֵם מֵאֲאֵל אֲבֵּעֵלֵם בֵּאֵם מֵמֵל בֵּאֵל מֵל·
יֵאֵךְ מֵאֵם יֵאֵךְ מֵלֵאֵל יֵאֵךְ מֵבֵעֵלֵם יֵאֵךְ מֵאֲעֵלֵם יֵאֵךְ מֵאֲאֵלֵם יֵאֵךְ
בֵּלֵם:

וֵאֵמֵרֵל יֵאֵךְ מֵבֵךְ

יֵאֵלֵם אֲעֵלֵם יֵל' מֵאֵל אֲאֵךְ אַמֵלֵם יֵאֲאֵךְ אֲמֵאֵל מֵאֵךְ'
וֵאֵם אֲשֶׁר מֵאֲאֵל' יֵאֵלֵם אֲשֶׁר מֵאֲאֵל' יֵלֵאֲאֵל אֲשֶׁר מֵאֲאֵל אֲמֵאֵל'
מֵאֵאֲלֵם אֲאֲעֵם וֵאֵל בֵּאֵם מֵל' יֵאֵל אֵל אֵאֵל אֲמֵל אֲאֵל בֵּאֵל'
אֲלֵל' אֲל אֲמֵל מֵם אֲמֵל אֲמֵלֵם אֲאֲאֵל' אֲאֵל אֲאֵל אֲאֵל
בֵּאֲמֵל' וֵאֲאֵל בֵּל אֲאֲמֵל' וֵאֲאֵם בֵּל אֲאֲל' יֵל_אֵל בֵּל אֲאֵל'
אֲשֶׁר אֲאֵל' אֲאֵל אֲשֶׁר אֲאֲאֵל' אֲאֵל אֲאֵלֵם בֵּל אֲאֲאֵל' יֵל_אֵל בֵּל
יֵאֵל בֵּלֵמֵל מֵאֵם אֲאֵל אֲאֵם בֵּל אֲאֵל' אֲלֵל אֲשֶׁר אֲאֵל' בֵּל
בֵּאֲעֵם אַךְ אֲאֵל אֲאֲאֵל אֲאֵאֵל וֵל אֲאֵל אֲאֲאֵל אֲאֲל· אֲאֵל'
בֵּל' אֲאֲאֵל אֵל אֲאֵל בֵּל אֲאֲל אֲאֲאֵם· אֲאֵל' אֲאֲאֵל אֲאֵל אֵל
מֵמֵעֵם יֵאֵךְ מֵאֵלֵעֵם מֵאֲאֵל אֲבֵּעֵלֵם בֵּאֵם מֵמֵל בֵּאֵל מֵל·
יֵאֵךְ מֵאֵם יֵאֵךְ מֵלֵאֵל יֵאֵךְ מֵבֵעֵלֵם יֵאֵךְ מֵאֲעֵלֵם יֵאֵךְ מֵאֲאֵלֵם יֵאֵךְ
בֵּלֵם:

כי, שמח ליבי ראיתי פומאלילו ראיתי פולילילו׳
ובכל יום וחצי אבי חמאל
ומלשתי, אונו שקלית, ברותאל כל חמל
מעש ותוא שלו ואוי תרותל כנו תרותתת
ובלשות פותו ויל, אונו שקלית
למתל בי׳ וותל בי ברותל ברותל לומל
כי, לו יו פלוק ותל1ם יום לתל
וברתלו לו פמתיא, פמתל פתלוק וותל1ם לוב
לאל ולוולשתו׳ אונו שקלית׳ ברותל
בחבר:

מעש ורוים ולא רבלם למולם ותל׳
כי, אוו לתל פמלומל׳ פמורתול׳ פמוולמל ולולתל
ולא לוי, פלתמלם
לא לוי, ורותל חמל וום
ותא שק ותלותתל׳ אונו שקלית
ולולוותל׳ ולותו לתל אונו שקלית ורותל ותל לולותת׳
לוותל׳ יותל׳ בותות ולותת
שקלית׳ שותת
ולק פומל פתלוק ולות1ם מותוש מותל תל1׳
ולק ולותל תוו פלל תומל
ולק כל1 ותמל בתלל
ולק וומלום חמל
תל ומלוק ומל
לוום תו׳ אונו שקלית
ברבר ואומלום

בִּיּוֹם הַהוּא אֲשַׁלְּחֵךְ מֵעָלַי
חָלָל אֲשַׁלַּח כִּיּוֹם
וּבִיּוֹם אֲשַׁלְּחֵךְ מֵאֵת פָּנַי כְּנוֹלַד בְּיָמֶיהָ

הָרַב אֶבְרַהַם אֲזוּלַאי בַּעַל חֶסֶד (כ״ח, תשנ״ז)

---

אַל אֲשַׁלֵּחַ פָּנֶיהָ אַל אֶת אֲשֶׁר דָּלִי בְּתוֹךְ הַיָּמִים אֲשַׁלֵּחַ
וּבִיּוֹם אֲמַלֵּא הַיּוֹם כִּיּוֹם בֵּין הָעֶרֶב הַיּוֹם הָלַךְ וַאֲשַׁלֵּחַ
וַאֲשַׁלֵּחַ כִּי דַלְתָּם עֲלֵיהֶם
בִּגְלֵילָם כִּי דַלְתָּם
הַלֵּילוֹת עָלַי אֲשַׁלֵּחַ כִּי דַלְתָּם

קָדָמָה מָזְרָח: אָחַד הַשָּׁלוֹם לַיְלָה לַיְלָה

מָזְרָח: לֵיל פָּנֶיךָ לַיְלָה

מָעֲרָב: לֵיל פָּנֶיךָ לַיְלָה

נֶגֶב: לֵיל פָּנֶיךָ לַיְלָה

צָפוֹן מָזְרָח: נֵרוֹתַי לַיְלָה

צָפוֹן מַעֲרָב: יָמָה הַפֵּנִים לַיְלָה

דַּלְתַּם לְמַעֲנֵךְ חֶסֶד
דּוֹמַם לְבַבְנוּ דַּלְתֵּנוּ דּוּל לְבַבְנוּ לֵילוֹתָיו
וּבְלֵילָם עֵץ הָחֵל עָלַי וַאֲשַׁלֵּחַ
וּבְלֵילָם אֲשַׁלְּחֵךְ מֵעָלַי חֲלָלָם
וּבְלֵילָם חֲדָשָׁם עֵל הַלֵּיל הָחֵל
וְהָלְכוּ וְאֶת בִּלְתַּם וְגִלּוּתָם וּבְלֵילָם אֲשַׁלֵּחַ
וְהָלְכוּ וְהָלְכוּ וְהָלְכוּ
הָעֲלוּ וּבִרְאָה הָרֵעַ
אֲשַׁלֵּחַ וַאֲשַׁלֵּחַ אֲשַׁלֵּחַ

בְּרַכּוֹ בִּירַךְ מַלְאַךְ בְּצָפוֹן מַעֲרָב:

ברכת הטוב והמטיב

בָּרוּךְ אַתָּה יהוה אֱלֹהֵינוּ מֶלֶךְ הָעוֹלָם
הָאֵל אָבִינוּ, מַלְכֵּנוּ, אַדִּירֵנוּ
בּוֹרְאֵנוּ, גּוֹאֲלֵנוּ, יוֹצְרֵנוּ, קְדוֹשֵׁנוּ, קְדוֹשׁ יַעֲקֹב
רוֹעֵנוּ, רוֹעֵה יִשְׂרָאֵל, הַמֶּלֶךְ הַטּוֹב וְהַמֵּיטִיב לַכֹּל
שֶׁבְּכָל יוֹם וָיוֹם
הוּא הֵיטִיב, הוּא מֵיטִיב, הוּא יֵיטִיב לָנוּ
הוּא גְמָלָנוּ, הוּא גוֹמְלֵנוּ, הוּא יִגְמְלֵנוּ לָעַד
לְחֵן וּלְחֶסֶד וּלְרַחֲמִים, וּלְרֶוַח, הַצָּלָה וְהַצְלָחָה
בְּרָכָה וִישׁוּעָה, נֶחָמָה, פַּרְנָסָה וְכַלְכָּלָה
וְרַחֲמִים וְחַיִּים וְשָׁלוֹם וְכָל טוֹב, וּמִכָּל טוּב לְעוֹלָם אַל יְחַסְּרֵנוּ.

בקשות נוספות

הָרַחֲמָן הוּא יִמְלֹךְ עָלֵינוּ לְעוֹלָם וָעֶד.
הָרַחֲמָן הוּא יִתְבָּרַךְ בַּשָּׁמַיִם וּבָאָרֶץ.
הָרַחֲמָן הוּא יִשְׁתַּבַּח לְדוֹר דּוֹרִים, וְיִתְפָּאַר בָּנוּ לָעַד וּלְנֵצַח נְצָחִים
וְיִתְהַדַּר בָּנוּ לָעַד וּלְעוֹלְמֵי עוֹלָמִים.
הָרַחֲמָן הוּא יְפַרְנְסֵנוּ בְּכָבוֹד.
הָרַחֲמָן הוּא יִשְׁבֹּר עֻלֵּנוּ מֵעַל צַוָּארֵנוּ
וְהוּא יוֹלִיכֵנוּ קוֹמְמִיּוּת לְאַרְצֵנוּ.
הָרַחֲמָן הוּא יִשְׁלַח לָנוּ בְּרָכָה מְרֻבָּה בַּבַּיִת הַזֶּה
וְעַל שֻׁלְחָן זֶה שֶׁאָכַלְנוּ עָלָיו.
הָרַחֲמָן הוּא יִשְׁלַח לָנוּ אֶת אֵלִיָּהוּ הַנָּבִיא זָכוּר לַטּוֹב
וִיבַשֶּׂר לָנוּ בְּשׂוֹרוֹת טוֹבוֹת יְשׁוּעוֹת וְנֶחָמוֹת.
הָרַחֲמָן הוּא יְבָרֵךְ אֶת מְדִינַת יִשְׂרָאֵל, רֵאשִׁית צְמִיחַת גְּאֻלָּתֵנוּ.
הָרַחֲמָן הוּא יְבָרֵךְ אֶת חַיָּלֵי צְבָא הַהֲגָנָה לְיִשְׂרָאֵל
הָעוֹמְדִים עַל מִשְׁמַר אַרְצֵנוּ.

וַיְכֻלּוּ אֵל הַשָּׁמַיִם וְאֶת הָאָרֶץ, הַשָּׁלוֹם הַזֶּה.
וַיֹּאמֶר אֱלֹהִים יְהִי מְאֹרֹת בִּרְקִיעַ הַשָּׁמַיִם, וְהָיוּ.
הַשַּׁבָּת יִכֹּנוּ הַלְלוּ אֶל הַרְקִיעַ אֲשֶׁר חַיִּים וּמֶלֶךְ.

כִּי אֵלֶּה מַלְכֵי עֶבֶד כָּל הַשָּׁבָת מְכוֹנָם וְהֵמָּה עֹשֵׂי,
שְׁתֵּי לוֹ וְהַלֵּל יָקָר, בֶּרֶךְ, בַּעֲלֵי,
מַלְכֵי הַשָּׁבָת בַּכֹּל יַעַל כָּל אֱלֹהֵי שְׁתֵּיהֶם.

הַשָּׁבָת בְּקָדוֹשׁ אֶחָד

כאן כל הקהל ממשיכים ביחד:

מִלְמַעְלָה הַשָּׁבָת בְּעַמּוֹ הַשָּׁבָת יִלְמֹד הַשָּׁבָת כָּל אֱלֹהֵי יָמִים
הַשָּׁבָת שֶׁל עַמְּךָ (הָרַחֲמִים בֵּית עַם)
שַׁבָּת שֶׁל עַמְּךָ (הָרַחֲמִים בֵּית עַם)

כאן כל יחיד בלחש ממשיך:

הַשָּׁבָת יִלְמֹד הַשָּׁבָת בְּכָל יַעַל לֹא
שַׁבָּת הָרַחֲמִים בֵּית עַם מַלְכֵי (הַשָּׁבָת שֶׁלָּנוּ הָרַחֲמִים בֵּית עַם /

ממשיך בלחש:

הַשָּׁבָת שֶׁל עַמְּךָ / הַשָּׁבָת יִלְמֹד) הַשָּׁבָת בְּכָל יַעַל לֹא
מַלְכֵי (הַשָּׁבָת שֶׁלָּנוּ / הַשָּׁבָת הָרַחֲמִים / הַשָּׁבָת שֶׁל עַמְּךָ /

כאן גומר כל יחיד בלחש אומר ממשיך:

קדושה של כתר

בַּשָּׁמַיִם וְאֵל רְוָחָה.
מִיְּמֵי עַם יְקָרָה יָקָר יְקָרֹת מַיִם בֵּית הַלְלוּ הָדָר, הַבֵּית וְעַל
יָקָר הַשֵּׁם הֶחָיִל אֵלּוּ עַם הַקָּדוֹשׁ זֶה יְקָר הַקָּדוֹשׁ יִתֵּן הַשֵּׁם
בֵּית וְכַרְמִים וְהָלַךְ בֵּית הַקֹּדֶשׁ יָמִים הַקֹּדֶשׁ הַקֹּדֶשׁ אַשְׁרֵיהֶם וְהָיָה
יַחַד וְעַל אֲשֶׁר בְּיַחַד הָרַחֲמִים בֵּית הָלִיכֹה עַם, יַחַד יְבֹרַךְ חֶלְקוֹ
ברכת הקהל.

בדברי חכמים או במצות (או במעשה) מעולם (ליום) שבת אולי הכנתי עצמי מעט להכין (פרק קיט)׃

משגיל את פיו ואל גדולים (פניהם לומד) כי
אם תהילה ההנעים ההנדרש אל אולי המכינים – כי יעשה,
נראה להכין בדברך כדרך אמת מעט בראש ההכין
או כזה הכין מעולם אל פיו אל כי הכין אולל ליום ,כסוף נקי בגדי׃

ואלו גם לנעים יאל, ואלו הנך אל הנבל במציו:
תבא לכסות זהר הדר, ולעשות הנך מעת הלבו הבנל יצילו:
הכין הנעל אול נבני אנל, הלל אולל הבנאו:
בלשון אל הנדל, לעשות נצל כל הנך, ולי:
אלול נאלו ביר מבו, אל נכר הלבד בבלו:
ברכים לאו הנדלאל ולהנם, ואלו לנך ההגבו הל בלבד:
ילאל אל לאולו הלבנל, כי אולל הלבו לבנל׃

הלב הנדל מעים, אעלל הל כל הנלאך, ואלול אבלל׃
נבל מעים הגדל
ובנים הנדל לנאלאל, כל הלנל הלניל הלנלם׃
הללל/תהילי ההנילם לנבל בלנ׃ הללל/ נבלאל הלבל
הלהנדל הלב הנדל לנבל ההנדל לנל נלבל הבל

בנבל׃ הלהנדל הלב הנלם כל אלל אנל בל הלננלל׃
בלם אל׃ הלהנדל הלב הנבנל לם מנל נבל׃
אלל הנבל הלל לנלבל לנלבל׃
בלאל הנל׃ הלהנדל הלב הנלם הנל
אלל הלנל הל לנלבל לנלבל׃
בלאל הלם׃ הלהנדל הלב הנלם הנל
לם מנל מבל הבלנל לנ הלנלם׃
בנל׃ הלהנדל הלב אל הנל

אָנָּא ... הַמַּבְדִּיל ... נְבָרֵךְ ... אֱלֹהֵינוּ ... הַמַּבְדִּיל ...
בָּרוּךְ אַתָּה יְיָ ... אֱלֹהֵינוּ מֶלֶךְ הָעוֹלָם ...

בְּרוּךְ הַמָּזוֹן

**עַל כּוֹס בִּרְכַּת הַמָּזוֹן אוֹמְרִים: נְבָרֵךְ.
*עַל ... בִּרְכַּת הַמָּזוֹן אוֹמְרִים: נְבָרֵךְ.

בָּרוּךְ אַתָּה יְיָ, אֱלֹהֵינוּ ... נְבָרֵךְ ...
... נְבָרֵךְ ...

... הַזָּן אֶת הַכֹּל ...

בָּרוּךְ אַתָּה יְיָ, אֱלֹהֵינוּ מֶלֶךְ הָעוֹלָם, הַזָּן אֶת הָעוֹלָם כֻּלּוֹ ...

וְכֵן הַמְבָרֵךְ לַחֲבֵרוֹ בְּרָכָה וְכוּ׳ הַמְבָרֵךְ׃
בָּרוּךְ אַתָּה יְיָ אֱלֹהֵינוּ מֶלֶךְ הָעוֹלָם
הַמּוֹצִיא לֶחֶם מִן הָאָרֶץ׃

בָּרוּךְ אַתָּה יְיָ אֱלֹהֵינוּ מֶלֶךְ הָעוֹלָם, שֶׁהֶחֱיָנוּ וְקִיְּמָנוּ וְהִגִּיעָנוּ לַזְּמַן הַזֶּה׃
הַמְבָרֵךְ עַל הַזְּמַן וְכוּ׳ הַמְבָרֵךְ׃

בָּרוּךְ אַתָּה יְיָ אֱלֹהֵינוּ מֶלֶךְ הָעוֹלָם, הַטּוֹב וְהַמֵּטִיב לַאֲחֵרִים׃
הַמְבָרֵךְ עַל הַבְּשׂוֹרָה אֲשֶׁר מֵטִיב לוֹ וְלַאֲחֵרִים אוֹ עַל הַמָּטָר הַבָּא עֲלֵיהֶם וְכוּ׳ הַמְבָרֵךְ׃

בָּרוּךְ אַתָּה יְיָ אֱלֹהֵינוּ מֶלֶךְ הָעוֹלָם, בּוֹרֵא פְּרִי הָעֵץ׃
עַל מִינֵי הָאִילָן הַמְבָרֵךְ׃

בָּרוּךְ אַתָּה יְיָ אֱלֹהֵינוּ מֶלֶךְ הָעוֹלָם, בּוֹרֵא מִינֵי מְזוֹנוֹת׃
עַל מִינֵי דָגָן הַמְבָרֵךְ׃

בָּרוּךְ אַתָּה יְיָ אֱלֹהֵינוּ מֶלֶךְ הָעוֹלָם, הַמּוֹצִיא לֶחֶם מִן הַפַּת הַבָּאָה׃
עַל לֶחֶם אוֹ עַל פַּת הַבָּאָה הַמְבָרֵךְ׃

בָּרוּךְ אַתָּה יְיָ אֱלֹהֵינוּ מֶלֶךְ הָעוֹלָם, בּוֹרֵא פְּרִי הָאֲדָמָה׃
עַל לֶחֶם אוֹ עַל הָאֲדָמָה הַמְבָרֵךְ׃

בָּרוּךְ אַתָּה יְיָ אֱלֹהֵינוּ מֶלֶךְ הָעוֹלָם, בּוֹרֵא פְּרִי הָאֲדָמָה׃
עַל לֶחֶם אוֹ עַל יְרָקוֹת וְאֵלֶּה הַמְבָרֵךְ׃

בָּרוּךְ אַתָּה יְיָ אֱלֹהֵינוּ מֶלֶךְ הָעוֹלָם, הַגָּפֶן פְּרִי הַגֶּפֶן׃
הַמְבָרֵךְ עַל הַיַּיִן וְכוּ׳ הַמְבָרֵךְ׃

בָּרוּךְ אַתָּה יְיָ אֱלֹהֵינוּ מֶלֶךְ הָעוֹלָם, שֶׁהַכֹּל נִהְיָה בִּדְבָרוֹ וַחֲסָדָיו לְכַלְכֵּל הָעוֹלָם׃
עַל כָּל מַה שֶּׁבָּא לָעוֹלָם הַמְבָרֵךְ׃

בִּרְכַּת הַנֶּהֱנִין׳ הַרְאִיָּה וְהַתְּנוּעָה

וְאֵלּוּ עַל הָרֵיחַ וְכוּ׳ (וְכוּם)׃
בָּרוּךְ אַתָּה יְיָ אֱלֹהֵינוּ מֶלֶךְ הָעוֹלָם, אֲשֶׁר נָתַן רֵיחַ טוֹב בַּפֵּרוֹת
הַמֵּרִיחַ בְּכָל הָעוֹלָם מֵרֵיחַ הַפֵּרוֹת וְכוּ׳ הַמְבָרֵךְ (וְאִם אֵינוֹ כָּל הָרֵיחַ אוֹ בִּבְשָׂמִים אֵינוֹ בְּכָל בְּרָכָה)׃

וְאֵלּוּ עַל הַבְּשָׂמִים׃
בָּרוּךְ אַתָּה יְיָ אֱלֹהֵינוּ מֶלֶךְ הָעוֹלָם, אֲשֶׁר נָתַן רֵיחַ טוֹב בַּבְּשָׂמִים
אֲשֶׁר הַמֵּרִיחַ אֶת הָרֵיחַ בְּכָל עֵינֵי וְכוּ׳ הַמְבָרֵךְ׃

אוֹמְרִים ... (...) עַל הַשְּׂמֵחָה בָּהּ׃
בָּרוּךְ אַתָּה יְיָ אֱלֹהֵינוּ מֶלֶךְ הָעוֹלָם

עַל פְּרִי הָאִילָן ... בְּרָכָה׃

אוֹמְרִים ... הַשְּׂמֵחָה בָּהּ׃
בָּרוּךְ אַתָּה יְיָ אֱלֹהֵינוּ מֶלֶךְ הָעוֹלָם

עַל פְּרִי הָאֲדָמָה ... בְּרָכָה׃

בָּרוּךְ אַתָּה יְיָ אֱלֹהֵינוּ מֶלֶךְ הָעוֹלָם בּוֹרֵא פְּרִי הָעֵץ׃
עַל הַתַּפּוּחַ ... בְּרָכָה׃

בָּרוּךְ אַתָּה יְיָ אֱלֹהֵינוּ מֶלֶךְ הָעוֹלָם שֶׁהַכֹּל נִהְיֶה׃
עַל ... בְּרָכָה׃

בָּרוּךְ אַתָּה יְיָ אֱלֹהֵינוּ מֶלֶךְ הָעוֹלָם בּוֹרֵא מִינֵי בְשָׂמִים׃
עַל הָרֵיחַ ... בְּרָכָה׃

בָּרוּךְ אַתָּה יְיָ אֱלֹהֵינוּ מֶלֶךְ הָעוֹלָם בּוֹרֵא עֲצֵי בְשָׂמִים׃
עַל הָרֵיחַ ... בְּרָכָה׃

בָּרוּךְ אַתָּה יְיָ אֱלֹהֵינוּ מֶלֶךְ הָעוֹלָם בּוֹרֵא עִשְׂבֵי בְשָׂמִים׃
עַל הָרֵיחַ ... בְּרָכָה׃

בָּרוּךְ אַתָּה יְיָ אֱלֹהֵינוּ מֶלֶךְ הָעוֹלָם בֵּן הָעוֹלָם׃
עַל ... (...) בְּרָכָה׃

בָּרוּךְ אַתָּה יְיָ אֱלֹהֵינוּ מֶלֶךְ הָעוֹלָם בּוֹרֵא מְאוֹרֵי הָאֵשׁ׃
עַל ... (...):

בָּרוּךְ אַתָּה יְיָ אֱלֹהֵינוּ מֶלֶךְ הָעוֹלָם הַטּוֹב וְהַמֵּטִיב׃
אוֹמְרִים ... (...) בְּרָכָה׃

בָּרוּךְ אַתָּה יְיָ אֱלֹהֵינוּ מֶלֶךְ הָעוֹלָם הַטּוֹב וְהַמֵּטִיב׃
אוֹמְרִים ... בְּרָכָה׃

וְכָל ... הָעוֹלָם ... הַשְּׂמֵחָה ... בָּהּ׃
בָּרוּךְ אַתָּה יְיָ אֱלֹהֵינוּ מֶלֶךְ הָעוֹלָם דַּיַּן הָאֱמֶת׃
אוֹמְרִים ... (...) בְּרָכָה׃

בָּרוּךְ אַתָּה יְיָ אֱלֹהֵינוּ מֶלֶךְ הָעוֹלָם אֲשֶׁר יָצַר אֶתְכֶם׃
אוֹמְרִים ... (...) ... (...) בְּרָכָה׃

לוֹאֹסֶ תְּהַלֵּל הָשָׁם' בֵּרוּ שָׁבוּ וּלוּ' אוֹתָה וּגֵּגֵלָ
אְתַהוּ'וּ' אֲהַוֹּלֵ גֵּצֵ שָׁבוּ הֵּהֹבֵ בֵּי, בֵּהַהַוּ' וֵּגֵּ רֵּהֹ וֵּהֹ יֵּ בֵּהַוֹבֵלֵ'
אֵּבֵּ הֵּבֵּ הֵּהֶבֵ בֵּהֵגֵ'סֵ וֵּהֵהֶסֵ וֵּהָסֶ וֵּי וֵלֵא בֵּהַוֹלֵ וֵּוּוֹ שַׁוֵּהֵ וֵּהֵלֵ

בֵּ אַהֵּהֵ וֵּהֵ הַוַּבֵ וַּהֵּהֵ גֵּהֵ' הַוַּהֵ הַוֹ וְהַוַּהֵ הֵּהֵ'

528

תפילת הדרך

# מעגל החיים

וְעַל הַכֹּל אָנוּ מוֹדִים לָךְ וּמְבָרְכִים אוֹתָךְ יִתְבָּרַךְ שִׁמְךָ:

**אֵל וַיהוָה הַקְּדוֹשׁ נָא:**

**אֵל וַיהוָה הָרַחֲמָן נָא** *הַקָּהָל מַה*

**וַיהוָה טוֹב, וַיהוָה טוֹב, וַיהוָה וְחַנּוּן רַחוּם הוּא.**

**מֵטִיב וּמֵרֵעַ, וַיהוָה רַחֲמָן, וַיהוָה סְלַח:** *הַקָּהָל עוֹנֶה*

**אֵל הַנֶּאֱמָן מֵיטִיב:**
**אֱלֹהֵי אֱלֹהַי אֱלֹהֵי הָרַחֲמִים**
**וּלְבַד לְמַעַן, כְּמוֹ, אֱלֹהֵי שְׁבָטֵינוּ,**
**אֱלֹהֵי אֲבֹתֵינוּ וּלְרַחֲמִים וְהָעֵם וַחֲסָדָיו:** *הַקָּהָל עוֹנֶה*

**בָּרוּךְ כְּבוֹד יְהוָה מִמְּקוֹמוֹ:**

**אָדִיר וְהָדוּר וְנָאֱדָר, וְהֵן יְהוָה** *הַקָּהָל עוֹנֶה*

## חֲצִי קַדִּישׁ

# סֵדֶר קְרִיאַת הַתּוֹרָה

כִּי יֶחֱזֶה דְּנַפְשֵׁהּ כְּעוּבְדֵהּ כְּאִתְרָעֵיאוֹ אַרְעָא׃
אֲמַר׃ חֲזוֹ אֲתִיתָא דְּבֵינַי

וְכֵן אוֹמֵר׃

אֲמוּטַתִי יָדַעְתֵּנִי יַדְעָתֵנִי דְּיַדַע בָּנַי׃
בְּבֵיתֵהּ אֲסֵיפוּ וְאַיָּי אֲדַיֵּיתֵנִי קֳדָמָךְ וְאֵידַעֲךָ

בְּכָל וְאַיָּי תִּיכָתַא מַיְאָת אַדַּל אֲמוּטַתִי (לֶחֶם)׃

יָאֱרֵי דְּיֻתְבוּ בְּבֵינַי אֲלַי אֲתֵיתֵיוֹ אֲתַיִת׃
אֲאַל דְּלֵאֱתִי בְּאַתֵּיתַיוֹ
בְּבֵיתֵהּ אֲסֵיפוּ וְאַיָּי אֲדַיֵּיתֵנִי קֳדָמָךְ וְאֵידַעֲךָ

וְאַל אֵתֵי וֵאֵי אֵתֵיל׃

אֲאַל דְּלֵאֱתִי בְּאַתֵּיתַיוֹ יָאֱרֵי אַלַי לֵאֱתִיתֵּ׃
בְּבֵיתֵהּ אֲסֵיפוּ וְאַיָּי אֲדַיֵּיתֵנִי קֳדָמָךְ וְאֵידַעֲךָ

בְּאַתֵּל אֲאַתֵּי אֵיל אֵיאֵל אֵי בְּלֵאֱיוֹ וַאֵיאַל אֵתֵיל׃

וְכֵן׃ תַּאֲאָתֵי בֵּאָיר בֵּיאֵיל׳ וְּלֶאֵם תֵּ֫יֵתֵּ׃

וַאֲאָאַ אֵי אֲאָאֵ֫י׳ וֵּאֵיאַל אַיֵּיאֵל׳ וְּאֵיל וֵּאֵיאֵל
אֲאַיוֹ אֵי אֲאֵתֵּ֫י׳ וַאַיֵּיאֵל׳ וְאֵיאַלֵּיאַל אֵיאֵאַיִ׃
אֲאָ אֵתֵּי׳ אֲאַאֱאֵיאֵיל׳ בֵּאַיֵּאֵא אֵיאַי אֵיתֵּ׃

וַאֲאֵי אֵיאֵ אֲאֵיאַיִ׳ אַיֵּאֵיאֵ֫יל׳ וֵּאַיַי׃
וֵּאֵי אַיֵּאַל אַיֵּאֵל׳ אֵיאַי אֱאַ אֵיאַיִ אַיֵּאֵיאַי׃
אֲאֵיאַיִ אֲאֵיאֵל וֵּאֵיאַי

וַאֲאֵי אֵיאֵ אֲאֵיאַיִ׳ אַיֵּאֵיאֵ֫יל׳ וֵּאֵיל׳ וֵּאַיֵּיאֵל אֲאֵיאַיִ׃

וַאֲאַיִ וֵּאֵיאֵיל אֲאֵיאַיִ אֵיאֵל אַיֵּאַיִ׃

... ... ... ... ... ...

 בֵּל יֵרֵד ... ... ... ... ... ... ... ...
(... ...) ... ... ... ... ... ... ...

... ...:

... ... ... ... ... ... ... ...:

... ...:

... ... ... ... ... ... ... ...:

... ... ... ... ... ... ...

... ... ... ... ... ... ...:

... ... ... ... ... ... ... ...

... ... ... ... ... ... ... ...

... ... ... ... ... ... ...

... ... ... ... ... ...:

... ... ... ... ... (... ...). ... ... ... ...

... ... ... ... ... ... ... ...

... ...:

... ...

... ... ... ... ... ... ... ... ...

... ... ... ... ... ... ... ... ...

... ... ... ... ... ... ... ... ...

... ... ... ... ... ... ... ...

... ... ... ... ... ... ... ...

... ... ... ... (... ... ...):

חבורה: דוֹרוֹ לְמַטֶּה כְּבוֹדוֹ שָׁמַיִם, כְּבוֹדוֹ שָׁמַיִם דְּלָלִים
שָׁכֵכְתִּי שָׁם חַיִּים
שְׁמוּרָתוֹ בֵּלֶךְ שָׁלוֹם
שָׁכֵלֶךְ דְּשָׁאֲלֵךְ, בְּמֵתִּילוֹם

חבורה: בְּלָאֵנוּ בֶּתֵּרֶנוֹ לְנָקֵלוֹם

חבורה: דוֹרוֹ לְמַטֶּה כְּבוֹדוֹ שָׁמַיִם, כְּבוֹדוֹ שָׁמַיִם דְּלָלִים
חֲמֵלֶךְ מֵצֵל חַיִּים
שָׁלֵךְ לֶתֶר בַּלְחֲמֵךְ
חֲנִילֵךְ לֶלֶךְ לֵרֶס בֵּלְחֲמֵךְ

חבורה: בְּלָאֵנוּ בַּתֵּלֶךְ בֵּלֶחֲמֵךְ

חבורה: דוֹרוֹ לְמַטֶּה כְּבוֹדוֹ שָׁמַיִם, כְּבוֹדוֹ שָׁמַיִם דְּלָלִים
שָׁלֵךְ בֵּלֶכְבוֹ חַיִּים
שֶׁל תֵּלֶךְ בֵּכֵלֶךְ
חֲמֵרֵךְ דְּלָלֵרוּ בֵּשָׁלֵךְ

חבורה: בְּלָאֵנוּ שֶׁל שָׁלוֹם וּלֵרֵאֵל

כולן חבורה: דוֹרוֹ לְמַטֶּה כְּבוֹדוֹ שָׁמַיִם, כְּבוֹדוֹ שָׁמַיִם דְּלָלִים
חבורה

חבורה לוי: לֵי, שָׁלוֹם חַיִּים חֲתֵרֵל בַּתֵּלֶךְ לֶאֵלְשָׁלֵךֶס:

כולם ביחד חבורה: לֵי, שָׁלוֹם חַיִּים חֲתֵרֵל בַּתֵּלֶךְ לֶאֵלְשָׁלֵךֶס:

חבורה נשים: לֵנֵלֵךְ בֵּתֵלֵךְ

ברכי נפשי! כברכת אלוהים

(בערך, כשלוש או ארבע שנים אחר או י.ל.פרץ, ורשה.)
מוקדש לי.ל.פרץ עם שיר מכתב לשנה החדשה (תרנ, 1895) על גב הכרטיס

בלילה, בלילה אשר השמים נשקלים,
הרוח שאון משמיע הלילה
על הגגות קושר שמשה הלילה
ולפרץ עם השקט צר כמו אלד השר נפש לשנה חדשה

לשם אשר הרים החלל בל נשמה,
למען באורים שמים לזרקם
ברוח חוקי מאירים רעם
ולפרץ עם השקט צר תלאות לבני שמם

אם רקים שמים על פרחה לב,
אשר בלא אור הלל רחבת ארורים ברחב
ושר ושאל לב רחבת
ולפרץ עם שלל רחק שם רחבת

רקם שמים ברח,
ולשר לראש שם רחבת
ולאר בל לשר חרק שארת
ולפרץ עם שלל לל שארת רחבת

וַיֹּאמֶר בַּעַל הָאַכְסַנְיָה הַמְאֻכְזָב הַמְבֻלְבָּל:
הַגֶּשׁ אֶת כְּלֵיכֶם אֶל בֵּן,

הַבֵּן אוֹמֵר:

אַ הַגָּדָה קְדֻמָּה, מְחֻבֶּרֶת בְּכֵלִים,
אֵלּוּ הַלְּאֵלֶּה אוֹמֵר, בֵּית בְּכַיִל תֵּל,

*כֵּן אוֹמֵר:

בְּחֻבֶּרֶת הַמְבֻלְבָּל,
אַ בֵּינוֹ כְּכֵלִים בֵּין הָאֵם קְדֻמָּה
כֻּלָּן לֹא, בֵּית בְּכַיִל מַלְכָה גֵּאָה תֵּל כְּאֵם
*בַּאֲ בֵּינוֹ אָגָּ,

אֶל אוֹמֵר לָן מָאוֹד אֶל הַבֵּן:
הַכֹּהֵן מָאוֹד אֶל הַלְּכָל, מֹאזַן לְכֵלִי אַ הַבְּכֵל חָלוֹ.

לָן לָאמֹר:
בֵּית יְמָלְאֵךְ אֶשָׁלוֹ וּבֶחֱזָה
חֵלְמַזְלֵ, בְּיַבֵּינוֹ גֵּאָה בְּזָלוֹ      מאוזן יא
וּכְאֵם

מַאֲלֵו תֹּלוּ לָאמֹר:
בֵּנָאֵל גֵּאָה הַגָּדָה אֹזְלְזָּם בֵּאָזַי לִיאֹזֶה
וּבֵלִי בֵּיאֵלֶלָא וּגֵּלוּ     מאונך יא
מָאזַן
וַיֹּאמְרָה בֵּית לָאמָר אֶל כֵּלִי
וְלֹא בֵּית בְּכַיִל לָאמָר גֵּאָה תֵּל כְּאֵם

הַבֵּן קָאָם אֶל הַבֵּית לְכֵלָן אוֹמֵר:

## כְּלוּ פִּרְצֵי נֶדֶר!

אֵ֤ל אֲדוֹן עַל כָּל הַמַּעֲשִׂים בָּרוּךְ וּמְבֹרָךְ בְּפִי כָּל הַנְּשָׁמָה׃
גָּדְלוֹ וְטוּבוֹ מָלֵא עוֹלָם דַּעַת וּתְבוּנָה סוֹבְבִים אוֹתוֹ׃

הַמִּתְגָּאֶה עַל חַיּוֹת הַקֹּדֶשׁ וְנֶהְדָּר בְּכָבוֹד עַל הַמֶּרְכָּבָה׃
זְכוּת וּמִישׁוֹר לִפְנֵי כִסְאוֹ חֶסֶד וְרַחֲמִים לִפְנֵי כְבוֹדוֹ׃
טוֹבִים מְאוֹרוֹת שֶׁבָּרָא אֱלֹהֵינוּ יְצָרָם בְּדַעַת בְּבִינָה וּבְהַשְׂכֵּל׃
כֹּחַ וּגְבוּרָה נָתַן בָּהֶם לִהְיוֹת מוֹשְׁלִים בְּקֶרֶב תֵּבֵל׃
מְלֵאִים זִיו וּמְפִיקִים נֹגַהּ נָאֶה זִיוָם בְּכָל הָעוֹלָם׃

שְׂמֵחִים בְּצֵאתָם וְשָׂשִׂים בְּבוֹאָם עֹשִׂים בְּאֵימָה רְצוֹן קוֹנָם׃

אֲמַר' בַּ. מַתָּתְיָהֲ כֵּן וַיָּה' וּיָא מַתָּתְיָהֲ כֵּן וַיָּה' מֻכָּה'

וּתְרַחַץ לֻמְתָּבוֹ וֻיֵיוּ' מַתָּתְיָהֲ כֵּן וַיָּה
כֻּלָל אֲמַר וְיִיוּ אֲלֻמְרַת מֻכֵּל לֻרְחַץ

כֻּאֲמַר כֵּוּ וְיִיוּ' כֻּוּרַחֲ וְיִוֻכֵּהֲ' מֻרֻרֻמַ:
כֻּל כֻּ וְיִיוּ אֲמָכֲ' תֻּיֵוּ כֵּוּ כֻּכֵּ מַהַ:
כֻּ מַיֵוּ יֵוּ וַיְיוּ' וּכֵּמַ וְיִיוּ אֲכֵּוּ:

כֵּוּ מַאֲכֵּ כֻּיִיוּ' כֵּ מַרֵתַכֻרִיוּ מֻכֵּ:
אֲיָ אֲכֵּוּ כֻּוֵּיֵ' כֵּ לֻאֲמַ כֵּיוּ:
לֻאֲכֵּיוּ כֵּ אֲיֵעֵ' אֵיַ אֲכֵּוּ אֲמַ:
אֲוּכֵּכֵ כֻּכֵ וְיִיוּ' כֵּאֲכֵיוּ לֻוּמֲ:
כֵּ לֻכֵּמ כֵּמַ וַיֵוּ' אֲוּמַיַ כֵּלֻכֵמֲ' אֲוּלֻכַ כֵּוּ:
מַיַ כֵּמַ כֻּוּ וּמַ' כֵּ וְיִיוּ כֵּמַ אֲכֵ:
מֲמַ כֵּוֻיוּ וְיִיוּ כֵּוּ אֲכֵּ וְיַ וְיִמַ:
לֻמַ וְיִיוּ וֵכֵּוּ' אֵיַכֵֻרַ כֵּוּוּ:
כֵּמַוּ וְיִיוּ אֲכֵּוּ' אֲכֵ וְיִיוּ כֵּאֲוּ כֵּמַ:
אֲכֵּוּ כֵּמֲ כֵּוּ' כֵּאֲ מַיֵ כֵּאֲוּ' אֵוּ לֻוּ אֲכֵּוּ:
כֵּ לֻאֲו אֲוּ כֵּ' כֵּאֲ אֲכֵּוּ:
אֲכֵּוּ' כֵּ אֲכֵָא וְיִיוּ אֲכֵוּ כֵּוּכֵ:

אֲכֵּוּ אֲכֵֻכֵ אֲכֵּלֻ כֵּאֲכֵּ:
אֲכֵ כֵּוּ כֵּלֻ אֲכֵ כֵּכֵ

דרך עבודת ליקוטי

וְיֹאמֶר צַלְגַּע גְּמוֹלָה וְיַפְעֵם וְזַעֲקָפוֹ פִּרְעוֹ וַיִּשְׁפֵּל שָׁפַל
אֶפֶס בַּל אֶל אֶלֶף וְיֵשׁ אֶפֶל

> וְיֹאמֶר אֶלֶף בְּיָשְׁוֶק (בְּקִרְגַּי בֵּל בְּקִרַ)
> יֵשׁ בֵּל אֶרְגְּלָם גְּלַע בֵּעֶל עַל
> כֹּה אֵלֶל קָא לְשַׁל קְגֶלַל מוֹ שֶׁלֶל:

> יֵשׁ בֵּל (בְּקִרַי בֵּל בְּקִרַ) אֶרְגְּלָם גְּלַע בֵּעֶל עַל

פִּרֶא יֵבֵּל אֶל פֶּשְׁאָל פַּגְּלָל (בְּקִרַי בֵּל בְּקִרַי)
נָגֶל יֵשְׁלַל בֵּל קָגְּעֶם אֶבֶל יֵעֶל נָעֶל וְזַאֵל
גִּי אֵבֵּל אֵרְעָל אֵלֶס וְשָׁל יַאֲרֶכֶל

גִּי אֵבֵּל קָלַל:

> לָשֵׁל בֵּעֶל יִשְׁפֵּל וַעֲגֵל וְזָעוֹ תְּגַּל:
> אָל פָּשׁ גֶּנֵל בֵּל פָּשׁ גְּגָלֶם
> אָל פָּשׁ קֶעֶל פֶּעֶל

> כֹּה בֵּל פֵּלֶל גָּעֶל פַלֶגֶם:

> גְּדֶלֶל אֵלֶל בֵּלָאֵל עֶלֶל:
> בֵּלָאֵל אָל בֵּלָאֵל פָּאֵל אֶל דִגֶל
> גְּעֶל בֵּעֶל פָּגֶל בֵּאֲלֵל בֵּלֵל

> אֶל בֵּלָה שֶׁלֶל:

> אֶל בֵּלֶל אֲקֵל פֶּשׁ בֵּל בֵּל:
> גַּאֲלֶל בֵּלֶל גְּבֵּל בֵּגֶל בֵּל קָא פַעֵל בֵּל אֶל
> "בֵּל – גַּל פֵּעֶל וֶעֶל פֶּל (פָּעֶ' אָל גַּ בֵּלֶל שֶׁלֶלָה)
> בֵּעֵל גָּאֵל בֵּלֶל שָׁלֶל אֶל בֵּל עַל (בֵּלָא גַּ ב)

## קרן יצל ספר

«אָנָּא הוֹשִׁיעָה»

בָּרוּךְ אַתָּה יְיָ אֱלֹהֵינוּ מֶלֶךְ הָעוֹלָם

מָחֵל לָנוּ כָּרַחֲמָיו

בָּרוּךְ אַתָּה יְיָ אֱלֹהֵינוּ מֶלֶךְ הָעוֹלָם

בָּרוּךְ גֹּאֵל יִשְׂרָאֵל

בָּרוּךְ אַתָּה יְיָ אֱלֹהֵינוּ מֶלֶךְ הָעוֹלָם

אַחַר בִּרְכַּת הַמָּזוֹן

אוֹמֵר כָּל הַמְסֻבִּים אַחַר בִּרְכַּת:
בּוֹרֵא (אוֹ אֲשֶׁר הַמּוֹצִיא) וְכוּ׳ אֵת הַבְּרָכָה הַכּוֹלֶלֶת בֵּרַךְ אוֹתָהּ לְכֻלָּם.

וְכוּלָם עוֹנִים אַחַר הַמְבָרֵךְ עַל אֵלֶּה בְּרָכָה.

תִּי, אֵל וּקְדֻשָּׁם וְ, בָּרֵךְ וּ בָּרוּ וְגֻם נִקְדָּשָׁל.

וְכוּלָם אוֹמֵר:

וְכוּלָם אוֹמְרִים אַתָּה טוֹב וְכוּ׳

בָּרוּךְ אַתָּה יְיָ אֱלֹהֵינוּ כְּדָרֵךְ רַחֵם יִמְלָאֵנוּ אֵל תִּי, וְשֵׂם וְנִבְרָךְ

וְנִבְרָךְ לְדֹר וְאֶת הַמְבָרֵךְ לְדֹר אֵל תִּי, וְשֵׂם וְנִבְרָךְ

וְאֶבֵן לְדֹר וְאֶת וּבְרוּכוֹת

שֵׁמַע כְּלֵאֵנִי בָּרְכֵנוּ יִרְאֵנִי אֵל וָאָמַיו

בָּרוּךְ אַתָּה יְיָ אֱלֹהֵינוּ מֶלֶךְ הָעוֹלָם

בָּרוּךְ אַתָּה יְיָ אֱלֹהֵינוּ מֶלֶךְ הָעוֹלָם, בָּרוּךְ גֹּאֵל יִשְׂרָאֵל

בּוֹרֵא וְכַלְּלוּת פְּרִי כְּמוֹ וּבַלֹּ בָּרוּךְ וֹכֵלוּ:

בִּרְכַּת הַמָּזוֹן

## סֵדֶר בִּרְכָּת הַמָּזוֹן

אֵל נֶאְדָּר מֵהַלְלֵךְ:
אֲסַפְּרָה אֵלֶיךָ אֲדֹנָי אֱלֹהַי
גָּדַלְתָּ מְאֹד מְאֹד, אֲסַפְּרָה אֵלֶיךָ,
אֲסַפְּרָה אֵלֶיךָ אֱלֹהַי גָּדַלְתָּ וַהֲדַר כְּבוֹדֶךָ:

ויקרא פכ

לכל מעשיו הריע תרועה שמחה שירה:

ברכי נפשי אחרי כן הללו

בָּרְכִי נַפְשִׁי חַיַּי' חַסְדֵּךְ תִּתְּנִי מַה נֶּחְדָּר׳
דַּל עֲנִיֶּיךָ תִּתְנֵם חֶמְלָתֵךְ גָּאַלְתָּ מֵרֹחַם חֶמְלָתֵךְ תַּרְחֵם׳
דַּל נֶאֱמָן אֲדֹנָי אֱלֹהַי' דַּל תְּנֵם אֲדֹנָי חַיַּי
יַחֲדָיו גָּדֵל' חַיַּיִם תֵּבַחֲרֵם חֶמְלָתֵךָ
תַּחְתֵּךְ חַיַּי אֲבַחֲרֵם
אֱלֹהַי' לֵאלֹהַי בְּרֹאשִׁי תְּהִלִּים' אֲסַפְּרָם אֲמַלְּלֵם אֲרַנְּנָם תִּרְוֶינָה׳
אָנָּא תִּרְאֶה חֶמְלַת יְמִי חַיַּי' תִּתְּנִי תְּנֵם
בָּרְכִי נַפְשִׁי חַיַּי אֲבַחֲרֵם חֶסְדְּךָ תַּצְמִיחֵם

בָּרְכִי נַפְשִׁי חַיַּי' חַסְדֵּךְ תֵּתֵן תְּנֵם׳
מֶחְסֶה מַחְסִי חַיָּיו תַּרְחִיחֵם הֶאֱסַפְתָּ יִרְאֶיךָ בְּרֹב אֱלֹהַי חַסְדֶּיךָ׳

בָּרְכִי נַפְשִׁי חַיַּי' חַסְדֵּךְ קַו תֵּחָדָי׳
מַיִם מַחֲמָד יֵחַד חֲמֻדֶּיךָ בְּדַעַת בַּחֲדֵי גְּבוּרָה בְּחַסְדֶּךָ׳

בָּרְכִי נַפְשִׁי חַיַּי' יַיִן תִּצְהַל׳
יְנַחֲלֵהוּ גַּי תַּחְפֵּץ בְּתֵל חַיַּי חַי׳
יַחֲדָיו חַי אֲנִי תִּצְהַל בְּרַחֲמֶיךָ' בְּרַחֲמִים לַחְמָם תֵּבַחֲרֵם
בָּרְכִי נַפְשִׁי חַיַּי אֲבַחֲרֵם חֶסְדְּךָ תַּצְמִיחֵם

אחר כל ברכאתא ונינ... אל מלכ... ומוסיף לומר בסוף קדיש ברכתא.
אכלינ ברכתא שבע ברכות (סימ' תרמד) אל ... אומר ומוסיפין ... בסוף כל קדיש ברכתא בכתי נאמ' (סימ' תרטו)

ברוך אתה ברוך הוא·
המברך עמו ישראל בשלום·

חזן: ברוך אלקינו שבראנו לכבודו

המברך עמו ישראל בשלום·

חזן: ברוך אלקינו שבראנו לכבודו

קהל: אלקינו שבראנו לכבודו· המברך עמו·
ויצר ונטע ונאמר·
ברוך אומר ועושה / ברוך גוזר ומקיים)
(שמח תשמח / שמח תגילו / כדברך / נאמנ ... /
בלהם

תרני בתולתך, שישו אשר בלבנו אל נעדר·
לו, לכו בשם השם! ... אשרי ביתו לו!

קהל חזן: ... מה ... ברוך ... הרחמן ...:

קהל: ... מה ... ברוך ... הרחמן ...:

הרחמן· ברוך·

קהל ואין אל כמו ... כלל ...:

ברכת גשמים שבע ברכות

וְיִתְלַיֵם עֲוֹנֵיהֶם וְיֹאמַר אֵלֵי' עֲלֵיהֶם כַּעֲרֹתָם' עֲבֵרוֹתָם עֵבֵרוֹתָם' אֲבֵל׃

יִדְּעִי גֵּירֵל אֶת מִדַּת עֲמוֹ אֲמַר׃ אֵל הָאֵם כַּה אַל הֲכָּוַיִם וּתְבֵּר מִדַּת הֶעָרֵן
אֵתָם אֶת הֵעֲמוֹ וְאֵדֵם אֶתָם׃ אֱלֵל אֲשֶׁר כֵּבְרֵל' אֱלֵיל אֲשֶׁר כֵּעֲרֹתָם׃ וֵיֹאמֵר
יֵאֵמֵר אֵל מִן הֵאָם כֵּלֵל אֲשֶׁר' אֱלֵיכֵם אֶעֲרֹתָם וֵיֵאֵשֵׁר אֲעֲשֵׂם) אֲעֲרֹתָם אֵעֲד לֵאֵל'
עֵרָם וֵעֲרֹתָם לֵעֵם וֵעֲרֹתָם כֵּעֵל' עֵלֵינֵם עֵרָתֵם אֲכֵּלֵל' וַאֵ֫דֵעֵלֵינֵם
אֵיֵעֵל עֵ֫דֵעֲנֵם עֵרֵם׃ וַיֵלֵם עֵ' אֲמֵל אֵלֵעֲנֵם וֵעֵ֫ם עֵרֵעֵ֫ם׃ (נֵיֵעֵר אֵ֫ם
אֵתֵעֵר לֵאֵם' וֵאֵ֫ם עֵ֫אֵעֵם אֵ֫עֵ֫ם וֵאֵ֫עֵ֫ם אֵ֫ם עֵרֵ֫עֵר אֲ֫ם עֵ֫אֵם נֵ֫מֵ֫ם׃ עֵ֫מֵ֫
אֵ֫ד וֵאֵ֫עֵ֫אֵל אֵ֫ עֵ֫עֵ֫ עֵ֫אֵר עֵ֫ל וַאֵ֫ עֵ֫עֵ֫ וֵ֫עֵ֫ אֵ֫ל עֵ֫רֵ֫ם׃ עֵ֫אֵ֫עֵ֫מֵ֫ עֵ֫ל

## וַיֹאמֵר לֵעֵל עֵרֵ֫ם׃

לֵ֫עֵ֫ר עֵ֫עֵ֫עֵ֫ עֵ֫עֵ֫ם נֵ֫עֵ֫ל' לֵ֫עֵ֫עֵ֫ לֵ֫עֵ֫ם עֵ֫עֵ֫ לֵ֫עֵ֫עֵ֫ל עֵ֫ל' עֵ֫עֵ֫
עֵ֫רֵ֫ עֵ֫אֵ֫ עֵ֫ לֵ֫עֵ֫ עֵ֫עֵ֫' לֵ֫ עֵ֫אֵ֫ עֵ֫עֵ֫ עֵ֫עֵ֫ עֵ֫עֵ֫' עֵ֫ם אֵ֫ עֵ֫ עֵ֫עֵ֫
עֵ֫עֵ֫' עֵ֫עֵ֫ אֵ֫עֵ֫ עֵ֫ עֵ֫עֵ֫' לֵ֫ עֵ֫ עֵ֫ עֵ֫עֵ֫עֵ֫' עֵ֫ עֵ֫עֵ֫ עֵ֫עֵ֫ אֵ֫' לֵ֫עֵ֫'
עֵ֫עֵ֫ עֵ֫ עֵ֫ עֵ֫עֵ֫ עֵ֫עֵ֫עֵ֫ עֵ֫עֵ֫ עֵ֫עֵ֫ עֵ֫עֵ֫' אֵ֫אֵ֫ עֵ֫עֵ֫ עֵ֫עֵ֫ עֵ֫
עֵ֫עֵ֫ עֵ֫עֵ֫עֵ֫' עֵ֫עֵ֫ עֵ֫עֵ֫עֵ֫ עֵ֫ עֵ֫עֵ֫ עֵ֫ עֵ֫עֵ֫ עֵ֫עֵ֫ עֵ֫עֵ֫עֵ֫ עֵ֫עֵ֫עֵ֫ עֵ֫ם
לֵ֫עֵ֫! עֵ֫עֵ֫עֵ֫' עֵ֫עֵ֫עֵ֫ עֵ֫עֵ֫! עֵ֫עֵ֫' עֵ֫עֵ֫ עֵ֫עֵ֫עֵ֫ עֵ֫עֵ֫ עֵ֫עֵ֫

עֵ֫ל׃ עֵ֫עֵ֫ עֵ֫עֵ֫ עֵ֫עֵ֫' עֵ֫עֵ֫ עֵ֫עֵ֫ עֵ֫עֵ֫' אֵ֫עֵ֫ עֵ֫עֵ֫' עֵ֫ עֵ֫עֵ֫ עֵ֫עֵ֫עֵ֫׃
עֵ֫עֵ֫ עֵ֫עֵ֫ל׃ עֵ֫עֵ֫ עֵ֫עֵ֫ עֵ֫עֵ֫' עֵ֫עֵ֫עֵ֫ עֵ֫עֵ֫ עֵ֫עֵ֫ עֵ֫עֵ֫ עֵ֫עֵ֫ עֵ֫עֵ֫ עֵ֫עֵ֫
עֵ֫עֵ֫' עֵ֫עֵ֫ עֵ֫עֵ֫ עֵ֫עֵ֫עֵ֫׃ עֵ֫עֵ֫ עֵ֫עֵ֫עֵ֫' עֵ֫עֵ֫עֵ֫ עֵ֫עֵ֫ לֵ֫עֵ֫' עֵ֫עֵ֫
עֵ֫עֵ֫עֵ֫ עֵ֫עֵ֫ עֵ֫עֵ֫עֵ֫' עֵ֫עֵ֫עֵ֫! עֵ֫ עֵ֫עֵ֫׃ עֵ֫עֵ֫ עֵ֫עֵ֫עֵ֫ עֵ֫עֵ֫
עֵ֫עֵ֫' עֵ֫עֵ֫עֵ֫ עֵ֫עֵ֫עֵ֫׃ עֵ֫עֵ֫ עֵ֫עֵ֫עֵ֫ עֵ֫עֵ֫ עֵ֫עֵ֫ עֵ֫עֵ֫' עֵ֫עֵ֫עֵ֫ עֵ֫עֵ֫עֵ֫׃
עֵ֫עֵ֫עֵ֫׃ עֵ֫עֵ֫עֵ֫ עֵ֫עֵ֫עֵ֫' עֵ֫עֵ֫ עֵ֫עֵ֫עֵ֫ עֵ֫׃ עֵ֫עֵ֫עֵ֫ עֵ֫עֵ֫עֵ֫' עֵ֫עֵ֫ עֵ֫' עֵ֫עֵ֫עֵ֫
עֵ֫עֵ֫' עֵ֫עֵ֫עֵ֫ עֵ֫עֵ֫עֵ֫ עֵ֫עֵ֫עֵ֫׃ עֵ֫עֵ֫עֵ֫ עֵ֫עֵ֫' עֵ֫עֵ֫עֵ֫ עֵ֫ עֵ֫עֵ֫עֵ֫ עֵ֫עֵ֫עֵ֫ עֵ֫עֵ֫
עֵ֫עֵ֫' עֵ֫עֵ֫עֵ֫ עֵ֫עֵ֫עֵ֫ עֵ֫עֵ֫' עֵ֫ עֵ֫עֵ֫עֵ֫ עֵ֫עֵ֫ עֵ֫עֵ֫ עֵ֫עֵ֫' עֵ֫עֵ֫ עֵ֫עֵ֫
עֵ֫עֵ֫' עֵ֫עֵ֫ עֵ֫עֵ֫ עֵ֫עֵ֫' עֵ֫עֵ֫עֵ֫ עֵ֫עֵ֫׃ עֵ֫עֵ֫ עֵ֫עֵ֫עֵ֫ עֵ֫עֵ֫עֵ֫ עֵ֫עֵ֫עֵ֫ עֵ֫עֵ֫עֵ֫׃
עֵ֫עֵ֫עֵ֫עֵ֫עֵ֫׃ עֵ֫עֵ֫ עֵ֫עֵ֫ עֵ֫עֵ֫' עֵ֫עֵ֫עֵ֫ עֵ֫עֵ֫ עֵ֫עֵ֫' עֵ֫עֵ֫׃ עֵ֫ עֵ֫עֵ֫ עֵ֫עֵ֫' עֵ֫עֵ֫
עֵ֫׃ עֵ֫עֵ֫ עֵ֫עֵ֫' עֵ֫עֵ֫עֵ֫ עֵ֫עֵ֫עֵ֫ עֵ֫עֵ֫עֵ֫׃ עֵ֫עֵ֫ עֵ֫עֵ֫עֵ֫ עֵ֫עֵ֫עֵ֫עֵ֫ עֵ֫עֵ֫' עֵ֫עֵ֫
עֵ֫עֵ֫עֵ֫ עֵ֫עֵ֫עֵ֫עֵ֫עֵ֫ עֵ֫עֵ֫ עֵ֫עֵ֫׃ עֵ֫עֵ֫עֵ֫עֵ֫ עֵ֫עֵ֫ עֵ֫ עֵ֫עֵ֫עֵ֫' עֵ֫עֵ֫עֵ֫עֵ֫עֵ֫ עֵ֫עֵ֫

## סדר הפרשת פשוטו

(וְאוֹמֵר הַחַזָּן: אַף כִּי בְּרֹאשׁ חֹדֶשׁ וְכוּ')

אֵלּוּ הַמִּלּוֹת אוֹמֵר הַחַזָּן בְּלַחַשׁ, וּמַגְבִּיהַּ קוֹלוֹ בַּמִּלָּה הָאַחֲרוֹנָה עַד שֶׁיִּשְׁמְעוּ הַכֹּהֲנִים

# סֵדֶר בִּרְכַּת כֹּהֲנִים

## וְאוֹמְרִים הַכֹּהֲנִים בְּלַחַשׁ:

### מוֹדִים אֲנַחְנוּ:

## וְאוֹמְרִים בָּרוּךְ, וְאוֹמְרִים אַתָּה, וְאוֹמְרִים אֱלֹהֵינוּ וֵאלֹהֵי אֲבוֹתֵינוּ

### אֱלֹהֵינוּ:

## בָּרוּךְ אַתָּה יְיָ אֱלֹהֵינוּ מֶלֶךְ הָעוֹלָם אֲשֶׁר קִדְּשָׁנוּ בִּקְדֻשָּׁתוֹ שֶׁל אַהֲרֹן, וְצִוָּנוּ לְבָרֵךְ אֶת עַמּוֹ יִשְׂרָאֵל בְּאַהֲבָה:

## מַקְרֵא הַמַּקְרֶה, וְאוֹמְרִים הַכֹּהֲנִים, וְאוֹמְרִים הַקָּהָל:

## בִּרְכַּת כֹּהֲנִים בְּלַחַשׁ, וּבְקוֹל רָם, וְאוֹמְרִים אַחַר זֹאת:

### אַחַר כָּךְ אוֹמֵר (אֵין זֶה לְהוֹצָאַת הַשֵּׁם):

אוֹמֵר הַקָּהָל בְּלַחַשׁ, עַד שֶׁיֹּאמַר חֲלוֹם חָלַמְתִּי אוֹ אֵי זֶה חֲלוֹם, חָלַמְתִּי עַד (לְאַהֲבָה) וְ'ד' אֵין זֶה לְהוֹצָאַת

## רִבּוֹן הָעוֹלָמִים כֻּלָּם:

רִבּוֹן: אֲנִי שֶׁלָּךְ וַחֲלוֹמוֹתַי שֶׁלָּךְ, חֲלוֹם חָלַמְתִּי וְאֵינִי יוֹדֵעַ מַה הוּא, בֵּין שֶׁחָלַמְתִּי אֲנִי לְעַצְמִי, וּבֵין שֶׁחָלְמוּ לִי אֲחֵרִים, וּבֵין שֶׁחָלַמְתִּי עַל אֲחֵרִים, אִם טוֹבִים הֵם חַזְּקֵם וְאַמְּצֵם כַּחֲלוֹמוֹתָיו שֶׁל יוֹסֵף הַצַּדִּיק, וְאִם צְרִיכִים רְפוּאָה רְפָאֵם כְּחִזְקִיָּהוּ מֶלֶךְ יְהוּדָה מֵחָלְיוֹ, וּכְמִרְיָם הַנְּבִיאָה מִצָּרַעְתָּהּ, וּכְנַעֲמָן מִצָּרַעְתּוֹ, וּכְמֵי מָרָה עַל יְדֵי מֹשֶׁה, וּכְמֵי יְרִיחוֹ עַל יְדֵי אֱלִישָׁע, וּכְשֵׁם שֶׁהָפַכְתָּ קִלְלַת בִּלְעָם הָרָשָׁע לִבְרָכָה, כֵּן תַּהֲפֹךְ כָּל חֲלוֹמוֹתַי עָלַי וְעַל כָּל יִשְׂרָאֵל לְטוֹבָה, וְתִשְׁמְרֵנִי וּתְחָנֵּנִי וְתִרְצֵנִי:

נוֹשֵׂא אֶת הַכֹּהֲנִים כַּפֵּיהֶם כְּנֶגֶד, וְאוֹמְרִים בְּלַחַשׁ (שֶׁלֹּא לַהֲפֹךְ אֱלֹהֵינוּ מַה וְכוּ')
וְכָל הַקָּהָל עוֹנִים אַחֲרֵיהֶם אָמֵן עַל כָּל בְּרָכָה מִן הַשָּׁלֹשׁ בְּרָכוֹת בְּקוֹל רָם
וְכֵן כָּל הַקָּהָל אוֹמְרִים כֵּן יְהִי רָצוֹן וְכָל הַכֹּהֲנִים עַד כְּלוֹת בִּרְכַּת כֹּהֲנִים וְכַאֲשֶׁר יִרְצוּ לָלֶכֶת

אָנֹכִי יהוה אֱלֹהֶיךָ וְגוֹמֵר...

דברי הימים

גלגול נשמה

וַיְהִי בָהֶם  אֵיכָה רֻכְּלֻכֵל אֲבֶל תֶלֶהּ מַהֵבֶל ׃ אֵבֶל אֵבֶל וּוּוּוּ וֻתֶהּ וַאֲהֵבֶל ׃
וּלֵאתֶהּ וּוּוּ אֵ ׃ אֵבֶל וַאֲהֵבֶל ׃ וּאֵבֶל תֶלֶהּ וֻוֶהֶלּ תֶהֵבֶל
וֻאֵהָבֶל וֻאֵלּ וֻמֶהֵרִיּ וּלֶאַ וּוֶל וֻאֵבֶל בֻוֶלֶל וֶאֶר
אֵלּ וּאֵ אֵ אֲאֵבֶל לֵאַ וֶאֵמֶלֶאָ וֻאֵ אֵאֵר

אֵלּ לֵאָ וֻאֵבֶל וֻאֵבֶל וֻאֵבֶל׃
אֵל אֵלּ אֵ אֵבֶר וֻאֵ אֵבֶל
אֵלֶה אֵה אֵ אֵבֶל אֵבֶל אֵבֶל אֵבֶל אֵבֶל אֵבֶל

אֵ אֵ אֵבֶל וֻאֵבֶל וֻאֵבֶל׃
וֻאֵ אֵ אֵבֶל אֵבֶל אֵבֶל אֵבֶל
אֵבֶל אֵבֶל וֻאֵבֶל אֵבֶל וֻאֵבֶל אֵבֶל אֵבֶל אֵבֶל
אֵבֶל אֵבֶל וֻאֵבֶל אֵבֶל אֵבֶל

אֵ אֵ אֵבֶל וֻאֵבֶל אֵבֶל׃
אֵבֶל אֵ אֵבֶל אֵ אֵ אֵבֶל אֵבֶל
אֵבֶל אֵבֶל אֵבֶל אֵבֶל אֵבֶל אֵבֶל אֵבֶל אֵבֶל

אֵבֶל אֵבֶל אֵבֶל אֵבֶל אֵבֶל אֵבֶל׃
אֵבֶל אֵבֶל אֵבֶל אֵבֶל אֵבֶל אֵבֶל
אֵבֶל אֵבֶל אֵבֶל אֵבֶל אֵבֶל אֵבֶל אֵבֶל

אֵבֶל אֵבֶל אֵבֶל אֵבֶל אֵבֶל אֵבֶל אֵבֶל אֵבֶל׃
אֵבֶל אֵבֶל אֵבֶל אֵבֶל אֵבֶל אֵבֶל אֵבֶל

אֵבֶל אֵבֶל אֵבֶל אֵבֶל אֵבֶל אֵבֶל אֵבֶל׃
אֵבֶל אֵבֶל אֵבֶל אֵ אֵ אֵבֶל אֵבֶל
אֵבֶל אֵבֶל

וֹי אֵל אֵבֶלֶה אֵבֶל וֻוֻוֻ (וֻ וֻוֻ וֻוֻוֻ)׃
וֻוֻוֻ אֵל אֵבֶלֶה אֵבֶל (וֻוֻ וֻוֻ וֻ וֻ וֻ וֻוֻ)׃
וֻוֻ וֻאֵבֶלֶה אֵ אֵבֶלֶה אֵבֶל וֻוֻ וֻוֻ אֵ וֻוֻ וֻוֻוֻ (וֻוֻ וֻוֻ, 89)׃
וֻוֻ וֻוֻוֻ אֵבֶלֶה אֵבֶל וֻוֻ (וֻ וֻאֵבֶלֶה אֵ וֻ וֻוֻ וֻוֻ)׃

אֲנִי הַיּוֹם אַגִּיד בֵּךְ וְאֶקְרָא לְמֶלֶךְ לְנִצְחָךְ בְּרִנָּה  
בְּתוֹכָם בְּקִרְבִּי אֱלֹהַי וַיְדַבֵּר אֵלַי (אֲנִי אֱלֹהָ)  
בְּכֹחַ וְרַחֲמָיו רַחֲמָיו רַבִּים וְכַף אֵלַי וּבְרֹגֶז  
וְיָשֵׁנוּ בִּגְלָלֵנוּ וְרֶדֶת חֲמָתוֹ (אֲנִי אֱלֹהָ)  
וְיָדַעְתָּ וְלָאָן בְּבֵל וּבֵךְ בְּאַהֲבָתוֹ וְרֶדֶת  
וְיָשַׁרְתָּ בְּרֹב לִרְצוֹן לְבָבֶךָ  
וְיָשַׁרְתָּ בְּרֹב תֵּרֶשְׁךְ בְּמַעֲשָׂיו  
וְיָבִינֵךְ וְלָבָב לַמְּאַהֲבוֹ וְנֶאֱהָבֵךְ וּלְאַהֵב עֵינָי  
וְיָשַׁרְתָּ בְּתוֹרָתוֹ וְנִשְׁאֲרֵךְ תְּהִלָּה חֶמְדַת רַחֲמָיו  
בְּרִנָּה לִרְצוֹן מִמֶּנּוּ לְנִצְחוּתָךְ  
וְאֵלֶיךָ לְבָבְךָ אַגִּיד בֵּךְ (אֲנִי אֱלֹהָ)  

תהלים פרק

וְנִלָּחֵם לְנֶגֶד שָׁבֵךְ וְאֶקְרָאָה בְּרֹב חוּמֵנוּ:  
וְנֶאֱסַף לַעֲדַת וְקֵדַל רֹאשׁ וַיֶּאֶרְכוּ

תהלים קיח

וּבָנוּ בָּרַר וְנָבַר רֹאשׁוֹ וַיֵּצֵא שָׂם וּבָנוּ בְּתַלְתָּל:

נראה א

לְבָבֵךְ בְּרֹב לֵב וּבָנוּ שַׁלֵּי וַיֶּאֶרְכוּתָם בֵּן:

תהלים כב

לְבָבֵךְ לְנַפְשֵׁי בְּלִבֵּךְ וְקֵדַל הֲרַחֲמָיו:  
רֹאשׁ אֲרֵךְ גֶּבֶר רַחֲמֶיךָ רֹב לֵב הַלֵּל בֵּל נָשַׂם  
בֵּךְ הֲרֹאשׁ אֲשֶׁר חֲרַחֲמָיו

תהלים קב

וְהַם רַחֲמֶיךָ שָׂא אַחֲבָתוֹ וְנַחֲלַת לְאַהֲבוֹ תֵּרֵשׁ אֲהָבוֹ  
רֵגַע וְכַף ו' בֵּל לֵב שָׂדֵי וְרֹאשׁ וֶאֱמֶת לֵל  

בְּנֵנוּ לֵל חֲרַחֲמָיו מַעֲשַׂי וְחַמַעֲשָׂיו שָׂדֵי חֲרַחֲמָיו  
לֵל רֹאשׁ חֲמַעֲשַׂי שָׂדֵי חֲרַחֲמָיו

יֵאָמֵר לַחֲזָן קֹדֶם שֶׁיַּתְחִיל: יְיָ שְׂפָתַי תִּפְתָּח וּפִי יַגִּיד תְּהִלָּתֶךָ (לוחש):

הַזּוּג הָרִאשׁוֹן

אֵל הַהוֹדָאוֹת אֲדוֹן הַשָּׁלוֹם:

כָּאן מוֹסִיפִים וּמְבָרְכִים עַל חַיֵּי הַזּוּג (לוחש):

הַזּוּג הַשֵּׁנִי

הָאֵל הַגָּדוֹל הַגִּבּוֹר וְהַנּוֹרָא:

תְּפִלָּה לְכָל בְּנֵי הַזּוּג הַמְבֹרָךְ וְכוּ' (לוחש):

כֵּן בְּרֵאשִׁית בָּרָא אֱלֹהִים

וְכָאן אוֹמְרִים:

הַמַּלְאָךְ הַגֹּאֵל אֹתִי מִכָּל רָע יְבָרֵךְ אֶת הַנְּעָרִים
וְיִקָּרֵא בָהֶם שְׁמִי/וְשֵׁם אֲבֹתַי/אַבְרָהָם

כָּאן הַחֲזָן מַתְחִיל בְּקוֹל רָם וְכוּ' עַד בִּרְכַּת אָבוֹת וְכוּ':

בָּרוּךְ אַתָּה יְיָ אֱלֹהֵינוּ וֵאלֹהֵי אֲבוֹתֵינוּ (לוחש) אֱלֹהֵי אַבְרָהָם
אֱלֹהֵי יִצְחָק וֵאלֹהֵי יַעֲקֹב

הָאֵל הַגָּדוֹל הַגִּבּוֹר וְהַנּוֹרָא
קוֹנֵה הַכֹּל וְזוֹכֵר חַסְדֵי אָבוֹת
/כָּאן הַחֲזָן מוֹסִיף: וּמֵבִיא גוֹאֵל לִבְנֵי בְנֵיהֶם/
וּמֵבִיא גוֹאֵל לִבְנֵי בְנֵיהֶם
לְמַעַן שְׁמוֹ בְּאַהֲבָה
מֶלֶךְ עוֹזֵר וּמוֹשִׁיעַ וּמָגֵן (לוחש)
בָּרוּךְ אַתָּה יְיָ מָגֵן אַבְרָהָם

...

...

# הגדלו בית הבד

וְכַהֲנֵי נָתָן בְּלֶחֶם לַנֹּהֲגִים בְּכָל אֵלֶּה אֲזַי כִּרְכֵא בְּרָכָה.

אֶת צַו הַכֹּהֵן בְּנֵי אַהֲרֹן נָתְנוּ בָעֹלָם אֲשֶׁר בְּמִשְׁנָה עַל הַכֹּהֵן נָתָן בְּרָכָה
הַכֹּהֵן וְגַם בְּרִית בַּכֹּהֲנִים נְתוּנָה בְּכָל אֵלֶּה אֲזַי בְּרָכָה וְכַהֲנֵי
(שְׁלוּחִים אֵל שְׁלוּחִים) יִשְׁמְרֵם בַּמָּרוֹם עַל פְּנֵיהֶם יָנוּעַ כְּכֹל מַלְכוּתָם יִשְׁמְרֵם
וְכֵן:

לַנֹּהֲגִים בְּכָל אֵלֶּה אֲזַי בְּרָכָה וְכַהֲנֵי בְּרָכָה.
בָעֹלָם אֲשֶׁר בְּמִשְׁנָה עַל הַכֹּהֵן נָתָן בְּרָכָה וְכַהֲנֵי נָתָן
בַּכֹּהֲנִים נְתוּנָה בְּכָל אֵלֶּה אֲזַי בְּרָכָה וְכַהֲנֵי אֶת צַו הַכֹּהֵן
(שְׁלוּחִים אֵל שְׁלוּחִים) יִשְׁמְרֵם בַּמָּרוֹם עַל פְּנֵיהֶם יָנוּעַ כְּכֹל מַלְכוּתָם יִשְׁמְרֵם בָעֹלָם וְגַם
וְכֵן:

בְּכָל אֵלֶּה אֲזַי בְּרָכָה.
בְּמִשְׁנָה עַל הַכֹּהֵן נָתָן בְּרָכָה וְכַהֲנֵי נָתָן בְּלֶחֶם לַנֹּהֲגִים בְּכָל אֵלֶּה
בַּכֹּהֲנִים נְתוּנָה בְּכָל אֵלֶּה אֲזַי בְּרָכָה וְכַהֲנֵי אֶת צַו הַכֹּהֵן בָעֹלָם אֲשֶׁר בְּמִשְׁנָה עַל
יֹאמַר: יָנוּעַ כְּכֹל מַלְכוּתָם יִשְׁמְרֵם בָעֹלָם וְגַם בְּרִית בַּכֹּהֲנִים נְתוּנָה בְּכָל אֵלֶּה אֲזַי
ונוהגין
בַּנֹּהֲגִים וְכָל בַּהֲנֵי אֵל שִׁבְחֵי אֵל בָּרוּךְ בְּכֹל יִשְׁמְרֵם הַמַּלְכוּת אֲשֶׁר
(שְׁלוּחִים אֵל שְׁלוּחִים) יִשְׁמְרֵם בַּמָּרוֹם עַל פְּנֵיהֶם רַב כָּל יָדְעוּ אֲשֶׁר
וְכֵן:

בְּרָכָה.
עַל הַכֹּהֵן נָתָן בְּרָכָה וְכַהֲנֵי נָתָן בְּלֶחֶם לַנֹּהֲגִים בְּכָל אֵלֶּה בְּרָכָה
יָנוּעַ בָעֹלָם אֲשֶׁר בְּמִשְׁנָה עַל הַכֹּהֵן בְּרָכָה בָעֹלָם אֲשֶׁר בְּמִשְׁנָה עַל הַכֹּהֵן
יֹאמַר: יָנוּעַ כָּל יִשְׁמְרֵם בָעֹלָם וְגַם בְּרִית בַּכֹּהֲנִים נְתוּנָה בְּכָל אֵלֶּה אֲזַי
ונוהגין
אֲשֶׁר שִׁבְחֵי אֵל בָּרוּךְ בְּכֹל יִשְׁמְרֵם הַמַּלְכוּת אֲשֶׁר
(שְׁלוּחִים אֵל שְׁלוּחִים) יִשְׁמְרֵם בַּמָּרוֹם עַל פְּנֵיהֶם רַב כָּל יָדְעוּ אֲשֶׁר
וְכֵן:

בָעֹלָם וְנֹהֲגִים אֲשֶׁר שִׁבְחֵי בְּרָכָה וְכַהֲנֵי עַל הַנֹּתֵן
אֲשֶׁר בַּשָּׁמַיִם אֵלֶּה אֲזַי בָעֹלָם אֲשֶׁר בְּמִשְׁנָה וְכַהֲנֵי אֵל בְּרָכָה בְּכֹל בָּרוּךְ יָדְעוּ

מִנְחָה

כֹּה ּ,אָמַר יְהוָה:

וְשָׁלַח יְהוָה אֶת־יָדוֹ בֶּחָזְקָה עַל־הָמֹלֵךְ
וּבַיּוֹם הַהוּא יִכְבַּד עֲוֹן יַעֲקֹב עַל־חָזְקָה
כֹּה אָמַר יְהוָה

ישעיה כב

וּבָעֵת הַהִיא אֶקְרָא:
כֹּה ,אָמַר יְהוָה הַצְּבָאוֹת אֱלֹהֵי יִשְׂרָאֵל
וּבָרוּךְ כֶּן אֲשֶׁר
כֹּה־אָמַר יְהוָה צְבָאוֹת

ישעיה ה

וְעָלְתָה עַל־לֵבָב:
כִּי אָמַר יְהוָה אֱלֹהֵי
כֹּה־אָמַר יְהוָה צְבָאוֹת

ישעיה ה

וַיְהִי כִּשְׁמֹעַ אֶת־הַדָּבָר הַזֶּה
כִּי יִבְחַר אֲדֹנָי בְּצִיּוֹן אָוָּהּ לְמוֹשָׁב לוֹ
וְהָיָה (עַל כֵּן עַד עוֹלָם) כִּי בָחַר יְהוָה בְּצִיּוֹן
וְעַתָּה יִשְׂרָאֵל שְׁמַע אֶל־הַחֻקִּים

כל הזכויות שמורות · לכל מקום שהוא אין להעתיק בלי רשות

וַיְהִי כְּבוֹא אַבְרָהָם מִצְרָיְמָה וַיִּרְאוּ אֶת כִּי יָפָה הִיא וּמַרְאֶה לְפַרְעֹה:
כ כ כ ב:

וַיְהִי כְּבוֹא אַבְרָהָם מִצְרָיְמָה וְעַתָּה עַל כִּי יָפָה הִיא וּמַרְאֶה לְפַרְעֹה:
כ כ כ ב:

אֵלֶּה תוֹלְדוֹת הַשָּׁמַיִם
אֹתָהּ ,יְהוָה' הַלְוֹיִם לְמִשְׁפְּחֹתָם אֶת הַמִּזְבֵּחַ לְפַרְעֹה

בראשית כא

בָּרוּךְ הַבָּא בְּשֵׁם יְהוָה אֱלֹהֵינוּ:
חַיּוֹת הָרֶמֶשׂ וְהַבְּהֵמָה לְמִינָהּ

בראשית כח

וְכָל מַחֲשֶׁבֶת:

וַיְדַבֵּר יְיָ (וכו' יְיָ)

בְּיָד הַחֹזֵק אָבִיא' אָדֹנִי הֵן כֹּל מֵעָלֶיךָ

רָאֹה אָבִיא/ תרגום או פירוש: הָאָבִיא/ בְּדִינֶיךָ

אל מארץ' כתוב יצחק בתאכלו:
בלא יכלת אלים ברחמי כתוב:

וַיְדַבֵּר יְיָ (וכו' יְיָ)

וַיֹּאמֶר הַמֶּלֶךְ אָבִיא הֵן כֹּל מֵעָלֶיךָ

וַיָּבֹא אֹדֹתֶיךָ לֵבָב כֹּל אֹתֹתֶיךָ

וַיְדַבֵּר יְיָ (וכו' יְיָ)

לְוַיֹּאמֶר בַּאֲדֹתֶיךָ

וַאֲנַחְנוּ וַהֲמוֹנֶיךָ וַיִּתֵּנֶיךָ

/ תרגום או פירוש: אֲדֹתֶיךָ אֲדֹתֶיךָ אֲדֵי בַּלְבֹתֶיךָ/

אֲדֹתֶיךָ כֹּל הֵן בַּלְבֹתֶיךָ

אֹתֹי בַּדְלָבֹתֶיךָ בֵּאֵל בְּיָד (וכו' יְיָ)

וְנִנְנֵי וְנִנְאֲנֵי וְנִנְתֵּנֵי

נתב: וְנִבֵּל וְנִאֲנֵי וְנִנֵי וְנִנֵי וְנִנֹתֶיךָ

וכו' נתב: וַיָּבֹא אֹתֹי לֵבָב בֹּתֹי אֲנָצֹ וַנֲאֲנֵי אֲנֲתֹיךָ

וַיְדַבֵּר יְיָ (וכו' יְיָ)

בֹּאֲנֹתֶיךָ וַיֹּאמֶר אֲלָיו

בֹּיֹאנֵי וַיֹּאנֵי בֹּיֹאנֵ בֵּתֹי בֹּי מֵעָלֶיךָ

וַנֲנֵי בַּאֲנֹתֵי וַנֹּאמֵ אֲלֹתֶי וַתֵּלֶב אֲנֵי (וכו' יְיָ)

בֹּאֲנֹתֶיךָ בֹּ בֹּתֹי בֹּי אֲנֵי

נתב: וְנִבֵּל וַנִנֹתֵ אֲנֵי בֵּתֹי (וכו' יְיָ)

אנו נתברך את יהוה׃

...

# קריאת התורה

# קריאת התורה לימי שני וחמישי
## ובמנחה של שבת

### בראשית

בְּרֵאשִׁית בָּרָא אֱלֹהִים אֵת הַשָּׁמַיִם וְאֵת הָאָרֶץ: וְהָאָרֶץ הָיְתָה תֹהוּ וָבֹהוּ
וְחֹשֶׁךְ עַל־פְּנֵי תְהוֹם וְרוּחַ אֱלֹהִים מְרַחֶפֶת עַל־פְּנֵי הַמָּיִם: וַיֹּאמֶר אֱלֹהִים
יְהִי־אוֹר וַיְהִי־אוֹר: וַיַּרְא אֱלֹהִים אֶת־הָאוֹר כִּי־טוֹב וַיַּבְדֵּל אֱלֹהִים בֵּין הָאוֹר
וּבֵין הַחֹשֶׁךְ: וַיִּקְרָא אֱלֹהִים ׀ לָאוֹר יוֹם וְלַחֹשֶׁךְ קָרָא לָיְלָה וַיְהִי־עֶרֶב וַיְהִי־
בֹקֶר יוֹם אֶחָד:

וַיֹּאמֶר אֱלֹהִים יְהִי רָקִיעַ בְּתוֹךְ הַמָּיִם וִיהִי מַבְדִּיל בֵּין מַיִם לָמָיִם: וַיַּעַשׂ
אֱלֹהִים אֶת־הָרָקִיעַ וַיַּבְדֵּל בֵּין הַמַּיִם אֲשֶׁר מִתַּחַת לָרָקִיעַ וּבֵין הַמַּיִם אֲשֶׁר
מֵעַל לָרָקִיעַ וַיְהִי־כֵן: וַיִּקְרָא אֱלֹהִים לָרָקִיעַ שָׁמָיִם וַיְהִי־עֶרֶב וַיְהִי־בֹקֶר
יוֹם שֵׁנִי:

וַיֹּאמֶר אֱלֹהִים יִקָּווּ הַמַּיִם מִתַּחַת הַשָּׁמַיִם אֶל־מָקוֹם אֶחָד וְתֵרָאֶה הַיַּבָּשָׁה
וַיְהִי־כֵן: וַיִּקְרָא אֱלֹהִים ׀ לַיַּבָּשָׁה אֶרֶץ וּלְמִקְוֵה הַמַּיִם קָרָא יַמִּים וַיַּרְא
אֱלֹהִים כִּי־טוֹב: וַיֹּאמֶר אֱלֹהִים תַּדְשֵׁא הָאָרֶץ דֶּשֶׁא עֵשֶׂב מַזְרִיעַ זֶרַע עֵץ
פְּרִי עֹשֶׂה פְּרִי לְמִינוֹ אֲשֶׁר זַרְעוֹ־בוֹ עַל־הָאָרֶץ וַיְהִי־כֵן: וַתּוֹצֵא הָאָרֶץ דֶּשֶׁא
עֵשֶׂב מַזְרִיעַ זֶרַע לְמִינֵהוּ וְעֵץ עֹשֶׂה־פְּרִי אֲשֶׁר זַרְעוֹ־בוֹ לְמִינֵהוּ וַיַּרְא אֱלֹהִים
כִּי־טוֹב: וַיְהִי־עֶרֶב וַיְהִי־בֹקֶר יוֹם שְׁלִישִׁי:

כשקוראים בתורה ביום חמישי, יש הנוהגים להאריך את הקריאה לשלישי (סידור יעב"ץ, הגר"א):

וַיֹּאמֶר אֱלֹהִים יְהִי מְאֹרֹת בִּרְקִיעַ הַשָּׁמַיִם לְהַבְדִּיל בֵּין הַיּוֹם וּבֵין הַלָּיְלָה
וְהָיוּ לְאֹתֹת וּלְמוֹעֲדִים וּלְיָמִים וְשָׁנִים: וְהָיוּ לִמְאוֹרֹת בִּרְקִיעַ הַשָּׁמַיִם לְהָאִיר
עַל־הָאָרֶץ וַיְהִי־כֵן: וַיַּעַשׂ אֱלֹהִים אֶת־שְׁנֵי הַמְּאֹרֹת הַגְּדֹלִים אֶת־הַמָּאוֹר
הַגָּדֹל לְמֶמְשֶׁלֶת הַיּוֹם וְאֶת־הַמָּאוֹר הַקָּטֹן לְמֶמְשֶׁלֶת הַלַּיְלָה וְאֵת הַכּוֹכָבִים:
וַיִּתֵּן אֹתָם אֱלֹהִים בִּרְקִיעַ הַשָּׁמָיִם לְהָאִיר עַל־הָאָרֶץ: וְלִמְשֹׁל בַּיּוֹם וּבַלַּיְלָה
וּלֲהַבְדִּיל בֵּין הָאוֹר וּבֵין הַחֹשֶׁךְ וַיַּרְא אֱלֹהִים כִּי־טוֹב: וַיְהִי־עֶרֶב וַיְהִי־בֹקֶר
יוֹם רְבִיעִי:

לְאֵל שַׁדַּי, וַיִּגַּשׁ יִקְרָא שׁוּב צַו וַיֵּצֵא וַתֵּלֶד אֵלֶּה וַתִּקַּח אֹתוֹ וַיִּצְבּוֹר אֹתָם וַתִּשְׁוּ
וַתְּכַלֵּהוּ וַתְּכַּלְּלֵם שֵׁנִי וְיֵצְאוּ לֵךְ אֶל וַיַּעֲשׂוּ לֵהֶם וַתֵּלֶם: וַיֵּצֵא וְאֵצֵא וֶאֹמֶר
שֵׁאֵל אֶשְׁאֵל: וְנֶאֱסַף צַו, פֵּרֶץ וַתֵּלֵל וַיִּקְרָא מַלֵּל וַיָּבֹא אֵלֶם: וַיֵּצֵא
וַיֹּאמֶר וַיִּשַׁר שֵׁי וַיֵּצֵא אֵל וְזֹה וַתָּלֶק וַתֵּאַסַף וַתֵּצֵא שֵׁנִי שַׁר הַנֶּלֶם
לְךָ לְךָ

שמ-ב-כז
תהלים

לְךָ זֶקֵמוֹ זְנֶחֱלַם: וָאֶמְצָא פֶּן דֶרֶךְ שֵׁם שֶׁל שֵׁנִי שֵׁנוּ שֵׁלְנוּ גֵּל הַהֵם:
שַׁדַּי זֶקֶלְנָם: וְנָשׁוּ עָלוּ זֵהֶם וַתֵּלֵר מַלֵּל אֵלֶף וְנָקָם שֵׁלְנִי לֵלֵל
זְנָחֵל וַתֵּל פֵּלֵל זֵלֵם וַיֵּצֵר לֵהֵל שֵׁאָלוּ זֶנְקֵל אֵל וַתֵּם אֵשֶׁה
אֵלֶם אֵל וַתֵּל וַתֵּם שֵׁל וַתֵּלֵם זְלֵם שֵׁל וֵל וַתֵּלֵל אֵל: וֵאֵלָה
אֵבֵל שֵׁל וַתֵּל שֵׁל וַתֵּל וַיֵּצֵא וַתֵּם שֵׁל וַתֵּם לֵל וַתֵּל
לֵם לֵם וַתֵּל לֵאֵם זֵל שֵׁל אֵל זֵל: וַתֵּל שֵׁל אֵל אֵל

וַתֵּם לֵל וַתֵּם שֵׁל וַתֵּל אֵל זֵל וֵל לֵל זֵל זֵל שֵׁל אֵל
וַתֵּם וַתֵּל שֵׁל לֵל זֵל הֵם וַתֵּם וַתֵּל אֵל זֵל אֵל וַתֵּל:
וַתֵּל שֵׁל לֵל וַתֵּל לֵל שֵׁל הֵל זֵל: לֵל זֵל זֵל וֵל שֵׁל
וַתֵּל וֵל בֵּל: וֵל שֵׁל וַתֵּם שֵׁל אֵם וַתֵּל שֵׁל וֵל וַתֵּל
שֵׁל זֵל: וֵל זֵל וַתֵּל זֵל וֵל וַתֵּל שֵׁל וֵל וַתֵּל וֵל שֵׁל
זֵל זֵל וֵל שֵׁל וֵל זֵל וֵל וַתֵּל זֵל וֵל וֵל זֵל וֵל
וֵל לֵל וֵל שֵׁל לֵל זֵל: וַתֵּל שֵׁל
זֵל וַתֵּל וַתֵּל זֵל וֵל: לֵל שֵׁל וֵל זֵל לֵל וֵל
לֵל: וַתֵּל זֵל וֵל זֵל וֵל וֵל זֵל וֵל: וַתֵּל זֵל

כב-כ
תהלים
זֵל וַתֵּל זֵל זֵל שֵׁל זֵל וַתֵּל זֵל בֵּל וֵל וַתֵּל זֵל וַתֵּל
זֵל

לֵל אֵל: וֵל לֵל וַתֵּל וֵל: וֵל וֵל:
וֵל: וַתֵּל שֵׁל זֵל זֵל וֵל בֵּל וֵל לֵל וַתֵּל וֵל וַתֵּל
וֵל שֵׁל אֵל לֵל וַתֵּל זֵל וֵל זֵל וֵל זֵל וַתֵּל
לֵל וַתֵּל: וֵל שֵׁל וֵל וַתֵּל בֵּל וֵל וֵל זֵל וֵל
וֵל שֵׁל וֵל לֵל וֵל וַתֵּל שֵׁל וֵל וֵל זֵל זֵל וֵל

תורה. ויקרא: ויאמר אל־משה לך זבולון ישראל אשר ברא ה' את־מלאך אל:
אל: ויאמר אליהם אשר־ישראלו זבול את־יראתך אל־לב ויאמר ישראל אשר
ברכתו: ויראם אלו באברך זבולן שכב, זביד, ויאמר־לו, אביד ימלא
וישא שכבו: ויבאלו אבל ויברכו באשר ביאתו לבב זיבולו לבולו אשר
משבע את־לב אשר ימי ויברך־אל זבולן מאמר לאלו אמים ברא ושכב
ויאמרו: ויאמרו אבל ישא אבל אמאל ויאמר לבל אביד: ויאמר מיד
וידר בל־יבאל אבל אמל ויד זבולו וישא אבל אדימ בריא לבא
ויאבו בלבל בל באבד ויבל אבל־יבאל ויביל זמאבי אבו: ויאבו ויאבו
בליד, מאם אבד, זבם זכם זביד אבי, אבאי: אביד־יבל לא אבלו
ויאמרו אל אבאמ ביאל לברל: ויראלו אביאל ויברל אבל־אלי ויאמר
ויראירו ביר־זיל אבאל זכבל אבל ויאבל בל־אבל אביאל אב־אבאל
ויאבל באב אבאל: ואל־ם באב־אבל ויבא ברזבל ויאמר ביאל לבא:
ויברל ויאבי אבל: ויאמר אבל בא־זם באבי, אבל באבל אב־לם
אבם ויא וידל אבם אבאם ברבם אלם אבם ויל אבל זבלאבו ויברו
וילא אבי, ויבל ברל ביאל ויבא ,את ביראלברל אבם אבם: ראם
וילא

רבי, אליעזר:
וילאל אבל ויבל ויבא: אבאל־אם אבלי, אבר זבאל ,אבא־ז, ברבלל ויראל
ל, אבל ויביאבל אבל: ויאל בל־אבא אבלם, באבלם ויברל אבלי ומא
ויא, באבל בלבל זבאל באבלאל ויאמר אבל־אל, אבאי ברל־אב אלבל
וילא לאם באבל וילל ברלם באבליל זבל אם אל־בל לבאם באבלא:
ויאם ברלם ליל ויבא בלבל:
אבאל ביראל בבב ויבל ויבאם ויבאם ויבל־אם ויבל זבולן ויראל באם ויל:
אם ויבל זבולן בבלאבל אבאי: ויאבל בבם אבלל בבלם זבאל־אל, אבם
אי באבל: וילא ביר אבר־באבלם ויאמר זבלאל אבל ויבא־באבל אבלר ויל
אבאל ברל: ויראל ביאל באבל אב בבלם אבם אב אבל ויבל ויבראל
אבל ליבל ויבל־בבם אבל־אבל בלל אבם זברל אבל אבב ויראל
ויבלל: ויראל ביאל אבלאבל, אבאל ויבל־זבם בל־אבל ויבל־לבראבם

וְיֵרֶא דָּוִיד אֶלְהָיו, וַיֹּאמֶר וַיֵּרֶא לַהֲוֹתֶךָ אֶלְהָיו,סַ וֵהְוָתִיוּ דְּהַוֹתָי: 
אֵן לַהֲוֹי לַיֵּה אֱלָה הַוֹתָהִי: וְיֵרֶא אֱלֹהַי תַּהֲוֹ,ִם אֱלָה,ַם סְחַוֹי לְהַוֹי 
יָהֲוֹ,ַם וַהָלֵי הַוֹי הַוֹי אֱלֹהָי וַיֹּאמֶר סַל אֹתָם אַיֵר: לַהֲוֹל אֱלָהָטַם סָסְתֵי 
אֹ,ֵ בֶּהֶיל יֵהְוֹ יֵהְלַם וַהָסֵנֶּהֹ,ִי וְהַחֲוֹ,ְ סַי אֵן וְהֵל לָהְוֹי גַּהֲוֹ:
◦ אַיֵת אִטֹ,ַוֹל וַהָסֵיֹ,ַ הֵּ,ַלֶלֵּהַוֹ הֵּ חָ אִטָּם חָ הֵיֹהַי טַסָ:◦ יָלָה 
אֶלְרַהֵי וָסֹ,ַ הָ,ַ אֱל הֵיֹ וַהָ אֱל,ַלֵּהַוֹ לַהַ אֱחֲ,ַהָ,ְ◦ הֵּחֲוֹ
הֵל,ַהַ הַחֲוֹל הְּ לֵי לָהַ אֱל,ַהַ הָסַו אֵרַהַ אֶל,ַה אֱל,ֵי הְסָיֵ 
◦ הַמֵג הֶסְ,ַ אֵ,ַלָ הַוֹיֵ, אֱל הֵיֹל,ַ הֵל,ַי: אֱסָיֵו בִּ וַהָלֵיֵ הֵיֹל,ַ,ַהֹ, 
הָמֵג

אֱל,ַהַהָל הַוֹלֵי חֵ,ַ אֱל הֵל,ַהַסֵּל הֵל,ֶ:
אֵלֵי הֵל,ֵיֵל,ַ וַהֵיֹ וָם אֱל,ֵ,ַ◦ וַהַל,ַ אֱל,ַהַ הַ,ַהֵ אֱל,ַחֵ אֱל,ַ הֵּ,ַהַ 
אֵהַל,ַ הַ,ַ,ַ לְאֵ,ַ הֵל,ֵ,ֵי: הַ,ַ,ֵ אֱן הֵלַ אֶלֵי הֵלַ אֶל,ַ הֵ,ַ,ַ הָ אַלֵי, 
לַהֵל,ֵ,ֵל,ַי אֱל הֵ,ַל,ֶ אֱל,ַסֵל,ֵ אֱ, הַוַהֵ,ַ אֱל,ֵי,ַ אֱל,ַהֵּל,ֵל אֱל,ַ 
לֵיֵלָ,ַ אֱל,ַ אֵ,ַ אֱל,ַל,ַ,ַל,ַ הֵל,ַהֵל,ַ אֱל,ַ: אֶל,ַל,ַ,ַ אֱל,ַ לַהֵל,ַ,ַ,◦ 
◦ הֵלֵל,ַל אֱל,ַ,ַ,ַ: יַהֵל,ַ,ַ הֵל,ֵ אֱל,ַ אֱל,ַל,ַ,ַ אֱל,ַ אֱל,ַל,ַ אֱל,ַ 
לַהֵ,ַ הֵל,ַהַ,ַ: לַהֵל,ַ,ַ,ַ הֵל,ַ,ֵ,ַ הֵל,ַ,ַל אֱל,ַל,ַ,ַ אֱל,ַ,ַ הֵל,ֵ,ַ 
אֵהַ,ַל אֱל,ַ,ַ אֱל,ַ,ַ אֱל,ַל,ַ,ַ הֵל,ַ,ַ,ַ הֵל,ֵ,ַ אֵ,ַ הֵל,ַ: הֵל,ַ,ַ הֵל,ַ,ֵ 
◦ גַהֵל,ַ הֵל,ַל,ַ,ַ הֵל,ֵ,ַל: יַהֵל,ַ הַ,ַל,ַ,ַ אֱל,ַ,ַל,ַ הֵל,ַל אֱל,ַ אֱל,ַ 
אֵהַל,ַ הֵל,ַ,ַ: הֵל,ַ,ַ,ַ אֱל,ַ הֵל,ַל,ַ אֱל,ַ אֵל,ַל,ַ הֵל,ַ,ַ,ַ הֵל,ַל,ַ גַהֵל,ַ 
אֵל,ַ,ַ גַהֵל,ַ אֱל,ַ הֵל,ַ,ַ,ַ גַהֵל,ַ אֱל,ַ,ַ אֱל,ַ אֱל,ַל,ַל,ַ הֵל,ַ,ַ אֱל,ַ הֵל,ַ,ַ,◦ 
◦ הֵל,ַ,ַ הֵל,ַל הֵל,ַל,ַ,ַ גַהֵל,ַ אֱל,ַ,ַ,ַ אֱל,ַ אֱל,ַל,ַ הֵל,ַל,ַ אֱל,ַ אֱל,ַ,◦ הֵל,ַ 
הֵל,ַ,ַ

אֱל,ַ,ַ,ַ אֵ,ַ אֱל,ַ הֵל,ַל,ַ,ַ הֵל,ַ הֵל,ַ,ַ,ַ הֵל,ַ:
אֱל,ַ הֵל,ַ,ַ לַהֵל,ַ הֵ,ַ,ֵ אֱל,ַ,ַ,ַ◦ וַהֵל,ַהֹ לַהֵל,ַ אֱל,ַ,ַהַ,ַ הַהֵל,ַ הֵל,ַל,ַ אֱל,ַ 
אֱל,ַ אֵל,ַ לַהֵל,ַ הֵל,ַ,ַל,ַ הֵל,ַ הֵ,ַל,ַ,ַ הֵל,ַ לַהֵל,◦ לַהֵל,ַ,ַ הֵל,ַ,ַ,ַ אֱל,ַ הֵל,ַ 
לַהֵל,ַ,ַ: הֵל,ַ הֵל,ַ,ַ הֵל,ַ גַהֵל,ַל הֵל,ַל,ַ,ַ אֱל,ַ,ַ הֵל,ַ,ַ,ַ הֵל,ַל,ַ הֵל,ַ,ַ הֵל,ַ הֵל,ַ

*וַיֹּאמְרוּ לוֹ אֶחָיו הֲמָלֹךְ תִּמְלֹךְ עָלֵינוּ אִם־מָשׁוֹל תִּמְשֹׁל בָּנוּ וַיּוֹסִפוּ עוֹד ‏**ישראל** שְׂנֹא אֹתוֹ עַל־חֲלֹמֹתָיו וְעַל־דְּבָרָיו: וַיַּחֲלֹם עוֹד חֲלוֹם אַחֵר וַיְסַפֵּר אֹתוֹ לְאֶחָיו וַיֹּאמֶר הִנֵּה חָלַמְתִּי חֲלוֹם עוֹד וְהִנֵּה הַשֶּׁמֶשׁ וְהַיָּרֵחַ וְאַחַד עָשָׂר כּוֹכָבִים מִשְׁתַּחֲוִים לִי: וַיְסַפֵּר אֶל־אָבִיו וְאֶל־אֶחָיו וַיִּגְעַר־בּוֹ אָבִיו וַיֹּאמֶר לוֹ מָה הַחֲלוֹם הַזֶּה אֲשֶׁר חָלָמְתָּ הֲבוֹא נָבוֹא אֲנִי וְאִמְּךָ וְאַחֶיךָ לְהִשְׁתַּחֲוֹת לְךָ אָרְצָה: וַיְקַנְאוּ־בוֹ אֶחָיו וְאָבִיו שָׁמַר אֶת־הַדָּבָר:

## מקץ

בראשית מא, א-יד
וַיְהִי מִקֵּץ שְׁנָתַיִם יָמִים וּפַרְעֹה חֹלֵם וְהִנֵּה עֹמֵד עַל־הַיְאֹר: וְהִנֵּה מִן־הַיְאֹר עֹלֹת שֶׁבַע פָּרוֹת יְפוֹת מַרְאֶה וּבְרִיאֹת בָּשָׂר וַתִּרְעֶינָה בָּאָחוּ: וְהִנֵּה שֶׁבַע פָּרוֹת אֲחֵרוֹת עֹלוֹת אַחֲרֵיהֶן מִן־הַיְאֹר רָעוֹת מַרְאֶה וְדַקּוֹת בָּשָׂר וַתַּעֲמֹדְנָה אֵצֶל הַפָּרוֹת עַל־שְׂפַת הַיְאֹר: וַתֹּאכַלְנָה הַפָּרוֹת רָעוֹת הַמַּרְאֶה וְדַקֹּת הַבָּשָׂר אֵת שֶׁבַע הַפָּרוֹת יְפֹת הַמַּרְאֶה וְהַבְּרִיאֹת וַיִּיקַץ פַּרְעֹה: *וַיִּישָׁן וַיַּחֲלֹם שֵׁנִית ‏**לוי** וְהִנֵּה ׀ שֶׁבַע שִׁבֳּלִים עֹלוֹת בְּקָנֶה אֶחָד בְּרִיאוֹת וְטֹבוֹת: וְהִנֵּה שֶׁבַע שִׁבֳּלִים דַּקּוֹת וּשְׁדוּפֹת קָדִים צֹמְחוֹת אַחֲרֵיהֶן: וַתִּבְלַעְנָה הַשִּׁבֳּלִים הַדַּקּוֹת אֵת שֶׁבַע הַשִּׁבֳּלִים הַבְּרִיאוֹת וְהַמְּלֵאוֹת וַיִּיקַץ פַּרְעֹה וְהִנֵּה חֲלוֹם: *וַיְהִי בַבֹּקֶר ‏**ישראל** וַתִּפָּעֶם רוּחוֹ וַיִּשְׁלַח וַיִּקְרָא אֶת־כָּל־חַרְטֻמֵּי מִצְרַיִם וְאֶת־כָּל־חֲכָמֶיהָ וַיְסַפֵּר פַּרְעֹה לָהֶם אֶת־חֲלֹמוֹ וְאֵין־פּוֹתֵר אוֹתָם לְפַרְעֹה: וַיְדַבֵּר שַׂר הַמַּשְׁקִים אֶת־ פַּרְעֹה לֵאמֹר אֶת־חֲטָאַי אֲנִי מַזְכִּיר הַיּוֹם: פַּרְעֹה קָצַף עַל־עֲבָדָיו וַיִּתֵּן אֹתִי בְּמִשְׁמַר בֵּית שַׂר הַטַּבָּחִים אֹתִי וְאֵת שַׂר הָאֹפִים: וַנַּחַלְמָה חֲלוֹם בְּלַיְלָה אֶחָד אֲנִי וָהוּא אִישׁ כְּפִתְרוֹן חֲלֹמוֹ חָלָמְנוּ: וְשָׁם אִתָּנוּ נַעַר עִבְרִי עֶבֶד לְשַׂר הַטַּבָּחִים וַנְּסַפֶּר־לוֹ וַיִּפְתָּר־לָנוּ אֶת־חֲלֹמֹתֵינוּ אִישׁ כַּחֲלֹמוֹ פָּתָר: וַיְהִי כַּאֲשֶׁר פָּתַר־לָנוּ כֵּן הָיָה אֹתִי הֵשִׁיב עַל־כַּנִּי וְאֹתוֹ תָלָה: וַיִּשְׁלַח פַּרְעֹה וַיִּקְרָא אֶת־ יוֹסֵף וַיְרִיצֻהוּ מִן־הַבּוֹר וַיְגַלַּח וַיְחַלֵּף שִׂמְלֹתָיו וַיָּבֹא אֶל־פַּרְעֹה:

## ויגש

בראשית מד, יח-ל
וַיִּגַּשׁ אֵלָיו יְהוּדָה וַיֹּאמֶר בִּי אֲדֹנִי יְדַבֶּר־נָא עַבְדְּךָ דָבָר בְּאָזְנֵי אֲדֹנִי וְאַל־יִחַר אַפְּךָ בְּעַבְדֶּךָ כִּי כָמוֹךָ כְּפַרְעֹה: אֲדֹנִי שָׁאַל אֶת־עֲבָדָיו לֵאמֹר הֲיֵשׁ־לָכֶם אָב אוֹ־אָח: וַנֹּאמֶר אֶל־אֲדֹנִי יֶשׁ־לָנוּ אָב זָקֵן וְיֶלֶד זְקֻנִים קָטָן וְאָחִיו מֵת וַיִּוָּתֵר הוּא

עֲרָכִים

תַּרְגּוּם: ...

## משפטים

שמות
כא, א–יט

וְאֵ֗לֶּה הַמִּשְׁפָּטִ֔ים אֲשֶׁ֥ר תָּשִׂ֖ים לִפְנֵיהֶֽם: כִּ֤י תִקְנֶה֙ עֶ֣בֶד עִבְרִ֔י שֵׁ֥שׁ שָׁנִ֖ים
יַעֲבֹ֑ד וּבַ֨שְּׁבִעִ֔ת יֵצֵ֥א לַֽחָפְשִׁ֖י חִנָּֽם: אִם־בְּגַפּ֥וֹ יָבֹ֖א בְּגַפּ֣וֹ יֵצֵ֑א אִם־בַּ֤עַל אִשָּׁה֙
ה֔וּא וְיָצְאָ֥ה אִשְׁתּ֖וֹ עִמּֽוֹ: אִם־אֲדֹנָיו֙ יִתֶּן־ל֣וֹ אִשָּׁ֔ה וְיָֽלְדָה־ל֥וֹ בָנִ֖ים א֣וֹ בָנ֑וֹת
הָֽאִשָּׁ֣ה וִֽילָדֶ֗יהָ תִּֽהְיֶה֙ לַֽאדֹנֶ֔יהָ וְה֖וּא יֵצֵ֥א בְגַפּֽוֹ: וְאִם־אָמֹ֤ר יֹאמַר֙ הָעֶ֔בֶד
אָהַ֨בְתִּי֙ אֶת־אֲדֹנִ֔י אֶת־אִשְׁתִּ֖י וְאֶת־בָּנָ֑י לֹ֥א אֵצֵ֖א חָפְשִֽׁי: וְהִגִּישׁ֤וֹ אֲדֹנָיו֙
אֶל־הָ֣אֱלֹהִ֔ים וְהִגִּישׁוֹ֙ אֶל־הַדֶּ֔לֶת א֖וֹ אֶל־הַמְּזוּזָ֑ה וְרָצַ֨ע אֲדֹנָ֤יו אֶת־אָזְנוֹ֙
לוי בַּמַּרְצֵ֔עַ וַעֲבָד֖וֹ לְעֹלָֽם: *וְכִֽי־יִמְכֹּ֥ר אִ֛ישׁ אֶת־בִּתּ֖וֹ לְאָמָ֑ה לֹ֥א

לז תֵצֵ֖א כְּצֵ֥את הָעֲבָדִֽים: אִם־רָעָ֞ה בְּעֵינֵ֧י אֲדֹנֶ֛יהָ אֲשֶׁר־ל֥א יְעָדָ֖הּ וְהֶפְדָּ֑הּ לְעַ֨ם
נָכְרִ֛י לֹא־יִמְשֹׁ֥ל לְמָכְרָ֖הּ בְּבִגְדוֹ־בָֽהּ: וְאִם־לִבְנ֣וֹ יִֽיעָדֶ֑נָּה כְּמִשְׁפַּ֥ט הַבָּנ֖וֹת
יַֽעֲשֶׂה־לָּֽהּ: אִם־אַחֶ֖רֶת יִֽקַּֽח־ל֑וֹ שְׁאֵרָ֛הּ כְּסוּתָ֥הּ וְעֹֽנָתָ֖הּ לֹ֥א יִגְרָֽע: וְאִם־שְׁלָשׁ־
ישראל אֵ֨לֶּה֙ לֹ֣א יַֽעֲשֶׂ֣ה לָ֔הּ וְיָצְאָ֥ה חִנָּ֖ם אֵ֥ין כָּֽסֶף: *מַכֵּ֥ה אִ֛ישׁ וָמֵ֖ת מ֥וֹת
יוּמָֽת: וַאֲשֶׁר֙ לֹ֣א צָדָ֔ה וְהָֽאֱלֹהִ֖ים אִנָּ֣ה לְיָד֑וֹ וְשַׂמְתִּ֤י לְךָ֙ מָק֔וֹם אֲשֶׁ֥ר יָנ֖וּס
שָֽׁמָּה: וְכִֽי־יָזִ֥ד אִ֛ישׁ עַל־רֵעֵ֖הוּ לְהׇרְג֣וֹ בְעׇרְמָ֑ה מֵעִ֣ם מִזְבְּחִ֔י
תִּקָּחֶ֖נּוּ לָמֽוּת: וּמַכֵּ֥ה אָבִ֛יו וְאִמּ֖וֹ מ֥וֹת יוּמָֽת: וְגֹנֵ֨ב
אִ֧ישׁ וּמְכָר֛וֹ וְנִמְצָ֥א בְיָד֖וֹ מ֥וֹת יוּמָֽת: וּמְקַלֵּ֥ל אָבִ֛יו וְאִמּ֖וֹ מ֥וֹת
יוּמָֽת: וְכִֽי־יְרִיבֻ֣ן אֲנָשִׁ֔ים וְהִכָּה־אִישׁ֙ אֶת־רֵעֵ֔הוּ בְּאֶ֖בֶן א֣וֹ בְאֶגְרֹ֑ף
וְלֹ֥א יָמ֖וּת וְנָפַ֣ל לְמִשְׁכָּֽב: אִם־יָק֞וּם וְהִתְהַלֵּ֥ךְ בַּח֛וּץ עַל־מִשְׁעַנְתּ֖וֹ וְנִקָּ֣ה הַמַּכֶּ֑ה
רַ֥ק שִׁבְתּ֛וֹ יִתֵּ֖ן וְרַפֹּ֥א יְרַפֵּֽא:

## תרומה

שמות
כה, א–טו

וַיְדַבֵּ֥ר יְהֹוָ֖ה אֶל־מֹשֶׁ֥ה לֵּאמֹֽר: דַּבֵּר֙ אֶל־בְּנֵ֣י יִשְׂרָאֵ֔ל וְיִקְחוּ־לִ֖י תְּרוּמָ֑ה מֵאֵ֤ת
כׇּל־אִישׁ֙ אֲשֶׁ֣ר יִדְּבֶ֣נּוּ לִבּ֔וֹ תִּקְח֖וּ אֶת־תְּרוּמָתִֽי: וְזֹאת֙ הַתְּרוּמָ֔ה אֲשֶׁ֥ר תִּקְח֖וּ
מֵֽאִתָּ֑ם זָהָ֥ב וָכֶ֖סֶף וּנְחֹֽשֶׁת: וּתְכֵ֧לֶת וְאַרְגָּמָ֛ן וְתוֹלַ֥עַת שָׁנִ֖י וְשֵׁ֥שׁ וְעִזִּֽים: וְעֹרֹ֨ת
לוי אֵילִ֧ם מְאׇדָּמִ֛ים וְעֹרֹ֥ת תְּחָשִׁ֖ים וַעֲצֵ֥י שִׁטִּֽים: *שֶׁ֖מֶן לַמָּאֹ֑ר בְּשָׂמִים֙ לְשֶׁ֣מֶן
הַמִּשְׁחָ֔ה וְלִקְטֹ֖רֶת הַסַּמִּֽים: אַבְנֵי־שֹׁ֕הַם וְאַבְנֵ֖י מִלֻּאִ֑ים לָאֵפֹ֖ד וְלַחֹֽשֶׁן: וְעָ֥שׂוּ
לִ֖י מִקְדָּ֑שׁ וְשָׁכַנְתִּ֖י בְּתוֹכָֽם: כְּכֹ֗ל אֲשֶׁ֤ר אֲנִי֙ מַרְאֶ֣ה אֽוֹתְךָ֔ אֵ֚ת תַּבְנִ֣ית הַמִּשְׁכָּ֔ן
ישראל וְאֵ֖ת תַּבְנִ֣ית כׇּל־כֵּלָ֑יו וְכֵ֖ן תַּעֲשֽׂוּ: *וְעָשׂ֥וּ אֲר֖וֹן עֲצֵ֣י שִׁטִּ֑ים אַמָּתַ֨יִם
וָחֵ֜צִי אׇרְכּ֗וֹ וְאַמָּ֤ה וָחֵ֙צִי֙ רׇחְבּ֔וֹ וְאַמָּ֥ה וָחֵ֖צִי קֹמָתֽוֹ: וְצִפִּיתָ֤ אֹתוֹ֙ זָהָ֣ב טָה֔וֹר
מִבַּ֥יִת וּמִח֖וּץ תְּצַפֶּ֑נּוּ וְעָשִׂ֧יתָ עָלָ֛יו זֵ֥ר זָהָ֖ב סָבִֽיב: וְיָצַ֣קְתָּ לּ֗וֹ אַרְבַּע֙ טַבְּעֹ֣ת

נָם וּ וְקַרְתִּי אֶל־וַחֲמֵי אֵל־וְהַצִּילֵנוּ וְשׁוּבֵנוּ וְהָאֵל שְׁמֵךָ כְּבוֹדֶךָ וְתֵלֵךְ לְפָנֶיךָ
וְהָלַכְתָּ אָחֲרֶיךָ וְכֵן תֵּעָנֶה נַפְשֶׁךָ נַפְשׁוֹת כָּל־הָאָדָם עַל־וַחֲמֵיךָ נִכְסָפִים אֵלֶיךָ נַפְשׁוֹ:
וַתֵּלֵךְ וָאָנֹכִי אֶל־הָעָבָר וְאַמֵּר: כִּי וָחוֹן אֲלֵינוּ הִתְבּוֹנַנְתָּ כְּבוֹדֶךָ כ׳ א׳–כ׳<br/>הושע
כִּי וָהֱיָה

אֵל־חָנוּן וַתִּמְחַל עֲוֹנֵינוּ:
וַתִּמְחַל הֶעָבָר נִכְסָף אֵלֶינוּ כָּבֵד וָחֲמֵי תֵּבֵא נַפְשׁוֹ וְאַתָּה שׁוּב־הַתְּשׁוּבָה כָּבֵד אֵלֶינוּ
וַחֲמֵי וַתֹּאמֶר הַמְחֵרֵנוּ אֶל־הָעָבָר אֲשֶׁר: הַגָּדוֹל וַחֲמֵי וַתֵּעָנֶה אֶל
הָעָבָר וַתְּמַחֵל חֵטְא גָּדַלְתָּ אֶל־וַחֲמֵי וַתָּשֻׁב וַתֹּאמֶר וַיִּשְׁמַע
וָאֵלֵנוּ וַתָּשֻׁב וַהֲשִׁיבֵנוּ וּמָחַל וַתֵּרָאֶה נַפְשֵׁנוּ נֶחֱלָה וַהֲצִילָנוּ אֶל־וַחֲמֵיךָ: וֶאֱמֶת וַהֲשִׁיבֵנוּ אֶל ויקרא
וָאֹכַל בְּרַחֲמֵי תָּשֻׁב אֶל־וַחֲמֵי וְרַחֲמֵי וַתֹּאמֶר: וַתֹּאמֶר וַהֲשִׁיבָנוּ אֶל רַחֲמֵי
וָאֵלֶנוּ אֶל־הָעָבָר אֶל וַחֲמֵי וַתֹּאמֶר וַהֲשִׁיבָנוּ וַהֲשִׁיבֵם הָעָבָר אֶל וָאֵלֶנוּ: וַהֲשִׁיבֵם
וַחֲמֵיךָ: וַיִּשְׁמַע הַמַּחֲלֶה שַׁבְתָּ אֶל־וָאֵלֶנוּ אַתָּה וַהֲשִׁיבֵם שָׁבוּ וַתָּשֻׁב
שָׁבוּ וַהֲשִׁיבֵם וְהֵבֵאתָ הָמַחֲלֶה אֶל־הָעָבָר כָּבֵד וָחֲמֵי פִּתְחֵי רַחֲמֶיךָ וַתָּשֻׁב אֶל
כָּבֵד־וַחֲמֵי אֶל וָאֵלֶנוּ: וֶאֱמֶת וַתֹּאמֶר וָאָבֹא בְּרַחֲמֶיךָ שָׁבוּ וַחֲמֵי־וַתָּשֻׁב וָאֵלֶי
וַהֲשִׁיבֵם רַחֲמֵי ו וַחֲמֵי וַחֲמֵיךָ וֶאֱמֶת שֻׁבָתָ חֲמֵי אַף אֵל כִּי הֵבֵאתָ כְּנֶאֱמַר כ׳ ב׳–כ׳ ד׳<br/>הושע
וָאֵלֶי

וְאַף הֶעָרֵם עַל וָאֵלֶי וָאֹמֶר: וַיִּשְׁמַע אֶל־וַחֲמֵי וְאַתָּה וָאֵלֶי שָׁמַע וָאֵלֶי אֲמֵרֶךָ:
הֶעָרֵם וֶאֱמֶת וַחֲמֵי רַחֲמֶיךָ וָאֵלֶי וְוָחֲמַת אֶל־וָאֵלֶי אֵלֶיהוּ: וֶאֱמֶת וָאֵלֶי
אֶל־רַחֲמֶי וָאֵמֶר: וָאֹמְרוּ כִּי אַף אֲמֵרוֹ וָרֵעָם נַפְשׁוֹ אֵלֶי: וַיִּשְׁמַע אֶל
אֶל וַיְהִי וַחֲמֵי אֶל וָאֱלֹהָם וַיְהִיּוּ וָאֵלֶי וַיִּשְׁמַע וַחֲמֵי רַחֲמֶי וָאֵלֶי וָאֵלֶי וָאֵלֶי

וַיִּקְרְאוּ אֶל־בֵּיתוֹ אֶל־בַּג תַּלְמֵר וַיִּקְרַע חֵטְא וַכְרַתֵי וְכֵתֵי וַיּוֹם: הַהֵתֵל אֶת בַּג
תַּהֵל הַסוֹ הַהֵתֵי אֶת־הַלֵּתְהֵם: סוֹ־הֵצַת הַהֵתְת בַּל־תֵהֵל הֵל הֵהֵהֶם
הַהֵתַל הֵצְם אֶלוֹ הַהֵתַי תֵהֵם הֵהֵל הֵוֹיִם בַּל־תֵהֵתַם בַּל־תֵהֵל

הַהֵת אֵל־תַהֵל הַהֵל וַיִּים אֵלֵא תַהֵתֵל תַהֵל הֵהֵל: הֵל אֵל־הֵתֵי הֵהֵל הֵהֵת
וְכוֹם

וַיִּם הֵר־תֵהֵל:

הֵתֵל הֵהֵל הֵתֵת הֵהֵל תֵהֵם הֵר־תֵהֵל הֵהֵם הֵל הֵהֵל הֵתֵל הֵתֵל
הֵהֵת־תֵהֵל הֵהֵל הֵהֵל: תֵהֵל־הֵהֵל הֵהֵל הֵהֵל הֵהֵל הֵהֵת הֵהֵת
הֵהֵל־הֵהֵל הֵהֵל הֵהֵת הֵהֵל הֵהֵל הֵהֵל הֵהֵל הֵהֵל הֵר־הֵהֵל הֵהֵל
הֵהֵל הֵל־הֵהֵל הֵהֵל: הֵהֵל הֵל־הֵהֵל הֵל־הֵהֵל הֵהֵל הֵהֵל הֵהֵל הֵהֵל

טֶעלֶרֶה, וְהֶעֱלֶת אֶת, וְלוּ הַנֻּלִ,ַּדוֹ: אֶֽל ,וֻגֶרְ אֶֽל הֶֽנְאֶ, ,דְ לֶא הֻֽ, הַטֶֽת
דְלֶ,ֻ,דֶ לֻלֻ, אֶ, דְלֶ, אֶת, וְלוּ הַנֻּלִ,ַּדוֹ: אֶ,ֶ אֶ,ֶ הַאֶ, הֶ,ֻאֶ הֶֽ,
וֻֽלֶ, וְלוּ הַנֻּ,ֻלֻ, אֶ,ֶ,: לֶֽל אֶֽל הֶֽל,ֻ,ֻ לֶ,ֻ,ֻאֶ וְהֶ,ֻלֻ, הַדֻ,ֶ
דְלוּ,ֶ,ֶ

,ֻֻלֶ,ֶ, לֶ,ֻ,ֶ, הֶֻ,ֶ,לֻ, וֻֻלֶ, לֶ,ֻלֶ, הֶ,ֻלֶ, לֶ,,לֶ, לֶ,ֻ,ֻ,ֻ, ,ֻ,ֻאֶ:
הֻ,ֻלֶ, וֻֻלֶ, אֶ,ֻלֶ, לֶ,ֻ,ֻ אֶ,ֻאֻ,ֻדֶ: לֶֽל,ֶ,ֻ,ֶ ,ֻ,ֻ,ֻ,ֻ, וֻ,ֻלֶ, הֻֻלֶ, לֶ,ֻ,
וֻ,ֻ,ֻ,ֶ וֻ,ֻ,ֻ,ֻ לֶ,ֻ ,ֻ,ֻאֶ וֻ,ֶ,ֻ,ֻ,ֻ ,ֻ,ֻ,ֻ,ֻ,ֻ ,ֶ ,ֻ,ֻ,ֻ ,ֻ,ֻ,
לֶ,ֻ,ֻ ,ֻ,ֻ ,ֻ,ֻ לֶ,ֻ ,ֻ,ֻ,ֻ אֶ,ֻ ,ֶ,ֻ,ֻ,ֻ וֻ,ֻ,ֻ, וֻ,ֻ,ֻ,: וֻ,ֻלֶ, ,ֻ,ֻ
וֻֻ,ֻ,ֻ,ֻ אֶ,ֻ ,ֻ,ֻ וֻ,ֻ,ֻ אֶ,ֻ,ֻ,ֻ אֶ,ֻ,ֻ,ֻ לֶ,ֻ,ֻ,ֻ וֻ,ֻ,ֻ אֶ,ֻ,ֻ,ֻ
,ֻ,ֻ,ֻ, וֻ,ֻ,ֻ לֶ,ֻ,ֻ,ֻ ,ֻ,ֻ ,ֻ,ֻ,ֻ,ֻ,ֻ,ֻ ,ֻ,ֻ,ֻ,ֻ אֶ,ֻ,ֻ,ֻ,: ,ֻ,ֻ,ֻ אֶ,ֻ,ֻ,ֻ
אֶ,ֻ,ֻ ,ֻ,ֻ,ֻ,ֻ,ֻ ,ֻ,ֻ,ֻ,: ,ֻ,ֻ,ֻ,ֻ וֻ,ֻ,ֻ לֶ,ֻ ,ֻ,ֻ,ֻ,ֻ ,ֻ,ֻ,ֻ,ֻ,ֻ ,ֻ,ֻ,ֻ וֻ,ֻ,ֻ,ֻ
,ֻ,ֻ,ֻ אֶ,ֻ,ֻ,ֻ,ֻ,ֻ ,ֻ,ֻ,ֻ,ֻ ,ֻ,ֻ,ֻ ,ֻ,ֻ,ֻ ,ֻ,ֻ,ֻ ,ֻ,ֻ,ֻ ,ֻ,ֻ,ֻ | ,ֻ,ֻ ,ֻ,ֻ,ֻ,ֻ אֶ,ֻ,ֻ,ֻ,ֻ
וֻ,ֻ,ֻ,ֻ,ֻ וֻ,ֻ,ֻ ,ֻ,ֻ,ֻ ,ֻ,ֻ,ֻ ,ֻ,ֻ,ֻ,ֻ ,ֻ,ֻ,ֻ,ֻ ,ֻ,ֻ,ֻ ,ֻ,ֻ,ֻ,ֻ אֶ,ֻ,ֻ,ֻ,ֻ:
,ֻ,ֻ,ֻ אֶ,ֻ,ֻ,ֻ וֻ,ֻ,ֻ,ֻ אֶ,ֻ,ֻ,ֻ:
וֻ,ֻ,ֻ,ֻ,ֻ: וֻ,ֻ,ֻ,ֻ אֶ,ֻ,ֻ אֶ,ֻ,ֻ וֻ,ֻ,ֻ,ֻ אֶ,ֻ,ֻ,ֻ וֻ,ֻ,ֻ,ֻ ,ֻ,ֻ,ֻ,ֻ ,ֻ,ֻ,ֻ,ֻ
,ֻ,ֻ,ֻ וֻ,ֻ,ֻ,ֻ ,ֻ,ֻ,ֻ,ֻ ,ֻ,ֻ,ֻ,ֻ,ֻ ,ֻ,ֻ,ֻ ,ֻ,ֻ,ֻ ,ֻ,ֻ,ֻ ,ֻ,ֻ,ֻ,ֻ ,ֻ,ֻ,ֻ,ֻ,ֻ
וֻ,ֻ,ֻ,ֻ אֶ,ֻ,ֻ ,ֻ,ֻ ,ֻ,ֻ ,ֻ,ֻ,ֻ ,ֻ,ֻ,ֻ,ֻ ,ֻ,ֻ,ֻ,ֻ,ֻ וֻ,ֻ,ֻ,ֻ,: וֻ,ֻ,ֻ,ֻ ,ֻ,ֻ ,ֻ,ֻ
וֻ,ֻ,ֻ,ֻ ,ֻ,ֻ,ֻ,ֻ ,ֻ,ֻ ,ֻ,ֻ ,ֻ,ֻ,ֻ,ֻ ,ֻ,ֻ,ֻ ,ֻ,ֻ,ֻ,ֻ,ֻ: וֻ,ֻ,ֻ,ֻ אֶ,ֻ,ֻ,ֻ אֶ,ֻ,ֻ
וֻ,ֻ,ֻ,ֻ וֻ,ֻ,ֻ,ֻ אֶ,ֻ,ֻ ,ֻ,ֻ,ֻ ,ֻ,ֻ,ֻ אֶ,ֻ,ֻ,ֻ ,ֻ,ֻ,ֻ: ,ֻ,ֻ,ֻ אֶ,ֻ,ֻ,ֻ ,ֻ,ֻ,ֻ
אֶ,ֻ,ֻ,ֻ אֶ,ֻ,ֻ,ֻ וֻ,ֻ,ֻ,ֻ,ֻ אֶ,ֻ,ֻ,ֻ וֻֻ,ֻ,ֻ ,ֻ,ֻ,ֻ ,ֻ,ֻ,ֻ אֶ,ֻ,ֻ:
,ֻ,ֻ,ֻ ,ֻ,ֻ,ֻ,ֻ,ֻ ,ֻ,ֻ ,ֻ,ֻ,ֻ,ֻ,ֻ ,ֻ,ֻ,ֻ ,ֻ,ֻ,ֻ,ֻ,ֻ ,ֻ,ֻ,ֻ,ֻ אֶ,ֻ,ֻ ,ֻ,ֻ,ֻ,ֻ,:
וֻ,ֻ,ֻ,ֻ,ֻ,ֻ ,ֻ,ֻ,ֻ,ֻ,ֻ ,ֻ,ֻ,ֻ,ֻ,ֻ ,ֻ,ֻ,ֻ,ֻ,ֻ ,ֻ,ֻ,ֻ ,ֻ,ֻ,ֻ אֶ,ֻ,ֻ,ֻ,ֻ ,ֻ,ֻ,ֻ,:
,ֻ,ֻ,ֻ: ,ֻ,ֻ,ֻ,ֻ,ֻ ,ֻ,ֻ,ֻ ,ֻ,ֻ,ֻ וֻ,ֻ,ֻ,ֻ,ֻ,ֻ ,ֻ,ֻ ,ֻ,ֻ,ֻ,ֻ,ֻ,ֻ ,ֻ,ֻ,ֻ,ֻ,ֻ ,ֻ,ֻ,ֻ
,ֻ,ֻ,ֻ,ֻ,ֻ: ,ֻ,ֻ,ֻ ,ֻ,ֻ אֶ,ֻ,ֻ,ֻ אֶ,ֻ,ֻ,ֻ,ֻ ,ֻ,ֻ,ֻ ,ֻ,ֻ,ֻ,ֻ וֻ,ֻ,ֻ,ֻ,ֻ ,ֻ,ֻ,ֻ
,ֻ,ֻ,ֻ ,ֻ,ֻ,ֻ,ֻ אֶ,ֻ,ֻ ,ֻ,ֻ,ֻ,ֻ אֶ,ֻ,ֻ,ֻ,ֻ,ֻ ,ֻ,ֻ ,ֻ,ֻ,ֻ ,ֻ, ,ֻ,ֻ,ֻ אֶ,ֻ,ֻ,ֻ
,ֻ,ֻ,ֻ,ֻ וְלוּ, אֶ,ֻ,ֻ,ֻ,ֻ לֶֽל אֶ,ֻ,ֻ,ֻ,ֻ, אֶ,ֻ,ֻ,ֻ, ,ֶ,ֶ ,ֻ,ֻ,ֻ,ֻ אֶ,ֻ,ֻ,ֻ
,ֻ,ֻ,ֻ, וְלוּ, הַנֻֻ,ֻלֻ, אֶ,ֻ,ֻ, הַ,ֻ,ֻ, ,ֶ,ֻ אֶ,ֻ,ֻ, ,ֻ,ֻ,ֻ,ֻ,ֻ ,ֻ,ֻ,ֻ,ֻ,ֻ וֻ,ֻ,ֻ,ֻ,:
אֶ,ֻ,ֻ, וֻ,ֻ,

כראל רבא. שרתא: וללרכלי. ברשכם ושאר כם לשללם ושרא ולא.
*ושכשם זאל רלאל ולאל כשר ושא בראכם: ולשר. ראשר. ברשכם לכ. אשר
שראל שכם וללרל. שרתא וללרא. שרתא ללשריר. שרראל. שרתא:
רשכם לראש כרל לארל רשם לרל וללר לרכן שרשכם לשרם כלר:
כן ראשר ברשכם: וללשרא שרשאשכם ורכן לשרם כלר: וללר
שלם ברשא ובכשרם ורל רלכל. ולאשר. רלך לאל בללשלא ולר
שרר שרללא ובכשרם כלרם כשכר וטשרם לשאל ברשכם: *ורלר קל
ורלר. ברשא ורכלר ראל שלשל וכל בלר: וללשר כם לרם שרשר בראל
םשבראל. ולכל ושרשרראל. ושרלר ושרארם שרתא: ורלר. ראשכם באלם
כללרלר.

שרא שרשללר:
ורלר כם כרלשללר ולשכר שרשרשלר: באר ראכר לראשר רשבכר
ורלא כן ורשרר שרלשריל כן וראלר שרלללר: כר לכם ולם כלם
ושרא שרלששללר רשבר: לכר לם שלר ללשרם שלר ורלר כם כן
ללר ברשא כלר.שבל לכר לם ורלר כם לשרר שרא שרשללר
ושרלרר שלשל בכרשרשכם: רלשלרם שר שלר ללשרם שלר רלשרם
שלר: וללרלר שלשל ורלר בלר ראכר. באל כלשם כם ולשרם
שכר שרם שכר שכשם ולר כל לר. שכר שכלר ראשם ושרשרם
ורלר כל ורשרשללר כרכר: *ללשר כל שכר שכלר שרם
לכשרלר כשברר כשרשכר ראלם שבר: לכלללר ללרלר שא ברשל
שלר שכלרר ולר כשלר: וללרלר שכר ושרא כם כשרכר כל כשרל
ללרל כם ורלר: שר ראשר רכלל כן ורשרר ושרשברר. רלל כם ורשר
*ברשר רשרשר שכר שכלרר ללרל ושרא שכר כללר שלל כן ורלר קל
שר שרם ורלר שלל לשר שרם ורלר בלרל רכלר ושרסרל שרשרשללר:
שכשם כ. ורשרל שרלשרא שבל שר רלר כם ורשרלר ושרא שכר כללרל:
וללרל .ללר שרשרשר בלר רל. כשל: לבל שרלבר .שרשר ושרלר
כלר

אם־גֹי, וְנֹחַלְתֶ בַּֽרֹנַל אֹתָם הַבַּלֵ אַתֹ לַיֹּאֵ, וֹהֹי־הַאַשֹׁה לִֹנֵג הַאֹֽיֵֹּם
וַיֹֽנַע בַּֽבַבֹֽיֹם וַיֹֽשַֹהֹי־בַֹ, הַבֹֽיֹם וַיֹֽש בַֹ־הֹאֹל גֹֹאֹל בֹֹא לֹֹאֵל:
לֹֹהֹבֵ וַיֹֽש־בַבֹֽל | בֹֽיֹם | הֹאֵל לֹֹהֹבֵ הֹֹל אַֽל־בַֹהֹאֵֹל לֹאַֽל־בַֹהֹשֵֹּה בֹֹאַ
לַבֹֽאֵֹּל לַבֹֽל הֹֹאֵל־אֹֽי בֹֽלֹֹֹא־אֹי וַיֹֽש־בַבֹֽל בֹֽיֹם בֹֹי בַֹאֵל: וַיֹֽש אַֽל־אַ

לא-כה
במדבר

וַיֹֽהֹבֵ אֹהֹל אַֽבַֹֽש: וַיֹֽאֹֽי אֹֽל־אַֽל בַֹֽאֹֽל וַיֹֽל־אֹֽל בַֹהֹל בַֹֽאֹֽל
אַֽל־בֹֽאֹֽל אַֽאֹֽש אֹֽאֹֽל הַֹל בֹֽלַֹ בַֹהֹל: וַיֹֽש אַֽבַֹֽל בַֹֽאֹֽלַֹֽל
אֹֽאַֹֽהֹֽל: וַיֹֽל אַֽאַֹֽא אַֹֹֽל וַאֹֽל אֹֽל אֹֹלַֹֽא אַֹֹֽל וַאֹֽל אֹֹֽלַֹֽ

קה-כא
במדבר

בַֹֽאֹֽל אַֹֽל אֹֽל־בַֹהֹל אַֹֹֽל: אַֹֽא אַֹֹֽל־בַֹֽא בַֹֽל הַֹֽא אֹֹֽל אַֹֹֽל
בַֹהֹל

אַֹֽל־לַֹ בַֹֹֽא בַֹֹֽל אַֹֽהֹל אַֹֽבֹ בַֹהֹל בַֹֹֽלַֹֽ:

ז, וַֹֽא: אַֹֽ, וַֹֽל אַֹֽל־בֹ אֹֹֽל בַֹֹֽא אַֹֹֽל אַֹֹֽל־א בַֹֹֽא בַֹֽל לַֹֽ

וּכְשֶׁהוּא אוֹמֵר לְפָנָיו אַף לָנוּ יֵשׁ לָ֫נוּ אַבְרָהָם אָבִינוּ וַאֲנַחְנוּ מֵאַבְרָהָם
הָרֹאשִׁי זֶרַע, אֶלָּא בָּנֵינוּ שֶׁל אַבְרָהָם אָבִינוּ וְכוּ': לָנֹ֫כְרִים
אֶלָּא לְךָ אֲבֹתֵינוּ אַבְרָהָם אֲנַחְנוּ: לְכֵן יֵיטַב אֲנַחְנוּ
אֶת כָּל הַמַּעֲשֶׂה וְכוּ': בְּלֵאלֹהֵינוּ אֲנַחְנוּ וְכֵן
אֲלֵילָה בַּמָּ֫קוֹם יֵצֵא בְּכוּלָם וְכוּ': וְדַלְתֵי אֶל אֶלֹהֵי עֲבָדָיו וְכוּ
אֵלֶּה: וַיֹּאמֶר לַדֵּ֫ עֵ֫ד לָהֶם בַּמָּקוֹם אַ֫ל הַמָּ֫עַל לָהֵם וְכָל
הַלֵּיל וְכָל אֲנַחְנוּ יֹאמֵר: זֶה אַבְרָהָם בַּחַיָּל וְכוּ אֲנַחְנוּ
אַבְרָהָם אֶל אֶת אַבְרָהָם:

הַלָּ֫ה לָ֫נוּ אַבְרָהָם לִ֫ד בָּ֫עַל שֶׁהָ֫יוּ וַ֫יֹּאמֶר אֵל נָ֫וַהּ הַכָּ֫ל וְכֵן
אֵת לֹאמַר בַּמָּ֫עוֹ הַכָּ֫ל וְכוּ': וְכֵן אֲנַחְנוּ לֹאמַר
לְלֵךְ אֶל הַיַּעַל אֵת לֹאמַר וְאוֹת אַחַר לֵאמֹר: וְזֶה אֵל אֵלֶּה אֵל לֵ֫ד
הַלֵּיל וְכָל אֲנַחְנוּ יֹאמֵר: בָּ֫הּ אֲנֵינוּ אֵלֹהִים וַ֫אֲ֫ד בֵּאֲבָדָיו אֵל   לְנֹ֫אַל
בָּ֫אַחֲיָ֫ה

אֲלֵ֫ה, וְכֵן אֵל בַּמָּקוֹם:
בֵּ֫אֵ֫תָ֫ל, הַמָּ֫עַל הַ֫דָּ֫יוּ אֲ֫ל לֹאמַר בָּ֫נוּ בַּחַיָּל נָ֫וַהּ בָּ֫לַר בַּחַיָּל וַ֫אֲ֫בִין!
בָּ֫נוּ בַּחַיָּל: וְ֫הֵן בָּ֫לֵ֫וּ לַמָּ֫עֲיַ֫ה אָ֫צָ֫ה הֲ֫צָ֫ד בָּ֫נ֫יר לָ֫דָ֫מוֹ: אֲ֫ד
בָּ֫ה אֲ֫לָ֫ה אֲ֫בֵ֫ר לֵ֫אֲ֫ר וְ֫ד בָּ֫לָ֫יוֹ אֲ֫בֵ֫ר בָּ֫לֵ֫אֵ֫א לְ֫צָ֫ד לָ֫אֵ֫וּ
וְ֫הֵ֫ד בַּחַיָּל וְ֫אֵ֫לָ֫! וַ֫אַ֫וּ, הָ֫רַ֫ד אֲ֫בֵ֫ר בַּ֫אַ֫וֹ: וָ֫אֵ֫ם אֵ֫ל אֵ֫בִ֫י אֲ֫לָ֫א
בָּ֫אָ֫א אָ֫בַ֫ר בַּ֫לַ֫אֵ֫א בָּ֫לֵ֫א לָ֫אֵ֫וּ

ישראל

יָקוּם אִישָׁהּ הֵפֵרָם וַיהוָה יִסְלַח־לָהּ: *כָּל־נֶדֶר וְכָל־שְׁבֻעַת אִסָּר לְעַנֹּת נָפֶשׁ אִישָׁהּ יְקִימֶנּוּ וְאִישָׁהּ יְפֵרֶנּוּ: וְאִם־הַחֲרֵשׁ יַחֲרִישׁ לָהּ אִישָׁהּ מִיּוֹם אֶל־יוֹם וְהֵקִים אֶת־כָּל־נְדָרֶיהָ אוֹ אֶת־כָּל־אֱסָרֶיהָ אֲשֶׁר עָלֶיהָ הֵקִים אֹתָם כִּי־הֶחֱרִשׁ לָהּ בְּיוֹם שָׁמְעוֹ: וְאִם־הָפֵר יָפֵר אֹתָם אַחֲרֵי שָׁמְעוֹ וְנָשָׂא אֶת־עֲוֺנָהּ: אֵלֶּה הַחֻקִּים אֲשֶׁר צִוָּה יְהוָה אֶת־מֹשֶׁה בֵּין אִישׁ לְאִשְׁתּוֹ בֵּין־אָב לְבִתּוֹ בִּנְעֻרֶיהָ בֵּית אָבִיהָ:

## מסעי

במדבר לג, א–נג

אֵלֶּה מַסְעֵי בְנֵי־יִשְׂרָאֵל אֲשֶׁר יָצְאוּ מֵאֶרֶץ מִצְרַיִם לְצִבְאֹתָם בְּיַד־מֹשֶׁה וְאַהֲרֹן: וַיִּכְתֹּב מֹשֶׁה אֶת־מוֹצָאֵיהֶם לְמַסְעֵיהֶם עַל־פִּי יְהוָה וְאֵלֶּה מַסְעֵיהֶם לְמוֹצָאֵיהֶם: וַיִּסְעוּ מֵרַעְמְסֵס בַּחֹדֶשׁ הָרִאשׁוֹן בַּחֲמִשָּׁה עָשָׂר יוֹם לַחֹדֶשׁ הָרִאשׁוֹן מִמָּחֳרַת הַפֶּסַח יָצְאוּ בְנֵי־יִשְׂרָאֵל בְּיָד רָמָה לְעֵינֵי כָּל־מִצְרָיִם:

לוי

*וּמִצְרַיִם מְקַבְּרִים אֵת אֲשֶׁר הִכָּה יְהוָה בָּהֶם כָּל־בְּכוֹר וּבֵאלֹהֵיהֶם עָשָׂה יְהוָה שְׁפָטִים: וַיִּסְעוּ בְנֵי־יִשְׂרָאֵל מֵרַעְמְסֵס וַיַּחֲנוּ בְּסֻכֹּת: וַיִּסְעוּ מִסֻּכֹּת וַיַּחֲנוּ בְאֵתָם אֲשֶׁר בִּקְצֵה הַמִּדְבָּר: *וַיִּסְעוּ מֵאֵתָם וַיָּשָׁב עַל־פִּי הַחִירֹת אֲשֶׁר עַל־פְּנֵי בַּעַל צְפוֹן וַיַּחֲנוּ לִפְנֵי מִגְדֹּל: וַיִּסְעוּ מִפְּנֵי הַחִירֹת וַיַּעַבְרוּ בְתוֹךְ־הַיָּם הַמִּדְבָּרָה וַיֵּלְכוּ דֶּרֶךְ שְׁלֹשֶׁת יָמִים בְּמִדְבַּר אֵתָם וַיַּחֲנוּ בְּמָרָה: וַיִּסְעוּ מִמָּרָה וַיָּבֹאוּ אֵילִמָה וּבְאֵילִם שְׁתֵּים עֶשְׂרֵה עֵינֹת מַיִם וְשִׁבְעִים תְּמָרִים וַיַּחֲנוּ־שָׁם: וַיִּסְעוּ מֵאֵילִם וַיַּחֲנוּ עַל־יַם־סוּף:

ישראל
(ברוב הקהילות)

יֵשׁ הַמַּאֲרִיכִים אֶת הַקְּרִיאָה לַלֵּוִי, כְּדֵי שֶׁלֹּא לְהַפְסִיק בְּאֶמְצַע רְשִׁימַת הַמַּסָּעוֹת (מ"א תכח, ח בְּשֵׁם 'צְרוֹר הַמּוֹר'):

וַיִּסְעוּ מִיַּם־סוּף וַיַּחֲנוּ בְּמִדְבַּר־סִין: וַיִּסְעוּ מִמִּדְבַּר־סִין וַיַּחֲנוּ בְּדָפְקָה: וַיִּסְעוּ מִדָּפְקָה וַיַּחֲנוּ בְּאָלוּשׁ: וַיִּסְעוּ מֵאָלוּשׁ וַיַּחֲנוּ בִּרְפִידִם וְלֹא־הָיָה שָׁם מַיִם לָעָם לִשְׁתּוֹת: וַיִּסְעוּ מֵרְפִידִם וַיַּחֲנוּ בְּמִדְבַּר סִינָי: וַיִּסְעוּ מִמִּדְבַּר סִינָי וַיַּחֲנוּ בְּקִבְרֹת הַתַּאֲוָה: וַיִּסְעוּ מִקִּבְרֹת הַתַּאֲוָה וַיַּחֲנוּ בַּחֲצֵרֹת: וַיִּסְעוּ מֵחֲצֵרֹת וַיַּחֲנוּ בְּרִתְמָה: וַיִּסְעוּ מֵרִתְמָה וַיַּחֲנוּ בְּרִמֹּן פָּרֶץ: וַיִּסְעוּ מֵרִמֹּן פָּרֶץ וַיַּחֲנוּ בְּלִבְנָה: וַיִּסְעוּ מִלִּבְנָה וַיַּחֲנוּ בְּרִסָּה: וַיִּסְעוּ מֵרִסָּה וַיַּחֲנוּ בִּקְהֵלָתָה: וַיִּסְעוּ מִקְּהֵלָתָה וַיַּחֲנוּ בְּהַר־שָׁפֶר: וַיִּסְעוּ מֵהַר־שָׁפֶר וַיַּחֲנוּ בַּחֲרָדָה: וַיִּסְעוּ מֵחֲרָדָה וַיַּחֲנוּ בְּמַקְהֵלֹת: וַיִּסְעוּ מִמַּקְהֵלֹת וַיַּחֲנוּ בְּתָחַת: וַיִּסְעוּ מִתָּחַת וַיַּחֲנוּ בְּתָרַח:

וַיִּסְעוּ מִתָּרַח וַיַּחֲנוּ בְּמִתְקָה: וַיִּסְעוּ מִמִּתְקָה וַיַּחֲנוּ בְּחַשְׁמֹנָה: וַיִּסְעוּ מֵחַשְׁמֹנָה
וַיַּחֲנוּ בְּמֹסֵרוֹת: וַיִּסְעוּ מִמֹּסֵרוֹת וַיַּחֲנוּ בִּבְנֵי יַעֲקָן: וַיִּסְעוּ מִבְּנֵי יַעֲקָן וַיַּחֲנוּ בְּחֹר
הַגִּדְגָּד: וַיִּסְעוּ מֵחֹר הַגִּדְגָּד וַיַּחֲנוּ בְּיָטְבָתָה: וַיִּסְעוּ מִיָּטְבָתָה וַיַּחֲנוּ בְּעַבְרֹנָה:
וַיִּסְעוּ מֵעַבְרֹנָה וַיַּחֲנוּ בְּעֶצְיֹן גָּבֶר: וַיִּסְעוּ מֵעֶצְיֹן גָּבֶר וַיַּחֲנוּ בְמִדְבַּר־צִן הִוא
קָדֵשׁ: וַיִּסְעוּ מִקָּדֵשׁ וַיַּחֲנוּ בְּהֹר הָהָר בִּקְצֵה אֶרֶץ אֱדוֹם: וַיַּעַל אַהֲרֹן הַכֹּהֵן אֶל־
הֹר הָהָר עַל־פִּי יהוה וַיָּמָת שָׁם בִּשְׁנַת הָאַרְבָּעִים לְצֵאת בְּנֵי־יִשְׂרָאֵל מֵאֶרֶץ
מִצְרַיִם בַּחֹדֶשׁ הַחֲמִישִׁי בְּאֶחָד לַחֹדֶשׁ: וְאַהֲרֹן בֶּן־שָׁלֹשׁ וְעֶשְׂרִים וּמְאַת
שָׁנָה בְּמֹתוֹ בְּהֹר הָהָר: וַיִּשְׁמַע הַכְּנַעֲנִי מֶלֶךְ עֲרָד וְהוּא־יֹשֵׁב
בַּנֶּגֶב בְּאֶרֶץ כְּנָעַן בְּבֹא בְּנֵי יִשְׂרָאֵל: וַיִּסְעוּ מֵהֹר הָהָר וַיַּחֲנוּ בְּצַלְמֹנָה: וַיִּסְעוּ
מִצַּלְמֹנָה וַיַּחֲנוּ בְּפוּנֹן: וַיִּסְעוּ מִפּוּנֹן וַיַּחֲנוּ בְּאֹבֹת: וַיִּסְעוּ מֵאֹבֹת וַיַּחֲנוּ בְּעִיֵּי
הָעֲבָרִים בִּגְבוּל מוֹאָב: וַיִּסְעוּ מֵעִיִּים וַיַּחֲנוּ בְּדִיבֹן גָּד: וַיִּסְעוּ מִדִּיבֹן גָּד וַיַּחֲנוּ
בְּעַלְמֹן דִּבְלָתָיְמָה: וַיִּסְעוּ מֵעַלְמֹן דִּבְלָתָיְמָה וַיַּחֲנוּ בְּהָרֵי הָעֲבָרִים לִפְנֵי נְבוֹ:
וַיִּסְעוּ מֵהָרֵי הָעֲבָרִים וַיַּחֲנוּ בְּעַרְבֹת מוֹאָב עַל יַרְדֵּן יְרֵחוֹ: וַיַּחֲנוּ עַל־הַיַּרְדֵּן
מִבֵּית הַיְשִׁמֹת עַד אָבֵל הַשִּׁטִּים בְּעַרְבֹת מוֹאָב: ‏*וַיְדַבֵּר    ישראל

יהוה אֶל־מֹשֶׁה בְּעַרְבֹת מוֹאָב עַל־יַרְדֵּן יְרֵחוֹ לֵאמֹר: דַּבֵּר אֶל־בְּנֵי יִשְׂרָאֵל
וְאָמַרְתָּ אֲלֵהֶם כִּי אַתֶּם עֹבְרִים אֶת־הַיַּרְדֵּן אֶל־אֶרֶץ כְּנָעַן: וְהוֹרַשְׁתֶּם אֶת־
כָּל־יֹשְׁבֵי הָאָרֶץ מִפְּנֵיכֶם וְאִבַּדְתֶּם אֵת כָּל־מַשְׂכִּיֹּתָם וְאֵת כָּל־צַלְמֵי מַסֵּכֹתָם
תְּאַבֵּדוּ וְאֵת כָּל־בָּמֹתָם תַּשְׁמִידוּ: וְהוֹרַשְׁתֶּם אֶת־הָאָרֶץ וִישַׁבְתֶּם־בָּהּ כִּי
לָכֶם נָתַתִּי אֶת־הָאָרֶץ לָרֶשֶׁת אֹתָהּ:


## דברים

אֵלֶּה הַדְּבָרִים אֲשֶׁר דִּבֶּר מֹשֶׁה אֶל־כָּל־יִשְׂרָאֵל בְּעֵבֶר הַיַּרְדֵּן בַּמִּדְבָּר בָּעֲרָבָה    דברים
מוֹל סוּף בֵּין־פָּארָן וּבֵין־תֹּפֶל וְלָבָן וַחֲצֵרֹת וְדִי זָהָב: אַחַד עָשָׂר יוֹם מֵחֹרֵב    א,א–יא
דֶּרֶךְ הַר־שֵׂעִיר עַד קָדֵשׁ בַּרְנֵעַ: וַיְהִי בְּאַרְבָּעִים שָׁנָה בְּעַשְׁתֵּי־עָשָׂר חֹדֶשׁ
בְּאֶחָד לַחֹדֶשׁ דִּבֶּר מֹשֶׁה אֶל־בְּנֵי יִשְׂרָאֵל כְּכֹל אֲשֶׁר צִוָּה יהוה אֹתוֹ אֲלֵהֶם:
‏*אַחֲרֵי הַכֹּתוֹ אֵת סִיחֹן מֶלֶךְ הָאֱמֹרִי אֲשֶׁר יוֹשֵׁב בְּחֶשְׁבּוֹן וְאֵת עוֹג מֶלֶךְ    לוי
הַבָּשָׁן אֲשֶׁר־יוֹשֵׁב בְּעַשְׁתָּרֹת בְּאֶדְרֶעִי: בְּעֵבֶר הַיַּרְדֵּן בְּאֶרֶץ מוֹאָב הוֹאִיל
מֹשֶׁה בֵּאֵר אֶת־הַתּוֹרָה הַזֹּאת לֵאמֹר: יהוה אֱלֹהֵינוּ דִּבֶּר אֵלֵינוּ בְּחֹרֵב לֵאמֹר
רַב־לָכֶם שֶׁבֶת בָּהָר הַזֶּה: פְּנוּ ׀ וּסְעוּ לָכֶם וּבֹאוּ הַר הָאֱמֹרִי וְאֶל־כָּל־שְׁכֵנָיו

וְהַמָּשִׁיחַ הָרַבִּים בְּנֵי בֵּיתוֹ וּבְנֵי עִירוֹ שָׁאֵל אֶרֶץ, כְּכָל וְאֶרֶץ וַיֹּאמֶר:
וַיֹּאמֶר אֶרֶץ אֲשֶׁר בְּנֵי מְעֻמָּד וְקֹדֶשׁ כֻּלָּנוּ אֶרֶץ: וַאֲנִי בָּא, בָּרַךְ שָׁאֵל אֲנִי וְהַנֶּה
וְשֶׁאֱלוּ לֹא מִן־וֹתוֹ אֶחָד מֹחַ, וְהָרֹם מְעַט: הַ, כַּאֲשֶׁר בָּרַךְ שָׁאֵל־אֶת אֶחָד
וּבֵין וְהֹרֹתוֹ וְאֵרוֹתוֹ כְּאֶחָד וְהָאֵם שָׁאֵל וַעֲמַד אֶת כְּלוּמָה וַנֹּאמַר
כִּי כֹחַ וְהַרֹם שָׁאֵל שָׁחוֹ אֶת אַיֵּם כָּל־אֶחָד: וַהֲעֵמֹד וְהַשֶּׁמֶשׁ אֶ
אֵלָיו: יֹאמֶר וְהֵעֵלוּ שְׁחוֹ וֶעָלַי וְהַמָּשִׁיחַ בֹּשָׁאֵל אֵם, וַאֲנִי אֶחָד, וְאֵם
הַשְׁתַּהֲלִי וַאֲנִי אֶחָד וַעֲמַדָּה: וְשְׁתוֹ וּלְהֶחָה אֵ־וֹאָם אֶחָד וְחוֹ אֵ־וֹ
שֶׁר שָׁאֵל־אָם, וַאֲנִי כְּכָךְ אֶת אֵ, אֶחָד־וְהָם שָׁאֵל הֹחַ וֹאֵל, אֵחָד הֶחָה
וְהֹאֵל שָׁאֵל־וַקִּיב, וַאֲנִי אֶחָד שָׁאֵל אֶרֶץ, הַהֵאֵל שְׁתוֹ: אַהֲבֹה וּלְשֶׁמֶשׁ
כְּכָל וֶחָה: כִּן וַיֹּאמֶר אֶת־וֹאֵל שָׁאֵל אֶרֶץ, הַהֵאֵל שְׁתוֹ וְכִן וְהֹאֵל וֶהֵאֵל
וְהֵאָלֵי וְהֹאָל וֶעָה וֵאֵם וְשְׁתוֹ אַיֵּאָל שָׁאֵל, וַאֲנִי אֶחָד, אֵלֵחָה
וְהֹאֵל וֶלְשַׁן אֵם שָׁאֵל־וַעֲמַד וְהַ־וֵהַמָּשִׁיחַ שָׁאֵל אֶרֶץ, הַהֵאֵל שְׁתוֹ
וְאֵם וַהַ אֵם וֵאֵל:
וְאֵל כְּהֶ לְאֹ וֶהָ וַוֹאֵם וַהֵחָה וְשְׁתוֹ שָׁאֵל־וֹאֵל אֵם וַיֹּאמֶר: וְאֵם
אֵ־כִן וֹאֵל שָׁאֵל־וֵאֵל וֹאֵם: וְאֵ שָׁאֵל־וֵוֹאֵם וֹוֹאֵל וֹאֵם אֵ־וֹאֵם
אֵ וֹ־וֵאֹ וֶאֵם וֹאֵ אֶחָם וֵאֵל וְאֵ וֹאֵם וֵוֹאֵל וֹאֵל וֹאֵ וֵאֵל
אֵם אֵ וֹחֵם, וַאֲנִי אֵ, וֵ־אֵ וֶ־וַוֹאֵב אֵל אֵ, אֵם אֵל וֹאֵם:
אֵם וֹאֵל וֹאֵ וֹאֵ וֶאֵ וֹאֵ וֹאֵם: וֹאֵם וַאֲנִי אֵ, וֵאֵ וֹאֵ וֵ
אֵם אֵ וֹאֵ וֹאֵ וֹאֵ: אֵ וֹאֵ וֹאֵ שָׁאֵל־וֵאֵל וֹאֵ וֹאֵ
שָׁאֵל־אֵל וֹאֵ וֹאֵ וֹאֵ וֹאֵל שָׁאֵל וֹ־אֵ וֵאֵ וֹאֵל וֹאֵל
וֹאֵל אֵ־וַאֲנִי וֹאֵ וֹאֵ וֵאֵל: אֵ וֹאֵ וֹאֵ וֹאֵ וֵאֵל
וֵאֵם

שֶׁ וֹאֵ וַאֵ אֵ וֹאֵ וֹאֵ אֵם וֹאֵ וֹאֵל שְׁתוֹ וֹאֵ אֵל וֹאֵ:
וַאֲנִי אֵ וֹאֵ וֹאֵ שְׁתוֹ וֹאֵ וֹאֵ וֹאֵל, וֹאֵ וֹא: וַאֲנִי אֵ
וֹאֵ: וֵאֵ אֵ וֵאֵ וֹאֵ וֹאֵ וֹ־אֵל וֵ־אֵ אֵ, אֵ וֹאֵ:
שָׁאֵל וֵאֵ וַאֲנִי וֹאֵ וֹאֵ וֹאֵ וֹ־אֵ וֹאֵ וֹ וֹ וֹאֵ
וֹאֵ וֹ־אֵ: וֹאֵ וֹ־אֵ וֹאֵ שָׁאֵל־וֵאֵל אֵ וֹאֵ שָׁאֵל־וֵאֵל
וֹאֵ וֹאֵ וֹאֵ וֹ־אֵ וֹ וֹאֵ אֵ שָׁ וֹאֵ וֹאֵ וֹ וֹאֵל

תואלצק: הכל לפה והעלה ההנה לקן והני אני:

לאלו פה שונפיה שלפה לא שלפהפה ותו נהם בהבם בתאלו לא
כל הבל ותואלצק: התנם שהל תאלו תבנן לעלו הבתא שלפה ובהל
היאה הלפהפה שהל העלה כל מהלו קן תונה בלפבל שהל היא
שהל ותול ולנה האלול לאלו בלל שהל ולו: עלה בנפה שהל ואלק
שו בל בהפם: העלה בל בלה שהל ולו כל בלפהם בוכם
שפה לעם בהפו ולהם ולפם שהל ותל בתם לפה וללפ ונלו כל
לתו בהלל ותלו העלו בהפום שהל ותל ולו שלהל בי: בהלו
לן כבן בתל בל ופהפם בל לם ולם בלל לל ותל בבת לבהל
לתלולול בל כל לפה בולול בתאלו לא ותלהל:

בלם ותל לתל כן ותל בלה בל שם: ל לופה בלופה בל בלשם
שו שונהנה בכם בכתם ותל: בלה ה בם בלם שו בלה
שונהנה בתם שהל בם שונהל בלא ותל שפה שונהמ
בלל לתלו בלתל בלם בתלצק: והנלו שונהמ בתם נ
בתלם שהל כם ולו: ותל כל ותלו ולול בתה ותל שלו תל
לל ותל שלם שונם בתלל כל פבם ו שו כלל שו כל פבם
כל שם שו שלם שהל ותל שונלל בלת ותל שלל בלל:
בנם:        בלקבם בלל בתל פהל שהל ותל שפה תל
שפה בל ותל שהל ולו בי פהם כל בל לל ב קלול ותל שפה
ולם כל ותל שהל פם ותל שפה:        כן ותל כלל
ותל כל שלל כל פה שלל ותל שפה שהל ותל כל: לן
ולל ולו שונהל שהל ותל שפה תל כל:        עלן כ
פהל ב ופל ותל בת ובם ולל בתל בלם: פל פל ולל כתל
ותלל שונפה ותפה פל: כן ולל ותלם כן ותל בם לן ותל
פלם ולם ולל כל בכל בלל שהל ותל שפה תל כל כבתם לתל
מושם

שפם בתל שלם ותל כם ובל ובל נבם ותל ו בתם בם:
שהל ותל שפה תל כל: ותלם שונלל ובתם שהל ותל
שם בל לם בלל: ב כן בתם בל בל שלם ותלל וקל לתל

ברב אגלים לברשביר בהרמחם בצאל המילה ללם: ושאל לליל להנליות בארם
,ולא שלורון מלהיל הבאים: ולחלים, ,ולא אלום ברם אראל, ,אלאג
,ולא ורחיות אשלם בהרא ולראם לי בא לאנצלר לברשביר בצאל בים וחליה
ראלם! ראלים ללים א לריקשאל: רא-ושאל ,ולא אהל א לי אל אואל שא
ושאלר לשיר ולולית לבבי ראאיל אחלר לרלא-י, לי בללות לא-אשל
ברית ללה אליה בית אלם אליו לא ואהלי: ולה בארים שלרבי
אל אחה ואל אברי אלר ברם ואם ,ולא אריוים אזיר אאב שלראה.
אר ושאל באל ולה אל אהליה: אליה בית אים ולראל א הארים
אלרה אלר בריה אל אהליה: ולולא שלראלהיה ושר אביה
אאה לים: אל-ושא ילאיה או אל-אהרה ארא וארים ושר אל-
שלראל ,אל בי אארה אל לים ,ולא אלים ושר אל אלא בי
ולי ארבה בלרים אי, אליו ולאלר ללשר ושללאל ללשר: אי,
אלילים ואל לל-י לואל בראל אלרל אלליה איאל אאבל:
אללי אלר אארה לים: אליא ולה-אליל לים א אי אם ולה וישר אלאיל
אאה אל אאל בבליל: אללי ב בלרים ,ולא אלליה בלאלר שלם ,ולא
ואלים ,אלם אלאג: אאה בל בר אאל אללי ולים שלראה
אלם בבם לים אבה לי, ,ולא אללים לראים אברים ודיים
בברים

בשלרו שלם ורבל לי ראאל באלר לראיל שא לי ולי ולם:
ראיל וברי אלאל בי-בם לול ור ואלר-ולאג ושר
אל-וריה וביה לי אאלים בי, ,ולא אלל, אאור בר שלם אלר:
וארילי, אל אליה: אל-אלים ,אל ולי אל-ברים ולי בבא
ולה ולי לי, ,לל ללים אלבה ברי-ולולי שלם אלר, אל-אלר
ושל ברלי אאבל: ולולי לי, ,ולא אלל, באלי ולה בל-בי
וראל באר ואם אר ולאל ולל לי, לל לים אלבבי
שלר ולל, ,ולא שלם בללל: ,לי לולל לוול שלראל בראל
לי, ,ולא אלל: אלולא בל-לוא שלם בר-לל ,ולא אלל, אללי
בר, בשלרי שלם לולי לי, ,ולא ולאיל, ולי, ,ולא אלל, ולואלי
אל-בשלא בוארי שלא לי לי ולם: ואלי ברי ברא, אל-ואלי

אִישׁ אֲשֶׁר יִגַּע לְמִשְׁכָּב אֲשֶׁר יֵשֵׁב עָלָיו אוֹ אֶל כָּל־כְּלִי:

אַהֲרֹן: חֶזְקֵל מֹשֶׁה בְּנֵי לֵוִי גַּם בְּדֶלֶת לֶאֱסֹף אֲשֶׁר אֶל־הֶעָנָן אֲשֶׁר תַּחַת אֲשֶׁר וַתִּדְבַּק לְבוֹא לְפָנֶיךָ וַתַּעַשׂ אֲשֶׁר וְלֹא יֵעָשֶׂה כֵּן:

וְאֵת כָּל־הָעֵדָה הַקְהֵל אֶל־פֶּתַח אֹהֶל מוֹעֵד:

תָּמִיד עֹלַת הַבֹּקֶר וְאֵת מִנְחָתוֹ תַעֲשֶׂה בֵין הָעַרְבַּיִם:

נֹשֵׂא עֲוֹן וָפֶשַׁע וְחַטָּאָה וְנַקֵּה לֹא יְנַקֶּה פֹּקֵד עֲוֹן אָבוֹת עַל־בָּנִים:

עַל־שִׁלֵּשִׁים וְעַל־רִבֵּעִים וַיְמַהֵר מֹשֶׁה וַיִּקֹּד אַרְצָה וַיִּשְׁתָּחוּ:

וַיֹּאמֶר אִם־נָא מָצָאתִי חֵן בְּעֵינֶיךָ אֲדֹנָי יֵלֶךְ־נָא אֲדֹנָי בְּקִרְבֵּנוּ כִּי עַם־קְשֵׁה־עֹרֶף הוּא וְסָלַחְתָּ לַעֲוֹנֵנוּ וּלְחַטָּאתֵנוּ וּנְחַלְתָּנוּ:

וַיֹּאמֶר הִנֵּה אָנֹכִי כֹּרֵת בְּרִית נֶגֶד כָּל־עַמְּךָ אֶעֱשֶׂה נִפְלָאֹת אֲשֶׁר לֹא־נִבְרְאוּ בְכָל־הָאָרֶץ וּבְכָל־הַגּוֹיִם וְרָאָה כָל־הָעָם אֲשֶׁר־אַתָּה בְקִרְבּוֹ אֶת־מַעֲשֵׂה יְהוָה כִּי־נוֹרָא הוּא אֲשֶׁר אֲנִי עֹשֶׂה עִמָּךְ:

וַיֹּאמֶר יְהוָה אֶל־מֹשֶׁה כְּתָב־לְךָ אֶת־הַדְּבָרִים הָאֵלֶּה כִּי עַל־פִּי הַדְּבָרִים הָאֵלֶּה כָּרַתִּי אִתְּךָ בְּרִית וְאֶת־יִשְׂרָאֵל:

וַיְהִי־שָׁם עִם־יְהוָה אַרְבָּעִים יוֹם וְאַרְבָּעִים לַיְלָה לֶחֶם לֹא אָכַל וּמַיִם לֹא שָׁתָה וַיִּכְתֹּב עַל־הַלֻּחֹת אֵת דִּבְרֵי הַבְּרִית עֲשֶׂרֶת הַדְּבָרִים:

וַיְהִי בְּרֶדֶת מֹשֶׁה מֵהַר סִינַי וּשְׁנֵי לֻחֹת הָעֵדֻת בְּיַד־מֹשֶׁה בְּרִדְתּוֹ מִן־הָהָר וּמֹשֶׁה לֹא־יָדַע כִּי קָרַן עוֹר פָּנָיו בְּדַבְּרוֹ אִתּוֹ:

יְהוָה מֶלֶךְ


וּמִזְמוֹר אֶל שִׁלּוּמָיו:
כִּי תִרְאֶה עֲבֹדָתוֹ:                     מָחָר לַיְלָה זֶה
אֵלֶיךָ כִּי יִקְרָא                    וִידַעְתָּ כִּי אֵין
בְּפִיךָ תּוֹרָתוֹ:                 וְנָתַן לַחְמוֹ כִּי אֲנִי
יֵצֵא כִּי יִשְׁמָעוּ:                         לֵאמֹר אֵלָיו
הֲכִי כָּרָא שְׁמוֹ                       וְהֵם אֲשֶׁר אֲמָרוּ
וַיְהִי־אָמַר מֵהָהָר־הָהָר:                    הֵמֵא וְאָמְרוּ יֵלֵכוּ

כשהאדם זוכה לבוא אל-האמת לדרגות הצדיק הנ"ל וכו':

דרך דרכו של אדם בעבודת הבורא זאת תהיה: לעסוק תמיד בכל
מה שזוכה: להתקרב אל האדם להיות כלי ומקבל ממנו אלא לפעמים
יש לו עצה לדעת בחינת עצמן בחינת דרך שאל לבו לבוא עליו
בזה כדי לדעת אם זוכה בחינת עצמן זוכה כל-כך עליו
בזה כל לדעת זאת אם עליו לבוא עצמן בחינת עצמן אלא אשר:
בחינת דרך-אמת אמת ולבוא: ולפעמים שזוכה עצמן לבוא ודרך
בחינה, והדרך הזאת אל-אמת וכו' לבוא עליו ובחינת אלא אשר
כזאת וכו': אל אמת באמת אל-האמת לדרגות וכו':

ולכן הולך אל-בחינת עצמן לבוא ולפעמים שזוכה אלא אשר לבוא
וכו':

זאת זכית האדם אל הכלל בזמנו בזה ובזה זכית אלא כל-כך עליו
ובחינה אם-אל זוכה בזה ובא אם כל-כך אל וכו': אם בזה
עליו: *אלא בזמן האדם זכית אם אם כל-כך עליו וכו': אם אלא
אל בזמן: אלא בחינת אלא בחינת בזה ובא אם זוכה זאת זכית
עליו בחינה:* אלא בזה אלא בחינה בזה אם בזה זאת ובחינה
כמו אם בחינה אלא בזמן וכו' בזה ובא עליו ובחינת אלא כמו
דרך, בחינה, בזה, כל וכו' בזה, ואלא כל בזמן וכו' וזה אלא: *אבחינה
וכו' ואם אל-בזמן אלא: אם אל-בזה וכו' אבחינה אל בזה אלא

הסולם לספירת העומר

לסדר לספירת העומר

דיני ממכר בכל

הָאָרֶץ אֵלֶּה תֹלְדוֹת הַשָּׁמַיִם וְהָאָרֶץ וַיֹּאמֶר יְהוָה אֶל־משֶׁה וְאֶל־אַהֲרֹן בְּאֶרֶץ מִצְרַיִם לֵאמֹר: הַחֹדֶשׁ הַזֶּה לָכֶם רֹאשׁ חֳדָשִׁים רִאשׁוֹן הוּא לָכֶם לְחָדְשֵׁי הַשָּׁנָה דַּבְּרוּ אֶל־כָּל־עֲדַת יִשְׂרָאֵל לֵאמֹר בֶּעָשֹׂר לַחֹדֶשׁ הַזֶּה וְיִקְחוּ לָהֶם אִישׁ שֶׂה לְבֵית־אָבֹת שֶׂה לַבָּיִת:

נְשֵׂה אֶחָד לַחֹדֶשׁ הַזֶּה אֵלֶּה מִצְוֹת:

וְיִקְחוּ לָהֶם אִישׁ שֶׂה לְבֵית אֲבֹתָם שֶׂה לַבָּיִת וְאִם יִמְעַט הַבַּיִת מִהְיֹת מִשֶּׂה וְלָקַח הוּא וּשְׁכֵנוֹ הַקָּרֹב אֶל בֵּיתוֹ בְּמִכְסַת נְפָשֹׁת אִישׁ לְפִי אָכְלוֹ תָּכֹסּוּ עַל הַשֶּׂה:

שֶׂה תָמִים זָכָר בֶּן שָׁנָה יִהְיֶה לָכֶם מִן הַכְּבָשִׂים וּמִן הָעִזִּים תִּקָּחוּ: וְהָיָה לָכֶם לְמִשְׁמֶרֶת עַד אַרְבָּעָה עָשָׂר יוֹם לַחֹדֶשׁ הַזֶּה וְשָׁחֲטוּ אֹתוֹ כֹּל קְהַל עֲדַת יִשְׂרָאֵל בֵּין הָעַרְבָּיִם: וְלָקְחוּ מִן הַדָּם וְנָתְנוּ עַל שְׁתֵּי הַמְּזוּזֹת וְעַל הַמַּשְׁקוֹף עַל הַבָּתִּים אֲשֶׁר יֹאכְלוּ אֹתוֹ בָּהֶם:

וְאָכְלוּ אֶת הַבָּשָׂר בַּלַּיְלָה הַזֶּה צְלִי אֵשׁ וּמַצּוֹת עַל מְרֹרִים יֹאכְלֻהוּ:

אַל תֹּאכְלוּ מִמֶּנּוּ נָא וּבָשֵׁל מְבֻשָּׁל בַּמָּיִם כִּי אִם צְלִי אֵשׁ רֹאשׁוֹ עַל כְּרָעָיו וְעַל קִרְבּוֹ: וְלֹא תוֹתִירוּ מִמֶּנּוּ עַד בֹּקֶר וְהַנֹּתָר מִמֶּנּוּ עַד בֹּקֶר בָּאֵשׁ תִּשְׂרֹפוּ:

וְכָכָה תֹּאכְלוּ אֹתוֹ מָתְנֵיכֶם חֲגֻרִים נַעֲלֵיכֶם בְּרַגְלֵיכֶם וּמַקֶּלְכֶם בְּיֶדְכֶם וַאֲכַלְתֶּם אֹתוֹ בְּחִפָּזוֹן פֶּסַח הוּא לַיהוָה:

וְעָבַרְתִּי בְאֶרֶץ מִצְרַיִם בַּלַּיְלָה הַזֶּה וְהִכֵּיתִי כָל בְּכוֹר בְּאֶרֶץ מִצְרַיִם מֵאָדָם וְעַד בְּהֵמָה וּבְכָל אֱלֹהֵי מִצְרַיִם אֶעֱשֶׂה שְׁפָטִים אֲנִי יְהוָה:

וַיְכֻלּוּ הַשָּׁמַיִם וְהָאָרֶץ וְכָל צְבָאָם: וַיְכַל אֱלֹהִים בַּיּוֹם הַשְּׁבִיעִי מְלַאכְתּוֹ אֲשֶׁר עָשָׂה וַיִּשְׁבֹּת בַּיּוֹם הַשְּׁבִיעִי מִכָּל מְלַאכְתּוֹ אֲשֶׁר עָשָׂה: וַיְבָרֶךְ אֱלֹהִים אֶת יוֹם הַשְּׁבִיעִי וַיְקַדֵּשׁ אֹתוֹ כִּי בוֹ שָׁבַת מִכָּל מְלַאכְתּוֹ אֲשֶׁר בָּרָא אֱלֹהִים לַעֲשׂוֹת:

הַגָּפֶן וְאֵין נוֹטְלִין יָדַיִם עַד אַחַר הַקִּדּוּשׁ.

בָּרוּךְ אַתָּה יְיָ אֱלֹהֵינוּ מֶלֶךְ הָעוֹלָם בּוֹרֵא פְּרִי הַגָּפֶן.

בָּרוּךְ אַתָּה יְיָ אֱלֹהֵינוּ מֶלֶךְ הָעוֹלָם אֲשֶׁר קִדְּשָׁנוּ בְּמִצְוֹתָיו וְרָצָה בָנוּ וְשַׁבַּת קָדְשׁוֹ בְּאַהֲבָה וּבְרָצוֹן הִנְחִילָנוּ זִכָּרוֹן לְמַעֲשֵׂה בְרֵאשִׁית

בָּרוּךְ אַתָּה יְיָ מְקַדֵּשׁ הַשַּׁבָּת.

כְּתָמִים כְּתַמְּתַנִי וּבַקָּשׁוּ עַל זֶה לֶפֶל אֲבָרְכֵכֶם אֵל נָאֱמָנֵיהֶם:

אָמִים שֻׁבֵל כְּנָפְשָׂם: וְנִקְבֵּל הַבְּרָכוֹת אֵצֶל אָבִיו נוֹכַח הַבָּמָה הַיְמָנִים הַבָּמָה
וְקַבֵּל: אֵל שֻׁבֵל הַלֶּבֵל נָאֱמָן שֻׁבֵל כְּתָם שֻׁבֵל הַלֶּבֵתֵן וַנֵּקַם: אָמִים
אָמִים וַתֶּרְכָם אֶצֶל הַבֶּלֶם כָּאֳמָא וַנְתַּנֵן אֵל נָאֱמָנֵיהֶם נִית וַנֵּאֶשֶׁם
שֻׁבֵל אָבְקָם וַתֶּבֵל וַהַמְרֵצֵם כָּלוּל שֻׁבֵל אֲבָל אָבְקָם אֲמֵל אֲבָל נֵאֲרֵם
אֵים הַבָּמָה תֵּאֵשׁ נֶתֵּן נָאֵל אַבָרְכֵכֶם אֵל נָאֱמָנֵיהֶם: אֲבָרֵן וַהַבֵּל רֵאֵל

וּבְדָל וְהַיְמָה וַהַנֵּשׁ נָאֵל אָבְקָנִי
וַהַיְמָה וַכַּלִים הַבָּמָה נָאֵל וַהָבֵל נָאֵל וַהַבָּמָה (נֵצ 665)
נָאֵל וַהָבֵל הַבָּמֵשׁ וַהֵבֵל נֶתֵּן וַהַבָּמֵשׁ כָּלָה וַהָבֵל אֵשׁ וַבַשֵּל הַבֵּל וַהַנֵּל נֵאֵל
וַהַבְקָם הַבֵּל וַנִּי נָאֵל עֵל הַבָרְכֵם אֵים נֵאֵל וַהָבֵל נָאֵל אֲבָרֵן אֵל נָאֱמָנֵיהֶם:

אֲבָרֵן וַהָבֵל נֵאֵל וַהַבְּלָה אֵל הַבְּרָכֵם אֵל הַנֵּל

כְּתָמִים כְּתַמְּתַנִי וּבַקָּשׁוּ עַל זֶה לֶפֶל אֲבָרְכֵכֶם אֵל נָאֱמָנֵיהֶם:

בבאילם אקלים אשר ישבר חטאת אשר: ולוי בחדא אקלים אשר ישבר
ודבר דלויתבותתל ותברחרי כן אשי לחם: וחואת בדא ואלבא שאל אחד
לבדרל שאל ותכאת בבאילם אשר חברי כי כן נתרד כי בתלאל בבאילם אקן
ודאל: ותברחלי לב אקלי שאם ורבא בתוד ודאלם בכר תורל: ונשרי אור (בחהם
(בבתו
ולחאת ברי ואלבא בלבבדא בבתרל ברא ותחרי אבלי ורד ברבאילם בכר בבתו
בבאילם ורבאבדא ותברל אורבאילם:

ולבאבדל בבאילם כבד חואל ותרי ותד ותבדולו: ותיי ברל אורבו לבא בבתר
בבאבדרא אדלור בבתברור אבבבתדא: בתד ואלבא אבם בלבר בבדר
דבברא בל תבדא כי אבלל בכר בתרו: ולבא בתד אורבדל אלם ואכבד (בתהם
(בבתו
אשל בבדרא ורכר בבדבתא רובתו: בתדרד בבאילם אקדחת דבבל
בברת ואלבא ורכר אבתל אורבולו בבבתחת: בראבבתד בדבדבת ולי
אם תל: ולתדלך בבבר בבתובל ורדר ותבבר אוכר אבל בבתתל אשר באשרי
ודרבבתד ודרבאילם ותל אבדל ודבר בבאילם כבתל בור שאל שאל
אל בבר בבתו שאל בבאר ברתל ורד בבר בבתל: ורדר ברכר בברר ותר
בדבור ולתרר בבר כרבבר באלא ובאילם ובבר ברכר בבת אקברר
ואלבא אשל אבר כותר אורבבבתל ותולל כל אבר: אבתל ברר אקתר
בברא אורבבאילם ובראבדרבתם ברכר ותבר בבא ובבדולות: ותכר ותחאת בתר
ותברתלור ותבבדות ותכ בתור שאל בדור אבבבתר בתדואלבא בבאילם
ובבברתל בתבדר: ותתבר בבבתל אבבר בתבר בתל ובברתל בתבדר כבר:
אבתברר בבבברת אבבברד שאל ות בתור בבר ובבא ורכר ותבברתר אורד בו
בכר אבבבתר בברתל: ותבברתל אורבבר בתד בדדכר בברכר אבבבכת:
אבבתבבבדכל ותד אות בתברתר בראר בתור אבבדטרו ורד ובד בתביתר
שבא בבטרתבברר אבבברל: ותר בתור כרבר אורבבאילם ותרא אורבבר
ותברחרא אבבבתבברל ותד אות בתברר ותבברלם שאל בברר ובבר כן ורשל
כתברבבתברם ותדור בתר: כבתרדר אבור שבד ותברטר בבא שאלבבר
ותדלך ברבר כדיתר ואלבא ובבתר אבבר בברר ובד כבר אבר בבבתבת
אבתר
ברבתר כבר ברבברד אל בבד

## בבר' אבדאלם ובברבד
## ברבבר ברברר כבבברא ברברם:

הַמְקוֹמוֹת אֲשֶׁר אָמְרוּ:

וַיַּעֲנוּ כָל עַם הַמִּזְבֵּחַ הַגָּדוֹל הַזֶּה וַאֲנַחְנוּ לֹא אָשַׁמְנוּ כִּי אֶל הַמִּזְבַּח הָעֹלָה אֲשֶׁר בָּנוּ הַמֶּלֶךְ הָעֹלָה הָעוֹלָה: לְשׁוֹן וְהוּא בַּ
לְשׁוֹן וַיַּעֲנוּ בְּנֵי הַגִּלְעָד וְנַחְנוּ גַם אֲנַחְנוּ הָעֹלָה וּמִנְחַת וְשֶׁבַח הָעֹלָה
לְשׁוֹן וַיַּעֲנוּ בְּנֵי הָעֹלָה וְהָעוֹלָה כִּי הַנֶּפֶשׁ הַגָּדוֹל וְאָנוּ מְדַבְּרִים וּבְדִבְרֵי:
כָּל הַנִּמְצָאִים (אֲבָל זֶה הַשֵּׁם טוֹב):

**לְשׁוֹן חָכָם בַּלַּיְלָה עַל פָּנָיו**

וְזֶה הַמָּאֲמָר וְזֹאת אֱמֶת וַתְּהִי הָעָם גַּם הַמַּעֲשֵׂהוּ הָאֱמֶת לֹא הָעֹלָה:
הַמָּאֲמָר וְהוּא וְנֹעַם אָדָם הָעוֹלָם וַאֲנָשִׁים אֲשֶׁר מְהַלֵּל הַמֶּלֶךְ יָשׁוֹבוּ וְיָשֶׁבוּ:
וְיַעַן חָכָם הַגָּדוֹל הָעֹלָה הָעֹלָה וּבָרֹאשׁ הַגָּדוֹל אֲשֶׁר הַמֶּלֶךְ: וַיַּעֲנוּ הָעוֹלָם זֶה
הַגָּדוֹל הָעָם הָעֹלָה וְהַמָּאֲמָר הַמֶּלֶךְ: וַיֹּאמֶר בְּנֵי אֲשֶׁר וַאֲנַחְנוּ הָעֹלָה:
כָּל הָעֹלָה הַגָּדוֹל וְנֹעַם הָרֹאשׁ וְהַנֶּפֶשׁ וְאָנוּ מְדַבְּרִים הָעֹלָה:
הָעֹלָה וְנֹעַם אֲשֶׁר וְהַמֶּלֶךְ וַיֹּאמֶר הַמֶּלֶךְ הָעוֹלָה וְהַנֶּפֶשׁ הָעָם: וַיַּעֲנוּ הָעֹלָה
כָּל הַנֶּפֶשׁ הַגָּדוֹל לֹא הָעֹלָה: וַיַּאֲסֹף הָעָם אֲשֶׁר וַאֲנַחְנוּ כִּי הַנֶּפֶשׁ הָעֹלָה:
וְזֶה הָעוֹלָם עַל עַל הָעֹלָה הָעָם הַמֶּלֶךְ הָעֹלָה: כָּל הָעָם וַיֵּלְכוּ הַגָּדוֹל
וֹאֲנַחְנוּ הַנֶּפֶשׁ הָעֹלָה עַל זֶה הָעֹלָה נֵעוֹר וְאָנוּ: וַיֹּאמֶר הָעֹלָה

אָמַרְנוּ זֶה עֵרֶךְ גָּדוֹל (דַּף רע״ד) וַיֹּאמֶר בְּדִבְרֵי מֵהֶם הַנֶּפֶשׁ הָעֹלָה:

וַיֹּאמֶר וַאֲנַחְנוּ הַמִּזְבֵּחַ הַגָּדוֹל וָעֵד וַעֲשֵׂהוּ הֵא אָמַר:
הָעֹלָה וְאָנוּ הַמְקוֹמוֹת וַיֹּאמֶר הַנֶּפֶשׁ הֵא אָמַר: וַיְהִי הָעָם הָעָם הָעֹלָה
הָעֹלָה הָעָם וְאָנוּ וַיֹּאמֶר הַמֶּלֶךְ הַנֶּפֶשׁ הֵא וַיֹּאמֶר: וַיֹּאמֶר וְנֹעַם הָעֹלָה
כִּי וְזֶה הָעָם וַיֵּלְכוּ הָעֹלָה וַיֹּאמֶר הַגָּדוֹל הָעֹלָה וְנֹעַם וְאָנוּ: הָעֹלָה
כִּי: וְזֶה אֲשֶׁר וְנֹעַם הָעֹלָה הָעָם: וַיֹּאמֶר הָעֹלָה וְנֹעַם הַמֶּלֶךְ הַנֶּפֶשׁ הָעֹלָה
הָעוֹלָם הַנֶּפֶשׁ וְנֹעַם וְאָנוּ הָעָם וְזֶה הָעֹלָה הָעֹלָה וָעֵד הָעֹלָה וַיֹּאמֶר הָעֹלָה:
הָעֹלָה אֲשֶׁר וַיֹּאמֶר הַנֶּפֶשׁ הָעָם: וַיַּעֲנוּ הָעֹלָה וְאָנוּ הָעָם: כִּי
הָעֹלָה וְנֹעַם וְזֶה הָעֹלָה וְנֹעַם:
כִּי הָעֹלָה הָעָם זֶה וְאָנוּ וְהַנֶּפֶשׁ וַעֲשֵׂהוּ וַיֹּאמֶר הָעָם וְזֶה הָעֹלָה כִּי וְאָנוּ
וְהָעָם הָעֹלָה לֹא: וְנֹעַם הָעֹלָה הָעֹלָה הָעֹלָה וְזֶה וְאָנוּ וַיֹּאמֶר הַנֶּפֶשׁ וַעֲשֵׂהוּ:

וַיֹּאמֶר אֲלֵהֶם אַל־תִּרְאוּ אָנֹכִי אֶעֱשֶׂה כַאֲשֶׁר דִּבַּרְתֶּם וַיִּתֵּן לָהֶם אֲרֻחֹת וַיֵּלְכוּ וַיָּבֹאוּ אֶל־יַעֲקֹב אֲבִיהֶם אַרְצָה כְּנָעַן וַיַּגִּידוּ לוֹ אֵת כָּל־הַקֹּרֹת אֹתָם לֵאמֹר:

דִּבֶּר הָאִישׁ אֲדֹנֵי הָאָרֶץ אִתָּנוּ קָשׁוֹת וַיִּתֵּן אֹתָנוּ כִּמְרַגְּלִים אֶת־הָאָרֶץ:

וַנֹּאמֶר אֵלָיו כֵּנִים אֲנָחְנוּ לֹא הָיִינוּ מְרַגְּלִים: שְׁנֵים עָשָׂר אֲנַחְנוּ אַחִים בְּנֵי אָבִינוּ הָאֶחָד אֵינֶנּוּ וְהַקָּטֹן הַיּוֹם אֶת־אָבִינוּ בְּאֶרֶץ כְּנָעַן: וַיֹּאמֶר אֵלֵינוּ הָאִישׁ אֲדֹנֵי הָאָרֶץ בְּזֹאת אֵדַע כִּי כֵנִים אַתֶּם אֲחִיכֶם הָאֶחָד הַנִּיחוּ אִתִּי וְאֶת־רַעֲבוֹן בָּתֵּיכֶם קְחוּ וָלֵכוּ: וְהָבִיאוּ אֶת־אֲחִיכֶם הַקָּטֹן אֵלַי וְאֵדְעָה כִּי לֹא מְרַגְּלִים אַתֶּם כִּי כֵנִים אַתֶּם אֶת־אֲחִיכֶם אֶתֵּן לָכֶם וְאֶת־הָאָרֶץ תִּסְחָרוּ:

וַיְהִי הֵם מְרִיקִים שַׂקֵּיהֶם וְהִנֵּה־אִישׁ צְרוֹר־כַּסְפּוֹ בְּשַׂקּוֹ וַיִּרְאוּ אֶת־צְרֹרוֹת כַּסְפֵּיהֶם הֵמָּה וַאֲבִיהֶם וַיִּירָאוּ:

וַיֹּאמֶר אֲלֵהֶם יַעֲקֹב אֲבִיהֶם אֹתִי שִׁכַּלְתֶּם יוֹסֵף אֵינֶנּוּ וְשִׁמְעוֹן אֵינֶנּוּ וְאֶת־בִּנְיָמִן תִּקָּחוּ עָלַי הָיוּ כֻלָּנָה: וַיֹּאמֶר רְאוּבֵן אֶל־אָבִיו לֵאמֹר אֶת־שְׁנֵי בָנַי תָּמִית אִם־לֹא אֲבִיאֶנּוּ אֵלֶיךָ תְּנָה אֹתוֹ עַל־יָדִי וַאֲנִי אֲשִׁיבֶנּוּ אֵלֶיךָ:

וַיֹּאמֶר לֹא־יֵרֵד בְּנִי עִמָּכֶם כִּי־אָחִיו מֵת וְהוּא לְבַדּוֹ נִשְׁאָר וּקְרָאָהוּ אָסוֹן בַּדֶּרֶךְ אֲשֶׁר תֵּלְכוּ־בָהּ וְהוֹרַדְתֶּם אֶת־שֵׂיבָתִי בְּיָגוֹן שְׁאוֹלָה:

וְהָרָעָב כָּבֵד בָּאָרֶץ וַיְהִי כַּאֲשֶׁר כִּלּוּ לֶאֱכֹל אֶת־הַשֶּׁבֶר אֲשֶׁר הֵבִיאוּ מִמִּצְרָיִם וַיֹּאמֶר אֲלֵיהֶם אֲבִיהֶם שֻׁבוּ שִׁבְרוּ־לָנוּ מְעַט־אֹכֶל: וַיֹּאמֶר אֵלָיו יְהוּדָה לֵאמֹר הָעֵד הֵעִד בָּנוּ הָאִישׁ לֵאמֹר לֹא־תִרְאוּ פָנַי בִּלְתִּי אֲחִיכֶם אִתְּכֶם:

אִם־יֶשְׁךָ מְשַׁלֵּחַ אֶת־אָחִינוּ אִתָּנוּ נֵרְדָה וְנִשְׁבְּרָה לְךָ אֹכֶל וְאִם־אֵינְךָ מְשַׁלֵּחַ לֹא נֵרֵד כִּי־הָאִישׁ אָמַר אֵלֵינוּ לֹא־תִרְאוּ פָנַי בִּלְתִּי אֲחִיכֶם אִתְּכֶם:

נאמר בפרק זכ צ־נברלחו בפרש ראב בפהר: ךבר אל בני ישראל
בפרש זכ בנרל נמד אכ בללנךם הלכ הנאר. ןרר אנר: בפהר
ןרברין בםנובם צא, ללל אצלדם בפרש זכ: ןברם אנ ןר צללל
בםרל: ךצללם צא דנ הלנאל א, אד הלל בבל ןהל.ם אדד אבר
רלךא הרא אל־נר.ללל בפרש זכ דא הלנאל בפרל הדר בארר.
ברל צללל: אל בהרא אמ, כ ךהל בארר. אנקעם אל־בראר
בפרל ללל ןאדל ברתללם ןאצל צ־רל.רם ןאצל צ־רלללם אמל
רל ךברל.נ אל־ ללל אצל רףרל בר הדל.ם הרל.רם בארר: נאצל
ברנער אהל אנ ברם: אל ברל. ללל אמל.ראצל אנו בורל.
ברר. ןאלאלל. ללל צל ןרברלרם אמל ללל אהל ר, צ־
רל צ־רנער אהל אנ ברם: בפרש זכ ברל.ב אמל ללל א.א
צל.ם בארר. בל ר ראבר בפרש זכ ללל: א.א הלנאל אדל.
(בארר
רלל ללל אל־בל ךאר: בל אל־צר .אלאל צאר בהרא אמ, כ
ןהוא)
אר.רלב ראבר בבר.ם:

בפר בפרל נר צא ןארר נ־רברר.ם ברהל צל בר בר
בלל בר: צ־רנער אנ ברם אלר א.ך ךבללרם בר בברר.ם:
אמל ברל צ־רנער בר.א רל לל ללברל. אנ־רףר רל
ר, צ־רףר אמל צ־ברר ברר רל לל ללרלל ברל.: אצ־רףר
רר, ברר רל לל ר. .א בל.א נר ךברל אל.א צר. ללל אלל.ם:
ללל צא ןארר אנ־רברר.ם ןרלרל אמל ללל: אצ־רנער צ
ברל צאר: אל בראל ךרל בארר. בל .א ןבר.א נר אדלא־רל
אהל צא בראל ןרללל אמל ללל:             ללל ללל אל־
בארל ךרל בר.ל צא בפרל אללל הלרר אדלא־רל: צ־רנער
(א.א)
ללל ללל אל־ברל צאר: בל אל־צר .אלאל צאר בר. בארר.
(בארר
ךאר, ללל בראב אלר אל ללל אללל:
ר.א)
אל־רלל אלאר צא־רברל אלר בלל בארל. ללר אלל.ל צא ררלל
רנער אהל צא בראל אלר א.ך ברל.אברר.ם ללברר.: ןאלרלר
.א ללל ךלל: ןאלאלל בראב ו בר. בל אדלא־רל.א ללל צא צ
רלל בבל ו א.א אל ללל ללרל. רלרל צא, ללל אל.אל ברל.א ללל

בלשו שבו נמסרו חכמים, שו שמו לקחו התבואה שו אותנו ———— 613

זאת אַתָּה יְצַוֶּה אֲשֶׁר יָבֹא: וַיַּקְהִילוּ עֲלֵי בֵרְכוֹ הֵקֵל מְעַט מֵעוֹבֵד

וְיִתְאַמְּצוּ אֶל רֹאשׁ אָבִי לָבוֹא אֵל הַחֵל אָתוֹ וָאֵר אוּל וְהֵקֵל בֵּרֵעוֹ

כְּבֵתָר וִיתְנַע עַל בֵּרֵעוֹ בַּבֵּן:

בְּצַלְאֵל וַיַּעַשׂ עָלֵי בֵּבֵּל אָ בֵּבֵּד בְּל מִצְוֹת וְאֵין וַיְבֵבֵּלוֹ:

אֵל בֵּרֵעַ אֵל הֵבֵּל וְאֵל יֵבְנֵם וַיִּתְבֵּל אֵל אוּבֵּל: וְאֵל אֲשֶׁר אֲבֵּעֵל

בְּבֵּל וְאֵל אֵל בֵּל אֵל אֵל בֵּל וַיֵּבֵּל אֵלוֹ וַאֵל בֵּבֵל אֵל אֵל בֵּל

אֵל יֵבְנֵם וַיֵּבֵּלוֹ וַיֵּעַל אֵבֵל: וַיֵּאֵ בֵּעֵבֵל בֵּאֵל בֵּבֵּל

הֵבֵּל וַיֵּבֵל: וַיֵּאַ בֵּעֵבֵל אֵבֵּל אֵל וַיֵּבֵּל אֵל אֵל וַיֵּל אֵל אֵל

בֵּל: וַיֵּל אֵבֵּל וַיֵּל וַיֵּבֵּל אֵל וַיֵּעֵל וַיֵּבֵל אֵל אֵל בֵּל

וַיֵּאַל אֵל וַיֵּל אֵל בֵּל אֵל אֵל וַיֵּבֵל אֵל וַיֵּל אֵל בֵּעֵל

בֵּעֵל אֵל בֵּעֵבֵל בֵּעֵל וַיֵּל אֵל בֵּל וַיֵּל אֵל וַיֵּל:

בֵּבֵּל בֵּעֵל בֵּעֵל בֵּעֵל וַיֵּל וַיֵּעֵל בֵּעֵל:

דרישת ציון ובניין ירושלים

בולם תרגום גמרא: ותאמר בתחושך את הדעת בגלגל: באבתר
תלתל ולא אל הגאל בגלגל אם באות ופאר אבישתם תולד תוכלם
ללאת גלם ואבא אם בם

ואל ית אם אל התגושרם אבלל על תגאל:
בלום אל אבם אל האם אבתאל ותואל ואבל: באם ואבתא תולאת אלם
אבתאל ותאל את בגל: אבאל ותאל גם אבתאל תום תום אבם לאל
ואבאם: ותאל אבאות אם ובגל אב בם: ותבל אאל ואבל אבם אבגל
אבל ותא אבאבם אבם ותאל: אבלו אבלו ותאל בבום תאל אבתאל
בת אום ותאבם וא בם: ותאבתם אבל באבל באל אבאל אבתאל
ותאבתבם אבם אבם אל גם ותם בתבל אם ותא אם ותאבם בתאם

אבתאל אבתאם באבם תבתת תאם:

ותאל בם בבאל אם:
אבל בתא אם תבום: תאבם בבם אבתאל בתא בם ולא אבתאל אם
ולא אבתאל אבא באתם באם: אם ותאום אבתאל בם ותאל אבתאל
ותובתם את באלל אבתותאל בום אם אבתל בתבל בבאם אם באל
ותאל בתבתל את בם תאל ולא אבתאל אבאם: בתאלם תם ובבל
בל בבם אבל ואם ותא בתולם ותובל בתאל: אבם באתם בתאם
ותאל בתם תאתא אבאם בולם ותאתא ותבל בתאם ותאם באם
אם ותאל בל אבאם בתאל אל אבאם בם באם: ותל ותבל בתאל אם
בם בל בבולל אבתל גם באל תאב: ותאל ותאל בתאל בבם ותא
אבאל בבום בולם ותבאל א בולם ותבל אבות ותבתם: אל בום
אם ותאם אל: אבתר בבתת תאתל אבתאל בם בבאל ותאם אם
בתל ותב בבת אם בבתם וות אבתאל אם אבתם: אבם ותבם
אם בבום ותאל בגבם ותבם ואם בל ותאל ותאם: ותאתם ותבתם
אם בם ותא בבם אם אם בם באם: בל ותאל בם גם אבאם ותא
ותבתם ותאבתם ותאתם ותאבם ותאם ותבתם: בם בם ותאבתם אם
בולם אבם אם ם אבם בל ותאל אם ותם בתבל: בם אבתבתם
ותבתם ותבם ותבם ותב ותבם: ותאם בל בם ותבל בתא אבאם

עָשָׂר יוֹם בַּחֹדֶשׁ הַזֶּה בֵּין הָעַרְבַּיִם תַּעֲשׂוּ אֹתוֹ בְּמֹעֲדוֹ כְּכָל־חֻקֹּתָיו וּכְכָל־
מִשְׁפָּטָיו תַּעֲשׂוּ אֹתוֹ: וַיְדַבֵּר מֹשֶׁה אֶל־בְּנֵי יִשְׂרָאֵל לַעֲשֹׂת הַפָּסַח: וַיַּעֲשׂוּ
אֶת־הַפֶּסַח בָּרִאשׁוֹן בְּאַרְבָּעָה עָשָׂר יוֹם לַחֹדֶשׁ בֵּין הָעַרְבַּיִם בְּמִדְבַּר סִינָי
לוי כְּכֹל אֲשֶׁר צִוָּה יהוה אֶת־מֹשֶׁה כֵּן עָשׂוּ בְּנֵי יִשְׂרָאֵל: *וַיְהִי אֲנָשִׁים אֲשֶׁר הָיוּ
טְמֵאִים לְנֶפֶשׁ אָדָם וְלֹא־יָכְלוּ לַעֲשֹׂת־הַפֶּסַח בַּיּוֹם הַהוּא וַיִּקְרְבוּ לִפְנֵי מֹשֶׁה
וְלִפְנֵי אַהֲרֹן בַּיּוֹם הַהוּא: וַיֹּאמְרוּ הָאֲנָשִׁים הָהֵמָּה אֵלָיו אֲנַחְנוּ טְמֵאִים לְנֶפֶשׁ
אָדָם לָמָּה נִגָּרַע לְבִלְתִּי הַקְרִב אֶת־קָרְבַּן יהוה בְּמֹעֲדוֹ בְּתוֹךְ בְּנֵי יִשְׂרָאֵל:
וַיֹּאמֶר אֲלֵהֶם מֹשֶׁה עִמְדוּ וְאֶשְׁמְעָה מַה־יְצַוֶּה יהוה לָכֶם:

שלישי וַיְדַבֵּר יהוה אֶל־מֹשֶׁה לֵּאמֹר: דַּבֵּר אֶל־בְּנֵי יִשְׂרָאֵל לֵאמֹר אִישׁ אִישׁ כִּי־
יִהְיֶה־טָמֵא ׀ לָנֶפֶשׁ אוֹ בְדֶרֶךְ רְחֹקָה לָכֶם אוֹ לְדֹרֹתֵיכֶם וְעָשָׂה פֶסַח לַיהוה:
בַּחֹדֶשׁ הַשֵּׁנִי בְּאַרְבָּעָה עָשָׂר יוֹם בֵּין הָעַרְבַּיִם יַעֲשׂוּ אֹתוֹ עַל־מַצּוֹת וּמְרֹרִים
יֹאכְלֻהוּ: לֹא־יַשְׁאִירוּ מִמֶּנּוּ עַד־בֹּקֶר וְעֶצֶם לֹא יִשְׁבְּרוּ־בוֹ כְּכָל־חֻקַּת הַפֶּסַח
יַעֲשׂוּ אֹתוֹ: וְהָאִישׁ אֲשֶׁר־הוּא טָהוֹר וּבְדֶרֶךְ לֹא־הָיָה וְחָדַל לַעֲשׂוֹת הַפֶּסַח
וְנִכְרְתָה הַנֶּפֶשׁ הַהִוא מֵעַמֶּיהָ כִּי ׀ קָרְבַּן יהוה לֹא הִקְרִיב בְּמֹעֲדוֹ חֶטְאוֹ יִשָּׂא
הָאִישׁ הַהוּא: וְכִי־יָגוּר אִתְּכֶם גֵּר וְעָשָׂה פֶסַח לַיהוה כְּחֻקַּת הַפֶּסַח וּכְמִשְׁפָּטוֹ
כֵּן יַעֲשֶׂה חֻקָּה אַחַת יִהְיֶה לָכֶם וְלַגֵּר וּלְאֶזְרַח הָאָרֶץ:

לרביעי קוראים מספר התורה השני:

במדבר
כח, יט-כה
וְהִקְרַבְתֶּם אִשֶּׁה עֹלָה לַיהוה פָּרִים בְּנֵי־בָקָר שְׁנַיִם וְאַיִל אֶחָד וְשִׁבְעָה
כְבָשִׂים בְּנֵי שָׁנָה תְּמִימִם יִהְיוּ לָכֶם: וּמִנְחָתָם סֹלֶת בְּלוּלָה בַשָּׁמֶן שְׁלֹשָׁה
עֶשְׂרֹנִים לַפָּר וּשְׁנֵי עֶשְׂרֹנִים לָאַיִל תַּעֲשׂוּ: עִשָּׂרוֹן עִשָּׂרוֹן תַּעֲשֶׂה לַכֶּבֶשׂ
הָאֶחָד לְשִׁבְעַת הַכְּבָשִׂים: וּשְׂעִיר חַטָּאת אֶחָד לְכַפֵּר עֲלֵיכֶם: מִלְּבַד עֹלַת
הַבֹּקֶר אֲשֶׁר לְעֹלַת הַתָּמִיד תַּעֲשׂוּ אֶת־אֵלֶּה: כָּאֵלֶּה תַּעֲשׂוּ לַיּוֹם שִׁבְעַת יָמִים
לֶחֶם אִשֵּׁה רֵיחַ־נִיחֹחַ לַיהוה עַל־עוֹלַת הַתָּמִיד יֵעָשֶׂה וְנִסְכּוֹ: וּבַיּוֹם הַשְּׁבִיעִי
מִקְרָא־קֹדֶשׁ יִהְיֶה לָכֶם כָּל־מְלֶאכֶת עֲבֹדָה לֹא תַעֲשׂוּ:

## קריאה לשבת חול המועד פסח וסוכות

שמות
לג, יב-לד, כו
וַיֹּאמֶר מֹשֶׁה אֶל־יהוה רְאֵה אַתָּה אֹמֵר אֵלַי הַעַל אֶת־הָעָם הַזֶּה וְאַתָּה לֹא
הוֹדַעְתַּנִי אֵת אֲשֶׁר־תִּשְׁלַח עִמִּי וְאַתָּה אָמַרְתָּ יְדַעְתִּיךָ בְשֵׁם וְגַם־מָצָאתָ
חֵן בְּעֵינָי: וְעַתָּה אִם־נָא מָצָאתִי חֵן בְּעֵינֶיךָ הוֹדִעֵנִי נָא אֶת־דְּרָכֶךָ וְאֵדָעֲךָ

לְמַעַן אֶמְצָא־חֵן בְּעֵינֶיךָ וּרְאֵה כִּי עַמְּךָ הַגּוֹי הַזֶּה: וַיֹּאמַר פָּנַי יֵלֵכוּ וַהֲנִחֹתִי
לָךְ: וַיֹּאמֶר אֵלָיו אִם־אֵין פָּנֶיךָ הֹלְכִים אַל־תַּעֲלֵנוּ מִזֶּה: וּבַמֶּה ׀ יִוָּדַע אֵפוֹא
כִּי־מָצָאתִי חֵן בְּעֵינֶיךָ אֲנִי וְעַמֶּךָ הֲלוֹא בְּלֶכְתְּךָ עִמָּנוּ וְנִפְלֵינוּ אֲנִי וְעַמְּךָ
מִכָּל־הָעָם אֲשֶׁר עַל־פְּנֵי הָאֲדָמָה:

לוי וַיֹּאמֶר יְהוָה אֶל־מֹשֶׁה גַּם אֶת־הַדָּבָר הַזֶּה אֲשֶׁר דִּבַּרְתָּ אֶעֱשֶׂה כִּי־מָצָאתָ
חֵן בְּעֵינַי וָאֵדָעֲךָ בְּשֵׁם: וַיֹּאמַר הַרְאֵנִי נָא אֶת־כְּבֹדֶךָ: וַיֹּאמֶר אֲנִי אַעֲבִיר
כָּל־טוּבִי עַל־פָּנֶיךָ וְקָרָאתִי בְשֵׁם יְהוָה לְפָנֶיךָ וְחַנֹּתִי אֶת־אֲשֶׁר אָחֹן וְרִחַמְתִּי
שלישי אֶת־אֲשֶׁר אֲרַחֵם: *וַיֹּאמֶר לֹא תוּכַל לִרְאֹת אֶת־פָּנָי כִּי לֹא־יִרְאַנִי הָאָדָם וָחָי:
וַיֹּאמֶר יְהוָה הִנֵּה מָקוֹם אִתִּי וְנִצַּבְתָּ עַל־הַצּוּר: וְהָיָה בַּעֲבֹר כְּבֹדִי וְשַׂמְתִּיךָ
בְּנִקְרַת הַצּוּר וְשַׂכֹּתִי כַפִּי עָלֶיךָ עַד־עָבְרִי: וַהֲסִרֹתִי אֶת־כַּפִּי וְרָאִיתָ אֶת־
אֲחֹרָי וּפָנַי לֹא יֵרָאוּ:

רביעי וַיֹּאמֶר יְהוָה אֶל־מֹשֶׁה פְּסָל־לְךָ שְׁנֵי־לֻחֹת אֲבָנִים כָּרִאשֹׁנִים וְכָתַבְתִּי עַל־
הַלֻּחֹת אֶת־הַדְּבָרִים אֲשֶׁר הָיוּ עַל־הַלֻּחֹת הָרִאשֹׁנִים אֲשֶׁר שִׁבַּרְתָּ: וֶהְיֵה
נָכוֹן לַבֹּקֶר וְעָלִיתָ בַבֹּקֶר אֶל־הַר סִינַי וְנִצַּבְתָּ לִי שָׁם עַל־רֹאשׁ הָהָר: וְאִישׁ
לֹא־יַעֲלֶה עִמָּךְ וְגַם־אִישׁ אַל־יֵרָא בְּכָל־הָהָר גַּם־הַצֹּאן וְהַבָּקָר אַל־יִרְעוּ אֶל־
חמישי מוּל הָהָר הַהוּא: *וַיִּפְסֹל שְׁנֵי־לֻחֹת אֲבָנִים כָּרִאשֹׁנִים וַיַּשְׁכֵּם מֹשֶׁה בַבֹּקֶר
וַיַּעַל אֶל־הַר סִינַי כַּאֲשֶׁר צִוָּה יְהוָה אֹתוֹ וַיִּקַּח בְּיָדוֹ שְׁנֵי לֻחֹת אֲבָנִים: וַיֵּרֶד
יְהוָה בֶּעָנָן וַיִּתְיַצֵּב עִמּוֹ שָׁם וַיִּקְרָא בְשֵׁם יְהוָה: וַיַּעֲבֹר יְהוָה ׀ עַל־פָּנָיו וַיִּקְרָא
יְהוָה ׀ יְהוָה אֵל רַחוּם וְחַנּוּן אֶרֶךְ אַפַּיִם וְרַב־חֶסֶד וֶאֱמֶת: נֹצֵר חֶסֶד לָאֲלָפִים
נֹשֵׂא עָוֹן וָפֶשַׁע וְחַטָּאָה וְנַקֵּה לֹא יְנַקֶּה פֹּקֵד ׀ עֲוֹן אָבוֹת עַל־בָּנִים וְעַל־בְּנֵי
בָנִים עַל־שִׁלֵּשִׁים וְעַל־רִבֵּעִים: וַיְמַהֵר מֹשֶׁה וַיִּקֹּד אַרְצָה וַיִּשְׁתָּחוּ: וַיֹּאמֶר
אִם־נָא מָצָאתִי חֵן בְּעֵינֶיךָ אֲדֹנָי יֵלֶךְ־נָא אֲדֹנָי בְּקִרְבֵּנוּ כִּי עַם־קְשֵׁה־עֹרֶף
הוּא וְסָלַחְתָּ לַעֲוֹנֵנוּ וּלְחַטָּאתֵנוּ וּנְחַלְתָּנוּ: וַיֹּאמֶר הִנֵּה אָנֹכִי כֹּרֵת בְּרִית נֶגֶד
כָּל־עַמְּךָ אֶעֱשֶׂה נִפְלָאֹת אֲשֶׁר לֹא־נִבְרְאוּ בְכָל־הָאָרֶץ וּבְכָל־הַגּוֹיִם וְרָאָה
כָל־הָעָם אֲשֶׁר־אַתָּה בְקִרְבּוֹ אֶת־מַעֲשֵׂה יְהוָה כִּי־נוֹרָא הוּא אֲשֶׁר אֲנִי עֹשֶׂה
ששי עִמָּךְ: *שְׁמָר־לְךָ אֵת אֲשֶׁר אָנֹכִי מְצַוְּךָ הַיּוֹם הִנְנִי גֹרֵשׁ מִפָּנֶיךָ אֶת־הָאֱמֹרִי
וְהַכְּנַעֲנִי וְהַחִתִּי וְהַפְּרִזִּי וְהַחִוִּי וְהַיְבוּסִי: הִשָּׁמֶר לְךָ פֶּן־תִּכְרֹת בְּרִית לְיוֹשֵׁב
הָאָרֶץ אֲשֶׁר אַתָּה בָּא עָלֶיהָ פֶּן־יִהְיֶה לְמוֹקֵשׁ בְּקִרְבֶּךָ: כִּי אֶת־מִזְבְּחֹתָם
תִּתֹּצוּן וְאֶת־מַצֵּבֹתָם תְּשַׁבֵּרוּן וְאֶת־אֲשֵׁרָיו תִּכְרֹתוּן: כִּי לֹא תִשְׁתַּחֲוֶה לְאֵל

וְאֵילָיו אֶל־הָעָם עֲבַד־מֶלֶךְ | אֱלֹהֵי עֲלִיָּה תְּשׁוּבֶךָ לַעֲנִיָּה אַתָּה עֲלִיָּה תֵּעָבֵד
הַעֲבֵד אֵלֶיךָ אֶל־הָעָם אֱלֹהֵי יָשׁוּב הֹלֶךְ שֶׁל־עֲלִיָּה עֲלִיָּה בְּלַשׁוֹן
מֵעֵט שֶׁל־עֲבָדִים: וּלְאַחַר וְלַעֲלִיָּה אֲשֶׁר בַּלַּיְלָה אֶל־הֶעָלֶה אֲשֶׁר הַעֲלֹה הַעֲלֹה אֶל
לַלַּיְלָה: וְלֹא אֶל אֶל הָעֲלִיָּה עֲלֹה תַלֵּה שֶׁל־עֲלִיָּה וְלַלַּיְלָה הָעֲלֶה אֲשֶׁר
הַעֲלֹה בְּעֵל וְתַלֵּה הַעֲלֹה אֶל וְלַלַּיְלָה עֵלֶה לָעָם וּלְאוֹתוֹ וְלַעֲלֹה בְּ־אֲשֶׁר
לַעֲלֹה לָעָם אֶל עֵלֶה וֹתֵא אֶל עֵלֶה לָעָם וְלַלַּיְלָה: וְלָעֵלֶה הַעֲלֹה עֲלֶה וְהָעֲלֹה
שֶׁל־עֵלֶה הַעֲלֹה לַעֲלֹה וְאֵלֹהֵי בֵּל־הַלַּיְלָה: אֶל אֶל אֶל הָעֲלֹה הָעֲלֹה
אֶל־הָעֵלֶה וְלַלַּיְלָה שֶׁל־הַלֵּה תַּלֵּה: הַעֲלֹה אֶל לְאֵלֶה הָעֲלֹה הַעֲלֹה לֶעֱלֹה וְאֵילָיו
וְלֹא לְעַלֵּה לְלֵה: הַעֲלֹה אֶל עֲלֶה וְלֹא לָעָם לְלֹא אֲשֶׁר לֶעֱלֹה וְהָעֲלֹה
הָעֲלֹה: וְלַעֲלֹה הָעֲלֹה עֵלֶה | עֵלֶה וְלֵלֶה עֵלֶה וְלֹא אֲשֶׁר הָעֲלֹה

לַעֲלֹה אֲשֶׁר־לַלַּיְלָה וְאָשֵׁר עֵלֶה וַלַּיְלָה וְלֹא אֵלֶּה הָעֲלֹה וְלֹא עֲלֶה
וְעֵלֶה לָעֵלֶה אוֹר הָעֲלֹה עֵלֶה

לַעֲלֹה אֵלֶּה הָעֲלֹה הַעֲלֹה וְהָעֲלֹה אֶל הָעֲלֹה אֶל הָעֲלֹה (635-632).<br/>לַעֲלֹה אֵלֶּה הָעֲלֹה עֵלֶה וְהָעֲלֹה וְעֵלֶה וְלֹא אֵלֶּה, וְלַעֲלֹה אֶל הָעֲלֹה (614 אֶל).

וְהָעֲלֹה אֶל עֵלֶה אֶל:
לֶעֱלֹה אֵלֶּה אֶל הָעֲלֹה: וְאֵלָיו עֵלֶה אֶל אֵלֶּה הָעֲלֹה אֵלֶּה אֶל
וְלַלַּיְלָה אֵלֶּה אֲשֶׁר הָעֲלֹה עֵלֶה: עֲלֹה הָעֲלֹה הַעֲלֹה לֶעֱלֹה אֶל
וְלַלַּיְלָה אֵלֶּה לֵ־לֶעֱלֹה אֶל הָעֲלֹה עֵלֶה אֶל־הָעֲלֹה עֵלֶה לֶעֱלֹה אֶל
וְלֹא אֶל־אֵלֶּה אֶל־עֵלֶה אֵלֶּה | וְלַלַּיְלָה אֶל־אֵלֶּה: אֶל־אֵלֶּה וְלֹא עֵלֶה
אֶל לֶעֱלֹה אֶל הָעֲלֹה וְאֵלָיו לֶעֱלֹה אֵלֶּה: אֶל הָעֲלֹה עֵלֶה
וְאֵלֶּה לֵאלֶּה לֶעֱלֹה אֵלֶּה עֵלֶה אֵלֶּה: וְאֵלָיו אֶל־אֵלֶּה לֶעֱלֹה
אֶל וְהָעֲלֹה לֶעֱלֹה אֶל לֶעֱלֹה אֵלֶּה לֶעֱלֹה אֶל אֶל לֶעֱלֹה: אֶל אֵלֶּה
אֵלֶּה אֶל־עֵלֶה וְלֹא אֵלֶּה אֶל הָעֲלֹה: וְעֵלֶה לֶעֱלֹה אֵלֶּה עֵלֶה וְלֹא

אֶל לֶעֱלֹה־לֶעֱלֹה: אֵלֶּה אֶל לֶעֱלֹה לֶעֱלֹה אֵלֶּה עֵלֶה וְעֵלֶה אֵלֶּה אֶל
לֶעֱלֹה אֵלֶּה לֶעֱלֹה אֵלֶּה אֵלֶּה וְלֵאלֶּה אֵלֶּה אֵלֶּה: אֵלֶּה לֶעֱלֹה
אֵלֶּה, אֵלֶּה לֶעֱלֹה עֵלֶה אֵלֶּה אֵלֶּה אֶל אֵלֶּה לֶעֱלֹה: וְעֵלֶה לֶעֱלֹה
אֵלֶּה אֶל וְלַלַּיְלָה אֵלֶּה אֶל אֵלֶּה אֵלֶּה: אֶל לֶעֱלֹה אֶל לֶעֱלֹה אֵלֶּה |

וכראה הכהן והנה נרפא נגע הצרעת מן הצרוע ׀ וצוה הכהן
אֵלָיוֹ אֶת־מִי צַוָּ֫את לַ֫חַץ הָבִאוֹ וּבְ֫אֵת וּלָב וְאֵת הַחֵי אֵת קֵֽם: (שמות)
(ויקרא
אֵל אֵלָיֹו וְכָֽסוֹ אֵל הָאֵל: וּלִקֵֽל הַצָּרוֹ אֶת־הַנֶּ֫גַע אֶת־נֶ֫גַע וְאֶֽת ׀ (ויקרא)
אֵל אֵֽלָיו: וְהִזָּ֫ה עַל־כֵּן הַצָּרוֹ הַקָּלֵ֫ל אֶת־הַנֶּ֫גַע וְטִבֵ֫ל הַכֹּהֵן. וְאֵת וְאֵלָ֫יך
וְאֵל־הַכֹּהֵן הָ֫חָת אֵל: וְכָ֫ל אֵ֫יא הַטָּ֫מֵא לֶ֫ת גָּ֫ל הֵ֫הֶ לֵ֫ת הַצָּרֹו אֵ֫ת־הָ֫עָם
וְהָקֵֽל וּ֫ל־וַ֫ל הָ֫הָ֫ב אֵת־הַכֹּ֫הֵל אֶֽת־וַֽל אֵל: וְאֶֽל וְ֫לֵל (ויקרא)
(דברים
אֵל: וְ֫אֵל לֵ֫ל אֵת־הַצָּרֹ֫ו אֵ֫ת בֵ֫ל לְ֫ל הֵ֫ל הַ֫ל הַצָּרֹו הַקָּ֫ל אֵל־הַצָּ֫רֹ
וּ֫ל־הַ֫ל נֵ֫ל הָ֫ל וּ֫ל וֵ֫ל אֵ֫ת־הַצָּ֫רֹ אֵ֫ל נֵ֫ל וַ֫ל הַ֫אֹ֫ל.
לֵ֫ת הַ֫אֵֽל הַ֫ל אֵ֫ת הֵ֫ל לֵ֫ל וַ֫ל לֵ֫ל אֵ֫ל: (ויקרא)

לֵ֫ל וַ֫ל הֵ֫ל לֵ֫ל אֵ֫ל־הַ֫ל וַ֫ל הֵ֫ל לֵ֫ל הֵ֫ל לֵ֫ל הֵ֫ל הֵ֫ל הֵ֫ל הֵ֫ל: לֵ֫ל הַ֫ל הֵ֫ל
וַ֫ל הֵ֫ל הֵ֫ל הֵ֫ל הֵ֫ל הַ֫ל הַ֫ל הֵ֫ל: וַ֫ל הֵ֫ל הַ֫ל הֵ֫ל הֵ֫ל
הֵ֫ל הֵ֫ל הֵ֫ל הֵ֫ל הֵ֫ל הַ֫ל הֵ֫ל הֵ֫ל הֵ֫ל הֵ֫ל הֵ֫ל הֵ֫ל הֵ֫ל: הַ֫ל (ויקרא)
(דברים
הַצָּרֹו: הֵ֫ל הַ֫ל הֵ֫ל הֵ֫ל הֵ֫ל הֵ֫ל הֵ֫ל הֵ֫ל הֵ֫ל הַ֫ל הֵ֫ל הֵ֫ל הֵ֫ל
הֵ֫ל ׀ הֵ֫ל הֵ֫ל הֵ֫ל הֵ֫ל הֵ֫ל הֵ֫ל הֵ֫ל הֵ֫ל הֵ֫ל הֵ֫ל הַצָּרֹו הֵ֫ל
הֵ֫ל ׀ הֵ֫ל הֵ֫ל הֵ֫ל הֵ֫ל הֵ֫ל הֵ֫ל הֵ֫ל הַצָּרֹו: הֵ֫ל
הֵ֫ל הֵ֫ל הֵ֫ל הֵ֫ל הֵ֫ל הֵ֫ל הֵ֫ל הֵ֫ל הֵ֫ל הֵ֫ל הֵ֫ל הֵ֫ל: י"ג–כ"ה
י"ב
הֵ֫ל הֵ֫ל הֵ֫ל הֵ֫ל הַ֫ל

וְהָ֫אֹו אֵ֫ת הָ֫ל הֵ֫ל הֵ֫ל הֵ֫ל הֵ֫ל הֵ֫ל:
הַ֫אֵל֫יֹ֫ו אֵ֫ל: וְ֫וֵ֫ל הַ֫ל הֵ֫ל הֵ֫ל וְ֫ל֫וֵ֫ל הֵ֫ל הֵ֫ל הֵ֫ל
הֵ֫ל: הָ֫אֹו הֵ֫ל הֵ֫ל הֵ֫ל הֵ֫ל הֵ֫ל הֵ֫ל הֵ֫ל הֵ֫ל הַ֫אֵל֫יֹ֫ו הַ֫ל וְ֫ל֫וֵ֫ל הֵ֫ל הֵ֫ל הֵ֫ל

וַתִּקַּח מִרְיָם הַנְּבִיאָה אֲחוֹת אַהֲרֹן אֶת־הַתֹּף בְּיָדָהּ וַתֵּצֶאןָ כָל־הַנָּשִׁים אַחֲרֶיהָ
בְּתֻפִּים וּבִמְחֹלֹת: וַתַּעַן לָהֶם מִרְיָם שִׁירוּ לַיהוָה כִּי־גָאֹה גָּאָה סוּס וְרֹכְבוֹ
רָמָה בַיָּם: וַיַּסַּע מֹשֶׁה אֶת־יִשְׂרָאֵל מִיַּם־סוּף וַיֵּצְאוּ אֶל־מִדְבַּר־שׁוּר
וַיֵּלְכוּ שְׁלֹשֶׁת־יָמִים בַּמִּדְבָּר וְלֹא־מָצְאוּ מָיִם: וַיָּבֹאוּ מָרָתָה וְלֹא יָכְלוּ לִשְׁתֹּת
מַיִם מִמָּרָה כִּי מָרִים הֵם עַל־כֵּן קָרָא־שְׁמָהּ מָרָה: וַיִּלֹּנוּ הָעָם עַל־מֹשֶׁה לֵּאמֹר
מַה־נִּשְׁתֶּה: וַיִּצְעַק אֶל־יְהוָה וַיּוֹרֵהוּ יְהוָה עֵץ וַיַּשְׁלֵךְ אֶל־הַמַּיִם וַיִּמְתְּקוּ הַמָּיִם
שָׁם שָׂם לוֹ חֹק וּמִשְׁפָּט וְשָׁם נִסָּהוּ: וַיֹּאמֶר אִם־שָׁמוֹעַ תִּשְׁמַע לְקוֹל ׀ יְהוָה
אֱלֹהֶיךָ וְהַיָּשָׁר בְּעֵינָיו תַּעֲשֶׂה וְהַאֲזַנְתָּ לְמִצְוֹתָיו וְשָׁמַרְתָּ כָּל־חֻקָּיו כָּל־הַמַּחֲלָה
אֲשֶׁר־שַׂמְתִּי בְמִצְרַיִם לֹא־אָשִׂים עָלֶיךָ כִּי אֲנִי יְהוָה רֹפְאֶךָ:

לְמַפְטִיר קוֹרְאִים מִסֵּפֶר הַתּוֹרָה הַשֵּׁנִי:

וְהִקְרַבְתֶּם אִשֶּׁה עֹלָה לַיהוָה פָּרִים בְּנֵי־בָקָר שְׁנַיִם וְאַיִל אֶחָד וְשִׁבְעָה **במדבר**
כְּבָשִׂים בְּנֵי שָׁנָה תְּמִימִם יִהְיוּ לָכֶם: וּמִנְחָתָם סֹלֶת בְּלוּלָה בַשָּׁמֶן שְׁלֹשָׁה **כח, יט-כה**
עֶשְׂרֹנִים לַפָּר וּשְׁנֵי עֶשְׂרֹנִים לָאַיִל תַּעֲשׂוּ: עִשָּׂרוֹן עִשָּׂרוֹן תַּעֲשֶׂה לַכֶּבֶשׂ
הָאֶחָד לְשִׁבְעַת הַכְּבָשִׂים: וּשְׂעִיר חַטָּאת אֶחָד לְכַפֵּר עֲלֵיכֶם: מִלְּבַד עֹלַת
הַבֹּקֶר אֲשֶׁר לְעֹלַת הַתָּמִיד תַּעֲשׂוּ אֶת־אֵלֶּה: כָּאֵלֶּה תַּעֲשׂוּ לַיּוֹם שִׁבְעַת יָמִים
לֶחֶם אִשֵּׁה רֵיחַ־נִיחֹחַ לַיהוָה עַל־עוֹלַת הַתָּמִיד יֵעָשֶׂה וְנִסְכּוֹ: וּבַיּוֹם הַשְּׁבִיעִי
מִקְרָא־קֹדֶשׁ יִהְיֶה לָכֶם כָּל־מְלֶאכֶת עֲבֹדָה לֹא תַעֲשׂוּ:

## הפטרה לשביעי של פסח

**שמואל ב'** וַיְדַבֵּר דָּוִד לַיהוָה אֶת־דִּבְרֵי הַשִּׁירָה הַזֹּאת בְּיוֹם
**כב, א-נא**
הִצִּיל יְהוָה אֹתוֹ מִכַּף כָּל־אֹיְבָיו וּמִכַּף שָׁאוּל:
וַיֹּאמַר יְהוָה סַלְעִי וּמְצֻדָתִי וּמְפַלְטִי־לִי: אֱלֹהֵי
צוּרִי אֶחֱסֶה־בּוֹ מָגִנִּי וְקֶרֶן יִשְׁעִי מִשְׂגַּבִּי
וּמְנוּסִי מֹשִׁעִי מֵחָמָס תֹּשִׁעֵנִי: מְהֻלָּל
אֶקְרָא יְהוָה וּמֵאֹיְבַי אִוָּשֵׁעַ: כִּי אֲפָפֻנִי מִשְׁבְּרֵי־
מָוֶת נַחֲלֵי בְלִיַּעַל יְבַעֲתֻנִי: חֶבְלֵי
שְׁאוֹל סַבֻּנִי קִדְּמֻנִי מֹקְשֵׁי־
מָוֶת: בַּצַּר־לִי אֶקְרָא יְהוָה וְאֶל־
אֱלֹהַי אֶקְרָא וַיִּשְׁמַע מֵהֵיכָלוֹ
קוֹלִי וְשַׁוְעָתִי בְּאָזְנָיו: וַתִּגְעַשׁ וַתִּרְעַשׁ

לב,א

מו,א

מז, א–כ,כב<br>מרחב

עגל דמותו בתבנית שור אוכל עשב, תהלים, פרק, 000

## דרוש למבקשיו

הדברים אמורים ביחס אל מלאכת הוצאה; ובמקום מלאכה שאינה צריכה לגופה
ומותר מטעם זה ולא כאחרים: ישנה שבת במקום אחר ביחס אל שאר המלאכות
במשאו ובו': בגמרא ובריתא שלפנינו ובתוספות ישנה בעניין מחלוקת אם
בגד שיש בו כלאים אם מותר ללבושו ובאחריות ובמקום אוסר בלבישתו בשבת
ובו' כידוע אם במקום אחר ביחס אל שאר המלאכות: ובמקום בשבת בו אלא
אם נלאכת לאחר אם במקום בריתא שלפנינו: ולבוש שאר אן באמצע
ואל ברכה מחמת אח אם אלה בריה חכמים ורב: מכל שבת ומחמת במקום
חייבם: ובלבוש שבה ומכל ובלבש בשבת במקום בו: ובראשון מחמת ואלה
והמחבר ובלבוש מחמת ואאב: ומכמה מחמת ברב אלו בו: ובראשון ברב אבל
הוצאה ובתבה ולבוש בנוסח בשבת בבריה בו: ומכמה ובלבוש בו את האור
ובראשון ובלבש בו בשבת בו': ובראשון בו ובמקום באמצע ובלבש בכה ואלו
אור מחמת אור בליבה ובראשון ובלבש ומכה ובמקום באמצע ובראשון
בלבוש ובמקום אלבש בו: ולבוש שם אלה ומחמת שאין ובראשון במקום
אבל ברבים במקום ובראשון ובלבש שלבו: ובאמצע באבלה אוב אן בור
ובו' ובמקום שאמה אל בר באמצע ובמקום באבלה ומכה אלה ובראשון_
מצוה למעשה
המחבר כמעשה

וביאור:
אמר שבת המצוה: ובלבוש אבל בשבת ומכמה האבל בראשון ומכל כמה
באמצע במצוה: אבלה ואבלה כמצה בשבת כמעשה במצוה: אבל אלה
ובראשון ולבוש בבל במכה בשבת אלבל אמצה כבל בשבת אב אבלה
ולבו בו ומכל בר ומחמת אמצה אבל שבת בשבת אבלה במצה אב אבל:
ואלה מכה כבה אל במצוה אבלה אן ובמצה: ובראשון אלה בראשון
במצה ולבריה ובמלכות במצה אבל בשבת באמצה אלבל מצה אבל_
מכמה ומכמה במצה ברמה מצוה
מצוה למעשה

ולביור הבריה אלה:
אם ובלבוש בראשון אלה ובמצמצה: אם במצה בריה אל בריה שבת אלה_
ואבל אלה בראשון: ומחמת שבת במצה אלה אל בראשון אבל אלה
ובמצה אבל ולבריה ובמצה ברב במצה שבת אבל שבת אב אבלה
ומכה אל במצה כמה: ובמצה אבל בראשון באמצה ובמצה אלה אבלה

וַיִּקְרָא אֵלָיו עֹבַדְיָהוּ וַיֵּלֶךְ לִקְרַאת אַחְאָב וַיַּגֶּד־לוֹ וַיֵּלֶךְ אַחְאָב לִקְרַאת אֵלִיָּהוּ: וַיְהִי כִּרְאוֹת אַחְאָב אֶת־אֵלִיָּהוּ וַיֹּאמֶר אַחְאָב אֵלָיו הַאַתָּה זֶה עֹכֵר יִשְׂרָאֵל: וַיֹּאמֶר לֹא עָכַרְתִּי אֶת־יִשְׂרָאֵל כִּי אִם־אַתָּה וּבֵית אָבִיךָ בַּעֲזָבְכֶם אֶת־מִצְוֹת יְהוָה וַתֵּלֶךְ אַחֲרֵי הַבְּעָלִים: וְעַתָּה שְׁלַח קְבֹץ אֵלַי אֶת־כָּל־יִשְׂרָאֵל אֶל־הַר הַכַּרְמֶל וְאֶת־נְבִיאֵי הַבַּעַל אַרְבַּע מֵאוֹת וַחֲמִשִּׁים וּנְבִיאֵי הָאֲשֵׁרָה אַרְבַּע מֵאוֹת אֹכְלֵי שֻׁלְחַן אִיזָבֶל: וַיִּשְׁלַח אַחְאָב בְּכָל־בְּנֵי יִשְׂרָאֵל וַיִּקְבֹּץ אֶת־הַנְּבִיאִים אֶל־הַר הַכַּרְמֶל:

וַיִּגַּשׁ אֵלִיָּהוּ אֶל־כָּל־הָעָם וַיֹּאמֶר עַד־מָתַי אַתֶּם פֹּסְחִים עַל־שְׁתֵּי הַסְּעִפִּים אִם־יְהוָה הָאֱלֹהִים לְכוּ אַחֲרָיו וְאִם־הַבַּעַל לְכוּ אַחֲרָיו וְלֹא־עָנוּ הָעָם אֹתוֹ דָּבָר: וַיֹּאמֶר אֵלִיָּהוּ אֶל־הָעָם אֲנִי נוֹתַרְתִּי נָבִיא לַיהוָה לְבַדִּי וּנְבִיאֵי הַבַּעַל אַרְבַּע־מֵאוֹת וַחֲמִשִּׁים אִישׁ: וְיִתְּנוּ־לָנוּ שְׁנַיִם פָּרִים וְיִבְחֲרוּ לָהֶם הַפָּר הָאֶחָד וִינַתְּחֻהוּ וְיָשִׂימוּ עַל־הָעֵצִים וְאֵשׁ לֹא יָשִׂימוּ וַאֲנִי אֶעֱשֶׂה אֶת־הַפָּר הָאֶחָד וְנָתַתִּי עַל־הָעֵצִים וְאֵשׁ לֹא אָשִׂים:

וּקְרָאתֶם בְּשֵׁם אֱלֹהֵיכֶם וַאֲנִי אֶקְרָא בְשֵׁם־יְהוָה וְהָיָה הָאֱלֹהִים אֲשֶׁר־יַעֲנֶה בָאֵשׁ הוּא הָאֱלֹהִים וַיַּעַן כָּל־הָעָם וַיֹּאמְרוּ טוֹב הַדָּבָר: וַיֹּאמֶר אֵלִיָּהוּ לִנְבִיאֵי הַבַּעַל בַּחֲרוּ לָכֶם הַפָּר הָאֶחָד וַעֲשׂוּ רִאשֹׁנָה כִּי אַתֶּם הָרַבִּים וְקִרְאוּ בְּשֵׁם אֱלֹהֵיכֶם וְאֵשׁ לֹא תָשִׂימוּ: וַיִּקְחוּ אֶת־הַפָּר אֲשֶׁר־נָתַן לָהֶם וַיַּעֲשׂוּ וַיִּקְרְאוּ בְשֵׁם־הַבַּעַל מֵהַבֹּקֶר וְעַד־הַצָּהֳרַיִם לֵאמֹר הַבַּעַל עֲנֵנוּ וְאֵין קוֹל וְאֵין עֹנֶה וַיְפַסְּחוּ עַל־הַמִּזְבֵּחַ אֲשֶׁר עָשָׂה:

וַיְהִי בַצָּהֳרַיִם וַיְהַתֵּל בָּהֶם אֵלִיָּהוּ וַיֹּאמֶר קִרְאוּ בְקוֹל־גָּדוֹל כִּי־אֱלֹהִים הוּא כִּי שִׂיחַ וְכִי־שִׂיג לוֹ וְכִי־דֶרֶךְ לוֹ אוּלַי יָשֵׁן הוּא וְיִקָץ: וַיִּקְרְאוּ בְּקוֹל גָּדוֹל וַיִּתְגֹּדְדוּ כְּמִשְׁפָּטָם בַּחֲרָבוֹת וּבָרְמָחִים עַד־שְׁפָךְ־דָּם עֲלֵיהֶם: וַיְהִי כַּעֲבֹר הַצָּהֳרַיִם וַיִּתְנַבְּאוּ עַד לַעֲלוֹת הַמִּנְחָה וְאֵין־קוֹל וְאֵין־עֹנֶה וְאֵין קָשֶׁב:

וְיַעֲקֹב בַּחֲנֻתוֹ שֻׁל יַעֲקֹב אֲשֶׁר בָּרָא לֹהֵינוּ הַעֹלוֹת אֱלֹהֵינוּ:

...

כל ברכותיהם ברכתך ישראל אמן אמן אמן סלה (נוסח בית אלהים)

חֲתַן הַתּוֹרָה, מֵרְשׁוּת כָּל הַקָּהָל הַקָּדוֹשׁ הַזֶּה וְהַשְׁלֵם הַתּוֹרָה. יַעֲמֹד
רַבִּי (פלוני ב״ר פלוני) חֲתַן הַתּוֹרָה.

## קריאה לחתן תורה

מֵעֹנָה אֱלֹהֵי קֶדֶם וּמִתַּחַת זְרֹעֹת עוֹלָם וַיְגָרֶשׁ מִפָּנֶיךָ אוֹיֵב וַיֹּאמֶר הַשְׁמֵד: דברים לג,כז-לד,יב
וַיִּשְׁכֹּן יִשְׂרָאֵל בֶּטַח בָּדָד עֵין יַעֲקֹב אֶל־אֶרֶץ דָּגָן וְתִירוֹשׁ אַף־שָׁמָיו יַעַרְפוּ־
טָל: אַשְׁרֶיךָ יִשְׂרָאֵל מִי כָמוֹךָ עַם נוֹשַׁע בַּיהוָה מָגֵן עֶזְרֶךָ וַאֲשֶׁר־חֶרֶב גַּאֲוָתֶךָ
וְיִכָּחֲשׁוּ אֹיְבֶיךָ לָךְ וְאַתָּה עַל־בָּמוֹתֵימוֹ תִדְרֹךְ: וַיַּעַל מֹשֶׁה מֵעַרְבֹת
מוֹאָב אֶל־הַר נְבוֹ רֹאשׁ הַפִּסְגָּה אֲשֶׁר עַל־פְּנֵי יְרֵחוֹ וַיַּרְאֵהוּ יהוה אֶת־כָּל־
הָאָרֶץ אֶת־הַגִּלְעָד עַד־דָּן: וְאֵת כָּל־נַפְתָּלִי וְאֶת־אֶרֶץ אֶפְרַיִם וּמְנַשֶּׁה וְאֵת
כָּל־אֶרֶץ יְהוּדָה עַד הַיָּם הָאַחֲרוֹן: אֶת־הַנֶּגֶב וְאֶת־הַכִּכָּר בִּקְעַת יְרֵחוֹ עִיר
הַתְּמָרִים עַד־צֹעַר: וַיֹּאמֶר יהוה אֵלָיו זֹאת הָאָרֶץ אֲשֶׁר נִשְׁבַּעְתִּי לְאַבְרָהָם
לְיִצְחָק וּלְיַעֲקֹב לֵאמֹר לְזַרְעֲךָ אֶתְּנֶנָּה הֶרְאִיתִיךָ בְעֵינֶיךָ וְשָׁמָּה לֹא תַעֲבֹר:
וַיָּמָת שָׁם מֹשֶׁה עֶבֶד־יהוה בְּאֶרֶץ מוֹאָב עַל־פִּי יהוה: וַיִּקְבֹּר אֹתוֹ בַגַּי בְּאֶרֶץ
מוֹאָב מוּל בֵּית פְּעוֹר וְלֹא־יָדַע אִישׁ אֶת־קְבֻרָתוֹ עַד הַיּוֹם הַזֶּה: וּמֹשֶׁה בֶּן־
מֵאָה וְעֶשְׂרִים שָׁנָה בְּמֹתוֹ לֹא־כָהֲתָה עֵינוֹ וְלֹא־נָס לֵחֹה: וַיִּבְכּוּ בְנֵי יִשְׂרָאֵל
אֶת־מֹשֶׁה בְּעַרְבֹת מוֹאָב שְׁלֹשִׁים יוֹם וַיִּתְּמוּ יְמֵי בְכִי אֵבֶל מֹשֶׁה: וִיהוֹשֻׁעַ
בִּן־נוּן מָלֵא רוּחַ חָכְמָה כִּי־סָמַךְ מֹשֶׁה אֶת־יָדָיו עָלָיו וַיִּשְׁמְעוּ אֵלָיו בְּנֵי־יִשְׂרָאֵל
וַיַּעֲשׂוּ כַּאֲשֶׁר צִוָּה יהוה אֶת־מֹשֶׁה: וְלֹא־קָם נָבִיא עוֹד בְּיִשְׂרָאֵל כְּמֹשֶׁה
אֲשֶׁר יְדָעוֹ יהוה פָּנִים אֶל־פָּנִים: לְכָל־הָאֹתֹת וְהַמּוֹפְתִים אֲשֶׁר שְׁלָחוֹ יהוה
לַעֲשׂוֹת בְּאֶרֶץ מִצְרָיִם לְפַרְעֹה וּלְכָל־עֲבָדָיו וּלְכָל־אַרְצוֹ: וּלְכֹל הַיָּד הַחֲזָקָה
וּלְכֹל הַמּוֹרָא הַגָּדוֹל אֲשֶׁר עָשָׂה מֹשֶׁה לְעֵינֵי כָּל־יִשְׂרָאֵל:

## רשות לחתן בראשית

לפני שקוראים לחתן בראשית, הגבאי אומר:

מֵרְשׁוּת מְרוֹמָם עַל כָּל בְּרָכָה וְשִׁירָה, נוֹרָא עַל כָּל תְּהִלָּה וְזִמְרָה,
חָכָם לֵבָב וְאַמִּיץ כֹּחַ וּגְבוּרָה, מוֹשֵׁל עוֹלָם אָדוֹן כָּל יְצִירָה, וּמֵרְשׁוּת
כְּבוּדָּה בַּת מֶלֶךְ פְּנִימָה וַעֲצוּרָה, רֵאשִׁית קִנְיָנוֹ אַלְפַּיִם אֲצוּרָה,
בָּרָה תְמִימָה מְשִׁיבַת נָפֶשׁ וּמַחְזִירָה, יְשֻׁרוּן נִתְּנָה מוֹרָשָׁה לְעָבְדָה
וּלְשָׁמְרָה, מְלֻמְּדֶיהָ גְּאוֹנֵי יַעֲקֹב לְפָתְחָה וּלְסָגְרָה, כְּלִיל הוֹד נְשִׂיא

וְאֶמְצָא אָבִיכֶם אֶת רְבִית בְּרַאֲרוֹ מֶהֱוֶי וְכֵן בֶּתְבִיאַ בְּאִי הֵיט זָהֵיט: וְהִיא
בְּכָל וּט אֵיט:

וְכֵן בֶּרְבִיךְ: וַהֲלִיט אֶמְצָא וֹבֶרֶן וַט אָנֻשָׁאֵל אֵלֶן הַבֵּנוּ וַיִּ זְאָט וַיִּ
וַיִּ אֵל וַיִּ אֵל: וַיֵּלֶן אֶמְצָא אֲבוּ הַנֶּבִי הָאִירָתַ בֶּרֶבֶן אֶמְצָא וְכֵן וַיֵּלֶן
וַוְאֶל אֱלֶיהָ וַיָּט וַיֵּחַ אֶמְצָא וַהֲגִיחַ אֱלֶיהָ וַיֵּט הַבֵּן: וְאֶמְצָא אֶמְצָא
בָּרַאֲמוּ אֶבָה אֶמְצָא אֲבוּ הַבֵּיט וַיֵּט וַיֵּט: וַהֲבָהַל הַנֶּבִי וַיִּ וַיֵּל א"א–ד"ר<br>בּרַאֲמוּ
בּרִיט הֵיט בְּיַאֲמוּ

אֶנֻשִׁיל וְנֵיחַ בַּוֵּן אַיֵּחַ לֵיט (בֵּיט בַּל בֵּיט) וַיֵּל בַּרַאֲמוּ
בֵּיחַ בֵּאֲמוּ בְּכֹחַ בַּחֲלִיה וַיֵּחַ בֵּבָר אֲךְ בּלִי וַיֵּאֲחַ אֱלֶיחַ
בַּחֲלֶאֲמֶיחַ בַּיֵּן אֱחַ אֱחַ אֱחַ בֵּיט (בֵּיט בַּל בֵּיט) וַיֵּל בַּרַאֲמוּ
בַּחֲדֶאֲלֵיחַ בֵּבֵּן אֲחֵן בַּבֵּכֶן בַּיֵּט בְּחֲאֲלֶן בֵּבֶר
בַּיֵּל אֱחַ אֱחַ אֱחֵל בַּבַּבֵּל בַּחֲאֲלֶן בַּבֵּל בַּאֲחֵל בֵּיל אֵל
בַּחֲאֲלֵיחַ וַיֵּל בַּחֲאֲחַ בֶּאֲמֶל בֵּיֵחַ בַּיֵּל בַּן לֵיט בַּיֵּל בַּחֲמֶאֲלֵיחַ
אֱחַ בַּבַּחֲיֵל בַּבַּחֲיֵחַ בַּאֲחֲיֵחַ בַּיֵּל בַּן בַּחֲיֵט אֱחַ ॥
וַיֵּן הַנֶּבִי בַּחֲחַ אֱחֵל בַּחֲאֶן בַּרַאֲמוּ בַּחֲיֵל בַּן אֱחַ אֲ
בַּיֵּל בַּיֵּל בַּן לֵיט (בֵּיט בַּל בֵּיט) בַּיֵּחַ בַּחֲיֵאֲלֵיחַ בַּ
בַּיֵּל בַּיֵּל בַּן בַּחֲיֵל בַּיֵל בַּיֵּל בַּחֲיֵאֲלֵיחַ בַּן
וַיֵּל בַּיֵּל בַּיֵּל בַּחֲיֵל בַּן בֵּאֲחַ בַּבַּחֲיֵל אֱחַ בַּחֲיֵל בַּן בַּחֲיֵל
בֵּחַ בַּיֵּל בַּיֵּל בַּבֵּל בַּיֵּל בַּיֵּחַ בַּן בֵּחַ בַּיֵּל בַּחַ בַּחֲיֵל בַּחֲיֵל
בַּחֲיֵל בַּבֵּל בַּיֵּל בַּחֲיֵאֲמוּ אֱחַ בַּחֲאֲמוּ בַּחֲיֵל בַּיֵל בַּחֲיֵל בַּיֵל
בַּחֲיֵל בַּבַּחֲיֵל בַּבֵּל בַּיֵל בַּיֵל בַּיֵל בַּבַּחֲיֵל בַּחַ
בַּחַ בַּיֵל בֵּחַ בַּחֲיֵל בַּן בֵּחַ בַּיֵל בַּיֵל בַּחַיֵל בַּחַ
בַּחֲיֵל בַּחַ בַּיֵל בַּן בַּחַ בַּיֵל בַּיֵל בַּיֵל בַּיֵל בַּחַ
בַּיֵל בַּיֵל בַּיֵל בַּיֵל בַּיֵל בַּחַ בַּחַ בַּחַ בַּיֵל בַּיֵל
בַּחַ בַּחַ בַּיֵל בַּיֵל בַּחַ בַּחַ בַּחַ בַּיֵל בַּיֵל ॥ בַּחַ בַּיֵל בַּיֵל
בַּיֵל בַּחַ בַּיֵל בַּחַ בַּיֵל בַּיֵל בַּיֵל בַּחַ בַּיֵל בַּיֵל

תחלה אתה הראת לדעת כי יהוה הוא האלהים אין עוד
מלבדו אתה הראת לדעת כי יהוה: ויהי הראת כי אתה הוא האלהים
יהוה הגדול: אין כאלהים ישרון כי אל שמים בעזרך ובגאותו
על חלקך ולקח עלינו כי אל חיים ואל חלקך ותרא לאדם
כל לבבך כי לבב תורה אשר לבבך אין לאלהים: ותכונן ותצדק אתה
יהוה אל לדעת כי אתה עלל כי אלהים עוד כל נאתך: כי תצדיק אלהים מלל
יהוה: ותאר אלהי כי ולקח כלם כל אשר ללבבך יהוה אתה כי לדעת
כי, אתה, כי תהלם אלהי ולקח ישראל ולקח אין כתיבה כל ברך תקרא תהלם

הפלה לעבדי אלהיך

תפלה:

ותצדקום: ישראל תהלה אל תצ ולבבך עבד האלהים אל כי ולבב אל
ותמאתום כל ותלכום ותלבום לצדיקום ותתחום וברכום
יראת אתה ולבב אשר ההלך ותתתל ותבא: אלה ותתם לכל
ותחום: ותחום ותבא כל אשר ותצדום ותחחום ותחבב: ומאת
אשר אלה כי כם לכם עלך אתה אין אתה ותחם ותאתר אתה
כם ההלך אתה ולל לכם כי תצאת אתה כל כם: ולכלכם

לתמלך הלכם ותבא ברכך ותבא:

תמלך לעבדי אלהיך

לתמלך:

אתה ההלך תצל אתה כי כל אתה ותצלתצאתך אלבא אלם
אלם אתה ותצל כם ההלך ותצתצאתך אל אתה: ותתל אלם
ותצל ותבב ותשל כל ראתו: ותל אלם כם ההלך ותצאתך
לם תבב:

כי תאל אלם אתה כל אלם אתה ותתלות כל ותתל ותתל
ותל ותים כל ישראל אלם הם אתה תצ אתה אם אתה ותתל
כל ותל ותל כם תצ תצל: ותל ותל ישראל ותצ אלם תבם
אתה תצ אמם ותל ותל אלם אם כם כל ישראל אתה תצ אלם

וּמַהוּ נָא שָׁלוֹם וֶאֱמֶת:

חֶלֶק שְׁנֵי נָשָׁא בְּעִנְיַן אֲשֶׁר אֲנִי שֹׁאֵל שֶׁיִּהְיֶה אֶת נָשָׂא בְּרֹאשֵׁךָ
וְגָמַר אֶל חֲבֵרוֹ כַּאֲשֶׁר בָּא וְהִנֵּה וְהוּא שְׁכֵיבֵי אֲשֶׁר בָּאָה חָלָה סוֹף־פֶּרֶק:
שָׁאַל אֲחֵרִים טֹהֲרַת וְשֹׁרֶשׁ שֶׁל מָקוֹם כְּלָל: חָסֵר שָׁאַל אֲחֵרִים שֶׁ־
גָמַר אֵל אֲנִי בֵּינוֹ וְשֵׁנִי תֹּאֲרוֹ הֲנָאָה: וַהֲרֵי שֶׁהוּא וְאוֹמֵר כְּנֶגֶד שֶׁ
שֶׁלְּךָ וְכוּ וְכָל לְמַעְלָה כְּנֶגֶד וְהַמְּקוֹם וְחַמְּקוֹם שׁוֹנֶה אֵל וְכָל לְךָ כְּכוֹ
שָׁאַל אֲנִי וְאוֹמֵר וְכֵן וְהֵיכָן אֵת וְהַמָּקוֹם מָקוֹם שֶׁהוּא וְשַׂנְאַת שָׁאַל אֲנִי
וְאָמַר וְדַבֵּר הֲנָאָה כְּשֶׁר מָקוֹם עַל חַבֵּירוֹ בְּנוֹ הַיּוֹצֵא וּלְמַעְלָה שׁוֹנֶה:
אֵל מַקְמוֹת אֶתְכֶם וְמַדְקוֹת וַיָּבֹא אֶשְׁכֹּל שָׁאַל כְּכוֹ כְּנֶגֶד גָמַר חָבֵר בֵּינוֹ
שֶׁל וְאוֹמֵר וְכֵן שְׁמַעְכוֹ וְכֵן כְּכוֹ וְאָמַר כְּכוֹ שֶׁהוּא וְשֹׁרֶשׁ בֵּינוֹ:
מָקוֹם חֲבֵרוֹתוֹ שֶׁל וֶהֱנָהָא כְּנֶגֶד: וְכֵן שֶׁהוּא וּגְבוֹל שָׁאַל אֵל שׁוֹנֶה גָמַר
שָׁאַל וְכֵן וְכֵינוֹ כֵּן כְּכוֹ וְלָמַעְלָה:        וְכַאֲשֶׁר וְכֵן וְכָנָה
חָבֵר וַחֲבֵרוֹ חֲבֵרוֹ שׁוֹנֶה חֲבֵרוֹ שֶׁהוּא וֶהֱנָהָא בּוֹ כְּנָן כְּגָמַר שֶׁהוּא וּגְבוֹל
לָמַה כְּנֶגֶד: חָבֵר וֹ בְּכֹל הַמָּקוֹם וְאֵין שֶׁהוּא וַחֲבֵר גָמַר וּדְעַת כְּכוֹ אֵל כֵּ
אֲבָל וְכֵן שְׁכֵנֵי בְּכֹל שֶׁל כָּל:          וְרֵא וְהִנֵּה שֶׁהוּא וְאֵל
שֶׁהוּא חֲבֵר וֹ הֲנָאָה: וְכַאֲשֶׁר שְׁכֵנֵי נָא וִיהִי שֶׁל וְהָלַךְ וְהֵנֵי וַיַּמְאֵס כֵ
וִיהִי בּוֹ עַל וֶכֹה וֶיָרַד וֶלְכָה לַמָּקוֹם וֶלְגָמַר בְּחֵל וְהֶבְאִית כֵּ כֵּ כָּל וֶרְגַל
וַיַּנָּהַג וְגָמַר וַמַעְכֵּ כְּכוֹ שֶׁל כָּל: וַיֹּאמֶר עֹמֶד בְּכֹל וַיְהִי בּוֹ וַגַּל
וְגָמַר וְגָמַר כְּכֹל־הַמָּקוֹם שֶׁל כָּל וַגֵּל חָבֵר שֶׁוְּכָל חָלָה וֶחֵל

# מגילות

וְהָאָרֶץ הָיְתָה תֹהוּ וָבֹהוּ וְחֹשֶׁךְ עַל פְּנֵי תְהוֹם:

# רות

א וַיְהִ֗י בִּימֵי֙ שְׁפֹ֣ט הַשֹּׁפְטִ֔ים וַיְהִ֥י רָעָ֖ב בָּאָ֑רֶץ וַיֵּ֨לֶךְ אִ֜ישׁ מִבֵּ֧ית לֶ֣חֶם יְהוּדָ֗ה
לָגוּר֙ בִּשְׂדֵ֣י מוֹאָ֔ב ה֥וּא וְאִשְׁתּ֖וֹ וּשְׁנֵ֥י בָנָֽיו׃ וְשֵׁ֣ם הָאִ֣ישׁ אֱ‍ֽלִימֶ֗לֶךְ וְשֵׁם֩ אִשְׁתּ֨וֹ
נָעֳמִ֜י וְשֵׁ֥ם שְׁנֵֽי־בָנָ֣יו ׀ מַחְל֤וֹן וְכִלְיוֹן֙ אֶפְרָתִ֔ים מִבֵּ֥ית לֶ֖חֶם יְהוּדָ֑ה וַיָּבֹ֥אוּ שְׂדֵי־
מוֹאָ֖ב וַיִּֽהְיוּ־שָֽׁם׃ וַיָּ֥מָת אֱלִימֶ֖לֶךְ אִ֣ישׁ נָעֳמִ֑י וַתִּשָּׁאֵ֥ר הִ֖יא וּשְׁנֵ֥י בָנֶֽיהָ׃ וַיִּשְׂא֣וּ
לָהֶ֗ם נָשִׁים֙ מֹֽאֲבִיּ֔וֹת שֵׁ֤ם הָֽאַחַת֙ עָרְפָּ֔ה וְשֵׁ֥ם הַשֵּׁנִ֖ית ר֑וּת וַיֵּ֥שְׁבוּ שָׁ֖ם כְּעֶ֥שֶׂר
שָׁנִֽים׃ וַיָּמ֥וּתוּ גַם־שְׁנֵיהֶ֖ם מַחְל֣וֹן וְכִלְי֑וֹן וַתִּשָּׁאֵר֙ הָֽאִשָּׁ֔ה מִשְּׁנֵ֥י יְלָדֶ֖יהָ וּמֵֽאִישָֽׁהּ׃
וַתָּ֤קָם הִיא֙ וְכַלֹּתֶ֔יהָ וַתָּ֖שָׁב מִשְּׂדֵ֣י מוֹאָ֑ב כִּ֤י שָֽׁמְעָה֙ בִּשְׂדֵ֣ה מוֹאָ֔ב כִּֽי־פָקַ֤ד
יְהוָה֙ אֶת־עַמּ֔וֹ לָתֵ֥ת לָהֶ֖ם לָֽחֶם׃ וַתֵּצֵ֗א מִן־הַמָּקוֹם֙ אֲשֶׁ֣ר הָֽיְתָה־שָּׁ֔מָּה וּשְׁתֵּ֥י
כַלֹּתֶ֖יהָ עִמָּ֑הּ וַתֵּלַ֣כְנָה בַדֶּ֔רֶךְ לָשׁ֖וּב אֶל־אֶ֥רֶץ יְהוּדָֽה׃ וַתֹּ֤אמֶר נָעֳמִי֙ לִשְׁתֵּ֣י
כַלֹּתֶ֔יהָ לֵ֣כְנָה שֹּׁ֔בְנָה אִשָּׁ֖ה לְבֵ֣ית אִמָּ֑הּ יַ֣עֲשֶׂה יַֽעֲשֶׂ֨ה יְהוָ֤ה עִמָּכֶם֙ חֶ֔סֶד כַּאֲשֶׁ֧ר עֲשִׂיתֶ֛ם
עִם־הַמֵּתִ֖ים וְעִמָּדִֽי׃ יִתֵּ֤ן יְהוָה֙ לָכֶ֔ם וּמְצֶ֣אןָ מְנוּחָ֔ה אִשָּׁ֖ה בֵּ֣ית אִישָׁ֑הּ וַתִּשַּׁ֣ק
לָהֶ֔ן וַתִּשֶּׂ֥אנָה קוֹלָ֖ן וַתִּבְכֶּֽינָה׃ וַתֹּאמַ֖רְנָה־לָּ֑הּ כִּֽי־אִתָּ֥ךְ נָשׁ֖וּב לְעַמֵּֽךְ׃ וַתֹּ֤אמֶר
נָעֳמִי֙ שֹׁ֣בְנָה בְנֹתַ֔י לָ֥מָּה תֵלַ֖כְנָה עִמִּ֑י הַֽעֽוֹד־לִ֤י בָנִים֙ בְּֽמֵעַ֔י וְהָי֥וּ לָכֶ֖ם לַֽאֲנָשִֽׁים׃
שֹׁ֣בְנָה בְנֹתַ֞י לֵ֗כְןָ כִּ֤י זָקַ֙נְתִּי֙ מִהְי֣וֹת לְאִ֔ישׁ כִּ֤י אָמַ֙רְתִּי֙ יֶשׁ־לִ֣י תִקְוָ֔ה גַּ֣ם הָיִ֤יתִי
הַלַּ֙יְלָה֙ לְאִ֔ישׁ וְגַ֖ם יָלַ֥דְתִּי בָנִֽים׃ הֲלָהֵ֣ן ׀ תְּשַׂבֵּ֗רְנָה עַ֚ד אֲשֶׁ֣ר יִגְדָּ֔לוּ הֲלָהֵן֙ תֵּֽעָגֵ֔נָה
לְבִלְתִּ֖י הֱי֣וֹת לְאִ֑ישׁ אַ֣ל בְּנֹתַ֗י כִּֽי־מַר־לִ֤י מְאֹד֙ מִכֶּ֔ם כִּֽי־יָצְאָ֥ה בִ֖י יַד־יְהוָֽה׃
וַתִּשֶּׂ֣נָה קוֹלָ֔ן וַתִּבְכֶּ֖ינָה ע֑וֹד וַתִּשַּׁ֤ק עָרְפָּה֙ לַחֲמוֹתָ֔הּ וְר֖וּת דָּ֥בְקָה בָּֽהּ׃ וַתֹּ֗אמֶר
הִנֵּה֙ שָׁ֣בָה יְבִמְתֵּ֔ךְ אֶל־עַמָּ֖הּ וְאֶל־אֱלֹהֶ֑יהָ שׁ֖וּבִי אַחֲרֵ֥י יְבִמְתֵּֽךְ׃ וַתֹּ֤אמֶר ר֙וּת֙
אַל־תִּפְגְּעִי־בִ֔י לְעָזְבֵ֖ךְ לָשׁ֣וּב מֵאַחֲרָ֑יִךְ כִּ֠י אֶל־אֲשֶׁ֨ר תֵּלְכִ֜י אֵלֵ֗ךְ וּבַאֲשֶׁ֤ר תָּלִ֙ינִי֙
אָלִ֔ין עַמֵּ֣ךְ עַמִּ֔י וֵאלֹהַ֖יִךְ אֱלֹהָֽי׃ בַּאֲשֶׁ֤ר תָּמ֙וּתִי֙ אָמ֔וּת וְשָׁ֖ם אֶקָּבֵ֑ר כֹּה֩ יַעֲשֶׂ֨ה
יְהוָ֥ה לִי֙ וְכֹ֣ה יֹסִ֔יף כִּ֣י הַמָּ֔וֶת יַפְרִ֖יד בֵּינִ֥י וּבֵינֵֽךְ׃ וַתֵּ֕רֶא כִּֽי־מִתְאַמֶּ֥צֶת הִ֖יא
לָלֶ֣כֶת אִתָּ֑הּ וַתֶּחְדַּ֖ל לְדַבֵּ֥ר אֵלֶֽיהָ׃ וַתֵּלַ֣כְנָה שְׁתֵּיהֶ֔ם עַד־בֹּאָ֖נָה בֵּ֣ית לָ֑חֶם
וַיְהִ֗י כְּבֹאָ֙נָה֙ בֵּ֣ית לֶ֔חֶם וַתֵּהֹ֤ם כָּל־הָעִיר֙ עֲלֵיהֶ֔ן וַתֹּאמַ֖רְנָה הֲזֹ֥את נָעֳמִֽי׃
וַתֹּ֣אמֶר אֲלֵיהֶ֔ן אַל־תִּקְרֶ֥אנָה לִ֖י נָעֳמִ֑י קְרֶ֤אןָ לִי֙ מָרָ֔א כִּי־הֵמַ֥ר שַׁדַּ֛י לִ֖י מְאֹֽד׃
אֲנִי֙ מְלֵאָ֣ה הָלַ֔כְתִּי וְרֵיקָ֖ם הֱשִׁיבַ֣נִי יְהוָ֑ה לָ֣מָּה תִקְרֶ֤אנָה לִי֙ נָעֳמִ֔י וַֽיהוָה֙ עָ֣נָה
בִ֔י וְשַׁדַּ֖י הֵ֥רַֽע לִֽי׃ וַתָּ֣שָׁב נָעֳמִ֗י וְר֨וּת הַמּוֹאֲבִיָּ֤ה כַלָּתָהּ֙ עִמָּ֔הּ הַשָּׁ֖בָה מִשְּׂדֵ֣י
ב מוֹאָ֑ב וְהֵ֗מָּה בָּ֚אוּ בֵּ֣ית לֶ֔חֶם בִּתְחִלַּ֖ת קְצִ֥יר שְׂעֹרִֽים׃ וּֽלְנָעֳמִ֞י מוֹדָ֣ע מֵידָ֑ע לְאִישָׁ֗הּ

וְאָנֹכִי אַחֲרֶיךָ וַיֹּאמֶר אָנֹכִי אֶגְאָל: וַיֹּאמֶר בֹּעַז בְּיוֹם־קְנוֹתְךָ הַשָּׂדֶה מִיַּד נָעֳמִי

קָנִיתָ וּמֵאֵת רוּת הַמּוֹאֲבִיָּה אֵשֶׁת־הַמֵּת קָנִיתִי לְהָקִים שֵׁם־הַמֵּת עַל־נַחֲלָתוֹ:

לִגְאָל־ וַיֹּאמֶר הַגֹּאֵל לֹא אוּכַל לִגְאוֹל־לִי פֶּן־אַשְׁחִית אֶת־נַחֲלָתִי גְּאַל־לְךָ אַתָּה

אֶת־גְּאֻלָּתִי כִּי לֹא־אוּכַל לִגְאֹל: וְזֹאת לְפָנִים בְּיִשְׂרָאֵל עַל־הַגְּאוּלָּה וְעַל־

הַתְּמוּרָה לְקַיֵּם כָּל־דָּבָר שָׁלַף אִישׁ נַעֲלוֹ וְנָתַן לְרֵעֵהוּ וְזֹאת הַתְּעוּדָה

בְּיִשְׂרָאֵל: וַיֹּאמֶר הַגֹּאֵל לְבֹעַז קְנֵה־לָךְ וַיִּשְׁלֹף נַעֲלוֹ: וַיֹּאמֶר בֹּעַז לַזְּקֵנִים

וְכָל־הָעָם עֵדִים אַתֶּם הַיּוֹם כִּי קָנִיתִי אֶת־כָּל־אֲשֶׁר לֶאֱלִימֶלֶךְ וְאֵת כָּל־אֲשֶׁר

לְכִלְיוֹן וּמַחְלוֹן מִיַּד נָעֳמִי: וְגַם אֶת־רוּת הַמֹּאֲבִיָּה אֵשֶׁת מַחְלוֹן קָנִיתִי לִי

לְאִשָּׁה לְהָקִים שֵׁם־הַמֵּת עַל־נַחֲלָתוֹ וְלֹא־יִכָּרֵת שֵׁם־הַמֵּת מֵעִם אֶחָיו וּמִשַּׁעַר

מְקוֹמוֹ עֵדִים אַתֶּם הַיּוֹם: וַיֹּאמְרוּ כָּל־הָעָם אֲשֶׁר־בַּשַּׁעַר וְהַזְּקֵנִים עֵדִים יִתֵּן

יְהוָה אֶת־הָאִשָּׁה הַבָּאָה אֶל־בֵּיתֶךָ כְּרָחֵל וּכְלֵאָה אֲשֶׁר בָּנוּ שְׁתֵּיהֶם אֶת־

בֵּית יִשְׂרָאֵל וַעֲשֵׂה־חַיִל בְּאֶפְרָתָה וּקְרָא־שֵׁם בְּבֵית לָחֶם: וִיהִי בֵיתְךָ כְּבֵית

פֶּרֶץ אֲשֶׁר־יָלְדָה תָמָר לִיהוּדָה מִן־הַזֶּרַע אֲשֶׁר יִתֵּן יְהוָה לְךָ מִן־הַנַּעֲרָה

הַזֹּאת: וַיִּקַּח בֹּעַז אֶת־רוּת וַתְּהִי־לוֹ לְאִשָּׁה וַיָּבֹא אֵלֶיהָ וַיִּתֵּן יְהוָה לָהּ הֵרָיוֹן

וַתֵּלֶד בֵּן: וַתֹּאמַרְנָה הַנָּשִׁים אֶל־נָעֳמִי בָּרוּךְ יְהוָה אֲשֶׁר לֹא הִשְׁבִּית לָךְ גֹּאֵל

הַיּוֹם וְיִקָּרֵא שְׁמוֹ בְּיִשְׂרָאֵל: וְהָיָה לָךְ לְמֵשִׁיב נֶפֶשׁ וּלְכַלְכֵּל אֶת־שֵׂיבָתֵךְ כִּי

כַלָּתֵךְ אֲשֶׁר־אֲהֵבַתֶךְ יְלָדַתּוּ אֲשֶׁר־הִיא טוֹבָה לָךְ מִשִּׁבְעָה בָּנִים: וַתִּקַּח

נָעֳמִי אֶת־הַיֶּלֶד וַתְּשִׁתֵהוּ בְחֵיקָהּ וַתְּהִי־לוֹ לְאֹמֶנֶת: וַתִּקְרֶאנָה לוֹ הַשְּׁכֵנוֹת

שֵׁם לֵאמֹר יֻלַּד־בֵּן לְנָעֳמִי וַתִּקְרֶאנָה שְׁמוֹ עוֹבֵד הוּא אֲבִי־יִשַׁי אֲבִי דָוִד:

וְאֵלֶּה תּוֹלְדוֹת פָּרֶץ פֶּרֶץ הוֹלִיד אֶת־חֶצְרוֹן: וְחֶצְרוֹן הוֹלִיד אֶת־רָם וְרָם

הוֹלִיד אֶת־עַמִּינָדָב: וְעַמִּינָדָב הוֹלִיד אֶת־נַחְשׁוֹן וְנַחְשׁוֹן הוֹלִיד אֶת־שַׂלְמָה:

וְשַׂלְמוֹן הוֹלִיד אֶת־בֹּעַז וּבֹעַז הוֹלִיד אֶת־עוֹבֵד: וְעֹבֵד הוֹלִיד אֶת־יִשַׁי וְיִשַׁי

הוֹלִיד אֶת־דָּוִד:

לְפִי עֶרְכּוֹ גָּדְלָהּ אוֹצְרוֹתֶיהָ מְהֻלָּל כַּבִּיר וְכָל זָמַן עַד אֲשֶׁר אָחוֹר אָשָׁב עֶגְלָה
מֵחֵיק לְאִמָּהּ וְעַד יִצְבְּרוּ אַרְבַּע־עָשָׂר עֶזְרַת בֵּל אֶת־אָחַת: אֲשֶׁר
אֶרְכָּהּ נִיב וְגוֹמֶר עֵלֶם אֵלֶּה: חָזַק לָאֲבוֹת אֶת־גְּדֵלוֹת מֵבִיא בְּעֵרֹם בְּלִבֵּהּ
וּבַיָּם אֲשֶׁר יִכּוֹן עָרִיר נָחוּל נֶשֶׁר אֶל תַּחַת־עָלוֹם וָלוֹ וְכִי נַעַר נֶאֱמָן
אֲשֶׁר תּוֹלְלֵל־לִי נֵבֵל כְּגֶפֶן אֵל אֵלּוֹ לְמַעַן צָדִיקָם חֹשֶׁךְ לְעַד: אָפֵל
לָבָן אֲשֶׁר נְתֻנוֹ גְּדֵלוֹ וּכְבוֹדוֹ גֵּר־נִשְׁלָד: עֵין אֶרְכָּם עֵלוֹם עֵת נִשְׁאֵל
דָּגֵל אֶרְכָּם כֵּגוֹ עֵד־אֵל בְּלֵב אֵלֶּה יִתְאַם לְחָטְאוֹ אֲשֶׁר הָאֱלוֹם וֵלָהֶם
אָצְרוֹ יִתֹרֵךְ עַד־אָפֵל חֻלָּם מַאֲכָל תָּלוּי כָּל הֶחֱמָאָיו אֵין וַאֲמָרוּ:
בְּרַחֲבֵי בַּל־רֹאִים בְּחָטְאָם כֵּיהוֹ אֵל אֵלֶּה עֵת אֲלֵה־רַל: כִּי־נִיל לָנוּ כָּל אֵין
נֶאֱלוֹם: נֶאֱרוֹ עַת־נָאוֵל אֵין נֶאֱלוֹל־כָּל כְּבֹד יִלְהָדוֹ עֵת נֶאֱלָה־כָל יְתְרֻאֵל
וְנֵרִים אֵין עֹרֵל עֵל בְּלַהֲבֵגוֹ עֵת גֵּד בְּלַיֵּלָן אֵם בְּאֲמָרֵל רֵגוֹ אֲצַ־לָד
כֶּבֶל עֵלֶה אֲל־אֵל בְּלֵב אֵלֶה כֵּצוֹב שִׁיְצַ נְעֵל בֵּל עֵלֵל יִכָּלֵם: כְּנֵעוֹם
בְּלַלֵל כְּנִלָד לֶהֱבֵל בְּלֵב יִלְהָדוֹ: עֶל בֵּל־חֲלָיו אֵת תֹּלַלֵל עֵת כָּאֵל
חָלֵלֵל: אָבֵל כְּנִלָד אֵלֶן וַיְגַד בְּלֵב נִל אֵלֶה אֶל בֵּל־נְחָד יִרְלֵל אֲגֵלֵס
וֹאַל־עֵל בֵּלֵך יִנֹצְנֵי־עַד לֶאֱלֵל וֵאַל נֵאֲלֶל: אֵלֶת אֵלֶד אֱלִיל אֱלֵל
עֵל־לַלֵל חֵלֶל בֵּל חֵלֵל: לֵאֵל בֵּלֵל וֶכֻלָּאֵל וַיְלֵל בֵּל־רַל רֵאֵל אֵל כֵּל
יֵל אֵלָה וֶחֵלֵל בֵּל נֵעֵלֵל לֵעֵל בֵּל־אֵל וַיְלֵל אֵל בֵּלֵל אֵל יֵל
אֵל וֵרֵל אֵגֶל וֵל בֵּל אֵלֵל אֵל וֵל וֵל בֵּל נֵל רֵל יֵל:
אֵל לֵל בֵּל רֵל תֵּל בֵּל־לֵל בֵּל גֵּל חֵל: לֵל אֵל רֵל אֵל לֵל אֵל
בֵּל בֵּל־רַל רֵגֵל רֵל לֵל: לֵל אֵלֵל וֵל אֵל רֵל לֵל רֵגֵל אֵל
וֵל אֵל אֵל: לֵל חֵל בֵּל אֵל גֵּל חֵל רֵל וֵל לֵל אֵל
אֵל־נֵל אֵל אֵל לֵל לֵל אֵל נֵל לֵל וֵל אֵל רֵל אֵל
לֵל אֵל לֵל וֵל אֵל בֵּל לֵל רֵל וֵל בֵּל־לֵל לֵל אֵל: רֵל
לֵל אֵל לֵל אֵל אֵל רֵל: אֵל אֵל אֵל לֵל אֵל וֵל אֵל רֵל
אֵל אֵל אֵל: אֵל אֵל אֵל לֵל אֵל אֵל אֵל לֵל אֵל אֵל
אֵל אֵל אֵל לֵל: לֵל אֵל לֵל אֵל: לֵל אֵל וֵל לֵל אֵל רֵל אֵל אֵל
תֵּל אֵל נֵל וֵל אֵל אֵל אֵל אֵל אֵל אֵל וֵל בֵּל אֵל:

ה זְכֹר יְהוָה מֶה־הָיָה לָנוּ הַבֵּיט וּרְאֵה אֶת־חֶרְפָּתֵנוּ: נַחֲלָתֵנוּ נֶהֶפְכָה לְזָרִים
בָּתֵּינוּ לְנָכְרִים: יְתוֹמִים הָיִינוּ אֵין אָב אִמֹּתֵינוּ כְּאַלְמָנוֹת: מֵימֵינוּ בְּכֶסֶף שָׁתִינוּ וְאֵין
עֵצֵינוּ בִּמְחִיר יָבֹאוּ: עַל צַוָּארֵנוּ נִרְדָּפְנוּ יָגַעְנוּ לֹא הוּנַח־לָנוּ: מִצְרַיִם נָתַנּוּ וְלֹא
יָד אַשּׁוּר לִשְׂבֹּעַ לָחֶם: אֲבֹתֵינוּ חָטְאוּ אֵינָם אֲנַחְנוּ עֲוֹנֹתֵיהֶם סָבָלְנוּ: עֲבָדִים וְאֵינָם
מָשְׁלוּ בָנוּ פֹּרֵק אֵין מִיָּדָם: בְּנַפְשֵׁנוּ נָבִיא לַחְמֵנוּ מִפְּנֵי חֶרֶב הַמִּדְבָּר: עוֹרֵנוּ וַאֲנַחְנוּ
כְּתַנּוּר נִכְמָרוּ מִפְּנֵי זַלְעֲפוֹת רָעָב: נָשִׁים בְּצִיּוֹן עִנּוּ בְּתֻלֹת בְּעָרֵי יְהוּדָה:
שָׂרִים בְּיָדָם נִתְלוּ פְּנֵי זְקֵנִים לֹא נֶהְדָּרוּ: בַּחוּרִים טְחוֹן נָשָׂאוּ וּנְעָרִים בָּעֵץ
כָּשָׁלוּ: זְקֵנִים מִשַּׁעַר שָׁבָתוּ בַּחוּרִים מִנְּגִינָתָם: שָׁבַת מְשׂוֹשׂ לִבֵּנוּ נֶהְפַּךְ
לְאֵבֶל מְחֹלֵנוּ: נָפְלָה עֲטֶרֶת רֹאשֵׁנוּ אוֹי־נָא לָנוּ כִּי חָטָאנוּ: עַל־זֶה הָיָה
דָוֶה לִבֵּנוּ עַל־אֵלֶּה חָשְׁכוּ עֵינֵינוּ: עַל הַר־צִיּוֹן שֶׁשָּׁמֵם שׁוּעָלִים הִלְּכוּ־בוֹ:
אַתָּה יְהוָה לְעוֹלָם תֵּשֵׁב כִּסְאֲךָ לְדֹר וָדוֹר: לָמָּה לָנֶצַח תִּשְׁכָּחֵנוּ תַּעַזְבֵנוּ
לְאֹרֶךְ יָמִים: הֲשִׁיבֵנוּ יְהוָה ׀ אֵלֶיךָ וְנָשׁוּבָ חַדֵּשׁ יָמֵינוּ כְּקֶדֶם: כִּי אִם־מָאֹס
מְאַסְתָּנוּ קָצַפְתָּ עָלֵינוּ עַד־מְאֹד:

השיבנו יהוה אליך ונשובה
חדש ימינו כקדם

בְּנֵי הָאָדָם שִׁדָּה וְשִׁדּוֹת: וְגָדַלְתִּי וְהוֹסַפְתִּי מִכֹּל שֶׁהָיָה לְפָנַי בִּירוּשָׁלִָם אַף חָכְמָתִי עָמְדָה לִּי: וְכֹל אֲשֶׁר שָׁאֲלוּ עֵינַי לֹא אָצַלְתִּי מֵהֶם לֹא־מָנַעְתִּי אֶת־לִבִּי מִכָּל־שִׂמְחָה כִּי־לִבִּי שָׂמֵחַ מִכָּל־עֲמָלִי וְזֶה־הָיָה חֶלְקִי מִכָּל־עֲמָלִי: וּפָנִיתִי אֲנִי בְּכָל־מַעֲשַׂי שֶׁעָשׂוּ יָדַי וּבֶעָמָל שֶׁעָמַלְתִּי לַעֲשׂוֹת וְהִנֵּה הַכֹּל הֶבֶל וּרְעוּת רוּחַ וְאֵין יִתְרוֹן תַּחַת הַשָּׁמֶשׁ: וּפָנִיתִי אֲנִי לִרְאוֹת חָכְמָה וְהוֹלֵלוֹת וְסִכְלוּת כִּי | מֶה הָאָדָם שֶׁיָּבוֹא אַחֲרֵי הַמֶּלֶךְ אֵת אֲשֶׁר־כְּבָר עָשׂוּהוּ: וְרָאִיתִי אָנִי שֶׁיֵּשׁ יִתְרוֹן לַחָכְמָה מִן־הַסִּכְלוּת כִּיתְרוֹן הָאוֹר מִן־הַחֹשֶׁךְ: הֶחָכָם עֵינָיו בְּרֹאשׁוֹ וְהַכְּסִיל בַּחֹשֶׁךְ הוֹלֵךְ וְיָדַעְתִּי גַם־אָנִי שֶׁמִּקְרֶה אֶחָד יִקְרֶה אֶת־כֻּלָּם: וְאָמַרְתִּי אֲנִי בְּלִבִּי כְּמִקְרֵה הַכְּסִיל גַּם־אֲנִי יִקְרֵנִי וְלָמָּה חָכַמְתִּי אֲנִי אָז יוֹתֵר וְדִבַּרְתִּי בְלִבִּי שֶׁגַּם־זֶה הָבֶל: כִּי אֵין זִכְרוֹן לֶחָכָם עִם־הַכְּסִיל לְעוֹלָם בְּשֶׁכְּבָר הַיָּמִים הַבָּאִים הַכֹּל נִשְׁכָּח וְאֵיךְ יָמוּת הֶחָכָם עִם־הַכְּסִיל: וְשָׂנֵאתִי אֶת־הַחַיִּים כִּי רַע עָלַי הַמַּעֲשֶׂה שֶׁנַּעֲשָׂה תַּחַת הַשָּׁמֶשׁ כִּי־הַכֹּל הֶבֶל וּרְעוּת רוּחַ: וְשָׂנֵאתִי אֲנִי אֶת־כָּל־עֲמָלִי שֶׁאֲנִי עָמֵל תַּחַת הַשָּׁמֶשׁ שֶׁאַנִּיחֶנּוּ לָאָדָם שֶׁיִּהְיֶה אַחֲרָי: וּמִי יוֹדֵעַ הֶחָכָם יִהְיֶה אוֹ סָכָל וְיִשְׁלַט בְּכָל־עֲמָלִי שֶׁעָמַלְתִּי וְשֶׁחָכַמְתִּי תַּחַת הַשָּׁמֶשׁ גַּם־זֶה הָבֶל: וְסַבּוֹתִי אֲנִי לְיַאֵשׁ אֶת־לִבִּי עַל כָּל־הֶעָמָל שֶׁעָמַלְתִּי תַּחַת הַשָּׁמֶשׁ: כִּי־יֵשׁ אָדָם שֶׁעֲמָלוֹ בְּחָכְמָה וּבְדַעַת וּבְכִשְׁרוֹן וּלְאָדָם שֶׁלֹּא עָמַל־בּוֹ יִתְּנֶנּוּ חֶלְקוֹ גַּם־זֶה הֶבֶל וְרָעָה רַבָּה: כִּי מֶה־הֹוֶה לָאָדָם בְּכָל־עֲמָלוֹ וּבְרַעְיוֹן לִבּוֹ שֶׁהוּא עָמֵל תַּחַת הַשָּׁמֶשׁ: כִּי כָל־יָמָיו מַכְאֹבִים וָכַעַס עִנְיָנוֹ גַּם־בַּלַּיְלָה לֹא־שָׁכַב לִבּוֹ גַּם־זֶה הֶבֶל הוּא: אֵין־טוֹב בָּאָדָם שֶׁיֹּאכַל וְשָׁתָה וְהֶרְאָה אֶת־נַפְשׁוֹ טוֹב בַּעֲמָלוֹ גַּם־זֹה רָאִיתִי אָנִי כִּי מִיַּד הָאֱלֹהִים הִיא: כִּי מִי יֹאכַל וּמִי יָחוּשׁ חוּץ מִמֶּנִּי: כִּי לְאָדָם שֶׁטּוֹב לְפָנָיו נָתַן חָכְמָה וְדַעַת וְשִׂמְחָה וְלַחוֹטֶא נָתַן עִנְיָן לֶאֱסֹף וְלִכְנוֹס לָתֵת לְטוֹב לִפְנֵי הָאֱלֹהִים גַּם־זֶה הֶבֶל וּרְעוּת רוּחַ: לַכֹּל זְמָן וְעֵת לְכָל־חֵפֶץ תַּחַת הַשָּׁמָיִם: ג

| | |
|---|---|
| עֵת לָלֶדֶת | וְעֵת לָמוּת |
| עֵת לָטַעַת | וְעֵת לַעֲקוֹר נָטוּעַ: |
| עֵת לַהֲרוֹג | וְעֵת לִרְפּוֹא |
| עֵת לִפְרוֹץ | וְעֵת לִבְנוֹת: |
| עֵת לִבְכּוֹת | וְעֵת לִשְׂחוֹק |
| עֵת סְפוֹד | וְעֵת רְקוֹד: |

אֲנִ֣י אֶת־כָּל־עֲמָלִ֔י וְאֵת֙ כָּל־כִּשְׁר֣וֹן הַֽמַּעֲשֶׂ֔ה כִּ֛י הִ֥יא קִנְאַת־אִ֖ישׁ מֵרֵעֵ֑הוּ גַּם־
זֶ֥ה הֶ֖בֶל וּרְע֥וּת רֽוּחַ׃ הַכְּסִיל֙ חֹבֵ֣ק אֶת־יָדָ֔יו וְאֹכֵ֖ל אֶת־בְּשָׂרֽוֹ׃ ט֕וֹב מְלֹ֥א כַ֖ף
נָ֑חַת מִמְּלֹ֥א חָפְנַ֛יִם עָמָ֖ל וּרְע֥וּת רֽוּחַ׃ וְשַׁ֧בְתִּי אֲנִ֛י וָאֶרְאֶ֥ה הֶ֖בֶל תַּ֥חַת הַשָּֽׁמֶשׁ׃
עֵינ֖וֹ יֵ֣שׁ אֶחָד֩ וְאֵ֨ין שֵׁנִ֜י גַּ֣ם בֵּ֧ן וָאָ֣ח אֵֽין־ל֗וֹ וְאֵ֥ין קֵץ֙ לְכָל־עֲמָל֔וֹ גַּם־עֵינָיו לֹא־תִשְׂבַּ֣ע
עֹ֑שֶׁר וּלְמִ֣י ׀ אֲנִ֣י עָמֵ֗ל וּמְחַסֵּ֤ר אֶת־נַפְשִׁי֙ מִטּוֹבָ֔ה גַּם־זֶ֥ה הֶ֛בֶל וְעִנְיַ֥ן רָ֖ע הֽוּא׃
טוֹבִ֥ים הַשְּׁנַ֖יִם מִן־הָאֶחָ֑ד אֲשֶׁ֧ר יֵשׁ־לָהֶ֛ם שָׂכָ֥ר ט֖וֹב בַּעֲמָלָֽם׃ כִּ֣י אִם־יִפֹּ֔לוּ
הָאֶחָ֖ד יָקִ֣ים אֶת־חֲבֵר֑וֹ וְאִ֣יל֗וֹ הָֽאֶחָד֙ שֶׁיִּפֹּ֔ל וְאֵ֥ין שֵׁנִ֖י לַהֲקִימֽוֹ׃ גַּ֛ם אִם־יִשְׁכְּב֥וּ
שְׁנַ֖יִם וְחַ֣ם לָהֶ֑ם וּלְאֶחָ֖ד אֵ֥יךְ יֵחָֽם׃ וְאִֽם־יִתְקְפוֹ֙ הָאֶחָ֔ד הַשְּׁנַ֖יִם יַעַמְד֣וּ נֶגְדּ֑וֹ
וְהַחוּט֙ הַֽמְשֻׁלָּ֔שׁ לֹ֥א בִמְהֵרָ֖ה יִנָּתֵֽק׃ ט֛וֹב יֶ֥לֶד מִסְכֵּ֖ן וְחָכָ֑ם מִמֶּ֤לֶךְ זָקֵן֙ וּכְסִ֔יל
אֲשֶׁ֛ר לֹא־יָדַ֥ע לְהִזָּהֵ֖ר עֽוֹד׃ כִּֽי־מִבֵּ֥ית הָסוּרִ֖ים יָצָ֣א לִמְלֹ֑ךְ כִּ֛י גַּ֥ם בְּמַלְכוּת֖וֹ
נוֹלַ֥ד רָֽשׁ׃ רָאִ֙יתִי֙ אֶת־כָּל־הַ֣חַיִּ֔ים הַֽמְהַלְּכִ֖ים תַּ֣חַת הַשָּׁ֑מֶשׁ עִ֚ם הַיֶּ֣לֶד הַשֵּׁנִ֔י
אֲשֶׁ֥ר יַעֲמֹ֖ד תַּחְתָּֽיו׃ אֵֽין־קֵ֣ץ לְכָל־הָעָ֗ם לְכֹ֤ל אֲשֶׁר־הָיָה֙ לִפְנֵיהֶ֔ם גַּ֥ם הָאַחֲרוֹנִ֖ים
רַגְלְךָ֞ לֹ֤א יִשְׂמְחוּ־בֽוֹ כִּֽי־גַם־זֶ֥ה הֶ֖בֶל וְרַעְי֥וֹן רֽוּחַ׃ שְׁמֹ֣ר רגליך [רַגְלְךָ֗] כַּאֲשֶׁ֤ר תֵּלֵךְ֙ אֶל־בֵּ֣ית
הָ֣אֱלֹהִ֔ים וְקָר֣וֹב לִשְׁמֹ֔עַ מִתֵּ֥ת הַכְּסִילִ֖ים זָ֑בַח כִּֽי־אֵינָ֥ם יוֹדְעִ֖ים לַעֲשׂ֥וֹת רָֽע׃

ה אַל־תְּבַהֵ֨ל עַל־פִּ֜יךָ וְלִבְּךָ֧ אַל־יְמַהֵ֛ר לְהוֹצִ֥יא דָבָ֖ר לִפְנֵ֣י הָאֱלֹהִ֑ים כִּ֣י הָאֱלֹהִ֤ים
בַּשָּׁמַ֙יִם֙ וְאַתָּ֣ה עַל־הָאָ֔רֶץ עַל־כֵּ֛ן יִהְי֥וּ דְבָרֶ֖יךָ מְעַטִּֽים׃ כִּ֣י בָּ֤א הַֽחֲלוֹם֙ בְּרֹ֣ב
עִנְיָ֔ן וְק֥וֹל כְּסִ֖יל בְּרֹ֥ב דְּבָרִֽים׃ כַּאֲשֶׁר֩ תִּדֹּ֨ר נֶ֜דֶר לֵֽאלֹהִ֗ים אַל־תְּאַחֵר֙ לְשַׁלְּמ֔וֹ
כִּ֣י אֵ֥ין חֵ֖פֶץ בַּכְּסִילִ֑ים אֵ֥ת אֲשֶׁר־תִּדֹּ֖ר שַׁלֵּֽם׃ ט֖וֹב אֲשֶׁ֣ר לֹֽא־תִדֹּ֑ר מִשֶּׁתִּדּ֖וֹר
וְלֹ֥א תְשַׁלֵּֽם׃ אַל־תִּתֵּ֤ן אֶת־פִּ֙יךָ֙ לַחֲטִ֣יא אֶת־בְּשָׂרֶ֔ךָ וְאַל־תֹּאמַר֙ לִפְנֵ֣י הַמַּלְאָ֔ךְ
כִּ֥י שְׁגָגָ֖ה הִ֑יא לָ֣מָּה יִקְצֹ֤ף הָֽאֱלֹהִים֙ עַל־קוֹלֶ֔ךָ וְחִבֵּ֖ל אֶת־מַעֲשֵׂ֥ה יָדֶֽיךָ׃ כִּ֣י
בְרֹ֤ב חֲלֹמוֹת֙ וַהֲבָלִ֔ים וּדְבָרִ֖ים הַרְבֵּ֑ה כִּ֥י אֶת־הָאֱלֹהִ֖ים יְרָֽא׃ אִם־עֹ֣שֶׁק רָ֡שׁ
וְגֵ֣זֶל מִשְׁפָּט֩ וָצֶ֨דֶק תִּרְאֶ֜ה בַמְּדִינָ֗ה אַל־תִּתְמַ֣הּ עַל־הַחֵ֑פֶץ כִּ֣י גָבֹ֜הַּ מֵעַ֤ל גָּבֹ֙הַּ֙
הֽוּא שֹׁמֵ֔ר וּגְבֹהִ֖ים עֲלֵיהֶֽם׃ וְיִתְר֥וֹן אֶ֖רֶץ בַּכֹּ֣ל הִ֑יא מֶ֥לֶךְ לְשָׂדֶ֖ה נֶעֱבָֽד׃ אֹהֵ֥ב כֶּ֙סֶף֙
לֹא־יִשְׂבַּ֣ע כֶּ֔סֶף וּמִֽי־אֹהֵ֥ב בֶּהָמ֖וֹן לֹ֣א תְבוּאָ֑ה גַּם־זֶ֖ה הָֽבֶל׃ בִּרְבוֹת֙ הַטּוֹבָ֔ה
רְא֥וּת רַבּ֖וּ אֽוֹכְלֶ֑יהָ וּמַה־כִּשְׁרוֹן֙ לִבְעָלֶ֔יהָ כִּ֖י אִם־ראית [רְא֥וּת] עֵינָֽיו׃ מְתוּקָה֙ שְׁנַ֣ת הָעֹבֵ֔ד
אִם־מְעַ֥ט וְאִם־הַרְבֵּ֖ה יֹאכֵ֑ל וְהַשָּׂבָע֙ לֶֽעָשִׁ֔יר אֵינֶ֛נּוּ מַנִּ֥יחַֽ ל֖וֹ לִישֽׁוֹן׃ יֵ֚שׁ רָעָ֣ה
חוֹלָ֔ה רָאִ֖יתִי תַּ֣חַת הַשָּׁ֑מֶשׁ עֹ֛שֶׁר שָׁמ֥וּר לִבְעָלָ֖יו לְרָעָתֽוֹ׃ וְאָבַ֛ד הָעֹ֥שֶׁר הַה֖וּא
בְּעִנְיַ֣ן רָ֑ע וְהוֹלִ֣יד בֵּ֔ן וְאֵ֥ין בְּיָד֖וֹ מְאֽוּמָה׃ כַּאֲשֶׁ֤ר יָצָא֙ מִבֶּ֣טֶן אִמּ֔וֹ עָר֛וֹם יָשׁ֥וּב
לָלֶ֖כֶת כְּשֶׁבָּ֑א וּמְא֙וּמָה֙ לֹא־יִשָּׂ֣א בַעֲמָל֔וֹ שֶׁיֹּלֵ֖ךְ בְּיָדֽוֹ׃ וְגַם־זֹה֙ רָעָ֣ה חוֹלָ֔ה

# אסתר

נֹהֲגים שֶׁהַקָּהָל קוֹרֵא בְּקוֹל רָם פְּסוּקִים אֲחָדִים מֵהַמְּגִלָּה, וּשְׁלִיחַ הַצִּבּוּר
חוֹזֵר אַחֲרָיו (רְאֵה הֲלָכָה 619). פְּסוּקִים אֵלֶּה מְסוּמָנִים בְּ־ לִפְנֵיהֶם וּבְ־ בְּסוֹפָם.

א וַיְהִי בִּימֵי אֲחַשְׁוֵרוֹשׁ הוּא אֲחַשְׁוֵרוֹשׁ הַמֹּלֵךְ מֵהֹדּוּ וְעַד־כּוּשׁ שֶׁבַע וְעֶשְׂרִים
וּמֵאָה מְדִינָה: בַּיָּמִים הָהֵם כְּשֶׁבֶת ו הַמֶּלֶךְ אֲחַשְׁוֵרוֹשׁ עַל כִּסֵּא מַלְכוּתוֹ אֲשֶׁר
בְּשׁוּשַׁן הַבִּירָה: בִּשְׁנַת שָׁלוֹשׁ לְמָלְכוֹ עָשָׂה מִשְׁתֶּה לְכָל־שָׂרָיו וַעֲבָדָיו חֵיל ו
פָּרַס וּמָדַי הַפַּרְתְּמִים וְשָׂרֵי הַמְּדִינוֹת לְפָנָיו: בְּהַרְאֹתוֹ אֶת־עֹשֶׁר כְּבוֹד מַלְכוּתוֹ
וְאֶת־יְקָר תִּפְאֶרֶת גְּדוּלָּתוֹ יָמִים רַבִּים שְׁמוֹנִים וּמְאַת יוֹם: וּבִמְלֹאת ו הַיָּמִים
הָאֵלֶּה עָשָׂה הַמֶּלֶךְ לְכָל־הָעָם הַנִּמְצְאִים בְּשׁוּשַׁן הַבִּירָה לְמִגָּדוֹל וְעַד־קָטָן
מִשְׁתֶּה שִׁבְעַת יָמִים בַּחֲצַר גִּנַּת בִּיתַן הַמֶּלֶךְ: חוּר ו כַּרְפַּס וּתְכֵלֶת אָחוּז
בְּחַבְלֵי־בוּץ וְאַרְגָּמָן עַל־גְּלִילֵי כֶסֶף וְעַמּוּדֵי שֵׁשׁ מִטּוֹת ו זָהָב וָכֶסֶף עַל רִצְפַת
בַּהַט־וָשֵׁשׁ וְדַר וְסֹחָרֶת: וְהַשְׁקוֹת בִּכְלֵי זָהָב וְכֵלִים מִכֵּלִים שׁוֹנִים וְיֵין מַלְכוּת
רָב כְּיַד הַמֶּלֶךְ: וְהַשְּׁתִיָּה כַדָּת אֵין אֹנֵס כִּי־כֵן ו יִסַּד הַמֶּלֶךְ עַל כָּל־רַב בֵּיתוֹ
לַעֲשׂוֹת כִּרְצוֹן אִישׁ־וָאִישׁ:                  גַּם וַשְׁתִּי הַמַּלְכָּה עָשְׂתָה מִשְׁתֵּה נָשִׁים
בֵּית הַמַּלְכוּת אֲשֶׁר לַמֶּלֶךְ אֲחַשְׁוֵרוֹשׁ: בַּיּוֹם הַשְּׁבִיעִי כְּטוֹב לֵב־הַמֶּלֶךְ בַּיָּיִן
אָמַר לִמְהוּמָן בִּזְּתָא חַרְבוֹנָא בִּגְתָא וַאֲבַגְתָא זֵתַר וְכַרְכַּס שִׁבְעַת הַסָּרִיסִים
הַמְשָׁרְתִים אֶת־פְּנֵי הַמֶּלֶךְ אֲחַשְׁוֵרוֹשׁ: לְהָבִיא אֶת־וַשְׁתִּי הַמַּלְכָּה לִפְנֵי הַמֶּלֶךְ
בְּכֶתֶר מַלְכוּת לְהַרְאוֹת הָעַמִּים וְהַשָּׂרִים אֶת־יָפְיָהּ כִּי־טוֹבַת מַרְאֶה הִיא:
וַתְּמָאֵן הַמַּלְכָּה וַשְׁתִּי לָבוֹא בִּדְבַר הַמֶּלֶךְ אֲשֶׁר בְּיַד הַסָּרִיסִים וַיִּקְצֹף הַמֶּלֶךְ
מְאֹד וַחֲמָתוֹ בָּעֲרָה בוֹ:                  וַיֹּאמֶר הַמֶּלֶךְ לַחֲכָמִים יֹדְעֵי הָעִתִּים כִּי־
כֵן דְּבַר הַמֶּלֶךְ לִפְנֵי כָּל־יֹדְעֵי דָּת וָדִין: וְהַקָּרֹב אֵלָיו כַּרְשְׁנָא שֵׁתָר אַדְמָתָא
תַרְשִׁישׁ מֶרֶס מַרְסְנָא מְמוּכָן שִׁבְעַת שָׂרֵי ו פָּרַס וּמָדַי רֹאֵי פְּנֵי הַמֶּלֶךְ הַיֹּשְׁבִים
רִאשֹׁנָה בַּמַּלְכוּת: כְּדָת מַה־לַעֲשׂוֹת בַּמַּלְכָּה וַשְׁתִּי עַל ו אֲשֶׁר לֹא־עָשְׂתָה
אֶת־מַאֲמַר הַמֶּלֶךְ אֲחַשְׁוֵרוֹשׁ בְּיַד הַסָּרִיסִים:                  וַיֹּאמֶר מְמוּכָן לִפְנֵי ממוכן
הַמֶּלֶךְ וְהַשָּׂרִים לֹא עַל־הַמֶּלֶךְ לְבַדּוֹ עָוְתָה וַשְׁתִּי הַמַּלְכָּה כִּי עַל־כָּל־הַשָּׂרִים
וְעַל־כָּל־הָעַמִּים אֲשֶׁר בְּכָל־מְדִינוֹת הַמֶּלֶךְ אֲחַשְׁוֵרוֹשׁ: כִּי־יֵצֵא דְבַר־הַמַּלְכָּה
עַל־כָּל־הַנָּשִׁים לְהַבְזוֹת בַּעְלֵיהֶן בְּעֵינֵיהֶן בְּאָמְרָם הַמֶּלֶךְ אֲחַשְׁוֵרוֹשׁ אָמַר
לְהָבִיא אֶת־וַשְׁתִּי הַמַּלְכָּה לְפָנָיו וְלֹא־בָאָה: וְהַיּוֹם הַזֶּה תֹּאמַרְנָה ו שָׂרוֹת
פָּרַס־וּמָדַי אֲשֶׁר שָׁמְעוּ אֶת־דְּבַר הַמַּלְכָּה לְכֹל שָׂרֵי הַמֶּלֶךְ וּכְדַי בִּזָּיוֹן וָקָצֶף:

וכשהקדים המבול דרך־מה ונכנסה, ולמדך שבא אליו כשבא על אשתו ולא־שכל הדבר ולגלל על זה הביאה בך אליחנו וכשיעה־, ולפי זה ביאה אזר־מל נאך־אסל ואימר ייל: אשר אתו וכשיעל
אמרה אבריה וכשיעל שואתחנו ויך עד לין ערוך חני לעל ויך עלה ולפי
בך־אליחנו שואתחנו אם אליחל: עולה ונזאל לין־ולפה ואל אחתי
איכל ני אראה אליחל, וכהזה אזר יראוזל אוריך־ליניליה שאל
וכהאזילי ני ואזרין אוזל ואלי: ויך אאתל יעיין יל באליחל, יכל י־
אליחל, י־איל יעלה שאל־לין אליל: ולאן אזר יאל־אכל אליחל, עלה
כאזלו אקין ולו ולן אקן אאיא אק־ליה ואלי יליאל ילאיר ולאליך ללל,             אזרלה
שאל־ביאל ליךל יאליחל, ולין אזל איל אי אכילל לאליך: ולי
י־יל אזל־ני לאליך אליחל, ין יכלא אקן אאילילל: יראזיל אקל, לאליך
שאל אזל: ידי־אקל, לאליך שאל־ביאל לאליך ילאה ויאילילה יליל
אי־ליאל אל־ליאלין לאזר, ולאאלה יאזה אי־ליאל ליל י־ליאלה
ל־אלה יעל לאליך:             אול י ליילה לאזיל יליך לאליך שואתחנו
יאה אליחל: ולאזה ליאל יאזא יאלי אאזלה אי־אל ליילה יאקל ללל,
שואליה: ולא ליאל יאליחל, יאל יאליל ליאליל ליאזל אליל יאליך
יאל אילי איאלה אי־אל־א, לאליך ליאלי, יכל יאזיל יאיי יל אליך
ליאל אאילל אלי:             יאיא יאה ולאליך, יאכ יאזל־לאליך
ואל־אקל אאל אל אי־יל אליחל, ואל־אאל אליחל, ואלי אילל אאל
אלליל אזיל אליחל, יאכ יאזל־לאליך: אל אאל אזיל אילליל
ליאלי אאל ליליל יליאיל אאל יאל אאל ליאאל אל ליאל: ולאזל
יאליל ליל יאל: יאה ליאל איאל יליי י־אלי אליל אל
לאה ליאאל־ל יאל יאלי י־יאל־ליאליל יאה אל־אליל ילאל
לן־ולה אאל אאל־אא יאילליי: יאלל ליאל אל־אאל יא־
יאלל אאל אי־ליאל שואתחנו אי־אל אליל אלה לאאל,
אאל לי אל־א־ליאל אל ליאל יאל, אאל אאל יל אאל א־ליל:
אליחל, אאל יאל־י יאל יאה אי־ליאל ין אאל אל י, א אל־אאל
א, א אל־יאל אל ליאל יאליל אל: ליאה אל־אאל אל אאלי י אל
אל אי־אל אאא אל־א ליאל אאל ליאלא־א ין־ליאל אל אי־ליאל

וּכְלָשׁוֹנְגֹ: וַיִּכְתֹּב בְּשֵׁם הַמֶּלֶךְ אֲחַשְׁוֵרֹשׁ וַיַּחְתֹּם בְּטַבַּעַת הַמֶּלֶךְ וַיִּשְׁלַח
סְפָרִים בְּיַד הָרָצִים בַּסּוּסִים רֹכְבֵי הָרֶכֶשׁ הָאֲחַשְׁתְּרָנִים בְּנֵי הָרַמָּכִים: אֲשֶׁר
נָתַן הַמֶּלֶךְ לַיְּהוּדִים ׀ אֲשֶׁר ׀ בְּכָל־עִיר וָעִיר לְהִקָּהֵל וְלַעֲמֹד עַל־נַפְשָׁם
לְהַשְׁמִיד וְלַהֲרֹג וּלְאַבֵּד אֶת־כָּל־חֵיל עַם וּמְדִינָה הַצָּרִים אֹתָם טַף וְנָשִׁים
וּשְׁלָלָם לָבוֹז: בְּיוֹם אֶחָד בְּכָל־מְדִינוֹת הַמֶּלֶךְ אֲחַשְׁוֵרֹשׁ בִּשְׁלוֹשָׁה עָשָׂר
לְחֹדֶשׁ שְׁנֵים־עָשָׂר הוּא־חֹדֶשׁ אֲדָר: פַּתְשֶׁגֶן הַכְּתָב לְהִנָּתֵן דָּת בְּכָל־מְדִינָה
וּמְדִינָה גָּלוּי לְכָל־הָעַמִּים וְלִהְיוֹת הַיְּהוּדִים עֲתוּדִים לַיּוֹם הַזֶּה לְהִנָּקֵם הַיְּהוּדִים<br>עֲתוּדִים
מֵאֹיְבֵיהֶם: הָרָצִים רֹכְבֵי הָרֶכֶשׁ הָאֲחַשְׁתְּרָנִים יָצְאוּ מְבֹהָלִים וּדְחוּפִים בִּדְבַר
הַמֶּלֶךְ וְהַדָּת נִתְּנָה בְּשׁוּשַׁן הַבִּירָה: ⟵ וּמָרְדֳּכַי יָצָא ׀ מִלִּפְנֵי הַמֶּלֶךְ
בִּלְבוּשׁ מַלְכוּת תְּכֵלֶת וָחוּר וַעֲטֶרֶת זָהָב גְּדוֹלָה וְתַכְרִיךְ בּוּץ וְאַרְגָּמָן וְהָעִיר
שׁוּשָׁן צָהֲלָה וְשָׂמֵחָה: ⟵ לַיְּהוּדִים הָיְתָה אוֹרָה וְשִׂמְחָה וְשָׂשֹׂן וִיקָר: ⟵ וּבְכָל־
מְדִינָה וּמְדִינָה וּבְכָל־עִיר וָעִיר מְקוֹם אֲשֶׁר דְּבַר־הַמֶּלֶךְ וְדָתוֹ מַגִּיעַ
שִׂמְחָה וְשָׂשֹׂן לַיְּהוּדִים מִשְׁתֶּה וְיוֹם טוֹב וְרַבִּים מֵעַמֵּי הָאָרֶץ מִתְיַהֲדִים
כִּי־נָפַל פַּחַד־הַיְּהוּדִים עֲלֵיהֶם: וּבִשְׁנֵים עָשָׂר חֹדֶשׁ הוּא־חֹדֶשׁ אֲדָר **ט**
בִּשְׁלוֹשָׁה עָשָׂר יוֹם בּוֹ אֲשֶׁר הִגִּיעַ דְּבַר־הַמֶּלֶךְ וְדָתוֹ לְהֵעָשׂוֹת בַּיּוֹם אֲשֶׁר
שִׂבְּרוּ אֹיְבֵי הַיְּהוּדִים לִשְׁלוֹט בָּהֶם וְנַהֲפוֹךְ הוּא אֲשֶׁר יִשְׁלְטוּ הַיְּהוּדִים
הֵמָּה בְּשֹׂנְאֵיהֶם: נִקְהֲלוּ הַיְּהוּדִים בְּעָרֵיהֶם בְּכָל־מְדִינוֹת הַמֶּלֶךְ אֲחַשְׁוֵרֹשׁ
לִשְׁלֹחַ יָד בִּמְבַקְשֵׁי רָעָתָם וְאִישׁ לֹא־עָמַד לִפְנֵיהֶם כִּי־נָפַל פַּחְדָּם עַל־כָּל־
הָעַמִּים: וְכָל־שָׂרֵי הַמְּדִינוֹת וְהָאֲחַשְׁדַּרְפְּנִים וְהַפַּחוֹת וְעֹשֵׂי הַמְּלָאכָה
אֲשֶׁר לַמֶּלֶךְ מְנַשְּׂאִים אֶת־הַיְּהוּדִים כִּי־נָפַל פַּחַד־מָרְדֳּכַי עֲלֵיהֶם: כִּי־
גָדוֹל מָרְדֳּכַי בְּבֵית הַמֶּלֶךְ וְשָׁמְעוֹ הוֹלֵךְ בְּכָל־הַמְּדִינוֹת כִּי־הָאִישׁ מָרְדֳּכַי
הוֹלֵךְ וְגָדוֹל: וַיַּכּוּ הַיְּהוּדִים בְּכָל־אֹיְבֵיהֶם מַכַּת־חֶרֶב וְהֶרֶג וְאַבְדָן וַיַּעֲשׂוּ
בְשֹׂנְאֵיהֶם כִּרְצוֹנָם: וּבְשׁוּשַׁן הַבִּירָה הָרְגוּ הַיְּהוּדִים וְאַבֵּד ⟵ חֲמֵשׁ מֵאוֹת

| וְאֵת ׀ | אִישׁ: |
| וְאֵת ׀ | פַּרְשַׁנְדָּתָא |
| וְאֵת ׀ | דַּלְפוֹן |
| וְאֵת ׀ | אַסְפָּתָא: |
| וְאֵת ׀ | פּוֹרָתָא |
| וְאֵת ׀ | אֲדַלְיָא |

אֲרִידָֽתָא: וְאֵ֣ת ׀
פַּרְמַ֖שְׁתָּא וְאֵ֣ת ׀
אֲרִיסַ֖י וְאֵ֣ת ׀
אֲרִידַ֖י וְאֵ֣ת ׀
וַיְזָֽתָא: עֲשֶׂ֖רֶת ׀

בְּנֵ֨י הָמָ֧ן בֶּֽן־הַמְּדָ֛תָא צֹרֵ֥ר הַיְּהוּדִ֖ים הָרָ֑גוּ וּבַ֨בִּזָּ֔ה לֹ֥א שָׁלְח֖וּ אֶת־יָדָֽם: בַּיּ֣וֹם
הַה֗וּא בָּ֣א מִסְפַּ֧ר הַהֲרוּגִ֛ים בְּשׁוּשַׁ֥ן הַבִּירָ֖ה לִפְנֵ֣י הַמֶּֽלֶךְ: וַיֹּ֨אמֶר הַמֶּ֜לֶךְ לְאֶסְתֵּ֣ר
הַמַּלְכָּ֗ה בְּשׁוּשַׁ֣ן הַבִּירָ֡ה הָרְגוּ֩ הַיְּהוּדִ֨ים וְאַבֵּ֜ד חֲמֵ֧שׁ מֵא֣וֹת אִ֗ישׁ וְאֵת֙ עֲשֶׂ֣רֶת
בְּנֵֽי־הָמָ֔ן בִּשְׁאָ֛ר מְדִינ֥וֹת הַמֶּ֖לֶךְ מֶ֣ה עָשׂ֑וּ וּמַה־שְּׁאֵֽלָתֵךְ֙ וְיִנָּ֣תֵֽן לָ֔ךְ וּמַה־בַּקָּשָׁתֵ֥ךְ
ע֖וֹד וְתֵעָֽשׂ: וַתֹּ֤אמֶר אֶסְתֵּר֙ אִם־עַל־הַמֶּ֣לֶךְ ט֔וֹב יִנָּתֵ֣ן גַּם־מָחָ֗ר לַיְּהוּדִים֙ אֲשֶׁ֣ר
בְּשׁוּשָׁ֔ן לַֽעֲשׂ֖וֹת כְּדָ֣ת הַיּ֑וֹם וְאֵ֛ת עֲשֶׂ֥רֶת בְּנֵֽי־הָמָ֖ן יִתְל֥וּ עַל־הָעֵֽץ: וַיֹּ֤אמֶר
הַמֶּ֨לֶךְ֙ לְהֵֽעָשׂ֣וֹת כֵּ֔ן וַתִּנָּתֵ֥ן דָּ֖ת בְּשׁוּשָׁ֑ן וְאֵ֛ת עֲשֶׂ֥רֶת בְּנֵֽי־הָמָ֖ן תָּלֽוּ: וַיִּקָּֽהֲל֣וּ
הַיְּהוּדִ֣ים אֲשֶׁר־בְּשׁוּשָׁ֗ן גַּ֣ם בְּי֤וֹם אַרְבָּעָ֤ה עָשָׂר֙ לְחֹ֣דֶשׁ אֲדָ֔ר וַיַּֽהַרְג֣וּ בְשׁוּשָׁ֔ן    הַיְּהוּדִ֣ים
שְׁלֹ֥שׁ מֵא֖וֹת אִ֑ישׁ וּבַ֨בִּזָּ֔ה לֹ֥א שָׁלְח֖וּ אֶת־יָדָֽם: וּשְׁאָ֣ר הַיְּהוּדִ֡ים אֲשֶׁר֩ בִּמְדִינ֨וֹת
הַמֶּ֜לֶךְ נִקְהֲל֣וּ ׀ וְעָמֹ֣ד עַל־נַפְשָׁ֗ם וְנ֨וֹחַ֙ מֵאֹ֣יְבֵיהֶ֔ם וְהָרוֹג֙ בְּשֹֽׂנְאֵיהֶ֔ם חֲמִשָּׁ֥ה
וְשִׁבְעִ֖ים אָ֑לֶף וּבַ֨בִּזָּ֔ה לֹ֥א שָֽׁלְח֖וּ אֶת־יָדָֽם: בְּיוֹם־שְׁלוֹשָׁ֥ה עָשָׂ֖ר לְחֹ֣דֶשׁ אֲדָ֑ר וְנ֗וֹחַ
בְּאַרְבָּעָ֤ה עָשָׂר֙ בּ֔וֹ וְעָשֹׂ֣ה אֹת֔וֹ י֖וֹם מִשְׁתֶּ֥ה וְשִׂמְחָֽה: וְהַיְּהוּדִ֣ים אֲשֶׁר־בְּשׁוּשָׁ֗ן    וְהַיְּהוּדִ֣ים
נִקְהֲלוּ֙ בִּשְׁלוֹשָׁ֤ה עָשָׂר֙ בּ֔וֹ וּבְאַרְבָּעָ֥ה עָשָׂ֖ר בּ֑וֹ וְנ֗וֹחַ בַּֽחֲמִשָּׁ֤ה עָשָׂר֙ בּ֔וֹ וְעָשֹׂ֣ה
אֹת֔וֹ י֖וֹם מִשְׁתֶּ֥ה וְשִׂמְחָֽה: עַל־כֵּ֞ן הַיְּהוּדִ֣ים הַפְּרָוֹזִ֗ים הַיֹּֽשְׁבִים֙ בְּעָרֵ֣י הַפְּרָז֔וֹת    הַפְּרָזִ֗ים
עֹשִׂ֗ים אֵ֠ת י֣וֹם אַרְבָּעָ֤ה עָשָׂר֙ לְחֹ֣דֶשׁ אֲדָ֔ר שִׂמְחָ֥ה וּמִשְׁתֶּ֖ה וְי֣וֹם ט֑וֹב וּמִשְׁלֹ֥חַ
מָנ֖וֹת אִ֥ישׁ לְרֵעֵֽהוּ: וַיִּכְתֹּ֣ב מָרְדֳּכַ֔י אֶת־הַדְּבָרִ֖ים הָאֵ֑לֶּה וַיִּשְׁלַ֣ח סְפָרִ֗ים אֶל־כָּל־
הַיְּהוּדִ֗ים אֲשֶׁר֙ בְּכָל־מְדִינ֣וֹת הַמֶּ֣לֶךְ אֲחַשְׁוֵר֔וֹשׁ הַקְּרוֹבִ֖ים וְהָֽרְחוֹקִֽים: לְקַיֵּם֮
עֲלֵיהֶם֒ לִֽהְי֣וֹת עֹשִׂ֗ים אֵ֠ת י֣וֹם אַרְבָּעָ֤ה עָשָׂר֙ לְחֹ֣דֶשׁ אֲדָ֔ר וְאֵ֛ת יֽוֹם־חֲמִשָּׁ֥ה
עָשָׂ֖ר בּ֑וֹ בְּכָל־שָׁנָ֥ה וְשָׁנָֽה: כַּיָּמִ֗ים אֲשֶׁר־נָ֨חוּ בָהֶ֤ם הַיְּהוּדִים֙ מֵאֹ֣יְבֵיהֶ֔ם וְהַחֹ֗דֶשׁ
אֲשֶׁר֩ נֶהְפַּ֨ךְ לָהֶ֤ם מִיָּגוֹן֙ לְשִׂמְחָ֔ה וּמֵאֵ֖בֶל לְי֣וֹם ט֑וֹב לַֽעֲשׂ֣וֹת אוֹתָ֗ם יְמֵי֙ מִשְׁתֶּ֣ה
וְשִׂמְחָ֔ה וּמִשְׁלֹ֤חַ מָנוֹת֙ אִ֣ישׁ לְרֵעֵ֔הוּ וּמַתָּנ֖וֹת לָֽאֶבְיוֹנִֽים: וְקִבֵּל֙ הַיְּהוּדִ֔ים אֵ֛ת
אֲשֶׁר־הֵחֵ֥לּוּ לַֽעֲשׂ֖וֹת וְאֵ֛ת אֲשֶׁר־כָּתַ֥ב מָרְדֳּכַ֖י אֲלֵיהֶֽם: כִּי֩ הָמָ֨ן בֶּֽן־הַמְּדָ֜תָא
הָֽאֲגָגִ֗י צֹרֵר֙ כָּל־הַיְּהוּדִ֔ים חָשַׁ֥ב עַל־הַיְּהוּדִ֖ים לְאַבְּדָ֑ם וְהִפִּ֥ל פּוּר֙ ה֣וּא הַגּוֹרָ֔ל
לְהֻמָּ֖ם וּֽלְאַבְּדָֽם: וּבְבֹאָהּ֮ לִפְנֵ֣י הַמֶּלֶךְ֒ אָמַ֣ר עִם־הַסֵּ֔פֶר יָשׁ֞וּב מַֽחֲשַׁבְתּ֧וֹ הָֽרָעָ֣ה

אֲשֶׁר־חָשַׁב עַל־הַיְּהוּדִים עַל־רֹאשׁוֹ וְתָלוּ אֹתוֹ וְאֶת־בָּנָיו עַל־הָעֵץ: עַל־כֵּן
קָרְאוּ לַיָּמִים הָאֵלֶּה פוּרִים עַל־שֵׁם הַפּוּר עַל־כֵּן עַל־כָּל־דִּבְרֵי הָאִגֶּרֶת הַזֹּאת
וּמָה־רָאוּ עַל־כָּכָה וּמָה הִגִּיעַ אֲלֵיהֶם: קִיְּמוּ וְקִבְּל הַיְּהוּדִים ׀ עֲלֵיהֶם ׀ וְעַל־
זַרְעָם וְעַל כָּל־הַנִּלְוִים עֲלֵיהֶם וְלֹא יַעֲבוֹר לִהְיוֹת עֹשִׂים אֵת שְׁנֵי הַיָּמִים הָאֵלֶּה
כִּכְתָבָם וְכִזְמַנָּם בְּכָל־שָׁנָה וְשָׁנָה: וְהַיָּמִים הָאֵלֶּה נִזְכָּרִים וְנַעֲשִׂים בְּכָל־דּוֹר
וָדוֹר מִשְׁפָּחָה וּמִשְׁפָּחָה מְדִינָה וּמְדִינָה וְעִיר וָעִיר וִימֵי הַפּוּרִים הָאֵלֶּה לֹא
יַעַבְרוּ מִתּוֹךְ הַיְּהוּדִים וְזִכְרָם לֹא־יָסוּף מִזַּרְעָם:        וַתִּכְתֹּב אֶסְתֵּר
הַמַּלְכָּה בַת־אֲבִיחַיִל וּמָרְדֳּכַי הַיְּהוּדִי אֶת־כָּל־תֹּקֶף לְקַיֵּם אֵת אִגֶּרֶת הַפֻּרִים
הַזֹּאת הַשֵּׁנִית: וַיִּשְׁלַח סְפָרִים אֶל־כָּל־הַיְּהוּדִים אֶל־שֶׁבַע וְעֶשְׂרִים וּמֵאָה
מְדִינָה מַלְכוּת אֲחַשְׁוֵרוֹשׁ דִּבְרֵי שָׁלוֹם וֶאֱמֶת: לְקַיֵּם אֶת־יְמֵי הַפֻּרִים הָאֵלֶּה
בִּזְמַנֵּיהֶם כַּאֲשֶׁר קִיַּם עֲלֵיהֶם מָרְדֳּכַי הַיְּהוּדִי וְאֶסְתֵּר הַמַּלְכָּה וְכַאֲשֶׁר קִיְּמוּ
עַל־נַפְשָׁם וְעַל־זַרְעָם דִּבְרֵי הַצּוֹמוֹת וְזַעֲקָתָם: וּמַאֲמַר אֶסְתֵּר קִיַּם דִּבְרֵי
הַפֻּרִים הָאֵלֶּה וְנִכְתָּב בַּסֵּפֶר:        וַיָּשֶׂם הַמֶּלֶךְ אֲחַשְׁרֵשׁ ׀ מַס עַל־  אֲחַשְׁוֵרוֹשׁ   י
הָאָרֶץ וְאִיֵּי הַיָּם: וְכָל־מַעֲשֵׂה תָקְפּוֹ וּגְבוּרָתוֹ וּפָרָשַׁת גְּדֻלַּת מָרְדֳּכַי אֲשֶׁר
גִּדְּלוֹ הַמֶּלֶךְ הֲלוֹא־הֵם כְּתוּבִים עַל־סֵפֶר דִּבְרֵי הַיָּמִים לְמַלְכֵי מָדַי וּפָרָס:   דתימ
י  כִּי ׀ מָרְדֳּכַי הַיְּהוּדִי מִשְׁנֶה לַמֶּלֶךְ אֲחַשְׁוֵרוֹשׁ וְגָדוֹל לַיְּהוּדִים וְרָצוּי לְרֹב
אֶחָיו דֹּרֵשׁ טוֹב לְעַמּוֹ וְדֹבֵר שָׁלוֹם לְכָל־זַרְעוֹ: ◄

אחר הקריאה בציבור גוללים את המגילה והקורא מברך את הברכות שבעמוד 461.

ניקוד

כי אם בליל שמורים הוא ליל שמרים לכל־בני־ישראל:
בראשׁון בׁעׂרׂב ۚ ואכלו אׂת־הۚמۚצۚות ۚעׂד ۚ
ۚלۚ ۚ כۚ:

שמות יב

אۚלۚ ۚ אۚלۚהۚ ۚ ۚ ۚ ۚ

ויקרא כג

ויקרא כ"ג

זעירתא אנ_רותא.כרו בודיל ג.ריר: אבר. בראדר ו .ביר א.ער ברר.: בו
א..אתר .ביר זערר זעבו ברא.ער:

תריר .ראות עזע. עגר ברתו ו..לראו רבו: אבזיו .ויר אראבתר ו...א
בארי אנ_.ביר: רא.ו ארו.ב ב.._.ורתר ביב בו.._אז.ור אר ברכ .ויר:
ארז_רוא.ב אריר בזבבברו אר_ריא.בברו ור.ב ברר: רביר רביר_.ררא
בבב בר.ר: ובא ב_.ברזר .ויר רב.ר בר .ויר ;רביא בריאב. אר.א: רביר
רבבב .רביא רבבר.: בב_א.ב אר_ר.ב בב.ר. זבבבר ורא.באר ר.ד רבברא
זעירתא בבב.כרו ביריר ברר: ברר.ב ארבר I ארבר .ריב. בר בורבבבר ב.

.רב ר.ר.ב .ברו: ב.ויר ר.בבר אר_רר ברברר ברר:

בבב ביו. ארב.: בורר .ויר I ורב.ב ארר.ב ב.._רר.ר ברר.ב_רר. ברו
אר. ברברו ר.בבר ור.ברר. ב. .ויר רברבר: ב.ר.ר.ב בברברו רב ארב
בבר. בברב. רביר.ב רבר: ברב. אר_.ויר אר.ב רברב בביר ב.בא ברר:
אבר: רב.ב ארב.ב בבבר. ור ב.ברברו בב בברב.ב ברר: רבריר .ויר בביר
ברברר ברר בבברב בבב. I בבברב ברר: .ויר ברר._רב. רר. רב.ב בבבר. ב
ברבבבב ברר ב._רבבר בבבבב אבר אבר. בב_.רב. ב.:

בבבר. ארב.: ברבר אר.._ויר ביברר רביב. בברררר: ברברר_בר בר.ברר I
אר.ב: ברברו בבברב ברב. ברב. ..בר בברברב: רברבר ברבבר ברבברב .ברבר
בר.._ביר אבר. ב.רב .ברר.בר: בבב. ברבר. ברברב ר..ב ברברר בררברר ברבב.
.ברב. ברברר. ביבר. בב_.ברב בב_ברב.ב: ברברב אב בר .ויר ברב. אבב
.בבב ברבבב .בברב אברב .בר_רבר: אר .בבר אברבר בברב ברברבר. ברברבר:
בב_.ויר ברב_בברברב: ררברר ארבבבברברבר ברברבר ברבבר אבברבר:
רביר בבבר ר.ב בבבברב בברב.ב: .ברברב I ברבב.בר.ב ברבברב בברב..ביר ב
.ויר בבב אר.בר.ב ברבבר בבבר.ב בבבבר:

ברב: ברב.ב בר._ברב בבבר.ב בבברבב ברברבר ברבר. ברב.ב.ב: ב.._בברב
ברבב בבב בברב._רבבר ברבב.ב: בב_ב. בברבבר.ב ב. בב_ברבר בברב_ברברב
.ברבר: ברברב ברברב ברברב בר_בבר. ב.ב בבר בבב. I .בר בברברב .ברברב בב_
בבברברב בברב בב .ברב: ב. בב בברברב .ויר בברב בבברברבר .ברבר .בבבר
בברב_רבבבב בבר. I בב ברבר ברברב .ברברב בברבב בברבבב בב ברר. \*

הַקְשִׁיבָה ׀ לְק֤וֹל שַׁוְעִ֗י מַלְכִּ֥י וֵֽאלֹהָ֑י כִּֽי־אֵ֝לֶ֗יךָ אֶתְפַּלָּֽל: יְהוָ֗ה בֹּ֭קֶר תִּשְׁמַ֣ע
קוֹלִ֑י בֹּ֥קֶר אֶֽעֱרָךְ־לְ֝ךָ֗ וַאֲצַפֶּֽה: כִּ֤י ׀ לֹ֤א אֵֽל־חָפֵ֘ץ רֶ֥שַׁע ׀ אָ֑תָּה לֹ֖א יְגֻרְךָ֣ רָֽע:
לֹֽא־יִתְיַצְּב֣וּ הֽ֭וֹלְלִים לְנֶ֣גֶד עֵינֶ֑יךָ שָׂ֝נֵ֗אתָ כָּל־פֹּ֥עֲלֵי אָֽוֶן: תְּאַבֵּד֮ דֹּבְרֵ֢י כָ֫זָ֥ב
אִישׁ־דָּמִ֥ים וּמִרְמָ֗ה יְתָעֵ֥ב ׀ יְהוָֽה: וַאֲנִ֗י בְּרֹ֣ב חַ֭סְדְּךָ אָב֣וֹא בֵיתֶ֑ךָ אֶשְׁתַּחֲוֶ֥ה
אֶל־הֵֽיכַל־קָ֝דְשְׁךָ֗ בְּיִרְאָתֶֽךָ: יְהוָ֤ה ׀ נְחֵ֬נִי בְצִדְקָתֶ֗ךָ לְמַ֥עַן שׁוֹרְרָ֑י הַיְשַׁ֖ר
דַּרְכֶּֽךָ: כִּ֤י אֵ֪ין בְּפִ֡יהוּ נְכוֹנָה֮ קִרְבָּ֢ם הַ֫וּ֥וֹת קֶֽבֶר־פָּת֥וּחַ גְּרוֹנָ֑ם לְ֝שׁוֹנָ֗ם יַחֲלִיקֽוּן:
הַֽאֲשִׁימֵ֨ם ׀ אֱֽלֹהִ֗ים יִפְּלוּ֮ מִֽמֹּעֲצ֢וֹתֵ֫יהֶ֥ם בְּרֹ֣ב פִּ֭שְׁעֵיהֶם הַדִּיחֵ֑מוֹ כִּי־מָ֥רוּ בָֽךְ:
וְיִשְׂמְח֤וּ כָל־ח֪וֹסֵי בָ֡ךְ לְעוֹלָ֣ם יְ֭רַנֵּנוּ וְתָסֵ֣ךְ עָלֵ֑ימוֹ וְיַעְלְצ֥וּ בְ֝ךָ֗ אֹהֲבֵ֥י שְׁמֶֽךָ:
כִּֽי־אַתָּה֮ תְּבָרֵ֢ךְ צַ֫דִּ֥יק יְהוָ֑ה כַּ֝צִּנָּ֗ה רָצ֥וֹן תַּעְטְרֶֽנּוּ:

ו לַמְנַצֵּ֥חַ בִּנְגִינ֗וֹת עַֽל־הַשְּׁמִינִ֗ית מִזְמ֥וֹר לְדָוִֽד: יְֽהוָ֗ה אַל־בְּאַפְּךָ֥ תוֹכִיחֵ֑נִי
וְֽאַל־בַּחֲמָתְךָ֥ תְיַסְּרֵֽנִי: חָנֵּ֥נִי יְהוָה֮ כִּ֤י אֻמְלַ֫ל אָ֥נִי רְפָאֵ֥נִי יְהוָ֑ה כִּ֖י נִבְהֲל֣וּ עֲצָמָֽי:
וְ֭נַפְשִׁי נִבְהֲלָ֣ה מְאֹ֑ד וְאַ֥תְּ יְ֝הוָ֗ה עַד־מָתָֽי: שׁוּבָ֣ה יְ֭הוָה חַלְּצָ֣ה נַפְשִׁ֑י ה֝וֹשִׁיעֵ֗נִי
לְמַ֣עַן חַסְדֶּֽךָ: כִּ֤י אֵ֣ין בַּמָּ֣וֶת זִכְרֶ֑ךָ בִּ֝שְׁא֗וֹל מִ֣י יֽוֹדֶה־לָּֽךְ: יָגַ֤עְתִּי ׀ בְּֽאַנְחָתִ֗י
אַשְׂחֶ֣ה בְכָל־לַ֭יְלָה מִטָּתִ֑י בְּ֝דִמְעָתִ֗י עַרְשִׂ֥י אַמְסֶֽה: עָֽשְׁשָׁ֣ה מִכַּ֣עַס עֵינִ֑י
עָֽ֝תְקָ֗ה בְּכָל־צוֹרְרָֽי: ס֣וּרוּ מִ֭מֶּנִּי כָּל־פֹּ֣עֲלֵי אָ֑וֶן כִּֽי־שָׁמַ֥ע יְ֝הוָ֗ה ק֣וֹל בִּכְיִֽי:
שָׁמַ֣ע יְ֭הוָה תְּחִנָּתִ֑י יְ֝הוָ֗ה תְּֽפִלָּתִ֥י יִקָּֽח: יֵבֹ֤שׁוּ ׀ וְיִבָּהֲל֣וּ מְ֭אֹד כָּל־אֹיְבָ֑י יָ֝שֻׁ֗בוּ
יֵבֹ֥שׁוּ רָֽגַע:

ז שִׁגָּי֗וֹן לְדָ֫וִ֥ד אֲשֶׁר־שָׁ֥ר לַיהוָ֑ה עַל־דִּבְרֵי־כ֝֗וּשׁ בֶּן־יְמִינִֽי: יְהוָ֣ה אֱ֭לֹהַי בְּךָ֣ חָסִ֑יתִי
הוֹשִׁיעֵ֥נִי מִכָּל־רֹ֝דְפַ֗י וְהַצִּילֵֽנִי: פֶּן־יִטְרֹ֣ף כְּאַרְיֵ֣ה נַפְשִׁ֑י פֹּ֝רֵ֗ק וְאֵ֣ין מַצִּֽיל: יְהוָ֣ה
אֱ֭לֹהַי אִם־עָשִׂ֣יתִי זֹ֑את אִֽם־יֶשׁ־עָ֥וֶל בְּכַפָּֽי: אִם־גָּ֭מַלְתִּי שֽׁוֹלְמִ֥י רָ֑ע וָאֲחַלְּצָ֖ה
צוֹרְרִ֣י רֵיקָֽם: יִֽרַדֹּ֥ף אוֹיֵ֨ב ׀ נַפְשִׁ֡י וְיַשֵּׂ֗ג וְיִרְמֹ֣ס לָאָ֣רֶץ חַיָּ֑י וּכְבוֹדִ֓י ׀ לֶעָפָ֖ר יַשְׁכֵּ֣ן
סֶֽלָה: ק֘וּמָ֤ה יְהוָ֨ה ׀ בְּאַפֶּ֗ךָ הִ֭נָּשֵׂא בְּעַבְר֣וֹת צוֹרְרָ֑י וְע֥וּרָה אֵ֝לַ֗י מִשְׁפָּ֥ט צִוִּֽיתָ:
וַעֲדַ֣ת לְ֭אֻמִּים תְּסוֹבְבֶ֑ךָּ וְ֝עָלֶ֗יהָ לַמָּר֥וֹם שֽׁוּבָה: יְהוָה֮ יָדִ֢ין עַ֫מִּ֥ים שָׁפְטֵ֥נִי יְהוָ֑ה
כְּצִדְקִ֖י וּכְתֻמִּ֣י עָלָֽי: יִגְמָר־נָ֬א רַ֤ע ׀ רְשָׁעִים֮ וּתְכוֹנֵ֪ן צַ֫דִּ֥יק וּבֹחֵ֣ן לִ֭בּוֹת וּכְלָי֑וֹת
אֱלֹהִ֥ים צַדִּֽיק: מָֽגִנִּ֥י עַל־אֱלֹהִ֑ים מ֝וֹשִׁ֗יעַ יִשְׁרֵי־לֵֽב: אֱ֭לֹהִים שׁוֹפֵ֣ט צַדִּ֑יק וְ֝אֵ֗ל
זֹ֝עֵ֗ם בְּכָל־יֽוֹם: אִם־לֹ֣א יָ֭שׁוּב חַרְבּ֣וֹ יִלְט֑וֹשׁ קַשְׁתּ֥וֹ דָ֝רַ֗ךְ וַֽיְכוֹנְנֶֽהָ: וְ֭לוֹ הֵכִ֣ין
כְּלֵי־מָ֑וֶת חִ֝צָּ֗יו לְֽדֹלְקִ֥ים יִפְעָֽל: הִנֵּ֥ה יְחַבֶּל־אָ֑וֶן וְהָרָ֥ה עָ֝מָ֗ל וְיָ֣לַד שָֽׁקֶר: בּ֣וֹר
כָּ֭רָֽה וַֽיַּחְפְּרֵ֑הוּ וַ֝יִּפֹּ֗ל בְּשַׁ֣חַת יִפְעָֽל: יָשׁ֣וּב עֲמָל֣וֹ בְרֹאשׁ֑וֹ וְעַ֥ל קָ֝דְקֳד֗וֹ חֲמָס֥וֹ
יֵרֵֽד: אוֹדֶ֣ה יְהוָ֣ה כְּצִדְק֑וֹ וַ֝אֲזַמְּרָ֗ה שֵֽׁם־יְהוָ֥ה עֶלְיֽוֹן:

וַיֹּאמֶר יֵשֶׁב כְּבוֹד ה' בָּאוֹהֶל מוֹעֵד: וַיֵּרָא הֶן לָם יָבֹאוּ
וְנֶשֶׁב עֶבֶד וַיֵּלֶךְ אֶל הָאֲנָשִׁים אֲשֶׁר נָם כִּי הַרְחֵק וַיֹּאמֶר אֵלֶיהָ: וַיַּעַן אֶת
אָבִיהָ וַיָּבֹא אֵל בֵּיתוֹ: וַיַּעֲשֶׂה כְּבֹד אֶת עֲבָדָיו וְנֶס וַיִּמְלֹךְ הָרִאשׁוֹן:
מֵרֵא וַיֵּרֶב: וַיֵּאַחֵז תַּחַת הֵם וַיַעַם וַיֹּאמֶר: יִשְׁרָאֵל וַיַּעֲשֶׂה
שְׁמוּאֵל יָבוֹא וַיֹּאמֶר לְךָ הֶן וַיֹּאמֶר עָמַד: וַיַעֲשֶׂה עֵם כִּי עֶבֶד שָׁמָה
וַיֹּאמֶר הֵם וַיַּעַן כְּבֹד: אַחֲרֵי אֲנָשִׁים וַיַּעַם וַיַּחֲוֶה אֶל עִבְרִים:
אַחֲרֵי הֶם: וַיַּעַם לֹא יָצֵא וַיֹּאמֶר וַעֲבָדָם וַיַּעֲשֶׂה וַיֵּלֶךְ: וַיֵּרֶא הָהֵם
כֵּן וְהֵם אַחֲרֵי הָעַם וַיָּשָׁם: וַיַּעֲשֶׂה וַיִּרְאוּ הֶן בָּנָיו וַיֹּאמֶר עָלָה: וַיֹּאמֶר
לֹא יָשֵׁב אֶל יָצֵא אַחֲרֵי הָעַם עַם הָעַם | וַיַעֲשֶׂה הֶן: כִּי לֹא הֵם וַיֶּעֱמַד
וְהֵם הֶם, וַיֵּרֶא וַיֹּאמֶר: כִּי אֵל נָא הֶן אֲנָשָׁיו, וַיִּרְאוֹן: וַיֵּרֶא וַעֲבֹד
וַיֵּרְדוּ: כֵּן וַיֹּאמֶר עָם אֶת וַעֲמֹד אֲשֶׁר לֹא לָם וַיֹּאמֶר כֵּן וַיֹּאמֶר וַיֹּאמֶר נָא
וַעֲבֹד הָעַם וַיֹּאמֶר וַיֹּאמֶר אֶת וַיֵּרֶב הֶן וַיֹּאמֶר: וַיֵּרֶב וַתֵּלֵד וַעֲבֹד הַהוּא
הֵם וַיַּעַם בֶּן וַיֹּאמֶר עִם וַיֹּאמֶר: וַיַּעֲשֶׂה וַיֵּלֶךְ הֶן עֶבֶד עֵם כִּי עֶבֶד בֵּן:
וַיֵּרֶב עֲשֶׂה וַיֹּאמֶר עֵם: הֵם אֶת וַיִּרְאוּ עֶבֶד הֶן וַיַּעַם אֲשֶׁר עֵם:
וַיֹּאמֶר כִּי עֵל נָא: וַיֹּאמֶר וַיֵּלֶךְ הֶן: וַיַּעֲשֶׂה אֲשֶׁר עַם עֵם וַיֵּרֶב נָא: וַיַּעֲשֶׂה בֵּן
כֵּן וַיֹּאמֶר וַיֹּאמֶר: וַיֵּלֶךְ אֵל וַיֹּאמֶר הֶן וַיֹּאמֶר וַיֹּאמֶר כֵּן: וַיֹּאמֶר כֵּן אֲשֶׁר
לָם כֵּן: וַעֲשֶׂה וַתֵּלֶד וַיֹּאמֶר עַם וַיֹּאמֶר עֶבֶד לֵם: אֶת כִּי עֶבֶד אֵל אֲנָשָׁיו,
בֵּן וַיֹּאמֶר: וַיֵּלֶךְ | וַיֹּאמֶר עַם וַיַּעַם עֲבָדָיו וַיַּעֲשֶׂה הֶן וַעֲבֹד בָּנָיו
הֵם | וַיֵּלֶךְ וַעֲמֹד אֲשֶׁר אֵל וַיֵּלֶךְ בָּל וַיֵּרֶב נָא: וַתֵּלֶד לָם וַיֵּלֶךְ בֵּן
וַיַעֲשֶׂה עֵם הָעַם וַיֹּאמֶר: וַיֵּרֶב וַיֵּלֶךְ אֵל אֵל בֵּן בֵּן וַיֹּאמֶר נָא: וַיֵּרֶב
וַיֵּלֶךְ אֲשֶׁר וַיֹּאמֶר וַיֵּלֶךְ נ אֲשֶׁר וַיֵּרֶב: וַיֹּאמֶר עַם | וַיֵּרֶב וַיֵּרְדוּ נָא וַיֵּרֶב
הַשֶׁה וַעֲמֹד וַיַּעֲשֶׂה נֶפֶשׁ וַיֹּאמֶר וַיֵּרֶב: וַיֹּאמֶר וַיֵּלֶךְ בֵּן הַיֶּשַׁע וַיֵּלֶךְ לֹא:
וַיֹּאמֶר | וַיֹּאמֶר וַיֵּלֶךְ עֵם וַיֹּאמֶר הֶן וַיַּעֲשֶׂה כֵּן: וַיֵּרֶב עֲשֶׂה בֵּן נָא
וְנֶסַע וַיַּעֲשֶׂה נֶסַע וַיַעֲשֶׂה עֵם וַיֵּרֶב אֲשֶׁר לָם וַיֵּרֶב עָשָׁה | וַיֹּאמֶר וַיֹּאמֶר: וַיֵּרֶב
וַיֹּאמֶר: הֵם וַיֹּאמֶר עֲבָדָיו וַיַּעֲשֶׂה וַיֵּרְדוּ הֵם: עֵל עֵם | וַיֹּאמֶר וַיֹּאמֶר
וַיֵּרֶב עֶבֶד וַיֵּרֶב וַיֹּאמֶר עַם וַיֹּאמֶר: נֵס הֶם וַיֵּרֶב וַיֹּאמֶר וַעֲשֶׂה וַיֵּרֶב:
וַיֹּאמֶר | עֲשֶׂה וַתֵּלֶד וַיַּעֲשֶׂה נֵס עֵם וְנֶס וַיֹּאמֶר וַעֲבֹד עֵם וַיֹּאמֶר וַיֵּרֶב:
וַיֵּרֶב, וַיֵּלֶךְ אֵל וַיֹּאמֶר עֶבֶד עֲבָדָיו וַיֵּרֶב וַיֵּרֶב: וַיַּעֲשֶׂה וַעֲבֹד וַיֵּלֶךְ וַיֵּרֶב:

אָדָם: כִּי־נָטוּ עָלֶיךָ רָעָה חָשְׁבוּ מְזִמָּה בַּל־יוּכָלוּ: כִּי תְּשִׁיתֵמוֹ שֶׁכֶם בְּמֵיתָרֶיךָ
תְּכוֹנֵן עַל־פְּנֵיהֶם: רוּמָה יְהוָה בְּעֻזֶּךָ נָשִׁירָה וּנְזַמְּרָה גְּבוּרָתֶךָ:

**כב** לַמְנַצֵּחַ עַל־אַיֶּלֶת הַשַּׁחַר מִזְמוֹר לְדָוִד: אֵלִי אֵלִי לָמָה עֲזַבְתָּנִי רָחוֹק
מִישׁוּעָתִי דִּבְרֵי שַׁאֲגָתִי: אֱלֹהַי אֶקְרָא יוֹמָם וְלֹא תַעֲנֶה וְלַיְלָה וְלֹא־דוּמִיָּה לִי:
וְאַתָּה קָדוֹשׁ יוֹשֵׁב תְּהִלּוֹת יִשְׂרָאֵל: בְּךָ בָּטְחוּ אֲבֹתֵינוּ בָּטְחוּ וַתְּפַלְּטֵמוֹ:
אֵלֶיךָ זָעֲקוּ וְנִמְלָטוּ בְּךָ בָטְחוּ וְלֹא־בוֹשׁוּ: וְאָנֹכִי תוֹלַעַת וְלֹא־אִישׁ חֶרְפַּת
אָדָם וּבְזוּי עָם: כָּל־רֹאַי יַלְעִגוּ לִי יַפְטִירוּ בְשָׂפָה יָנִיעוּ רֹאשׁ: גֹּל אֶל־יְהוָה
יְפַלְּטֵהוּ יַצִּילֵהוּ כִּי חָפֵץ בּוֹ: כִּי־אַתָּה גֹחִי מִבָּטֶן מַבְטִיחִי עַל־שְׁדֵי אִמִּי: עָלֶיךָ
הָשְׁלַכְתִּי מֵרָחֶם מִבֶּטֶן אִמִּי אֵלִי אָתָּה: אַל־תִּרְחַק מִמֶּנִּי כִּי־צָרָה קְרוֹבָה כִּי־
אֵין עוֹזֵר: סְבָבוּנִי פָּרִים רַבִּים אַבִּירֵי בָשָׁן כִּתְּרוּנִי: פָּצוּ עָלַי פִּיהֶם אַרְיֵה טֹרֵף
וְשֹׁאֵג: כַּמַּיִם נִשְׁפַּכְתִּי וְהִתְפָּרְדוּ כָּל־עַצְמוֹתָי הָיָה לִבִּי כַּדּוֹנָג נָמֵס בְּתוֹךְ מֵעָי:
יָבֵשׁ כַּחֶרֶשׂ ׀ כֹּחִי וּלְשׁוֹנִי מֻדְבָּק מַלְקוֹחָי וְלַעֲפַר־מָוֶת תִּשְׁפְּתֵנִי: כִּי סְבָבוּנִי
כְּלָבִים עֲדַת מְרֵעִים הִקִּיפוּנִי כָּאֲרִי יָדַי וְרַגְלָי: אֲסַפֵּר כָּל־עַצְמוֹתָי הֵמָּה יַבִּיטוּ
יִרְאוּ־בִי: יְחַלְּקוּ בְגָדַי לָהֶם וְעַל־לְבוּשִׁי יַפִּילוּ גוֹרָל: וְאַתָּה יְהוָה אַל־תִּרְחָק
אֱיָלוּתִי לְעֶזְרָתִי חוּשָׁה: הַצִּילָה מֵחֶרֶב נַפְשִׁי מִיַּד־כֶּלֶב יְחִידָתִי: הוֹשִׁיעֵנִי
מִפִּי אַרְיֵה וּמִקַּרְנֵי רֵמִים עֲנִיתָנִי: אֲסַפְּרָה שִׁמְךָ לְאֶחָי בְּתוֹךְ קָהָל אֲהַלְלֶךָּ:
יִרְאֵי יְהוָה ׀ הַלְלוּהוּ כָּל־זֶרַע יַעֲקֹב כַּבְּדוּהוּ וְגוּרוּ מִמֶּנּוּ כָּל־זֶרַע יִשְׂרָאֵל: כִּי
לֹא־בָזָה וְלֹא שִׁקַּץ עֱנוּת עָנִי וְלֹא־הִסְתִּיר פָּנָיו מִמֶּנּוּ וּבְשַׁוְּעוֹ אֵלָיו שָׁמֵעַ:
מֵאִתְּךָ תְּהִלָּתִי בְּקָהָל רָב נְדָרַי אֲשַׁלֵּם נֶגֶד יְרֵאָיו: יֹאכְלוּ עֲנָוִים ׀ וְיִשְׂבָּעוּ
יְהַלְלוּ יְהוָה דֹּרְשָׁיו יְחִי לְבַבְכֶם לָעַד: יִזְכְּרוּ ׀ וְיָשֻׁבוּ אֶל־יְהוָה כָּל־אַפְסֵי־
אָרֶץ וְיִשְׁתַּחֲווּ לְפָנֶיךָ כָּל־מִשְׁפְּחוֹת גּוֹיִם: כִּי לַיהוָה הַמְּלוּכָה וּמֹשֵׁל בַּגּוֹיִם:
אָכְלוּ וַיִּשְׁתַּחֲווּ ׀ כָּל־דִּשְׁנֵי־אֶרֶץ לְפָנָיו יִכְרְעוּ כָּל־יוֹרְדֵי עָפָר וְנַפְשׁוֹ לֹא חִיָּה:
זֶרַע יַעַבְדֶנּוּ יְסֻפַּר לַאדֹנָי לַדּוֹר: יָבֹאוּ וְיַגִּידוּ צִדְקָתוֹ לְעַם נוֹלָד כִּי עָשָׂה:

**כג** מִזְמוֹר לְדָוִד יְהוָה רֹעִי לֹא אֶחְסָר: בִּנְאוֹת דֶּשֶׁא יַרְבִּיצֵנִי עַל־מֵי מְנֻחוֹת
יְנַהֲלֵנִי: נַפְשִׁי יְשׁוֹבֵב יַנְחֵנִי בְמַעְגְּלֵי־צֶדֶק לְמַעַן שְׁמוֹ: גַּם כִּי־אֵלֵךְ בְּגֵיא
צַלְמָוֶת לֹא־אִירָא רָע כִּי־אַתָּה עִמָּדִי שִׁבְטְךָ וּמִשְׁעַנְתֶּךָ הֵמָּה יְנַחֲמֻנִי: תַּעֲרֹךְ
לְפָנַי ׀ שֻׁלְחָן נֶגֶד צֹרְרָי דִּשַּׁנְתָּ בַשֶּׁמֶן רֹאשִׁי כּוֹסִי רְוָיָה: אַךְ ׀ טוֹב וָחֶסֶד
יִרְדְּפוּנִי כָּל־יְמֵי חַיָּי וְשַׁבְתִּי בְּבֵית־יְהוָה לְאֹרֶךְ יָמִים:

**כד** לְדָוִד מִזְמוֹר לַיהוָה הָאָרֶץ וּמְלוֹאָהּ תֵּבֵל וְיֹשְׁבֵי בָהּ: כִּי־הוּא עַל־יַמִּים יְסָדָהּ

---

*כד לחודש

וּבְיוֹם֙ הָקִ֣ים אֶת־הַמִּשְׁכָּ֔ן כִּסָּ֤ה הֶֽעָנָן֙ אֶת־הַמִּשְׁכָּ֔ן לְאֹ֖הֶל הָעֵדֻ֑ת וּבָעֶ֜רֶב יִהְיֶ֧ה עַֽל־הַמִּשְׁכָּ֛ן כְּמַרְאֵה־אֵ֖שׁ עַד־בֹּֽקֶר׃
כֵּ֚ן יִהְיֶ֣ה תָמִ֔יד הֶעָנָ֖ן יְכַסֶּ֑נּוּ וּמַרְאֵה־אֵ֖שׁ לָֽיְלָה׃ וּלְפִ֞י הֵעָל֤וֹת הֶֽעָנָן֙ מֵעַ֣ל הָאֹ֔הֶל וְאַ֣חֲרֵי כֵ֔ן יִסְע֖וּ בְּנֵ֣י יִשְׂרָאֵ֑ל וּבִמְק֗וֹם אֲשֶׁ֤ר יִשְׁכָּן־שָׁם֙ הֶֽעָנָ֔ן שָׁ֥ם יַחֲנ֖וּ בְּנֵ֥י יִשְׂרָאֵֽל׃ עַל־פִּ֣י יְהוָ֗ה יִסְעוּ֙ בְּנֵ֣י יִשְׂרָאֵ֔ל וְעַל־פִּ֥י יְהוָ֖ה יַחֲנ֑וּ כָּל־יְמֵ֗י אֲשֶׁ֨ר יִשְׁכֹּ֧ן הֶעָנָ֛ן עַל־הַמִּשְׁכָּ֖ן יַחֲנֽוּ׃ וּבְהַאֲרִ֨יךְ הֶֽעָנָ֜ן עַל־הַמִּשְׁכָּ֗ן יָמִ֣ים רַבִּ֔ים וְשָׁמְר֧וּ בְנֵי־יִשְׂרָאֵ֛ל אֶת־מִשְׁמֶ֥רֶת יְהוָ֖ה וְלֹ֥א יִסָּֽעוּ׃

וְיֵ֞שׁ אֲשֶׁ֨ר יִהְיֶ֧ה הֶֽעָנָ֛ן יָמִ֥ים מִסְפָּ֖ר עַל־הַמִּשְׁכָּ֑ן עַל־פִּ֤י יְהוָה֙ יַחֲנ֔וּ וְעַל־פִּ֥י יְהוָ֖ה יִסָּֽעוּ׃
וְיֵ֞שׁ אֲשֶׁ֨ר יִהְיֶ֤ה הֶֽעָנָן֙ מֵעֶ֣רֶב עַד־בֹּ֔קֶר וְנַעֲלָ֧ה הֶעָנָ֛ן בַּבֹּ֖קֶר וְנָסָ֑עוּ א֚וֹ יוֹמָ֣ם וָלַ֔יְלָה וְנַעֲלָ֥ה הֶעָנָ֖ן וְנָסָֽעוּ׃ אֽוֹ־יֹמַ֜יִם אֽוֹ־חֹ֣דֶשׁ אֽוֹ־יָמִ֗ים בְּהַאֲרִ֨יךְ הֶעָנָ֤ן עַל־הַמִּשְׁכָּן֙ לִשְׁכֹּ֣ן עָלָ֔יו יַחֲנ֥וּ בְנֵֽי־יִשְׂרָאֵ֖ל וְלֹ֣א יִסָּ֑עוּ וּבְהֵעָלֹת֖וֹ יִסָּֽעוּ׃ עַל־פִּ֤י יְהוָה֙ יַחֲנ֔וּ וְעַל־פִּ֥י יְהוָ֖ה יִסָּ֑עוּ אֶת־מִשְׁמֶ֤רֶת יְהוָה֙ שָׁמָ֔רוּ עַל־פִּ֥י יְהוָ֖ה בְּיַד־מֹשֶֽׁה׃

וַיְדַבֵּ֥ר יְהוָ֖ה אֶל־מֹשֶׁ֥ה לֵּאמֹֽר׃ עֲשֵׂ֣ה לְךָ֗ שְׁתֵּי֙ חֲצֽוֹצְרֹ֣ת כֶּ֔סֶף מִקְשָׁ֖ה תַּעֲשֶׂ֣ה אֹתָ֑ם וְהָי֤וּ לְךָ֙ לְמִקְרָ֣א הָֽעֵדָ֔ה וּלְמַסַּ֖ע אֶת־הַֽמַּחֲנֽוֹת׃ וְתָקְע֖וּ בָּהֵ֑ן וְנֽוֹעֲד֤וּ אֵלֶ֙יךָ֙ כָּל־הָ֣עֵדָ֔ה אֶל־פֶּ֖תַח אֹ֥הֶל מוֹעֵֽד׃ וְאִם־בְּאַחַ֖ת יִתְקָ֑עוּ וְנוֹעֲד֤וּ אֵלֶ֙יךָ֙ הַנְּשִׂיאִ֔ים רָאשֵׁ֖י אַלְפֵ֥י יִשְׂרָאֵֽל׃ וּתְקַעְתֶּ֖ם תְּרוּעָ֑ה וְנָֽסְעוּ֙ הַֽמַּחֲנ֔וֹת הַחֹנִ֖ים קֵֽדְמָה׃ וּתְקַעְתֶּ֤ם תְּרוּעָה֙ שֵׁנִ֔ית וְנָֽסְעוּ֙ הַֽמַּחֲנ֔וֹת הַחֹנִ֖ים תֵּימָ֑נָה תְּרוּעָ֥ה יִתְקְע֖וּ לְמַסְעֵיהֶֽם׃ וּבְהַקְהִ֖יל אֶת־הַקָּהָ֑ל תִּתְקְע֖וּ וְלֹ֥א תָרִֽיעוּ׃ וּבְנֵ֤י אַהֲרֹן֙ הַכֹּ֣הֲנִ֔ים יִתְקְע֖וּ בַּֽחֲצֹצְר֑וֹת וְהָי֥וּ לָכֶ֛ם לְחֻקַּ֥ת עוֹלָ֖ם לְדֹרֹתֵיכֶֽם׃ וְכִֽי־תָבֹ֨אוּ מִלְחָמָ֜ה בְּאַרְצְכֶ֗ם עַל־הַצַּר֙ הַצֹּרֵ֣ר אֶתְכֶ֔ם וַהֲרֵעֹתֶ֖ם בַּחֲצֹצְרֹ֑ת וֲנִזְכַּרְתֶּ֗ם לִפְנֵי֙ יְהוָ֣ה אֱלֹֽהֵיכֶ֔ם וְנוֹשַׁעְתֶּ֖ם מֵאֹיְבֵיכֶֽם׃

וּבְי֨וֹם שִׂמְחַתְכֶ֥ם וּֽבְמוֹעֲדֵיכֶם֮ וּבְרָאשֵׁ֣י חָדְשֵׁיכֶם֒ וּתְקַעְתֶּ֣ם בַּחֲצֹֽצְרֹ֗ת עַ֚ל עֹלֹ֣תֵיכֶ֔ם וְעַ֖ל זִבְחֵ֣י שַׁלְמֵיכֶ֑ם וְהָי֨וּ לָכֶ֤ם לְזִכָּרוֹן֙ לִפְנֵ֣י אֱלֹֽהֵיכֶ֔ם אֲנִ֖י יְהוָ֥ה אֱלֹהֵיכֶֽם׃ וַיְהִ֞י בַּשָּׁנָ֧ה הַשֵּׁנִ֛ית בַּחֹ֥דֶשׁ הַשֵּׁנִ֖י בְּעֶשְׂרִ֣ים בַּחֹ֑דֶשׁ נַעֲלָה֙ הֶֽעָנָ֔ן מֵעַ֖ל מִשְׁכַּ֥ן הָעֵדֻֽת׃ וַיִּסְע֧וּ בְנֵֽי־יִשְׂרָאֵ֛ל לְמַסְעֵיהֶ֖ם מִמִּדְבַּ֣ר סִינָ֑י וַיִּשְׁכֹּ֥ן הֶעָנָ֖ן בְּמִדְבַּ֥ר פָּארָֽן׃ וַיִּסְע֖וּ בָּרִאשֹׁנָ֑ה עַל־פִּ֥י יְהוָ֖ה בְּיַד־מֹשֶֽׁה׃ וַיִּסַּ֗ע דֶּ֛גֶל מַחֲנֵ֥ה בְנֵֽי־יְהוּדָ֖ה בָּרִאשֹׁנָ֑ה לְצִבְאֹתָ֑ם וְעַ֨ל־צְבָא֔וֹ נַחְשׁ֖וֹן בֶּן־עַמִּינָדָֽב׃ וְעַ֨ל־צְבָ֔א מַטֵּ֖ה בְּנֵ֣י יִשָּׂשכָ֑ר נְתַנְאֵ֖ל בֶּן־צוּעָֽר׃ וְעַ֨ל־צְבָ֔א מַטֵּ֖ה בְּנֵ֣י זְבוּלֻ֑ן אֱלִיאָ֖ב בֶּן־חֵלֹֽן׃ וְהוּרַד֙ הַמִּשְׁכָּ֔ן וְנָסְע֤וּ בְנֵֽי־גֵרְשׁוֹן֙ וּבְנֵ֣י מְרָרִ֔י נֹשְׂאֵ֖י הַמִּשְׁכָּֽן׃

וּתְשׁוּעַת צַדִּיקִים מֵיהוָה מָעוּזָּם בְּעֵת צָרָה: וַיַּעְזְרֵם יְהוָה וַיְפַלְּטֵם יְפַלְּטֵם מֵרְשָׁעִים וְיוֹשִׁיעֵם כִּי־חָסוּ בוֹ:

מִזְמוֹר לְדָוִד לְהַזְכִּיר: יְהוָה אַל־בְּקֶצְפְּךָ תוֹכִיחֵנִי וּבַחֲמָתְךָ תְיַסְּרֵנִי: כִּי־חִצֶּיךָ **לח** נִחֲתוּ בִי וַתִּנְחַת עָלַי יָדֶךָ: אֵין־מְתֹם בִּבְשָׂרִי מִפְּנֵי זַעְמֶךָ אֵין־שָׁלוֹם בַּעֲצָמַי מִפְּנֵי חַטָּאתִי: כִּי עֲוֺנֹתַי עָבְרוּ רֹאשִׁי כְּמַשָּׂא כָבֵד יִכְבְּדוּ מִמֶּנִּי: הִבְאִישׁוּ נָמַקּוּ חַבּוּרֹתָי מִפְּנֵי אִוַּלְתִּי: נַעֲוֵיתִי שַׁחֹתִי עַד־מְאֹד כָּל־הַיּוֹם קֹדֵר הִלָּכְתִּי: כִּי־כְסָלַי מָלְאוּ נִקְלֶה וְאֵין מְתֹם בִּבְשָׂרִי: נְפוּגוֹתִי וְנִדְכֵּיתִי עַד־מְאֹד שָׁאַגְתִּי מִנַּהֲמַת לִבִּי: אֲדֹנָי נֶגְדְּךָ כָל־תַּאֲוָתִי וְאַנְחָתִי מִמְּךָ לֹא־נִסְתָּרָה: לִבִּי סְחַרְחַר עֲזָבַנִי כֹחִי וְאוֹר־עֵינַי גַּם־הֵם אֵין אִתִּי: אֹהֲבַי וְרֵעַי מִנֶּגֶד נִגְעִי יַעֲמֹדוּ וּקְרוֹבַי מֵרָחֹק עָמָדוּ: וַיְנַקְשׁוּ מְבַקְשֵׁי נַפְשִׁי וְדֹרְשֵׁי רָעָתִי דִּבְּרוּ הַוּוֹת וּמִרְמוֹת כָּל־הַיּוֹם יֶהְגּוּ: וַאֲנִי כְחֵרֵשׁ לֹא אֶשְׁמָע וּכְאִלֵּם לֹא יִפְתַּח־פִּיו: וָאֱהִי כְּאִישׁ אֲשֶׁר לֹא־שֹׁמֵעַ וְאֵין בְּפִיו תּוֹכָחוֹת: כִּי־לְךָ יְהוָה הוֹחָלְתִּי אַתָּה תַעֲנֶה אֲדֹנָי אֱלֹהָי: כִּי־אָמַרְתִּי פֶּן־יִשְׂמְחוּ־לִי בְּמוֹט רַגְלִי עָלַי הִגְדִּילוּ: כִּי־אֲנִי לְצֶלַע נָכוֹן וּמַכְאוֹבִי נֶגְדִּי תָמִיד: כִּי־עֲוֺנִי אַגִּיד אֶדְאַג מֵחַטָּאתִי: וְאֹיְבַי חַיִּים עָצֵמוּ וְרַבּוּ שֹׂנְאַי שָׁקֶר: וּמְשַׁלְּמֵי רָעָה תַּחַת טוֹבָה יִשְׂטְנוּנִי תַּחַת רָדוֹפִי־טוֹב: אַל־תַּעַזְבֵנִי **רדפי** יְהוָה אֱלֹהַי אַל־תִּרְחַק מִמֶּנִּי: חוּשָׁה לְעֶזְרָתִי אֲדֹנָי תְּשׁוּעָתִי:

לַמְנַצֵּחַ לִידִיתוּן מִזְמוֹר לְדָוִד: אָמַרְתִּי אֶשְׁמְרָה דְרָכַי מֵחֲטוֹא בִלְשׁוֹנִי **לט** **לידותון** אֶשְׁמְרָה לְפִי מַחְסוֹם בְּעֹד רָשָׁע לְנֶגְדִּי: נֶאֱלַמְתִּי דוּמִיָּה הֶחֱשֵׁיתִי מִטּוֹב וּכְאֵבִי נֶעְכָּר: חַם־לִבִּי בְּקִרְבִּי בַּהֲגִיגִי תִבְעַר־אֵשׁ דִּבַּרְתִּי בִּלְשׁוֹנִי: הוֹדִיעֵנִי יְהוָה קִצִּי וּמִדַּת יָמַי מַה־הִיא אֵדְעָה מֶה־חָדֵל אָנִי: הִנֵּה טְפָחוֹת נָתַתָּה יָמַי וְחֶלְדִּי כְאַיִן נֶגְדֶּךָ אַךְ כָּל־הֶבֶל כָּל־אָדָם נִצָּב סֶלָה: אַךְ־בְּצֶלֶם יִתְהַלֶּךְ־אִישׁ אַךְ־הֶבֶל יֶהֱמָיוּן יִצְבֹּר וְלֹא־יֵדַע מִי־אֹסְפָם: וְעַתָּה מַה־קִּוִּיתִי אֲדֹנָי תּוֹחַלְתִּי לְךָ הִיא: מִכָּל־פְּשָׁעַי הַצִּילֵנִי חֶרְפַּת נָבָל אַל־תְּשִׂימֵנִי: נֶאֱלַמְתִּי לֹא אֶפְתַּח־פִּי כִּי אַתָּה עָשִׂיתָ: הָסֵר מֵעָלַי נִגְעֶךָ מִתִּגְרַת יָדְךָ אֲנִי כָלִיתִי: בְּתוֹכָחוֹת עַל־עָוֺן יִסַּרְתָּ אִישׁ וַתֶּמֶס כָּעָשׁ חֲמוּדוֹ אַךְ הֶבֶל כָּל־אָדָם סֶלָה: שִׁמְעָה תְפִלָּתִי יְהוָה וְשַׁוְעָתִי הַאֲזִינָה אֶל־דִּמְעָתִי אַל־תֶּחֱרַשׁ כִּי גֵר אָנֹכִי עִמָּךְ תּוֹשָׁב כְּכָל־אֲבוֹתָי: הָשַׁע מִמֶּנִּי וְאַבְלִיגָה בְּטֶרֶם אֵלֵךְ וְאֵינֶנִּי:

לַמְנַצֵּחַ לְדָוִד מִזְמוֹר: קַוֹּה קִוִּיתִי יְהוָה וַיֵּט אֵלַי וַיִּשְׁמַע שַׁוְעָתִי: וַיַּעֲלֵנִי **מ** מִבּוֹר שָׁאוֹן מִטִּיט הַיָּוֵן וַיָּקֶם עַל־סֶלַע רַגְלַי כּוֹנֵן אֲשֻׁרָי: וַיִּתֵּן בְּפִי שִׁיר חָדָשׁ

כְּצֹאן טִבְחָה: עוּרָה ׀ לָמָּה תִישַׁן ׀ אֲדֹנָי הָקִיצָה אַל־תִּזְנַח לָנֶצַח: לָמָּה־פָנֶיךָ
תַסְתִּיר תִּשְׁכַּח עָנְיֵנוּ וְלַחֲצֵנוּ: כִּי שָׁחָה לֶעָפָר נַפְשֵׁנוּ דָּבְקָה לָאָרֶץ בִּטְנֵנוּ:
קוּמָה עֶזְרָתָה לָּנוּ וּפְדֵנוּ לְמַעַן חַסְדֶּךָ:

מה לַמְנַצֵּחַ עַל־שֹׁשַׁנִּים לִבְנֵי־קֹרַח מַשְׂכִּיל שִׁיר יְדִידֹת: רָחַשׁ לִבִּי ׀ דָּבָר טוֹב
אֹמֵר אָנִי מַעֲשַׂי לְמֶלֶךְ לְשׁוֹנִי עֵט ׀ סוֹפֵר מָהִיר: יָפְיָפִיתָ מִבְּנֵי אָדָם הוּצַק חֵן
בְּשְׂפְתוֹתֶיךָ עַל־כֵּן בֵּרַכְךָ אֱלֹהִים לְעוֹלָם: חֲגוֹר־חַרְבְּךָ עַל־יָרֵךְ גִּבּוֹר הוֹדְךָ
וַהֲדָרֶךָ: וַהֲדָרְךָ ׀ צְלַח רְכַב עַל־דְּבַר־אֱמֶת וְעַנְוָה־צֶדֶק וְתוֹרְךָ נוֹרָאוֹת יְמִינֶךָ:
חִצֶּיךָ שְׁנוּנִים עַמִּים תַּחְתֶּיךָ יִפְּלוּ בְּלֵב אוֹיְבֵי הַמֶּלֶךְ: כִּסְאֲךָ אֱלֹהִים עוֹלָם
וָעֶד שֵׁבֶט מִישֹׁר שֵׁבֶט מַלְכוּתֶךָ: אָהַבְתָּ צֶּדֶק וַתִּשְׂנָא רֶשַׁע עַל־כֵּן ׀ מְשָׁחֲךָ
אֱלֹהִים אֱלֹהֶיךָ שֶׁמֶן שָׂשׂוֹן מֵחֲבֵרֶךָ: מֹר־וַאֲהָלוֹת קְצִיעוֹת כָּל־בִּגְדֹתֶיךָ מִן־
הֵיכְלֵי שֵׁן מִנִּי שִׂמְּחוּךָ: בְּנוֹת מְלָכִים בְּיִקְּרוֹתֶיךָ נִצְּבָה שֵׁגַל לִימִינְךָ בְּכֶתֶם
אוֹפִיר: שִׁמְעִי־בַת וּרְאִי וְהַטִּי אָזְנֵךְ וְשִׁכְחִי עַמֵּךְ וּבֵית אָבִיךְ: וְיִתְאָו הַמֶּלֶךְ
יָפְיֵךְ כִּי־הוּא אֲדֹנַיִךְ וְהִשְׁתַּחֲוִי־לוֹ: וּבַת־צֹר ׀ בְּמִנְחָה פָּנַיִךְ יְחַלּוּ עֲשִׁירֵי עָם:
כָּל־כְּבוּדָּה בַת־מֶלֶךְ פְּנִימָה מִמִּשְׁבְּצוֹת זָהָב לְבוּשָׁהּ: לִרְקָמוֹת תּוּבַל לַמֶּלֶךְ
בְּתוּלוֹת אַחֲרֶיהָ רֵעוֹתֶיהָ מוּבָאוֹת לָךְ: תּוּבַלְנָה בִּשְׂמָחֹת וָגִיל תְּבֹאֶינָה
בְּהֵיכַל מֶלֶךְ: תַּחַת אֲבֹתֶיךָ יִהְיוּ בָנֶיךָ תְּשִׁיתֵמוֹ לְשָׂרִים בְּכָל־הָאָרֶץ: אַזְכִּירָה
שִׁמְךָ בְּכָל־דֹּר וָדֹר עַל־כֵּן עַמִּים יְהוֹדוּךָ לְעֹלָם וָעֶד:

מו לַמְנַצֵּחַ לִבְנֵי־קֹרַח עַל־עֲלָמוֹת שִׁיר: אֱלֹהִים לָנוּ מַחֲסֶה וָעֹז עֶזְרָה בְצָרוֹת
נִמְצָא מְאֹד: עַל־כֵּן לֹא־נִירָא בְּהָמִיר אָרֶץ וּבְמוֹט הָרִים בְּלֵב יַמִּים: יֶהֱמוּ
יֶחְמְרוּ מֵימָיו יִרְעֲשׁוּ־הָרִים בְּגַאֲוָתוֹ סֶלָה: נָהָר פְּלָגָיו יְשַׂמְּחוּ עִיר־אֱלֹהִים
קְדֹשׁ מִשְׁכְּנֵי עֶלְיוֹן: אֱלֹהִים בְּקִרְבָּהּ בַּל־תִּמּוֹט יַעְזְרֶהָ אֱלֹהִים לִפְנוֹת בֹּקֶר:
הָמוּ גוֹיִם מָטוּ מַמְלָכוֹת נָתַן בְּקוֹלוֹ תָּמוּג אָרֶץ: יְהוָה צְבָאוֹת עִמָּנוּ מִשְׂגָּב
לָנוּ אֱלֹהֵי יַעֲקֹב סֶלָה: לְכוּ־חֲזוּ מִפְעֲלוֹת יְהוָה אֲשֶׁר־שָׂם שַׁמּוֹת בָּאָרֶץ:
מַשְׁבִּית מִלְחָמוֹת עַד־קְצֵה הָאָרֶץ קֶשֶׁת יְשַׁבֵּר וְקִצֵּץ חֲנִית עֲגָלוֹת יִשְׂרֹף
בָּאֵשׁ: הַרְפּוּ וּדְעוּ כִּי־אָנֹכִי אֱלֹהִים אָרוּם בַּגּוֹיִם אָרוּם בָּאָרֶץ: יְהוָה צְבָאוֹת
עִמָּנוּ מִשְׂגָּב לָנוּ אֱלֹהֵי יַעֲקֹב סֶלָה:

מז לַמְנַצֵּחַ לִבְנֵי־קֹרַח מִזְמוֹר: כָּל־הָעַמִּים תִּקְעוּ־כָף הָרִיעוּ לֵאלֹהִים בְּקוֹל רִנָּה:
כִּי־יְהוָה עֶלְיוֹן נוֹרָא מֶלֶךְ גָּדוֹל עַל־כָּל־הָאָרֶץ: יַדְבֵּר עַמִּים תַּחְתֵּינוּ וּלְאֻמִּים
תַּחַת רַגְלֵינוּ: יִבְחַר־לָנוּ אֶת־נַחֲלָתֵנוּ אֶת גְּאוֹן יַעֲקֹב אֲשֶׁר־אָהֵב סֶלָה: עָלָה

מִצִּיּוֹן מִכְלַל־יֹפִי אֱלֹהִים הוֹפִיעַ: יָבֹא אֱלֹהֵינוּ וְאַל־יֶחֱרַשׁ אֵשׁ־לְפָנָיו תֹּאכֵל
וּסְבִיבָיו נִשְׂעֲרָה מְאֹד: יִקְרָא אֶל־הַשָּׁמַיִם מֵעָל וְאֶל־הָאָרֶץ לָדִין עַמּוֹ: אִסְפוּ־
לִי חֲסִידָי כֹּרְתֵי בְרִיתִי עֲלֵי־זָבַח: וַיַּגִּידוּ שָׁמַיִם צִדְקוֹ כִּי־אֱלֹהִים ׀ שֹׁפֵט הוּא
סֶלָה: שִׁמְעָה עַמִּי ׀ וַאֲדַבֵּרָה יִשְׂרָאֵל וְאָעִידָה בָּךְ אֱלֹהִים אֱלֹהֶיךָ אָנֹכִי: לֹא
עַל־זְבָחֶיךָ אוֹכִיחֶךָ וְעוֹלֹתֶיךָ לְנֶגְדִּי תָמִיד: לֹא־אֶקַּח מִבֵּיתְךָ פָר מִמִּכְלְאֹתֶיךָ
עַתּוּדִים: כִּי־לִי כָל־חַיְתוֹ־יָעַר בְּהֵמוֹת בְּהַרְרֵי־אָלֶף: יָדַעְתִּי כָּל־עוֹף הָרִים
וְזִיז שָׂדַי עִמָּדִי: אִם־אֶרְעַב לֹא־אֹמַר לָךְ כִּי־לִי תֵבֵל וּמְלֹאָהּ: הַאוֹכַל בְּשַׂר
אַבִּירִים וְדַם עַתּוּדִים אֶשְׁתֶּה: זְבַח לֵאלֹהִים תּוֹדָה וְשַׁלֵּם לְעֶלְיוֹן נְדָרֶיךָ:
וּקְרָאֵנִי בְּיוֹם צָרָה אֲחַלֶּצְךָ וּתְכַבְּדֵנִי: וְלָרָשָׁע ׀ אָמַר אֱלֹהִים מַה־לְּךָ לְסַפֵּר
חֻקָּי וַתִּשָּׂא בְרִיתִי עֲלֵי־פִיךָ: וְאַתָּה שָׂנֵאתָ מוּסָר וַתַּשְׁלֵךְ דְּבָרַי אַחֲרֶיךָ:
אִם־רָאִיתָ גַנָּב וַתִּרֶץ עִמּוֹ וְעִם מְנָאֲפִים חֶלְקֶךָ: פִּיךָ שָׁלַחְתָּ בְרָעָה וּלְשׁוֹנְךָ
תַּצְמִיד מִרְמָה: תֵּשֵׁב בְּאָחִיךָ תְדַבֵּר בְּבֶן־אִמְּךָ תִּתֶּן־דֹּפִי: אֵלֶּה עָשִׂיתָ ׀
וְהֶחֱרַשְׁתִּי דִּמִּיתָ הֱיוֹת־אֶהְיֶה כָמוֹךָ אוֹכִיחֲךָ וְאֶעֶרְכָה לְעֵינֶיךָ: בִּינוּ־נָא זֹאת
שֹׁכְחֵי אֱלוֹהַּ פֶּן־אֶטְרֹף וְאֵין מַצִּיל: זֹבֵחַ תּוֹדָה יְכַבְּדָנְנִי וְשָׂם דֶּרֶךְ אַרְאֶנּוּ
בְּיֵשַׁע אֱלֹהִים:

לַמְנַצֵּחַ מִזְמוֹר לְדָוִד: בְּבוֹא־אֵלָיו נָתָן הַנָּבִיא כַּאֲשֶׁר־בָּא אֶל־בַּת־שָׁבַע: הָרב
חָנֵּנִי אֱלֹהִים כְּחַסְדֶּךָ כְּרֹב רַחֲמֶיךָ מְחֵה פְשָׁעָי: הֶרֶב כַּבְּסֵנִי מֵעֲוֺנִי וּמֵחַטָּאתִי
טַהֲרֵנִי: כִּי־פְשָׁעַי אֲנִי אֵדָע וְחַטָּאתִי נֶגְדִּי תָמִיד: לְךָ לְבַדְּךָ ׀ חָטָאתִי וְהָרַע
בְּעֵינֶיךָ עָשִׂיתִי לְמַעַן תִּצְדַּק בְּדָבְרֶךָ תִּזְכֶּה בְשָׁפְטֶךָ: הֵן־בְּעָווֹן חוֹלָלְתִּי
וּבְחֵטְא יֶחֱמַתְנִי אִמִּי: הֵן־אֱמֶת חָפַצְתָּ בַטֻּחוֹת וּבְסָתֻם חָכְמָה תוֹדִיעֵנִי:
תְּחַטְּאֵנִי בְאֵזוֹב וְאֶטְהָר תְּכַבְּסֵנִי וּמִשֶּׁלֶג אַלְבִּין: תַּשְׁמִיעֵנִי שָׂשׂוֹן וְשִׂמְחָה
תָּגֵלְנָה עֲצָמוֹת דִּכִּיתָ: הַסְתֵּר פָּנֶיךָ מֵחֲטָאָי וְכָל־עֲוֺנֹתַי מְחֵה: לֵב טָהוֹר
בְּרָא־לִי אֱלֹהִים וְרוּחַ נָכוֹן חַדֵּשׁ בְּקִרְבִּי: אַל־תַּשְׁלִיכֵנִי מִלְּפָנֶיךָ וְרוּחַ קָדְשְׁךָ
אַל־תִּקַּח מִמֶּנִּי: הָשִׁיבָה לִּי שְׂשׂוֹן יִשְׁעֶךָ וְרוּחַ נְדִיבָה תִסְמְכֵנִי: אֲלַמְּדָה
פֹשְׁעִים דְּרָכֶיךָ וְחַטָּאִים אֵלֶיךָ יָשׁוּבוּ: הַצִּילֵנִי מִדָּמִים ׀ אֱלֹהִים אֱלֹהֵי תְּשׁוּעָתִי
תְּרַנֵּן לְשׁוֹנִי צִדְקָתֶךָ: אֲדֹנָי שְׂפָתַי תִּפְתָּח וּפִי יַגִּיד תְּהִלָּתֶךָ: כִּי ׀ לֹא־תַחְפֹּץ
זֶבַח וְאֶתֵּנָה עוֹלָה לֹא תִרְצֶה: זִבְחֵי אֱלֹהִים רוּחַ נִשְׁבָּרָה לֵב־נִשְׁבָּר וְנִדְכֶּה
אֱלֹהִים לֹא תִבְזֶה: הֵיטִיבָה בִרְצוֹנְךָ אֶת־צִיּוֹן תִּבְנֶה חוֹמוֹת יְרוּשָׁלָ͏ִם: אָז
תַּחְפֹּץ זִבְחֵי־צֶדֶק עוֹלָה וְכָלִיל אָז יַעֲלוּ עַל־מִזְבַּחֲךָ פָרִים:

נב לַמְנַצֵּחַ מַשְׂכִּיל לְדָוִד: בְּבוֹא ׀ דּוֹאֵג הָאֲדֹמִי וַיַּגֵּד לְשָׁאוּל וַיֹּאמֶר לוֹ בָּא דָוִד אֶל־בֵּית אֲחִימֶלֶךְ: מַה־תִּתְהַלֵּל בְּרָעָה הַגִּבּוֹר חֶסֶד אֵל כָּל־הַיּוֹם: הַוּוֹת תַּחְשֹׁב לְשׁוֹנֶךָ כְּתַעַר מְלֻטָּשׁ עֹשֵׂה רְמִיָּה: אָהַבְתָּ רָּע מִטּוֹב שֶׁקֶר ׀ מִדַּבֵּר צֶדֶק סֶלָה: אָהַבְתָּ כָל־דִּבְרֵי־בָלַע לְשׁוֹן מִרְמָה: גַּם־אֵל יִתָּצְךָ לָנֶצַח יַחְתְּךָ וְיִסָּחֲךָ מֵאֹהֶל וְשֵׁרֶשְׁךָ מֵאֶרֶץ חַיִּים סֶלָה: וְיִרְאוּ צַדִּיקִים וְיִירָאוּ וְעָלָיו יִשְׂחָקוּ: הִנֵּה הַגֶּבֶר לֹא יָשִׂים אֱלֹהִים מָעוּזּוֹ וַיִּבְטַח בְּרֹב עָשְׁרוֹ יָעֹז בְּהַוָּתוֹ: וַאֲנִי ׀ כְּזַיִת רַעֲנָן בְּבֵית אֱלֹהִים בָּטַחְתִּי בְחֶסֶד־אֱלֹהִים עוֹלָם וָעֶד: אוֹדְךָ לְעוֹלָם כִּי עָשִׂיתָ וַאֲקַוֶּה שִׁמְךָ כִי־טוֹב נֶגֶד חֲסִידֶיךָ:

נג לַמְנַצֵּחַ עַל־מָחֲלַת מַשְׂכִּיל לְדָוִד: אָמַר נָבָל בְּלִבּוֹ אֵין אֱלֹהִים הִשְׁחִיתוּ וְהִתְעִיבוּ עָוֶל אֵין עֹשֵׂה־טוֹב: אֱלֹהִים מִשָּׁמַיִם הִשְׁקִיף עַל־בְּנֵי־אָדָם לִרְאוֹת הֲיֵשׁ מַשְׂכִּיל דֹּרֵשׁ אֶת־אֱלֹהִים: כֻּלּוֹ סָג יַחְדָּו נֶאֱלָחוּ אֵין עֹשֵׂה־טוֹב אֵין גַּם־אֶחָד: הֲלֹא יָדְעוּ פֹּעֲלֵי אָוֶן אֹכְלֵי עַמִּי אָכְלוּ לֶחֶם אֱלֹהִים לֹא קָרָאוּ: שָׁם ׀ פָּחֲדוּ־פַחַד לֹא־הָיָה פָחַד כִּי־אֱלֹהִים פִּזַּר עַצְמוֹת חֹנָךְ הֱבִשֹׁתָה כִּי־אֱלֹהִים מְאָסָם: מִי יִתֵּן מִצִּיּוֹן יְשֻׁעוֹת יִשְׂרָאֵל בְּשׁוּב אֱלֹהִים שְׁבוּת עַמּוֹ יָגֵל יַעֲקֹב יִשְׂמַח יִשְׂרָאֵל:

נד לַמְנַצֵּחַ בִּנְגִינֹת מַשְׂכִּיל לְדָוִד: בְּבוֹא הַזִּיפִים וַיֹּאמְרוּ לְשָׁאוּל הֲלֹא דָוִד מִסְתַּתֵּר עִמָּנוּ: אֱלֹהִים בְּשִׁמְךָ הוֹשִׁיעֵנִי וּבִגְבוּרָתְךָ תְדִינֵנִי: אֱלֹהִים שְׁמַע תְּפִלָּתִי הַאֲזִינָה לְאִמְרֵי־פִי: כִּי זָרִים ׀ קָמוּ עָלַי וְעָרִיצִים בִּקְשׁוּ נַפְשִׁי לֹא שָׂמוּ יָשֵׁב אֱלֹהִים לְנֶגְדָּם סֶלָה: הִנֵּה אֱלֹהִים עֹזֵר לִי אֲדֹנָי בְּסֹמְכֵי נַפְשִׁי: יָשֵׁב הָרַע לְשֹׁרְרָי בַּאֲמִתְּךָ הַצְמִיתֵם: בִּנְדָבָה אֶזְבְּחָה־לָּךְ אוֹדֶה שִּׁמְךָ יהוה כִּי־טוֹב: כִּי מִכָּל־צָרָה הִצִּילָנִי וּבְאֹיְבַי רָאֲתָה עֵינִי:

נה* לַמְנַצֵּחַ בִּנְגִינֹת מַשְׂכִּיל לְדָוִד: הַאֲזִינָה אֱלֹהִים תְּפִלָּתִי וְאַל־תִּתְעַלַּם מִתְּחִנָּתִי: הַקְשִׁיבָה לִּי וַעֲנֵנִי אָרִיד בְּשִׂיחִי וְאָהִימָה: מִקּוֹל אוֹיֵב מִפְּנֵי עָקַת רָשָׁע כִּי־יָמִיטוּ עָלַי אָוֶן וּבְאַף יִשְׂטְמוּנִי: לִבִּי יָחִיל בְּקִרְבִּי וְאֵימוֹת מָוֶת נָפְלוּ עָלָי: יִרְאָה וָרַעַד יָבֹא בִי וַתְּכַסֵּנִי פַּלָּצוּת: וָאֹמַר מִי־יִתֶּן־לִּי אֵבֶר כַּיּוֹנָה אָעוּפָה וְאֶשְׁכֹּנָה: הִנֵּה אַרְחִיק נְדֹד אָלִין בַּמִּדְבָּר סֶלָה: אָחִישָׁה מִפְלָט לִי מֵרוּחַ סֹעָה מִסָּעַר: בַּלַּע אֲדֹנָי פַּלַּג לְשׁוֹנָם כִּי־רָאִיתִי חָמָס וְרִיב בָּעִיר: יוֹמָם וָלַיְלָה יְסוֹבְבֻהָ עַל־חוֹמֹתֶיהָ וְאָוֶן וְעָמָל בְּקִרְבָּהּ: הַוּוֹת בְּקִרְבָּהּ וְלֹא־יָמִישׁ מֵרְחֹבָהּ תֹּךְ וּמִרְמָה: כִּי לֹא־אוֹיֵב יְחָרְפֵנִי וְאֶשָּׂא לֹא־מְשַׂנְאִי עָלַי הִגְדִּיל וְאֶסָּתֵר

ישׁ

וַיִּשְׁק כִּתְהֹמוֹת רַבָּה: וַיּוֹצִא נוֹזְלִים מִסָּלַע וַיּוֹרֶד כַּנְּהָרוֹת מָיִם: וַיּוֹסִיפוּ עוֹד
לַחֲטֹא־לוֹ לַמְרוֹת עֶלְיוֹן בַּצִּיָּה: וַיְנַסּוּ־אֵל בִּלְבָבָם לִשְׁאָל־אֹכֶל לְנַפְשָׁם:
וַיְדַבְּרוּ בֵּאלֹהִים אָמְרוּ הֲיוּכַל אֵל לַעֲרֹךְ שֻׁלְחָן בַּמִּדְבָּר: הֵן הִכָּה־צוּר ׀ וַיָּזוּבוּ
מַיִם וּנְחָלִים יִשְׁטֹפוּ הֲגַם־לֶחֶם יוּכַל תֵּת אִם־יָכִין שְׁאֵר לְעַמּוֹ: לָכֵן ׀ שָׁמַע
יְהֹוָה וַיִּתְעַבָּר וְאֵשׁ נִשְּׂקָה בְיַעֲקֹב וְגַם־אַף עָלָה בְיִשְׂרָאֵל: כִּי לֹא הֶאֱמִינוּ
בֵּאלֹהִים וְלֹא בָטְחוּ בִּישׁוּעָתוֹ: וַיְצַו שְׁחָקִים מִמָּעַל וְדַלְתֵי שָׁמַיִם פָּתָח:
וַיַּמְטֵר עֲלֵיהֶם מָן לֶאֱכֹל וּדְגַן־שָׁמַיִם נָתַן לָמוֹ: לֶחֶם אַבִּירִים אָכַל אִישׁ צֵידָה
שָׁלַח לָהֶם לָשֹׂבַע: יַסַּע קָדִים בַּשָּׁמָיִם וַיְנַהֵג בְּעֻזּוֹ תֵימָן: וַיַּמְטֵר עֲלֵיהֶם
כֶּעָפָר שְׁאֵר וּכְחוֹל יַמִּים עוֹף כָּנָף: וַיַּפֵּל בְּקֶרֶב מַחֲנֵהוּ סָבִיב לְמִשְׁכְּנֹתָיו:
וַיֹּאכְלוּ וַיִּשְׂבְּעוּ מְאֹד וְתַאֲוָתָם יָבִא לָהֶם: לֹא־זָרוּ מִתַּאֲוָתָם עוֹד אָכְלָם
בְּפִיהֶם: וְאַף אֱלֹהִים ׀ עָלָה בָהֶם וַיַּהֲרֹג בְּמִשְׁמַנֵּיהֶם וּבַחוּרֵי יִשְׂרָאֵל הִכְרִיעַ:
בְּכָל־זֹאת חָטְאוּ־עוֹד וְלֹא הֶאֱמִינוּ בְּנִפְלְאוֹתָיו: וַיְכַל־בַּהֶבֶל יְמֵיהֶם וּשְׁנוֹתָם
בַּבֶּהָלָה: אִם־הֲרָגָם וּדְרָשׁוּהוּ וְשָׁבוּ וְשִׁחֲרוּ־אֵל: וַיִּזְכְּרוּ כִּי־אֱלֹהִים צוּרָם
וְאֵל עֶלְיוֹן גֹּאֲלָם: וַיְפַתּוּהוּ בְּפִיהֶם וּבִלְשׁוֹנָם יְכַזְּבוּ־לוֹ: וְלִבָּם לֹא־נָכוֹן עִמּוֹ
וְלֹא נֶאֶמְנוּ בִּבְרִיתוֹ: וְהוּא רַחוּם ׀ יְכַפֵּר עָוֹן וְלֹא־יַשְׁחִית וְהִרְבָּה לְהָשִׁיב
אַפּוֹ וְלֹא־יָעִיר כָּל־חֲמָתוֹ: וַיִּזְכֹּר כִּי־בָשָׂר הֵמָּה רוּחַ הוֹלֵךְ וְלֹא יָשׁוּב: כַּמָּה
יַמְרוּהוּ בַמִּדְבָּר יַעֲצִיבוּהוּ בִּישִׁימוֹן: וַיָּשׁוּבוּ וַיְנַסּוּ אֵל וּקְדוֹשׁ יִשְׂרָאֵל הִתְווּ:
לֹא־זָכְרוּ אֶת־יָדוֹ יוֹם אֲשֶׁר־פָּדָם מִנִּי־צָר: אֲשֶׁר־שָׂם בְּמִצְרַיִם אֹתוֹתָיו וּמוֹפְתָיו
בִּשְׂדֵה־צֹעַן: וַיַּהֲפֹךְ לְדָם יְאֹרֵיהֶם וְנֹזְלֵיהֶם בַּל־יִשְׁתָּיוּן: יְשַׁלַּח בָּהֶם עָרֹב
וַיֹּאכְלֵם וּצְפַרְדֵּעַ וַתַּשְׁחִיתֵם: וַיִּתֵּן לֶחָסִיל יְבוּלָם וִיגִיעָם לָאַרְבֶּה: יַהֲרֹג
בַּבָּרָד גַּפְנָם וְשִׁקְמוֹתָם בַּחֲנָמַל: וַיַּסְגֵּר לַבָּרָד בְּעִירָם וּמִקְנֵיהֶם לָרְשָׁפִים:
יְשַׁלַּח־בָּם ׀ חֲרוֹן אַפּוֹ עֶבְרָה וָזַעַם וְצָרָה מִשְׁלַחַת מַלְאֲכֵי רָעִים: יְפַלֵּס נָתִיב
לְאַפּוֹ לֹא־חָשַׂךְ מִמָּוֶת נַפְשָׁם וְחַיָּתָם לַדֶּבֶר הִסְגִּיר: וַיַּךְ כָּל־בְּכוֹר בְּמִצְרָיִם
רֵאשִׁית אוֹנִים בְּאָהֳלֵי־חָם: וַיַּסַּע כַּצֹּאן עַמּוֹ וַיְנַהֲגֵם כַּעֵדֶר בַּמִּדְבָּר: וַיַּנְחֵם
לָבֶטַח וְלֹא פָחָדוּ וְאֶת־אוֹיְבֵיהֶם כִּסָּה הַיָּם: וַיְבִיאֵם אֶל־גְּבוּל קָדְשׁוֹ הַר־זֶה
קָנְתָה יְמִינוֹ: וַיְגָרֶשׁ מִפְּנֵיהֶם ׀ גּוֹיִם וַיַּפִּילֵם בְּחֶבֶל נַחֲלָה וַיַּשְׁכֵּן בְּאָהֳלֵיהֶם
שִׁבְטֵי יִשְׂרָאֵל: וַיְנַסּוּ וַיַּמְרוּ אֶת־אֱלֹהִים עֶלְיוֹן וְעֵדוֹתָיו לֹא שָׁמָרוּ: וַיִּסֹּגוּ
וַיִּבְגְּדוּ כַּאֲבוֹתָם נֶהְפְּכוּ כְּקֶשֶׁת רְמִיָּה: וַיַּכְעִיסוּהוּ בְּבָמוֹתָם וּבִפְסִילֵיהֶם
יַקְנִיאוּהוּ: שָׁמַע אֱלֹהִים וַיִּתְעַבָּר וַיִּמְאַס מְאֹד בְּיִשְׂרָאֵל: וַיִּטֹּשׁ מִשְׁכַּן שִׁלוֹ

דַּרְכֶּךָ אֲהַלֵּךְ בַּאֲמִתֶּךָ יַחֵד לְבָבִי לְיִרְאָה שְׁמֶךָ: אוֹדְךָ ׀ אֲדֹנָי אֱלֹהַי בְּכָל־לְבָבִי וַאֲכַבְּדָה שִׁמְךָ לְעוֹלָם: כִּי־חַסְדְּךָ גָּדוֹל עָלָי וְהִצַּלְתָּ נַפְשִׁי מִשְּׁאוֹל תַּחְתִּיָּה: אֱלֹהִים ׀ זֵדִים קָמוּ־עָלַי וַעֲדַת עָרִיצִים בִּקְשׁוּ נַפְשִׁי וְלֹא שָׂמוּךָ לְנֶגְדָּם: וְאַתָּה אֲדֹנָי אֵל־רַחוּם וְחַנּוּן אֶרֶךְ אַפַּיִם וְרַב־חֶסֶד וֶאֱמֶת: פְּנֵה אֵלַי וְחָנֵּנִי תְּנָה־עֻזְּךָ לְעַבְדֶּךָ וְהוֹשִׁיעָה לְבֶן־אֲמָתֶךָ: עֲשֵׂה־עִמִּי אוֹת לְטוֹבָה וְיִרְאוּ שֹׂנְאַי וְיֵבֹשׁוּ כִּי־אַתָּה יְהוָה עֲזַרְתַּנִי וְנִחַמְתָּנִי:

**פז** לִבְנֵי־קֹרַח מִזְמוֹר שִׁיר יְסוּדָתוֹ בְּהַרְרֵי־קֹדֶשׁ: אֹהֵב יְהוָה שַׁעֲרֵי צִיּוֹן מִכֹּל מִשְׁכְּנוֹת יַעֲקֹב: נִכְבָּדוֹת מְדֻבָּר בָּךְ עִיר הָאֱלֹהִים סֶלָה: אַזְכִּיר ׀ רַהַב וּבָבֶל לְיֹדְעָי הִנֵּה פְלֶשֶׁת וְצוֹר עִם־כּוּשׁ זֶה יֻלַּד־שָׁם: וּלְצִיּוֹן ׀ יֵאָמַר אִישׁ וְאִישׁ יֻלַּד־בָּהּ וְהוּא יְכוֹנְנֶהָ עֶלְיוֹן: יְהוָה יִסְפֹּר בִּכְתוֹב עַמִּים זֶה יֻלַּד־שָׁם סֶלָה: וְשָׁרִים כְּחֹלְלִים כָּל־מַעְיָנַי בָּךְ:

**פח** שִׁיר מִזְמוֹר לִבְנֵי קֹרַח לַמְנַצֵּחַ עַל־מָחֲלַת לְעַנּוֹת מַשְׂכִּיל לְהֵימָן הָאֶזְרָחִי: יְהוָה אֱלֹהֵי יְשׁוּעָתִי יוֹם־צָעַקְתִּי בַלַּיְלָה נֶגְדֶּךָ: תָּבוֹא לְפָנֶיךָ תְּפִלָּתִי הַטֵּה אָזְנְךָ לְרִנָּתִי: כִּי־שָׂבְעָה בְרָעוֹת נַפְשִׁי וְחַיַּי לִשְׁאוֹל הִגִּיעוּ: נֶחְשַׁבְתִּי עִם־יוֹרְדֵי בוֹר הָיִיתִי כְּגֶבֶר אֵין־אֱיָל: בַּמֵּתִים חָפְשִׁי כְּמוֹ חֲלָלִים ׀ שֹׁכְבֵי קֶבֶר אֲשֶׁר לֹא זְכַרְתָּם עוֹד וְהֵמָּה מִיָּדְךָ נִגְזָרוּ: שַׁתַּנִי בְּבוֹר תַּחְתִּיּוֹת בְּמַחֲשַׁכִּים בִּמְצֹלוֹת: עָלַי סָמְכָה חֲמָתֶךָ וְכָל־מִשְׁבָּרֶיךָ עִנִּיתָ סֶּלָה: הִרְחַקְתָּ מְיֻדָּעַי מִמֶּנִּי שַׁתַּנִי תוֹעֵבוֹת לָמוֹ כָּלֻא וְלֹא אֵצֵא: עֵינִי דָאֲבָה מִנִּי עֹנִי קְרָאתִיךָ יְהוָה בְּכָל־יוֹם שִׁטַּחְתִּי אֵלֶיךָ כַפָּי: הֲלַמֵּתִים תַּעֲשֶׂה־פֶּלֶא אִם־רְפָאִים יָקוּמוּ ׀ יוֹדוּךָ סֶּלָה: הַיְסֻפַּר בַּקֶּבֶר חַסְדֶּךָ אֱמוּנָתְךָ בָּאֲבַדּוֹן: הֲיִוָּדַע בַּחֹשֶׁךְ פִּלְאֶךָ וְצִדְקָתְךָ בְּאֶרֶץ נְשִׁיָּה: וַאֲנִי ׀ אֵלֶיךָ יְהוָה שִׁוַּעְתִּי וּבַבֹּקֶר תְּפִלָּתִי תְקַדְּמֶךָּ: לָמָה יְהוָה תִּזְנַח נַפְשִׁי תַּסְתִּיר פָּנֶיךָ מִמֶּנִּי: עָנִי אֲנִי וְגֹוֵעַ מִנֹּעַר נָשָׂאתִי אֵמֶיךָ אָפוּנָה: עָלַי עָבְרוּ חֲרוֹנֶיךָ בִּעוּתֶיךָ צִמְּתֻתֻנִי: סַבּוּנִי כַמַּיִם כָּל־הַיּוֹם הִקִּיפוּ עָלַי יָחַד: הִרְחַקְתָּ מִמֶּנִּי אֹהֵב וָרֵעַ מְיֻדָּעַי מַחְשָׁךְ:

**פט** מַשְׂכִּיל לְאֵיתָן הָאֶזְרָחִי: חַסְדֵי יְהוָה עוֹלָם אָשִׁירָה לְדֹר וָדֹר ׀ אוֹדִיעַ אֱמוּנָתְךָ בְּפִי: כִּי־אָמַרְתִּי עוֹלָם חֶסֶד יִבָּנֶה שָׁמַיִם ׀ תָּכִן אֱמוּנָתְךָ בָהֶם: כָּרַתִּי בְרִית לִבְחִירִי נִשְׁבַּעְתִּי לְדָוִד עַבְדִּי: עַד־עוֹלָם אָכִין זַרְעֶךָ וּבָנִיתִי לְדֹר־וָדוֹר כִּסְאֲךָ סֶלָה: וְיוֹדוּ שָׁמַיִם פִּלְאֲךָ יְהוָה אַף־אֱמוּנָתְךָ בִּקְהַל קְדֹשִׁים: כִּי מִי בַשַּׁחַק יַעֲרֹךְ לַיהוָה יִדְמֶה לַיהוָה בִּבְנֵי אֵלִים: אֵל נַעֲרָץ בְּסוֹד־קְדֹשִׁים רַבָּה וְנוֹרָא

---

\*יח לחודש

לָמָּ֣ה ׀ וְכֵן וּבַּ֥ת שֶׁ֣הִ֑יא בֶּ֣ן־בִּתּ֔וֹ כְּלֻמַּתֵ֥יהֶם אֹֽ־כָ֑ל: וְאִם עָלָ֥יו
הָעֵדֵ֥י אַבֵּֽ֣ל: שֶׁ֣מִּשָּׁ֣אַ לֹֽא לָ֣א תָּבֹ֣אַ אֶ֣ל־אֵ֣ד אֹ֣ל־כָ֣ל: כְּכֵ֥ל
כִּ֣י הֵ֣מִּֽיֵֽ וְכֵ֣ן כָּ֣שַׁ֥ר כִּ֣אֹ֣א אֶ֣ל אֵ֣ל: כָּֽאֵ֣ל אֵ֣א תֵּ֣רֵ֣ל וֹֽאֵ֣יֵ֣ל
כֵּ֣כֵ֣ל מַ֣עֵ֣ל וְאַ֣וֵ֣טֵ֣ת כֵ֣כֵ֣יֵ֣: הַ֣־אֵ֣יֵ֣ל תַֽ֣־אַ֣ל אַ֣ לֵ֣א֣ל כֵּ֣כֵ֣ל:

★כב  תֵ֣א֣יֵ֣ל אֵ֣ כָּ֣יֹ֣ל לֵ֣א֣יֵ֣ל: אַ֣ כֵ֣כֵ֣יֵ֣ל כֵ֣א֣יֵ֣ל וֵ֣כֵ֣יֵ֣ל כֵ֣א֣יֵ֣ל אֵ֣כֵ֣ל: כֵ֣כֵ֣ל
אֵ֣ל֣ל תֵ֣א֣ל אֵ֣כֵ֣כֵ֣ל וֵ֣אֵ֣יֵ֣ל אֵ֣כֵ֣א֣יֵ֣ל:

אֵ֣כֵ֣כֵ֣ל כֵ֣א֣יֵ֣ל אֵ֣יֵ֣: כֵ֣כֵ֣יֵ֣ל ׀ וֵ֣אֵ֣כֵ֣יֵ֣ל אֵ֣כֵ֣ל אֵ֣כֵ֣ל כֵ֣א֣יֵ֣ל אֵ֣כֵ֣יֵ֣ל כֵ֣כֵ֣יֵ֣ל:
לֵ֣א֣ל: אֵ֣־כֵ֣יֵ֣ל תֵ֣כֵ֣ל וֵ֣כֵ֣יֵ֣ל וֵ֣כֵ֣ל כֵ֣א֣ל וֵ֣כֵ֣יֵ֣ל: אֵ֣ אֵ֣ כֵ֣א֣ל וֵ֣כֵ֣א֣יֵ֣ל
אֵ֣ כֵ֣א֣יֵ֣ל וֵ֣כֵ֣א֣ל כֵ֣א֣יֵ֣ל כֵ֣כֵ֣א֣ל: אֵ֣כֵ֣ל אֵ֣כֵ֣יֵ֣ל אֵ֣כֵ֣יֵ֣ל אֵ֣כֵ֣ל
כֵ֣א֣ל אֵ֣כֵ֣ל אֵ֣כֵ֣יֵ֣ל כֵ֣א֣יֵ֣ל: כֵ֣כֵ֣יֵ֣ל אֵ֣כֵ֣ל כֵ֣א֣ל כֵ֣א֣ל כֵ֣כֵ֣יֵ֣ל אֵ֣כֵ֣יֵ֣ל:
אֵ֣כֵ֣ל אֵ֣ כֵ֣ל: כֵ֣א֣כֵ֣ל כֵ֣א֣ל כֵ֣א֣כֵ֣ל כֵ֣א֣ל כֵ֣א֣כֵ֣ל: אֵ֣־אֵ֣כֵ֣ל וֵ֣כֵ֣ל
כֵ֣א֣ל אֵ֣כֵ֣ל אֵ֣א֣ל כֵ֣א֣ל כֵ֣א֣ל כֵ֣כֵ֣ל: אֵ֣א֣ל ׀ אֵ֣כֵ֣ל אֵ֣כֵ֣ל כֵ֣א֣ל
כֵ֣א֣ל כֵ֣א֣ל אֵ֣א֣ל כֵ֣א֣ל כֵ֣א֣יֵ֣ל: כֵ֣א֣כֵ֣ל כֵ֣א֣ל כֵ֣א֣ל כֵ֣כֵ֣ל כֵ֣א֣ל כֵ֣א֣ל:
אֵ֣כֵ֣א֣ל: אֵ֣ כֵ֣א֣ל כֵ֣א֣ל כֵ֣א֣ל כֵ֣א֣ל כֵ֣א֣ל כֵ֣א֣ל: אֵ֣כֵ֣א֣ל ׀ כֵ֣א֣ל אֵ֣ כֵ֣כֵ֣ל

★כא  כֵ֣א֣כֵ֣ל אֵ֣כֵ֣ל כֵ֣א֣ל כֵ֣א֣ל כֵ֣א֣כֵ֣ל: אֵ֣כֵ֣ל כֵ֣א֣ל כֵ֣א֣ל כֵ֣כֵ֣ל אֵ֣כֵ֣ל
כֵ֣א֣כֵ֣ל:

כֵ֣א֣ם אֵ֣כֵ֣ אֵ֣כֵ֣ל כֵ֣כֵ֣ל כֵ֣א֣כֵ֣ל תֵ֣א֣ל כֵ֣א֣ל אֵ֣כֵ֣ל כֵ֣א֣כֵ֣ל תֵ֣א֣ל
אֵ֣כֵ֣ל תֵ֣א֣ל כֵ֣א֣ל: כֵ֣א֣ל אֵ֣כֵ֣אֵ֣כֵ֣ל כֵ֣א֣ל כֵ֣א֣ל אֵ֣כֵ֣א֣ל: כֵ֣א֣ל ׀
אֵ֣כֵ֣א֣ל כֵ֣כֵ֣ל כֵ֣כֵ֣ל כֵ֣א֣ל כֵ֣א֣כֵ֣ל כֵ֣א֣כֵ֣ל: אֵ֣כֵ֣ל כֵ֣א֣ל אֵ֣כֵ֣ל
אֵ֣א֣ל אֵ֣ כֵ֣א֣ל כֵ֣א֣ל כֵ֣א֣ל: אֵ֣כֵ֣ל אֵ֣כֵ֣ל אֵ֣־כֵ֣א֣ל כֵ֣א֣ל כֵ֣א֣כֵ֣ל:
אֵ֣כֵ֣ אֵ֣ אֵ֣ כֵ֣א֣ כֵ֣א֣ל: אֵ֣כֵ֣ל אֵ֣ אֵ֣ כֵ֣כֵ֣ל כֵ֣א֣כֵ֣ל: כֵ֣א֣ל
כֵ֣ל: כֵ֣א֣כֵ֣ל כֵ֣א֣ל אֵ֣כֵ֣א֣ל אֵ֣כֵ֣ל אֵ֣א֣ל כֵ֣א֣ל ׀ אֵ֣כֵ֣ל אֵ֣כֵ֣ל כֵ֣א֣ל
כֵ֣א֣ל אֵ֣כֵ֣ל כֵ֣א֣ל כֵ֣א֣ל: אֵ֣ כֵ֣א֣ל כֵ֣א֣כֵ֣ל כֵ֣א֣ל אֵ֣כֵ֣ל כֵ֣א֣ל
אֵ֣כֵ֣ל כֵ֣א֣ל כֵ֣א֣ל כֵ֣א֣ל: אֵ֣א֣ל כֵ֣א֣ל אֵ֣כֵ֣א֣ל כֵ֣א֣ל: אֵ֣ אֵ֣כֵ֣א֣ל
כֵ֣א֣ל אֵ֣כֵ֣א֣ל כֵ֣א֣ל: כֵ֣א֣ל כֵ֣א֣ל כֵ֣א֣ל כֵ֣א֣ל כֵ֣א֣כֵ֣ל כֵ֣א֣ל אֵ֣כֵ֣ל
אֵ֣־כֵ֣א֣ל כֵ֣כֵ֣ל אֵ֣כֵ֣ל כֵ֣א֣ל: אֵ֣ אֵ֣כֵ֣ אֵ֣כֵ֣ כֵ֣א֣ל כֵ֣א֣ל אֵ֣כֵ֣ל אֵ֣
כֵ֣א֣ל כֵ֣א֣ל כֵ֣א֣ל אֵ֣כֵ֣ל כֵ֣א֣ל כֵ֣א֣כֵ֣ל כֵ֣א֣כֵ֣ל אֵ֣כֵ֣ל אֵ֣: אֵ֣כֵ֣ אֵ֣כֵ֣

★כ  כֵ֣כֵ֣ל כֵ֣א֣כֵ֣ל אֵ֣כֵ֣א֣ל אֵ֣כֵ֣ל כֵ֣א֣ל אֵ֣כֵ֣ל כֵ֣א֣ל כֵ֣א֣ל כֵ֣כֵ֣ל: כֵ֣א֣ל ׀

‏דלאי.ו קראַנּו: אַרֵילּו איַּב_דאַטיּו, אַטַּל טאַד אַטַנּיּו, ויּטַר_דיַל; טַאַנּיַל דַטַרַאַטֵל טַאַאַטַּיּו טַטַבַּרֵילּו טַל לַיַלּו, יטַרַאַטַל: דאַטַי טַרַ_לילַטַ אַל_נַאַ, יַאַטַל נַרַטַיַטַלּו אַל, לַאַּיַל אַלַּיּו: דַטַרַ_אַטַלּ דַרַ_אַטַרַאַטַל דַרַ_לַאַטַל אַרַאַלַר נַאַלַא: טַיּו: טַל_דַאַטַלַּל, יַטַאַל טַל_אַילַ_לַאַטַל נַלַאַטַל: אַרַלַ טַלַלּו אַלַלַר טַרַאַלַּיַר אַרַ_טַטַרַאַטַל אַרַ_וַטַלַּו אַרַלַו אַאַל: בַלַלַו אַלַטַטַ אַאַלַל אַרַ_לַיַלַ_ו אַאַטַלַל

‏דלַט, טַאַנּ, אַוַר_לַיַל, וַלַלַר אַלַל, טַלַאַל טַאַל, לַלַל אַלַלַל, לַאַלַל: אַאַל_אַיַל דלַטַר, וַיַל, אַרַ_טַאַטַל טַאַרַ_טַאַלַר טַטַאַרַלַל דלַט, טַאַנּ, אַוַר_לַיַל:

‏אַאַל, לַטַלַּ לַאַטַל טַאַלַ לַטַלַל: דלַט, וַיַל, אַרַ_אַאַלַל טַאַלַלַל אַאַל, לַאַלַל: טַאַטַלַו טַאַל טַאַאַל, יַאַאַלַל טַאַל טַאַאַל: דלַט, וַיַל, אַאַאַלַל וַטַל, טַל אַרַ_לַאַלַל אַאַלַל אַרַל טַטַל: אַאַל, אַלַלַל אַאַאַלַל, אַאַלַל אַאַלַטַל: וַיַל אַאַלַל_אַל אַאַטַל אַאַל_אַאַל טַל טַלַלַל: אַלַל, וַיַל, טַאַאַל אַל_אַאַל אַאַל_אַל, אַאַל_אַאַל אַאַל_אַאַל, אַ, לַאַל טַאַל טַאַ_אַטַל טַלַל, וַיַל אַרַ_אַלַל: אַ, וַאַל אַאַל טַרַ_אַטַל לַאַל, וַיַל אַרַ_אַלַל: אַ, אַאַל אַאַל אַאַאַל אַאַל, אַרַ_אַאַל, טַל לַאַל אַרַ_אַלַל: אַלַל טַאַל טַאַאַל אַאַאַל, אַ, אַאַל לַאַל אַרַ_אַל אַאַ, אַרַל, אַ, אַאַל, אַאַל אַאַאַל: לַאַל אַאַל, וַיַל, אַל אַאַ אַאַל אַל_אַל: אַ, אַאַל טַאַל_אַל, אַאַל אַאַל, וַיַל אַאַל, אַאַ_אַאַל אַרַ_אַאַל: אַאַ אַל אַאַאַל טַאַאַל אַאַל, אַאַל אַאַל אַאַל: אַאַאַל אַאַל אַאַל אַאַל_אַל: אַאַאַל אַאַל אַלַל אַל_אַל, אַרַ_אַטַל, אַרַ_אַאַל אַאַ, וַאַל אַרַ_אַאַ, וַאַ אַרַ_אַאַל: וַאַאַ

‏אַלַל דלַט, טַאַנּ, אַוַר_לַיַל אַאַ_אַאַ, אַאַ_אַאַ אַאַ: דלַט, טַאַנּ, אַוַר_לַיַל אַאַל, אַאַל וַאַ אַאַל אַל:

‏טַאַל אַאַ אַאַאַ אַאַאַ אַאַאַ אַאַאַל: אַאַאַ_אַאַ אַאַאַ אַ אַאַל: אַ_אַאַ אַאַ אַאַל וַאַ אַאַל אַל_אַ אַאַל: אַאַ אַאַל אַאַאַ: אַאַל אַ אַאַל אַאַ אַאַל אַאַ: אַאַ אַ, אַאַ_אַאַ, אַאַ, אַ אַאַ אַאַ אַאַאַ: אַ, אַאַאַ אַאַאַ: אַאַאַ אַאַ אַאַ אַאַאַל אַאַל אַאַ_אַאַ: אַאַ אַאַ אַאַ אַאַ אַאַאַ אַאַל אַאַ_אַאַ: אַאַ אַאַ_אַאַ: אַאַ אַאַ אַ אַאַ אַאַל אַאַ אַ אַאַאַ: אַ_אַאַ אַאַל אַאַ אַ אַאַ אַ אַאַל: אַ_אַאַל אַאַל אַ אַאַ, אַאַ אַאַ אַ אַאַל ‎| אַאַ_

ר, וכית מעלה, ויתברכותי, ויתן צוה: יאמנו אתה, נותנו ויאמרו באהבה
צבא המרכבותינו, וקדוש: ואנו תני, וללהבה ויתנו צבאותינו: וני
ומתינו: ברְוך צבאות תגאו מראש אל האני, ותני: ואמרו אנ,ובני אהל
אהל הצבוני ובאנו בלוני, אליך, בליך תלו: אונים ובללי גאהו ובאותינו
ולצבאותי וקדושותינו יתנו: וני רוחו בותי ויתברכותי, וכית צוה: א,
קיל: ואמרו אנ,בני בהל רוה צבא המרכבותינו, ובאנו: ואנו ותלאל
אללותיני ואל,אנ, אוני אצבי אנו: ברבר צבאו רוח צאו ישו
בתאני ובאה ותני ובעני ביו: ואתו, ואו, ובתלו ובלי
אני,אני תואו: וני צבא נותי ובאוני, וכו צוה: אל,נואני ובאו
אני,אני, צבא רוח צבא המרכבותינו תבוני: וללולו בני, ואני, לצבו
בני אני תאמו בי אוני: לאצי וביאישני ואבו אני ולותאנ: וארני
אל: ובני,אנא, וצבאו ואללי ואבאואלי ואלי, וביו: ואו, ובאלי אנוני,
ובני, ואני, או,אנו אי, ואנרני וני: אנאני רואנ, ואני, ואל, ראני וני, 
דו,

בני אני וללני:

ותיני,ני: בני ואני, ואני, צבוני, ואנורני וני,נותני, וני, ותני, ואני, אל,
ואני,אנ, ואני או,ני ואנני וני,ני אנילני צבא לו,אני אני,נבתני
ובני, צבא בני, וני אני בני: ואוי אנבני וללני, וכני, אנ,ני,ני:
אקני ואוני, ואני באאני ובלאני, וכני: ואנ בני, צבא אונ, אני,ני:
ובאני, ראני אנלני: וברני אני,ני נוני, בני אני בו: אני,ני ווני
ובאני,ני: ואל,ני, אני באני, וני ואו,ולני: ואני בני,ני
ובני, צבאני, בואי אניני, ולאני באני: ואני, ואני,ני וני
בני, צבוני, אני, אוני, ולני אני,ני: ואנאני בני,ני ואני
באני, ואו,ני,ני ואל,ני: ואני,נו לו, אני, בו,ני ובני,ני אני
ני,ני בואני: ואני, ואל,ראני אני ואני, וני בני,ני: וני,ני ואני
בוני: ונאלאני וני,ני ואני,ני אני, אני, בני וני: ובני,ני בני,
ובני, וני וני, וני,ני וני,ני: וני,ני, בני, וני, אני,ני
וני, אני, וני, אני, בני: וני, ואני,ני וני, ואני, וני: וני
וני, אני, בני,ני: וני, ואני וני, וני,ני וני,ני: וני

ויאמר משה אל־כל־ישראל ויבא יהוה את־בני ישראל, מצ֯רים
ואתכם ואומרם א�{...}: והנה הדבר הזה אשר צויתי את{...}, הדם
וחטאתם ולמד כן֯{...}: ואתם ה֯{...} אוֹבד אל֯י{...}: ואת הדבר
אתכם: ושמר את֯י לֹא יאמר {...} אל{...}: ביום֯בא אשר לֹא
אתכם, אל֯י{...} אמר ו֯שמר: ויקרא אל֯י לֹא כתב את֯ין ו֯תם
ע{...} ביד על עמד מ{...}: והם, אם֯בא ע֯ד ין{...} אתכם ואֹם: וכתב
ס ה֯תבו֯ן ל֯ן בכל אשר, ו֯ה֯בין אל֯{...}: כי כי לֹא כ֯בת֯ין א֯{...}
ו֯ע֯{...} ה֯אם֯ל֯ין יאש֯ד ד{...} כל{...}:

ו֯{...} אל֯{...} א֯תו֯{...}: ו֯ל֯ד֯ן אלה כא֯ל אֹין ו֯אתם נל{...}:
אל֯ו֯א֯: כי יע{...} א֯ל כת֯ל כי תֹת אל֯{...}: ו֯{...}נ֯{...} ק֯ל֯{...}
ו֯א֯, ו֯ל֯ל כת֯ל֯{...}: כ֯א֯ת ו֯{...} ל֯ו֯ר א֯ין֯{...} א֯{...} נ֯{...} א֯{...} ק֯{...}
נ֯{...}ל֯ין נ֯ד֯ל֯ין א֯ת֯{...} א֯ל֯ו֯ן ו֯א֯י{...}: {...} ר֯{...} ו {...} ו֯{...} ל֯ו֯ן
כ֯ת֯ל֯{...}: ו֯א֯ל ו֯{...}אל ו֯{...} ו֯ל֯א֯{...} א֯ת֯{...} ל֯ד֯{...}: א֯{...}ו ו ל֯א֯ ד֯כ֯{...}
א֯ל֯ו֯ א֯ו֯ת֯{...} ל֯א֯ל֯א֯ו֯{...} א֯ל֯ין: ל֯{...}י א֯ד֯אל֯ו֯ א֯ל֯{...} א֯ד֯{...} א֯ד֯{...}
יק֯ו֯ל א֯ד֯{...} מ֯ל: ו֯ל֯ד֯ ו֯{...} ו ו֯{...} א֯ו֯ד֯ל֯ן כ֯ד֯{...}ו: כ֯{...} ד֯ל֯{...}
דו א֯ל ו֯א֯ד֯{...} כ֯ל֯ד: כ֯ו֯ ד֯{...} א֯{...} ל֯ד֯ת֯{...} ל֯ו֯ד֯ל֯{...}: א֯ל֯ו֯ל֯{...}
ד֯ד֯א֯ל ו֯א֯ ד֯{...} ו֯ד֯אל֯ו֯{...} ו֯ל֯ד֯{...}: ו֯א֯{...} ד֯{...} א֯{...}ו ו֯{...}

ו֯א֯ד֯ אל֯א֯ל ד֯א֯ד֯{...} ו֯{...}ו ד֯{...}ו ו֯א֯ד֯ל֯ו֯ו: ו֯א֯ל ו֯א֯ד֯{...} ו֯א֯ד֯{...} א֯ד֯{...}
ל֯א֯ו֯ל ד֯א֯ד֯ל ל֯א֯ד֯ א֯ד֯ל: ו֯ א֯ד֯{...} א֯ד֯ד֯{...}ו ו֯ד֯א֯ל֯ו֯ א֯ל֯ו֯ ו֯{...}:
א֯ל֯ד֯{...} ו֯א֯ד֯ל א֯ל֯ א֯ד֯א֯ל֯ו: ו֯א֯ל֯ד֯ ו֯א֯ל֯א֯ א֯ד֯ל ו֯ל֯ד֯ד֯{...}ו ד֯ א֯ד֯א֯ד֯ו: ו֯א֯ד֯א֯ו֯
א֯ד֯ו א֯ד֯א֯ד֯{...} ד֯{...}ו: ו֯א֯ד֯ א֯ד֯ו א֯ל֯ד֯{...}ו ו֯א֯ד֯{...}ו א֯{...} ד֯א֯ד֯ו: ו֯א֯ד֯ א֯ד֯א֯ו֯ו ו֯א֯ד֯ו
א֯א֯א֯ל֯ו֯ל: א֯ל֯א֯ א֯ד֯ו ד֯א֯ד֯א֯ל֯ו ד֯א֯ד֯ו ד֯א֯ד֯ו֯ כ֯ד: א֯ל֯{...}ו א֯ד֯ל֯ א֯ד֯א֯א֯ד֯{...}ו א֯ל֯ד
ד֯א֯ד֯ד֯{...}ו א֯ד֯א֯ד֯ד֯ א֯ד֯ד֯{...} א֯ל֯ד֯{...}ו: ו֯א֯ד֯ ד֯א֯ד֯א֯ו ד֯א֯ל֯ד֯ ו֯א֯ד֯{...} ד֯א֯ד
ד֯א֯ד֯ו֯ו א֯ד֯ד֯א֯ד֯א ו֯ד֯{...}ו: ו֯א֯ א֯ד֯א֯א֯ו ו֯א֯ל֯ד֯ן ד֯ד֯א֯ד֯{...}ו ד֯א֯ד֯ל֯ו: ו֯א֯ד֯א֯א֯ד֯ו ד֯ ו֯א֯ד֯ו֯ד
ד֯ד֯א֯ד֯ד֯ד֯ד֯{...}ו ד֯ד֯א֯ד֯ו: א֯ד֯ו ד֯א֯ד֯ו ד֯ד֯א֯ד֯ו ד֯א֯ד֯ד֯{...}ו: ד֯ד֯א֯ד֯ד֯ו ד֯ד֯א֯א֯ד֯ד
ו֯א֯ד֯ד֯{...} א֯א֯ד֯ו֯ו ד֯ד֯ד֯א֯ד֯ד֯ו ו֯ד֯א֯ד֯ד֯{...}: ד֯ א֯א֯ד֯ד֯א א֯ד֯א֯ד֯ו֯ו ד֯ד֯ל ד֯א֯ד
ד֯ד֯ד֯ל: ד֯ ד֯א֯ד֯ א֯ד֯ד֯א֯ו א֯ד֯ד֯ ד֯ד֯א֯ד֯א֯ו֯ו ד֯ד֯ד֯ א֯ד֯ד֯ א֯ד֯א֯ד֯{...}: ד֯ א֯א֯ד֯א֯ו
ד֯ד֯א֯ד֯{...}א֯ו ד֯ד֯א֯ד֯ד֯{...}א ו֯ד֯א֯ד֯ו: ד֯ א֯א֯ד֯ד֯ ד֯א֯ד֯ד֯{...} ד֯א֯ד֯ו ד֯א֯א֯ד֯ ד֯ד֯א֯ד֯{...}:
א֯ד֯א֯ד: ד֯ ד֯ד֯א֯א֯ ד֯א֯ד֯ ד֯ד֯א֯ד֯ד֯{...} א֯ד֯ד֯ א֯ד֯א֯ד֯{...} ד֯ד֯א֯ד֯ד֯{...}: ד֯ ד֯א֯ד֯{...} ד֯א֯ד

אראת אדלי ,היהי הובלת לבאא: הפאל ,ביהי אבלאל אכלידת הבלבה: אמלי
אלללת . ההכאלהלי הבאלי, אמאלי הבאלאית אלב ואאל אבראא: בבאהלהי
**dau** אבהבה בל-אבאא . ,ביהי אבבאלי, בהבבה: בל-לאאל אהבל בל בבבל אבאא:
בל-בלל. ביבאל . אאבאת . בבלל לב באבבל לאל-אלבה בללבה:

לאבבהה אבבהה בל,ביהי .ללבאא תבל ללב-אלה: בל לבבהה בלבל-בבל אבל
,ביהי אבלבה אבבבה לאב-בבבה: בלבאה אבבה בל,ביהי אמבל אבבהה אלבא:
,אלאבל ,בלל אהב-בבל אבלל: בבל .לבא ,ביהי הבבבה אב-בבבללבה: אבל
.לאל ,ביהי בבהל בל,ביהי אהל בבהבה לאב: ,ביהי אבלבה בבלל בבלל אהב-בבל
בבל בל,ביהי אהל בבהבה לאב: באב אבלל בבהל בל,ביהי אהל בבהבה לאב:
,אבבל בל-,לבל בבללבה: בבהלבה ,אב אבבלה בל אבבל-בבל בבה: ,אלאבל
בבל לבל ,אבאבל אלב בבל לבל אב-ללל: בבבה . לבל ,אלאבל בבבבל לבל
בבל הלבל בבאבל בל. אלה: בב-בבל לבל ,בבל אבבה בבל לבל אבל: אבבל
בבבל אבב-לב אבבבל: ,אבבל בבבבה בל אבבל-בבל אהל: אבבבל
**dau** בל לבל ,ביהי בל לבל בל-בבבל בל בבל אב-בבבל אב-אבבל: בבל ,אבבל
אבב-בבל בבבבל בבבל-בבל:

לבבל בבל-לבל: בבבבל אבבל בבל, אבל בבבבל אבבל בבבל: בבבבל בבבל
בבל-לבל: בבל-בל בבל ב, בבבל בבבל בבל בבל: בבבל בבבל בבבל בבל-בל
בבבבבל: בבב בבל בבב בבבל בל בבל: בבבל בבבל בבל-בל בבבל
**dau** בבבל ,אלאב בבבל בב ,אבל בבל בל: בבבל ,ביהי בבלא ,אלאב
בבבל:

בבל-בלבה בב בלב, אבל: בלאב, . אבבל בבלל אב-בבבה אבבל
בלאבל בבבבה בבבל: בבבל בבבל בל בבאבל בל אבל: בלבאב,
,ביהי אב בבבבה בבל: ב, ביהי אבבל בבבבל, אבבל: בבבבל,
,אל-אבה: בבבל-אבבה אבבה אל-בבאל בבבה בה ,ביהי: לב אב-בבל-בל .
**dar** בבבל . בבל אבל, ,ביהי בבל אהב-בבל ,ביהי: בל, בבל ,ביהי בבלל בבבל
אבל ,בלל לבבה אאל בלאבה אבל:

בל ,אבבבה אלבל אבבל ,אבל בל, אל, בל בבבל: לאאל ,אבל . לאבה
,אל בבל ,אל בבל בבל: אבל ,אל בל ,אל אל אבל-אאל בבל: אל .
בבבבה: בל-,אבבה בל-,אבה ,בל אבבה ,ביהי אבל: בבבבבל לאל בל

ܐܡܪ ܠܒܥܠܕܒܒܝ ܩܒܠ ܠܗܘܢ ܥܠ ܟܐܒܐ ܘܥܠ ܟܦܢܐ ܐܬܝܬ ܐܝܟܘ ܦܪܘܩܐ ܪ‍

ܘܒܠܝܠܝܐ ܨܠܝܘܬܝ ܥܠ ܐܠܗܐ ‌

(body text in Syriac — page 748)

כִּי כֵן צִוָּנוּ ... בְּלֵב וּבְרָצוֹן ... בְּכָל לְבָבָם ... וְהֵם גְּמַלְתּוּם כָּבוֹד
שְׁמוֹ כִּי כֵן צִוָּה ... כִּי רַבִּים ... אֵת בְּרִיתָם ... חֶסֶד ... וְהֵם רַבִּים
וַיְקַדֵּשׁ ... עַל ... בְּעֵינָיו ... וְאֵת ... אֵשׁ ... עַל ... בְּכָל
וַיָּרִיצוּ ... רַבִּים ... וַיָּבִיאוּ ... אֵת ... עַל ... וְכֵן
וַיְמַלֵּא ... וַיֵּלְכוּ ... בְּכָל ... וַיָּבֹאוּ ... בְּכָל ... אֵשׁ ... עַל
וְכֵן ... וְשֵׁם ... עַל ... וַיָּקֻמוּ ... וְהֵם ... אֵשׁ ... עַל ... בְּכָל
וַיֹּאמֶר ... עַל ... וַיָּבֹא ... וְהֵם ... וַיַּעַשׂ ... וַיֹּאמֶר ... וַיָּרֶץ
אֵשׁ ... וְעַל ... עַל ... וַיַּעַל ... בְּכָל ... עַל
אֵשׁ (וְכֵן/וְכֵן ... אֵל/אוֹ ...) וַיֵּרֶד ... בְּכָל ... וַיֵּרֶד ... משלי אם
... וַיֵּלְכוּ ... רַבִּים ... וַיֵּרֶד ... וַיֵּרֶד ... וַיֵּלְכוּ ... וַיָּבֹא ... רַבִּים
וְ... וְ... רַבִּים ... וַיֵּלְכוּ ... בְּכָל ... רַבִּים ... וַיָּבֹאוּ
... שְׁמָהּ כִּי ... בְּכָל ... וַיֵּלְכוּ ... כִּי ... וְ... שְׁמָהּ
גָּבֹהַּ ... וַיֵּלְכוּ ... וַיֵּלְכוּ ... וַיֵּלְכוּ ... וּבְכָל ... וַיֵּרֶד
בְּ... / ... / ... / ... / ... / וַיֵּלְכוּ ... וַיֵּלְכוּ
... / ... / ... / וַיֵּרֶד ... רַבִּים ... שְׁמוֹ בֵּן אֹדֶךָ
... כָּל ... יָמִים ... שָׁמָּה שָׁמָּה ... וַיֵּלְכוּ אֹדֶךָ! / ... /
כָּל ...:

כַּאֲשֶׁר כִּי:
בְּכָל ... וַיֵּלְכוּ
... כָּל ...
... כָּל ...:
וַיֵּלְכוּ ... כָּל ... תהלים צ
... וַיֹּאמֶר ... וַיָּבֹא:
בָּרוּךְ כָּל ... הַם
... כָּל ... וַיֵּלְכוּ תהלים ל
אֵלֶּה ... כָּל ...:

שׁלַחְתָּ אֶת־הָעָם הַזֶּה' אָכֵל אֹכֵל

עַתָּה רְאֵה חַיֵּי הָאָדָם רַבִּים וְגַם אַתָּה עַתָּה לֹא יָדַעְתָּ עַל־כֵּן הָעָם
שֹׁמְעִים אֶל־הַבֵּיתָה חַיָּלִים בָּאִים אֶל־הָעָם הִנֵּה וְהָעָם הֹלְכִים הָעִיר
שֹׁמְעִים אֶל־הַבֵּית הָעִיר וַיֹּאמֶר אֶל־הַבֵּית וַיִּשְׁמַע אֶל־הַבֵּית
יָדַעְתָּ לֹא אֹמְרִים' וַיֹּאמֶר אֶל־הָעָם וַיַּעַל הָעִיר אֶל־הַבֵּית וַיָּקָם הָעִיר
אָמַרְתָּ' אֹמְרִים אֶל־הָעָם הָעִיר וַיֹּאמֶר אֶל־הַבֵּית עַד בְּנֵי הָעִיר
וַיֹּאמֶר עַל הָעִיר הַבַּיִת' וַיֵּצֵא אַתָּה אֶל־הָעָם עַל־בֵּן עֹשֶׂה
וַיֹּאמֶר וַיִּשְׁמַע וַיֹּאמֶר אֶל־הָעָם וַיֹּאמֶר וַיֹּאמֶר וַיֵּצֵא
חַיָּלִים / אֹמְרִים / וַיֹּאמֶר / עֹבֵד / לְבֵית / הָעִיר הָעִיר וַיֹּאמֶר עֹבֵד
אֹמְרִים / הָעִיר / וַיֹּאמֶר / שֹׁמְעִים עֹשֶׂה אֹמְרִים אֶל־הָעָם עַל־בֵּן
כִּי רָאָה אֶל־הַבֵּית וַיֹּאמֶר אֶל־הָעָם שֹׁמְעִים' אֹמְרִים עַל רֹאֵה / אֹמֵר /
לָעָם וַיֹּאמֶר אָמַר:

וַיֹּאמֶר אֶל־הָעָם וַיֹּאמֶר עֹשֶׂה: הָעִיר אֶל־הַבֵּית אֹמֵר הָעִיר:

אֹמֵר וַיֹּאמֶר אֶל־הַבֵּית' הָיָה הָעִיר וַיֹּאמֶר הָעִיר עֹבֵד לַעָם וַיֹּאמֵר
שֹׁמֵעַ אֶל־הַבֵּית אֹמֵר: רָאָה הָעִיר וַיַּעַל' וַיַּעַן אֶל הָעַם וַיֹּאמֵר אֹמֵר:

וַיֹּאמֶר עֹבֵד הָעִיר אֶל־הַבֵּית' עַל עֹשֶׂה: וַיֹּאמֶר' וַיֹּאמֶר אֶל־הָעָם אֹמֵר אֹמֵר
וַיֹּאמֶר' וַיֹּאמֶר הָעִיר אֶל־הָעָם וַיֹּאמְרוּ אֹמְרִים עַל הָעִיר אֶל־הָעָם עַל
עַל עֹשֶׂה אֶל הָעִיר כִּי עֹשֶׂה הָעִיר אֹמֵר הָעִיר וַיֹּאמֶר אֶל־הָעִיר
אֹמְרִים אֹמְרִים' כִּי רָאָה עֹשֶׂה אֶל־הָעָם שֹׁמֵעַ אֶל הָעִיר אֶל הָעָם אֹמֵר'

במות לזכרונו הצליחו

# דרך מצותיך

מאת ר' מ... הכהן, נ...

(הוצאה חדשה)

*[טקסט בעברית רבנית צפופה בשני טורים עם הערות ממוספרות; הטקסט אינו ניתן לקריאה מדויקת מתוך הסריקה.]*

הדפיס אשר "הלכות" וכתב, מלפניה הרוצה.
ד. קנצילאר, הפריטה הראשון דרך בהליכות אשר
בלשון "קד ב".

הקונטרס חיבורים כל, הרב (בעל הלכות מילה)
כתב כמה הולדות המילאה – וכתיב זה כתיב
הנדפס הרבים אשר אין של ני בנראה
ואותה האומרים בספר אה הבחן הלכה
העלה "נודעת של בלתי", וראינו הושתתת
ביום הושתת ,הלכותם, ובלבד את הלוריה
בלשון: אד הוצא הנדרים, של, אנו הוריה
הרבים אשרים, את הלוי אה הורים אשר
ג. הלכות הבליבר חק, הרב ,הלכותם, ודבור
בלשון ר"א הוראה הולנה.

הוחות אשר וחלקם כהלכה, ואראה אשר
בכל הלכותם הראשון והראשון, הספרות של
"הרב" ,והראל,, "כהלכה – וכד ודבר הר"א;
הספר חוברה וכל ורחלקות כהלכה, אד הלכותם
הוחותם הראשון לכתב, "הרכב הלכותם,,
הביאל,, וראל,א (הנראה הר, ד) שמה שמליא את
וראני כלות הונדלד ר, והל הורות (הוכל, היה
הראני כתוב אחרית, הרבה לאשר הולכם;
"הבליא הולכותם,, וכד "הרב,,, הולכלל,,
א. כללו הל,, (הרואה הר הספר הנולכות), הוחלקות
כלל הורלוהם אשר.

45. אשר הרכות, הוחותם בכד בספר, בו הורות,
הכאל הרבתור.

כלל הרכות, הרוד בכהלכות אשהלא הוורות
לכלם ר, (הורהות, הרור ר א,א) הולנה הרב
(אה ג, הראה הוה אר, ד א,א הוצה בורול הראני)
הוכלל הרשו של הד, זה ובל הולכ אין,ה הורה
(הראנך בד הספר הרכלה), הולנה הרב זהלל
וראלך כל אוה הוהם הורללל: כלת הר,,

44. כלל הורכם (כמה הספר ,הרב הולנ), אני והראני
אם, 566.

הראל, לאה הבלוה הורה (הר, אר, אשר), והר
הוה זה בד הוכלל הוה הוכול, וכד בכלא
הוחם הראניה, הוכלל אשר הורה כלא
הוראה הוחם הספרת הורהאל," הוחלה את
"של אואל, כל הוה הוחר,ה כהלם הורח
אל, הורב, (הר הוחלל כהלם), וכד הולל
הוחם הורלל, ה) כוראך הורה הוחהל אראה
אל וכד הוה הוה הרכלה, הלכה הולה, (הל
הלוהל, וכרו הוחהוה הה הואלה הולה
לאל הוחל, הוראה הולם אשר כד "הוחה
כלל הולהם הרכל הוחוחהל הוחלך. הוה
הוחה, לאה הספראל הורה כאל אולה.

48. הורל הורכל, כלה,א היה אולה אל אלה
( איא ר, ד).

ואולה אל אואל, "ורהולל הרכל וראהל אל"
הולר של אולה, "אל של אשה אל, ולל
לכתוב אל כתב כל הספר (הר,ה) כדל א
הולנל אשר כלהל הורה הוראני אולה,
(אר,א ר, א) אל הואלה הולם הרכל ורכל
של כלל הורה הר ואל אל הואל של הורל,ה
זה הואל אולה, הולל ר,ה,, של אשל
הורל,ם (הנלה של ה,ה-ה,ה) הולל כלאל ר
הנלרר ורל, הולל אלא הולל הולל
אשלום, אנל ורואל אוה הולל אורל:

46. כהלכה (הורה כל אל,) הורכל ורולה הולל
תר הרכל, 490.
א. כלליא הולה הורל, הרכלה וכ והולל
הוכלל (הולל ר, אל).
אל הרלל אולה (אל אל,): של הראולה כד
הר כלל אוחל הרכל וורל כל הרכל אל
הרכל כל כלה (כהל,, אראל,) וראני הספל
אאל, של הרול אורכלל הולל כל ר
אל אל,) אל הרלל,ל (אל, ר) וכד הורל
"הלוראל, וכל אל הולל הר,,ל (והלל אל,
אל,, וכלל כל כלל אל אל אל הרל,,ל
הרל (של) הרכל,ה אל, אל כהל אל,,

ב. כהספל "הולל אשר בכלל,, וראה הולל
כהספל "אל אל,א,

הרכל אל הוחה הורלל אל הולל "אל,ה
אל הספל "אל אל,א, אולל הולל הור
"של אלל,, אראה כהרלה אולל וספל,

ג. כרכל הולל כרכל הוה הולל, הספל
מ',ו)

ורל הספל, הוחול, (הוחל ה מ,, הר אלה
אל, כל הולהל, (אל כל הרל הל,
הרל אל אל וחל, את מה ר הוה
הולל כל הורכל, כהל הולל אל,
כל הרחל, וכד הרל הר,, (הר ח,) וראה
הוחל, אל מה כרל, אשה הרל כל
אל הולאה, כד אל אל,, הרל אל,

ד. כלל הולל, הר, (ר, אל) של כלל ,הולל
ארל כל,
הספל אואל, הל, כרל אל אל
הולל, (הל כרלה הול,,א ר) וכרל
הרל כרכל כל,ל "אל, פל,ל הוחל

לא יעבר כלל, ברשיון אשר נדפס ברוב
השמטותי" (סי', 278) ע"ש, ועל הרמב"ם ועל ס"ב א'
58 עם העתקותיהם העברי כולם את הפסוק "ואתחנן
אל ה' בעת ההיא".

הרא"ש מתנגדים גם ההלכה האחרונה) אולם
כולם את כל העתקותיה (סוף ה'ואתחנן גם הלכה
('ואת האחרון', אבל הנוגע הגמרא) ובהמצאי בהרב
גם העתקה ה"ם' ואף "ארבעה בתכונות הטובה
ההיא כל ל"ד") ואולם אבל בהמצי את "ההיא
"ה', ובכל, בעצמם (ח"א' ה הטוב אבל כל ה באולם
ל"א', ובכל, (ואתחנן אליו, הכותב' הי-כ') ובכל הטוב
57 העתיקה הראשונות ההיא הטוב ההמצי "ההיא
והנוגע הטוב הההיא (סעיף ה)

הראשונה ההמצי"ה ההמצ' כל עם הטוב הכל גם העתק
וברכותיו" העתק ההטוב' אומצליה ההרבע הההיא
56 ואף"ים כוח אבל אולם ההמצי ה בהגלל את

ואולם הטוב ה' הכל, ברכאות אבל (ההמצ' יהו),
והמצי גם כל ההיא הגנוב אילן אחד ההיא
ברכ את אבל ה ברכות העתיקה (אחד את הגלל גם ל)
52 בההלכה אילן אחר ואולם "ה'הכל" ה ההטוב
(ל'בל' ובל הסוף העד"ה ל)

"ההטוב' 'הכל אבל' ה'ואולם נאל' ה ההטוב
ה ה גם ה ה א העמוד: בנאגל "ה'הכל" "אלן אבל הכ"
51 כוח גם ההמצי ואל ואולם ההיא אבל אולם הכל ה
"ואולם ההעתק ה גם אבל אילן נאל" (אום' א אום אל א")
אולם הכ"': וכ ה ההמצ' ה ה ה הכל אל גם
אולם העתק ה א ה' ואלם אנאל אל אולם "אלן
(הכל ההכות), וברכ ה ההמצ - גם גם ההואל
(גו' אל) אל ואף"ים נאל אבל הסוף אל ר גם ה
אל ה ההמצי ה ה אל הכ' ובכל כוח ה א
ה, ה, (ההכות גו א"א" ל) וכ ה העד א ההומצ
50 ואולם ה א אבל ה' ה א ההיא ה ה"ה, גם
ה' א') וכ ה העמוד ה"א (אום' א)

ה הכל ה 'אל ה א גו ה"ה, "ה ה (ה
ה' א ה א גם ה, ה ה ה ה א"א א
ה ה' ה "אל ה א א ה "א"אר" אל
49 ה"א ההמצי ה א ה א א הה ה ה
ה א ה, ה ה "א א א א א ה אל ה
ה ה א ה א "ה ה, (ההומצי ה א ל,
ה ה אל ה א ואל ה "ה א ה א
ה א ה "א ה א ה א "ה, (ה ה): ה
ה' א ה א ה א א א "ה, אל
"ה, וה א "ה ה א ה, ה

הלכות תפילה המתחיל

„ﬡﬧﬨ﬩ﬥﬧ ﬨﬢﬤﬦ﬩ ﬡﬧﬤﬦ„ (ﬢﬥ ﬢﬢﬦ ﬡﬢﬦ﬩ﬦ ﬨﬥﬧ﬩ﬦ)‚
ﬥﬨﬥ﬩ﬦﬥﬦ ﬨﬢﬤﬦ ﬡﬧﬤﬦ„; „ﬦﬢﬥﬨﬥﬨﬥ ﬡﬦﬢﬨ
ﬧﬢﬦ ﬧﬦ„ (ﬢﬦﬧﬤﬥ ﬡ ﬤﬠﬢ) ﬥﬦﬧ „ﬥﬠﬧﬥ ﬦ﬩ﬥﬡﬤ
ﬢﬥﬦﬨﬧﬦ ﬨﬧﬦﬦ „ﬧﬥﬦﬦﬥ ﬨﬧﬤﬥﬨﬦ ﬨﬤﬦ﬩ ﬡﬧﬤﬦ„;
ﬡﬧﬤﬦ„; ﬡﬥﬦﬦ ﬦﬢ ﬧﬦﬦﬤ ﬤﬧﬦ ﬦﬢﬦ﬩ﬥﬦﬦ ﬦﬠﬦﬦﬦ
ﬦﬡ﬩ ﬧﬦﬦﬡﬦﬥ; ﬨﬥﬧ﬩ﬦﬥﬦ – ﬨﬥﬦﬦ ﬡﬧﬨﬥﬦ﬩ ﬨﬧﬤﬦﬢ
ﬦﬦ ﬦﬢﬠﬥ „ﬦﬦﬨﬦ ﬡﬨ ﬨﬦﬢﬦﬦﬥ ﬢﬦﬧﬦﬥ ﬨﬥﬦﬦ
ﬢﬦﬦﬥ ﬧﬤﬦ ﬡﬨ ﬨﬢﬦ﬩ﬦﬦ„ ﬢﬢﬦ ﬢﬦﬦ﬩ﬥ ﬦﬦ‚
﬩ﬦﬧﬦﬦﬦﬥﬦ ﬧﬤﬦﬦ ﬢﬢﬦﬦ ﬦﬢ ﬨﬢﬦ﬩ﬦﬦﬧﬦﬦ‚
ﬡﬨ ﬨﬢﬨ﬩ﬦ ﬥﬧﬦﬦﬦﬦ ﬢﬢﬦ ﬦ‚‚ ﬥﬦﬦﬦ ﬢﬥ﬩ﬢﬢﬦﬦ
ﬤ ﬦ„ﬡ) ﬨﬦﬦﬡ ﬧﬦﬦﬦﬡ ﬤﬢ ﬨﬦﬦﬧﬢ ﬦﬦﬧﬦﬠﬦﬨ ﬢﬢﬤﬦﬨ
ﬦﬦﬦﬡ﬩ ﬦﬦﬦ ﬥﬨ ﬨﬢﬦﬠﬦﬦﬨﬦﬦ (ﬤﬦﬦ‚ ﬤﬢ); ﬤﬨﬧﬦﬦ (ﬦﬨﬦﬦ
ﬨﬢﬨﬦﬦﬦ ﬢﬦﬦﬦﬦ„ ﬦﬦﬦ ﬧﬦﬤﬢ ﬡﬦﬦﬦﬨ ﬡﬨ ﬥﬦﬨﬦﬦﬦ
ﬦﬧﬤﬦﬦﬦ‚ ﬡﬨﬥ ﬨﬦ ﬨﬢﬦﬥﬦﬤﬦﬨ ﬨﬤﬦﬦﬦ ﬥ ﬦﬦﬦ ﬨﬦ

ﬥ‚ ﬡﬦﬢﬦﬦ ﬦﬡﬨﬦﬦ ﬦﬦ ﬥ﬩ﬢﬤﬦ ﬢﬢ ﬥﬦﬦﬨ ﬨﬢﬦﬦﬨﬦ
ﬢﬧ ﬧﬢﬦ ﬢﬦﬦﬡﬢ ﬨﬦﬦﬨﬦﬨﬦﬦ‚ (ﬢﬦﬦﬨﬦﬦ ﬨﬦﬦﬦ„ﬤ)‚
ﬢﬦﬥ ﬨﬦﬤﬢﬦﬦﬥﬦ„ ﬥﬦﬦﬥﬦ „ﬢ ﬡﬥﬦﬦ ﬢﬦﬤﬧ ﬥﬢﬦ ﬤﬢ
ﬦﬢﬦ ﬨﬢﬨﬦﬦﬦ ﬦ‚ ﬡﬡﬦ; ﬨﬦ ﬤﬢﬦﬦﬦﬤ ﬢﬥﬦﬢﬢﬦﬦ ﬡﬨ
ﬢﬢﬦﬦ ﬨﬦﬦﬦﬤﬦ‚ (ﬢﬦﬦﬦﬦ‚‚ ﬨﬦﬢ﬩ﬦﬥﬦ ﬢﬢﬦﬦ ﬦ ﬠ„ﬧ)‚;
ﬥﬨﬦﬢﬢﬦ ﬦﬢﬦﬦﬦﬦ; ﬥﬦﬦﬦﬦ ﬡﬦﬦﬦ ﬡﬦﬦ „ﬥﬢﬦﬢﬦﬦ ﬧﬢﬦ
ﬢﬢﬦﬦ ﬧﬤﬦ ﬦﬢﬦﬦﬢﬦ‚‚ ﬦﬦ (ﬦﬢﬦﬦﬦ ﬦ‚ ﬦﬢﬦ ﬢﬦﬢﬦﬦﬦﬦ
„ﬢﬦ ﬦﬨﬦﬦ ﬡﬦﬦﬦﬡ ﬨﬢﬦﬥﬦﬦ ﬢﬢ ﬧﬦ‚ ﬦﬦﬦ ﬨﬥﬦ ﬨﬢ

ﬦ‚ ﬢﬢﬦﬦﬦ ﬡﬦﬦﬦﬡ ﬨﬢﬦﬥﬦﬦ ﬧﬦﬤﬦ ﬨﬦﬦﬦﬦ‚‚ ﬨﬦﬦﬦﬦ‚ﬦ ﬦﬦﬦ
ﬦﬤ ﬥﬨﬥﬦﬦﬦﬦ ﬡﬦﬦ (ﬦﬢﬦﬦﬦ ﬨﬦﬦﬦ‚‚)‚

ﬦﬥﬢﬦﬦﬦﬦ‚ ﬦﬤﬦﬢﬦ ﬡﬢﬦﬦ ﬧﬦﬦﬢﬦ ﬨﬦﬢﬦﬦ ﬡﬦﬦﬦﬦ‚ ﬡﬤﬡ
ﬦﬡ ﬨﬢﬦﬦﬦﬦ ﬠﬦﬦﬦ‚‚ ﬦﬦﬦﬦ ﬢﬦﬦﬦﬦﬦﬦ ﬢﬢﬥﬦ‚‚ﬢﬦﬦﬦﬦ
(ﬦﬥﬦﬦ ﬦ‚ ﬦﬡﬦ); ﬥﬦﬦﬦﬦ ﬦﬦ ﬦﬡﬦﬦ ﬨﬢﬦﬦﬦﬦ ﬡﬢﬦﬦ
ﬥﬢﬦﬦﬦﬦ ﬤﬢﬦﬦﬦ ﬢﬢ ﬥﬦﬦﬦ‚ ﬦﬤﬦﬦﬨ ﬦﬢﬦﬦﬦﬦﬦ„

ﬦ‚ ﬨﬢﬦ ﬢﬦﬢﬦ ﬢﬦﬥﬦﬦﬦ ﬢﬦﬦﬦ ﬦﬦﬦ ﬦﬦ ﬨﬧﬦﬦ﬩ﬦﬦﬦ „ﬢﬦ
(ﬦﬦﬧﬦ ﬨﬦﬦﬦ‚‚)‚

ﬦﬥﬢﬦﬢﬤﬢﬢ„‚ ﬨﬦﬦﬦﬡﬦ ﬨﬦﬦﬢﬦ ﬢﬢ ﬤﬨ ﬨﬦﬦﬢﬦﬢﬦ
ﬧﬦﬦﬦﬦ ﬨﬦﬡﬦ ﬥﬢﬦﬦ „ﬢﬦﬦﬤﬢﬦ ﬨﬢﬦﬦ„)‚ ﬦﬢﬦﬦﬦ
ﬢﬦ ﬦﬦﬡﬦ ﬢﬢ ﬧﬦﬦﬧ ﬨﬦﬦﬦ‚ „ﬢﬢﬦﬤﬨ ﬨﬦﬦﬢﬦ‚ ﬤﬢ
ﬦ‚ ﬡﬨﬦ ﬧﬦﬦﬧﬤﬨ ﬦ‚ﬥﬦﬦﬦﬦ ﬢﬦﬦﬦﬦ‚; ﬥﬤﬦﬦﬦ ﬧﬦﬡﬦﬦﬦﬦ
ﬤﬦﬢﬤﬨ„ ﬤﬨﬥﬢﬢﬦﬦ ﬦﬦﬦﬥ ﬢﬦﬦﬡﬦ (ﬦﬦ ﬨﬦﬦﬦﬦﬦ
ﬨﬥﬥﬦﬢﬦ ﬡﬦﬦﬦ ﬥﬢﬦﬦ ﬦﬢﬢﬦﬦﬦ ﬦﬦﬦﬦﬢﬨ„ ﬡﬧﬦﬦﬤﬦﬦ

ﬦ‚ ﬥﬦﬦﬦ ﬦﬡﬦﬥﬦﬦ ﬡﬦﬨﬦ (ﬦﬡﬦ ﬦﬢ„ﬦ ﬠﬦﬦﬦﬦ ﬦ ﬦ„ﬧ)
ﬨﬦﬦﬦﬦ „ﬨﬦﬥﬦﬦ„

ﬨﬤﬦﬦﬨ; ﬡﬦ ﬨﬢﬦﬦﬦﬦ ﬦﬦﬦﬥ ﬦﬡﬤﬦ ﬨ‚ﬦﬦﬨﬦﬦ‚
ﬦﬥﬦ ﬢﬦﬦﬦﬦ ﬦﬦﬥﬦ ﬦﬦﬦﬢﬦﬠﬦﬦ ﬨﬨﬦﬦﬧﬥﬦﬦ ﬤﬦﬦﬢﬦ
ﬡ) ﬤﬢﬦ ﬢﬦﬦﬦﬦ ﬦﬦﬡﬦ‚ (ﬨﬦﬦﬦﬢﬦﬨ ﬧﬥﬦﬦﬦﬦ ﬦ‚ ﬦﬡﬦ)‚
ﬦﬤﬦ ﬦﬡﬦﬦ ﬥﬢﬢﬦ‚ﬦﬦ ﬦﬤﬦ ﬢﬦﬨ ﬨ‚ﬦﬡﬦ ﬨﬦﬦﬤﬦ‚ (ﬤﬦ
,ﬧﬦﬥﬨﬦ ﬦﬡﬦﬦﬤ ﬦﬡﬦﬦ‚ ﬨﬦﬦﬨ簾ﬦ ﬨﬦﬡﬦ „ﬡﬢﬢﬦﬦ ﬤﬦﬨﬦﬦﬦ‚
ﬤﬦﬢﬦﬢﬦﬦ‚; ﬤﬢﬦﬦ ﬡﬢﬧﬦﬦﬨﬦ ﬢﬦﬦﬦﬦ ﬨﬦﬧﬢﬦﬦﬦﬦﬦ; ﬥﬤﬢﬦﬦﬦ
ﬡﬨ ﬥﬦﬦﬨ ﬨﬢﬦﬦﬦﬦ ﬦﬢﬢﬦ ﬡﬨ ﬦﬢﬢﬦ ﬡﬢﬦﬦ

ﬡﬨ ﬡﬦﬦﬦ ﬡﬢﬦﬦﬨ ﬨﬢﬦﬦﬦﬦﬦ ﬦﬡﬥﬢﬦﬦﬦﬦﬦ ﬨﬢﬦﬦﬨﬦﬦﬦ
ﬨﬢﬦﬦﬦﬦ ﬨﬦﬡﬦﬦﬦﬦﬦﬦ‚ ﬢﬦﬦﬦﬦﬦ ﬢﬦﬦﬦﬦﬦﬦﬦ ﬨﬢﬠﬤﬥﬦﬦ
ﬨﬢﬦﬦﬦﬦﬦ ﬦﬦﬧﬦ ﬥﬦﬢﬦﬦﬦ ﬡﬧﬦﬦ ﬢﬦ ﬢﬦﬦﬦﬦﬦ
**107** ﬡﬢ ﬦﬤﬦ ﬦﬤﬦﬦﬡ ﬨﬢﬦﬦﬦﬦﬦ ﬦﬦﬨﬦ ﬡﬨ ﬢﬢ ﬢﬦﬦﬦﬨ ﬨﬢﬦﬦﬦﬦ
ﬦﬢﬠﬥ ﬥﬨﬦﬦﬦ ﬢﬦﬦﬦ„ „ﬢﬦﬦﬦﬦ ﬢﬢﬢﬥﬦ ﬤﬥﬦﬦﬦﬦﬦ„ (ﬤﬦ‚ ﬤﬦ)‚
ﬦﬦﬦ ﬡﬦﬦﬦ ﬦﬦﬦﬦﬦ „ﬨﬥﬦﬦﬦ ﬡﬨ ﬧﬦﬦ ﬢﬦﬦﬦﬡ ﬨﬢﬠﬦﬦﬦ‚„
ﬡﬦﬦ‚ ﬡﬦﬨ ﬢﬡﬦﬦﬦ ﬥﬦﬨﬦﬦﬦﬦﬦﬦ ﬥﬦﬦﬦﬦ „ﬢﬦﬦ ﬥﬦﬡﬦﬦ„
„ﬢﬦﬢﬦﬦ ﬨﬦﬦﬦﬦﬦ‚ ﬦﬢﬢﬦ ﬢﬦﬦﬠﬦﬢﬦﬦ (ﬦﬦﬦﬦ‚ ﬤﬦﬨﬦﬦ‚ﬦ)‚; ﬦﬦ‚ﬦﬦﬦ
ﬦﬢﬦ ﬢﬦﬡﬦﬦﬨﬦﬨﬦﬦ„ ﬡﬦ ﬡﬦﬡ‚ „ﬨﬦﬦ ﬥﬦﬦﬦﬦ„ ﬥﬢﬢﬦ
ﬥﬢﬨﬦﬦ ﬥﬤﬦﬦﬦ ﬦﬢﬤﬥﬦﬦ„ ﬦﬢﬦ ﬢﬦﬤ ﬢﬦﬦﬦﬦﬦﬦ‚; ﬡﬦ ﬥﬢﬦ
ﬢﬢﬦ ﬢﬢﬦﬦﬦ ﬨﬦﬦﬤﬡ „ﬨﬢ簾ﬦ ﬥﬦﬦﬦ‚ ﬦﬢﬢﬦﬦ ﬦﬢﬦﬦﬦ
(ﬤﬦﬦ‚ ﬤﬥﬤﬦ)‚ ﬦﬦﬦﬨ ﬨ‚ﬦﬦﬦﬦﬦﬦ‚ (ﬨﬢﬦﬦﬦ‚ ﬡ ﬧﬢﬦ ﬦﬡﬤﬦﬦ‚ﬦ)
ﬤﬦﬦ ﬥﬦ ﬦﬦﬡﬦﬦ ﬡﬨ ﬨﬦﬦﬨﬢﬦﬦﬦ ﬥﬦﬦﬦﬦ ﬡﬢﬦﬦﬦﬦ ﬡﬦﬦ
ﬡﬨ ﬨﬦﬦﬦﬦ ﬦﬢﬦﬦ ﬡﬨ ﬨﬦﬦﬨﬦ ﬢﬦﬢﬦﬦﬦ‚ **59** ﬡﬦ ﬦﬦﬥﬦ
ﬨﬦﬦﬤﬢﬦﬦ ﬢﬨﬦﬦﬦﬦ ﬦﬢﬥ ﬥﬦﬦﬦﬦ – ﬥﬦﬦﬦﬦﬦﬦ„ ﬨﬦﬦﬥﬥﬦﬦﬦ
ﬨﬦﬦﬦﬦ ﬨﬢﬦﬦﬦﬦ ﬦﬦﬤﬢ ﬥﬦﬦﬦﬦﬡ‚ (ﬨﬦﬦﬥﬦﬦ‚) ﬦﬥﬡ
„ﬨﬦ‚ ﬤﬢﬦﬦ ﬦﬦﬦﬨﬦﬤﬦﬦ ﬢﬦﬥﬥﬥﬦﬦ ﬤﬦﬢ‚ „ﬦﬦﬧﬦ ﬥﬥﬦﬦ‚
ﬦﬦﬤﬦ (ﬨﬦﬦﬤﬦﬦ ﬨﬦﬦﬦ ﬨﬦﬦﬦﬦﬦ ﬨﬦﬨﬡﬦﬨ‚ ﬦﬢﬦﬦﬦ
(ﬤﬦﬦﬦﬦ ﬦﬦﬦ ﬨ ﬦ„ﬡ)‚ ﬦﬡﬦ ﬢﬦﬦﬤﬦﬦﬦ ﬨﬦﬦﬨﬦﬦﬦ ﬤﬦﬦﬦﬦ
ﬤﬢ ﬥﬨﬦﬦﬦ ﬨﬦﬦﬢ ﬥﬤﬦﬦﬦ‚ ﬡﬦ ﬡﬢﬡﬦﬦ ﬦﬦﬦﬦﬦ‚ﬦ ﬨﬦﬦﬦﬦ
**104**

**105** ﬡﬦﬦﬦ ﬡﬦﬦﬦ ﬨﬢﬦﬦﬦﬦ ﬦﬡﬦ ﬨﬦﬦﬦ ﬢﬦﬤﬦﬦﬦ‚ ﬦﬡﬦﬦﬦ
ﬨﬦﬦﬦ ﬨﬤﬦﬦﬡ (ﬦﬠﬦ‚ﬦ ﬤﬦﬡ„ ﬦ ﬤﬡﬦ ﬦﬡﬨﬦﬦﬦ)‚
– (ﬦ‚„ﬦ) ﬢﬦﬦﬥﬦﬦﬦ ﬨﬦ ﬡﬨ ﬢﬦ ﬨ‚ﬦﬦﬦﬦ (ﬡﬢﬦﬦﬦﬦ ﬦﬦﬦ ﬦ ﬦ„ﬡﬦ)
ﬦﬦﬥﬦ ﬥﬦﬡﬦﬦﬥﬦﬦ ﬨﬦ ﬡﬦ ﬦﬦ ﬥﬥﬦﬦﬦﬦﬦ‚ ﬡﬨﬥﬦﬦﬦﬦﬦﬦ
ﬤﬢ ﬠﬦﬦﬨﬦﬦ ﬢﬢﬦﬦﬦ ﬦﬦ ﬦﬥﬦﬦﬦ ﬨ簾ﬦﬦ ﬡﬦ ﬤﬢﬦﬦ ,ﬢﬧﬦ„
ﬨﬦﬦﬦﬦﬦ„‚ ﬥﬦﬦ ﬦﬤﬦ‚ﬥﬦﬦﬦﬦ ﬥﬥ ﬨ簾 ﬨﬥ ﬢﬦ ﬦﬢﬥﬦ ﬡﬢ ﬤﬦﬦﬠ
(ﬤﬦﬥﬦ ﬢﬦ ﬤﬢﬦ ﬦﬦﬥ‚)‚ ﬨﬢﬦﬦﬦﬦﬦ ﬨﬢﬦﬦﬦﬦ „ﬦﬦﬦ ﬥﬦﬡﬦﬦ„ ﬡﬦﬨﬦ
**106** ﬨﬧﬦﬠﬦﬤ „ﬦﬦﬦ ﬥﬦﬡﬦﬦ„ ﬦﬦﬡ ﬨﬦﬦﬦﬦ ﬢﬦﬦﬨ‚ﬦﬡ (ﬦﬦﬡ
ﬢﬥﬦﬦ ﬥﬦﬦﬤﬦﬦﬦ ﬢﬢ ﬧﬦﬦ ﬢﬥﬦﬨ ﬦﬤﬦﬦﬦ ﬨﬦﬦﬦﬦ„ ﬦﬡﬢﬦﬦ
ﬨﬦﬦﬦﬦ ﬦﬦﬨﬦﬦﬦﬦ (ﬤﬦ„ ﬠﬦ) ﬡﬦ ﬨ‚ﬦﬦﬦ ﬡﬦﬦ‚ ﬤﬦﬨ
ﬤﬦﬦﬦﬠﬦﬦ ﬤﬦﬦﬦﬦ ﬨ ﬡﬨ ﬦﬦﬢﬦﬦﬦ „ﬦﬡﬦﬦﬦ ﬡﬦﬦﬦ ﬡﬦﬢﬦﬦ„
„ﬦﬡ‚‚ ﬦﬡ ﬠﬦﬠ ﬢﬦﬢ‚ﬦ)‚ ﬥﬤﬡﬦﬦ ﬡﬦﬨﬦﬦ ﬨﬦﬢﬦ簾ﬦ
ﬢﬦﬨ簾ﬦﬦﬦﬦ„‚ ﬦﬦﬦ ﬥﬦﬦﬨﬦ簾ﬦ ﬦﬡﬦ ﬢﬢﬦﬦ ﬡﬦ ﬢﬢ ﬨ說簾
ﬥﬦﬦﬨ簾簾„ ﬡﬦﬦ ﬤﬦ‚ ﬥﬦﬥﬦ ﬤﬤﬢﬦ ﬢﬢ ﬢﬦﬨﬦ‚ﬦ ﬡﬦ ﬨﬦﬦﬦﬦﬦ
ﬦﬤﬦ ﬢﬦﬧﬤﬦ ﬨﬦ ﬡﬨ ﬤﬢ ﬡﬦﬦﬤﬦ (ﬤﬦﬦﬦﬦﬦ ﬨﬦﬦ ﬦ ﬦ„ﬡﬦ) –
(ﬦ‚ ﬦﬦﬡﬦ)

אמרת אלדיג יעואל אל אמרתו ארגעא וברר
הראיג אות (רכ"א אמ' ר ראא ראאי"ל) ראא אראיל
אדאיא, אגם ארגעא ראגאל גראבבג גבוא
אבגם ראגגא: אברא אגאיא אראיאם ראראב "אוג
ראגראם אגראי ראאל ראלג' ארגעא .אול אוא
אראא): 113

ראא"א (רא"א רגל' ר ראם ראראם גראלא. ראא"
אראריג אראל גארלא אג רגוא ראגגל ריאו
ראם אראא.: ראאו ראגגו ראראא): אא אראיא
אראגא אגא אוא ארגראא גראגא (רא"א רג' ר
אואגגא אגגא אא אא ראגג רראאראא גר אוא
אראא, רגל' א) ראראגא אראגא ראראל אג
אאגא אא אארראא ראראא" אא אאל (אראג
אג גרגא אראאא "רראל אוא ררא אא" אא
אול גג רראא "רראל אוא ררא אא" (אם) אא
אגגא ארגגא (אא" רגל ראם אא"א) ראראא ארגא
(ראא,א אראא אם) 112

הראאא אוא אראאא ראגגא ראראא ראגראא גררא
(ראאר,"א אם') אא ראאא ראאא רראר" ראראא אגרא
ראגגא אא ראאא אראא "אגראא אאגא אראאר"
אם ראם אראא): אא אא אראאא גראא ראארם
אא" אא אא ראגא אגגא "אאג" (ראא,א אם"
אא") ראא אראאא גגא אגם (רא"א אם ראם אא,
א,א)" ראאגא אראא גגראגא (ראגא אראא,א א,א"
אראגא (אגא רא' ר אג גר אגגאגא" רראג ג"א
אאאאגגגא אאא' אגגא ראראא ראגא אא
אא אאגגא אא אגגא ראא,ר רראאא" ראגג
.אגא, גר" א ראם אגגא ,אא ראאא): 111

ראא גגראאא אגגא ראראא ראג גראגא (אא
אא ראראא (ראא,ר אם' ר ראם רא"ה): ראגג אגגא
ראא אגא אאגא רראא ראגגא" רר אגא גראגא
ראראאג אם ראראא" רר אאגא אגאראאא גר
.א ראראגא גראאא גגר אא אגא אאא ראא
אא, אם' א). 110

אאא גראאא גראגא אגגא ראראא ראגגא גגא (.רר
גאא, אגא ראראא גראגא אא ראאאג רא אם
א אגראגא גגגראא (אא' רגל) אא ראאא ראראג'
ראא"א אא אגגא ראאאגא אאגגגם ראגגא
ראא אג ראגגא רגג גם" גרא גראאאג רראגא
גראא אראראא אם אא אגגגא" אאא ראראא 109
(אא,א ר' א אג גר גר אאא ראא).

לה אשר כלתה ברכי צמחה את דבאת כבד שלפ...
(ובראת לה ד...ד)׳ אשר אתיבת אל נשא לתעול תתרתי
חתכלו ל׳ כל התרתי ובקרות חוצ חולה רכל ההתל
הצלרות הקלל אבתכ ראות הראיתר לתרל את
לה נתרלתל התיעלכלר אל פי חתרתל ראל...
את תרתל הל׳ ״כלל נכל כ, תכא אפא,׳ לתרלתל
פתלקרפ חתתרל׳ בכתרל חולל ראת אתרל לתרל
(לקפ,פ׳ רצחם ר,פ ל,ה) תראל לתראלת תראל כלב
תרלל אכ פרל חבל הבל אלה לבל לה...

137  לתרל אבפלכת (פתל התרל) אל לתכלל אבת
בתכם (את לכל, ה,ה ב׳ א)׳

הרל תכב לתבל אל הללל כ,כ חבללת תחכלת
כ,כ תלללל׳ אל לכללת תל התרלל בתחל׳ לתרל
136  תל אבתלתכת בתרל אבלתרת אכת לתל תל לללל
תתתכלת התקלל אל תל׳

תרל לתרל הרל כ,כ חללל תככ ,ת׳ את תהכללת
(,את תתלת,׳ חבת תלללל)׳ תחלתל תאבתל אל
כ,תלל, כ,כ תכללל׳ לתל תל אתל תבתל תכתת׳
תרלללל אל תברת תל תחכק׳ לתרל תתלל׳ אתל
תבלל, חכל כפל,ל כת תל לבל אבת תתתל אתל
135  ״אל אל כ, תל אבתל לתלת תרלל אל תברת ת,אלת

────── הלכות נדה ──────

אריכות ידבר).

לאנשי מלחמתו כי (אריהו... אמר, כ כל כי ה.הללכה, 
וגם יהיה. ..רמאום) והיה אתה ההללכ לקראת, את 
אתאל אילך, ברזל לקהלא אל אאא (הללכ, חל, 
156 הדילא הורילה אלל (אריהם כא ה,א) אריהל לההללה 
אמ, ל).

וגם תצאו הרבהלי, אל זהל אמלל לקללה לרצלל (ז,א 
לאלה לקצלל, אל אם ההודים הרצא ללהאא אריהל 
155 אם ההללכ תראללא על ערואם אמרים הללכל, אלא 
אלה, לא, .ד).

הרבא (ז,א, ארל,אא) אל לקראו אתא הרצהא (הא 
חב מהא הללכל לצל אאהרא)' אל לק לקלהטא אתא 
אתא הרבלא לקללה אתא (לרא אמ, לל.לל, לראל, 
לקראל אתא ההטל (והלהטל אריקלא לק ל,אא)' אל לקללרל 
חורוהא כל (לרא,א לקל, ל תאא ל,לקלל). ..א ההרולמ 
לטלרטלל תצאל בלא אמל אללאא אמלא הורהלא 
תרלל (הלאריהא לק,ל ה.ט.)' ורהל לקלהרל אאל 
כל לקלראא ורל לקל, אאל כל אתלל הרללא אתאא 
(אם ל הראא הלל ההא.,א)' אתא ורהא אתא וגם ההללכל 
154 הלחקל לקללה אריקל לקלחא הלרל לקארלא ההרל 
לקההרהל, הלאא הל הלא (אם,א אמר, ל הראא אריהא,ל)
153 אל הרלקלא אא לברל אל אאר, אלא תלה בלא אלל אל 
קללל הרולל (הל,א הדל ל,א לאריהל)
,לללל, אורא תלא הללא אתאא אל אא, ורא אמלל 
אמלקה הראאאא, לאראללאא, הל,הללכל, אל אאריהל
152 אלל הלורהא לקלהלא הורל בלא ורהל הל ורהרהל 
אלא (אל, אם).

אלל ,אהל הרהל, הלאל אריהל אריהל לראא ורה 
הרא הרל אלל,,א) ורהלהל, ,,הרהל חלל,, חל, 
ההל, לקללל, ,א לקלהרל לראאל (אל,א אל,א,א אקל, 
ולהל לקלהלא אתא הלקל קללל, אל אא, הרלק אתא 
בא ל,ל, ללהטל אם). אם אל בלל לה קל, ל ל 
151 אם אל ברא הרהרל קל, הרלל אריהא אתא (ל,אל 
קל (לרא,א אקל, ל האא ה.הללכ,)

הרלהטל אל הרלקל לקלקאל, ,כל קללל, בלל ל 
אל אמלל אהא להטל אתא אלל)' לאנאלל תרא הרללא 
אלרא לרלקל הלולהל (אל,א לרל, א, לללא,א אם חל 
אל הלברלא אל הטטל לל' אל ההברלא ברהלא 
אריהל כא א,אא, לראל תלל לל.,,, לקל,) ל.אלל הלהל 
הרהרל אתאל – חלל, לל הורללהל אלהאלא (לאל,א, 
תלא ברל הלקל הרהל,' תלא ההריהרלא אמל,' 
לטלא הלהא הלהל אהלא אהרא, הלל, הרל הרהאא,
לקללה תהלל – חלל, לל הלהרל, תלא הרהל, 
150 הרהל, הרהל, לברהלא על אהל אריהל אריהל 
(אל,א קל,א,א הל)

(לאל הרהל, 169)' אל אריהל ,,אל אלל אראל,, 
אל אראל,,לראל אלאל לאריהל הל ,,הרהא,, 
149 לקל, הלהל, הטל הללכ אריהל אתא הלהלהל ,א,, 

הלל אהרל, לאריהל לאל הללכל הטל הללכ 
הל אהרל, לל.ל אל לקלאל חל, לאל הקל,א, 
165 לאל הלאל הלל אריהל קלא- תרל הרריהל 
הרל, לקל, (לאל,א אם, ל)
164 אלא ,קל לקלל ,הרלקל,, הרלק אאל,' לרל אל 
(לאל,א אם, ל)

אריהל, לקל אל, לאלל אריל,' תלל לקל אריל 
(לאל,א אם, ל): אל אם לקל, אקלהל, אל הרהל 
הרל, הרהטל תרל, הרל אל הל,' אאל, אריל, הרל, 
הללכל (אריל,א אקלל,' חל) לאל אל הרלהל קל,לקל, 
לק ל הטל,ל) תלהרל לקלל ,הרלקל,, לקאל הל,אא 
אריהל, אלל הללכל אלקל, הטקל (אל,א הל, ל 
תרלל (תלה כל הל,) ,א לקלל ,,הרלקל,, תלהל 
163 כל אריהל, הטטל,, האל לקלל אל הלה ,,הרלקל,, 
,,ההל, לקלל,' לקלל,, לקל,.תהלל הרל,' 
162 תלהרא לקלל אל הלאל,' לקלהל הלהקה הלהל 
תלקלל (051 ל) אריל, לקלל, כל (אל,א אם, הל)
,קל, לקלל, (אל לקלהל, הלקל, תראל, הל, תהלל 
161 ,א אלקל,' אאל, אמאל הלקל אתא הלהל, הלרלהל 
(אל,א אמר, ל הל,ל, תללא, תרל)

אלל, לאל הטל, קללל, לקלל אתא הרלקל הלרהרל 
הרלהל, לקלהרל, הלהל הלרלקל, בל הלל, 
160 אם הרריהל, הלהל, ללא אלל,, ,א לקלקר, אתא 
חלהרקל הטהל, (הל,א ה.ל, ל, ל,)

,הרל, הלהל, אריהל קל אמהל,' הרלל, לקלל 
הלהרקל,: אל אל ,אל הל, אל הלהאל, הטהל,' 
אם אריל, ,א לקלה אתא הטהל, קלל, לקלל, 
אקל, ל הל ל, הלהל,,) אם בלל, הטהל, אמאל, תל' 
159 אם הדל,א הלהל הלל, הרהל, אתא הלהלהל, 
הרלחל, (לאל,א כא ה,,א)

אל קלהטל, הטלל, הלהרל, הטהל, אללהל, 
הלהל, אל, לאל הטללאריל, (אל,א ה.ל, אל): אל, אהלל 
הטטל הללכ, (לרא,א אקל, א תאא הל,ל,) ,אטטל 
קלהטל, אראל, אתל הללל,' אל אם אל הל,תל 
(ארל,א הרהל, לקל, לבל תאם הלל,)' לרלהרל, 
לאאטל, לקלהלל, הרהל, אל אלהל, בהלל, 
הלטטל, תללל, אריל, אריל, קלהאל, הללל, 
אקל,' הלל, לקלל, אתא לבל (הלהטל אם) 
הטלל,' תרל, אם תל, חל, אל קל, לקל, הל, 
לקלל, (אם) – הל, לקל,,' אקללל, ל ל, הל,א, 
(אריל,א כל,א) לרל, הל, ,א לקלל, אאל, הטלל, 
158 בלל, אריל, קלל, קלל, אריל, אריל, הטלל, קלל, 
הל ל,א תאם ל,,)

אל הדל,' לראל, אל, בלל, (והטל,א, תאל תרל 
157 אריהל, קלל, אאל, הלל, ברל, קלל, הרהל, הטל,

לארון הקודש (שני המנהגים מובאים בסדר רב עמרם גאון). כיום נוהגים שבשבתות ובימים טובים אומרים קדיש לפני עליית המפטיר, שאינו ממניין הקרואים – כדי להפסיק בין הקריאה שחייבים בה לקריאתו (או"ז ח"ב מז, בשם ספר המקצועות); בקריאת התורה בשחרית של חול, בראש חודש ובחול המועד אומרים קדיש לאחר שהעולה האחרון בירך את הברכה שאחר הקריאה; ובמנחה של שבת, של יום הכיפורים ושל תעניות ציבור דוחים את הקדיש עד לאחר הכנסת ספר התורה, כדי להסמיך לקדיש את תפילת העמידה (לבוש' רצב, א).

**166** את הקדיש הזה אומר שליח הציבור (טור, קמט), כלומר הקורא בתורה (ראה שו"ע קמא, ב); ויש הנוהגים שאם העולה האחרון אבל, או שיש לו יום זיכרון – הוא אומר את הקדיש ('שערי אפרים' י, ט); ויש הנוהגים שבכל מקרה האבל אומר את הקדיש ('שדי חמד' מערכת אבילות, קסג בשם 'אגודת אזוב מדברי').

**167** לאחר קריאת התורה מגביהים את ספר התורה כדי שהציבור יראה את הכתוב (רמ"א קלד, ב). ויש הנוהגים כמנהג עדות המזרח, ומגביהים את ספר התורה לפני הקריאה (שו"ע שם; וכן דעת הגר"א).

## — הלכות סוף התפילה —

**168** "מנהג הראשונים היה לשהות שעה אחת לאחר תפלתם, כדתנן (משנה, ברכות ה ע"ב): 'חסידים הראשונים היו שוהין שעה אחת וכו'. על זה הוסיפו לומר 'אשרי יושבי ביתך' כלומר השוהין בביתך, כמו (דברים א, מו): 'ותשבו בקדש' ('שבה"ל מד בשם רש"י). ואחריו אומרים את סדר קדושתו לפני לימוד תורה (רב נטרונאי גאון, הובא ב'שערי תשובה' צ).

**169** בין "אשרי" וסדר 'קדושה דסידרא' אומרים את מזמור כ "למנצח מזמור לדוד", משום שהישועה נזכרת בו (סידור הרוקח). ואין אומרים "למנצח" בימים שאין אומרים בהם תחלֹה ובפורים, לפי שאינם ימי צרה (תוספתא, מגילה ד ע"א); וכן אין אומרים "למנצח" בערב פסח, בערב יום הכיפורים ובתשעה באב, אבל בשאר ימים שאין בהם תחנון אומרים (רמ"א קלא, א, בשם מהר"י טירנא). אין אומרים "למנצח" בבית האבל (משנ"ב סק, לה); באסרו חג – דעת היעב"ץ היתה שאין לומר בו "למנצח", ורוב האחרונים דחו את דבריו; אך בארץ ישראל נהגו שלא לאומרו, כיוון שהוא יום טוב בחו"ל ('ארחות רבינו' ח"א סט, בשם החזו"א). ויש שנוהגים כמנהג הספרדים, ואינם אומרים "למנצח" בכל יום שאין אומרים בו תחנון ('דרכי חיים ושלום', רכ; 'סידורו בעל ה'תניא' – אך ראה שועה"ר תכב, ב).

**170** כשאומרים 'קדושה דסידרא', הציבור אומר את הפסוקים "קדוש" "ברוך" ו"ה' ימלך לעולם ועד" ביחד, ואת התרגום אומר כל אחד בלחש (רמ"א קלב, א); ויחיד המתפלל בביתו, אומר את פסוקי הקדושה בטעמים (שו"ע נט, ג). יש המוסיפים בסוף 'ובא לציון' את הפסוקים: "ה' אדוננו, מה אדיר שמך בכל הארץ" (תהלים ח, י) ו"חזקו ויאמץ לבבכם, כל המיחלים לה'" (שם ל, כה) כמנהג הספרדים (קול יעקב; 'תפילה ישרה'; ובסידורי ר' שבתי מרשקוב ובעל ה'תניא' אינם מופיעים).

**171** אסור לצאת מבית הכנסת קודם אמירת 'קדושה דסידרא' (שו"ע קלב, ב ועל פי רב עמרם גאון); ובימי שני וחמישי אסור לצאת מבית הכנסת לפני החזרת ספר התורה לארון הקודש ולאחר אמירת הקדיש עד לאחר אמירת הקדיש (שו"ע כח, ב).

**172** גם אם חלק מהמתפללים עברו ויצאו מבית הכנסת, ולא נותר מניין לאמירת הקדיש – עדיין אפשר לאומרו כל זמן שהתחילו את חזרת הש"ק במניין (ראה הלכה 111).

**173** בנוגע לחצי הקדיש שאחרי תחנון, שכל מטרתו להפסיק בין העניינים השונים, הקדיש שאחרי 'קדושה דסידרא' מתייחס לכל התפילה, ומתפילת העמידה ('לבוש', קלב, א). משום כך היה בדין שרק שליח הציבור יאמר אותו; אך בבתי כנסת שבהם כמה אבלים, יש הנוהגים שכל אחד מתפלל את כל התפילה עד "אשרי", והשני מתחיל מ"אשרי" עד סוף התפילה, והוא שאומר את הקדיש השלם (מובא בבה"ל קלב קונטרס מאמר קדישין).

**174** בימי הגאונים נהגו לומר אחרי קדיש שלם "אין כאלהינו", פיטום הקטורת ושיר של יום ולומר קדיש בלא "תתקבל" (סדר רב עמרם גאון); ובסדר התפילות לרמב"ם הקדים את שיר של יום ל"אין כאלהינו". ויש שהוסיפו לפני שיר של יום את מזמורים פו ('כלבו', טו) וקכד (שם, כח), ומנהג הספרדים היום הוא לומר מזמור פו, פסוקי תפילה המתחילים ב'בית יעקב', מזמור קכד, שיר של יום, פסוקי סיום המתחילים ב'הושיענו', וקדיש יתום (סדר היום). וכן נהגו רוב קהילות החסידים, ויש מקומות שאומרים בהם רק שיר של יום. בימים שאין אומרים בהם תחנון, מתחילים ב'בית יעקב' (סידורו בעל ה'תניא'; ובסידורו 'צלותא דאברהם' כתב שיש לומר בכל יום, פרט לימים שאין אומרים בהם "למנצח").

**175** בסוף הפיוט "אין כאלהינו" נהגו לומר "אתה הוא שהקטירו אבותינו לפניך את קטורת הסמים" (סדר רב עמרם גאון, מחז"ו); ובסדר התפילות לרמב"ם נאמר הפסוק "אתה תקום תרחם ציון'", ואין אומרים

—————————————— הערכת הערכים שליחא ——————————————

# סדר שבת

## הלכות הדלקת נרות

208 "שלשה דברים צריך אדם לומר בתוך ביתו ערב שבת עם חשכה: עשרתם? ערבתם? הדליקו את הנר! ספק חשכה ספק אין חשכה, אין מעשרין את הודאי ואין מטבילין את הכלים ואין מדליקין את הנרות; אבל מעשרין את הדמאי ומערבין וטומנין את החמין" (משנה, שבת לד ע"א). המשנה מחלקת בין מלאכות האסורות מדאורייתא ומלאכות האסורות מדרבנן, ומתירה מלאכות האסורות מדרבנן בשעה ש"ספק חשיכה ספק אינה חשיכה". שעה זו מכונה 'בין השמשות', ובגמרא (שם ע"ב) מובאת מחלוקת מהו משך זמן זה, ולמסקנה נקבע שיעור שהוא זמן הילוך שלושת רבעי מיל.

209 נחלקו ראשונים, אם מדובר בדקדות האחרונות קודם השקיעה (ראב"ן, יראב"י), או בזמן שבין השקיעה ויצאת הכוכבים (רמב"ם, שבת פ"ה ה"ד). ולהלכה נפסק כשיטה השנייה, ולכן מותרת מלאכה עד סמוך לשקיעה (שו"ע רסא, ב; והב"ח שם כתב שראוי להחמיר כדעת ה'יראים').

210 "מערב עד ערב תשבתו שבתכם" (ויקרא כג, לב). מכאן למדו בגמרא (ראש השנה ט ע"א; יומא פא ע"ב) שיש מצווה להוסיף מן החול על הקודש. בידי הראשונים היו גרסאות שונות בגמרא, ונראה שלדעת הרמב"ם דין זה אינו נוהג אלא ביום הכיפורים (מגיד משנה, שביתת עשור פ"א ה"ו); אך לדעת רוב הראשונים, מצוותו מן התורה להוסיף על שבת פרק זמן נוסף שאסור במלאכה. שיעור זמן זה הוא כלשהו (שו"ע רסא, ב, ע פי הרא"ש, ברכות פ"ד, ו), אך נהגו לקבוע את זמן הדלקת הנרות שמונה עשרה דקות לפני השקיעה (חיי אדם ה, א), ובזה גם יוצאים ידי שיטת ה'יראים'. ויש מקומות שהוסיפו על שיעור זה – בירושלים נוהגים להדליק נרות ארבעים דקות לפני השקיעה (ספר ארץ ישראל לרי"מ טוקצ'ינסקי), ובחיפה שלושים; ובדיעבד, מותר להדליק עד שתי דקות לפני השקיעה (אג"מ, או"ח ח"א, צו).

211 "ותזנח משלום נפשי' (איכה ג, יז) – אמר ר' אבהו: זו הדלקת הנר בשבת" (שבת כה ע"ב). פירש רש"י: "ובמקום שאין נר אין שלום, שהולך ונכשל". בגמרא (שם כג ע"ב) הפליגו בחשיבות הדלקת הנר בשבת וקבעו, שמי שאין לו די כסף לצורכי היום, יוותר על יין לקידוש ולא יוותר על הדלקת הנר.

212 נוהגים להדליק שני נרות (כלבו' כד, על פי

מדרש תהלים צב, א); ויש הנוהגים להדליק נרות כמספר בני הבית (ליקוטי מהרי"ח). עוד נוהגים, שמי ששכחה להדליק נרות שבת, מדליקה שלושה נרות מכאן ואילך (רמ"א רסג, א בשם מהרי"ל).

213 הדלקת נרות היא אחת המצוות המסורות לנשים (משנה, שבת לא ע"א). אם אין האישה יכולה להדליק, צריך הבעל להדליק במקומה (משנ"ב רסג, יא). יש הנוהגים שגם רווקות מדליקות, ורשאיות לברך אפילו כשהן בבית הוריהן (ערוה"ש שם, ז). מי ששובתת מחוץ לביתו צריך להדליק, ואפילו אם הוא נשוי (ספר התשב"ץ, ו; מובא בבה"ל שם). מי ששובתת בפנימייה או בבית מלון, ומסיבות בטיחות אינה יכול להדליק בחדרו, יכול לצאת ידי חובתו בהדלקת המרכזית בחדר האוכל (א"ר רסג, ט), וצריך לדאוג שיהיה אור חשמל בחדרו, ולדעת פוסקים רבים יוצאים בזה ידי חובת הדלקה (הר צבי' ח"ב קיד; יבי"א ח"ב יז).

214 צריך להדליק נרות כך שיהיה אור בכל הבית, ומברכים על הנרות שליד השולחן (משנ"ב רסג, יא). נוהגים שגם מי שאוכלת מחוץ לביתה, מדליקה נרות בברכה במקום שאוכלת בו. ואם היא עתידה לשוב לביתה, צריכה להדליק בבית נרות שידלקו בשעה שהיא חוזרת בה (שו"ע שם, ט על פ ה'אגודה'), או להשתמש לאור הנרות קודם שתצא מביתה (שו"ת מהרי"ל נג).

215 לדעת בה"ג (הל' חנוכה), האישה מקבלת על עצמה שבת כאשר מדליקה את הנרות, ואחר כך אסור לה לעשות כל מלאכה; והתוספות (הובאו בטור) והרמב"ן (שבת כג ע"ב) חלקו עליו, ופסקו שקבלת שבת תלויה בתפילות הציבור (שתי הדעות מובאות בשו"ע שם, י). מהר"ם (ספר התשב"ץ, ח) כתב שמי שרוצה להתנות בשעת הדלקת הנרות שעדיין אינה מקבלת שבת, רשאית לעשות כן; וכן פסק הרמ"א, והוסיף שרק מי שמדליקה נרות מקבלת שבת, אך שאר בני הבית לא (מקורו בשבה"ל נט). נחלקו הראשונים 'מרדכי' שבת, רצ) אם מברכים על הדלקת הנרות לפני ההדלקה או אחריה. לדעת 'ערוך השולחן' (שם, יד) מדובר באותה המחלוקת – כיוון שקבלת שבת היא בברכה, ולא במעשה ההדלקה; והיום נוהגות שהאישה המדליקה נרות מכסה את פניה ומברכת קודם שתיהנה מהאור (רמ"א שם בשם מהר"י וייל).

בכל ההלכות הנאמרות (ברמ"א כ ס"ג)' וראוי להעיר
טעם זה שלדבריו כדברם כמו שהאמרום' כפי הנראה
225 אלו המעולים אלה כתורתם כאמו מאותם הרבתם'
ואמר כפי הדרכים (סס"ק כ"ד)'

הרמב"ם או כדבריו נתלבטו מה כמו' האמת כמאתם
כמו מהלכו אהרמ"ל) או מאלוג כמולים מעולם
אי כאולם בכתבתו כמה אל מאלם (אליא לאו"ל
כאולם (אליא אלך"ם ואל ש גמולה אל ס"ג)' אל כנולם
כלום אל כמאו מה אל אי אל אי אמולם ונרצו
מעולם 'אלכמו אל הוא' (סמולה אי ה"א)' אל אמאל
224 "אולם אל מה אמות כאולם" (אליא ל"א) ורצו

---
דרך ביאורו ומחקרו ללב אשר
---

227 והמתקרב האמות כאמות ורצה אותם אמות
(סל"ד' א' אם' ם)'

אות' כאות אות אלל' וכל נאות כלום "ואלול"
אמת אות כמולם נאלכו אלכלום אמות כמה כללום
בראו ההל כמלכ"ל (אללולוס)' וההמלוות חהת
כלכקום כולם כמו שאלוג שאולם אות מאות
220 'אולולם כולם מסת אאות ככ אלאל' כל נאלום
ככל אהל' אאת הלל (סא"ת לסא"ם אל ש ה' לכלל)'
ההל ונאול כ'אולל אנולל לכלל,' אל אם
שאולם כלל' ככלם הל ללהל הל ככ' לאל'
בראו "אמולכלל,' אל מאאל לסם "אמול אות
כל'אמו אות ל' כללם הל כל ש כלם כללום
ההל אולל אמלל כנאולם "ההל," ככולם
219 אלאת כאמו – אל אולולם 'אול חהל' אמל
ס' 'ראמל מאולם'

אלכלל' מא מאולולם ככולל "אכולל,' אל
כול ככום אות מא אולולם אולל אל ל ככל "אמל
ככ כאולל "אלכ, כאכל,' (אלא כאמ"ס אל' ל)
(אול אאל, 182): ל מאולם אממל כללם אות
אומכ"כ ככולם כלל כ כמו אולל כמכ "אל אלל"
כל אמו (אלא אל' ל)' ל כאולם כ' אולכ

218 אאולם "אולם אל אמו אאול,' אכולל אכ
לכ ככל אאולל (אכול אאלם, מ"כ סם' כ)'
מאמו אול אאל אל אולל כלל אולל אאולל'
אכלכם אמו אאל אכ אאולולם אכול' ככולל
ככל אמו (אלל אולם, ל אל אול)' אכולל
217 'אכולל אמו אול אאול אמ אולל "אול אמו"
ההה (אלא סם' א)'

אולל כ אולל אול' אול אולם אל אולל
אליל אל אולל אמ כאלל' אכ כ אול
'אל מאמ, אל ההל אל (אל אל,170): כל
216 ככל אולל אאול אמ אל אמו אאול אמו אל

---
ומבואות אלף אשר
---

לילדים שאינם בני מצווה לשתות מהיין (שו"ע על פי רשב"א). ואם אין ילדים לשתות (מג"א רסט, א על פי הסמ"ק).

227 "אמר רב ברונא אמר רב: נטל ידיו לא יקדש" (פסחים קו ע"א-ע"ב), ופירש רש"י: משום היסח הדעת. מכאן פסק רב עמרם גאון שצריך ליטול ידיים לאחר הקידוש, וכן פסק השו"ע (רעא, יב); אך רשב"ם (שם) כתב ששיטת רב נדחתה מההלכה – ועדיף ליטול ידיים לפני הקידוש, לקדש ומיד לבצוע על הלחם. וכן מנהג אשכנז הישן (רמ"א שם). והיום גם רוב האשכנזים נוהגים לקדש לפני נטילת ידיים (משנ"ב שם, סב בשם הט"ז והגר"א).

228 לפני הקידוש שוב "ויכולו" כדי להוציא את בני הבית שלא היו בבית הכנסת, ידי חובתם (רא"ש, פסחים פ"י, טו). ומתחילים "יום השישי" כדי לרמוז לשם ה' (רמ"א שם, י בשם מהרי"ל); יש הנוהגים להתחיל בלחש "ויהי ערב ויהי בקר", כיוון שאין משמעות למילים "יום השישי" בפני עצמן (חת"ם סופר, או"ח י); ויש המתחילים מתחילת הפסוק "יירא אלהים את כל אשר עשה והנה טוב מאד" (עירוה"ש שם, כה).

229 בנוסח הקידוש, רבים אומרים כגרסת רש"י (ברכות מו ע"א; כתובות ז ע"א); וכעין זה ברמב"ן, דברים ה, יד) "כי הוא יום תחילה למקראי קדש..."; אך בסידורי הגאונים המילים "כי הוא יום" אינן מופיעות, ולא ב'שער הכוונות'.

230 נוהגים לעמוד בשעת הקידוש (שו"ע שם, י); ויש שפוסקין לשבת יותר לשבת, כדי שיהיה קידוש במקום סעודה (רמ"א שם בשם ה'כלבו'); ויש שכתבו שיאמר "ויכולו" בעמידה ואת ברכת הקידוש בישיבה (עירוה"ש שם, כה).

231 "לקטו לחם משנה" (שמות טז, כב). מכאן למדו חכמים (ברכות לט ע"ב; שבת קיז ע"ב), שבכל סעודת שבת יש לקחת שתי ככרות לחם ולבצוע אחת מהן (שו"ע רעד, א על פי רש"י), ובערב ובוצעים את הכיכר התחתונה (שם, על פי הקבלה); ויש שנהגו לבצוע את שתיהן (רשב"א בשם רב האי גאון); ומנהג האר"י היה לבצוע על י"ב כיכרות קטנות בכל סעודות (שער הכוונות). נהגו לכסות את הלחם בשעת הקידוש, מכיוון שמקדימים את הברכה על היין לברכה עליו (טור, רעא בשם הירושלמי).

232 לאחר הסעודה מוסיפים "רצה" בברכת המזון (טור, קפח על פי ויקרא רבה לד, טו). אם שכח "רצה" – ראה הלכה 377.

## תפילות יום שבת

233 לפני התפילה אומרים את תפילות השחר ואת סדר הקרבנות כרגיל (כלי חנות תפילין). נוהגים שלא לומר את התחינות שלפני פרשת העקדה ואחריה, ואת התחינה בסוף הסדר (ולדעת הגר"א אין לומר שום תחינות בשבת). לאחר סדר הקרבנות מוסיפים את פסוקי קרבן המוסף לשבת, מכיוון שאין קוראים את פסוקי המוסף למפטיר (ראב"ן, קכ).

234 ב'פסוקי דזמרה' אין אומרים "מזמור לתודה", כיוון שאין תודה קרבה בו (סידור רש"י, נח); ומוסיפים מזמורים רבים לכבוד השבת. מנהג אשכנז לומר את כל המזמורים הנוספים אחרי "ברוך שאמר", כדי שגם הם יהיו בכלל הברכה (טור, נא); אך לפי נוסח ספרד, אומרים אותם לפני פרט למזמורים צב-צג, שנהגו להוסיף מתחילת תקופת הראשונים (סידור ר' שלמה ב"ר נתן).

235 לאחר פסוקי דזמרה אומרים "נשמת כל חי", שלדעת ר' יוחנן (פסחים קיח ע"א) היא 'ברכת השיר' הנזכרת במשנה כמסיימת את חטיבת השיר וההלל בהגדה של פסח (סידור רש"י, ריג).

236 בשבת אומרים נוסח מורחב לברכת יוצר, ובו הפיוטים "הכל יודוך", "אל אדון" ו"לאל אשר שבת", שמקורם בפיוטי הארץ ישראלי הקדום. בקהילות רבות נוהגים לשיר את הפיוט "אל אדון". שאר ברכות קריאת שמע שמע הן כביום חול. לאחר תפילת עמידה, אם ראש חודש חל בשבת, אומרים חצי הלל (ראה הלכה 298). לאחר מכן אומרים קדיש שלם , שיר של יום (בראש חודש מוסיפים גם 'ברכי נפשי', ומראש חודש אלול עד הושענא רבה 'לדוד ה' אורי וישעי') וקדיש יתום, ויש מוסיפים גם את שיר הכבוד (עמ' 301) וקדיש. אחר כך פותחים את ארון הקודש ומוציאים את ספר התורה.

## דיני קריאת התורה ותפילת מוסף

237 "המנהג הפשוט בכל ישראל שמשלימין את התורה בשנה אחת: מתחילין בשבת שאחר חג הסוכות וקורין בסדר בראשית, בשלישית 'אלה תולדות' (בראשית ה, ט), וקוראין על הסדר הזה עד שגומרין את התורה בחג הסכות. ויש מי שמשלים את התורה בשלש שנים ואינו מנהג פשוט" (רמב"ם, תפילה פי"ג ה"א). בספר 'החילוקים שבין אנשי מזרח ובני ארץ ישראל' מתקופת הגאונים מתואר, שמנהגם ארץ ישראל היה לסיים את קריאת התורה

עמוד בעברית — טקסט דחוס

244 בדברי הרמב"ם – שם אמרו רבנן את הזקנה...

243 ולאחר פירושו, את הזקנה לבד את בדברי הרמב"ם...

242 לאחר הפירוש לרמב"ם ברבנים את הלכות...

241 לאחר דברים רבים מעם את בדברי נוצר אין לבד...

240 נאמר דברים אלו גמרא בית, דברים לשמואל...

239 בלך לאחר אל רבנים לעצמו את מושב... לרבנים דברי הלכות, ואחר כל, 151.

238 בכל את וכעם את דברים לשמואל הלכות...

248 לאחר הלכות נוצרים פירוש דברי לרבנים נוצר, בכוונה...

247 בדבר אחד את הלכה (מה כולל דברי)...

246 לאחר דברי הרמב"ם ברבנים את דברי...

245 ברבנים את בית ברבנים כולל (מעם בית דברי כוונת,ד...

"יום המנוחה הזה" (סדר רב עמרם גאון; עירובין
מ ע"ב וביצה יז ע"א); אך היום ברוב הסידורים
גורסים "יום השבת הזה" (כפירוש המיוחס לרש"י
על הרי"ף וה'אגודה', כמובא בא"ר תפז, ו).

251 אם טעה בברכה רביעית של מוסף, צריך לחזור
(שו"ע רסח, ו). אם נזכר לפני שהתחיל מוסף, יכול
לומר "ונעשה לפניך קרבן מוסף שבת, כאמור",
ולהמשיך "וביום השבת" (בעמ' 288 [חיי אדם' כח, ד].
אם המשיך בתפילת חול, מפסיק אפילו באמצע
הברכה - בניגוד לשאר תפילות שבת, כיוון שבשאר
התפילות היה ראוי להתפלל תפילת שמונה עשרה
וקידרו מפני כבוד השבת, ואילו תפילת מוסף
אינה שייכת בחול כלל (ערוה"ש שם, יג).

252 שליח הציבור חוזר על התפילה. לקדושת מוסף
יש נוסח מיוחד, הפותח באמירת "כתר". מוסיפים
בקדושה את הפסוק "שמע ישראל", מכיוון שבימי
האמוראים נגזרה גזירה שלא לומר קריאת שמע,
ומשום כך היו אומרים אותה בהבלעה בקדושת
שחרית בחול, ובשבת וביום טוב - וכשבטלה הגזרה
תיקנו להזכירה במוסף, זכר לביטול הגזרה (תשובת
רב שר שלום גאון, מובאת בא"ז ח"ב, נ).

253 לאחר התפילה אומרים "אין כאלהינו", "עלינו"
ושיר של יום. בהרבה קהילות נהגים לחתום את
התפילה באמירת "שיר הכבוד" ('לבוש', קלב; וראה
מהרי"ל, 'נתיבות עולם'; נתיב העבודה יב לשער על
המנהג), ויש האומרים אותו אחרי תפילת שחרית. יש
נוהגים לתת ליולד לאומרו (רבבות אפרים ח"ד, קמא).

249 אומרים "אב הרחמים", תפילה שנתקנה באשכנז
לאחר מסעות הצלב. לאחר מכן אומרים "אשרי",
מחזירים את ספר התורה לארון הקודש ועומדים
להתפלל מוסף.

250 ברכה רביעית בתפילת מוסף -
א. הרבה מסידורי הספרדים גרסו כנוסח הרמב"ם,
שהברכה מתחילה ב-"למשה ציווית"; אך גרסת
הגאונים הייתה על פי סדר תשר"ק, "תקנת
שבת רצית קרבנותיה", וכן ב'משנת חסידים'
ור' שבתי סופר, וכן מנהג חב"ד; וגרסת סידורי
אשכנז הייתה "תכנת שבת" בכ' (סידור רש"י,
תקה; מחזו"ו; סידור הרוקח ועוד), וכן כתב ב'שער
הכוונות' ובסידור מכתב ידו של ר' חיים ויטל.
ב. האות א' בסדר תשר"ק היא המילה "אז", ונוסח
הראשונים היה "אז כשני נצטוו עליה, ותצונו
ה' אלהינו להקריב בה קרבן מוסף כראוי" (מחזו"ו
קצח; ובהבדל קל בסדר רב עמרם גאון), וכן נוסח
אשכנז. ובסידורו השל"ה גרס במקום זה "אז
מסיני נצטוו ציווי פעליית כראוי" כדי להשלים
את האותיות מנצפ"ך; ובסידורים רבים הוסיפו
את המשפט המתחיל ב"ותצונו" אחרי גרסת
השל"ה.
ג. נוסח הרבה ראשונים היה לכנות את יום השבת

_____ קידוש וסעודת היום _____

256 אין לאכול או לשתות לפני הקידוש (שו"ע רפ, א).
האיסור חל משעה שהאדם סיים את תפילתו,
ולפני כן רק את האיסור הרגיל של אכילה לפני
התפילה, ולכן מותר לשתות מים לפני התפילה,
כמבואר בהלכה 89 (שו"ע, רפב בשם הרא"ש). חולה
שצריך לאכול לפני התפילה, מקדים לפני שאוכל
(בה"ל רפ ד"ה חובה); ואם אינו אוכל מזונות, אלא
רק פירות או שתייה, אינו צריך לקדש (אג"מ,
או"ח ח"ד, כד).

257 הקידוש בבוקר מתמצה בברכה על היין (או על
משקה אחר) שלפני הלחם (פסחים קו ע"א). נהגים
לומר לפני הקידוש את הפסוקים "ושמרו" ו"זכור"
(משנ"ב רפב, ג); יש המוסיפים גם את הפסוקים
"אם תשיב" (מובא בערוה"ש שם, ג); ויש נוהגים
להתחיל במאמצע הפסוק "על כן ברך", ודעת
הפוסקים אינה נוחה מכך (משנ"ב שם; ובערוה"ש
שם לימד עליהם זכות).

כיוון שכך הדרך לשתותו ('אשל אברהם' שם, על
פי הש"ך שם, ל) - אך רוב הפוסקים לא קיבלו זאת
(משנ"ב שם, ל).

254 גם בסעודת היום טעונה קידוש, שיברך על היין
לכבוד הסעודה (שאילתות רב אחאי שאן, נג).
וכתבו הגאונים שאין צורך לגמור את הסעודה
מיד לאחר הקידוש, ואפשר לקדש ולהמשיך לאכול
במקום אחר, ועדיין ייחשב הדבר קידוש במקום
סעודה (מובא בטור, רעג). משום כך יש שהקלו
לקדש ולאכול מזונות לפני הסעודה (מג"א רעג,
יא), ועליהם סומכים בבתי כנסת רבים, לקדש
לציבור המתפללים ולהניח רק קידוש מזונות; אך
רבים מהאחרונים כתבו שטוב יותר לקדש במקום
הסעודה ממש (ערוה"ש רמט, יג).

255 מי שאין לו יין, רשאי לקדש על כל משקה שהוא
'חמר מדינה' - כלומר חשוב ומכובד (פסחים קז
ע"א). בערב אין לקדש על משקאות שאינם יין, ומוטב
לקדש על הפת; אך בבוקר אין לקדש לפני ברכה
נוספת, ולכן מוטב לקדש על משקה אחר לפני
לחם, כדי שיהיה ניכר שעושה כך לכבוד שבת
(רא"ש, שם פ"י, יז). יש שנהגו לקדש על משקה
חריף אף לכתחילה (ט"ו רעב, ו); ויש שהתירו לקדש
על פחות משיעור רביעית במשקאות חריפים,

―――――――――― מנחה וסעודה שלישית ――――――――――

258 במנחה אומרים "אשרי", "ובא לציון" וחצי קדיש,
ואחר כך מוציאים ספר תורה וקוראים לשלושה
עולים בפרשת השבוע שלאחר מכן (שו"ע רצב, א).
אין אומרים חצי קדיש לאחר הקריאה. מכניסים את
ספר התורה ועומדים בתפילה. לאחר חזרת הש"ץ
אומרים "צדקתך צדק", ואין אומרים אותו ביום
שאין אומרים בו תחנון אם היה חל בחול, קדיש
שלם, "עלינו", וקדיש יתום.

259 נוהגים לומר בשבתות החורף "ברכי נפשי" ושירי
המעלות מהשבת שאחרי שמחת תורה ועד שבת
שלפני שבת הגדול (מנהגי מהרא"ק). בשבתות הקיץ
נוהגים לומר פרקי אבות (רמ"א רצב, ב על פי סדר
רב עמרם גאון). בשבת הגדול יש נוהגים לומר את
חלק ה'מגיד' שבהגדה שבהכנה לחג הפסח (ראה
הלכה 643).

260 "אמר ר' יוסי יהא חלקי מאוכלי שלש סעודות
בשבת" (שבת קיח ע"ב). יש מהראשונים שכתבו
שצריך לקיים סעודה שלישית לפני תפילת מנחה,
משום המרדכי שאין לאכול משעת מנחה ועד
ההבדלה (ר"ת, ספר הישר תשובה מה, ו); ויש שכתבו
שהטעם הוא שלא לפגוע בדרשה שאחרי מנחה;
והיום נהגו כדעת הרמב"ם (שבת פ"ל ה"י), שיש
לקיים סעודה זו דווקא אחרי תפילת מנחה (רמ"א
רצב, ב על פי הכרעת ה'אגור').

261 גם סעודה שלישית טעונה לחם משנה (רמב"ם שם

ה"ט; וה'מגיד משנה' כתב שכל סעודה בשבת טעונה
לחם משנה); אך מי שקשה לו לאכול סעודה שלמה,
יוצא ידי חובתו בעניני מזונות או בפירות (שו"ע שם,
ה על פי רבינו יונה).

262 נשים חייבות בסעודה שלישית (שו"ע רצד, ו על
פי ר"ת).

263 אין מקדשים קודם סעודה שלישית (שו"ע שם, ד
בשם הרא"ש); אך ראוי לשתות יין בסעודה זו
(רמב"ם שם). ויש שנהגו לומר פסוקים לפני הסעודה
(סידור השל"ה).

264 יש להתחיל סעודה שלישית לפני השקיעה, ואז
יכול להמשיך ולאכול גם בין השמשות (טור,
רצט). בברכת המזון אומרים "רצה", גם אם מברכים
אחרי צאת הכוכבים (מחלוקת ראשונים; והשו"ע
קפח, י פסק כשיטת מהר"ם). אם ראש חודש חל
ביום ראשון, נחלקו הפוסקים אם צריך להזכיר
"יעלה ויבוא" (ראה הלכה 380), ולכן יש מקפידים
שלא לאכול פת אחרי צאת הכוכבים (קיצוש"ע
מד, יז).

265 לאחר השקיעה אין לאכול או לשתות כלום קודם
שיבדיל - למעט סיום סעודה שלישית שנתמשכה.
לכן גם אם בירכו ברכת המזון על הכוס, אין לשתות
ממנה (משנ"ב רצב, יד); ונוהגים לשמור את כוס
ברכת המזון כדי להבדיל עליה (שו"ע רצב, ד על
פי הרמב"ם).

―――――――――― סדר מוצאי שבת ――――――――――

266 לאחר צאת הכוכבים כבר רד הליל, ואפשר
להוציא את השבת. נחלקו הראשונים מהו זמן
צאת הכוכבים, מכיוון שבגמרא (שבת לה ע"א)
זמן בין השמשות (שבו כבר אסורה מלאכה) בערב
שבת, ועדיין אסורה במוצאי שבת) מוגדר כשיעור
שלושת רבעי מיל, אך בפסחים צד ע"א מובא
שיעור ארבעה מילים. בראשונים מובאות שלוש
שיטות מרכזיות להסביר את המחלוקת:

א. שיטת הגאונים (מובאת בשו"ת מהר"ם אלשקר,
צו) שקיבלו להלכה רק את הסגרה שבהן -
צאת הכוכבים היא השעה שבה כבר נראים
כוכבים בשמים, אף על פי שעדיין אור, כ-13.5
דקות אחרי השקיעה. לשיטה זו, זמן בין
השמשות מתחיל בשקיעה ומסתיים עם צאת
הכוכבים.

ב. שיטת ר"ת (שבת לה ע"א, תוספות ד"ה תרי) –
שצאת הכוכבים האמורה בשקיעה זו האחרונה שבה
נראים הכוכבים, כ-72 דקות אחרי השקיעה,
כשיטת הגמרא בפסחים. להבנתו, השקיעה
שמדובר עליה בגמרא בשבת, אינה השעה שבה
מתחילה החמה להתכסות מעין הרואים, אלא

השעה שבה כבר נראה חושך גמור. לשיטה זו,
זמן בין השמשות הוא 13.5 הדקות האחרונות,
שבהן כבר חשוך אך עדיין אין רואים את כל
הכוכבים.

ג. שיטת הראב"ן (ב) וה'יראים' (רעד), שבגמרא
בפסחים דנים בצאת הכוכבים, אך זמן זה
אינו מעלה ואינו מוריד להלכה; בין השמשות
הוא הדקות האחרונות לפני השקיעה, והיום
מתחלף לגמרי כאשר השמש שוקעת (ראה
הלכה 209-208).

267 השו"ע פסק כשיטת ר"ת (רסא, ב), אך היום פשט
המנהג לפי שיטת הגאונים. להשלכה נוספת
למחלוקת זו, ראה הלכה 72 באשר למחלוקת
המג"א והרא"ש בעניני חישוב שעות זמניות.

268 עם זאת יש מצווה להוסיף על השבת. לתוספת
זו אין שיעור (ראה הלכה 210), ונוהגים היום
שלא להבדיל עד 40 דקות לאחר השקיעה. ויש
המחמירים כשיטת ר"ת שהובאה בהלכה הקודמת,
ואינם עושים כל מלאכה ואינם מבדילים עד 72 דקות
לאחר השקיעה.

269 בתפילת ערבית של מוצאי שבת נוהגים להאריך

לוראל לאגלל חלואלו לראלון (לראלי אווחו אר׳ ח׳,
לואלקל אל לאגלל ואלקאל אלאחר אל ני הראלן׳ והל
הרחו (אואל לאא׳, אל ל אחרו אר ל אי)׳ אח אל אלואל
אואחל „אאל הואהאאל׳ וחולקאל אל וחראלקו אל
לעח אראל לאגלאחו אחו אלקואל אל אאראל אל אל
אח׳ אל)

לוראל אאו ללו לאאל אא ולואלו (אואל לאא׳ ו׳ אאאל,
אלא לאאאל אל וואלאל וחולקאל ני ני׳ אל אאראל
לאראלל לאאאל׳ אל לאל לאלאל אל אל הואאלל
ללל אל אאאחו וחלילו וולל וחולאל׳ אאלל וווו

— לרב נרלרן —

וואחו וורואואלו חוללו׳ אאאל לולא אלוחו
אל אל לל וול וול לולא אל ולחוול חולאראל
חאג (לא,א אח׳ ח אח ווחל,,ל)׳

אל לולאל לול אלו וולוואלו אאל לול וואאל
חוללו (אואלו לאחל, וול׳ ל) וולחו אאל לולא
אל וולו לולל חולאלו – חולאלו אאל׳ ל׳
האואלוואח אואראל וואלל לאלל לאללל חואווחל
לל לולוא לאלוא וו„ ל׳ל,וולאל׳ אל וואלל
וא וולואל וחולאל חולואל אל ל׳ וואלל
חולל לל,, אאל לול חלחל ל׳ אל (וואל,ח אח׳ ח)׳
וחלו לל,, וול׳ וול׳ ל) וולאלחלו לולל אאל וואל
לוחלל חאוולל,׳ לולאל לל וו,׳ל,וולאל (חולאלו
(ללוחל חא ל,א) אוחל אוולחל חולל׳ אחל אואל
חולולל (ול לול חולו,,א וול׳ א)׳ ל,ולא ל׳ וחל
ללא לא,, לולאל,,א חולו וואואל אווחול

וחלול וורואואלו חוו ווול לולא אל וולחל
ווול׳ אחו (אל,ל וול׳ל אל ל׳ וואו חלחוולו,א,)׳
(וחלולל אח) לחלואל אואל׳ אאל לאלו לולא
לואאל,,׳ לולאל לל אלווחל חולו לולל חואואל
לואאל׳ „אלל ול וואל לולוולאל חוללו
חאל לחלל לל חולחל, (וחלולו אל ח,א) לולא
אאל לל׳ לוחל׳ לל הוולל לל לואל חוולל –

— חרב כילים לכרב —

ל,א) לולל אולואלל חוללו „אואל וואל,,׳ אל
לול׳ חול לואל חולול לל לול (חולל חא
וחלואל,, אל אח לולל „אל הואאל,, אאל
הוחאל וחו ולול, חולולו אל וחלו „אל
וולל ל,ולל, (חולולל, חולל לא ל,,ל) וחל
„אול וולל חול חולו – אאל אל לולל
לל לולא לול׳

לאל – לא לולאל „אל וואל,, אל וחללל
וולולו ווו ללל ללל לו,ל,א ולא לואל
לולחל (חולא לול׳ ל אח וואל)׳ חלואל אא
חולל וו „אאל לולו,, ול לול לל לול לל

וואל ל,ל׳ לוא לול,,ל חל וחואל אול אואל
(אא,,ל ל וחל ול וחל חוולו אלוא,וואל)׳ וחולו
אל לולל חל׳ חל אאל לולואל לואל אחלו
(לא,א אח)׳ אל אל וול׳ חללו וולולו אאלל
לולו אל לולל אל אואל ווואל לולח חל וו

וולולול חל חל לואל ל (לא,א לל׳ א)׳ לללחל
ווולל ל חל אואל אלאל אל לולל,, אל
לול וולחול חואל׳ וואאלולל אל לולל ולל,,׳
חאל,, אלואל „חלל חואל אאחאלול חואל,,׳
לחולוואל ל,,ל ללל,, וולל לולאלל חואל,,׳
וחלוח אאואלל אל לול„ל לל ואל ללוווול,
וולול אל „חלל חואל אאחאלול חואל,,׳
וחל וול וורואואל וולוו לולל,, לל לל„
לל וו (לא,א אח׳ ל וחל „וול חולוול,)׳

וו ללא אלול וחאלול וול וולל לואל,׳ אל
לול וול וולל וול אל אחול ווווו אל וולא
ל,ולל לולל חולל אל אל אואל וואל,וולא אל וולא
וחל וולא חו וולולו לואא וחולולאל אואל,׳ אל
וחל ול)׳

לול לולא אואל אואל וורוולל (וחל,ל אח׳ א
וחואל (וול,,ל לל)׳ אל וולא אאחלל לואל׳
לאאאל וולל – אל לולאל׳ אאל לולא וול
וולול ווח וול,ול,,׳ אל אואחול אלאול ולל וולל
חל׳ ולל לולל וואלל,׳ אחול לולל,, לולל
וולאל וואל–אואל וול לולא אל לולל אול
וואאל וולול (לא,א אח׳ ל וחל וולו,ל)׳ אל וא
ווול אולחל חוולל אוואל וואולל חוולל אואל
לל לול אל וולל לואואלוו,׳ וולל אל וחחא

---
## הפטרת וזאת הברכה

*(הטקסט בעברית, שתי עמודות)*

---

**הפעולת ראש השנה**

---

---

**ראת ראש השנה**

---

אצת הזכרונה, כלכתו ס״אל פטש פכעתה כלם
זאד פלחם סיס נכתו כשורל הם סוד אל כשוד
**316** אס הם סוד הם כך ככלאצו פטש׳ אל הזכרולת פרום
כלם סוד ה ס הלפסוח כפטש לכלכו ״פלחהכל,
פטש׳ הכלכחם נכעלם ״הכלכל,״ אה כלסם הכחלם
זאד הכלל 199, לפסהכחם אה הפסכעלם נככל
ככלם כלתל פטש (סלם כללך זאזל ה, סם,
הלפסיחם כהכל, אהל הפסכעל נכעלם ״הכלכל,
״הכלל,״ הסכללת הפכעל פהכלכו הה הם סוד הם
ללכעו לכחת פטש נכעלם ״הכלכל,״ זאד כל
זאד נכעלם ״הכלתל, ל פ ״הכל כל הכל,״ זאד
״הכל ללל,״ לכל ״הכלל פל,״ (הם הפ לה, וללל,
כלללל,״ ס כל הכלו פלאת הו ללהלל הה פה
נכעלם ככעלם פטש פכלהכל, הפה כלכל ל, זכלל
אה הללל כלכח הם סוד, ככלכחם אה הכלכלל,
כל הה פטש הפ הם סוד, ״פהכלכחל,״ הכלכל
**315** אס הם סוד הם כללת, ״הכלכלם סה הללל ״הללכל
כ כל הכלכו כללכל,

הללל ״הללל הכלכל, (סם, 138), הללל ה הללל
כלם הכל, כלכל כללל הם סוד ללל הללל
**314** אס הם סוד הם כלם כללל, אל אס אאל הללל הל
כלכל ללס הלל ככל הללל,

ללכלכם ״הללכל, (סלם לללל כללל הל ססל,
לכל הסללל נכעלם הללל כל סוד (סם, 382,
הסלל הכללל, הס הללל סם ״אללל כללל,
הל ססל, זאד הללך 199, כלללל ללל, ״הלל,
לכללסלם ככלכלל כטש (סלם לללל זאצל,
כללל כללל ללכל, נכעלם ללל כל
ללך 220, זאד הלל לל ה הללל כלללל,
ללל זאד הסלל, ״הלל הלל, (הל אל, הל
פטש (סם, 187), זאד ככלל הלל כפטש הללל,
**313** ה, פ לל ה ל הללל הלללל ה״ ללל, ללכלכם ככ ל
אה הללל כלל, הלל הכללל (הכלכל הל, כל,
סלל ה הלל כל כסם הסל, הללל, אל אל הללל
״כלל כלל ככלכל כללל הללל, (כס, כללל,
כל (הל, הל, הל, הל, זאד הלל כככל, אל
אל הלל הל ״כלכל כללל הללל, – סלם אל
כ הללכל ה ל ל כ ״כלכל הללל, – זא, ללל
ל הלל,, הללל כל ״כלכל הכלל, – אל, זאד ל
הללל הללל, (ככל סם ה,א), אס הכ ל
ל כטח (ל, הכל, סלל,) ללכלל ״כלכל הכלל
ככלל ל ללל,, הכ ל הכללל כללל
הלל כללל, ״, הללכל,, כלל, ללל
כל ל הללל כטש (״כלל הל לל, זאד
הם סוד הלפסוח כל, ל ללל, ״הללל, ככל
**312** אס הם סוד הם כלכל, הלפסלל הכלל הל
הסללל ל, כככל) זאד כלל, ״הללם הל, ל,
הל,,) אס הל כסם הלל (כל אהלל, ״הל הל
״הל כל כלל, – זא (הל,הל הל,הל ה, כ הל, הללל

---

**320** אהל כטש,

הלל הלללל אהלל, (סם, 892), זאד נהכל
הל, לל הלאהל הסלל, הלל, הללל לללל, ״א
ככללל כלכל הכל,) זאל נכע ל הלל דל
הכל, כלללל דלל אה הכלללל, (זאד
הל, פל הכל, הל הל הל כלל הל,
ל הל, הל ססל, אלללל כ הל הל, זאד
אהל הפכל הכלל נכעל ללל פלם (סלם
(זאד הלללל, ללל הלל,

אהל, הכללל הל, לל הסם הכל, ככללל, אהל
אהל ללא הלל כ, ל לל הכלל, ככל, כ
הללל,) כלל לכלכל, הל אהל כללל,
הל, כללם ככללל, הללל, (זאד ככל,
לאלל, ללל ל לל כלל, ל ל,
ל, לל הל, הלל לל כללל, ל הל,
הכ הללל הללל הל, ל,, (הל,א הל,,
ל הלל, ה ה, הלל ה, (זאל כ ה,
הל הל, הל, ל, ל,,ל,, הכלל,
**319** הל,, הכ הכלללל זאל, ״א הכל הל,,
הכל, ״לכ הללל, (הל, ל, הל,,
הכל, ״הל, ל, לל, כ, אס ה, הל,
ככלל, כל (כלל הל, הל,) זאד ״ל,
״הל, הכ הכל ל הל, הל, ל,
ל, הל, ל הל, (זאד הללך 233), זאד
אה ל, הל, כל, אל אל ל, הל
הל, ל, אס ה, הל, הל, כל, ל,
**318** ככלל, הל, הכ אה הל, הלל, הל,
ל, (ס,,ל ל, אל,

אס אלל, הל, ״הללל, כ, ל, ל, – ל,
כ, ל, ל, ל, הל, (הל, הל, כ ל,
הלל, ל, (״הללל,), כל, הלל, הל,
הלל, אה ל,ל, – ל, ל, כ, ל, כ,
(ל,,ל, ל,,ל,) זאד הכל, הל, הל,
הלל, ל, הל, ל ל ל, הכל,
ל, (ל,,ל, ל, ל, ל,,ל,) א כל,
ל, ל, הל, ל, ל, ל, ל,
**317** כ, ל, ל, ככל, כ, ל, ל, הל,
ל, הל, אל ל,

ל, ל, ״ל, ל, ל, הל, (ל,
״ל,,ל, זא ל, (ל, ל, ל, ל,) אס ל,
כ, ל, ל, (כל, ל, ל,) אס ל, ל,
כ, ל, הל, כ, ל, ל,,ל,,ל,
ל, ל, כ, ל, ל,) הל, ל, אל
ל, ל,, ל, ל, ״ל, ל, כ,
ל, (ל, כ ל,) זאד אצת הזכרונה, אס ל,

**[עמודה ימנית]**

לקראת עוד אלא ואלנא (אא, ואלנא, אי, הא הא
אלקלא החוללא צלהלאם ללר, עד ותו אעד ארלהו
אלה אהל (אאל,הא ראהי, אי) לאהלא קלולא עד הל
הנאר: קלאם ותו ולהלאהלא, אלהלא צהללא הא
329 הוקרל ולהלאהלא אה הלא אל הה הל,הא הארהלא
אלקלל (לא,א האל,ל ואתו ה,לאלא)

הוולא צלהל הלא אלה אהאל צלה אלה אתה אל
אתה צהללה (אל,ה אהלי א אל הא ה,האלהה, ולהא,אי)
אלהלא אלולהא ולאהאל הלא צלולא ולתה אלה אלה
אלולל (אא,א הא,הי ה) אה אלה אלה הא, הלה אלהלא
אואה, לאה הלקלא 084+) והאהולהלא הוות אאאל
הל, הולל הא אלהא הללהא "אלולהה", (הוא הלאא
הלאהללה צלהלא הרל הלא אה צאלה הה הלא
לאה הלהלהלא "אלולהה", (הוא האל,ה ואהי): הא
הולא הה ה,אי) הלהלא הה הל הלהי הלהלא הל,
הא,ו הולהה הל הל אלהא (אל,א האל ו א הא הא
הצלהל הו (אל,א הואי,ה ה הא אאהו ואל,אי), ולצהל
הלא אלה אלה, אה הא אללהא אלהלא הואהל

---

**[עמודה ימנית תחתונה]**

אלהואה אהלה ולאלולא אולהואה הא אלה (הא,א אה)
אה אלההלאלא צה הולאהלא אהל אל הולל, אלולל
אלה אהה הלאהל, אה אלולהא להאה אהה אלולהלה,
325 הא אה הא אלה הל אאלה אהלה, אולאהאל ולצהל
אלהל צהלאה הללו (הא,א הא, הולהא הולאהל,ה)
הלהל (317), לאה אל האל, אאל אלה אלה אאאל
אלולל אהאה אלה אה הואהל הולה ואאהל (לאה
לאה הואאי,א ואאהי,א,א) אהי אה הולהלא אל הולאהל,
אה הואה אההל אללה,אל צלאלה (הואי אהלא, הולל, ולל
אולהל הלהל צהל הולאלל, אלאלל אהלהא אלהא
צלל הולאל (ללהי,א הולל אא הא,אי) אה הולאהל
ולהולאל הלהל הולאל, אהאל, אלה אלה הול, אל,
"אהל הולהולל, (הא, 135) אלהלהא אה הולל,
324 אלאא, אה אה אלה אולצלהל, אלאלל צאל, ולולה
הולה,א אהה ה,א ה,א אלהל,אי)

הוהל (הל, לאהה אה האל,אי: לה הוה אלה אהלה
צאל, הולל אלהא,"אל" אלא הא הל הל הא הל
צאלהל, אלאלה אהולל הולאל, אה, אלל
אה הל הוהל, אלאאל,א הל הלל ולאלאל,
323 הוהל הולאל, "האל, ה,אה צהל, (הל, 314),
ולל הולה הל,אי

אאל הלל הול,א אלולא אלו אה ולהאאל,א
"הולל, (הואלה צלהל, אלה האה,ה אה, הו,)
ה,א, (א) אה אל הלוא הול הולהא אל הולאל,
הולה אהל אלה (אה הולאהל, הל, אל אלהא,
ולהלא הלאל, אלה הל,א אה אלהל אה הלאל
לה, לאה אה ה,אי: לה הולהלא הל, "אלולה",
אה הל, הולל הללה הול, (אלהלא, הוהל אה אל,
ה,אי, א)

## בלכות דבר בראשו

יט-כא). בגמרא (עירובין פג ע"א-ע"ב) מוגדר השיעור
המחייב בחלה כעשרון המדבר, שהוא כמות המן
שירדה למזונו של אדם ביום. נחלקו הפוסקים
כמה הוא שיעור זה, וכיצד למדוד אותו (למקור
המחלוקת ראה שו"ת חת"ס, או"ח קכו): לדעת ה'חזון
אי"ש' ('קונטרס השיעורים', שבת לט) היא שאין לברך
על פחות משני ק"ג ר-250 גרם, ולדעת רא"ח נאה
(שיעורי תורה) ק"ג אחד ר-670 גרם. אם אופים ק"ג
אחד ר-200 גרם, מפרישים בלא ברכה. יש להפריש
1/24 מהעיסה, ומי שאופה לצורכו מסחר רשאי
להפריש רק 1/48 מהעיסה (משנה, חלה פ"ב מ"ז).

347 בזמן המקדש נהגו לתת את החלה לכוהן שיאכלה
בטהרה (משנה, חלה פ"א מ"ט). בחו"ל דין חלה נוהג
רק מדרבנן (בכורות כז ע"א), ולכן היו קהילות שנהגו
לתת את החלה לכוהן שיאכלנה, כיוון שאין איסור
לאוכלה בטומאה (שו"ע, יו"ד שכב, על פי המשנה,
חלה פ"ד מ"ח). בארץ ישראל חלה אסור לעשות כן,
והמפריש חלה צריך לשורפה אותה (בה"ג, הלכות
חלה); ואין צורך להפריש יותר מ-1/48 מהעיסה
(רמב"ם, ביכורים פ"ה ה"ט).

ח"א עמ' שנ, ה-ו; 'עיר הקדש והמקדש' ח"ג עמ' עב, ד;
'מנחת יצחק' ח"ח, קו).

345 סדר הפרשת תרומות ומעשרות הנהוג היום מבוסס
על נוסח ה'חזון אי"ש'. יש לייחד מראש מטבע
שמחללים עליו את פירות מעשר שני ונטע רבעי.
בשעה שהפירות לפניו, צריך להפריש מעט יותר
מאחוז אחד לצורך תרומה (כשישהיה)
ותרומת מעשר. אחר כך יש לייחד את הפירות
שיופרשו למעשר ראשון ולמעשר שני, ומתוך
הפירות המיועדים לתרומה, מייחדים אחוז אחד
מהפירות הסמוכים לפירות שמיועדים למעשר
ראשון, להיות חלק מהמעשר הראשון (אותו חלק
יופרש אחר כך לתרומת מעשר). אומרים את הנוסח
בעמ' 524, ואחר כך עוטפים את הפירות שהופרשו
לתרומה, ומניחים אותם בצד. אם יש כמה מינים
שיש להפריש מהם, עושים תהליך זה בכל אחד
מהם - ואפשר לומר את הנוסח רק פעם אחת, אם
מוסיפים את המילים "כל מין על מינו".

346 אם אופים כמות נכבדה של לחם, יש להפריש
תרומה מן העיסה, והיא קרויה 'חלה' (במדבר טו,

_____ דיני ברכות הנהנין _____

מחמשת מיני דגן מברכים "בורא מיני מזונות",
ישנן ברכות נפרדות על פירות העץ ועל פירות
האדמה (משנה, ברכות לה ע"א), ועל שאר המינים
מברך "שהכל נהיה בדברו" (משנה, ברכות
מ ע"ב).

352 בגמרא (ברכות לז ע"א) דיון ארוך במעמדו של
האורז, שאינו מחמשת מיני דגן ובכל זאת הוא
"משביע וסועד הלב" (לשון הרא"ש, שם פ"ו, ח).
ונחלקו הראשונים מה המסקנה מהסוגיה: לדעת
בה"ג וראב"ה (ברכות קב), מברכים עליו "בורא
פרי האדמה"; לדעת הרא"ש (שם), רק אם האורז
התרכך ונעשה כמין דייסה, או שנאפתה ממנו פת,
מברכים "בורא מיני מזונות", ואם לא כן "בורא
פרי האדמה", וכן פסק הרמ"א (רח, ז); ולדעת
הרי"ף (ברכות כו ע"א), על כל אורז מבושל מברכים
"בורא מיני מזונות", וכן פסק השו"ע (שם), ורבים
מבני אשכנז אימצו פסק זה (ערוה"ש שם, כב בשם
המג"א והגר"א).

353 על מוצר מעובד שמקורו בצומח, מברך את
הברכה הראשונה אם צורתו וטעמו המקוריים
של הפרי או של הירק ניכרים (רמ"א רב, ז על פי
הרמב"ם). דיני ברכות סבוכים מאוד ורבים בהם
השיטות והמנהגים, ויש לבדוק כל מוצר ומוצר מה
ברכתו. ישנם ספרים שלמים, העוסקים בהדרכה
בעניינים אלו.

348 "כתיב (תהלים כט, ב): 'לה' הארץ ומלואה תבל
ויושבי בה' - הנהנה כלום מן העולם מעל, עד
שיתירו לו המצוות... רבי אבון בשם רבי שמעון
בן לקיש (תהלים טז, ה), אדני אתה,
טובתי בל עליך' - אם אכלת וברכת... כאילו
משלך אכלת" (ירושלמי, ברכות פ"ו ה"א). העולת
ומלואו שייכים לקב"ה, והמצוות הן המתירות
לאדם ליהנות ממנו; הדבר אמור בהפרשת תרומות
ומעשרות וגם בדיני ברכות.

349 על הנאות מהעולם הזה מברכים שני סוגי ברכות
(על פי הבחנתו של הרמב"ן בפסחים ז ע"א): 'ברכות
הנהנין' שהן נטילת רשות ליהנות מן העולם הזה,
ו'ברכות השבח' שהן שבח והודאה לקב"ה על
ההנאה. כאשר האדם אוכל, הוא מברך ברכות
משני הסוגים: לפני האכילה, ואחריה.

350 כאשר מריחים ריח ערב, מברכים לפניו אך לא
אחריו (משנה, נדה נא ע"ב), כיוון שבניגוד למאכל
אין בו כבר הנאה מוחשית ("הנאה מועטת", כלשון
רש"י שם). הברכה צריכה להתאים למקור הריח
(ראה עמ' 525), אך אם בירך "בורא מיני בשמים",
יצא (רמב"ם, ברכות פ"ט ה"ה). משום כך, נוהגים בני
אשכנז לברך תמיד "בורא מיני בשמים" בשעת
ההבדלה (מג"א רצז, א בשם השל"ה).

351 גם הברכה על האוכל היא ייחודית: ישנה ברכה
מיוחדת על מיני לחם ועל מיני יין, על מאפה

354 הברכה שלאחר האכילה היא ברכת שבח, ונוסחתה
תלויה במזון שנאכל. אם אין מקורו בשבעת המינים
שנשתבחה בהם ארץ ישראל, מברך "בורא נפשות
רבות" (עמ' 523). לדעת הגר"א (רח, ד), יש לומר
בנוסח הברכה "וחסרונן של כל מה שברא" (כלשון
הגמרא בברכות לז ע"א), ולחתום ב"ברוך אתה
ה' חי העולמים" (ראה הלכה 119, שם מובאת
מחלוקת זהה); והמנהג הנפוץ הוא לומר "על כל
מה שבראת" כנוסחת המג"א (שם, א; על פי לשון
הגמרא בעירובין יד ע"ב).

355 מי שאכל מזון משבעת המינים, מברך עליו ברכה
מיוחדת "מעין שלוש". ברכה זו מבוססת על ברכת
המזון ויש בה שבח לקב"ה על המזון ועל ארץ
ישראל, ותפילה לגאולה (ברכות מד ע"א). אם
מברכים בשבת, במועד או בראש חודש, צריך
להזכיר בברכה את היום (ירושלמי ברכות פ"ו ה"א). יש שסברו שברכה זו היא ממש
ברכת המזון מקוצרת, וחייבים מהתורה (טור, רט
בשם בה"ג, בניגוד לדעת הרמב"ם, ברכות פ"ח הי"ב);
ומשום כך, נוהגים בה דיני ברכה במקום האכילה,

356 הנוסח משתנה בהתאם לברכה הראשונה - על
מיני מזונות (פרט לאורז, שאינו מחמשת מיני
דגן), מברך "על המחיה ועל הכלכלה" וחותם "על
הארץ ועל המחיה"; על פירות משבעת המינים
למעט יין מברך "על העץ ועל פרי העץ" וחותם
"על הארץ ועל הפירות" (ברכות מד ע"א); ועל יין
מברך "על הגפן ועל פרי הגפן" וחותם "על הארץ
ועל פרי הגפן" (שו"ע רח, יא על פי בה"ג והרא"ש;
ולדעת הגר"א שם, לח על פי הרמב"ם, "על הארץ ועל
הפירות"). אם אכל פירות שגדלו בארץ, מברך "על
הארץ ועל פירותיה" או "ועל פרי גפנה" (ברכות
שם). מי שאכל גם שאר מאכלים, מברך קודם ברכה
מעין שלוש ואחר כך "בורא נפשות רבות" (פמ"ג,
פתיחה להל' ברכות, י).

357 אם אכל לחם, צריך לברך לברכת המזון (ראה הלכות
בעמוד הבא), ובה פוטר את כל מה שאכל בסעודה
(רמב"ם, ברכות פ"ד הי"א). לסעודה שנקבעה על לחם
יש דינים מיוחדים, כמבואר לקמן.

<hr/>

**דיני סעודה**

<hr/>

358 לפני אכילת לחם צריך ליטול את ידיו (חולין קה
ע"א). לאחר שנטל, אך קודם הניגוב, יברך "על
נטילת ידיים"; אם שכח, יכול לברך לאחר הניגוב
(רמ"א קנח, יא על פי האו"ז). ויקפיד לנגב את ידיו
היטב לפני שייגע בלחם (שו"ע שם, יב על פי סוטה
ד ע"ב), ולא יגעו ידיו הרטובות בידיו של מי שלא
נטל (שו"ע קסב, ד על פי הגה"מ).

359 יש ליטול את הידיים בכלי המחזיק רביעית
(חולין קז ע"א. שיעור רביעית לדעת החזו"א הוא 150
סמ"ק, ולדעת הרא"ח נאה 86 סמ"ק); ואם אין לו כלי,
רשאי לטבול את ידיו במי מעיין או מקווה (שו"ע
קנט, יד על פי חולין קז ע"ב). יש שהורו שמברכים
זה יברך "על טבילת ידיים" (רמ"א שם, כ בשם
הסמ"ג וה"מרדכי"; ומסקנת המשנ"ב (שם, צז) היא
שעדיף לברך "על נטילת ידיים" (כשו"ע שם על פי
ר' יונה), אם המים ראויים לשתייה (משנ"ב שם בשם
המג"א).

360 יש ליטול את הידיים עד מקום חיבור היד לזרוע
(כשיטת הרי"ף, ברכות מא ע"ב), ובדיעבד אם נטל
עד קשרי אצבעותיו (כשיטת הרא"ש, חולין פ"ח, יא)
יצא (שו"ע קסא, ד).

361 יש להקפיד שהידיים יהיו נקיות לפני הנטילה,
ולא יהיה עליהן שום מה לכלוך שאדם בדרך כלל
מקפיד שלא לאכל בו (שו"ע קסא, א-ב על פי חולין
קו ע"ב). יש להסיר טבעות ושאר תכשיטים לפני

הנטילה, אם מקפיד עליהם (שם, ג על פי האו"ז
ח"א, ע).

362 אם הידיים נקיות, מספיק לשפוך על כל יד
רביעית מים בפעם אחת (שו"ע קסב, ב על פי
התוספות והרמב"ם). אך עדיף לשפוך פעמיים על
כל יד (משנ"ב שם, כא כדי לחשוש לשיטות הראב"ד
והרשב"א).

363 מי שקבע את סעודתו על הלחם, אינו צריך לברך
על שאר מיני המזון שהוא אוכל, כיוון שברכת
"המוציא" פוטרתם (שו"ע קעז, א). אך אם הוא אוכל
מאכלים שאין דרכם להיאכל עם הלחם כחלק
מהסעודה, כגון פירות שאינם נאכל לקינוח, צריך לברך
עליהם בנפרד (ברכות מא ע"א).

364 ברכת "המוציא" אינה פוטרת יין שהונהג בסעודה,
משום חשיבותו המיוחדת של היין; ולכן צריך
לברך על היין בנפרד (שו"ע קעד, א על פי ברכות מא
ע"ב). אך מי ששתה יין לפני הסעודה ומתכוון
להמשיך, כגון ששקידש על היין - אינו חוזר
ומברך (ברכות מב ע"א).

365 אם באמצע הסעודה הובא יין משובח יותר, ולפחות
שני אנשים שותים ממנו, צריכים לברך "הטוב
והמטיב" בעמ' 526, כעל שמועות טובות (ברכות
נט ע"ב).

366 אין להסיר את הלחם מעל השולחן עד שאחרי ברכת
המזון (שו"ע קפ, א על פי הרא"ש).

קצט, ז); אך אינן מצטרפות לזמן עם הגברים (שם; ולא כמיעוט מהראשונים שהתירו, ראה שם בטור).

388 אם שלוש נשים אכלו יחד, רשאיות לזמן (ברכות מה ע"ב); ולדעת הרא"ש חייבות לזמן (ברכות פ"ז, ד על פי ערכין ג ע"א), וכן פסק הגר"א, אך המנהג לא פשט (בה"ל קצט ד"ה נשים). וכשאכלו שלוש נשים עם גבר אחד או עם שניים - יש נוהגים שאין הנשים מזמנות כלל (רבבות אפרים); יש נוהגים

שהגברים יוצאים בזמן הזימון (האישה והמצוות); ויש שהורו שמותר לנשים לזמן, והגברים עונים להן (רי"ד סולוביי'צ'יק; 'הליכות ביתה' בשם רש"ז אויערבך).

389 מוספים לנוסח ברכת הזימון בזמנים מיוחדים - בסעודת ברית מילה (עמ' 536; וראה הלכה 402), בסעודת שבע ברכות (עמ' 546; וראה הלכה 417-418; ובבית האבל רח"ל (עמ' 557; וראה הלכה 431).

# מעגל החיים
## דיני ברית מילה

390 "זאת בריתי אשר תשמרו ביני וביניכם ובין זרעך אחריך, המול לכם כל זכר" (בראשית יז, י). המילה היא ברית בין עם ישראל ובין הקב"ה, ואות הברית חתומה בגופו של כל אחד מבני העם כדי להעיד על ברית זו (ספר החינוך, ב). האב חייב למול את בנו (משנה, קידושין כט ע"א) בהיותו בן שמונה ימים (ויקרא יב, ג). וכל גר צריך להימול כחלק מהתהליך קבלתו לעם ישראל (יבמות מו ע"א).

391 היום השמיני הוא שבוע לאחר לידת הבן, כיוון ש"מקצת היום ככולו" (פסחים ד ע"א, ובעוד מקומות רבים) - ואפילו אם נולד דקה לפני השקיעה, נחשבת דקה זו כאילו עבר עליו יום אחד (יבמות עא ע"ב). ואם נולד בין השמשות (ראה הלכה 266), נימול ביום השמיני ליום המתחיל בערב (משנה, שבת קלז ע"א).

392 תינוק שאינו בריא ביום השמיני, נימול כשהוא מבריא (שו"ע, יו"ד רסב, ב על פי יבמות עא ע"ב). ומי שלא נימול בזמן מחייב להימול אפילו בבגרותו (קידושין כט ע"א).

393 המילה היא מצווה חשובה כל כך עד שהיא דוחה שבת (משנה, נדרים לא ע"ב). כל המלאכות הנדרשות לצורך המילה עצמה נעשות בשבת, אך מלאכות שאפשר לעשותן ביום שישי אינן דוחות את השבת גם במחיר דחיית המילה (שבת קלג ע"א).

394 מי שנדחתה מילתו ולא נימול ביום השמיני וכן גר, אינם נימולים בשבת או ביום טוב (שו"ע, יו"ד רסו, ב על פי יבמות קלב ע"ב). אפילו מי שנולד בין השמשות של ערב שבת, לא יימול בשבת הבאה, אלא ביום ראשון; ואם ראש השנה חל בחמישי ובשישי, ונולד בין השמשות שבין כ"ב וכ"ג באלול - לא יימול עד יום ראשון הבא, ד' בתשרי (משנה, שבת קלז ע"א). ואין מילתו דוחה אפילו יום טוב שני בחו"ל (עירו"ש שם, יז בעקבות

הרא"ש; בניגוד לדעת הש"ך שם, ח שהתיר ביום טוב שני כדעת הרמב"ם).

395 בליל שבת שלפני המילה נהגים בקהילות אשכנז לעשות סעודת 'שלום זכר' בלילה (תה"ד, רסט). ובלילה שלפני הברית נהגו בימי הראשונים להיות ערים וללמוד תורה, ומנהג זה נקרא 'ברית יצחק' ('ארחות חיים' מילה, ט). היום מנהג זה נשמר בקרב הספרדים, ומאריכים לקרוא קטעים מהתנ"ך, מהמשנה, מהגמרא ומספר הזוהר לקראת המילה (סידורו יעב"ץ, הל' מילה; 'זכר דוד', מאמר ראשון, יז, ל, לז). בקהילות אשכנז נהגו להביא ילדים צעירים לקרוא קריאת שמע ליד מיטת התינוק ('זוכר הברית', ג, יד).

396 מלים ביום ולא בלילה, כיוון שנאמר (ויקרא יב, ג): "וביום השמיני ימול" (מגילה כ ע"א). כל היום כשר למילה, אך מלים מוקדם ככל האפשר, משום ש"זריזין מקדימין למצוות". אין אומרים תחנון בשחרית בבית כנסת שעתידה להיערך בו מילה, וגם אם המילה תיערך אחר הצהריים, אין אומרים תחנון בשחרית ולא במנחה. כמו כן אבי הבן, המוהל והסנדק אינם אומרים תחנון, ופוטרים את כל המניין שמתפללים בו מתחנון (משנ"ב קלא, כב בשם ה'מניין גיבורים'). יום זה נחשב יום טוב שלהם, והם לובשים בגדי חג אפילו בתשעת הימים (רמ"א, תקנא, א בשם מהר"י טירנא).

397 לסדר המילה, ראה עמ' 533. נהגים להכין 'כיסא של אליהו', המכונה 'מלאך הברית' (ספר העיטור נא ע"א בשם פדר"א). והסנדק יושב על כיסא זה בשעת המילה (אור"ז ח"ב קז); ויש המוסיפים ומכבדים עוד מהקרואים בהנחת התינוק על הכיסא של אליהו, ובהחזיקתו ('זכר דוד', מאמר ראשון, עז). נהגים שאבי הבן והסנדק מתעטרים בתפילין (החיד"א, 'מראית עין' ח).

398 לדעת הרמב"ם (מילה פ"ג ה"ג), אבי הבן מברך "שהחיינו" מיד לאחר המילה; לדעת ר"י (תוספות, סוכה מו ע"א) ובעל העיטור (נב ע"ד) אין מברכים; ולדעת ראבי"ה בשם ר"ת (ח"ב, רפט), רק אם אבי הבן מל בעצמו, מברך. מנהג אשכנז היה שלא לברך (ש"ך, יו"ד רסה, יז), ובארץ ישראל נהגו כשיטת הרמב"ם (וכן דעת הגר"א, יו"ד שם, לה).

399 ככלל, האב צריך למול את הבן בעצמו ולא למנות אחר להיות שליח, משום ש"מצווה בו יותר מבשלוחו" (קידושין מא ע"א); אך מכיוון שרוב ישראל אינם בקיאים במילה (ואף חוששים ממנה), בדרך כלל האב ממנה מוהל מומחה לעשות את המצווה במקומו (או"ז ח"ב קז).

400 מי שקורא שם לתינוק, מברך על היין ('מרדכי' יומא, תשכו) ואומר את ברכת "אשר קידש" (שבת קלו ע"ב). הספרדים נוהגים לומר בברכה "צַוֵּה להציל ידידות...", וקוראים פסקה זו כתפילה על העתיד, וכך מיישבים את דברי הרמב"ם ('פאר הדור' קלד) עם לשון הגמרא, ורבים מבני אשכנז קיבלו מנהג זה ('אגור'; ש"ך, יו"ד רסה, ה); אך מנהג אשכנז היה לקרוא "צַוֵּה" כמתייחסת לבריתו של הקב"ה עם האבות (רש"י ותוספות שם בשבת; וכן כתב ספר העיטור נג ע"א בשם רב האי גאון, וכן הוא בזוהר, שמיני לט ע"ב).

401 לאחר הברית מקיימים סעודה, והיא נחשבת סעודת מצווה (שו"ע, יו"ד רסה, יב בשם אבודרהם). אין לסרב להשתתף בסעודה זו, ולכן נוהגים שלא להזמין

405 "אך פדה תפדה את בכור האדם" (במדבר יח, טו). לפני מתן תורה היה הבכורות תפקיד מיוחד בעבודת ה' (רש"י, בראשית כה, לא). אך משחטאו בעגל, ניטלה מהם זכות זו ונמסרה לבני לוי (רש"י, במדבר ג, יב). במדבר נערך טקס מיוחד שבו הוקדשו הלוויים תחת הבכורות (במדבר ח, ה-יז), וגם היום צריך לערוך טקס פדיון לכל בכור שנולד.

406 פודים את הבכור במלאות לו שלושים ימים מלאים (משנה, בכורות מט ע"א), ואין מתעכבים (רא"ש שם) אלא אם כן חל בשבת או ביום טוב (תה"ד, רסט). נחלקו הראשונים אם פודים בחול המועד, ופסק הרמ"א שפודים (יו"ד שם, יא בשם התוספות); ולא כסמ"ק. אם האב לא פדה, חייב לפדות את עצמו כשיגדל (קידושין כט ע"א).

407 אין פודים את בני שבט לוי, כיוון שהם עדיין מקודשים לעבודה לכשייבנה המקדש (משנה, בכורות יג ע"א). וגם מי שאמו משבט לוי פטור מפדיון (שו"ע, יו"ד שם, יח על פי בכורות מז ע"א).

במפורש אורחים לסעודה (פת"ש שם, יח על פי תוספות, פסחים קיד ע"א). אם מתפללים מנחה בזמן הסעודה - יש לומר תחנון, אלא אם הסעודה היא באותו מקום שנערכה בו הברית; אך אבי הבן, המוהל והסנדק לא יאמרו (משנ"ב קלא, כה בשם ה'חיי אדם').

402 לפני ברכת המזון בסעודה זו אומרים נוסח מיוחד של נטילת רשות (נזכר במג"א רא, ד). ובבקשות שאחריה אומרים פיוט ובו ברכה להורי הבן הנימול, לסנדק, לבן עצמו ולמוהל, ומתפלל על ביאת המשיח ואליהו (עמ' 537).

403 גם מי שנולדה לו בן, צריך לציין זאת ולהודות לקב"ה. יש המקיימים סעודה מיוחדת ('מנחת יצחק' ח"ד קז), המכונה 'זבד הבת' (ראה עמ' 542). נוהגים להעלות את האב לתורה כדי לקרוא לה שם בציבור. יש המקדימים לקרוא שם מיד ביום שני או חמישי שלאחר הלידה ('בני יששכר', מובא בצי"א חי"ג כ, ו), ויש הממתינים לשבת משום "ברוב עם הדרת מלך" (סידורו יעב"ץ, הל' מילה).

404 היולדת צריכה לברך "הגומל" על שהלידה עברה בשלום. יש נוהגים שבעלה מברך עבורה, אך המשב"ז כתב (ריט, ג בשם כנה"ג וא"ר) שמוטב שתברך בעצמה לפני עשרה. יש נוהגים שאם ילדה בן, מברכת בזמן סעודת הברית. לתפילה ליולדת כשבאה לבית הכנסת בפעם הראשונה, ראה עמ' 541.

_____ דיני פדיון הבן _____

408 הפדיון תלוי באם: אם היו ילדים אחרים קודם לכן ולאב לא, אין פודים; ואם היו לאב ילדים אחרים אך לא לאם, פודים (שם, יז על פי בכורות מו ע"א). אין פודים את מי שנולד בניתוח קיסרי (משנה, בכורות מז ע"ב). מי שאמו הרתה והפילה לפני שנולד, פטור מפדיון; יש מי שהפילה בתוך ארבעים יום להריונה, הבא אחריו חייב בפדיון (בכורות מז ע"ב). הרמ"א פסק שארבעים יום הוא זמן משוער בלבד, וכל זמן שלא נתרקמו איברי הנפל, צריך לפדות את הבא אחריו (שם, כג בשם מהרי"ק); ויש שעררעו על פסק זה (חכ"צ, קד), והיום נוהגים לפדות בלא ברכה (ערוה"ש שם, טו).

409 יש לפדות את הבן בחמישה סלעי כסף, שהוא כמאה גרם כסף טהור (משנה, בכורות מט ע"ב). ומותר לפדות בכל דבר שווה ערך לסך זה (שו"ע, יו"ד שה, ה-י על פי קידושין ח ע"א).

410 יש לערוך את הפדיון במקום סעודה, והיא נחשבת סעודת מצווה (רמ"א, יו"ד שה, י בשם תה"ד, רסה). סדר הפדיון בעמ' 539.

חיי"ם את 1).

לכבוד, מכל בריון המקולין אלא המקולות (הרי"ם
חתיכה), אל אלעזר ההלוך בתוכם ממאה ההלכות
המקולות היהודה ר'רבי, הגל' אחד ראמ לנר"א"
הוורדם אל החריבות לגבי ווהגב בומם (את
אלעזר ר' א): הקדושלין בחן ההרים אמראל
אותו לגבי מלו בכבולן חיים ההגל (רבל סל',
מהרבים הוורדם אל ההריבות לנור אמלהו
אל' ל כמו ל'ם): לם התריתה אחד גדלין אל
כל בריבות הארתוהל ההללו ההמושל (לעל
כ"ל): הוורדם לגלין אל ההריבות פדל חבר לגוקד
חיים המל לגבי אל ההריבות (הוהל לור' אלו,
כל חורתל" (ככר אלם סם ל"ם): לנור הקלמהל

414 "אשל לאלו מאליה אל אשל אלגל אלא אלל
אלעזר ל' א לל ל' לללמל ל ל",ל):

ראם חיים אחד) וכל אל אלללאו לל (לל
אל אלעזר אל לללל (הומל אלל,' הולל ל' ל
לל, לל): לנור אלל' ההלל אלל אל אלא הרוושל
אולל אשל ל לגל חל (לל"ם" אלה אמלל א
אל הלא אל כללן אמלהל" המהל אמלל אלל
אל ל ההלללל' אלה אל ל"ם)' אלל אל ההל
ררל גללל ללגל אלל (אללל הל, ל' ר
ללרם,' אאל ל' הל,' אל אהל אלהל אלהל
(רלל, ההל' אל כם ל אל אל חל אל' לגלל
הללמל ההל אל ם ל אל ההל ההורושל
אלל ההל ההלל (ללם חל"ל)' הל אל
ל"ל אל): הוורדם אלל ההל ל ההל הל
לגל אל ההלל אל לגל (אל,ם' אלל,
אל אל אם' א)' אל אל כל ההל הל – אם
כבר הלל (אל ל ל ל אל לל אל ל,ל"ם

413 בבל חל ללל אל ל אל ל ההל ל
ל אל,ם ל ל"ל ל ל):

אל ההל ל בל אא אל ההל (הל,ם ללל ל אל
412 אל ההל ל אל ל אמל ההל ל אל אל ההל
(,ההל ההל, ל' א)'

(אה אל, ל 48) ככל כל הוורדם אל אל כבל
אל הרל כבל אל אל אל ל "גהל
לל א כם ל הל אמל): וכל הל,"א (אם' א)
אל הל ל): אל אל אל אלאל ל לל (לל
ללל ל רל אל אל ל ל,ם אל אל מל"
אל הל ל ל' לל אל ל (אל,ם ל "ל ל" אל
חל, ל): ל אל אל ל ל ל אל
אלל, 411 הלל אל, 454 (לל ל" ל אם
אל אל (אל ל"ל) ללל "אל
הלל ל א ל"ל): הוורדם אל ללל הל

411 "ל,ם' חל' אל – ללל ל" (ל

אל כבל ל כבלם (ל"ם אל ל)'
אל כל ל אל אל ל אל ל לל אל
ל"ל): ל אל ל אל לל אל אל ל
אל,ם ל"ם אל' א אל ל ל"ם: אל ל אל
אל ל הל (ל"ם אל ל אל,'אל,ל"ם' אל):
אל (הל' אל ל ל,ל): ל הל אל אל
אל אל אל ל (אל,ם אל ל ל ל,ם:' אל, אל ל
אל ל ל אל "אל ל ל," ל ל ל
אל אל ל ל ל" אל ל ל ל
ל ל"ל): הוורדם ל ל אל ל אל:
אל ל אל ל ל ל ל (ל,ם' ל

417 אל כבל הוורדם ללל אל ל ל
(ל ל ל,ם ל ל ל):

אל (הל ל ל,א)' ל ל ל ל
אל ל): אל ל ל ל ל ל ל
ל ל ל ל ל ל (ל ל,ם
ל ל,ם ל "ל ל אל ל ללל'
(ל ל ל,ל) ל ל ל ל ל
"אל ל ל,' אל כל אל ל ל
לל ל ל ל ל ל ל ל
ל ל אל ל ל ל ל (ל ל ל)' ל
ל ל ל ל ל ל ל ל
ל ל ל (ל ל ל,א) ל ל
ל ל אל ל ל ל ל (ל ל ל,א)' ל
ל "ל,ם (ל ל' ל) ל ל ל ל

416 "ל,ם ל ל ל ל ל ל: אל
ל ל ל ל ל:

אל ל ל (ל,א' אל ל ל' א ל ל ל
ל ל ל ל,ם' ל ל ל אל
ל ל ל (אל ל ל,ל' ל ל) ל ל
(ל,ם ל,ל' כ ל ל כל ל ס ל,ם): ל אל
לגל אל ל ל ל ל ל אל ל
ל ל ל ל ל ל ל (ל,א ל)
ל,ם ל,ר' ל)' ל ל ל ל ל ל
ל ל ל ל ל ל ל (ל
ל ל ל (ל,א' אל ל ל' ר ל ל,ל)'
ל "א אל" (ל ל ם ל) ל ל
ל (ל ל ל): הוורדם ל ל

415 ל ל ל ל ל ל אל ל ל

450

אל כמאמרם הרואה (שם הלכה, מו)? הואיל וכבר
אין הלבוש את הלבוש אם כהן אמרה אחר, אם
448 (שם אלו, קלו' מ: ואם אם אר ככלהו הם ר' א"א).

451 כאחד הלבוש המלבוש כשמלה הותרה הלכה בכלי
(לבוש, מח).

הלכה אצל ואם וכל הרואה הותרה אם לאם הותרה
אל אם הרואה כמלה) ולא לאלבור אל הותרים אם
הראלים הותרה ואם הלכה ההמבר (לא"לי הכרא' ר

446 הרא (לא"ה הרבה" ל לל הם האלים הותרא")?
ולאבל ל המל האלים "א אל הלל הותרה הרא לל
449 הרוהלל ההלכה אל אל הותרה "א הרוה (רולא
"הותרה הרה"א הותרה הלכה)?

לאנהרא בבל אם כל הותרה הלכה אם כבלא הותרה
כל ההותרה הראם הלא כל כלאה המלאה (כל'
448 הההלל הלהלה לה ו-רא הואלל הרהלל אל כלל?
כרואל הלה?

הרואל הראלל "א הותרה – בבל לכ הלם ההרא
אם המלהלל הראלם אאל, "לל ל, ההרל, הולא
לאלר," הראהלל הלרה אלהל בכרל הלאהל הרהלל
אל הרהל ההרהאל הברכה הלאם לל,"הלאה
כרל אל הותרה, "הלל הלהל," הרואלל הרהאלל
לאה הכל הרואל אל הלל הלהל הרהלל כרה
הרואלה "הלל הותרה," "הלל לל הל הלהל," הלל
447 אל הרהלל הראלל "א הותרה" (הרהאהל אל הלל
הלאלר," (רכה ה"ל) ראהלר, "הלל הרהל, (הולא
הלר הלרא' לל הרהל, אל הראהלל כ,לל ל,

447 כראה הרהלל – הלהל ל,"אלל," הראלל
לרוהלל לל הל הראהל, כל הלל)?
לרהאלל הלה, אל הללה לל אל לל הל, הלל
הראל (אל,"ל אל,ה ל,ה' הל – אל לה הרולל הר,כלל?
אל הרל הרהל, אל אלכל הרהלל לל הל לל
443 "הרהלל הרהל, הלכל הרל," – לל הלל

# לקראת לצאת השבת

(הרא ר"ל)

לר,לל-הרל,ל ה, הלהלל,ם
הל,ל הלל, לל,ל,ם

## ונאי

ראש ממרה על מ"מ הר"ש וכו'), אך בהכרח (הם' ער
המקיים הריווח מה ורמיו-ותריא-ותריא (ממרא,
466 ויאמר ירא מירא מקימא מירל בתומא מיקיום,
בכם הרר,א)·

מאמר הזה הרל (רבא מדמ' ר ומאמ,ר מם' א
ער מיצא ירא מירא מנושון מידת גרמא, מיבח
(אך כל ני מיה יה מירל) ונא גרלי, ונל' כם
ימיא מאמר מקים ממירל לקצמא וקינומרם
ראש ממרה כא ר,ל) רמרם ממקיים מימאמר, אך
ניקמא מאכים ימי מיקיום', ני כא מאמר
465 ממם ממירל, אך מינא ממר, רמיא כל מינא יכלי
ר) וקדמא מירל כא קצמם כמא מל מינרל' מירא

מרמרלם ,,אקנ מרים,, (אנר מקמ 376)·
ימי מירלם (רמ,א מ מם ומל,) ממרל מירמל
מרמל מירל אין קנירל יממ כמ מ מירריל
מימ (מ,ר מדמ,א כ מק מי מימרמ מ מ,ר): מיקיים
מקצמל מימר,א מם מימ אר כמרמ ממל ימימ
מירא לירא מירל (מקל 450) ורמרים ליקל
ליקל מימל מי לרל מל מיר,, (מ,מ,רל) מיקיים
מיקיל מיירל ריקל מ מימ ירא לינמל ממ מימל
466 ,,לקצנרל ממל מרמרל ממר קל קצמל ממיל לקל ימ
מירל,, ומימרל אם ממקיים לירל,

(מממקמ ני מירל מימל, — מל,מ מדמ' ר מ מ ל,
מירל ,,קרדל,, ורלרל מירל ממ מ מ קמ מימרל מל
מרמקים לממ (אנר מקמ 317) אנל מרמ,א
מירלל מ מירל ממל מ כ מ ימ מירל מל
קראל ממ מירל ,,ממירל,, ואל מ ,,מדמ,,
461 ירא מירל מרל ממ — מירל מ מירל
מיקיל ,,מקרל ,,אנמ מיקמ, (רמ,מ מדמ,, מ)
מיקם מ קמ ,מ מ) מ קל מירל מיקל ,,אממל
,,קרל רקרל,, (רמ,מ קמל מימלל ממ,, מל
מ,לקרם מירל, מדמ,ם קל מ,): ימ מיקמרל
רקרם מ מ מ ממ מ,מ ,,ממיימ,,:

[הטקסט בעמוד זה מודפס בגופן מיוחד/מהופך ואינו ניתן לקריאה ברורה]

והנה המסתכל הנה הראשונה הזאת לבבו ואלהם
484 "כי אמר ה', מאמר: הזה הלכתי, הזה הנחשב
מה שהנו מספרו

(י"א) לדקדק וכנגדם פרקים" מצא חכמת כלל הכל
מטומאה כי חכליסתה חלים (מטא חמא ר"ה; יומא ה
קר'ד)' ככל הנמצא ומטמאו וכנאת' נחלים ואמר
ככך' כללים פרקים אלכלל מטרם (הנחם ע'א-ה
הנחלים מעשמים חכלל' לחכלים מטמאו כשכי כצל
מלהם דמלח כללם מעלות הרמיהם' נקטלנו ענלם
בהלכ הכל מר דקל' לכם וה ילל הנחם מכמחם
מתחלם מטנמשם מעטחם לעם מעל מטמ'כלים מה
מכטל הנחמם (מה מכם לרם' מכ'מ') ומנאשר כל
מלח מר רמכם כל מנמלם מעלמם מרם' אל כל
לעם חכם ומלעש מכלם' ומכוכלמכלם ענל ככם
483 כאמר וחלל הנמ הנ מאמר נכללם הנמע' מאמרם

- - - - - - - - - - - - - - - - - - - - - סדר דרכים - - - - - - - - - - - - - - - - - -

מר אמלם אטר הומלמ'' בכרכם כלם מלמ מכ מכ
הטמ' (ככה ר ר'ד' חמ'מ מה)' ומכל מלכמל'ם חללה'
480 הלכלם חלם חלכלם - מטמ מטמלם מכ המם
(חכ'ה' ככה ר רה' ומכל מכ מכ מה הטמ לכל עמלמ)'
מכא מטמ' מכ מכ ה' מהמלם מחלמלם מכ ה' הכלם
חלמטמ' ומה מכלמ מהלכך חהלמ מה' מכלם מה
479 מה מהר מכ מכא המטמ - בכרכם כחמל מלם
לכמל חלם חככא הכטמ (לח'ן מח חהם חהמחכם)'
כל ה'ר חללמם (ככ מחמכל' חמלל ה'א) חכרכה מכטה
לטמלם מלמ מכמטמ' ככם כנלכלם חלם מכטלכלם
חמכמ') מה מכמכמכם כחללם חהם מכלטם "חמכ'מ"
חמם מהם'ד' כ'מכלם מככ, מ'ר מה כמל כנכלם מה
נטלכלם "חמכ'מ" מכמ חלם מכר (מממ'ם מם' ה
(מכמם כד,' כד)' מה מכא הכטמ מכ מכמכ' מכ
מם' ל) הלם מכמלכלם מכ מכמלכ' וחלם ללל'מ
מקלם' הכלמכם כלם מכ לכטמכ כלם מלל (חהם
מדמר' מ מחם מלל'ם מלהם)' ומכ מכל מלמ מכ
מכמלם מכ מכא המטמ לכללם, "חמכ'מ" (לח'ם
478 מכמכ'מ - בכרכם מכמטכלם הלם לכלם לחלם מכלם
ה' אלל מכמ'מ"

כמ מכ מכ מכמכ' כמכל "מכ'מ" מטלכלם "כ'הלם
כמכל חלמ מכ'מ" מטלכלם "מכמכ מכמכ'," מכ
חללם'ם חחלמכל חכלמ' מנלמר' (חהלמ מכ' 597)'

---

מכל, ר מכ מ' הנטלכט נחכ'מל') ומכמ מכלכלמ
הולקר מעלמי מכמלמ (מל'מ

486 מכ לנכלמ מכ למכ'מ' מל מכמ מכלכלמ (מכל:
מכמכ ה'א ה'מ')'

לכל, ממכם למכל (מל'מ מדמ', מ מכ מ' המלמכמ
לכל, הכלם למכ, מכמכל מל' מכ כל מם חמכ'מ לכל
המכ') מ' מלכמכ כלכ כל מ' מכל'מ המלם לכמכל
485 הכלם מללמל, מם מכלמ המלמ (מל'מ מדמ' מ מכ מ'
מ למ'' המכמ',מ)'

מכמכ' המלמ חללם כלם למכ'מ (מל'מ מדמ' ר מכ
מלמ לכל, מכ,א') מכ מכל מכמ' מם ר, חמכ'מ מכ
המכ'מ מ מ'מכ') לכמ ללכ' מכמכ כר, חמכ'מ (,חלל
הלמ'מ כלכ מכלכלמ' מלכלמ מכמכ' חללכל (לכמ
מ' ,מ)' מחכלמ דקמ'' מלכמל מלמלמ מכמל הלללכל
לכמלל לכ'מחלמ' לחכמל מהמכלמ מכלם" (חלמ

הכלם 325'

(324)' מכ למכ המכמ מכ מהמכמ לכמכמ' - למכ
הכלם' מכ כל מכ מכמכלמ מכ מכ מכל (למכ הכלל
מכלמ' מ, המכלמ (למכ כללל')' וככל,מ,מ מכ
המכמ מכמ מכ מכמ מלמכ'מ חל,מכמם' מכלל
127) מכלמ,מ "מכלל מללמכל," ככלכל לכל,ללל'
482 מכמא למכ המכמ - מכחכלכ,מ מלמכל חלל' (מכ,
למכ'מ' נטלכלם מכל מחלל "חמכ'מ,"

"מכמכל מכככם," (מכמכ,מ חמכל' ה') מכ מכ מכלמ
המכל)' מכ מכ מכלמ מכמ' מכ מטלכלמ חמכלכל
נמכ מכלכלמ לכמכ "חמלל,מ," (מל,א'ן מ'' ר מ מ
מ'ח לכמכלל' מכלמ מכמ' מכמ' מכ מכ חלללמכ! מכ
המכל, מכ מ' ,א')' מכ לכמכ מכלכל מכמ המכ'מ'
מכמר',מ חלכל מכ מטלכ' חלמ מכל,מ למכל, (מם,'
מכמל,מ מכלכלל מכ מ, א-א' חככלמ חלכלמ
א-כל' לכטמ,מ מללכ,מ מכל לכטמכל חלמ המכ'מ!
מלמכמ' חלכלמ,מ מכלמ מכל מכמ המכ'מ (חלכמ,מ כמ'
הלמכ,מ ,מללל,מ,' מכמ,מ כללל' הכמכ
מלמכ' מכ מכ מכלכמ' מכל' מלמכ,מ ככללכ
המכ' חללמכמ הנמכל,מ מכמל,מ לככלמכ
481 חלמ המכ'מ' מכ חלל מכמ' לכל,מ מכל מכ
חכל' לכלכ',מ (למכ הכלל 127)'

למ,מ" מכ מכ מכמ למכ'מ' מכלכ,מ חלחל מכלל,מ
כל מכל הלמ מכ מלל הלמ לכל ככל, (מם' מלמכ
חלמ חכמכל (מל,א יח,' ר מכ מ' המ,א,מ)' חל ממ, מכל
ללל,מ לככלמ מכל הלמ מכ מכמ מלל מכ הלמ לכלכל
מכ מכל "מללמכל," חלמ חלכלמ חלמ מכמ'למ'
הככלמ מכ מחמ מסל' לכל מכ מכמל מטמ מסל
לכללל' חלמ המכל מכמ מכמ' מכל חלמ מכמ

ומיניקות פטורות מהצום (רמ"א תקנא, א ובשם ה'מגיד משנה' תענית פ"א ה"ח).

487 סליחות - משכימים לומר סליחות. אומרים פיוט פתיחה, חמש סליחות, פזמון ופיוט העוקד בעקדה - סך הכל אומרים י"ג מידות שמונה פעמים, ממשיכים ב"זכור רחמיך", פותחים את ארון הקודש לאמירת התחינה "זכור ברית אברהם", אומרים "זכור לנו ברית אבות" וממשיכים בסליחות כמו לפני ראש השנה, אך מוסיפים תחינה מיוחדת לפני "מכני"סי רחמים".

488 שחרית - תפילת שחרית היא כבעשרת ימי תשובה (ראה הלכה 493-496). בחזרת הש"ץ שליח הציבור מוסיף ברכה, ב"עננו" (עמ' 59), בין "גואל ישראל" ל"רפאנו" (תענית יג ע"ב). לאחר "אבינו מלכנו" (יש לשים לב לומר את הבקשות האמצעיות בנוסח "כתבנו בספר" כבעשרת ימי תשובה, ולא "זכרנו" כבעשרת תעניות ציבור) ותחנון מוציאים ספר תורה וקוראים בו על מחילת הקב"ה לעם ישראל אחר חטא העגל ועל גילוי י"ג מידות הרחמים למשה (עמ' 600). בעליית הכוהן נוהגים שהקהל אומר בקול את חצי הפסוק "שוב מחרון אפך, והנחם על הרעה לעמך"; ובעליית השלישי, את י"ג מידות הרחמים עד "ונקה" ואת סוף שמות לד, ט: "וסלחת לעוננו ולחטאתנו ונחלתנו". אחרי שהציבור קורא, שליח הציבור חוזר וקורא אחריו (משנ"ב תקסו, ג).

489 אם אין עשרה המתענים, אין שליח הציבור מוסיף "עננו" (שו"ע תקסו, ג ובשם רשב"א והטור). מי שאינו מתענה, לא יהיה שליח ציבור (שם, וה על פי הגאונים), ולא יעלה לתורה; ואפילו הוא הכוהן היחיד, מוטב שיצא מבית הכנסת, ומתפלל אחר המתענה, יעלה לתורה (שם, ו על פי מהרי"ק).

490 קריאת התורה למנחה - אחרי "אשרי" וחצי קדיש מוציאים ספר תורה ומעלים שלושה קרואים. הקריאה זהה לקריאה בבוקר. העולה השלישי הוא גם המפטיר, והוא קורא את ההפטרה "דרשו ה' בהמצאו", הקוראת לתשובה (רמ"א תקסו, א ובשם מהרי"ל).

491 תפילת מנחה - בתפילת לחש הקהל מוסיף "עננו" (עמ' 114) בברכת "שומע תפילה" (רמ"א, תקסו, ג על פי רש"י); ושליח הציבור אומר "עננו" בברכה בין "גואל ישראל" ל"רפאנו" כבשחרית (עמ' 110). במנחה (תענית כו ע"א) מובא, שבתעניות הכוהנים עולים לדוכן ומברכים את העם, והיום עושים כן רק כאשר מתפללים אחרי פלג המנחה (שו"ע קכח, א על פי הטור; והחזו"א, או"ח א, חלק וראה הלכה 190). אם הכוהנים אינם עולים לדוכן (משום שאין כוהנים; או שהכוהנים אינם מתענים - פמ"ג, ו'מחזיק ברכה'; ולא כ'מקור חיים'; או שהזמן מוקדם מדי), שליח הציבור אומר "אלהינו ואלהי אבותינו" בעמ' 117 (משנ"ב קכז, יב). אומרים "אבינו מלכנו" לפני תחנון (רק אם עדיין יום - 'אלף למטה' תרכג, ו) ומסיימים כבכל יום.

## עשרת ימי תשובה

492 סליחות - בשאר עשרת ימי תשובה מבנה הסליחות הוא: פתיחה, ארבע סליחות, פזמון ופיוט עקדה - בסך הכל אומרים י"ג מידות שבע פעמים. אחרי כן אומרים "זכור רחמיך", וממשיכים כרגיל, מלבד תחינה שמוסיפים לפני "מכני"סי רחמים".

493 בתפילת שחרית נוהגים רבים לומר את מזמור קל לאחר "ישתבח" (ראה הלכה 463).

494 בתפילת עמידה מוסיפים "זכרנו לחיים", "מי כמוך", "וכתוב לחיים טובים" ו"בספר חיים", וחותמים את הברכה השלישית ב"המלך הקדוש"; אם שכח אחת מהפסקאות הנוספות אינו צריך לחזור, אך אם בירך "האל הקדוש" חוזר (ראה הלכה 459). בנוסף על כך, משנים את חתימת הברכה האחת עשרה, "מלך אוהב צדקה ומשפט", ל"המלך המשפט" (ברכות יב ע"ב). נחלקו הפוסקים מה דינו של מי ששכח לשנות את החתימה - ומסקנת הרמ"א היא שאינו חוזר (קיח, א), מכיוון שממילא הזכיר את מלכותו של הקב"ה (על פי ר' יונה, ברכות ז ע"א).

495 בשחרית ובמנחה פותחים את ארון הקודש לאחר י"ג מידות ואומרים "אבינו מלכנו" ('מטה אפרים' תרב, יא). יש שאומרים "אבינו מלכנו" מיד לאחר חזרת הש"ץ ('שער הכוונות', ענייני ר"ה), ויש האומרים אחרי נפילת אפיים (ר' שבתי מרשקוב). אומרים "אבינו מלכנו" גם במניין שאין אומרים בו תחנון (רמ"א תרב, א ובשם מנהגי מהר"י טירנא).

496 יש הנוהגים לומר את הסליחות ליום שלפני ערב יום הכיפורים, דווקא בשני או בחמישי כדי לומר את הפזמון "אוכרה אלהים ואהמיה", העוסק בי"ג מידות הרחמים, ביום שמדברים בו בתחנונים (דעת תורה', תרב).

497 שבת שובה - כך נקראת השבת שבין ראש השנה ליום הכיפורים, מפני שמפטירים בה "שובה ישראל". מתפללים כבכל שבת. אם מוצאי ראש השנה חל בערב שבת, אומרים קבלת שבת מקוצרת (ראה הלכה 315). בברכת מעין שבע שלאחר ערבית (עמ' 175) אומרים "המלך הקדוש" (שו"ע תקפב,

סליחות; היום אין נוהגים כן, ושליח הציבור מתחיל ב"זכור רחמיך" מיד לאחר "יעלה ויבוא", ואומרים וידוי ו"על חטא". בתחילת חזרת התפילה ובחלק מהפיוטים נוהגים לפתוח את ארון הקודש. הציבור אומר "אבינו מלכנו", ואין אומרים אותו בשבת (רמ"א תקפד, א ובשם הריב"ש).

508 **קריאת התורה** - כשמוציאים את ספר התורה מן ההיכל, נוהגים לומר י"ג מידות ותחינה מיוחדת לימים נוראים, אך לא בשבת (עמ' 268). מוציאים שני ספרי תורה; באחד מעלים שישה קרואים (ובשבת שבעה) לסדר עבודת יום הכיפורים בבית המקדש (ויקרא טז, א-לד), ובאחר קוראים למפטיר את פסוקי קרבן היום (במדבר כט, ז-יא). ההפטרה היא בנביאים ישעיה (נז, יד - נח, יב), המנבאת את העם כיצד יש לחזור בתשובה, ומדגישה את הצד הפנימי שמעבר להקפדה על העניונים (מגילה ל ע"ב). אומרים תפילה לשלום המדינה ולחיילי צה"ל; אם חל בשבת, מקדימים לזה "יקום פורקן" וברכה לקהל.

509 **הזכרת נשמות** - לפני תפילת מוסף אומרים "יזכור". נהוגים שמי שהוריו בחיים, יוצא מבית הכנסת בזמן אמירת "יזכור" (גשה"ח לא, ב), ואינו חוזר עד הזכרת הנשמות לקדושי השואה ולחללי צה"ל. גם מי שמתפלל ביחידות ראשי לומר "יזכור" (שם לב, א). אחרי "יזכור" אומרים "אב הרחמים" ו"אשרי", ומחזירים את ספר התורה לארון הקודש. אם יום הכיפורים חל בשבת, אומרים מילים אותו לפני "אשרי" (משנ"ב תרכ, ז על פי מנהג מהר"ם שמ מבצאים בב"י), ונותנים לאם ולתינוק לשתות מן היין (רמ"א שם, ו גמשנ"ב שם, יב, על פי ה"מרדכי" יומא, תשכז). שליח הציבור אומר את התפילה "הנני העני ממעש" כרשות לפני תפילת מוסף, ואומר חצי קדיש.

510 **מוסף** - אחרי תפילת הלחש הציבור אומר וידוי. בחזרת הש"ץ מוסיפים פיוטים כבשחרית, אך לפני קדושה אומרים את הסליחות "ונתנה תוקף", וממשיכים ב"כתר". בברכה הרביעית, אחרי פסוקי המוסף, שליח הציבור אומר "עלינו", והוא והקהל משתחווים (ראה הלכה 474).

511 **סדר העבודה** - בזמן הבית היתה עבודת יום הכיפורים היתה פסגת העבודה של כל השנה. כל עבודות היום כשירות רק בכהן גדול, ורק ביום זה הוא לובש את בגדי הלבן ונכנס לקודש הקודשים. בזמן הקרבת מוסף יום הכיפורים הוא אומר את השם המפורש בקול רם, ולאחר שהוא אומר תוודוי בשם העם, הוא שולח את השעיר לעזאזל. בחזרת הש"ץ למוסף אומרים פיוט ארוך, ובו תיאור סדר

ב'חיי אדם' בסוף סימן קמד), ויש המוסיפים גם את 'סדר וידוי הגדול' לרב נסן אלנהרואני. פותחים את ארון הקודש ומוציאים שני ספרי תורה ל"כל נדרי" (ערוה"ש תריט, ו). נחלקו הראשונים אילו נדרים מתירים, ומנהג ארץ ישראל להתיר את חובת שתי הדעות ולהתיר את הנדרים "מיום כיפורים שעבר ועד יום כיפורים זה, ומיום כיפורים זה עד יום כיפורים הבא עלינו לטובה" (שאילת יעב"ץ ח"א קמה). חוזרים על "כל נדרי" שלוש פעמים, מוסיפים פסוקי סליחה (ספר התשב"ן, קלד), ומברכים "שהחיינו", מכיוון שאין קידוש לאומרו בו (שו"ע תריט, א על פי עירובין מ ע"ב), ומחזירים את ספרי התורה לארון הקודש. אם יום הכיפורים חל בשבת, אומרים קבלת שבת מקוצרת.

506 **ערבית** - בקריאת שמע אומרים "ברוך שם כבוד מלכותו לעולם ועד" בקול רם (טור, תריט), מפני שבמדרש מובא שמלאכי השרת אומרים כך, וביום הכיפורים אנו דומים להם (דברים רבה ואתחנן ב, לו). ברכות קריאת שמע הן כבשאר ימים טובים. לפני חצי קדיש שמע אומרים את הפסוק "כי ביום הזה" (ד"מ תריט, ב; "לבוש" תקפט, א); אם חל בשבת, מקדימים לו את הפסוקים המתחילים ב"וישמרו". בתפילת העמידה אומרים ברכה שלישית ארוכה כבראש השנה (ראה הלכה 458), ובסוף תפילת הלחש אומר כל יחיד וידוי ו"על חטא" (לבוש תרכ, א על פי מהר"י וייל, קצא). אם יום הכיפורים חל בשבת, אומרים לאחר התפילה "ויכולו" ו"מגן אבות" (ראה הלכה 461). שליח הציבור מתחיל סליחות: אומרים פיוט פתיחה "יעלה תחנונינו", פסוקי "שומע תפילה" (מרדכי יומא, תשכה), שתי סליחות ופזמון - בסך הכל אומרים י"ג מידות ארבע פעמים. אומרים "זכור רחמיך" עד "שמע קולנו", וידוי ו"על חטא" וממשיכים כבשאר סליחות (אם חל בשבת, יש המסיימים ב"כי לה' אלהינו הרחמים והסליחות", ראה 'לוח ארץ ישראל') - אך אין אומרים נפילת אפים או "שומר ישראל". נוהגים לומר את ממזור כד לפני קדיש שלם, כבראש השנה (ראה הלכה 457) ו"עלינו". יש נוהגים לומר אחר התפילה את ממזורים א-ד, את שיר היחוד ו"אנעים זמירות" (משנ"ב תריט, יד על פי השל"ה).

507 **שחרית** - תפילת שחרית כבראש השנה (ראה הלכה 463), אך בסוף תפילת העמידה כל יחיד אומר וידוי ו"על חטא". בחזרת הש"ץ מוסיפים פיוטים; אומרים קדושת "כתר" ו"אדיר אדירנו" כבמוסף לימים טובים, וכן בכל תפילות יום הכיפורים ("לבוש" תרכ, א על פי ספר הרוקח, רטז; רמ"א תקפד"ד). בתקופת הראשונים נהגו לומר בברכה הרביעית

"על חטא", אלא תחינה יחידית "אתה נתן יד
לפושעים" (סדר רב עמרם גאון).

515 חזרת הש"ץ לנעילה - פותחים את ארון הקודש
למשך כל חזרת הש"ץ (משנ"ב תרכג, ד בשם מהר"י
טירנא). לפני קדושה אומרים את הסילוק "שערי
ארמון", וממשיכים "כתר". בברכה הרביעית
אומרים פתיחה לסליחות, חמש סליחות (ברוב
הקהילות אומרים רק חלק מכל סליחה כדי להספיק
לומר ברכת כוהנים לפני השקיעה) ופזמון - סך
הכל אומרים "ג' מידות שבע פעמים. אין אומרים
"זכור רחמיך", אלא ממשיכים מיד בווידוי,
ואחריו אומרים "אתה נתן יד לפושעים". אם
עדיין זה שעת הצום השמש, הכוהנים עולים לדוכן
(חיי אדם' קמה, לז). יש האומרים "היום תאמצנו"
כבתפילת מוסף (סדר רב עמרם גאון). אומרים
"אבינו מלכנו" אפילו אם חל בשבת, ובבקשות
האמצעיות אומרים "חותמנו" (מטה אפרים'
תרכג, ז) ואחר כך פסוקי ייחוד ה' וקדיש שלם
(רמ"א תרכג, ה בשם מהר"י טירנא).

516 בזמן שנהג היובל, היו תוקעים בשופר במוצאי
יום הכיפורים של כל שמיטה שביעית, ומכריזים
על תחילת שנת היובל: העבדים היו משתחררים,
והשדות היו חוזרות לבעליהם - "ובכל ארץ
אחזתכם, גאלה תתנו לארץ" (ויקרא כה, כד). כדי
להזכיר זה תוקעים בשופר מיד עם צאת
יום הכיפורים (טור, תרכג), ושרים "לשנה הבאה
בירושלים" (משנ"ב תרכג, יג).

517 מוצאי יום הכיפורים - בתפילת ערבית מתפללים
כבכל יום חול, בלי התוספות לעשרת ימי תשובה;
מוסיפים "אתה חוננתנו" בברכת חונן הדעת (שו"ע
תרכד, א). לאחר התפילה אומרים קידוש לבנה
(ראה להלן הלכה 497). מבדילים על הכוס ועל נר
שדלק כל יום הכיפורים - ולא על נר שהדליקו
במוצאי החג, מכיוון שהאור נברא במוצאי שבת
דווקא (שו"ע שם, ד עפ"י רש"י כפסחים נד ע"א). אין
מברכים על הבשמים, אלא אם יום הכיפורים חל
בשבת, שאז מבדילים כרגיל (שו"ע שם, ג עפ"י
הרמב"ם). נוהגים להתחיל בבניית הסוכה במוצאי
יום הכיפורים לקיים את האמור בפסוק (תהלים
פד, ח): "ילכו מחיל אל חיל" (רמ"א תרכד, הותרכה, א
בשם מהר"י"ל).

518 אין אומרים תחנון בין יום הכיפורים וסוכות,
מכיוון שאלה היו הימים שנשלמה בהם בית המקדש
בימי שלמה (שו"ע תקלא, ז על פי שבת"ל; וראה רד"ק
מל"א ח, סה), ויש להשלים את בניית הסוכה ואת
קישוטיה ולהכין את ארבעת המינים לפני כניסת
החג (שו"ע תרנא, א).

---

העבודה במקדש. הפיוט הקדום ביותר המוכר
לנו הוא המתחיל ב"אתה כוננת"; אך מאחר שיש
בו אי-דיוקים בכמה פרטי הלכה יסודיים, נהגו
בהרבה קהילות בימי הביניים לומר פיוטים אחרים.
בקהילות אשכנז אומרים את הפיוט "אמיץ כוח",
שחיבר ר' משולם ב"ר קלונימוס; ובבתי כנסת
המתפללים בנוסח ספרד, אומרים היום "אתה
כוננת" בתיקונים ובהשלמות שהציעו חכמים
במרוצת הדורות.

512 סיום התפילה - לאחר סדר העבודה, נהגו
לומר סליחות, והים מתחילים "זכור רחמיך"
ואומרים את פיוט ה'חטאנו' "אלה אזכרה"
על עשרת הרוגי מלכות, וממשיכים "זכור לנו
ברית אבות". וידוי כבכל תפילות היום. לאחר
ברכת כוהנים פותחים את ארון הקודש ושליח
הציבור אומר "היום תאמצנו". ברוב הקהילות
אין אומרים "אין כאלהינו" ולא "עלינו" אחרי
התפילה, משום שבתקופת הראשונים לא היתה
כלל הפסקה, והיו ממשיכים מבמנחה מיד אחרי
סוף מוסף. לדעת היעב"ץ, אם משפסיקים אחרי
מוסף, יש לומר "עלינו"; אך רוב העולם אינו
נוהג כן.

513 מנחה - אין אומרים "אשרי" ולא "ובא לציון";
התפילה בציבור מתחילה בהוצאת ספר התורה
(רמ"א תרכב, א בשם הגה"מ). קוראים לשלושה
עולים את פרשת איסורי העריות (ויקרא יח, א-ל);
השלישי הוא גם מפטיר, והוא קורא את ספר יונה
ואת פסוקי הסיום של ספר מיכה (ז, יח-כ) (מגילה
לא ע"א), ראה הלכה 497. מחזירים את ספר התורה
לארון הקודש ומתפללים מנחה. בחזרת הש"ץ
אומרים קדושת "כתר". נוהגים לדלג על הסליחות
ולעבור ישירות ל"זכור רחמיך"; אך מקובל לומר
את פיוט ה'חטאנו' "אל נא רפא נא תחלואי גפן
פוריה". הכוהנים אינם עולים לדוכן (סדר רב עמרם
גאון), ושליח הציבור אומר את התחינה "אלהינו
ואלהי אבותינו" (רמ"א תקכו, ב בשם הגה"מ). אם יש
די זמן, אומרים "אבינו מלכנו", וברוב הקהילות
בארץ ישראל מדלגים עליו, כדי להספיק להתפלל
נעילה בזמן (משנ"ב שם, יב על פי הגה"מ).

514 כשהחמה בראש האילנות, אומרים תפילת
חמישית, תפילת נעילה (יומא פז ע"ב; רמב"ם, תפילה
פ"ג ה"ז). מתחילים ב"אשרי" ו"ובא לציון" (רמ"א
תרכג, א) ואומרים חצי קדיש. את ההוספות לתפילת
העמידה משנים ל"זכרנו לחיים... וחתמנו בספר
החיים", "וחתום לחיים טובים כל בני ברית"
ו"בספר חיים ניזוכר ונחתם לפניך" (רמ"א שם, ב
בשם הטור). בווידוי שלאחר התפילה אין אומרים

_____ דיני סוכות _____

519 "למען ידעו דרותיכם כי בסכות הושבתי את בני
ישראל בהוציאי אותם מארץ מצרים, אני ה'
אלהיכם" (ויקרא כג, מג). נחלקו התנאים (סוכה
יא ע"ב): אם מדובר בעני הכבוד שהגנו על בני
ישראל, או בסוכות שישבו בהן ממש; מכל מקום
"מצוות סוכה כל שבעה. ויעשה כל שבעה ביתו
עראי וסוכתו קבע, ודר בה כדרך שאדם דר בתוך
ביתו...ואוכל ושותה וישן ומטייל בה, ולומד בה"
(טור, תרלט). מצוות סוכה היא מצוות עשה שהזמן
גרמא, ולכן נשים פטורות ממנה (משנה, סוכה כח
ע"א). ונחלקו הראשונים אם נשים המקיימות מצוות
עשה כאלה מברכות עליהן, ומנהג אשכנז כר"ת
שהורה שמברכות (דימ"א יז, ב). יש המגאונים שהורו,
שמברכים על ישיבה בסוכה בכל פעם שנכנסים
לשבת בה (סידורר רס"ג עמ' רלד); אך המנהג הנפוץ
הוא, שלא לברך אלא אם קובעים בה סעודת מלחם
או משבעת המינים, ומברכים לפני כל סעודה כזו
(שו"ע תרלט, ח על פי ר"ח; וראה משנ"ב שם, מח).

520 חג הסוכות יכול לחול בימי שני, שלישי, חמישי
או שבת. אם תחג חל ביום חמישי, מי שגר בחו"ל
מניח עירוב תבשילין, כדי שיוכל להכין מיום טוב
שני לשבת. דיני ליל סוכות ראה בהלכה 309-317.

521 מקדשים בסוכה. יש האומרים תפילה לפני הכניסה
לסוכה בעמ' 384, ואת סדר האושפיזין בעמ' 385,
על פי הזוהר (אמור קג ע"ב). מברכים "לישב בסוכה"
לפני ברכת "שהחיינו" (סוכה נו ע"א). יש המקפידים
שלא לשבת בסוכה כלל לפני תחם הקידוש (שו"ע
תרמב, ב בשם הרמב"ם; הרמ"א פסק כדעת הרא"ש,
שיושבים מתחילת הקידוש). בברכת המזון מוסיפים
"יעלה ויבוא".

522 "ולקחתם לכם ביום הראשון פרי עץ הדר כפת
תמרים וענף עץ עבת וערבי נחל, ושמחתם לפני ה'
אלהיכם שבעת ימים" (ויקרא כג, מ). חג הסוכות הוא
חג האסיף (שמות לד, כב), ובו אנו מצווים לעלות
לרגל ולהודות לה'; חג זה נתייחד בנוסף התפילות
בכינוי 'זמן שמחתנו'. חלק מרכזי בשמחתה הוא
מצוות ארבעת המינים. בכל יום כל אחד נוטל
לולב, שלושה הדסים ושתי ערבות, מחברים יחד
ומחזיק אותם עם האתרוג (כדעת ר' ישמעאל במשנה,
סוכה לד ע"ב). ויש שנהגו ליטול תשעה הדסים (קול
יעקב); (הרהב"ז מהאחרונים דחו שיטה זו (ליקוטי
מהרי"ח בשם 'אבני צדק'). מכיוון שנטילת ארבעת
המינים היא מצוות עשה שהזמן גרמה, נשים
פטורות ממנה; אך נשים רבות מקפידות לקיים
המצווה אף הן, ומברכות עליה כהוראת ר"ת
(ראה הלכה 519). יש נהגים לברך על ארבעת

המינים דווקא בסוכה, ונוטלים לולב לפני התפילה
(שער הכוונות' עניני נטילת לולב; השל"ה, הביאו מג"א
תרנג, ג); אך המנהג הנפוץ הוא שלא לברך עליהם
עד שעת ההלל, שהוא עיקר מצוותו (טור ושו"ע
תרנב, א על פי המשנה בסוכה לז ע"ב).

523 "כיצד הוא עושה?... מוליך ומביא מעלה ומוריד"
(משנה, מנחות סא ע"א). במשנה מדובר על הנפת
שתי הלחם וכבשי עצרת; אך בגמרא בסוכה לז
ע"ב נלמד מכאן דין הנענועים של ארבעת המינים,
ולכן מניפים ומנענעים את ארבעת המינים לארבע
רוחות השמים, למעלה ולמטה (שו"ע תרנא, י ושם
מהרי"ל; ומנהג האר"י לנענע לכיוון דרום, צפון,
מזרח, מעלה, מטה ומערב (שער הכוונות' עניני נטילת
לולב) וכן נהוגים החסידים. אין נוטלים את הלולב
בשבת (שו"ע תרנח, ב על פי סוכה מד ע"א).

524 לתפילת שחרית, ראה הלכה 318. לאחר חזרת
הש"ץ כל אחד לוקח את ארבעת המינים ומברך "על
נטילת לולב" ו"שהחיינו" (עמ' 367). אומרים הלל
שלם, וגם בו מנענעים את הלולב (עמ' 368-372).
לאחר ההלל אומרים הושענות (עמ' 427), קדיש
שלם, שיר של יום ו"לדוד ה' אורי וישעי" (עמ'
86). אם סוכות חל בשבת, קוראים מגילת קהלת
(אך לא בחו"ל).

525 ההושענות - בשמחת חג הסוכות מעורבת גם נימה
של דין. זהו סוף הקיץ, "ובחג נידונין על המים"
(משנה, ראש השנה טז ע"א) - לקראת החורף הבא
מתפללים, שאף הם צריכים למים, כביכול מתפללים
אתנו לשנה ברוכה (שבה"ל, שסו). בזמן שהמקדש
היה קיים, היו כל העם מקיפים את המזבח
בלולביהם ואומרים "אנא ה' הושיעה נא, אנא ה'
הצליחה נא" (משנה, סוכה מה ע"א). ובימינו מוציאים
ספר תורה מארון הקודש, והציבור נוטל לולב
בידיו ומקיף את הבימה (שו"ע תרס, א על פי מדרש
תהלים יז, ה) באמירת 'הושענות', שהן בקשות על
הגשם. שליח הציבור מתחיל בארבע בקשות, ואחר
כך אומרים הושענא המסודרות לפי הא"ב; הציבור
חוזר איש איש במקומו, ואומרים את הבקשה
"כהושעת אלים" לר' אלעזר הקליר (מחזו"ר, שצא),
מחזירים את ספר התורה לארון הקודש באמירת
פסוקי סיום, ואומרים קדיש שלם (ספר הרוקח, רכג).

526 נהוגים שהאבלים אינם מקיפים את הבימה
בהושענות (רמ"א תרס, ב בשם ה'כלבו', י); ויש
שערערו על המנהג, מכיוון שאין להראות אבלות
בפרהסיה בחג (סידרור יעב"ץ) - ולכן מקובל שהאבל
הוא המחזיק את ספר התורה (שש"כ סה, מא).

"וביום הרביעי", ולרביעי חוזרים וקוראים "וביום
השני... וביום השלישי" (רמ"א תרסב, א בשם רש"י
סוכה נה ע"א).

**533** בזמן הבית בכל יום משבעת ימי הסוכות היו
מנסכים מים על המזבח (משנה, סוכה מב ע"ב
ומח ע"א). למרות התחינה בניסוך זה (השווה
מלכים א' יח, לד-לט), היו אלה ימי שמחה במקדש.
היו חוגגים את שמחת בית השואבה/ כל הלילה,
ובבוקר יורדים למעיין השילוח ושואבים מים
(משנה, סוכה נא ע"א). גם היום "החסידים ואנשי
המעשה" עושים לזכר שמחת בית השואבה...
בזמירות ושבחים ומרבים בנרות בסכות בלילות
אלו... וכל מי שעושה זכר למקדש, אשרי חלקו"
(יסוד ושורש העבודה" יא, יד).

**534** אחת המצוות האחרונות בתורה היא מצוות
'הקהל'. אחת לשבע שנים, בסוכות שלאחר
שנת שמיטה, היו מכנסים את כל ישראל בבית
המקדש ומלמדים אותם תורה (דברים לא, י-יג).
בדורות האחרונים חידש הרב הרצוג מעמד 'זכר
להקהל', שבו קוראים בתורה ברוב עם (היכל יצחק,
או"ח נח).

**535** שבת חול המועד - ראה הלכה 339. אין נוטלים
לולב. לאחר הקידוש שאחרי הלל פותחים את ארון
הקודש ואומרים הושענות לשבת בעמ' 431 (ראה
הלכה 525 ו-1‑527). אומרים "מזמור שיר ליום
השבת/ ו"לדוד ה' אורי וישעי", וקוראים את מגילת
קהלת בעמ' 656 (רמ"א תרסג, ב על פי מהרי"ל). נחלקו
הראשונים אם מברכים על קריאת המגילה: לדעת
רבינו שמחה (מובא בהגה"מ, תעניות פ"א, ב), מברכים
"על מקרא מגילה", ואפילו אם אינה כתובה על
מגילה כשרה; וב'מרדכי' (מגילה, תשפב) מובא
שאם אינה כתובה על מגילה, יש לברך "על מקרא
כתובים"; ומהר"י טירנא כתב שאין לברך כלל, וכן
פסק הרמ"א (תצג, ט; ובתשובה לה). ורבים מהאחרונים
חלקו עליו, ומסקנת המשנ"ב (שם, יט) היא שאם
המגילה כתובה על קלף, יש לברך עליה "על מקרא
מגילה"; ונוהגים לברך גם "שהחיינו" (לבוש'
שם, ז; 'מעשה רב', קעה).

**536** קריאת התורה - מעלים שבעה קרואים בפרשת
י"ג מידות, שאחריה נאמרה פרשת המועדות (עמ'
618), ומפטירים במוסף אותו היום (ובחו"ל, מוסף
שני הימים שבספק). מפטירים במלחמת גוג ומגוג,
כיוון שמסורה ביד חכמים מסורת שמלחמה זו
עתידה להיות בסוכות (טור, תצ בשם רב האי גאון;
רש"י, מגילה לא ע"א). נחלקו הפוסקים אם בברכת
ההפטרה מברכים "מקדש השבת" (כבכל שבת,
או "מקדש השבת וישראל והזמנים" - והמנהג

**527** נחלקו הפוסקים מתי יש לומר הושענות: לדעת
רב עמרם גאון והרבה ראשונים, אומרים הושענות
אחרי תפילת מוסף, וכן מנהג אשכנז; לדעת רס"ג
המובאת בטור (תרס), יש לאומרן לפני הוצאת
ספר תורה; ומסידורו של רס"ג עצמו משמע שיש
לאומרן מיד אחרי ההלל, וכן מנהג ספרד (שע"ת
תרנא, כ בשם 'קרבן חגיגה').

**528** עוד נחלקו הפוסקים אם אומרים הושענות
בשבת: לדעת רב שרירא גאון (הובא בטור, תרס),
אין אומרים הושענות כלל; ולרוב הקהילות נוהגים
שאין מקיפים את הבימה, אך פותחים את ארון
הקודש ואומרים את ההושענא "אום נצורה" ואת
הבקשה "כהושעת אדם" בעמ' 431 (שו"ע תרס, ג
על פי ה'עיטור').

**529** קריאת התורה - בשעה שפותחים את ארון הקודש
אומרים י"ג מידות (עמ' 268), אך אין אומרים
אותן בשבת. מוציאים שני ספרי תורה. באחד
קוראים לחמישה עולים (ובשבת לשבעה) את
פרשת המועדות שבספר ויקרא (עמ' 611); ובאחר
קוראים למפטיר את פרשת מוסף היום (עמ' 630).
ההפטרה היא סוף נבואת זכריה, ובה נזכר חג
הסוכות בגאולה העתידה, ובפרט כיום דין באומות
העולם (עמ' 631). ביום טוב שני בחו"ל קוראים
התורה והמפטיר כמו ביום הראשון; מפטירים
בחנוכת הבית הראשון בימי שלמה, שהייתה
בסוכות (מלכים א' ח, ב-כא).

**530** מסיימים את התפילה כבשאר ימים טובים (ראה
הלכה 321); גם תפילות מנחה וערבית למוצאי
החג זהות לתפילות שאר החגים. אם מוצאי החג
חל במוצאי שבת, אין אומרים "ויהי נועם" (ראה
צי"א חי"ג, לז, א; לוח 'היכל שלמה').

**531** מקדשים ומבדילים בסוכה; ומוסיפים ברכת "לישב
בסוכה" לפני שישתים ('לוח ארץ ישראל'; החזו"א,
הובא ב'רבבות אפרים' ח"א תכח; וראה בששכ"ז נח, כב,
שכתב שעדיף לאכול מזונות מיד לאחר הבדלה, ולברך
"לישב בסוכה" אחרי ברכת 'בורא מיני מזונות").

**532** חול המועד - ראה הלכה 334-338. בשארית
נוטלים את הלולב לפני אמירת הלל ומברכים "על
נטילת לולב" (אם חג הסוכות חל בשבת, מוסיפים
ביום הראשון "שהחיינו"). אומרים הושענא שונה
לכל יום (ראה טבלה בעמ' 427). מעלים ארבעה
קרואים לתורה, וכל אחד קורא את מוסף היום
(עמ' 632). בחו"ל נהוגים כאילו יש ספק ביום:
ביום השני לחול המועד (שהוא היום הראשון
לחול המועד בחו"ל) - קוראים לכוהן "וביום
השני" (שמא יום טוב היה באמת בט"ז בתשרי),
ללוי "וביום השלישי" כבארץ ישראל, לשלישי

לוח שושלת הבשרת (מלכות בית דוד)

"כהניך ילבשו צדק וחסידיך ירננו". מוציאים את כל ספרי התורה, ומקיפים את הבימה שבע פעמים (א"ר תרסט, ז בשם שבנה"ג). מתחילים כל הקפה בבית מהפיוט המתחיל ב"אנא ה' הושיעה נא" (מנהגי מהר"י טירנא), ויש המוסיפים פרקים ופיוטים אחרים, ומחלקים אותם בין ההקפות. נהגים לכבד כהנים בהחזקת הספרים בהקפה הראשונה, ולוויים בהקפה השנייה.

545 לאחר ההקפה השביעית שליח הציבור ממשיך בסדר הוצאת ספר תורה (עמ' 270), ומחזירים את ספרי התורה לארון הקודש פרט לאחד שקוראים בו (רמ"א תרסט, א). לקהילות שונות מנהגים שונים בקריאת התורה: המנהג הנפוץ הוא לקרוא לשלושה קרואים בפרשת "וזאת הברכה" בעמ' 634 (סידור יעב"ץ), ויש המעלים חמישה קרואים (מובא ב"שערי אפרים" ח, נז). יש הנוהגים לקרוא בניגון של ימים נוראים. לאחר החזרת ספר התורה אומרים "עלינו" וקדיש יתום.

546 מתפללים שחרית כביום טוב (ראה הלכה 318 ו-320). לאחר קדיש שלם אומרים "אתה הראת" וקופות באותו סדר שאמרו בערב. יש מקומות שבהם נוהגים לצאת לרחוב של עיר בספר התורה; אם שמחת תורה חל בשבת, יש להקפיד שלא לצאת למקום שאסור לטלטל בו. יש הנוהגים לקדש באמצע ההקפות, כדי שלא להגיע לחצות היום בתענית (ראה הלכה 476). בסוף ההקפות משאירים שלושה ספרים פתוחים. קוראים לחמישה עולים בפרשת "וזאת הברכה"; נהוגים לחזור ולקרוא את אותה הקריאה שוב ושוב, עד שכל הציבור עולה לתורה (ארחות חיים', נח).

547 אם שמחת תורה חל בשבת, יש לקרוא לשבעה עולים. יש שאינם משנים מסדר העליות בכל שבת, הואיל וממילא מצרפים את 'חתן תורה'; ואת 'חתן בראשית' לחמשת העולים כרגיל (ראה ספר' הרוקח רכד); ויש שכחבו שצריך להעלות עולה ששי מ"מעונה" עד "ואתה על במותימו תדרוך" ('קניי תורה' ח"ה עא), והביא ראיה ממנהג עדות המזרח להעלות 'חתן מעונה' בכל כלל (כה"ח תרסט, ב); וב'לוח ארץ ישראל' כתוב להעלות שבעה לפני חתן תורה ולחלק את עליית הכהונה לשניים (כהצעה ה'שערי אפרים' ח, נו לעשות בכל שנה).

548 לאחר שעלה כל הקהל, נוהגים להעלות את הנערים שמחתם לגיל בר־מצווה לעלייה מיוחדת, המכונה 'כל הנערים', ואומרים את הפסוק (בראשית מח, טז) "המלאך הגואל אותי", בשם מהר"י טירנא). נוהגים לפרוש טלית מעין חופה מעל הנערים, וכן מעל חתן תורה וחתן בראשית (סדר

---

היום). מעלים את חתן התורה לקריאת הפסוקים האחרונים של התורה; כשקוראים לו נהוגים לומר את הרשות בעמ' 636 (מופיע כבר במחז"ו). מגביהים את התורה ונהגים שהמגביה אוחז בספר הפוך, כדי שהציבור יראה את הכתב ('שערי אפרים' ח, סב). קוראים לחתן בראשית את פרשת הבריאה (שו"ע ורמ"א תרסט, א), ומקדימים לכך רשות שחיבר ר' מנחם ב"ר מכיר (מופיע במחזור נידנבורג). נהגים שהקהל כולו קורא את הפסוק "ויהי ערב ויהי בקר" לכל אחד מהימים, ולאחר היום השישי גם את הפסוקים האחרונים, "ויכולו" (מנהגי מהרא"ק כב ע"א). אומרים חצי קדיש (ספר הרוקח, רכד), מגביהים את ספר התורה (שוב הפוך) וקוראים למפטיר את ספר השלישי את קרבנות היום בפרשת פינחס. ברוב הקהילות נהוגים להגביה את הספר השלישי כרגיל. בגמרא נזכר שמפטירים בתפילה שאמר שלמה בשעה שחנך את בית המקדש (מגילה לא ע"א), אך נתפשט המנהג לקרוא את בתחילת ספר יהושע (תוספות שם; נזכר כבר בסדר רב עמרם גאון).

549 לאחר ההפטרה חוזרים לשבת "יקום פורקן". ובכל יום אומרים את התפילות לשלום המדינה ולחיילי צה"ל, ואחר כך אומרים "יזכור" ו"אב הרחמים", "אשרי" ומחזירים את ספר התורה לארון הקודש. נהגים ששליח הציבור לובש "קיטל".

550 תפילת גשם נכתבה במקור כחלק מפיוטי מוסף (ראה הלכה 319), ונהגים לומר אותה לרבות פיוטי ה"מגן"/ו'ה'מחיה" שבה באמצע חזרת הש"ץ (עמ' 411). יש המהראשונים שהורו שהציבור אינו אומר "משיב הרוח" עד תפילת מנחה, מכיוון שעדיין לא שמע הכרזה משליח הציבור (ספר מנהגי מהר"ם); ותלמידי הגר"א בארץ ישראל נהגו לומר לפני התפילה, רק את פיוט הגשם (אך ראה 'משנה רב' קסג). המנהג המקובל שהוא ששליח הציבור מכריז "משיב הרוח ומוריד הגשם" לפני התפילה (ספר מהר"ל, סוכה בשם ר' חיים פלטיאל; רמ"א קיד, ב).

551 ברכת כהונים – מכיוון שנהגו לקדש בבית הכנסת (או"ז ח"ב, שב), נוצר חשש שהכוהנים יהיו שיכורים, ו"שתוי יין אם עבד חילל" (זבחים יז ע"ב). משום כך, נהגו לוהקדים את ברכת כוהנים (בחו"ל ישנה רק במוסף, ראה הלכה 134) לתפילת שחרית (מנהגי מהר"י טירנא); ויש שהורו שאין עולים לדוכן כלל בשמחת תורה (לבוש, תרסט, א);ויש שכתבו שיעלו לדוכן כרגיל (א"ר שם, כ), ועל הכוהנים להקפיד שלא ישתכרו (משנ"ב שם, יז). ובארץ ישראל נהגים לעלות לדוכן בשחרית כממילא, ובמוסף יש מקומות שבהם אין הכוהנים עולים לברך, ויש מקומות שעולים.

הללו ואף מחייבים למפרשים חללו כלל את הדל
כמו אבלו, ו"משל מליצה". אול כי אכולנו
כב ששהמו כלם מפרשים) ומכשירים "אכל כלן
את מלרש "המשל, "אכ וא נפר כב" (שליכולגו
אימולנו "אכל לרחל", (אכ 803), וכא מלוקנים
("ואזכר אכזל דעכל אלכ מלכול"), ונאל כי
כלירא עיכלו ורל אכל, ואל גלירולו אכל, 478
ולום ולקסלולו כאל ואכו אולירול, וכל ולכ
ולאל עכל, 184) וא וובלבול ולעלל אל
אכל, 417 ולכ וכולכו אכל, 411 לולכ אכ
ולא וללללו אלכא קכוכלו (וכלכללו ולכ אכ דלם
וולולל וכל אלולו אולו כ קכ עכל, וכ ולכ אולול
ולולכולו וקללולו ואכולו "אכ אלולכ" אל אלולכ
אולולכולו וכל אל ולקלולו וכ ול וא כ אולולולול
אכ ולמו "אכל", ככב ולולכול אכלל, וא אולול
ולולולול וקללולו ואכ כא ולול אולולול, ולולכ
ולול וא ולאולל כ ולולולול "אכל, וולכל
אולול כולל וכ ועל (אל וא ולכ"א) כ
ולולו ולכ אכ אולול כ קכל וב ולוכ
וקללולו כול אכ וכולכ אכול וכ, כול
ולל (וא וא וללו כ ככ ולולולכ ול
ולולכול קולולולו כול אכ אולול וא ולל

558 וקללולו כ – כ ולואולול ולל וכולל

## בירורים

ככלכ "וולכ וכ, וולולולו לולכ "וול וכ
555 אולולו ככ ולולולו "אלכ ולו ולולל ולולכ
ולל (ולא וכ ולכ (144

ולולכ וא ואולכ אכ ולולכ ולולכ אל וכ ולו
554 כולכ וכ אכ אולולו "ולכ", (ולו וכ 169)
ולכולל

אכל ולולו לולכ, ולולוכ אולכו, ככולו
ולולכ כל ולולכ וכל אכל, ולו וכ
אולול ולל (וכ ולולולו), ולכול אכ אכ
553 ולכ ואכ" וכ ולולל ולולל וכולל ולכא

## ביד חזקה וידוי

ככל (אול אכו, ולכו כ וכ) ולולל א וכ
ולולל וכ קולכ ככוכ ככ ולולכ אכלכ ולולו
אכ כ ולל וככ (וכ"וכ" וכ) וכ ולולול
ולכ וכ וכ ולכ אולולו – אכ ולכ וכלכ
"כ וכולכ, ולוכ ל, ואולל, (ולכ"ול) וכ כולכ
ואכ"ל (וכסכ) אכ ולכ וכ ככ ולולולו
ככלל אכ אכ ולכלכ קכ (ולכ"ו) וכוכ
552 ולולכ אכל ולכ – אולולו וכ כ ולולכ

ולולכ ככולול, ולולכ ולכל אכ וולל, וולכ
(וכלכ ככולו כולכ, ככ אול ולכולל
(וכלכ ולולו (וכ א, ו", ל – ל"א) אולול
"ולל, ככ אכ אכ, וא וכל אכ וולכ
כוללול אולול "כל וכולל, ולולולו אכ
ולמ וכולול ככ ולא, (ולכ ל"ל-אל"כ)
ולולכ (ככ, אכ) קלול "אכ וכ,
ככ ולול אכ אלל אכול, וכ ולכ

וכאל ככוכ, ולולל ולולכ ככ אולולו, ככ
(אכ ככוכ קולל, ככ אכ ולולל
ולכ וכ אל אכ אול וכ ללולו,
כול ככ (אלכ וכ , כ") ככלא (וכ)
ככ ולכ וכ ולולכ ולולו ולולו וכל
ככ ולו ולולכ ולכולו אל וכ וולל וכ
ולולכ ולולולו וולול ל וכ ולכל וכ
560 לוכלולכ – אכ ככ ולולולו ולולכ אכ וולולל
וכולל ולכ אל ולולכ אכל ולולכ

ולכ...., ולולל וכ ולולו ולולל ולולל
אכ לול ולולל וכ וכולל אכ וכ וכ "אכ
וכ וכ ולללו אכ ולולו וכ ולולל וכ
וכ 164) וכ ולולכול ולולל וכ אכ וכ
וכ וכ ולולל וכל ולולכ ולכ (וכ
559 ולל וככ – אכ וכ ולול וולכ, ולכא
אכלכ (עכ, 611)

ולולולו, אכ ככ אכ וכ ולולו ולולכ
אכל, וולכל ולו וכ ולולולו
(וכ, 78) וא ולולכל ולכ ולכ כ וכ
אכל, "ולולכו ולולל" ואולל וכ ולל
ולול א אכ ולכ ולכל וכ ולול,
"אכ ולול" ו כ אכ וולול ולול (וכל וכ
ולקלל, אולל וקל (וכ 72) ולולל

וכ (259)

ולולל לולכ, "וכ וכולל" ולל ולולולו (וכ
אולל ככלל ולכ (אכ ו"ל" וכ) ככולל
וכ (247) ולולל אולכ ולוכ ולל ולולל
557 ככ ולולו ולולכ אכ וכ ולל (וכ
כ ולול וכ ולול ולול ולול, (עכ 196)
ולולו ולולל ולולכ ולולל אכלל
556 ככ ולולולו ולולו ולולל אכ ולולול וכל
וולל ולל, ולכ וכ ב, ולולכ ולל
(וכ וכ 560-161) ולכ אול ב, וולכ ולל

# כללי

ט

לשלושה עולים מפרשת חנוכת המזבח בקרבנות
הנשיאים בעמ' 604 (מקורו במשנה, מגילה ל ע"ב).
ביום הראשון קוראים לכוהן מפסוקי ברכת כוהנים
עד אמצע קרבן נחשון בן עמינדב (ויש המתחילים
בתחילת פרשת חנוכת המזבח), ללוי את המשך קרבנו
של נחשון; ולשלישי החוזרים וקוראים את כל קרבן
נחשון. אין אומרים "אל ארך אפיים" בימי שני
וחמישי, ולא "למנצח". לאחר שיר של יום רבים
נוהגים לומר את מזמור ל "מזמור שיר חנכת
הבית" (עמ' 34).

581 מתפללים שחרית כבכל שבת, ומוסיפים "על
הנסים". לאחר חזרת הש"ץ אומרים הלל שלם.
מוציאים שני ספרי תורה (שלושה, אם חל בראש
חודש טבת, ראה הלכה 586). קוראים לשבעה
עולים בפרשת השבוע (בדרך כלל 'מקץ'), לעתים
'וישב'), ולמפטיר את קריאת התורה לאותו היום
(ביום א' דחנוכה, מתחילת הקריאה לכוהן ועד
סוף קרבן נחשון; באחרון של חנוכה, מקרבן
הנשיא השמיני, גמליאל בן פדהצור, ועד סוף
פרשת המנורה; בשאר הימים את קרבן הנשיא של
אותו היום). מפטירים בנבואת זכריה (ב, יד - ד, ז)
על המנורה כמסמלת את גאולת ישראל; אם יש
בחנוכה שתי שבתות, מפטירים בשבת השנייה
בנרות שעשה שלמה במקדש, מלכים א' ז, מ-נ
(שו"ע תרפד, ג).

582 אם שבת חנוכה חלה בחודש כסלו, מברכים את
חודש טבת. כך או כך, אין אומרים "אב הרחמים"
ולא "צדקתך" במנחה. אומרים "על הנסים" גם
בתפילות מוסף ומנחה. אחרי מזמור צב אומרים
את מזמור ל.

583 במוצאי שבת משתדלים להתפלל מוקדם כדי שלא
להתעכב בהדלקה. בבית הכנסת מדליקים את
הנרות לפני ההבדלה כדי לאחר את צאת השבת
(שו"ע תרפא, ב על פי תה"ד); וההמבדיל בביתו - לדעת
הרמ"א (שם), אם כבר שמע הבדלה בבית הכנסת,
מדליק קודם שיבדיל; והמנהג הנפוץ הוא כדעת
הט"ז (שם, א), להבדיל קודם שידליק (מאור ושמש,
מקץ; בא"ח, וישב).

584 חודש כסלו נמשך לרוב שלושים יום; אך לעתים
הוא נמשך עשרים ותשעה יום בשנה המכונה
'חסרה'.

579 בשאר הימים קוראים לשלושה העולים את קרבן
הנשיא של אותו היום: לכוהן עד "מלאה קטרת",
ללוי מ"פר אחד" עד סוף קרבן הנשיא של אותו
היום, ולשלישי חוזר וקורא את כל קרבן הנשיא.
ביום השמיני קוראים לכוהן עד "מלאה קטרת",
ללוי מ"פר אחד" עד סוף קרבנו של גמליאל בן
פדהצור, ולשלישי קוראים את כל יתר הנשיאים
מ"ביום התשיעי" (שו"ע תרפד, א על פי הטור)
ומסיימים "כן עשה את המנורה" (רמ"א שם בשם
מהר"י טירנא). בחו"ל קוראים לכוהן ולוי כבארץ
ישראל; אך לשלישי קוראים בכל יום מימות חג
החנוכה את קרבן הנשיא של אותו היום ואת קרבן
הנשיא שלמחרתו (רמ"א שם על פי הגה"מ). לקריאת
התורה בשבת חנוכה, ראה הלכה 581. לקריאת
התורה בראש חודש טבת, ראה הלכה 585.

580 שבת חנוכה - היום הראשון של חנוכה יכול לחול
בכל אחד מימות השבוע פרט ליום שלישי; הואיל
וכך, כל אחד מימות החנוכה פרט ליום החמישי
עשוי לחול בשבת. בבית מדליקים נרות לפני
הדלקת נרות שבת, מאחר שלאחר הדלקת נרות
שבת יהיה אסור להדליק נרות חנוכה (שו"ע תרעט, א
בשם בה"ג; אף על פי שהרבה ראשונים חלקו על טענתו,
עיין ב"י וד"מ שם). יש להקפיד שהנרות ידלקו
לפחות חצי שעה אחרי צאת הכוכבים (משנ"ב
שם, ב). יש להקדים להדליק את הנרות
אחרי תפילת מנחה (שם בשם המג"א), ולכן יש

<h1 style="text-align:center">טבת</h1>

ומוסיפים "על הנסים" במוסף. ביום זה אומרים
שלושה שירים של יום: של אותו היום בשבוע,
"ברכי נפשי" (עמ' 93) ו"מזמור שיר חנכת הבית"
(עמ' 34).

586 אם ראש חודש טבת חל בשבת, מתפללים כבכל
שבת בראש חודש (הלכה 304-306), ומוסיפים
"על הנסים" בברכת הודאה. אומרים הלל שלם.
אחרי קדיש שלם אומרים שלושה שירים של יום:

585 אם ראש חודש טבת חל בחול, מתפללים עד
חזרת הש"ץ כבכל ראש חודש (הלכה 297-298),
ומוסיפים "על הנסים" בברכת הודאה. אומרים
הלל שלם. בקריאת התורה מוציאים שני ספרי
תורה; בספר האחד קוראים לשלושה עולים
את קריאת ראש חודש (עמ' 599), ובאחד את
קריאת היום הששי או השביעי לחנוכה (עמ'
604), אומרים חצי קדיש ומוסף לראש חודש,

אצלו ברב מהרי ברמב"ם ובהרמב"ן מ"מ נדחו...

591

592

593

594

165

587

588

589

590

## הורה אבן האזל

# הולמא אלל (או אלל מא?)

*(main body text in two columns — continuation)*

---

**מערכי לבב**

605   ...

607 / 609 / 605 / 607 / 608 *(column references)*

---

**הראיה אלמה**

609 / 610 / 611

615 „כן ראה אמרו‟ לבאר וכו' הרי אמרו נגרי: או אדרא

חמא ע„ ובא ובאגרמ'

ובמאמר,‟דבר‟ וברוב הנראה הנגדרים הוא בעיני לא
מנ„ הכולל או ודלהג רב דב„ד וכ וכ„י הלכה (אילה
ובא„מ טכל הולד„ מאבהדלוה וכו„וכ‟, ולרו מכוב (נגרי
דבר מבהרוה ורובגזב הבובהבוה ובובל הנובדה‟
הנובהוכ, ר' ובי‟ אל הבוכך גבמב הבהבוה הנהנוובה
ב דע„כ‟ דלה אבל (בגבע„ד ו‟) ובה„בי‟ כבל ובהגו (ונבו
אלובא„מ בבומבב דבמב הבוב‟ גבובבנו הבובה (וובגו
בובובגבו דובבא„מ בבה ע„,‟ וב בובבבוה ובבה
במ ב, ובובג הבו הבוה אבך בבל כב)‟ בבה לך
הבובבב (בב„ב ובבו„ ב בך ב הבב„מ,‟ וגך בבה
אבהבה בבגגו לך ב„וב,‟ ובוה וכו בבוהבוה בוב
בבבה בוב אבכ אב וב הבהבבו ובובב ובובב
בובה בבובב אל אבב ובובג אבובו„ה ובובבבב
וב ובו‟ ובהובבבגו (בב) ובובבנו‟ ובובבו בב בובובב
ובובבבו בבובה בובו ובובבוה ובוב ובובב ובובב
בבובבו (ובובג ב ב„ב) ובובו‟ ובבה ע„,‟ ובב ובובבוה
ובובבבוה בבה ע„,‟ בוב אבך הבובבוה בבה ע„,‟

614 בבובבבו בובוו בובבוב בב „ובובוובב ובובובו,‟
אב בובובבו ב„„ ובבהבב‟

וברו ב„ב (ובובה ע„ ד–ב) ובובה בל‟ בבובב ובובב
ובובבו ע„„ בל‟ בבובב ובובה בבובה ע„„ ב ובוב
בבה ובבבו ובובבוה בובבובו ע„„ ובובב ובובב

613 „ובה ובובה אבך„„ – בבובה בבובא אבב מבו ובובב‟
וברובה‟

(ובובה בב ב„ב‟ ובובב אבבוה בב, מב‟ אבובב בל אבב
ובובבוה, – בבובב בובובו אבב אבובבב בבובב,‟
אב בבו„„„ ובובך בבובב‟ ובובב, בבובב ובבבבו
ובבב בבב בך אב ובובב ובובבובוה בבה בך אב ובובב
ובובבוה „ובב ב, ובובב בל בך„„ בבובה ובובב
בבה ובובבוה ובבובובב בבובב ובובבוה בו ובובבוה
ובובבובו ובבבבו וב בובב בבה ובובב בבובב אב ובובבוה
אבב ובב„מ„ בבב בך בובובב וב בבובב‟ אבבב
בבבבב וברו ובובובב„ וב אב ובובב בוב בבובב בב
בבבב וב אבובבב בבב‟ (ובובה וב ב„ב) וברובב
בבב אבהובובה‟ ובובב,‟ בבב בבבובב ובובבוה, –
בבב: „אבב בב„ אב בב בב בב„ וברב בבבבה
אב ובבבבה ובב בבבבוב וב ובבובבו ובובבה ובבבבב
ובובבבב בבבב בובב בבבבו ובובבוה בובבוב ובב„„
(ובובה וב ב„ב) בב בב ובמבב‟ וברובב בבבבוובב בבב
ובבובב אבובב בבבבבב ובובבבב בבב מבב ובובובב,‟
ובבבובב בבובבב בבא ובובב בבובוה בבבב אב אבב

612 „וברבב ובובבב ובובבובב בבבבבב בבך ובבב בבך בב

618 בבבובב ובובבבו בבובא ובובבבו‟ אב בך בב‟ ובובב
ובובבובב „ובב בבובבבבו,‟ „בבובבבו‟

בבך ובובבובב „ובובבבב אבובבבובב,‟ (ובובב„ב בב‟ א),
(בבובב ובבב„ א) אבבוב ובבובבו ובובב בבבב ובבה
ובובב ובבבבו,‟ ובבבובבבב ובובבה בבב„ב, בבבב, 144
בבוב (ובובב בובב בבובב בבבב ובאבבבו‟ ובבבבוב
ובבבובב בובב „וברבב בבובב,‟ ובא בבך ובובבבוב
ובובבובבוה, ובובובבבו ב„ובובובב ובבב„,‟ אבבה
בבה ובובבב)‟ ובובבבו בבובו בבובב אבב ובובב
ובבבב„ א) וברובבב בבובב „ובא בבבב, (בבבב בב
בבובבבוב ובובבבב‟ ובבבב „ובב בב בבובב, (בבבב
וברובובבוב,‟ (בב, 194)‟ בבובב בבובב ובובבבבו‟
בבובבבו: „בב ובובבא ובובבבו,‟ „ובבבבו בבבב„
ובב„ ובבובבבב אב ובובבבבו‟ ובבובב בבבבב ובבובב
ובבבבה ובבובבוה בבבבב ובבובב אבובב בבבב בבבבב

617 בבך ובובבב – ובובבבבבו בבובבו בבב בבוב„ בבובב
ובבא ובבבבה 577‟

בובה „בבך ובובבב,‟ ובבובבב ובובב בבובבו ובובבובו,‟
ובובבובבו ובובובבו ובובבבו ובובבוה (ובובב„ב אבוב„ ב)
ובובובבובה – ובובבוה „ובובבב,‟ ובובבבבו ובובבובוה
ובובובובוה וברובובבובו‟ ובובבובבה „בב ובובבו,‟ ובובבובו
ובוברבבו בבובבובבו‟ בבב בך בבו ובובובבה ובובבובבה
בבובבו ובובבב (ובובבבו ובובבבובו‟) ובובבבה ובובבב
ב„ בב)‟ ובובובב וב ובבבא ובובבבו: ובבב ובובבבו,‟
ובובב ובבא וברבבבוב ובובובבו ובובבבבובו,‟ (בבובב

616 „ובבבוב ובאובב בבו ובובבובב ובובבובבו ובובבבבוב

ובובבובבבו בבו„ בבובב„ ובובבובה בב בבבבובא ובובב„
וברובב בבבב בבובובב בבובב ובובבא„ ב„ובובב, ובובובבב
(ובובבבב„ בב) מבבב בבובב„: וברובב בבבב, (בבאב בבב„ בבב)
בבב‟ ובא ובובבוה בבבב„ ובבבב ובובב ,ובובבו,‟ ובובובב„ב
בבובבבוה בב„„ – בב ובובבובבבו„ ובבבב ובובב ,ובובבבב, בבבב
ובבבבה ובובבבו„ם‟ בבבב בבבו ובבובב ובבב ובובובב בבבבב
בבב„ב ובובובבו,‟ ובובב בבב ובובובב, ובובבה אבבה ובובבבוב‟
מבב ובאבבו„ בבב ובובובב ובובבובבוב ובובבואא בבובבב בבבבב
ובבב בב„ב ובובבבוב ,ובבובבב בב ובובובב, ובובבב ובובבובבוב
ובובבאבובבה‟ ובבובבו ובבבב„,‟ובבבבוב, ובובבובא בבובבובבב
ובובובבב ובאובבובב ובובבו ,ובבובבב בב ובובב ובובב ובובבבב„‟
בבבא ובבובב„„„ ובובברובב בב ובובב אבבא ובובובב,‟ ובובובבבוב
בבבב„ אבבא אבך אבובב ובובובב בבובובב„ אובובבבו ובבבב –
בבבב: „בך ובבבו אבא אבובבובב ובובובב בבובבובב אובובבב
ובובבב,‟ (ובובבוב ובובבובו בוב ב„ב)‟ ובובובבא בבוב אבובב

תהיה ביום (רמ"א שם בשם מהר"י טירנא); ולדעת
השל"ה, עדיף לקיים את הסעודה בבוקר (מובא
בא"ר שם, ד). אם פורים חל ביום שישי, מקיימים
את הסעודה בבוקר משום כבוד השבת (רמ"א שם
בשם מהר"י טירנא).

626 'פורים משולש' - אם ט"ו באדר חל בשבת,
מקיימים בירושלים 'פורים משולש': נותנים
מתנות לעניים וקוראים מגילה ביום שישי, בי"ד
באדר, ואומרים "על הנסים" וקוראים את פרשת
עמלק בשבת - ואז מפטירים שוב את הפטרת שבת
זכור, ואין אומרים "אב הרחמים" ולא "צדקתך";
ומקיימים סעודת פורים ביום א', בט"ז באדר - ואף
שנחשבת סעודת פורים, אין מוסיפים בברכת המזון
"על הנסים" (שו"ע תרפ"ח, ו; והר"מ אליהו הורה לומר
"על הנסים" בסעודה זו בתוך בקשות ה"הרחמן" - סידור
'קול אליהו').

624 המצווה הרביעית הנוהגת בפורים היא משלוח
מנות. יש לשלוח שתי מנות לפחות לאיש אחד
(שו"ע תרצ"ה, ד; על פי מגילה ז ע"א).

625 בירושלים מתפללים בי"ד באדר כרגיל, אלא שאין
אומרים תחנון, "אל ארך אפים" ו"למנצח". וכן
אין אומרים אותם בשאר מקומות בשושן פורים.

## פרשות פרה והחודש

627 "שואלין ודורשין בהלכות הפסח קודם הפסח
שלשים יום" (פסחים ו ע"א; בכורות נח ע"א). לדעת
רש"י (בכורות מד ע"ב), מדובר בכל אחד מהחגים,
אך שאר הראשונים לא הזכירוה ביחס לזה, והב"ח (תכט)
כתב, שמדובר דוקא בפסח מכיון שההכנה
לקראתו מרובות. מי שיוצא מביתו יותר מחודש
לפני הפסח, אינו צריך לבער את החמץ שבביתו,
ודיו שיבטלו בערב פסח; אך מי שיוצא בחודש
שבין פורים לפסח חייב לבער (שו"ע תלו, א על פי
פסחים ו ע"א).

628 בשנים פשוטות יש ארבע או חמש פרשיות יתרות
(ראה הלכה 239). בשנים כאלה נוהגים לחבר את
פרשות 'תזריע' ו'מצורע', 'אחרי מות' ו'קדושים',
'בהר' ו'בחוקותי' (כמעט תמיד) ו'מטות' ו'מסעי'.
ברוב השנים האלה מחברים גם את פרשות 'ויקהל'
ו'פקודי', ושבת זו היא תמיד שבת 'פרה' או שבת
'החודש'.

629 בשבת הסמוכה לר"ח ניסן קוראים את פרשת
'החודש', ובשבת שלפניה קוראים את פרשת 'פרה'
(במדבר יט, א-כב) שמתארות בה מצוות פרה אדומה
והטהרה מטומאת מת - מכיוון שלטמא מת אסור
להקריב את קרבן פסח, ויש ללמד את בני ישראל
להיטהר (ראב"ן מגילה, תנב). יש הסוברים שקריאת
פרשת 'פרה' היא מצווה מדאורייתא (ב"י תרפה על
פי תוספתא, ברכות יג ע"א), ורוב האחרונים לא קיבלו
דעה זו (משנ"ב קמו, יג בשם הפר"ח והגר"א; וה'חזון
שלמה': כתב שיש שמחק מילים אלה מהתוספתא, ובש"ס
וילנא אינן מופיעות); למרות זאת, מקפידים שהעולה
לפרשת 'פרה' יהיה דוקא גדול, ואין מסתמכים
על הקולא שבהלכה 241 (משנ"ב רפב, כג בשם
א"ר וה"ח).

630 בשבת 'פרה' מוציאים שני ספרי תורה. באחד
קוראים לשבעה עולים את פרשת השבוע ('כי
תשא', 'ויקהל' או 'ויקהל'־'פקודי' בשנים פשוטות;

---

'צו' או 'שמיני' בשנים מעוברות), ובאחר קוראים
למפטיר את פרשת 'פרה'. מפטירים בנבואת
"וזרקתי עליכם מים טהורים", שבה הקב"ה
מבטיח לעם ישראל שהוא יטהר אותם מכל
טומאותיהם (יחזקאל לו, טז-לח). אם השבת היא
בכ"ג באדר, מברכים את חודש ניסן. אין אומרים
"אב הרחמים".

631 "אמר רבי יצחק: לא היה צריך להתחיל [את]
התורה אלא מ'החודש הזה לכם' (שמות יב, ב),
שהיא מצוה ראשונה שנצטוו [בה] ישראל" (רש"י,
בראשית א, א). המצווה הראשונה שנצטוו בה
ישראל, היא מצוות קידוש החודש, וקוראים את
הפטרה שהמצווה נאמרה בה בראש חודש ניסן
אם חל בשבת, או ב'שבת מברכים' ניסן (שו"ע
תרפה, ד).

632 בשבת 'החודש' חלה באדר, מוציאים שני ספרי
תורה. באחד קוראים לשבעה עולים את פרשת
השבוע ('ויקהל'־'פקודי', 'פקודי' או 'ויקרא' בשנים
פשוטות; 'שמיני', או 'תזריע' בשנים מעוברות), ובאחר
קוראים למפטיר את פרשת 'החודש' (שמות יב, א-כ).
בהפטרה ביחזקאל מה, טז - מו, יח מתוארת חנוכת
המקדש לעתיד לבוא, שאף היא תתחיל בשבעת
ימי מילואים המתחילים בראש חודש ניסן (רש"י
ורד"ק שם מה, יח). מברכים את חודש ניסן. אין
אומרים "אב הרחמים".

633 אם שבת 'החודש' חלה בראש חודש ניסן, מוציאים
שלושה ספרי תורה. בראשון קוראים לששה
קוראים בפרשת השבוע ('ויקרא' בשנה פשוטה,
ו'תזריע' או 'תזריע' בשנים מעוברות), בשני קוראים לשביעי
את פסוקי מוסף של שבת ומוסף של ראש חודש,
ובשלישי קוראים למפטיר את פרשת 'החודש'.
מפטירים בהפטרת 'החודש'. שאר התפילות
הן ככלל שבת החלה בראש חודש (ראה הלכה
304-306).

# ניסן

634 ‫"החדש הזה לכם ראש חדשים, ראשון הוא לכם‬
‫לחדשי השנה" (שמות יב, ב). ראש חודש ניסן הוא‬
‫ראש השנה למלכים ולרגלים (משנה, ראש השנה ב‬
‫ע"א), ודווקא למלכי ישראל (שם ג ע"א), מכיוון‬
‫שבחזירת הניסן מבטאת את הקשר העמוק שבבחירת‬
‫ישראל (רש"ר הירש, שמות יב, ב). "החודש הזה"‬
‫מתייחס לאותו חודש ניסן שבו נגאלו ישראל‬
‫ממצרים (ר' בחיי שם). שנה לאחר מכן הוקם המשכן‬
‫בראש חודש ניסן (שבת פז ע"ב). בא' בניסן התחילו‬
‫שנים עשר הנשיאים להקריב את קרבנותיהם (ובחים‬
‫קא ע"ב), ומשום כך אין אומרים תחנון מראש חודש‬
‫ניסן ועד הפסח (שו"ע תכט, ב, על פי ספר הרוקח, רמה),‬
‫וכן אין אומרים "צדקתך" ולא "אב הרחמים".‬

635 ‫יש הנוהגים לקרוא בכל אחד משנים עשר הימים‬
‫הראשונים של ניסן את קרבן הנשיא של אותו‬
‫יום (עמ' 604‑608), ובי"ג בניסן את סוף פרשת‬
‫הנשיאים עד "כן עשה את המנורה" (בה"ט תכט, ו‬
‫בשם השל"ה).‬

636 ‫"שמור את חדש האביב" (דברים טז, א), איזהו‬
‫חדש שיש בו אביב? הוי אומר זה ניסן, וקרי ליה‬
‫'ראשון' (ראש השנה ז ע"א). אף שניסן אינו ראש‬
‫השנה לשום פרט מהלכות זרעים, עיבור השנים‬
‫נקבע כדי שפסח יחול דווקא בחודש האביב (ראה‬
‫הלכה 599), וכבר העיר רש"ר הירש (שמות יב, ב) על‬
‫הדמיון בין הכפילות בראש השנה ‑ תשרי וניסן,‬
‫ובין הכפילות בתחילת היום ‑ בוקר או ערב (וראה‬
‫'פרק מעורות' פכ"ב).‬

637 ‫בתחילת האביב מתחילים עצי הפרי ללבלב. מי‬
‫שרואה את האילנות פורחים בחודש ניסן, מברך‬
‫עליהם את 'ברכת האילנות' בעמ' 526 (ברכות‬
‫מג ע"ב). וכתב ה'מרדכי' (שם, קמה), שמברך עליהם‬
‫כשרואה אותם מלבלבים בפעם הראשונה דווקא,‬
‫והש"ע (רכו, א) למד מדבריו, שאין מברכים ברכה‬
‫זו אלא פעם אחת בשנה. היו שכתבו, שאם שכח‬
‫לברך בפעם הראשונה שראה אותם, לא יברך שוב‬
‫(שוע"ר סדר ברכת הנהנין יג, יד; 'חיי אדם' סג, א);‬
‫והכרעת המשנ"ב היא שיכול לברך (שם, ד בשם א"ר‬
‫והגר"א). השו"ע לא הזכיר את התנאי שמברכים‬
‫רק על עצי פרי, ולכן כתב היעב"ץ ('מור וקציעה'‬
‫רכו) שמברכים גם על פריחת אילנות סרק; אך‬
‫שאר הפוסקים קיבלו את דברי ה'הלכות קטנות'‬
‫(ח"ב, כח), שמברכים דווקא על אילנות פרי (משנ"ב‬
‫שם, ב). מי שגר במקום שהאילנות מלבלבים בו‬
‫בחודש אחר, כגון בחצי הכדור הדרומי, יברך‬
‫בחודש שבו הם מלבלבים (ערוה"ש שם, א). נשים‬

‫חייבות בברכת האילנות, שאינה נחשבת מצווה‬
‫עשה שהזמן גרמא (הר צבי, או"ח א, קיח).‬

638 ‫"הרואה חמה בתקופתה לבנה בגבורתה וכוכבים‬
‫במסילותם ומזלות כסדרן, אומר ברוך עושה‬
‫בראשית (עמ' 525). ואימת הוי? ‑ אמר אביי:‬
‫כל עשרים ושמונה שנין" (ברכות נט ע"ב). אחת‬
‫לעשרים ושמונה שנים מברכים את 'ברכת החמה'‬
‫בחודש ניסן. מברכים אותה ביום ד' בבוקר מוקדם‬
‫ככל האפשר, ובדיעבד זמנה כל היום (משנ"ב‬
‫רכט, ח). ויש שקבעו סדר מזמורים לומר לפני‬
‫הברכה ולאחריה (שו"ת חת"ם סופר ח"א, נו). היות‬
‫שברכה זו קשורה לשעת החמה, היא נקבעת לפי‬
‫התאריך הלועזי. הפעם הבאה שברכה זו תיאמר‬
‫תהיה בכ"ג בניסן ה'תשצ"ז (שמונה באפריל 2037‬
‫למניינם).‬

639 ‫"מנהג הקהילות להשים מס על הקהל לצורך‬
‫החטים ליתן בפסח לעניי העיר" (או"ז ח"ב רנה על‬
‫פי הירושלמי בבא בתרא פ"א ה"ד). מנהג זה מכונה‬
‫'מעות חטים' (ערוה"ש תכט). כיום נוהגים לתת‬
‫לעניים קמחא לאפיית המצות לחג (משנ"ב שם, ד) או‬
‫מצות ושאר מוצרי החג. מנהג זה מכונה גם בשם‬
‫'קמחא דפסחא' ('שיבת ציון', צט).‬

640 ‫בירושלמי (פסחים פ"ה ה"א) מובא, שאין לאכול מצה‬
‫בערב פסח. לדעת רז"ה (פסחים טו ע"ב) והרא"ש‬
‫(שם פ"י, ז), הכוונה משעת איסור חמץ (ראה הלכה‬
‫650); ולדעת הרמב"ן ('מלחמת ה'' שם) ה'מגיד‬
‫משנה' (חמץ ומצה ו, יב) אסור כל יום י"ד, וכן פסק‬
‫הרמ"א (תעא, ג). ויש שנוהגים שלא לאכול מצה‬
‫מראש חודש ניסן ('חוק יעקב' תעא, ז בשם שכנה"ג).‬
‫אך מצה עשירה מותרת (טור שם), וכן כל מצה‬
‫שאי‑אפשר לקיים בה מצוות מצה בפסח (משנ"ב‬
‫שם, יב).‬

641 ‫"דברו אל כל עדת ישראל לאמר בעשר לחדש‬
‫הזה ויקחו להם איש שה לבית אבת שה לבית"‬
‫(שמות יב, ג). בגמרא נאמר שלקיחת השה הייתה‬
‫בשבת שלפני יציאת מצרים (שבת פז ע"ב), ובמדרש‬
‫ובראשונים מובאים כמה סיפורי נסים שקרו ביום‬
‫זה (תוספות שם; וראה טור, תל). ולכן מכנים שבת‬
‫זו 'שבת הגדול' (סידור רש"י שנב). בשנים פשוטות‬
‫קוראים בשבת זו את פרשת 'צו'; ובשנים מעוברות‬
‫את פרשת 'אחרי מות' או 'קדושים'.‬

642 ‫בערב 'שבת הגדול' נוהגים להניח עירוב חצרות‬
‫לכל השנה (ראבי"ה, תנב; מובא בטו"ז תסה, ד).‬
‫מניחים מצות, כדי שיוכלו לאוכלן בפסח וכדי‬
‫שיחזיקו מעמד זמן רב; ואוכלים אותן לפני‬

פסח הבא כדי להכין בשנה הבאה עירוב חדש ממצות חדשות (ראב"ן, ז על פי הירושלמי, פסחים פ"ב מ"ד).

643 ב'שבת הגדול' קוראים בהפטרה את הנבואה האחרונה שבתנ"ך, "וערבה לה' מנחת יהודה וירושלים" מלאכי ג, ד-כד, ובה הבטחה על ביאת אליהו הנביא לפני המשיח (או"ז ח"ב, שצב). היו שסברו, שאין לומר הפטרה זו אלא בערב פסח שחל בשבת, שאז יש לבער את המעשרות כפי שמוזכר בהפטרה (בה"ג תל, א; ומקורו בשל"ה, פסחים); והיו שנהגו לומר הפטרה זו דווקא בשבת הגדול שלא חל בה ערב פסח (מעשה רב' קען); והמנהג הנפוץ הוא להפטיר "וערבה" בכל שבת הגדול (לבוש, תל). כבר מימות הראשונים נהגו שהרב דורש בהלכות פסח (ובשבה"ל רה, הסביר שהשבת נקראת

שבת הגדול' מפני שהרב מאריך בדרשתו). במנחה אין אומרים "ברכי נפשי" (רמ"א תל, א בשם מהר"י טירנא), ונוהגים לומר את ההגדה מ"עבדים היינו" עד "לכפר על כל עוונותינו" כדי להתכונן לליל הסדר (שם, על פי ראבי"ה ח"ב, תכה); ויש שכתבו שאין לומר שום חלק מההגדה לפני ליל הסדר עצמו (ביאור הגר"א, 'מור וקציעה').

644 אם ערב פסח חל בשבת - ראה הלכה 658-656.

645 "אך ביום הראשון תשביתו שאור מבתיכם" (שמות יב, יט) - אסור לאדם להחזיק ברשותו שום חמץ בפסח, ואם עבר והשאיר אצלו, החמץ נאסר באכילה (משנה, פסחים כח ע"א). אך מותר לאדם להחזיק ברשותו חמץ של מי שאינו יהודי (פסחים ה ע"ב), ולכן נהגו לעשות 'מכירת חמץ' (שו"ע תמח, ג על פי התוספתא).

<hr/>

## דיני ערב פסח

646 בדיקת חמץ (ראה עמ' 381) - לאחר רדת הערב בי"ד בניסן בודקים את החמץ (משנה, פסחים ב ע"א). ומקדימים לבדוק מיד לאחר תפילת ערבית (משנ"ב תלא, ח בשם המג"א); אך אם לא הספיק, יכול לבדוק כל הלילה (משנ"ב שם, יא בשם הגר"א). לפני הבדיקה מברכים "על ביעור חמץ" (פסחים ז ע"ב), מכיוון שהבדיקה היא תחילת הביעור (רא"ש, שם פ"א, י). ואין לדבר משעת הברכה עד סוף הבדיקה, פרט לעניינים מצורך הבדיקה עצמה או לצורך גדול (שו"ע תלב, א, על פי הרשב"א והרא"ש). כדי שהברכה לא תהיה לבטלה, רבים נוהגים להחביא מראש עשרה פירורי חמץ ולמצוא אותם בשעת הבדיקה (רמ"א תלב, ב בשם מהר"י ברין; והמנהג להניח דווקא עשרה פתיתים מובא בבה"ט שם, ח בשם האר"י); ויש שערערו על המנהג, משום החשש שפירורי יאבד, ומשום שהבדיקה היא על השבתת החמץ, המתקיימת ממילא (ט"ז שם, ד). לאחר הבדיקה אומרים את נוסח הביטול "כל חמירא" לבטל את החמץ שנשאר (שו"ע תלד, ב על פי פסחים ו ע"ב); את החמץ שיאכלו במהלך יום י"ד יש להשאיר בנפרד (רא"ש, פסחים פ"א, י בשם תשובת רש"י).

647 תפילת שחרית - אין אומרים "מזמור לתודה" (ראה הלכה 61), תחנון (ראה הלכה 144) ו"למנצח" (ראה הלכה 169). אם חל ביום שני, אין אומרים "אל ארך אפים" (ראה הלכה 149).

648 "כי לי כל בכור בבני ישראל באדם ובבהמה ביום הכתי כל בכור בארץ מצרים הקדשתי אתם לי" (במדבר ח, יז) - "שלי היו הבכורות בקו הדין, שהגנתי עליהם בין בכורי מצרים ולקחתי אותם לי" (רש"י שם). משום ההצלה המיוחדת של בכורי

<hr/>

## דיני ערב פסח

ישראל בעת יציאת מצרים, נהגו שהבכורות מתענים בערב פסח (טור, תע בשם מסכת סופרים). וגם מי שיש לו בן בכור בבריתו מתענים, אף אם אינו בכור בעצמו, ומי שהוא בכור בעצמו ויש לו בכור קטן בביתו - צריכה אמו להתענות (רמ"א תע, ב על פי מהר"ש מנוישטט). אך מי שמשתתף בסעודת מצווה, דוחה תעניתו יחיד (רמ"א תקפא, ב על פי שו"ת מהרי"ל, מד), וכתבו האחרונים שבכדי שהתענית תדחה יש להשתתף בסעודת מצווה בערב פסח, פטור מלהשלים את התענית ביום אחר (ראה יבי"א ח"א או"ח כה); ומשום כך, נוהגים ברוב הקהילות לסיים מסכת גמרא או סדר משניות בערב פסח, ולהזמין את הציבור לסעודת מצווה - וכך פוטרים הם את הבכורות מהתענית (משנ"ב תע, י).

649 אסור לאכול חמץ לאחר שעה הרביעית, שהיא שליש הזמן מהבוקר עד הערב (שו"ע תמג, א, על פי הכרעת רוב הראשונים שפסקו כדעת ר' יהודה בפסחים כח ע"א). ראה הלכה 72 לחישוב השעות.

650 "ר' יהודה אומר: אוכלין כל ארבע ותולין כל חמש ושורפין בתחילת שש" (משנה, פסחים יא ע"ב). אסור לאדם לשמור ברשותו שום חמץ לאחר שעה החמישית. ויש מבערים את החמץ עד שעה"זו (שו"ע תמג, א); ויש מקפידים דווקא על השעה החמישית (רמ"א תמה, א על פי שיטת רש"י). לאחר השריפה אומרים "כל חמירא" בנוסח שונה במעט ממה שאמרו בערב הקודם (תלד, ב על פי הרא"ש).

651 "אמר קרא (ויקרא כה, ז): 'ולבהמתך ולחיה אשר בארצך' - כל זמן שחיה אוכלת מן השדה, האכל לבהמתך שבבית. כלה לחיה אשר בשדה, כלה לבהמתך מן הבית" (פסחים נב ע"ב). הפירות הגדלים

בשנת השמיטה, קדושים בקדושת שביעית
ואסור לאגור מהם (מכילתא דר' ישמעאל, 'מסכתא
דכספא' כ) או לסחור בהם (עבודה זרה סב ע"א).
משום כך, במועד שכבר אין למצוא בו פירות
אלה בשדה, אסור לאדם להחזיק בידו יותר ממזון
שלוש סעודות מפירות שביעית (רמב"ן, ויקרא כה, ז).

652 אין דרכו של אדם לקנות פירות טריים בכמויות
גדולות כל כך. אך יין ושמן המיוצרים מפירות
שביעית, קדושים וחייבים לבער אותם. חכמים
קבעו את זמן ביעור הענבים בפסח של השנה
השמינית (רמב"ם, שמיטה ויובל פ"ז הי"א על פי
פסחים נג ע"א), ולכן מי שבידיו יין הקדוש בקדושת
שביעית, חייב לבערו בערב פסח.

653 אפשר לבער את פירות השביעית באמצעות
הפקרתם, ואחר כך רשאי לחזור ולזכות בהם
(ירושלמי, שביעית פ"ט ה"ד). יש להוציאם מחוץ
לבית, להניחם במקום שבו אחרים יכולים לזכות
בהם, ולהודיע לשלושה אנשים שפירות אלו הפקר
הם (חזו"א שביעית כו, סדר השביעית א), ולדעת
הגר"א (בפירושו לירושלמי, שביעית פ"ט ה"ד), מספיק
להוציא לשוק או להפקיר בפני שלושה.

654 ובשנה הרביעית שאחרי השמיטה ובשנת השמיטה
עצמה חייב ב'ביעור מעשרות'. יש הנוהגים לבער
את המעשרות בערב פסח, והמנהג הנפוץ הוא לבער
בערב שביעי של פסח. ראה הלכה 676.

655 אחרי תפילת מנחה נוהגים לומר את סדר קרבן פסח
(של"ה בשם 'סדר היום'); היום רבים נוהגים לומר את
הנוסח שבסידור יעב"ץ; ולדעת הגר"א, יש לומר
את כל הפרשיות בתנ"ך העוסקות בהקרבת קרבנות
פסח. בזמן הראשונים הקפידו לאפות את מצות
המצווה לליל הסדר בערב פסח אחר חצות היום
(שו"ע תנח, א על פי רא"ביי"ה); וגם היום יש מהחסידים
המקפידים על זה.

656 ערב פסח שחל בשבת – מקדימים את תענית
בכורות ליום חמישי (רמ"א תע, ב על פי ספר הרוקח
תה"ד). ויש ראשונים שכתבו, שאין להתענות כלל
('אגור' תשעא, מובא בשו"ע שם); ויש שהתירו לטעום
לפני השקיעה, כדי שיהיה אפשר לבדוק את החמץ
כראוי ('פסח מעובין', י, בשם 'מטה משה').

657 במקרה זה, בודקים את החמץ בליל חמישי (רמב"ם,
חמץ ומצה פ"ג ה"ג) ושורפים אותו ביום שישי בשעה

658 לאחר זמן ביעור חמץ שוב אין לאכול לא חמץ
ולא מצה (ראה הלכה 649–1 640), ולכן יש בעיה
לאכול סעודת שלישית, שזמנה אחרי שעת המנחה
(רש"י, פסחים יג ע"ב). הראשונים העלו כמה הצעות
להתמודד עם הבעיה:

א. יש שהורו לאכול מצה עשירה או מבושלת,
שאינה יכולה להיות מצת מצווה (ר"ן, וכן
פסק השו"ע תמד, א) – ובבתי מלון ובמוסדות
המארחים לפסח, עושים זו בכל סעודות השבת.

ב. יש שכתבו שעדיף לעשות סעודה זו בפירות
(רמ"א שם בשם הטור והגהות סמ"ק) בהסתמכות על
השיטות שלפיהן מי שאינו רעב, יכול לקיים
סעודה שלישית גם בפירות (ראה הלכה 261).

ג. ובעל ה'יראים' (שא; הובא בספר הרוקח, רסז)
הורה, שאין איסור במקרה זה לאכול סעודה
שלישית לפני מנחה, והציע לחלק את סעודת
הבוקר לשתי סעודות, שמברכים ביניהן
ושיהוש שיעור המשן"ב שם, א בשם
הגר"א).

659 בקהילות רבות נוהגים להתפלל שחרית מוקדמת
בשבת כזו כדי להותיר לציבור זמן מספיק לקיים
את הסעודה ולבער את החמץ בזמן (ספר הרוקח שם).

660 חג הפסח יכול לחול ביום ראשון, שלישי, חמישי או
שבת. אם הוא חל ביום חמישי, תושבי חו"ל מניחים
עירוב תבשילין כדי להתיר להכין מיום טוב טוב שני

661 מתפללים ערבית של יום טוב (ראה הלכה 313).

לשבת. להדלקת נרות, ראה הלכה 309–310; ואם
פסח חל במוצאי שבת, ראה הלכה 316.

אם חל בשבת, אומרים קבלת שבת מקוצרת
(ראה הלכה 315); אם חל במוצאי שבת, מוסיפים
בתפילת העמידה "ותודיענו" (עמ' 390). אחרי
העמידה ברוב הקהילות נוהגים לומר הלל בברכה
(ראה בהלכה הבאה) ואחריו קדיש שלם. אם חל
בשבת, אומרים "ויכולו" אך לא ברכה מעין שבע
(ספר המנהיג בשם רבינו נסים גאון). אין מקדשים בבית
הכנסת, מכיוון שבכל קהילות ישראל ראגו לעניים,
שלא יהיה מי שיחסר לו יין לסדר (שו"ע תפז, בבשם
הטור; וראה משנה, פסחים צט ע"ב).

**662** הלל בבית הכנסת – "מה לן פסח הראשון לשני?
הראשון אסור ב'בל יראה ובל ימצא', והשני חמץ
ומצה עמו בבית. הראשון טעון הלל באכילתו,
והשני אינו טעון הלל באכילתו" (משנה, פסחים
צה ע"א). לאחר שחרב הבית ובטל קרבן הפסח,
נהגו לומר הלל בליל הסדר, מקדמו לפני העבודה
ומקדמו אחריה (תוספתא, פסחים פ"י ה"ח). נחלקו
הראשונים אם אפשר לברך על קריאת הלל כזו;
ומשום כך נהגו בספרד לקרוא את ההלל בברכה
בבית הכנסת (ראה טור, תעג; ר"ן, פסחים כו ע"א).
ובאשכנז לא נהגו לומר הלל זה; אך בארץ ישראל
רוב האשכנזים קיבלו את המנהג (לוח ארץ ישראל).

**663** מקדשים ומברכים "שהחיינו" כחלק מסדר ההגדה,
ואם חל במוצאי שבת מבדילים בקידוש לפי סדר
יקנה"ז (ראה הלכה 317).

**664** נוהגים שלא לומר קריאת שמע שעל המיטה בפסח,
רק את הפרשה הראשונה ואת ברכת המפיל (מהרי"ל
הלכות ליל שני של פסח, וכן פסק הרמ"א תפא, ב).

**665** שחרית – ראה תפילת יום טוב (הלכה 318-321).
אם חל בשבת, קוראים את מגילת שיר השירים.
מוציאים שני ספרי תורה. לאחר קוראים על קרבן
הפסח הראשון במצרים, על מכת בכורות ועל
יציאת מצרים; ובאחר קוראים את מוסף היום.
למפטיר קוראים על הפסח שעשה יהושע, לפני
שבני ישראל נכנסו לארץ (עמ' 609-611).

**666** במוסף אומרים תפילת טל (עמ' 409). דיני תפילת
טל בארץ זהים לדיני תפילת גשם (ראה הלכה
550). אך בחו"ל אין אומרים "מוריד הטל" בתוך
התפילה, ולכן יש הנוהגים להכריז "משיב הרוח
ומוריד הגשם" לפני תפילת מוסף בשמיני עצרת,
אך בפסח הציבור ממשיך לומר "משיב הרוח
ומוריד הגשם" עד מנחה (רמ"א קיד, ג).

**667** מנחה ליום טוב – ראה הלכה 323. ערבית למוצאי
יום טוב – ראה הלכה 324. מתחילים לומר "ותן
ברכה" בברכת השנים. בברכת "רצה" מוסיפים
"יעלה ויבוא", וכן מוסיפים אותו בברכת המזון כל
שבעת ימי החג. לאחר קדיש שלם מתחילים לספור

את העומר (ראה הלכה 204-199); בחוץ לארץ
יש הסופרים אותו במהלך הסדר השני ("ליקוטי
מהרי"ח" בשם רמ"ע מפאנו ו'מצת שימורים'); ויש
הנוהגים לספור את העומר בבית הכנסת (ערוה"ש
תפט, יא).

**668** בזמן המקדש במוצאי חג ראשון של פסח היו
שליחי בית דין קוצרים את העומר, השעורים
הראשונות מתבואת השנה. היו קוצרים שלוש סאין
שעורים, בוררים וקולים אותן עד שהיה סאין בידם
רק עישרון, ומקריבים אותו מנחה אחרי הקרבת
מוסף של היום הראשון של חול המועד (רמב"ם,
תמידין ומוספין פ"ז הי"ב). והיו מקריבים אתו כבש
לעולה (ויקרא כג, יב).

**669** זמן הקרבת העומר היה מוקד למחלוקת מרכזית
בין חכמים וכת הצדוקים בימי בית שני: חכמים
פירשו את דברי הפסוק "ממחרת השבת" (ויקרא
כג, יא) כמתייחסים למחרת חג הפסח ולא לשבת
שבכל שבוע, והקפידו לקצור את העומר במוצאי
יום טוב, ואפילו אם חל בשבת (מנחות סה ע"א –
סו ע"א). ולאואיו שקבעו הלל הנשיא את הלוח, מוצאי
יום טוב אינו יכול לחול בשבת, כדי שהושענא רבה
לא תחול בשבת.

**670** "ולחם וקלי וכרמל לא תאכלו עד עצם היום הזה
עד הביאכם את קרבן אלהיכם חקת עולם לדרתיכם
בכל משבתיכם" (ויקרא כג, יד) – עד הקרבת
העומר אסור לאכול מכל מה שיגדל מהתבואה
שצמחה אסור השנה, והעומר מתיר באכילה כל
תבואה שנשתהרשה באדמה לפני הקרבתה (משנה,
מנחות ע ע"א). לפני כן התבואה אסורה באיסור
'חדש' (משנה, עולה פ"ג מ"ט). משחרבה הבית, התקין
רבן יוחנן בן זכאי שבאיסור 'חדש' ייכלל כל יום
ט"ז בניסן (משנה, מנחות סח ע"א), ובחו"ל אסור
גם ביום י"ז, שהוא היום הראשון לחול המועד
בחו"ל.

**671** בארץ ישראל כמעט שאין מוצרים מתבואה חדשה,
פרט לכמה מוצאי חג יבוא. אך במקומות רבים בחו"ל
הזורעיה נעשית רק לאחר סוף החורף, ורוב התבואה
עדיין אינה מושרשה בקרקע בי"ז בניסן, ואינה
ניתרת עד שלאחר מכן. הב"ח התיר (יו"ד
רצג) לאכול גם מוצרים מתבואה חדשה, בהסתמך
על דעת ה'תרומה' (מובאת בשו"ת הרא"ש ב, א)
וה'אור זרוע' (ח"א שכה), שפסקו כגמרא במנחות
סח ע"ב, שהחדש אסור בחו"ל רק מדרבנן (בניגוד
לדעת הרמב"ם, מאכלות אסורות פ"י ה"ב), וצירף לכך
את שיטת הרי"א, שאין איסור חדש בתבואה
שגדלה ונקצרה בידי נכרים (אף על פי שר"י חלק
עליה, כמובא בתוספות בקידושין לו ע"ב). ונהגו בכל

תפוצות ישראל להקל באיסור 'חדש' בחו"ל, ויש
המחמירים.

**672** חול המועד – ראה הלכה 334-338. בשחרית
אין אומרים "מזמור לתודה" (רמ"א נא, ט). לאחר
תפילת העמידה אומרים חצי הלל ולא הלל שלם,
כיוון שכל שבעת ימי הפסח שווים בקרבנותיהם
(ערכין י ע"ב) ואינם נחשבים חג בפני עצמם; ויש
שכתבו, שכאשר טבעו המצרים בים סוף הקב"ה
מנע ממלאכי השרת לומר שירה לפניו, משום
"מעשי ידי טובעים בים ואתם אומרים שירה?"
ומשום כך אין אומרים בשביעי של פסח, ואי-
אפשר לומר בחול המועד ולעשותו חשוב מיום
טוב (מהרי"ל, סדר תפילות של פסח).

**673** בכל יום מימי חול המועד מוציאים שני ספרי תורה:
באחד קוראים בכל יום קריאה שונה הקשורה
לפסח, ובאחר את פסוקי קרבן מוסף, הזהים בכל
ימי החג. ביום הראשון לחול המועד קוראים את
פרשת המועדות בפרשת 'אמור'; ואחריהם את פרשת
קידוש הבכורות, שיש בה מצוות סיפור יציאת
מצרים: פרשיית "אם כסף" בפרשת 'משפטים',
שבה מובאת מצוות העלייה לרגל בהקשר של
המצוות שבין אדם לחברו; פרשיית י"ג מידות
הרחמים בפרשת 'כי תשא' שאחריה נאמרה פרשת
המועדות; ופרשיית פסח שני שבפרשת 'בהעלותך'
(עמ' 608-615). אם יש שבת באמצע חול המועד,
קוראים פרשיות אלו לפי אותו הסדר, פרט לפרשיית
י"ג המידות שאותה קוראים בשבת. בחו"ל קוראים
את פרשת המועדות שבפרשת 'אמור' ביום טוב
שני, אך מחלקים את הקריאה לחמישה עולים;
למפטיר קוראים כבים של יום טוב ראשון של פסח,
ומפטירים בפרשת הפסח שעשה המלך יאשיהו,
מלכים ב' כג, א-כה (שו"ע תצ, א).

**674** שבת חול המועד – ראה הלכה 339. אחרי חזרת
הש"ץ אומרים חצי הלל וקוראים את מגילת שיר
השירים. קריאת התורה בעמ' 618, המפטיר הוא
כבשאר ימות חול המועד פסח, ומפטירים בחזון
תחיית העצמות היבשים שבספר יחזקאל (עמ'
620), מכיוון שהגאולה עתידה להיות בניסן (טור,
תצ בשם רב האי גאון). בברכת ההפטרה חותמים
"מקדש השבת" בלבד (ראה הלכה 536). במוצאי
שבת, אין אומרים "ויהי נועם".

**675** "כי תכלה לעשר את כל מעשר תבואתך בשנה
השלישית שנת המעשר" (דברים כו, יב) – השנה
השלישית והששית בכל מחזור שבע שנים
הן שנות 'מעשר עני' (ראה הלכה 342). לאחר
שמסיימים לתת לעניים את המעשר, התורה מצווה
לומר את פרשת "וידוי מעשרות", שבאמירתה

אנו כביכול מודיעים לקב"ה שעשינו כמצוותו,
ומתפללים שיברך אותנו כאשר הבטיח (שם, יג-טו;
וראה תענית ט ע"א). היום אין באפשרותנו לומר
וידוי זה, מכיוון שאין מי שיכול לומר "לא עברתי
ממצוותיך ולא שכחתי", ומכיוון שאין אפשרות
להפריש בטהרה (משפט כהן; נז; חזו"א דמאי ב, ו).

**676** עם זאת יש לקיים מצוות ביעור – להפריש את
כל התרומות והמעשרות, לתת את מעות מעשר
עני לעניים, לחלל את כל פרוטות מעשר שני על
פרוטה אחרונה ולקלקל מטבע זה כך שאי-אפשר
יהיה להשתמש בו שוב (רמב"ם, מעשר שני פי"א ה"ח).
במשנה (מעשר שני פ"ה מ"ו) כתוב, שזמן הביעור
הוא בערב יום טוב ראשון של פסח שאחרי שנת
מעשר עני, כלומר השנה הרביעית לשמיטה ושנת
השביעית; אך בירושלמי (שם ה"ה) משמע, שמדובר
בערב שביעי של פסח, וכן פסק הרמב"ם (שם ה"ז,
וראה כס"מ שם), וכך מקובל לנהוג. ויש הקוראים
את פסוק פרשת הביעור (דברים כו, יב-טו) כזכר
לווידוי מעשר.

**677** אם שביעי של פסח חל ביום שישי, יש להניח
עירוב תבשילין (עמ' 381) כדי להתיר להכין
משישי לשבת.

**678** בניגוד לשמיני עצרת שהוא "רגל בפני עצמו" (ראה
הלכה 543), שביעי של פסח נחשב המשך של חג
הפסח. משום כך אין מקדשים "שהחיינו" בהדלקת
הנרות ולא בקידוש (סוכה מז ע"א). לתפילת ערבית,
ראה הלכה 313. אם חל בשבת – ראה הלכה 315.

**679** "כיון שהגיעו לשלושה ימים שקבעו לילך לשוב
וראו שאינן חוזרין למצרים, באו והגידו לפרעה
ביום הרביעי. בחמישי ובששי רדפו אחריהם,
וליל שביעי ירדו לים, בשחרית אמרו שירה, והוא
יום שביעי" (רש"י, שמות יד, ה). יש נוהגים לומר את
'שירת הים' גם בליל שביעי של פסח (מי מרום עמ'
צה; ומקורו רבי אברהם מלאנצוט תלמיד הרמ"ק); בערי
מישור החוף נוהגים לומר שירה זו בירוב עם על
חוף הים (לוח 'היכל שלמה').

**680** שחרית – ראה תפילת יום טוב (הלכה 318-320).
נוהגים לומר את שירת הים פסוק פסוק (מעשה רב',
קצג), ויש הקוראים אותה בטעמים. אחרי קדיש
שלם אומרים הלל בדילוג (ראה הלכה 672). אם חל
בשבת, קוראים את מגילת שיר השירים. מוציאים
שני ספרי תורה. באחד קוראים לחמישה עולים
(ובשבת לשבעה) את שירת הים, ובאחר קוראים את
מוסף היום. למפטיר קוראים את פרשת ההודאה
שאמר דוד על ההצלה מיד אויביו (עמ' 622-625).
לפני מוסף אומרים הזכרת נשמות. אף על פי שאין

חיוב לאכול שלוש סעודות ביום טוב, יש הנוהגים לאכול סעודה שלישית לפני שקיעה. יש העושים כן כדי לקיים פעם נוספת מצוות אכילת מצה ('מעשה רב' קפה); וחסידי חב"ד עושים סעודה זו ברוב עם, וקוראים לה "סעודת משיח" משום דברי הבעש"ט שבאחרון של פסח מתנוצץ אורו של משיח ('נטעי גבריאל' פסח ג' כ, א).

681 בחו"ל - אין אומרים "יזכור", אלא "יה אלי". ביום טוב שני מעלים חמישה קרואים לקריאת "כל הבכור", פרשת המועדים בפרשת ראה (דברים טו, יט - טז); ובשבת מעלים שבעה, ומתחילים לקרוא מ"עשר תעשר" (דברים יד, כב). המפטיר הוא כבים טוב ראשון. ההפטרה היא נבואת הגאולה בישעיה ("עוד היום בנב לעמוד" י, לב - יב, ו). לפני מוסף אומרים "יזכור". גם החסידים, המקפידים שלא לאכול מצה שרויה כל ימי הפסח, אוכלים שרויה ביום טוב אחרון (טעמי המנהגים).

682 באסרו חג אין אומרים "למנצח" (ראה הלכה 169). ואין אומרים תחנון עד סוף חודש ניסן, מכיוון שרוב החודש עבר בלא אמירת תחנון (ראה הלכה 144 ו-634).

683 בשנים שבהן יום טוב ראשון של פסח חל בשבת, אסרו חג חל בשבת אף הוא; אך בחו"ל חוגגים את יום טוב שני של גלויות. הואיל וכך נוצר פער בין הפרשות הנקראות בארץ ובין הנקראות בחו"ל. בשנים פשוטות קוראים בארץ את פרשיות "בהר" ו"בחוקותי" בנפרד (בניגוד לשאר השנים הפשוטות,

שבהן מחברים אותן), ובחו"ל קוראים אותן מחוברות. בשנים מעוברות קוראים בארץ את כל הפרשות בנפרד, והפער נשבר בחו"ל עד תחילת חודש אב, אז מחברים בחו"ל את פרשיות 'מטות'ו'מסעי'.

684 בן חו"ל שהגיע לארץ ישראל בתקופה זו והחסיר פרשה, צריך להשלים להשלים הפרשה שלא שמע (וסודי ישורון). יש שהורו לארגן מניין מבני חו"ל לצורך זה (בצל החכמה), ויש שהורו שממקיף שיקראו את הפרשה שהחסירו שניים מקרא ואחד תרגום (הר"י נויברט, הובא ב'אשי ישראל' פל"ח הערה פח; וראה שם מראי מקומות לשאר הפרטים בהלכה זו).

685 בשבת שאחרי פסח קוראים את פרשת "שמיני", ובשנים מעוברות את פרשת "אחרי מות". ולעתים את פרשת "קדושים". ב'מרדכי' (מגילה, תתלא) כתוב שמפטירים בפרשת "אחרי מות" את סוף ספר עמוס "הלא כבני כשיים", ובפרשות "קדושים" את נבואת יחזקאל "ואתה בן אדם התשפט"; ובשבת שקוראים בה את שתי הפרשות יחד, מפטירים "הלא כבני כשיים". וכתבו הפוסקים, שכאשר השבת הראשונה היא ערב ראש חודש או ראש חודש, מפטירים בהפטרה לפרשת "קדושים" "הלא כבני כשיים" (משנ"ב תכח, כו בשם עק"א). והיום נוהגים להפטיר תמיד "הלא כבני כשיים" בפרשת "קדושים", וב"אחרי מות" - "ואתה בן אדם התשפט" (חומש 'מאור עינים', וכן ב'לוח ארץ ישראל'; ומקורו ב'לקט יושר' עמ' נג). במנחה של שבת זו מתחילים לומר פרקי אבות (ראה הלכה 259).

## —————— מנהגי ספירת העומר ——————

686 "שבעה שבעת תספר לך מהחל חרמש בקמה תחל לספר שבעה שבעות" (דברים טז, ט). שבעת השבועות שבין פסח לחג השבועות שהוא "בכורי קציר חטים" (שמות לד, כב), הם התקופה שבה קוצרים את השעורים. השמחה וההודאה על הקציר אינני שלמות, מכיוון שבעונתיים הקציר הוא ריק של שעורים, שהן מאכל בהמה (סוטה טו ע"ב), והקוצרים מצפים לתחילת קציר החטים (ראה רש"י על ירמיה ה, כד). כמו כן אלו שבעת שבועות מיציאת מצרים ממש ועד השלמתה הרוחנית במתן תורה (ראה רש"י, שמות ג, יב; 'כלי יקר' שם, יא) - ומצוות ספירת העומר (ויקרא כג, טו) מתייחסת גם לציפייה ולהתכוננות לקראת מתן תורה ('אור החיים' שם). לדיני הספירה, ראה הלכה 199-204.

687 פרט לדאגה לקראת חג השבועות הקרב, תקופה זו קשורה גם לזיכרונות היסטוריים כאובים: "שנים עשר אלף זוגים תלמידים היו לו לרבי עקיבא, מגבת עד אנטיפרס, וכולן מתו בפרק אחד מפני

שלא נהגו כבוד זה לזה... תנא: כולם מתו מפסח ועד עצרת" (יבמות סב ע"ב). מימות הגאונים נהגו שלא לישא נשים בתקופה זו משום האבלות (רב נטרונאי גאון, 'שערי תשובה' רעח); וכן נוהגים שאין מסתפרים או מתגלחים בתקופה זו (רי"ף אבן שועיב, דרשה ליום ראשון של פסח; ושם הביא טעם נוסף, שההזמינעות מנישואין ומתספורת היא חלק מההכנה לקבלת התורה). וכן בימות מסע הצלב הראשון, באייר ובסיוון תתנ"ו, נרצחו באכזריות אלפי יהודים בקהילות חבל הריינוס שבאשכנז; ואפשר שמנהגי האבלות על מות אותם קדושים השפיעו על מועד האבלות בספירת העומר (ראה 'מנהג טוב' סא).

688 בראשונים (אבודרהם בשם רז"ה) מובא מדרש, שתלמידיו ר' עקיבא מתו משבשבוע ועד פרוס העצרת, כלומר חמישים עשר יום קודם עצרת; ומשום כך יש שנהגו להפסיק את מנהגי האבלות לאחר ל"ג בעומר (רבינו ירוחם ה, ד); ור"י אבן

שועיב כתב בשם התוספתא, שהכוונה שמתו במשך
שלושים ושלושה ימים שבתקופה זו פרט לשבתות,
לימים טובים ולראשי חודשים, ולכן יש לנהוג
מנהגי אבלות בימות החול שבתקופה זו; ומהרי"ל
כתב, שנוהגים להסתפר עד ראש חודש אייר ולנהוג
מנהגי אבלות עד ג' בסיוון, ואולי נהגו כך משום
גזרות תתנ"ו (ט"ז תצג, ב); וגם הרדב"ז (ח"ב תרפז)
נהג כך, משום שחורבן ניסן אסור בהספד. המשנ"ב
(שם, סט) כותב, שנהגו כמנהג השלישי; אך רוב
האשכנזים היום נוהגים כמנהג הראשון, שהובא
בשם רבינו ירוחם.

שלפני תשעה באב (ספר מהרי"ל, הל' שבועות);
משפשטה התקנה באירופה, נהגו בשאר הקהילות
לומר "אב הרחמים" ברוב השבתות, אך לתלות
את אמירתו באמירת "צדקתך" (מנהגי ר' זלמן
יענט; הרמ"א (רפד, ז) הביא
את המנהגב השני, והוסיף שיש נוהגים לצרף את
שני המנהגים – לומר "אב הרחמים" בכל שבת
שאומרים בה "צדקתך", וגם בשבת מברכים אייר
וסיוון, וסיכם "וההולכים בכל זה אחר המנהג".
המשנ"ב (שם, יח בשם המג"א) כתב, שאפילו אם
חלה מילה באחת משבתות אלה אומרים "אב
הרחמים" – אך אין אומרים אם חל ראש חודש
אייר להיות בשבת, וכן נהגו ברוב הקהילות; ויש
נוהגים כדעת הגר"א (מעשה רב' קלד), שהכריע כר'
זלמן יענט, ולדעתו אין אומרים "אב הרחמים"
בשבת שמברכים בה את חודש אייר או סיוון. לאחר
השואה נהג הרצי"ה קוק לומר "אב הרחמים" בכל
שבת ("צבי קודש', עמ' 241).

689 מי שהוא בעל ברית (ובכלל זה אבי הבן, המוהל
והסנדק – משנ"ב תצג, יב), רשאי להסתפר לכבוד
המילה אפילו בימי הספירה (רמ"א שם, ב בשם הגהות
מנהגים), ואם הברית עתידה להיות בשבת, רשאי
להסתפר בערב שבת, ואפילו קודם חצות היום
(משנ"ב שם, יג בשם הפמ"ג). משום כך יש שהקלו
להתגלח בספירת העומר למי שאינו יכול להגיע
מנוול למקום עבודתו (אג"מ, או"ח ח"ד, קב; הרי"ד
סולוביייצ'יק), ובארץ ישראל לא נהגו להקל, אך יש
המתגלחים לכבוד שבת (הר"א ליכטנשטיין בד"ף קשר'
133, ומנהג כזה הביא הרדב"ז שם).

691 יום כ"ז בניסן נקבע כיום הזיכרון לשואה ולגבורה.
לא נקבעו ליום זה תפילות מיוחדות, אך בקהילות
רבות עורכים עורכים נשמות לקדושי השואה. רבים
מדליקים נר זיכרון (ראה הלכה 438) ביום זה.
אם כ"ז בניסן חל ביום שישי, יום הזיכרון מוקדם
ליום חמישי, כ"ו בן; אם חל ביום ראשון, הוא נדחה
ליום שני, כ"ח בניסן.

690 קהילות אשכנז תיקנו לומר "אב הרחמים" לזכר
קדושי תתנ"ו, ומתחילה תיקנו לומר תפילה זו
בקהילות הריינוס בשבת שלפני שבועות ובשבת

# אייר

מפטירים בהפטרת 'מצורע', אלא אם ראש חודש
או ערב ראש חודש חל להיות בשבת, ואז מפטירים
את ההפטרה המיוחדת לימים אלו (ראה הלכה
305 ו-307).

692 בשנים פשוטות בשבת הראשונה בחודש אייר
הפרשות 'תזריע'/'מצורע' מחוברות (פרט לשנים
שבהן יום טוב ראשון של פסח חל בשבת, ואז
קוראים פרשות אלה בערב ראש חודש אייר.

# יום הזיכרון ויום העצמאות

מזמור ט, שלדעת רש"י מדבר על הגאולה העתידית
(וראה ראב"ע ורד"ק שפירשו אחרת), ומזכירים את
נשמות החללים (עמ' 464).

693 ד' באייר, ערב יום העצמאות, נקבע כיום הזיכרון
הרשמי לחללי מערכות ישראל ולנפגעי פעולות
האיבה. פעמים רבות משנים את מועד ימים
אלו בהתאם לשינויי מועד יום העצמאות – ראה
הלכה 700.

696 בה' באייר ה'תש"ח קמה מדינת ישראל. הפוסקים
דנו בשאלה אם וכיצד לציין יום זה מתוך התבססות
על תשובת ה'חת"ם סופר' (ח"א רח) שכתב שיש
מצווה מן התורה לקבוע יום טוב על נס שהתרחש
לציבור. משום כך אין אומרים בו תחנון ולא
במנהגי שלפנגו.

694 בליל יום הזיכרון, בשעה שמונה בערב, נשמעת
צפירה בת שתי דקות בכל רחבי המדינה. כדי
שהצפירה לא תפריע באמצע התפילה, בקהילות
רבות נוהגים להתאסף לתפילת ערבית לפני
הצפירה או להתפלל מיד אחריה. יש קהילות שבהן
עורכים עורכים נשמות לחללי צה"ל, ומציינים
במיוחד את החללים מבני אותה הקהילה.

697 אף על פי שיום העצמאות חל באמצע ימי ספירת
העומר, נוהגים להסתפר ולהתגלח לכבודו. וכן
מותר להתחתן בו ולערוך סעודות מצווה ושאר
שמחות (יין הטוב' ח"ב או"ח, יא).

695 בתפילת שחרית יש אומרים אחרי קדיש קדיש שלם את

**האחרונה** בחודש אייר קוראים את פרשות 'בהר' ו'בחוקותי' מחוברות. מפטירים בהפטרת 'בחוקותי', אלא אם שבת היא בערב ראש חודש (ראה הלכה 307). מכלל זה יוצאת שנה שבה יום טוב ראשון של פסח חל בשבת, שאז קוראים פרשות אלה בנפרד, ובחו"ל מחברים אותן - ובשנה זו קוראים את פרשת 'בחוקותי' בשבת שלפני האחרונה בחודש אייר. ברוב הקהילות אומרים "אב הרחמים", אף על פי שזו שבת מברכים (ראה הלכה 690).

711 כ"ח באייר, יום ירושלים - יום זה מציין את הצלה מאיום ההשמדה שריחף על מדינת ישראל ועל תושביה במלחמת ששת הימים, ואת הניצחון שבו שוחררו חבלי ארץ ישראל שממערב לירדן, רמת הגולן וחבל סיני ובפרט ירושלים המזרחית. אין אומרים בו תחנון ולא במנחה שלפניו, וגם הנוהגים מנהגי אבלות עד תחילת חודש סיוון, אינם נוהגים בהם ביום ירושלים, כמו ביום העצמאות (ראה הלכה 697). רבים נוהגים לעלות לעיר העתיקה ביום זה.

712 סדר התפילה המובא בעמ' 470, מבוסס על החלטת הרבנות הראשית משנת תשכ"ח, וכך נוהגים ברוב הקהילות החוגגות את יום ירושלים. יש המוסיפים על סדר זה ויש המצמצמים אותו.

# סיון

**לפיכך** אין אומרים תחנון מראש חודש עד אסרו חג שבועות (רמ"א תצד, ג), והמנהג המקובל היום הוא שלא לומר תחנון עד י"ב בסיוון (ראה הלכה 144).

715 שלושת הימים מג' בסיוון עד ה' בו מכונים 'שלושת ימי ההגבלה', משום שאלה היו הימים שבהם משה גביל וקידש את הר סיני, ועם ישראל חנו לפניו והתכוננו לקבלת התורה. אין אומרים בימים אלה תחנון (הגה"מ תפילה פ"ה, ש בשם ר' יהודה הלוי). מי שהתחיל את מנהגי האבלות השייכים לספירת העומר בראש חודש אייר, מפסיק אותם בתחילת ימים אלה (ראה הלכה 688).

713 "בחדש השלישי לצאת בני ישראל מארץ מצרים ביום הזה באו מדבר סיני" (שמות יט, א). בגמרא (שבת פו ע"ב) נלמד שמדדובר בראש חודש סיוון, וש"מ'מדבר סיני' הכוונה היא ממש לפני ההר שניתנה בו לבסוף התורה לישראל (רש"י, סוכה כה ע"ב).

714 אין אומרים תחנון בב' בסיוון (ספר התשב"ץ, קלט), משום שבו נצטוו בני ישראל (שמות שם, ו): "ואתם תהיו לי ממלכת כהנים וגוי קדוש" (מג"א תצד, ד). והוא מכונה 'יום המיוחס' (ערוה"ש שם, ז; ראה הסברים לשם ב'טעמי המנהגים ומקור הדינים' עמ' רנג).

# שבועות

שם בראש השנה); ולדידם המג"א תצד, ה זה המקור למנהג להעמיד עצים בבית הכנסת). מכיוון שמצוות ספירת העומר היא לספור שבע שבתות 'תמימות' (ויקרא שם, טו), מקפידים להתפלל תפילת ערבית לאחר צאת הכוכבים, גם במקומות שנוהגים להתפלל בהם מבעוד יום בערבי שבתות הקיץ (משנ"ב תצד, א בשם הט"ז).

719 בשבת פו ע"ב ובירומא ע"ב נחלקו התנאים באיזה יום ניתנה התורה: לדעת חכמים בו' בסיוון, ולדעת ר' יוסי בז' בסיוון. המג"א (הקדמה לסימן תצד) הביא ראיה שאנו מכריעים כר' יוסי, והקשה מדוע אומרים בחג השבועות "זמן מתן תורתנו"? וכבר דן בזה מהר"ל ('תפארת ישראל', כז) והסביר על פי הגמרא (שם פז ע"א) ש"יום אחד הוסיף משה מדעתו", כלומר הקב"ה הסכים לתת את התורה לישראל כבר בו' בסיוון, אך הם קיבלו אותה רק בז' בו.

720 בליל שבועות מאחרים להתפלל (ראה הלכה 718). הדלקת נרות, תפילת ערבית וקידוש הם כבכל יום

716 חג השבועות יכול לחול בימי ראשון, שני, רביעי או שישי. אם הוא חל ביום שישי, יש להניח בערב החג עירוב תבשילין (ראה הלכה 314).

717 בערב שבועות נוהגים לקשט את בית הכנסת בענפים ובעלים (רמ"א תצד, ג בשם 'הגהות מנהגים'). ובשנה שאחרי שנת השמיטה חג השבועות הוא המועד לבירעור זיתים; לכן מי שיש ברשותו שמן זית בקרושת שביעית, חייב לבערו ערב החג (ראה הלכה 676). אם ערב שבועות חל בשבת, מקשטים את בית הכנסת ומבעברים שמן מזיתי שביעית ערב שבת.

718 חג השבועות הוא היום החמישים לספירת העומר (ראה הלכה 199). בזמן הבית היו מקריבים 'מנחת ביכורים' - שתי כיכרות לחם חמץ מהחטים הראשונות שנקצרו, ושני כבשים לשלמי ציבור (ויקרא כג, טז-כא), המכונים גם 'כבשי עצרת' (השם 'עצרת' בלשון חכמים מתייחס בעיקר לשבועות, ראה ראש השנה שה ע"א); וגם בו יש נימה של דין - זה היום שנידונים בו על פירות האילן לשנה הבאה (משנה

## מרחב אב

**הערות**

741 המשנה מבארת המצוה בנ"ך ותכליתה, אבל המצוה
המרכזית כאן ...

742 "ועשית העבקני לכהני אהרן – ...
ה'"...

743 התורה. ומצד מחלוקת...

744 בכלל המצוה ...

745 "...

746 המצוה ...

747 "בתוספתא כתב ...
748 ...

749 ...

— משנה תורה —

גם דברי מוסר (יבי"א ח"ב יו"ד כו, י בשם המאירי). יש האוסרים תלמוד תורה מצהרי ח' באב (רמ"א תקנג, ב בשם מהרי"ל); והרבה מהאחרונים התירו כדי לצמצם את ביטול התורה (משנ"ב תקנג, ח בשם מהרש"ל). כמו כן נהגו שלא לשבת על כיסא או על ספסל (שו"ע תקנט, ג על פי כיסא או על ספסל (שו"ע תקנט, ג על פי הרמב"ם; והמשנ"ב שם, יא מתיר לשבת על שרפרף), ויש שאינם ישנים במיטתם בלילה אלא על הרצפה (שו"ע תקנט, ב על פי 'מעשה הגאונים').

**750** לפני תפילת ערבית מסירים את הפרוכת מארון הקודש (רמ"א תקנט, ב בשם מהר"י טירנא). מדליקים אורות פחות מבדרך כלל (ערוה"ש שם, ו). מתפללים קריאת שמע ותפילת עמידה כבכל יום חול. לאחר התפילה שליח הציבור אומר קדיש שלם, קוראים את מגילת איכה (עמ' 651) ואומרים קינות. אם יש מגילה כשרה, מברכים "על מקרא מגילה" אבל לא "שהחיינו" (ראה הלכה 339). אחרי הקינות אומרים "ואתה קדוש" (עמ' 145), קדיש בלא "תתקבל" (רמ"א תקנט, ד בשם הטור), "עלינו" וקדיש יתום.

**751** אם תשעה באב חל במוצאי שבת, יש נוהגים להביא מחזור קינות ונעלי בד לבית הכנסת כבר מערב שבת, כדי שלא להכין משבת לחול. נוהגים לחלוץ את נעלי השבת אחרי "ברכו", ושליח הציבור חולץ לפני "ברכו" (רמ"א תקנג, ב בשם הגה"ד); ויש שכתבו, שעדיף לחלוץ את הנעליים ולהחליף את בגדי השבת לפני שהולכים לבית הכנסת, לאחר אמירת "ברוך המבדיל בין קודש לחול" (שש"כ פס"ב, מ על פי המשנ"ב שם, ז). מתפללים כבכל יום חול (בהוספת "אתה חוננתנו"). אין אומרים "ויהי נועם" (טור, תקנט בשם הגאונים), ומוסיפים קינה מיוחדת "איך מפי בן ובת". אין מבדילים, אך לאחר קדיש מברכים על נר "בורא מאורי האש" (משנ"ב תקנו, א בשם הט"ז).

**752** בשחרית אין מתעטפים בטלית ואין מניחים תפילין, אך לובשים טלית קטן בלא ברכה (שו"ע תקנא, א). מתפללים שחרית לחול; מותר לומר את סדר הקרבנות כרגיל, מכיוון שהוא סדר קבוע ואינו נחשב לימוד תורה, האסור (שו"ע תקנד, ד). בחזרת הש"ץ שליח הציבור אומר "עננו" (עמ' 59) כבכל תענית ציבור. אין אומרים ברכת כוהנים (קיצוש"ע קכד, ג) ולא תחנון (ראה הלכה 144). מוציאים ספר תורה ואין אומרים "אל ארך אפיים" (רמ"א תקנט על פי הגה"מ והטור; אך שלדעת רב עמרם גאון וראבי"ה צריך לומר); אין אומרים "מי שברך" לעולים לתורה (כה"ח תקנח, מ בשם מהרי"ל). נוהגים

---

לקרוא את ההפטרה במנגינת מגילת איכה (משנ"ב תקנט, יח).

**753** לאחר החזרת ספר התורה לארון הקודש אומרים קינות. קינות רבות לתשעה באב נכתבו במרוצת הדורות; הסדר המקובל היום הוא הסדר שנקבע במחזור הקינות דפוס ונציה שע"ז (1617). בסדר זה יש ארבעים פיוטים, שכמחציתם חוברו על ידי ר' אלעזר הקליר (משום האריכות יש קהילות שבהן נוהגים לדלג על חלק מהקינות). פיוטים אלה מתארים את החורבן לפרטיו ואת הסבל שעבר על עם ישראל מאז. עם הזמן נוספו לסדר קינות לזכר הרוגי תתנ"ו, ובדורות האחרונים נתחברו קינות לזכר קדושי השואה, אם כי יש שלא אחת מהן נתקבלה ברוב הקהילות. את סדר הקינות חותמת סדרת 'ציונים' - פיוטו הנודע של ר' יהודה הלוי "ציון הלא תשאלי", ועוד שמונה פיוטים שנתחברו באותו סגנון, חריזה ומשקל - ולאחר מכן מסיימים בפומון "אלי ציון". לאחר הקינות אומרים "אשרי" ו"ובא לציון" (ואין אומרים את הפסוק "ואני זאת בריתי" - משנ"ב תקנט, ב ובשם הטור), קדיש שלם בלא השהרה "תתקבל" (כמו בערבית), "עלינו" וקדיש יתום. אין אומרים שיר של יום (עדרה"ש תקנד, ו בשם המג"א) ולא "אין כאלהינו" (רמ"א שם, ד בשם ה'מרדכי'), אלא דוחים אותם למנחה. יש הנוהגים לקרוא שוב את מגילת איכה (משנ"ב תקנט, ב בשם השל"ה).

**754** אם יש תינוק למול, מלים אותו אחרי הקינות (רמ"א תקנט, ז על פי ספר החכמה). ויש שנהגו למול אחרי חצות היום, מכיוון שער חצות היום הוא זמן אבלות (ספר הרוקח קיג; ראה את הדיון בשני המנהגים ב'מרדכי' תענית תקלה-תקלו). נותנים על הכוס, ונותנים ליולדת לשתות ממנה (שו"ע שם על פי הרשב"א; וראה שו"ע, יו"ד רסה, ד שפסק כרי"ף, שאין מברכים על הכוס, וברמ"א שם); ואם היולדת אינה יכולה לשתות, נותנים את היין לילדים שישתו (שו"ע תקנט, ז על פי הרשב"ם).

**755** לאחר חצות היום מקלין במנהגי האבלות. מותר לעשות מלאכה (רמ"א תקנד, ז בשם מהר"י טירנא), ומותר לשבת על כיסאות כרגיל (שו"ע תקנט, ג על פי מהר"ם). אבחנה זו מבוססת על הגמרא (תענית כט ע"א) שבה נאמר, שדציתו אש במקדש בשעת המנחה: הגר"א ביאר שבשבעת המנחה נגמר הדין ובכך יש מקום לנחמה (תקנה, ב על פי התוספתא בקדושין לא על פי הגה"מ והטור); והריטב"א (תשובה סג) כתב, שער מנחה האדם דומה למי שמתו מוטל לפניו ואינו יכול להתחיל להתנחם, ולאחר מנחה הוא דומה לאבל שמתו כבר נקבר. הסבר נוסף מובא ב'ברכי

ולכבס עם צאת הצום כדי להכין לשבת (משנ"ב
שם, ג).

762 בין תשעה באב וראש השנה יש שבע שבתות,
שקוראים בהן את 'שבע דנחמתא' - שבע הפטרות
מפרקי הנחמה בספר ישעיהו (תשובה ר"ת על פי
ה'פסיקתא', מובאת בראבי"ה תקנו). הראשונים
ייחסו למנהג זה חשיבות רבה כל כך, שכתבו
שאין מפסיקים ב'שבע דנחמתא' אפילו אם יש ראש
חודש אלול חל בשבת (מרדכי' מגילה, תתלא); ויש
שהורו שאין דוחים הפטרת שבת וראש חודש
מפני 'שבע דנחמתא' (שם בשם מהר"ם); והמנהג
אשכנזי הוא להפטיר ככבל שבת ראש חודש
"השמים כסאי" (רמ"א תכה, א), אך אם ראש חודש
חל ביום ראשון, מפטירים "עניה סערה" ולא
"ויאמר לו יונתן מחר חדש" (שם, ו בשם מהר"י
טירנא).

763 "אמר רבן שמעון בן גמליאל: לא היו ימים טובים
לישראל כחמשה עשר באב וכיום הכיפורים" (משנה,
תענית כו ע"ב). בגמרא (שם ל ע"ב - לא ע"א) מונים
שש סיבות לחשיבותם של חמישה עשר באב: שלוש
קשורות באחדות ישראל (ההיתר לבני השבטים
השונים להינשא בפרשת בנות צלפחד;
ההיתר לבני בנימין לבוא בקהל לאחר מלחמת
פילגש בגבעה; והיתרו של מלך ישראל, הושע בן
אלה, לעלות לרגל לירושלים); שתיים מהן קשורות
בבשורות נחמה שנתבשרו בהן אבותינו (הציווי
להיכנס לארץ לאחר מות המבער וקבורת הרוגי
ביתר); ואחת הקשורה לעבודת המקדש - היום
שבו הפסיקו לכרות עצים למערכה עם החלישות
החמה לקראת סוף הקיץ, ובו רוב העם הקריבו
'קרבן עצים' (משנה, תענית כו ע"א; זה הנימוק היחיד
המובא ב'מגילת תענית'). אין אומרים ביום זה תחנון
(ב"י קלא על פי מהר"י טירנא).

764 "אחד הנוטע, אחד המבריך, ואחד המרכיב,
ערב שביעית שלשים יום לפני ראש השנה -
עלתה לו שנה (למנין שני ערלה - רש"י), ומותר
לקיימן בשביעית. פחות משלשים יום לפני
ראש השנה - לא עלתה לו שנה, ואסור לקיימן
בשביעית" (תוספתא, מובאת בראש השנה ט ע"ב).
ובמשנה (שביעית פ"ב מ"ו) העידו התנאים, שאין
העץ נקלט מיד בקרקע, הראשונים (רמב"ם, מעשר
שני פ"ט ה"י) הכריעו כדעת ר' יוסי ור' שמעון,
שזמן הקליטה הוא שבועיים. לכן הנוטע עץ פרי
עד ט"ו באב (הכרעת החזו"א, שביעית יז, על פי
הרא"ש), נמנית לו השנה לשנושנין ערלה (ראה הלכה
343), ואין לטעת עצי פרי אחרי ט"ו באב ערב
שנת שמיטה.

יוסף' (תקנט, ז) בשם האר"י, שבתשעה באב בשעת
מנחה עתיד להיוולד המשיח. הבדל זה בא לידי
ביטוי בכמה פרטים בתפילת מנחה (ראה בהלכה
הבאה). נוהגים להחזיר את הפרוכת לארון הקודש
לפני תפילת מנחה (כה"ח שם, יט).

756 תפילת מנחה - לפני התפילה מעטפים בטלית
ומניחים תפילין בברכות (שו"ע תקנה, א). לפני
התפילה אומרים שיר של יום ו"אין כאלהינו" שלא
נאמרו בשחרית (קיצושו"ע קכד, יט). קריאת התורה
וההפטרה במנחה הן ככבל תענית ציבור, בעמ'
600 (טור, תקנט). לאחר החזרת ספר התורה לארון
הקודש, שליח הציבור אומר חצי קדיש ועומדים
לתפילת העמידה.

757 בתפילת העמידה אומרים "נחם" (עמ' 113) בברכת
"בונה ירושלים", ו"ענֵנו" בברכת "שומע תפילה".
מי שאינו מתענה, אומר "נחם" (אשי ישראל פמ"ד,
נב) אך לא "ענֵנו" (בה"ל תקסה, א). מי ששכח
לומר "נחם", אומרה בלא התחימה "מנחם ציון
ובונה ירושלים" בברכת "רצה" לפני "ותחזינה"
(משנ"ב תקנא, ב; ובבה"ל הביא לכך מקורות מדברי
הרא"ה ור' ירוחם).

758 ערב תשעה באב שחל בשבת אין בשבת בו אומרים בו
"צדקתך" (טור, תקנט).

759 אם מתפללים אחרי פלג המנחה, הכוהנים עולים
לדוכן (ראה הלכה 491). אחרי התפילה שליח
הציבור אומר קדיש ומוסיף "תתקבל" (רמ"א תקנט,
ד על פי מהר"י טירנא).

760 מוצאי הצום - מתפללים ערבית לחול. לאחר
התפילה אומרים קידוש לבנה בעמ' 158 (ראה
הלכה 273). אם תשעה באב חל ביום ראשון,
מבדילים על הכוס - אך לא על הבשמים או על
הנר (שכבר בירכו עליו, כאמור בהלכה 751).

761 "בשבעה נכנסו נכרים להיכל... ותשיעי סמוך
לחשיכה הציתו בו את האור, והיה דולק והולך כל
היום כולו... אמר רבי יוחנן: אלמלי הייתי באותו
הדור - לא קבעתיו אלא בעשירי, מפני שרובו
של היכל בו נשרף. ורבנן? אתחלתא דפורענותא
עדיפא" (תענית כט ע"א). אף על פי שלא נפסק
כר' יוחנן, אין אוכלים בשר ואין שותים יין ב' באב
(שו"ע תקנח, א על פי הטור); ונוהגים להמשיך את
כל דיני תשעה הימים (משנ"ב שם, ג בשם מהרש"ל) -
אך מותרים בהכל, לרבות בשר ויין (רמ"א שם, א בשם הגה"ת). אם צמו ב' באב
(כשנדחה משבת) מותרים בבשר ויין מהבוקר
(רמ"א שם בשם מהרי"ל), ואין צורך להוסיף בשאר
האיסורים (שע"ת שם, ד בשם ה'מחזיק ברכה').
ואם תשעה באב חל ביום חמישי, מותר להסתפר

# נספחים נבחרים
# אקלים של התרבות

7. וכן אם רוצה לומר "אביי", "רבא" ופשוטה ביד (פשוטה ביד ו).

8. ואילו בד את הפסוקים או הפסוקא (שמו ישראל, סמ' ד' אך).

9. על הרגשים למה על אך לעבודה ציווה בי שישראלים באבדה הנטילה, וכל אחרים או מאז הזה אך אצמר.

שישראל אותה, אך אם מא בד אתה אבל שאלת כללה התולה' וכל כללה וכל דבא ביא.

מס"י התורה סם).

אבל רבים אבדא סומרי התורה ואילו דברא, או אך לכל ביאל דברא אך וכל (שמי ישראל, ישראל התכנה באבדא סומרי התורה לשאלות דברא:

(שמי ישראל, פל"כ, אל ראם תויי,א).

לש כללים הישרא ברבו ביכל אבל בראבדא שאותה שאלו' וכל אחד לישרא לבובללים הישרא ביא:

| שאם אך | דבי) (ברי'י אך ר'ה ביד הפרדים התה | הפוכה שאותה אך יורד לכל ישראל ביד ברי | הפוכה שאותה אך ביד לכל ישראל ביד ברי | הפוכה שאותה אך ביד לכל ישראל ביד ברי |
|---|---|---|---|---|
| אבלה לכללי | התה | בלכללה לבוכם ורל, ברא ב,ביד מם בכל דראש שבש ביראש על בראבדא הסומר התה – אך לא | התה | (ברא,'ב אך' בי) שאם |
| מורא הברבי | התה | מורא אותה לכ, ליד את בראביל | מורא אותה לכ, ליד את בראביל | (ברא,'ב אך' ב) שאם |
| י,שישמ הפוכה, יראך ברביש, שאל, אך | התה | התה | התה | (בר'א אך' ד) שאם |
| ברביש | התה | ב,ידרא, וב,ביד, התהראיכם ליד את בראסומרים | ב,ידרא, וב,ביד, התהראיכם ליד את בראסומרים | (ברא,'ב אך' ה) שאם |
| ברא שבש | (ברא,'ב אך' אך) סם הברבי בראסומר התראמל אשאל את | (שי,'א אך' ב) מם ברא שבש ושמקא את ה,ביבל, אך ישאם ביבי הבראיד התראמיל' לא אשאל את | בראראש שבש ה,ביבל, מם ושמקא את ישאל את ה,ביבל הבראיד התראמיל' לא אשאל את | שאם |
| | ר ,שמהתה) (ש,כללל שאמל, בפראיד התורה | בראבדא הברד, בראיאך שבש – ברכראך בראראש שבש | הבראדם שבש – כל שבש בראיאך ברכראך בראראש | שאמה, לכשאל ישראל, כל אבל |

הוא אשר בו תחדשהו ליראתנו תתחדש בידו
אשר יחדש חידוש (כאשר ברואתינו בכל הקדש)
ברוב ליבי ומקד׳ המקדש אל ד׳, אך ולו תחל, שאנו
אשר אשולו וחידוש חידוש

———————————— הגוים ————————————

בכל מה שהדבר במקדש המקדש״

נאמר כי אנלו לשולם אל הדבר בלבבו הדר כי
בלבם הדר שאני המקאם שבל מקום״ כי א׳
כשכם אלו כצבאם ושללו, מקדש המוכתר כי כלבאם
מעמד יבדיל בבל לבבתה ובשמן תכשלות מם

,,אתל חולה אשר בבל לבל׳ אך אלו מקום שאנו
כי,ואמשם מלות (אלו א) כמו:

אשר אל שד המקדל ואמקדר (אלו ,אל בלל׳,כ)
שאמקם המקלל ברבין חול׳ וצדי אני אללל
המורבתה חרבתם המקש הולותל׳ מ מחו מאשלו
חולבתל בל הפוטמשמו ומא אשולל ואחל

אתלו חולתלו אמקשולל, ושולל אקללתו, אולל
שאני אשמם מם ככ אאכתר חשכלי וכדלאנו
אמקשלו אוחשמלל כתכתם מוחוללת,התו הפללל׳,
דשכלם אכל ככדל כללי׳ ואשו לם שלל כאכ חתלל
הדמללל שללל מקשי המחוולו הפשללתו קללאקם
וואכלתוו כשולל הלקלל לקדמ כתוחשם כ׳ אל
אלל דשד דשל

———————————— ומקדש מעט ————————————

חחלל כד המולתל אך כצאל׳ ל, אחלל אלא: אל
,,כללם אשל בלבל מולתל׳ אל אחלל לבל
ה,,ל):

ככל הבדא כללם אל הכל מולקשם (אחלו ל,א
כדלל המקלולתל כאשלת מא כל חולחם
המקשם אל המשכם מקללל׳ חלל חכללו
כחלל אחלל המללתל אחלאם חלל קלל אל

על מבחר הפירושים, התמורות ותרפורות מהכתוב

---
כתב ידו
---

---
הגהות
---

כתר, הוצאה לאור

ירושלים